服装缝制设备原理与实用维修

张春保 编著
王文博 审

中国轻工业出版社

图书在版编目（CIP）数据

服装缝制设备原理与实用维修/张春保编著．—北京：中国轻工业出版社，2024.5

ISBN 978－7－5019－6139－9

Ⅰ．服…　Ⅱ．张…　Ⅲ．①服装工业－机械设备－原理②服装工业－机械设备－维修　Ⅳ．TS941.5

中国版本图书馆 CIP 数据核字（2007）第 143375 号

责任编辑：李　红

策划编辑：李　红　　责任终审：孟寿萱　　封面设计：灵思舞意

版式设计：王超男　　责任校对：燕　杰　　责任监印：张　可

出版发行：中国轻工业出版社（北京鲁谷东街 5 号，邮编：100040）

印　　刷：三河市万龙印装有限公司

经　　销：各地新华书店

版　　次：2024 年 5 月第 1 版第 8 次印刷

开　　本：787×1092　1/16　印张：24.25

字　　数：590 千字

书　　号：ISBN 978-7-5019-6139-9　定价：49.80 元

邮购电话：010－85119873

发行电话：010－85119832　010－85119912

网　　址：http：//www. chlip. com. cn

Email：club@ chlip. com. cn

240729K3C108ZBQ

序

自20世纪80年代以来，我国服装业有了飞越的发展，在引进、借鉴国外服装机械设备先进技术的基础上，国产服装机械设备不断更新和发展，新品种显著增加。我国服装机械设备正向高速化、精密化、多功能化、智能化等方向发展，各种电子技术和计算机技术已广泛应用于服装机械设备中；同时，还在引进一批批更先进的技术和设备。

为使先进的服装机械设备最优地发挥其功能，并经常地、持久地保持最佳的运转状态，给服装生产企业带来更高的效益，服装企业中广大从事服装机械设备使用、维修和管理人员，必须熟练地掌握各种服装机械设备的结构原理、操作使用、日常保全、常见故障及排除、维修等实用的知识和技能。

本书作者长期从事服装机械使用、维修技术工作和教学工作，积累了丰富的实践经验，同时又借鉴了有关著作文献的精华，撰写了本书，十分难得。本书的最大亮点，一是结合作者丰富的实践经验，使所述内容更切合服装机械设备使用和维修工作的实际，有许多独到之处；二是比同类著作增加了多种新机型，尤其是先进的应用计算机操作的新机型，内容丰富、新颖。读者可以从书中学到实实在在的，又很新鲜的知识和技能。

本书既适合服装企业从事服装机械设备使用、维修和管理人员阅读和运用，也可用作职业院校服装专业学生技能培训的教材或参考书。

王文博

2007年6月于北京服装学院

前　　言

近年来，随着服装工艺与技术的不断进步，在服装制作工艺上，缝纫设备的技术性能成为决定服装质量的重要因素之一，服装设备的科技含量显得越来越高，机器的高速化、多功能化和自动装置已广泛地用于服装机械设备上。

对服装设备的正确使用、保养及维修是确保服装顺利生产的主要因素之一。因此，需要对缝纫设备进行合理的使用与维护，使各种服装机械最大限度发挥其功能，从而保证服装机械的正常运转，为服装制作行业带来更高的生产效率。

为了使广大从事服装业的制作员工、服装机械管理人员、技术维修人员以及在校学习服装设备维修的学员更好的掌握缝纫设备的结构原理和维修技术，作者通过借鉴国内外有关的技术文献资料并结合自己几年来的教学经验以及在实际维修过程中积累的实践经验编写了这本《服装缝制设备原理与实用维修》。

下表是本书所讲解的几种有代表性的服装机械分类及其适用范围，供参考。

机器名称	适用范围	维修参考章节
工业平缝机 普通绣花机 曲折缝纫机 单针高头制鞋机	适用于服装拼接缝制、曲折线迹、缝制皮革等	请参考第三章
双针平缝机 单针厚料同步机 双针高头制鞋机	适用于加工双边线迹、厚料缝制	请参考第三、四章
三、四、五、六线包缝机 卷边包缝机 倒回缝包缝机 细边包缝机	适用于缝料边缘的包缝、包边等	请参考第五章
绷缝机（砍车） 双针链式平缝机 平台、悬筒式绷缝机 覆盖式花边机	适用于各种针织衣料的接缝、领口缝	请参考第七章
多线链式机（下栏机） 埋夹机	适用于缝制裤头、下摆松紧、衬衫用双线链式等	请参考第六章
GJ 型钉扣机 兄弟 CB3 系列钉扣机 自动喂扣机	适用于缝钉两眼、四眼及其他类纽扣	请参考第九章

续表

机器名称	适用范围	维修参考章节
日本重机、兄弟平头锁眼机	适用于服装平头纽孔的加工	请参考第十一章
日本重机套结机（打枣机） 兄弟套结机	适用于各种服装拼接加固、花样线迹等	请参考第十章
GY1－1型圆头锁眼机 杜克普557 利是101、104系列	适用于中厚料圆头纽孔的缝制	请参考第十二章

本书内容通俗易懂，简明扼要。全书共分十五章，分别对一些重要服装缝纫设备在实际生产过程中出现的疑难故障及排除方法作了详细的分析并列举了维修技巧。本书还对目前较先进的电脑控制缝纫机，如标准公司生产的GC6180MT3型电脑（数控）平缝机、日本兄弟公司生产的LK3－B430E型电脑套结机、DH4－B980型电脑（数控）圆头锁眼机等的基本操作方法与故障排除作了介绍。全书每章节后都附有思考与练习题，以提高学员对整机原理技术的巩固和掌握。本书突出实用性，使初学者在短期内对技术知识能够快速的吸收和掌握。

在编写此书时，北京服装学院王文博教授、西安工程学院孙金阶教授以及南京裁圣缝纫设备有限公司杨明才老师都给予了大力支持。更有幸请到了北京服装学院王文博教授作为本书的主审并参与了第一章的编写。同时全书在编写过程中得到了从事多年服装机械设备管理与维修的三位资深师傅：林天武、吴水林、吴集文提供的技术支持以及徐洁、李家梁对本书文字、图片所做的协助，最后还对本书提供过资料的标谊缝制机械有限公司、键尔键缝纫设备有限公司、中国缝纫机网，在此一并表示衷心的感谢！

本书不仅是服装制作业员工、维修技术员及设备管理员的自学工具书，同时也可作为技工培训、服装缝纫技术学校师生的阅读和参考教材。

注：书中的黑体字部分为作者多年来积累的实践维修经验，宝贵且难得，相信它对维修人员会有极大的帮助。

编写此书时，由于对技术掌握的水平有限，书中尚有缺漏和谬误之处，敬请同行和读者不吝赐教并予以批评和指正。作者特设立公共邮箱，fzfzsb@ 126. com，以便同仁有关专业方面的问题相互交流。

张春保

2007年5月

目　录

第一章　服装机械的基本机构与通用机构

在服装领域中，人们根据服装生产的需要而广泛地使用着各种服装机械，尽管这些机器的构造与用途各不相同，但都有一些相同的特性。它们都是由不同的机构相互结合而成的，组成这些机器的各个部分都有确定的相对运动关系。这也就是说机构是一个具有一定相对运动的实体组合系统。

通过对服装机械原理构件分析，得知服装机械多具有结构紧凑、可视性差、零部件短小、运动复杂等特点。因此绘制传动原理图、结构简图有助于了解机器各机构的构造、传动方式、运动特性及调试部位。故本书在各章中广泛地采用了传动原理图、结构简图来进行分析说明。

本章将对服装机械的基本机构与常见的通用机构做讲解，以便为读者在学习各章节中对于理解和掌握各类缝纫机的技术原理打下基础。

第一节　概　述

服装是现代人类生活不可缺少的组成部分。早在远古时期，原始人类就已经能用骨针缝合兽皮做出用以遮体防寒的原始服装。随着铁器和金属制造技术的发展，先后出现了铜针、钢针，于是人们便逐渐学会了使用金属针缝制衣服，但那时只能通过手工来完成服装的缝制。

随着人类科技的逐渐进步，18 世纪末英国的工业革命促成了缝纫机的发明和发展。1790 年，英国首先发明了世界上第一台先打洞、后穿线、缝制皮鞋用的单线链式线迹手摇缝纫机。1841 年，法国人发明了机针带钩子的链式线迹缝纫机。1851 年，美国工人 I. M. 胜家发明了锁式线迹缝纫机，并成立了胜家公司。而这一时期的缝纫机基本上是手摇式的。

1859 年，胜家公司发明了脚踏式缝纫机，1882 年又发明了双线梭缝缝纫机。在托马斯和爱迪生发明了电动机后，1889 年，胜家公司又发明了用电动机驱动的缝纫机。从此开创了服装机械及服装工业发展的新纪元。

1851 年的胜家公司是美国最早开始生产缝纫机的公司，据说当时缝纫机的产量速度仅次于时钟。到 1870 年，美国生产缝纫机的公司有 69 家，1871 年美国缝纫机年产量约为 70 万台左右。到 1891 年，胜家公司已累计生产 1000 万台缝纫机。那时在较长的一段时间内，缝纫机大部分由美国胜家公司垄断生产。

随后德国、意大利、日本也加快了缝纫机制造业的发展。而欧洲各国除了生产高档传统家用缝纫机的企业以外，大部分缝纫机企业开始了工业用缝纫机的生产。那时日本的缝纫机制造企业在政府的资助下，开始生产廉价的缝纫机并远销国外。

时至 1940 年，瑞士爱尔娜公司发明了采用筒式底板铝合金铸机壳、内装电动机的便携式家用缝纫机。1950年以后，家用多功能缝纫机得到进一步发展。

当历史进入到20世纪70年代初期后，一些先进国家的家用缝纫机市场已趋于饱和状态。日本企业便开始向生产工业用缝纫机方向发展。而韩国以及中国台湾地区便抓住这一机会，生产中、低档缝纫机并投入国际市场。1975年，美国胜家公司又发明了电脑控制的多功能家用缝纫机，这一功能后来逐渐应用于工业用缝纫机上。直至20世纪80年代初期，世界共有3000多种缝纫机，应用较多的缝纫机约为600种。与以往相比，这极大地提高了服装生产企业的生产效率。

在社会经济、文化、科学发展的同时，人类对服装工艺的要求越来越高，从而也极大地推动了服装机械的发展。20世纪中期以来，科学技术得到了快速发展，新产品、新技术、新工艺、新材料不断地应用到服装设备生产中，这也进一步促进了服装机械设备的发展。目前，一些大型的服装企业，从裁剪到成衣包装都有全套的服装设备。缝纫工序中还有各种专机能够完成通用机难以保证质量的操作，如：开袋机、锁眼机、钉扣机、暗缝机、圆头锁眼机等，这些也都大大提高了服装产品的质量和生产效率。从传统的加工工艺向完整的设备体系方向转变已成为服装生产的必然趋势。

如今，随着科学技术的迅猛发展，服装机械也开始应用电子、电脑、液压、气动等先进技术简化机械结构，使服装机械实现高速化和操作自动化将更多的、功能各异的数控缝纫机广泛地用于实际生产中。据有关资料表明，目前，不同性能的缝纫机多达4000余种，应用广泛的也近600种，基本上形成了机械化、系列化、自动化的工业生产体系。

因此掌握现代服装缝纫设备的原理及其维修技术已成为服装产业发展的重要环节。

第二节　服装机械的基本机构

缝纫机械中采用了大量的、各种各样的基本机构，如连杆机构、凸轮机构和齿轮机构等。所谓基本机构，是指以最少量构件和运动副构成的最简单的机构。例如自由度为3的齿轮机构、凸轮机构和自由度为4的四连杆机构，以及有2个自由度的差动连杆机构、差动凸轮机构和差动齿轮机构等。针对这些机构，本章将简述它们的结构组成、功能、特点、类型及其在缝纫机中的应用。

一、平面连杆机构

平面连杆机构是由平面运动副（转动副和移动副）连接互做平行平面运动的构件组成的机构，又称为平面低副机构。在缝纫机械中有着非常广泛的应用。

最简单的平面连杆机构是由1个机架和1个转动件用的转动副组成的开式链机构。如工业缝纫机中所用的电动机，就是这样的机构，它是由转子和机架（定子）两个构件以转动副连接组成的。

最常用的平面连杆机构，是四杆机构和五杆机构，它们都是基本机构。平面多杆机构都是它们按一定方式组合而构成的。

平面连杆机构有许多优点。例如，能实现各种各样的动作、导向运动；能实现执行构件的各种各样的运动规律和运动轨迹；低副为面接触，比压小，磨损小，寿命长；运动副元素为圆柱面或平面，结构简单，易于加工和保证制造精度；运动副锁合方式简单，一般都可自行锁合。因连杆机构运动副都是低副，运动约束多，通常只可实现近似的精确运动。

（一）平面四杆机构的类型和应用

平面四杆机构的类型很多，为了方便分类和给四杆机构命名，先将四杆机构中的两连架杆（即与机架直接连接的构件）进行分类。两连架杆与机架用转动副或移动副连接。这样，连架杆有3类：转动、摆动和移动。如表1－2－1所示，四杆机构的连架杆归纳起来共有8类，即曲柄、摇杆、滑块、摇块、转块、转动导杆、摆动导杆和移动导杆。

表1－2－1　　　　连架杆的类型

运动形式 杆的类型	整　转	摆　动	移　动
杆	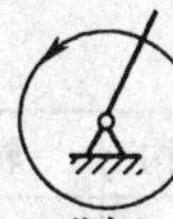 曲柄	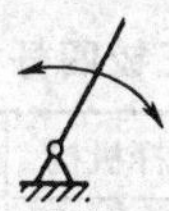 摇杆	
导杆	 转动导杆	 摆动导杆	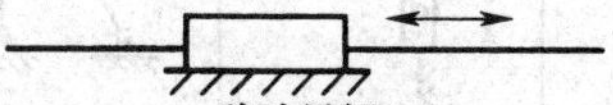 移动导杆
块	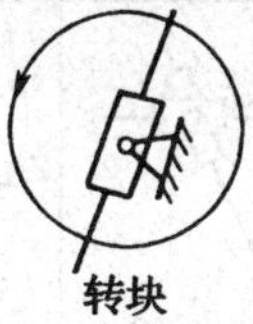 转块	 摇块	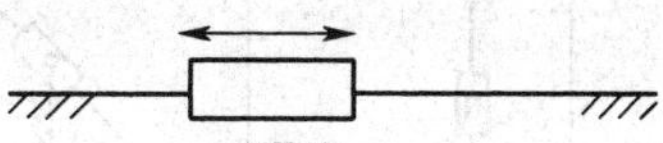 滑块

任何四杆机构都是由机架、2个连架杆和1个连杆（连接两连架杆的联动件）组成的。联动件可以是双铰杆、铰移杆和双移杆。其中两连架杆的类型和名称，决定着四杆机构的类型和命名。

理论上，上述8类连架杆都可以两两组合，包括两同名连架杆组合和异名连架杆组合，构成四杆机构。例如，以2个曲柄作为两连架杆，可构成双曲柄机构；以1个滑块作为连架杆，可构成曲柄滑块机构等。

铰链四杆机构是平面四杆机构的最基本形式，其两连架杆可以是曲柄或摇杆，故可组合成3种机构，见表1－2－2所示。这类四杆机构在缝纫机中应用很多，例如四连杆挑线机构、送料机构中的抬牙机构等，都用的是曲柄摇杆机构。

表 1-2-2　　　　　　　　　　　　铰链四杆机构

名　称	曲柄摇杆机构	双曲柄机构	双摇杆机构
简图	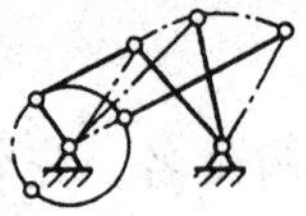	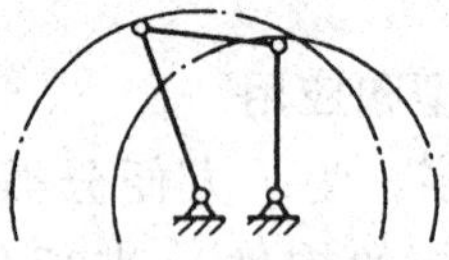	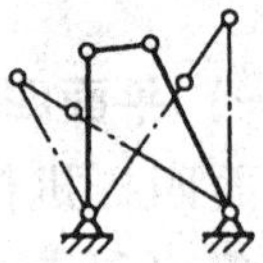
应用	刚体导向、平面曲线和实现运动函数等	刚体导向、平面曲线、再现函数（变速）等	近似直线、往复摆动等

一移三铰四杆机构，是由铰链四杆机构演变而得到的，它也有多种类型，如表 1-2-3所示。其中以曲柄滑块机构、导杆机构在服装机械中应用最多，如裁剪机的切刀机构、缝纫机中的刺料机构等用的都是曲柄滑块机构；缝纫机中摆梭传动机构的后置四杆机构就是导杆机构。

双移双铰四杆机构，也是由铰链四杆机构演变得到的，也有多种类型，如表 1-2-4所示。

表 1-2-3　　　　　　　　　　　　一移三铰四杆机构

名　称	曲柄滑块机构	转动导杆机构	摆动导杆机构	移动导杆机构	转块机构	摇块机构
简图			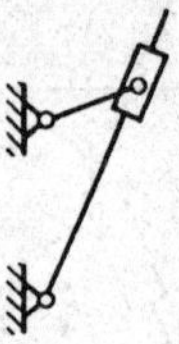		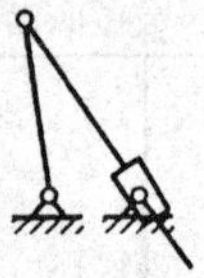	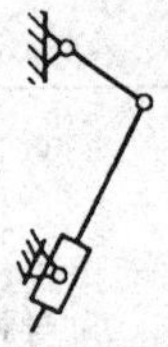

表 1-2-4　　　　　　　　　　　　双移双铰四杆机构

名　称	双滑块机构	双转（摇）块机构	摇块滑块机构	导杆滑块机构	正弦机构	正切机构
简图		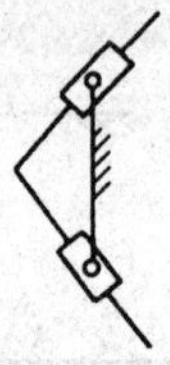	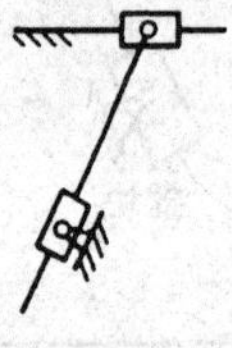	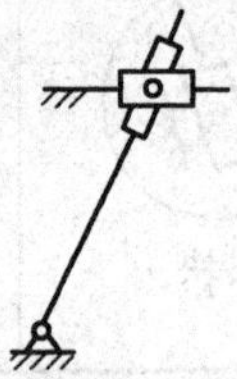	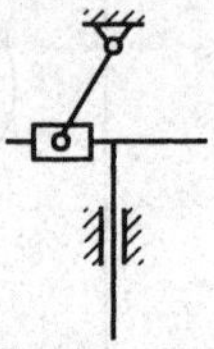	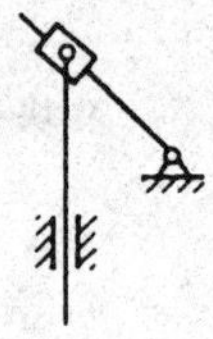

（二）平面五杆机构及应用

如前所述，平面五杆机构有 2 个自由度，是一种差动连杆机构，可用来实现运动的合成和分解，实现复杂的运动轨迹，因此，常用来作为组合机构中的基础机构。例如高速平缝机中的齿轮连杆挑线机构、各种缝纫机中的送料机构的基础机构。

图 1-2-1 所示的缝纫机送布机构的执行机构即是种五杆机构。它将抬牙机构和针距机构传来的运动合成为送布牙的运动轨迹。

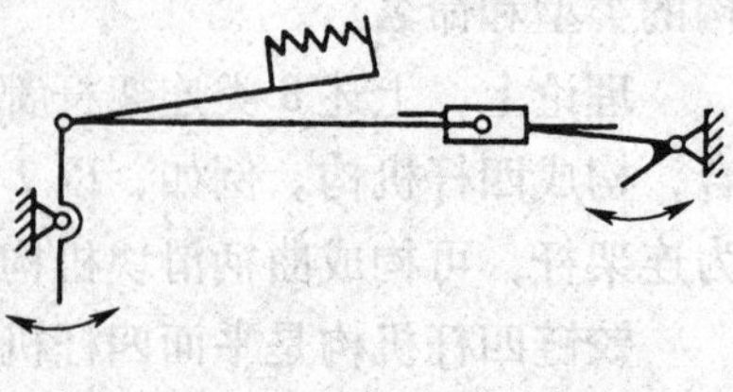

图 1-2-1　缝纫机送布机构

平面五杆机构的类型，细分有很多种，这里将不再赘述。

（三）平面六杆机构及其应用

平面六杆机构可以分为两大类：一类是多杆组合六杆机构，即可看成是由 2 个四杆机构的串联组合；另一类是六杆Ⅲ级机构，最典型的是图 1-2-2 所示的六杆机构。如果拆掉其中的机架和主动杆 1，余下的 4 个杆 6 个转动副所组成的杆组自由度为 0，常称为Ⅲ级杆组（其中构件 3 个转动副，称为Ⅲ级构型），因而称该机构为Ⅲ级机构。

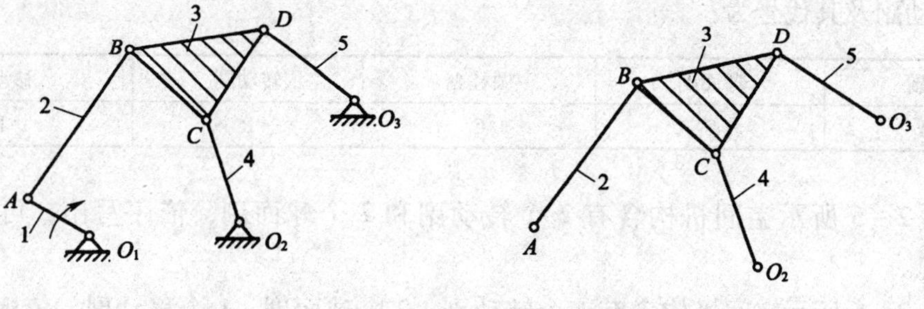

（a）　　　　（b）

图 1-2-2　典型Ⅲ级六杆机构

1~5—杆或构件　A~D—运动副

（a）机构简图　（b）Ⅲ级杆组

典型Ⅲ级六杆机构的各个转动副也都可以用移动副替代，故可细分为更多的类型。

Ⅲ级六杆机构在缝纫机械中也有很多应用。如图 1-2-3（a）所示，送料机构中的针距机构（在针距调节确定后），就是一个Ⅲ级六杆机构，其中杆组 2、3、4、5 为Ⅲ级杆组。

如图 1-2-4（a）所示为 541 型缲袖机送布机构简图，其中杆组 4、5、6、11 为Ⅲ级杆组，该机构属于Ⅲ级多杆机构。

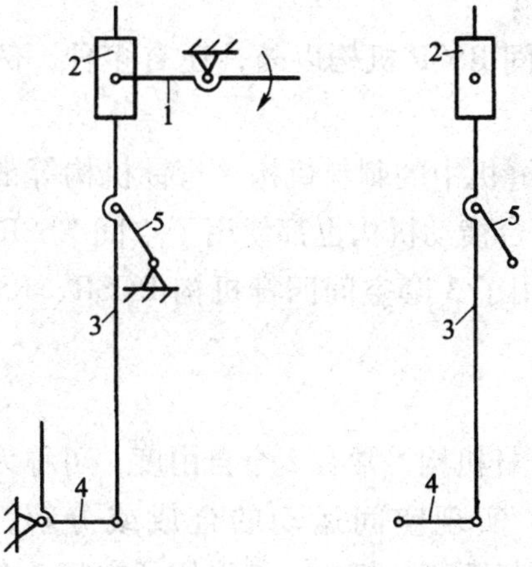

（a）　　（b）

图 1-2-3　HB500 型缲袖机针距机构

（a）机构简图　（b）Ⅲ级杆组

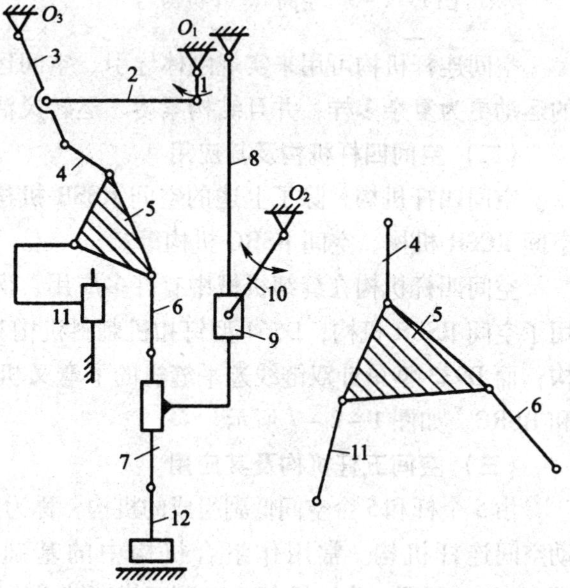

（a）　　（b）

图 1-2-4　541 型缲袖机送布机构简图

二、空间连杆机构

空间连杆机构，是由空间低副连接的彼此互做空间运动的构件组成的机构，也称为空间低副机构。缝纫机械中的空间连杆机构，多为空间四杆机构和空间五杆机构。

（一）空间连杆机构的类型和应用

空间连杆机构的类型，常用其所有运动副代号依序连写来表示。缝纫机械中空间机构常见的运动副及其代号为：

运动副	球面副	圆柱副	转动副	移动副
代号	S	C	R	P

图 1-2-5 所示空间机构含有 2 个转动副和 2 个球面副，依序写出，可称为空间 RSSR 机构。

图 1-2-6 所示空间机构含有 1 个转动副、2 个球面副、1 个移动副，依序写出，可称为空间 RSSP 机构。

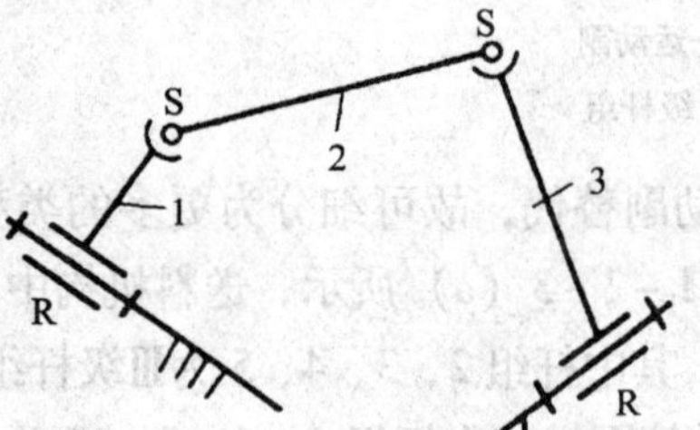

图 1-2-5 空间 RSSR 机构

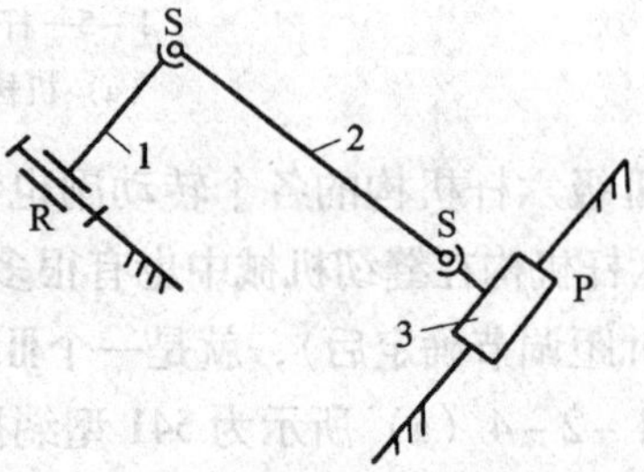

图 1-2-6 空间 RSSP 机构

空间连杆机构可用来实现刚体导引、空间运动轨迹和各种各样的运动规律。它能实现的运动更为复杂多样，并且结构紧凑、运转灵活可靠，在缝纫机械中的应用越来越多。

（二）空间四杆机构及其应用

空间四杆机构，除了上述的空间 RSSR 机构、空间 RSSP 机构以外，还有多种，例如空间 RCSR 机构、空间 RSRC 机构等。

空间四杆机构在缝纫机械中有许多应用，例如包缝机中的刺料机构、弯针机构等都采用了空间 RSSR 机构；D564 型钉扣机刺料机构和工作台横动机构也都使用了空间 RSSR 机构；而 D933 型单针双链线迹平缝机的下弯叉机构连用了 3 套空间四杆机构 RCSR、RSSR 和 RSRC，如图 1-2-7 所示。

（三）空间五杆机构及其应用

由 5 个杆和 5 个空间低副组成的机构，称为空间五杆机构，常有 2 个自由度，可称为差动空间连杆机构。常用作组合机构中的基础机构，实现空间运动的合成或分解。如图 1-2-8所示，为重机 MF860 型双线锁链式线迹缝纫机下弯叉机构，就采用了空间 2 个自由度的 RSSRR 五杆机构（O_2、5、6、7、8），它将另两个分支机构，即空间 RSSR 四杆机构（O_1、4、5）和平面机构（O_1、1、2、3、8）输入的运动，合成下弯叉 M 的复合运动。

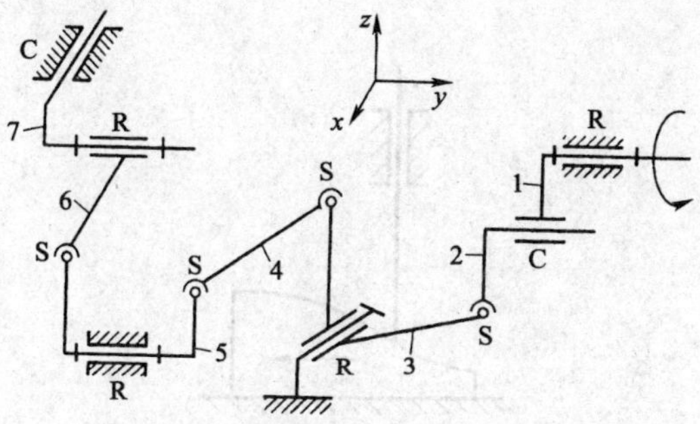

图 1－2－7　D933 型链式平缝机下弯叉机构

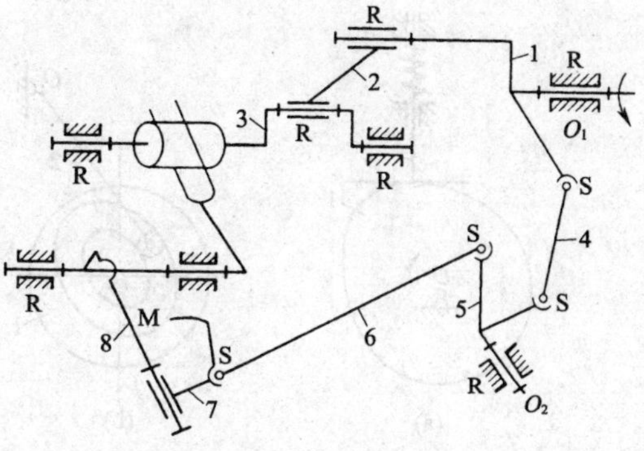

图 1－2－8　MF860 型缝纫机下弯叉机构

三、凸 轮 机 构

凸轮机构是以凸轮为主动件，从动件可实现精确的直动或摆动的三机构件机构。在缝纫机械中有广泛的应用。

（一）凸轮机构及其特点

凸轮机构属于高副机构，如图 1－2－9 所示。凸轮是一具有曲线轮廓或凹槽的构件，它常做连续转动，也有做摆动或往复直动的。从动件则按预定的运动规律做精确的往复直动或摆动。

凸轮机构的明显优点是：只要适当地设计凸轮廓线，就可使从动件实现任意预定的运动规律；而且结构简单紧凑，故障少，维护保养方便，设计容易。因此，它广泛应用于各种机械、仪器的操纵控制装置中。例如，自动机床的进刀机构和上料机构、内燃机的配气机构，以及纺织机、服装机械、印刷机械、包装机械和各种电气开关中都采用着凸轮机构。

凸轮机构也有缺点，如高副处为点线接触，易于磨损，常用于传力不大的控制机构。此外，凸轮廓线加工较难，高精度常需要特殊机床来制造。

（二）凸轮机构的类型

凸轮机构的类型很多，常见凸轮机构可分类如下。

1．按凸轮形状分类

（1）盘状凸轮　是凸轮的最基本形式，见图 1－2－9 所示，它是具有变化向径绕定轴转动的盘形构件，从动件与其做平行平面运动。

（2）移动凸轮　见图 1－2－10 所示，可看成回转中心在无限远处的盘状凸轮，其从动件在其平行平面内移动。

（3）圆柱凸轮　见图 1－2－11 所示，从动件与其做空间相对运动，因而属于空间凸轮。空间凸轮还可制成圆锥形、筒形和球形等。

盘状凸轮、移动凸轮与从动件组成平面凸轮机构，空间凸轮与从动件组成空间凸轮机构。

2．按从动件的触头形式分类

（1）尖底从动件　见图 1－2－10 所示，其优点是可与任意复杂轮廓的凸轮接触，实现任意运动规律。但尖底磨损快、寿命低，故只用于传力很小的凸轮机构中。

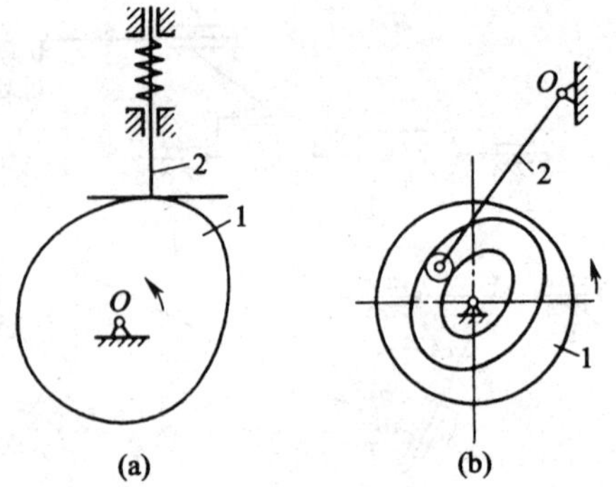

图 1－2－9　凸轮机构及其组成

1—凸轮　2—从动件

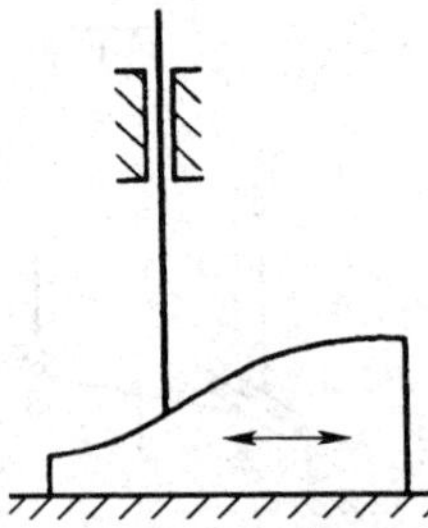

图 1－2－10　移动凸轮机构

（2）滚子从动件　见图 1－2－9（b）所示，摩擦小，磨损轻，可传递较大的力，故应用最普遍。

（3）平底从动件　见图 1－2－9（a）所示，平底与凸轮工作面之间易形成楔形油膜，能减小摩擦磨损，常用于高速凸轮机构中。但平底只能与轮廓全部外凸的凸轮组成机构。

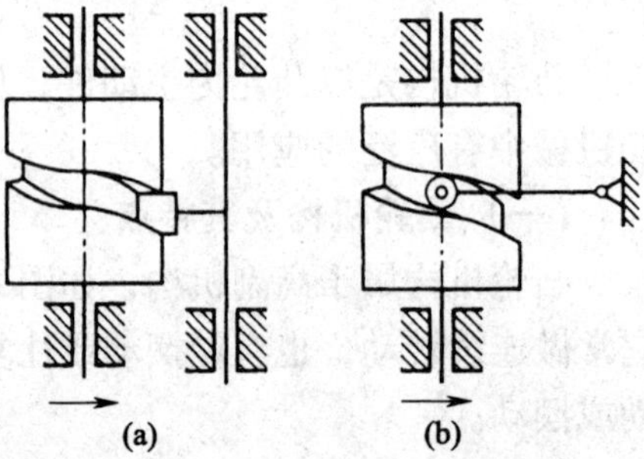

图 1－2－11　圆柱凸轮机构

按运动形式分，从动件又可分为直动从动件和摆动从动件，从而有直动从动件凸轮机构和摆动从动件凸轮机构。表 1－2－5 列举了常见的各种凸轮机构。

表 1－2－5　　凸轮机构的分类

类型		盘状凸轮			移动凸轮	圆柱凸轮
直动从动杆	对心式	对心尖底直动从动杆盘状凸轮机构 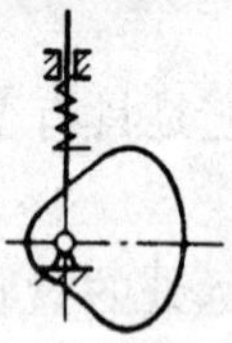	对心滚子直动从动杆盘状凸轮机构 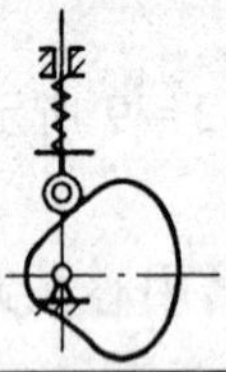	对心平底直动从动杆盘状凸轮机构 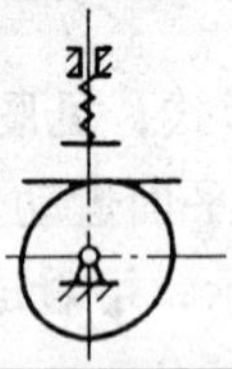	尖底直动从动杆移动凸轮机构 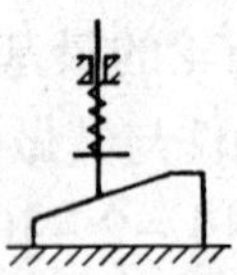	滚子直动从动杆圆柱凸轮机构 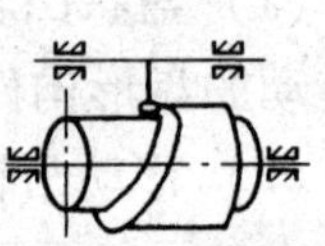
	偏置式	偏置尖底直动从动杆盘状凸轮机构 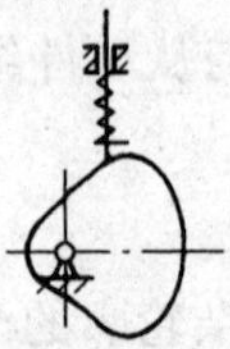	偏置滚子直动从动杆盘状凸轮机构 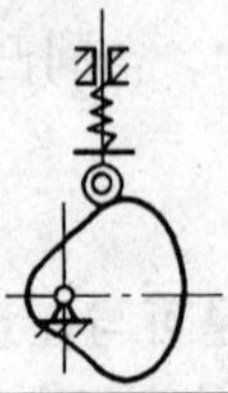	偏置平底摆动从动杆盘状凸轮机构 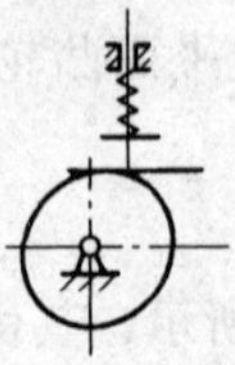	滚子直动从动杆移动凸轮机构 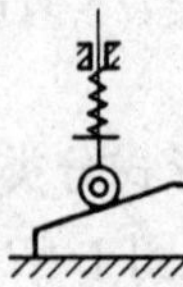	

续表

类型	盘状凸轮		移动凸轮	圆柱凸轮
摆动从动杆	尖底摆动从动杆盘状凸轮机构 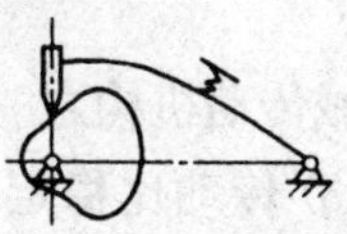	滚子摆动从动杆盘状凸轮机构 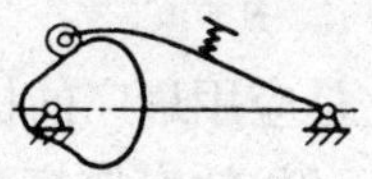	尖底和滚子摆动从动杆移动凸轮机构 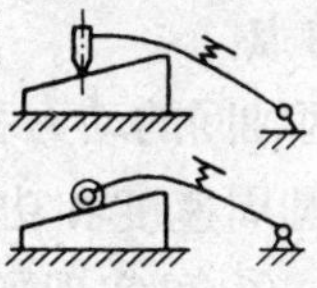	滚子摆动从动杆圆柱凸轮机构 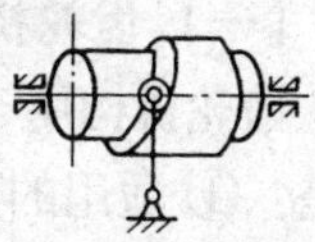

3. 按高副的锁合方式分类

(1) 力锁合凸轮机构　它利用弹簧力，见图 1－2－9（a）所示，重力或其他外力维持凸轮副始终接触。

(2) 几何锁合凸轮机构　它靠凸轮副元素的几何形状维持其始终接触，常见形式如下。

① 槽道凸轮机构，见图 1－2－9（b），从动件的滚子置于凸轮的槽道之中，保持与凸轮轮廓始终接触，锁合简便，且从动件运动规律不受限制，但将增大凸轮的尺寸和重量，且不能采用平底从动件。

② 等宽凸轮机构，见表 1－2－6 所示，凸轮不论转到何处，其轮廓同时与从动件上、下平底相切，保持接触。

③ 等径凸轮机构，见表 1－2－6 所示，其从动件装有轴心距不变的两个滚子，凸轮不论转到何处都与两滚子同时相切接触。

显然，等宽或等径凸轮的廓线，只能在 180°范围内自由设计，而在另外 180°范围内需根据等宽或等径的长件来确定。

④ 主副凸轮机构，见表 1－2－6 所示，由两个固装在一体上的凸轮组成，主凸轮控制从动件工作行程的运动，副凸轮控制从动件回程的运动。结构和设计都较复杂，但克服了等宽或等径凸轮的轮廓设计上的局限，从动件的运动规律可以在 360°范围内任意选取。

表 1－2－6　　凸轮机构的结构锁合

类型	等径凸轮	等宽凸轮	主副凸轮
示意图	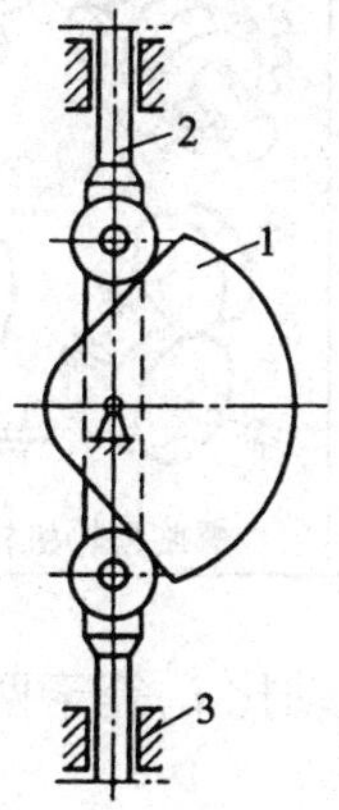 1—凸轮　2—从动杆　3—机架	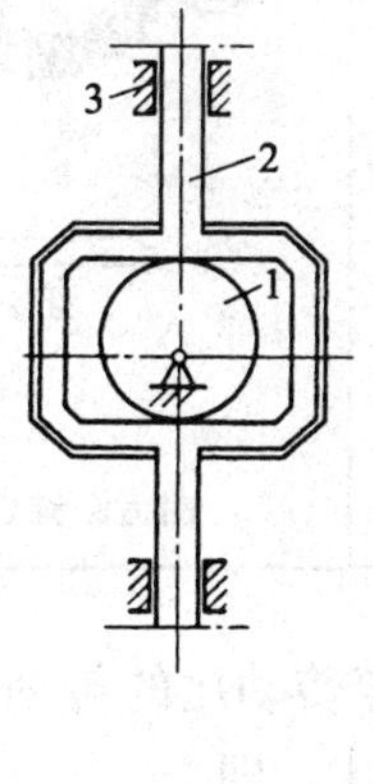 1—凸轮　2—从动杆　3—机架	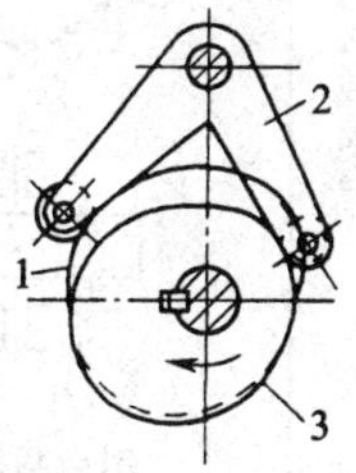 1—主凸轮　2—从动杆　3—副凸轮

四、齿 轮 机 构

通常齿轮机构用于运动和动力的传动，在缝纫机械中也有一定的应用，仅次于连杆机构和凸轮机构。

（一）齿轮机构的特点

齿轮机构用于传递两轴间的动力和运动，它是应用最广的机械传动机构之一。其主要优点是：① 适用的直径、圆周速度和功率范围广；② 效率较高；③ 传动比稳定；④ 寿命较长；⑤ 工作可靠性较高；⑥ 可实现平行轴、任意角相交轴和任意角交错轴之间的传动。缺点是：① 要求较高的制造和安装精度，成本较高；② 不适宜于远距离两轴之间的传动。

（二）齿轮机构的分类和应用

齿轮机构可以按两轴的相对位置和齿向来分类，见表 1-2-7 所示。

表 1-2-7　　齿轮机构类型

		两轴的相对位置		
		平　行	相　交	交　错
齿向	直齿	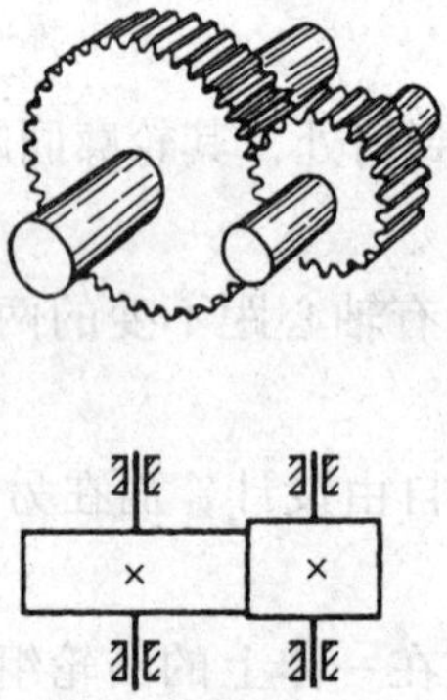 直齿圆柱齿轮机构	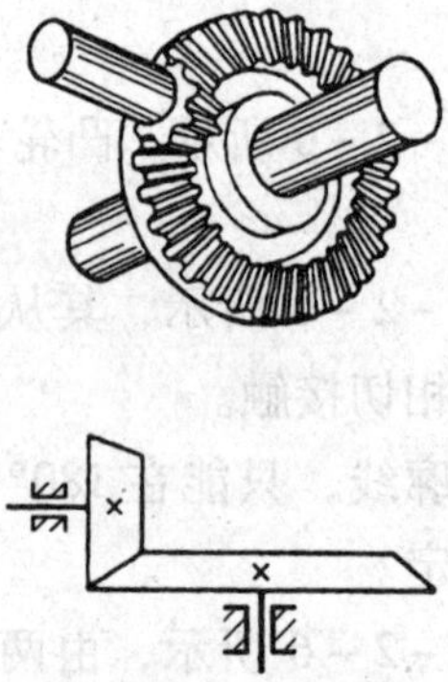 直齿圆锥齿轮机构	
齿向	斜齿或曲齿	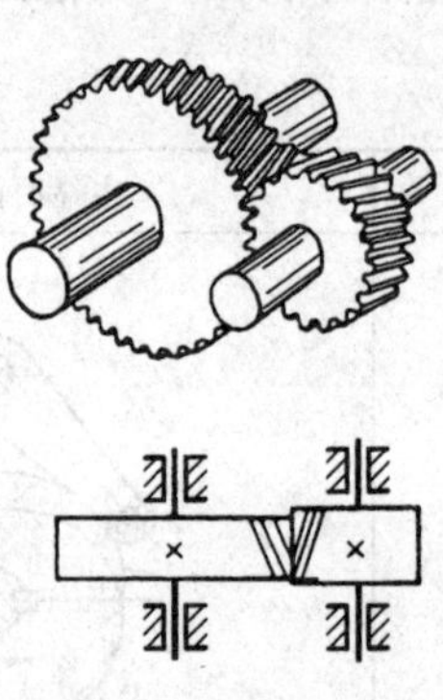 斜齿圆柱齿轮机构	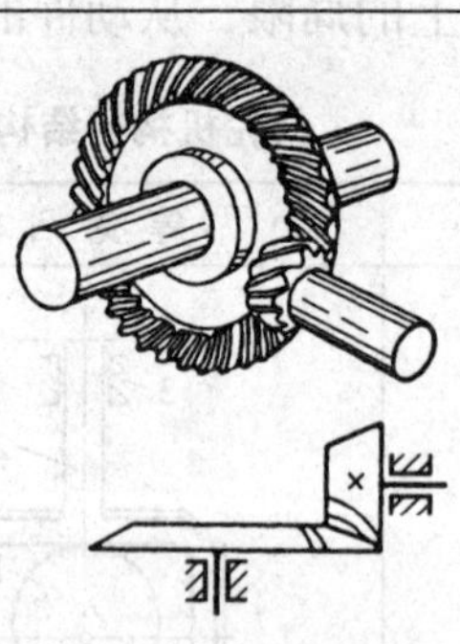 曲齿圆锥齿轮机构	 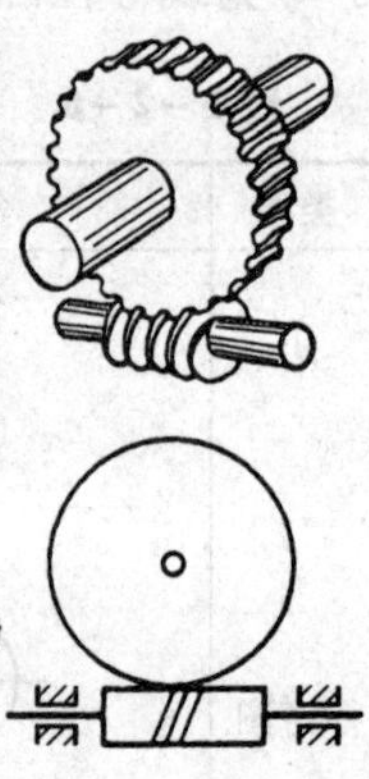 螺旋齿轮机构　蜗杆机构

齿轮机构在缝纫机械中多用于定传动比的传动机构，其传动比 i_{12} 等于两轴转速 n_1 和 n_2 之比，等于两轮齿数 z_1 和 z_2 的反比，即

$$i_{12} = n_1/n_2 = z_2/z_1$$

中速平缝机转锁的传动机构，采用的就是两对直齿圆柱齿轮机构。

图 1－2－12 所示为 GJ4－2 型钉扣机的部分齿轮传动系统，包括由主轴和下轴的两对直齿圆锥齿轮机构，以及传动针摆机构的蜗杆机构。

图 1－2－13 所示为 GJ2－1 型锁眼机齿轮传动系统，包含了更多种齿轮机构，如直齿圆柱齿轮机构、斜齿圆柱齿轮机构、螺旋齿轮机构和蜗杆机构。

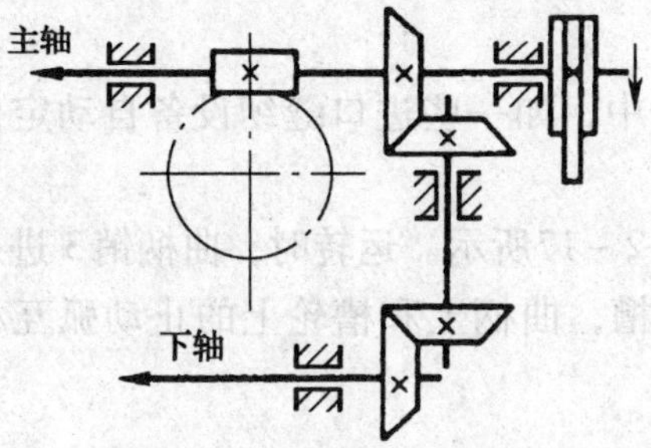

图 1－2－12　GJ4－2 型钉扣机的部分齿轮传动部分

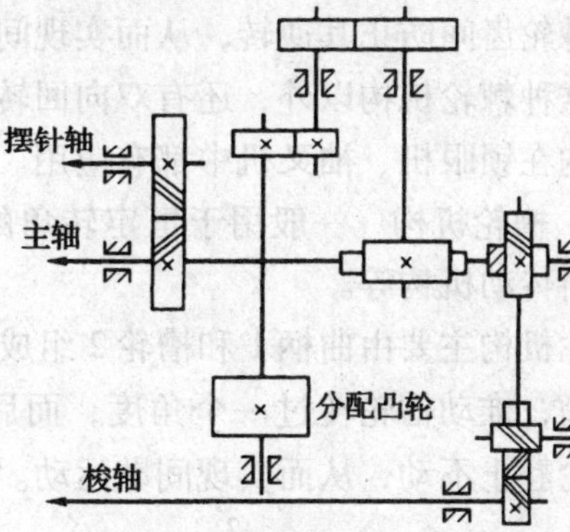

图 1－2－13　GJ2－1 型锁眼机齿轮传动系统

五、其他常用基本机构

在缝纫机械中常用其他基本机构，有带传动机构、螺旋机构以及间歇运动机构等。

（一）带传动机构

带传动机构，最简单的是由主动带轮 1，经带 2，将运动传给从动轮 3，如图 1－2－14所示。带的横截面形状有梯形、圆形、矩形等，分别称为 V 带传动机构、圆带传动机构、平带传动机构。由于缝纫机功率小，从电动机到缝纫机主轴的传动，多用圆带传动机构。

高速缝纫机主轴到旋梭轴的传动，常采用能实现定传动比的齿带传动机构，见图 1－2－15所示，既能确保定传动比，又能达到传动平稳，消除或减小噪声。

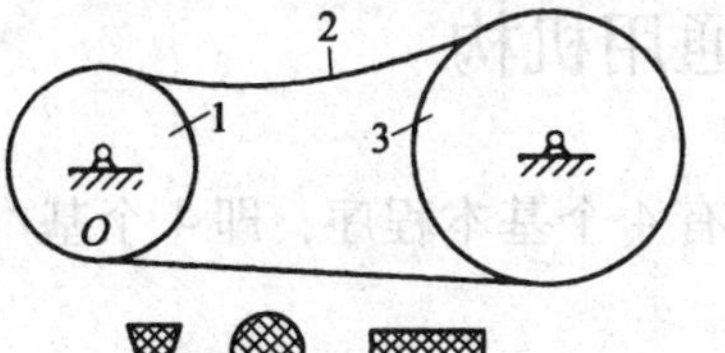

图 1－2－14　带传动机构

1—主动带轮　2—带　3—从动轮

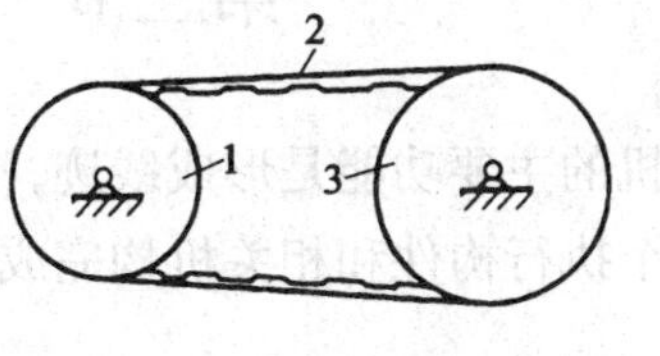

图 1－2－15　齿带传动机构

1—主动轮　2—齿带　3—从动轮

（二）螺旋机构

螺旋机构主要由螺杆和螺母构成，主要运动副为螺旋副。特别适用于微调机构。缝纫机中的针距调节机构，常采用螺旋机构。

（三）间歇运动机构

将主动件的连续转动或往复摆动转化为执行件的周期性的运动和停歇交替进行的机构，

称为间歇运动机构。这种机构在缝纫机械中也有一定的应用，如圆头锁眼机中的送料机构、多线链式缝纫机中的拉料机构等。常见的间歇运动机构如下。

（1）棘轮机构　如图1－2－16所示，主要由驱动棘爪1、棘轮3、制动棘爪4和机架5组成。驱动棘爪1装在往复摆动的摇杆2上。当摇杆逆时针摆动时，驱动棘爪嵌入棘轮齿间，推动棘轮转过某一角度；当摇杆顺时针摆动时，驱动棘爪滑过棘轮齿背，而制动棘爪插入棘轮齿间防止其逆转，从而实现间歇运动。

除这种棘轮机构以外，还有双向回转棘轮机构、无声棘轮机构、电磁式棘轮机构等。棘轮机构在锁眼机、袖叉机中都有应用。

（2）槽轮机构　一般用于恒定转角的分度机构中，如一些进口缝纫设备自动定位机构、送料传动机构等。

槽轮机构主要由曲柄1和槽轮2组成，如图1－2－17所示。运转时，曲柄销3进入槽轮径向槽，推动槽轮转过一个角度，而后退出径向槽，曲柄上和槽轮上的止动弧互相啮合，槽轮静止不动，从而实现间歇运动。

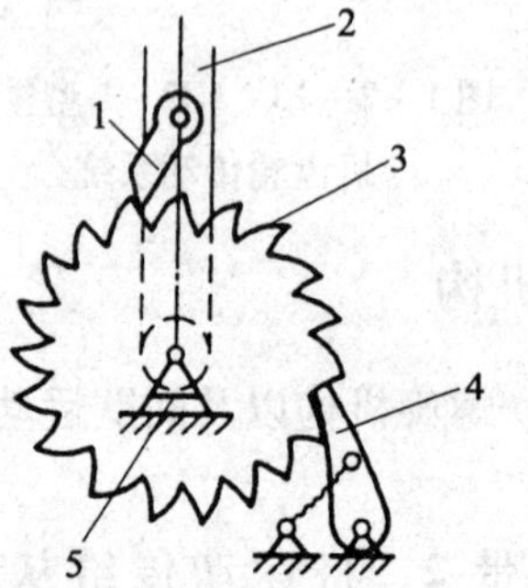

图1－2－16　棘轮机构

1—驱动棘爪　2—摇杆　3—棘轮　4—制动棘爪　5—机架

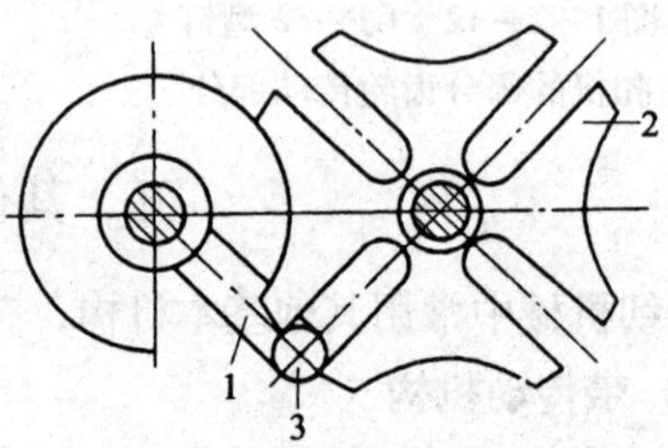

图1－2－17　槽轮机构

1—曲柄　2—槽轮　3—曲柄销

其他间歇运动机构还有很多，如缺齿齿轮机构、星轮机构等。

第三节　服装机械的通用机构

缝纫机的主要功能是形成线迹，形成线迹的过程有4个基本程序，即4个基本运动，分别由4个执行构件和相关机构完成。

一、缝纫机的基本运动机构

缝纫机的连续线迹是依赖按时序完成的4个运动完成的，而这4个运动是通过基本执行机构驱动其执行构件直接实现的。

（一）缝纫机的基本运动

缝纫机种类繁多，但形成连续线迹的基本运动是相同或类似的，共有4个。

（1）刺料运动　即面线穿刺过面料的运动。

（2）挑线（供线和收线）运动　即调整线迹形成过程的用线量的运动。

（3）钩线（成缝）运动　完成底、面线线环的穿（嵌）套的运动。

（4）送布（料）运动　使线迹能连续形成的运动。

（二）缝纫机的通用机构

各种缝纫机完成上述4个基本运动的执行构件和相应的机构是相同或类似的。

（1）刺料机构　又称穿针机构、针杆机构等，用以确保机针带线顺利穿刺面料，与钩线机构配合，完成线环的穿套（嵌套）。

（2）挑线机构　按输送和收紧缝线的方式完成线迹用线量的适时调整。

（3）钩线（成缝）机构　保证钩线器完成线环的穿套（嵌套）。

（4）送布（料）机构　确保形成一个线迹后按时准确地送出一个针距的面料。

二、刺料形成和刺料机构

缝纫机刺料缝针有4种基本刺料形式，实现这4种刺料则有相应的多种刺料机构。

（一）缝针刺料基本形式

缝针可分为直针和弯针，刺料形式可分为4种。

（1）垂直刺料　即缝针垂直刺入面料，形式如图1－3－1（a）所示，用于平缝机、套结机等。

（2）斜直刺料　即缝针倾斜刺入面料，形式如图1－3－1（b）所示，用于各类包缝机等。

（3）摆动直刺料　和上述刺料一样，用的是直针，在摆动下斜直刺入面料，形式如图1－3－1（c）所示，如钉扣机、平头锁眼机等。

（4）摆动弧形刺料　以弯针做摆动弧形刺料，形式如图1－3－1（d）所示，用于暗缝机等。

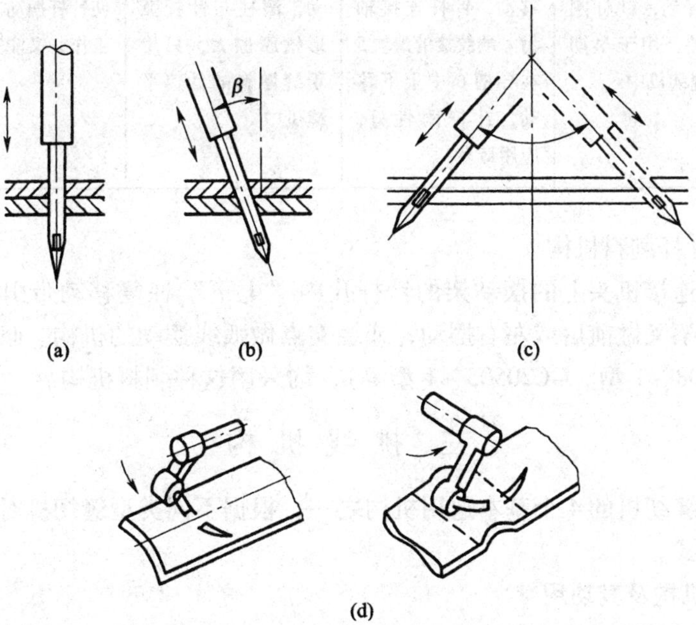

图1－3－1　机针的类型和刺料形式

（a）垂直刺料　（b）斜直刺料　（c）摆动直刺料　（d）摆动弧形刺料

（二）刺料机构及其基本类型

缝纫机在缝纫工作时，由针杆带动缝针（机针）引导缝线刺穿面料进行缝纫的机构，称为刺料机构（又称刺布机构、穿针机构、针杆机构）。按针杆运动方向固定或摆动，刺料机构可分为两种。

1. 直动式刺料机构

是指针杆在机头的针杆孔内只做上下往复直动，带动机针引导缝线刺穿面料，完成缝纫的机构。常用于平缝机、包缝机、套结机等。直动式刺料机构还可细分为曲柄连杆式、曲柄滑块式和曲柄滑槽式 3 种，见表 1－3－1 所示。

表 1－3－1　工业平缝机刺料机构类型及特点

机构类型	针杆直动式			针杆摆动式
	曲柄连杆式	曲柄滑块式	曲柄滑槽式	
机构简图	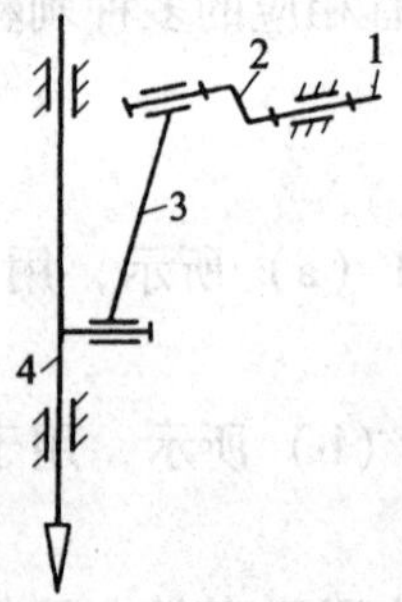	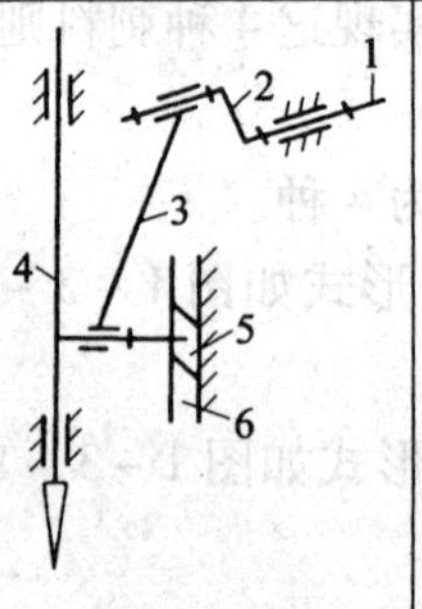	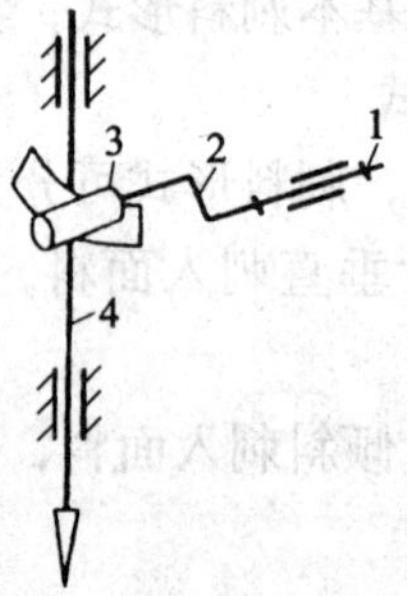	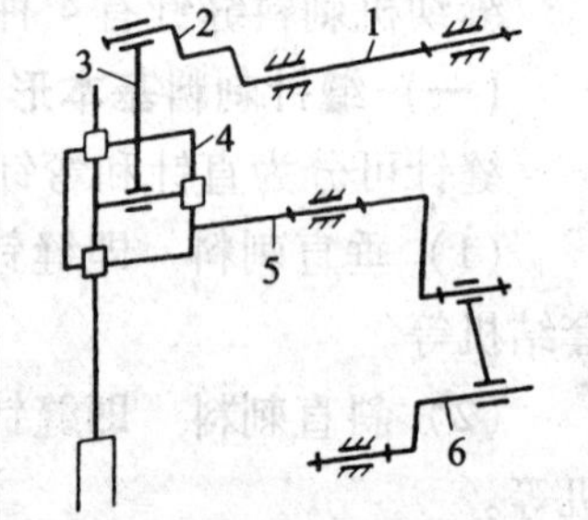
机构动作及特点	上轴 1 转动，通过针杆曲柄2、针杆连杆 3 传动针杆 4 上下直动，针杆刚度较差，用于早期工业缝纫机中	上轴 1 转动，通过曲柄 2 带动连杆 3，传动针杆 4 上下移动，针杆连接轴另一端铰接的滑块5 在导槽 6 中上下移动，针杆刚性好，应用最多	上轴 1 转动，通过曲柄 2 及滚柱 3 带动针杆 4 上下移动，滚柱与针杆弧形槽摩擦大，只用于缝厚料的低速平缝机中	上轴1 转动，通过曲柄 2、连杆 3，带动针杆 4 上下运动，送料轴 6 通过连杆机构带动摆轴 5，使针杆摆动。从而既能完成刺料工作，又能完成针送料任务

2. 摆动式针杆刺料机构

是指针杆在连接机头上的摆动架的针杆孔内“上下”往复移动带引缝线刺穿面料进行缝纫时，摆动架又做前后或左右摆动，或绕支点做弧线摆动的机构。暗缝机、需要针送料的平缝机（GD8－1 型、GC20505－1 型等），均采用这种刺料机构。

三、挑 线 机 构

挑线机构是缝纫机的 4 个基本通用机构之一，根据不同类型缝纫机对供线和收线的需要，它有多种形式。

（一）挑线机构及其功用

缝纫机在缝纫时形成线迹的过程中，起着输送、回收针线并收紧线迹作用的机构，称为挑线机构。其作用是：

（1）当缝针（机针）下降进行刺料时，将缝线从其卷装中拉出，提供线环形成时增多的用线量。

（2）当缝针向上回退时，回收线环形成后多余的用线量，并收紧线迹。

（二）挑线机构基本类型和特点

挑线机构类型很多，在工业缝纫机中常用的挑线机构可归纳为4类，即凸轮式、连杆式、旋转式和针杆式。

- 挑线机构
  - 凸轮式
  - 连杆式
    - 曲柄摇杆式
    - 摆动导杆式
    - 齿轮五杆组合式
  - 旋转式
    - 旋转盘式
      - 单旋转盘式
      - 双旋转盘式
    - 异形端旋转片式
  - 针杆式

各类挑线机构的结构简图、组成和工作特点见表1-3-2所示。

表1-3-2　挑线机构的类型及特点

类　型	结构简图	结构组成、运动及工作特点
凸轮挑线机构	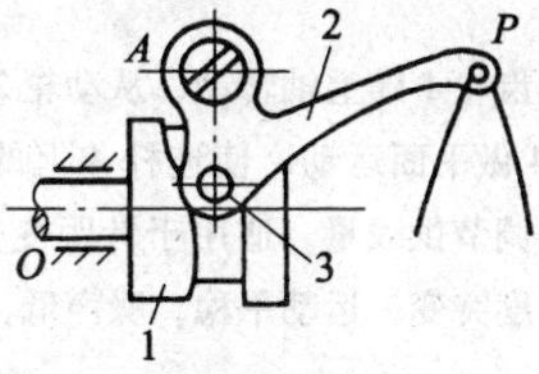	圆柱凸轮1装在上轴的前端，随上轴转动，通过滚柱3驱动挑线杆2绕轴线A摆动，完成供线和收线工作。具有良好的挑线性能，凸轮副易磨损，噪声较大，传力小，只用于低速平缝机中
连杆挑线机构	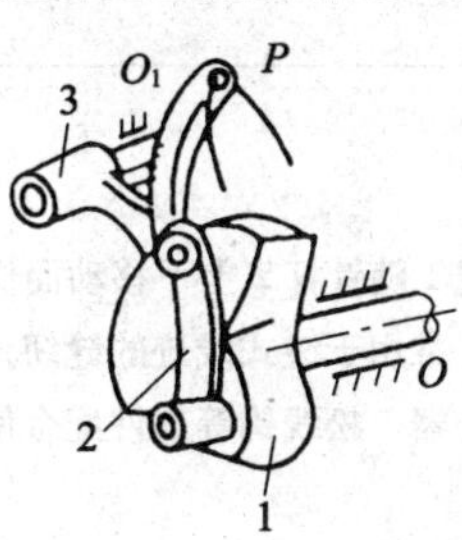	曲柄1随上轴转动，带动连杆2、摇杆3运动，使装置在连线上的挑线杆孔做曲线轨迹运动，完成供线、收线；结构简单、磨损小，寿命长，运转平稳，噪声小，用于中、高速平缝机中
滑杆挑线机构	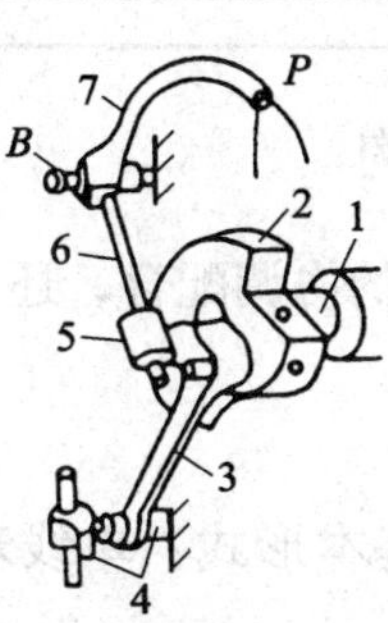	曲柄1随上轴转动，在连杆2和滑块3的制约下做平面运动，与连杆2铰接的滑块4做曲线运动，驱动滑杆6绕轴线B摆动，挑线杆7随之摆动挑线孔完成供线收线。能适应高速，但制造复杂，造价高，应用不广（图中5为摇块）

续表

类　型	结构简图	结构组成、运动及工作特点
异形端旋转片式挑线机构	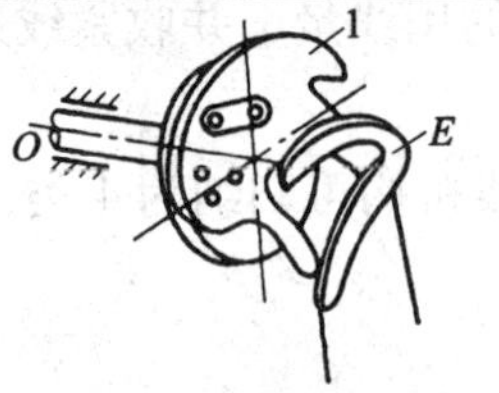	旋转片 1 随上轴转动，其异形端部 E 完成供线，收线 结构简单，无附加动负荷，不需要专门润滑系统，可适用于超高速平缝机。异形端部形状复杂，难加工，应用不广
单旋转盘式挑线机构	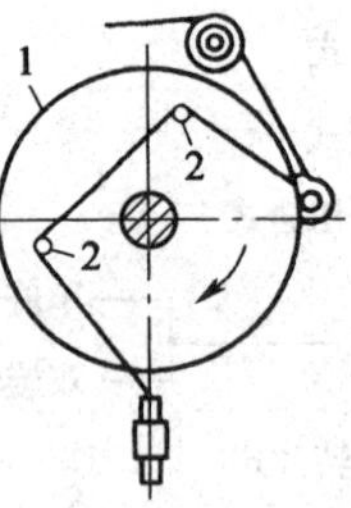	执行件由若干圆片 1 叠合而成，片间装有滚柱 2 构成整体，圆盘随上轴旋转，由滚柱完成挑线任务。一般用于低速缝纫中。高速时易产生滚柱重绕，断针线，且穿线过程复杂
双旋转盘式挑线机构	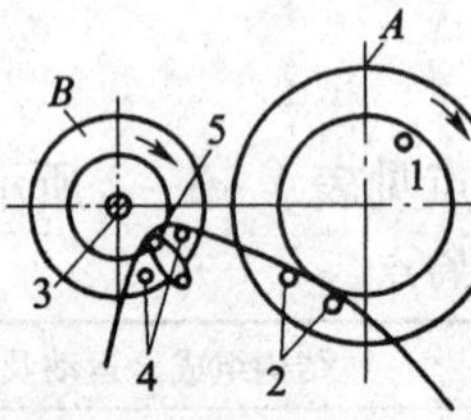	大圆盘 A 上有两个滚柱 2，随上轴 3 转动，小圆盘 B 上也有两个滚柱 4 和一个销子 5，当两盘同向转动时，滚柱与销子共同完成挑线，适于高速。但结构复杂，占空间多，仅在少数机器上采用（图中 1 为销轴）
齿轮连杆挑线机构	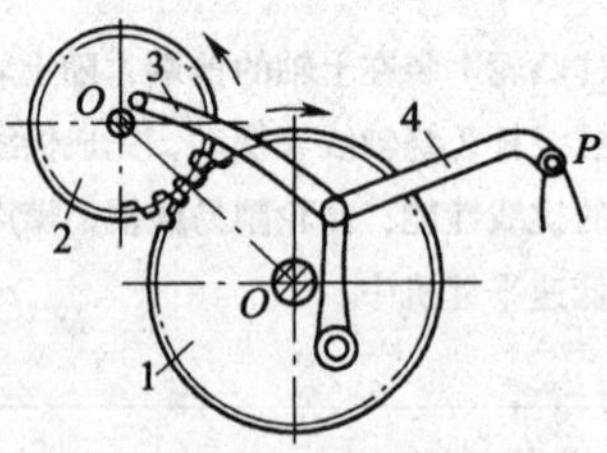	主动齿轮 1 随上轴转动，从动轮 2 逆向转动分别带动连杆 3、4 做平面运动，使连杆 4 上的挑线孔完成供线、收线。可调节供线量，适用于针距变化大或曲折缝平缝机，没有速度突变，运动平稳，噪声低，用于高速平缝机，结构复杂
针杆挑线机构	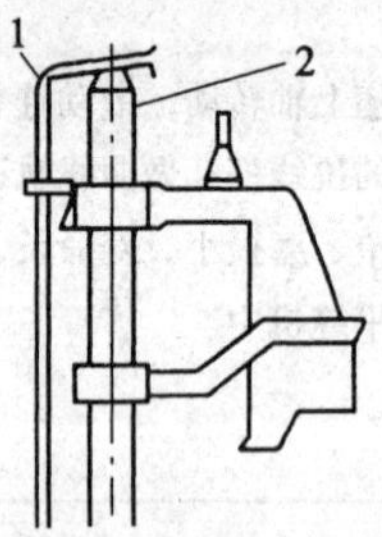	面线 1 随针杆 2 上下移动而供线和收线，供、收线量都不大，常用于链式线迹的缝纫，如钉扣机、暗缝机等。需和张力器、松线钩等部件配合使用

四、钩 线 机 构

形成线迹的线环，不仅要有刺布机构和挑线机构的协调配合，还要有成缝器的钩线与之穿套或嵌套。通常钩线机构亦称成缝机构。

（一）线环基本形式

线迹中线环的结构关系（穿套和嵌套）有 3 种基本形式：单线环穿套、双线环穿套和两线嵌套（绞合穿套），如图 1-3-2 所示。

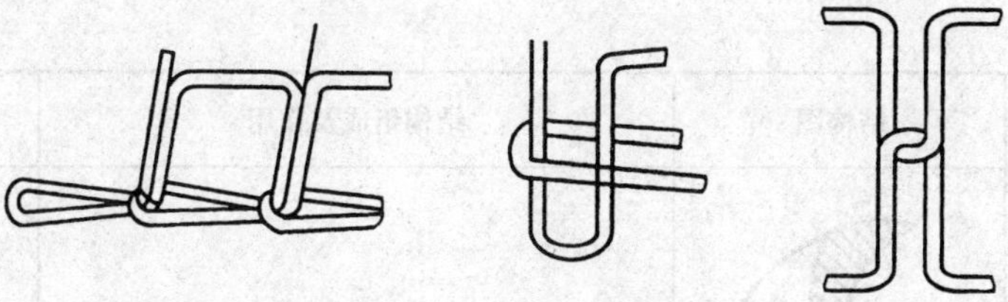

(a)　　(b)　　(c)

图 1－3－2　线环的基本结构形式

（a）单线环穿套　（b）双线环穿套　（c）两线环嵌套

（二）线迹形式

3 种线环的穿套形成两种基本线迹类型。

（1）锁式线迹　线迹中的线环互相嵌套（绞合穿套）。其特点是：线迹结构简洁紧密，用线量少，缝料正后面的线迹一致；但弹性较差，强度较低，以梭芯供应底线，底线储存量有限。

（2）链式线迹　线迹中的线环互相穿套。其特点是：强度较高，有弹性（有一定用线余量），有一定装饰性，大卷装供线，效率高；但用线量较大，缝线张力调整要求较高，线迹结构不够紧密。

（三）成缝器的基本形式和结构

成缝器是在面料上形成各种线迹所必需的基本构件之一。其作用是钩住、带走、拉长、扩大针线环，引导线轴旋转供线，从而实现缝线之间的交织，以形成各种不同的线迹。

成缝器的基本形式有：线钩（带线弯针）、叉钩（不带线弯针）、旋转钩和梭子 4 种。其中线钩和梭子都带有缝线（底线），叉钩和旋转本身不带缝线。线钩的功能是形成于穿套线环；叉钩和旋转的功能是把面线或别的线钩上的缝线钩住并转套于其他成缝构件上而相互穿套连接成各种线迹。

表 1－3－3 列举了 4 种成缝器的结构和功能。

表 1－3－3　　成缝器基本形式及其结构、功能

成缝器形式	结构图	结构组成及作用	形成的线迹
线钩	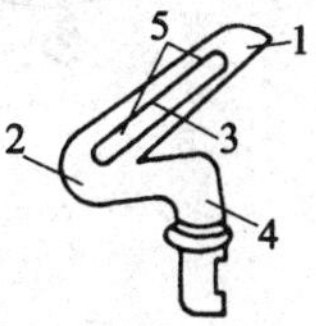	由钩头 1、钩杆 2、钩槽 3、钩柄 4 和穿线孔 5 组成。钩头用来穿过线环，钩槽用来引导底线，钩柄用来固装于弯针架上	包缝线迹；双线链缝线迹；绷缝线迹
叉钩	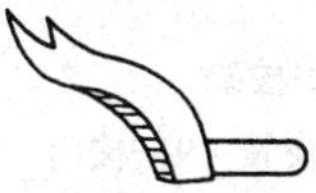	将其他线钩上的缝线叉送到机针的运动位置，钩头分有叉和无叉两类	双线包缝线迹

续表

成缝器形式	结构图	结构组成及作用	形成的线迹
旋转钩		钩的尖嘴用来穿过直针线环，将其拉长、扩大，以便直针第二次穿刺缝料后穿入而形成单线链式线迹	单线链式线迹
梭子（旋梭、摆梭）	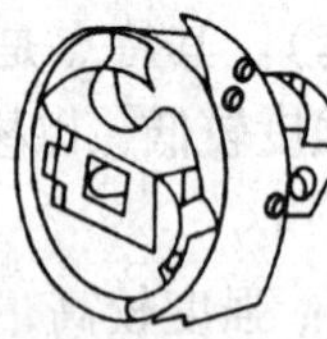	摆梭结构简单、造价低，但有径向惯性力，会引起梭床导轨、摆梭托两端及摆梭自身的磨损，只用于家用缝纫机及少数低速缝纫机上 旋梭匀速旋转，运转平稳，噪声小。适用于现代中高速缝纫机	锁式线迹

（1）旋梭　结构如图1－3－3所示，旋梭组件的主要零部件有：

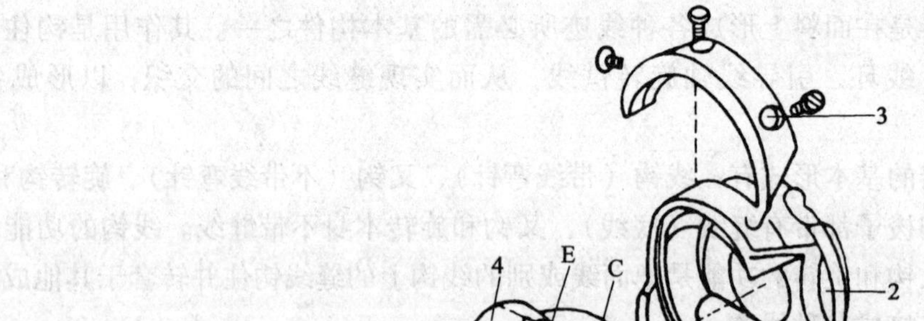

图1－3－3　旋梭的结构

1—导线片　2—梭壳　3—脱线钩　4—梭架

5—梭芯　6—梭芯套　7—梭架定位钩　8—梭皮簧　9—梭门

A—梭尖　B—梭根　C—环形导轨　D—凹槽　E—定位槽　F—芯轴

① 梭壳。用螺钉紧固在下轴上，以 $2n$（n 为缝纫机转速 r/min）转速沿梭架上的环形导轨 C（导向齿）高速运转。利用其上的梭尖 A 穿进针孔附近的针线环。梭壳内壁的凹槽（导向槽）D 与梭架上凸起的导向齿 C 相配合。

② 脱线钩。用螺钉附装在梭壳上，为一块半月形导板。作用一是用来压住环形导轨 C，使其与凹槽 D 相配合，防止梭架从梭壳内脱落；二是利用其上的弯形尖尾，在针线环收缩过程中，接住从针尖上脱出的线环，在挑线杆挑线时对线环起着导向作用。

③ 导线片（大梭皮）。是一片弹簧钢片，用螺钉坚固在梭壳的外侧，用来限制被梭尖钩住一针线环在梭根 B 处向外滑脱。其弧形边缘有助于收紧线迹中的底线。

④ 梭架。其环形导轨 C 的 2 个端尖是用来钩住针线环的一支，起到控制分线、脱线时间的作用。梭架端面有定位槽 E，由固定在机壳底板上的梭架定位钩 7 卡在槽内。因此，当梭壳随下轴高速转动时，梭架不会转动。梭架底部中心处的芯轴 F 是用来支持梭芯套和梭芯的。

⑤ 梭芯。活套在梭芯套的空心轴上，是一个绕有梭线（底线）的线架。缝纫中，当梭线被抽动时，它绕芯轴自由转动以供线。

⑥ 梭芯套。容纳并支撑梭芯。其中央有一空心轴，套在梭架芯轴 F 上，并由梭门 9 把它固定在梭架上，工作时不随梭壳转动。梭芯套外表装有梭皮簧 8，以调节梭线的张力。

⑦ 梭架定位钩。一端固定在机壳底上，一端凸缘嵌在梭架定位槽 E 中，以防止梭架转动，使其固定在正确的位置上。

（2）摆梭　结构如图 1－3－4 所示，摆梭组件的主要零部件有：

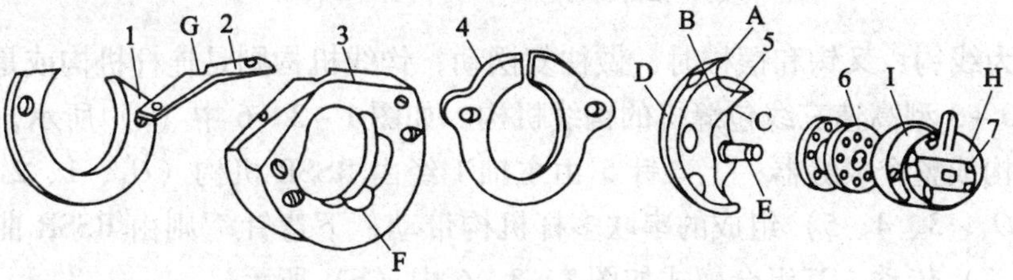

图 1－3－4　摆梭结构

1—梭床圈　2—梭盖　3—梭床　4—梭芯套定位圈　5—摆梭　6—梭芯　7—梭芯套

A—钩线尖　B—锥面　C—弧面　D—导轨环　E—摆梭轴

F—导轨槽　G—切口　H—梭门　I—梭皮簧

① 梭床圈。通过销钉孔与梭床上的销钉连成一体，为摆梭导轨槽的一部分。

②梭盖。用两只螺钉固定在梭床上，切口 G 供机针通过以及面线环从梭装置中抽出之用。

③ 梭床。用两只螺钉将其固装在缝纫机底板上，其内导轨槽 F 与摆梭上的导轨环 D 相配合。

④ 梭芯套定位圈。用两只螺钉将其固装在梭床上，使梭芯套静止不动。

⑤ 摆梭。在梭床的导轨槽中往复摆动。钩线尖 A 用来钩住面线环以构成线迹。锥面 B 使面线环顺利绕过梭芯套。弧面 C 用来收紧线迹中的底线，并从梭芯中抽出底线。

⑥ 梭芯。与旋梭梭芯相同。

⑦ 梭芯套。中央空心轴套在摆梭轴 E 上，定位圈使其不能绕梭轴转动。梭门 H 将其固定在梭轴上，其外表装有梭皮簧 I 以调节底线张力。

（四）成缝器的传动机构

钩线机构，即成缝器的传动机构，因成缝器整体运动形式不同而不同。成缝器为旋梭或旋转钩时，做连续转动，其传动机构大多是圆锥齿轮定轴轮系，见图 1－3－5 中（a）所示，或同步齿带传动，见图 1－3－5 中（b）所示。

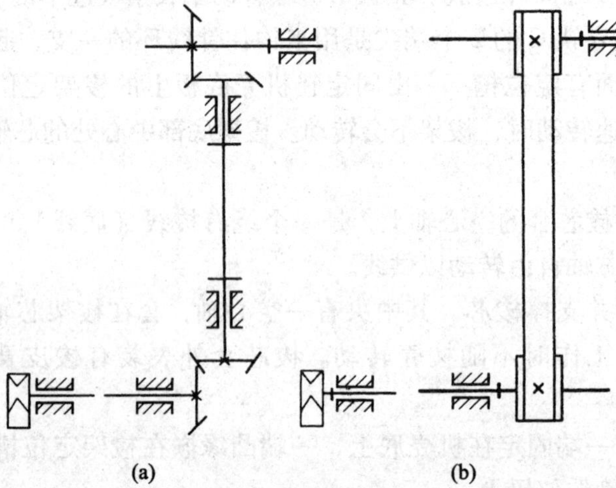

图 1－3－5　传动旋梭或旋转钩的钩线机构

（a）锥齿轮轮系　（b）同步齿带传动

成缝器为线钩、叉钩和摆梭时，做往复摆动，钩线机构则是连杆机构或是多杆组合机构，如 GN20－3 型高速三线包缝机的钩线机构。如图 1－3－6 中（a）所示，其上弯针 5′和下弯针 7′构成整个成缝器；上弯针 5′由主轴 1 经由 RSSR 机构（O_1、1、2、3）和平面四杆机构（O_3、3、4、5）组成的串联多杆机构带动；下弯针 7′则由 RSSR 曲柄摇杆机构（O_1、1、6、7）传动，其组合模式如图 1－3－6 中（b）所示。

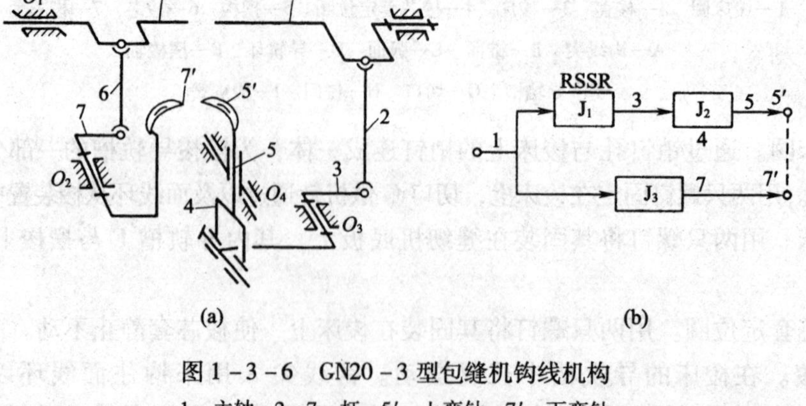

图 1－3－6　GN20－3 型包缝机钩线机构

1—主轴　2～7—杆　5′—上弯针　7′—下弯针

（a）机构简图　（b）组合模式

五、送 料 机 构

送料机构，又称为送布机构、缝料输送器等。送料机构的送料方式可以分为两大类：摩擦送料和精确送料。送料方式不同，执行的机构也有所不同。

（一）缝纫机的送料方式

将缝料按一定量和一定方向移送的构件称为缝料输送器，一般由送布牙和压脚组成。有些机种机针或其他构件也参与送布，以满足不同性质的缝料对送布机构的要求。

缝料输送方式（送布方式）很多，不同机种加工不同缝料要采用不同的送布方式。综合现代缝纫机的送布机，可分为两大类：一是摩擦式（齿式）送布，二是托架或夹板式送布，具体分类如下：

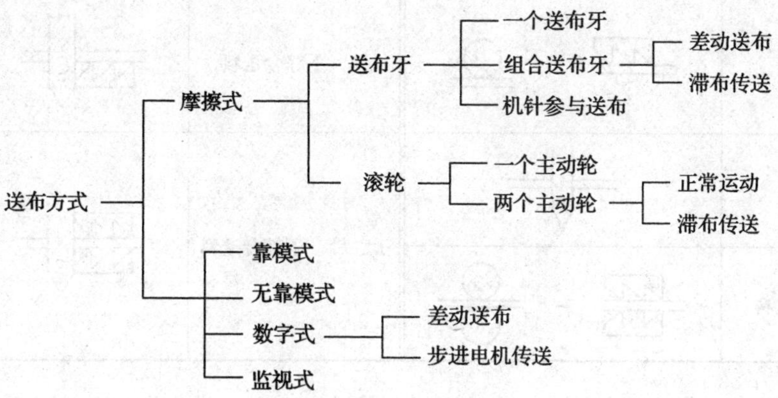

（1）送布牙　是表面具有相同高度的锯齿牙的扁平零件，它和压脚配合将缝料移送一个针距，形成一个线迹。不同缝纫机上采用的送布牙是不相同的，在单针平缝机上送布牙可有一排或两排牙齿的，一般为三排牙齿，后者能防止缝料横向移动，送料稳定。双排牙齿便于缝边线缝，多用在包缝机上。

（2）滚轮　在某些专门缝制厚料以及缝制皮革、油布和皮鞋的缝纫中，常采用滚轮或滚轮与送布牙组合送料。滚轮送布分单滚轮和双滚轮两种。

（3）靠模式　许多半自动缝纫机是通过托架代替布牙完成送料的。托架能沿规定方向和确定的运动长度把缝料送至机针下方，它是靠模板圆盘的凸轮装置来驱动的。钉扣机夹子移位和锁眼机缝料进给，就是用的这种装置。

（4）无靠模式　在加工服装小型制件（衣领、袖口等）的外围线以及把各种贴花、标签和商标缝在制件上时，就采用无靠模式送料。它是由一组彼此间铰接在一起、转速各不相同且具有规定长度的连杆，通过组合运动，使制件得到规定的线迹的。

（5）数字式　用程序元件（穿孔纸带、磁带和胶卷等）按所要缝制的线缝外形，编制好程序，通过程序控制步进电机，带动送料托架，以缝制各种导线缝。可缝制准确性高的很复杂的线缝。如德国阿德勒公司生产的 GCM－80 型缝纫机，就采用此种送布方式。

（6）监视式　又称为跟踪法，送料是把制件送到工作面的传送线上。在缝纫过程中，监视装置系统可以从移动程序图上计算出托架移动的数值。

带有光电管跟踪装置的缝纫机，由光电管负责“感觉”被加工件的边缘，以控制机头的运动，使缝纫机头沿着缝料切边缝制。

送料的具体形式是指送料构件作用于缝料的方式，其基本形式有三种：下送料、上送料和针送料。送料形式可为上列某一种基本形式，也可为两种或三种基本形式的组合，如表 1－3－4 所列。

表 1－3－4　　送料形式

送料形式	示意图	送料形式	示意图
下送料	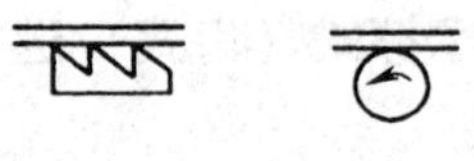	上、针综合送料	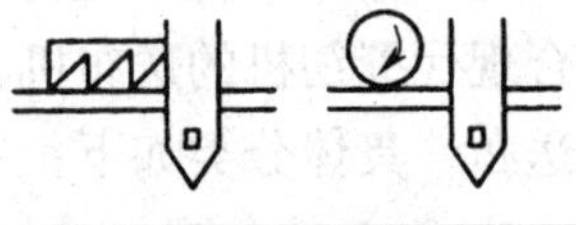
上送料		针、下综合送料	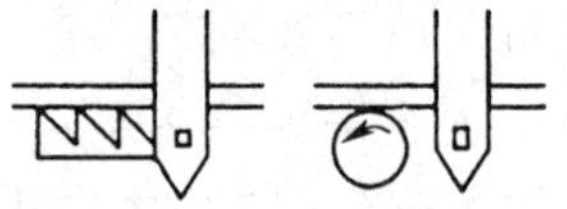
针送料	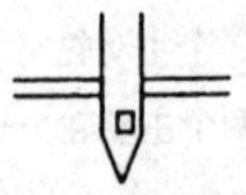	上、针、下综合送料	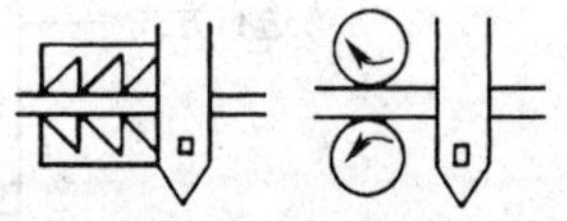
上、下综合送料			

从该表可见，无论是上送料形式还是下送料形式，均可分为送料牙传送与滚轮传送两种。送料牙传送应用最广，它可防止在收紧线迹时出现皱褶。此外，机针参与送料，可减少缝料层之间相对错动的可能性，有利于形成无皱缩线缝。

（二）缝纫机的送料机构

为形成精确的线迹，缝纫机送料机构，必须精确地与前述 3 种机构（刺料机构、挑线机构和钩线机构）按设计的时序，协调地送料：即按时让缝料输送器（送布牙或滚轮等）与面料接触；按时移动一个针距。这就要使缝料输送器（如送布牙）按图 1－3－7（c）所示轨迹运动。因此，各种缝纫机的送料机构多用并联组合机构来构成，其基础机构应是差动五杆机构或差动凸轮机构，两分支附加子机构即抬牙机构和针距机构多用连杆机构。图 1－3－7（a）所示为 HB500 型绱袖机的下送料机构，其基础机构 J_0 为五杆差动机构（O_3、4、5、8、7）；抬牙机构 J_2（O_1、1、6、7）为四杆机构；针杆机构 J_1（O_1、1、2、3、5、4）为Ⅲ级六杆机构。当缝纫机主轴转动时，就带动机构 J_1 和 J_2，并经机构 J_0 将两个机构合成为送布牙 M 升→进→降的轨迹运动，每循环 1 次，即实现 1 个针距的送料。

图 1－3－8（a）所示为 LH－1182 型机针送布机构。它由基础机构 J_0 即差动五杆机构（O_1、1、2、3、4）附加串联多杆机构 J_1（O_4、8、7、6）和 J_2（O_3、6、5、4）组成，是个并联多杆组合机构，其组合模式如图 1－3－8（b）所示。其中构件 1 和 8 为主动件，构件 3 为针杆，执行送布动作。

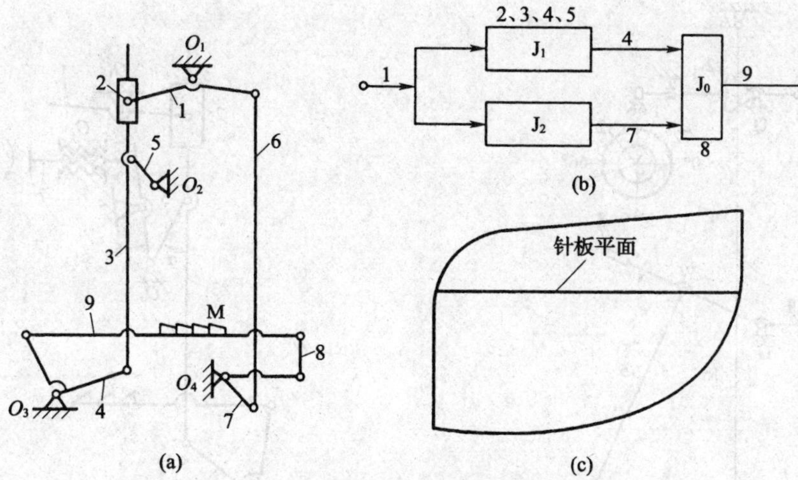

图 1-3-7　HB500 型绱袖机下送料机构

（a）机构简图　（b）组合模式　（c）送布牙齿尖的运动轨迹

1—偏心轮　2—导块　3—送布导杆　4—送布摇杆　5—针距调节连杆

6—抬牙连杆　7—抬牙摇杆　8—抬牙连杆　9—送布牙架

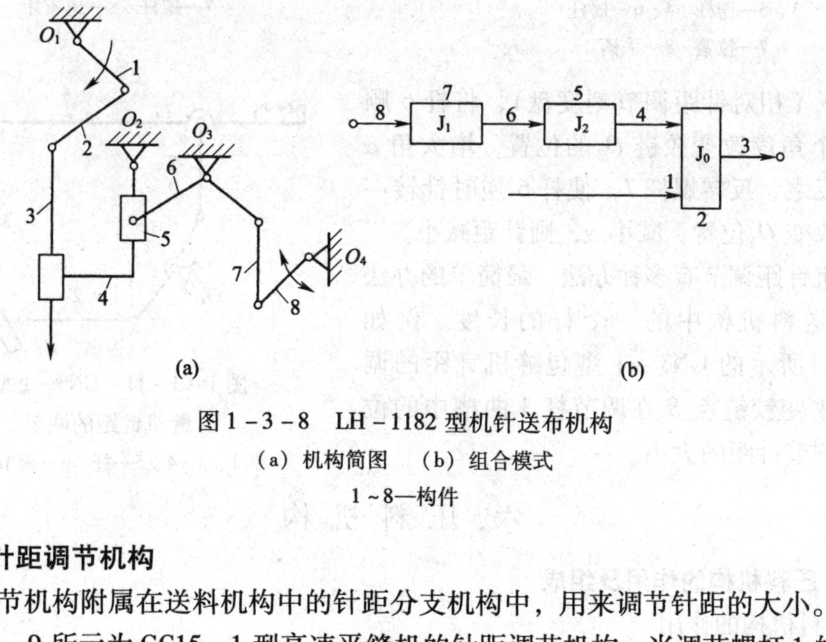

图 1-3-8　LH-1182 型机针送布机构

（a）机构简图　（b）组合模式

1～8—构件

（三）针距调节机构

针距调节机构附属在送料机构中的针距分支机构中，用来调节针距的大小。

图 1-3-9 所示为 GC15-1 型高速平缝机的针距调节机构。当调节螺杆 1 的尖顶与调节凸轮 2 的凹部接触时，针距 $p=0$。旋转调节螺杆 1 使其向后退一段距离，由拉簧 7 的弹性恢复力，可驱动四杆机构（Q、2、3、4）使杆 4 回转一个角度，直至调节凸轮 2 的下部轮廓与调节螺杆 1 尖顶接触；同时又经四杆机构（U、4、5、6）使摇杆 6 回转一个角度，改变摇杆 6 的转角 α，即可改变针距大小。α 增大，针距 p 加大；α 减小，针距 p 减小。

图 1-3-10 所示为 HB500 型绱袖机的针距调节机构，它附加在送料机构的针距分支机构旁，见图 1-3-7（a）所示，并与之相连。如图 1-3-10 所示，若要调节针距，可

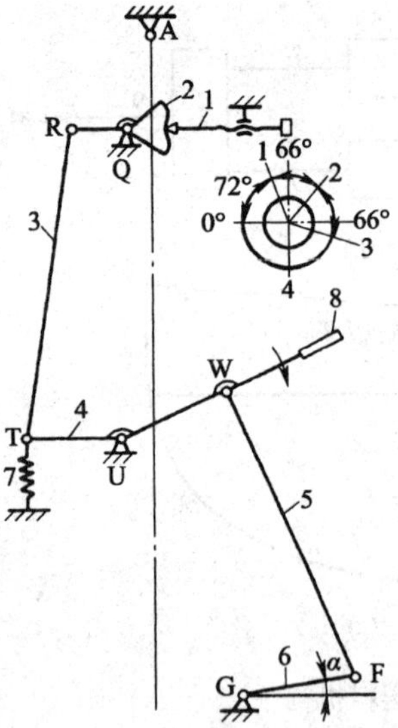

图 1-3-9　GC15-1 型高速平缝机的针距调节机构

1—调节螺杆　2—调节凸轮
3、5—连杆　4、6—摇杆
7—拉簧　8—手柄

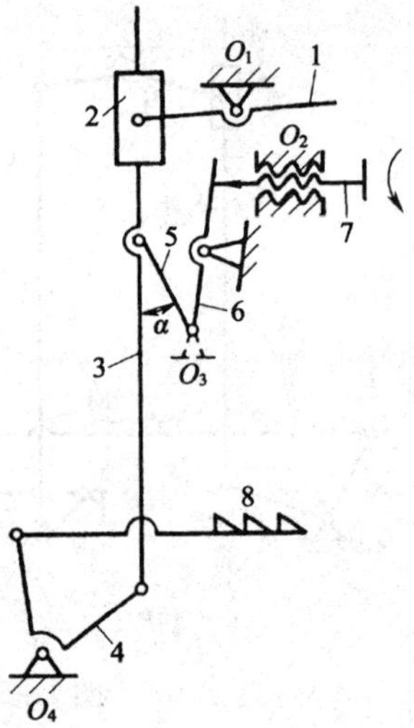

图 1-3-10　HB500 型绱袖机的针距调节机构

1、3、4、5、6—杆　2—滑块
7—螺杆　8—送布牙

旋转螺杆 7（相对针距调节刻度盘），将杆 6 顺时针转一个角度改变铰链 O_3 的位置，增大角 α 及针距；反之，反转螺杆 7，使杆 6 逆时针转一个角度，改变 O_3 位置，减小 α，则针距减小。

缝纫机针距调节有多种办法，最简单的办法就是改变送料机构中的一个杆的长度。例如图 1-3-11所示的 GN3-1 型包缝机针距的调节，只要改变铰链点 B 在调节杆 3 曲槽中的位置，就可调节针距的大小。

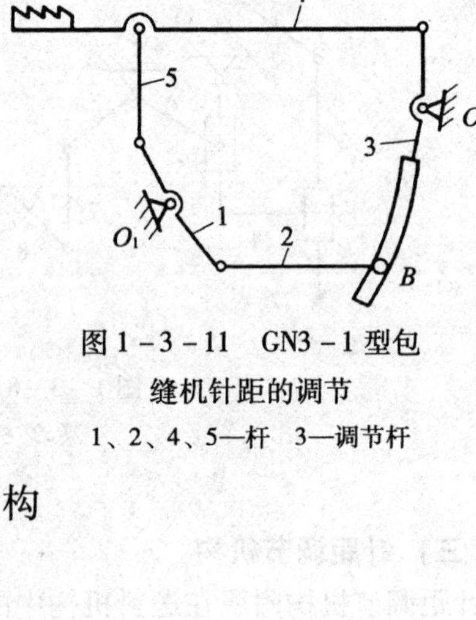

图 1-3-11　GN3-1 型包缝机针距的调节

1、2、4、5—杆　3—调节杆

六、压料机构

（一）压料机构的作用及组成

1．压料机构的作用

在缝纫机形成线迹的过程中，压料（压脚）机构的主要作用可归纳为如下两点。

（1）防止缝料升浮，保证线迹的形成。当机针和挑线杆向上运动时，压脚将缝料压在针板平面上，这样既可保证线环的稳定性，避免因成缝器钩不住线环而产生“跳针”，又便于挑线杆收紧线迹，避免出现“浮线”。

（2）协助送料机构，保证线迹的形成。为使送料牙能顺利地移送缝料，在送料牙和缝料之间应有足够的摩擦力，压脚压力就是产生这个摩擦力的决定因素。由于压脚下压缝料，使缝料与送料牙之间产生较大的摩擦力，致使缝料在送料牙的带动下，周期性地向前移动，最终形成连续的缝纫线迹。

2. 压脚机构的组成

压脚机构是由压料装置和膝抬压脚机构组成的，如图 1 – 3 – 12 所示。其中，压料装置的结构如图 1 – 3 – 13 所示，压脚 3 装在压杆 4 的下端，压杆中部与导架 7 固结，导杆 9 下端在压杆 4 内形成一体，导杆上端插在调节螺钉 12 的孔内，并可在孔内沿轴线上、下移动，导杆上套着压簧 8，通过调节螺钉 12 使压簧 8 产生压缩力，并通过压杆和压脚施压在缝料上。旋转调节螺钉 12，可以改变压簧的压缩量，达到调节压脚压力的作用。

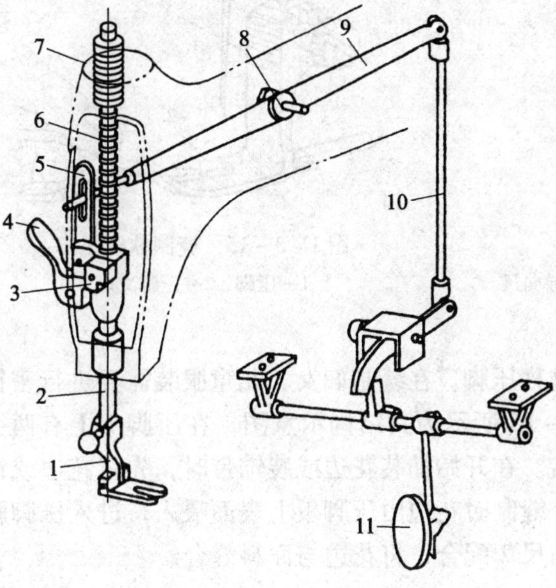

图 1 – 3 – 12　压脚机构

1—压脚　2—压杆　3—导架　4—扳手　5—升降架　6—压簧　7—调节螺钉　8—杠杆螺钉　9—抬压脚杠杆　10—拉杆　11—膝控操纵板

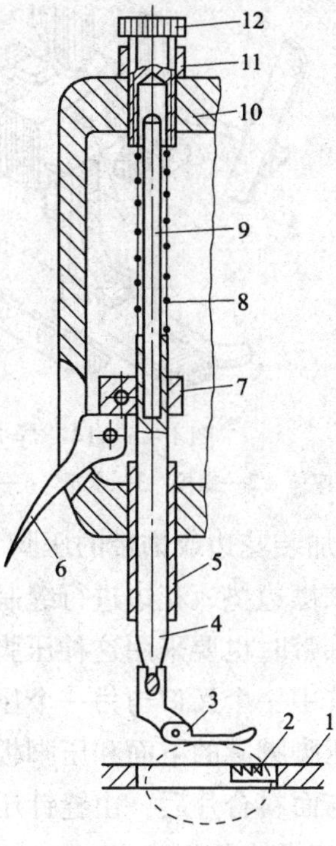

图 1 – 3 – 13　压料装置

1—针板　2—送料牙　3—压脚　4—压杆　5—压杆套　6—扳手　7—导架　8—压簧　9—导杆　10—机壳　11—螺母　12—调节螺钉

在工作过程中，压脚对缝料施加压力和释放压力是通过压脚的抬起和放下实现的，抬起、下降压脚有两种操作方式：手抬压脚和膝抬压脚，其工作原理可见图 1 – 3 – 12 所示。手抬压脚是通过上、下扳动抬压脚扳手 4，使导架 3 带着压杆 2 和压脚 1 抬起或放下。膝抬压脚是利用膝盖推动膝控操纵板 11 向右摆动，使拉杆 10 向下运动，拉动抬压脚杠杆 9 绕杠杆螺钉 8 摆动，抬压脚杠杆 9 的左端将带动升降架 5 向上运动，从而使压杆和压脚抬起，当膝盖敲开操纵板时，在弹簧的弹力作用下操纵板向左摆回，便使压脚自动放下。

（二）压脚类型

1. 导向压脚

导向压脚如图 1 – 3 – 14 所示。其座体 1 用螺栓固定在压脚杆上，在座体侧面缺口里，嵌入导向尺 5 和 6 的弹性圆柱小轴，并用螺栓 2 将其固定在卡爪 3 中。导向尺 5 和 6 的弹性圆柱小轴装入座体、缺口内多少，限定了两导向尺的内外侧位置。在使用任何一种线迹时，依靠半制品线迹位置需要的方向，轮流使用导向尺 5 和 6。这种附件功能与限制器相似，可使缝纫切止口工序缝距相等，缝边一致。这种压脚还可用作密缝。

2. 缝制软线（绳子）压脚

这种压脚适用于缝制妇女和儿童服装的装饰。为了将绳子缝在布料上，而不使针刺住绳子左右运动的小槽，使针与针运动线保持一定距离，操作者只要折叠面料，将绳子夹在里面，进行缝制时由于绳子受压脚限位，缝针就不会刺进绳子，如图 1－3－15 所示。

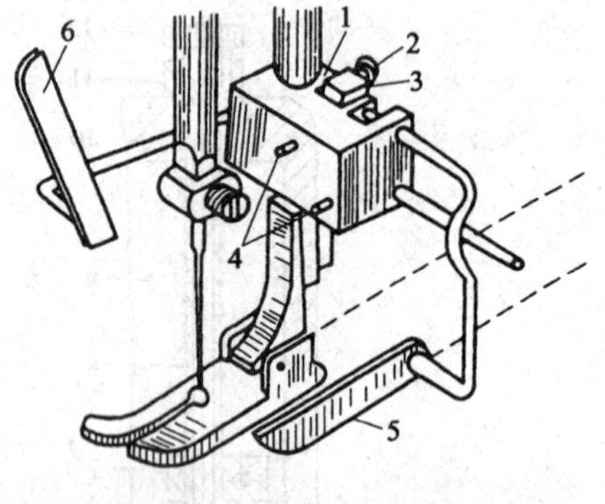

图 1－3－14　导向压脚

1—座体　2—螺栓　3—卡爪　4—小柱　5、6—导向尺

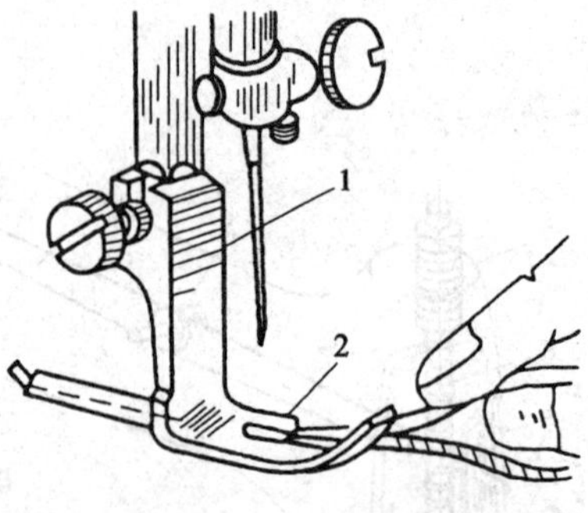

图 1－3－15　缝制软线压脚

1—压脚　2—压脚叉口

3. 加装花边或饰带的压脚

沿衣襟边垫入花边进行缝制时，使用这种压脚。在缝制妇女、儿童服装需要进行密针缝缀装饰带时也要采用这种压脚。图 1－3－16 所示为其结构示意图，在压脚 1 上有两个叉口，其中一个叉口与另一个压脚板 3 连接。在开始加装花边或装饰带时，先将花边或饰带放于压脚脚掌的下面和压脚板的表面上。缝制时花边由压脚板上表面喂入，进入压脚脚掌下面与面料合片后，由缝针压脚 1 和定向尺 2 配合，将花边与面料缝合。

4. 双卷边压脚

在进行衬衣与工作服的边缘缝合及双卷边加固缝时，采用这种压脚。如图 1－3－17 所示，双卷边压脚 3 与压脚 1 铰接。双卷边压脚 3 有两个叉口，左边叉口有凸出部 4，因凸出部的厚度比双卷边压脚 3 其他部位薄，所以使双卷边压脚 3 两个叉口间形成槽形空间，称为小槽，凸出部 4 和小槽配合，可使面料折叠，右边叉口为导向尺。

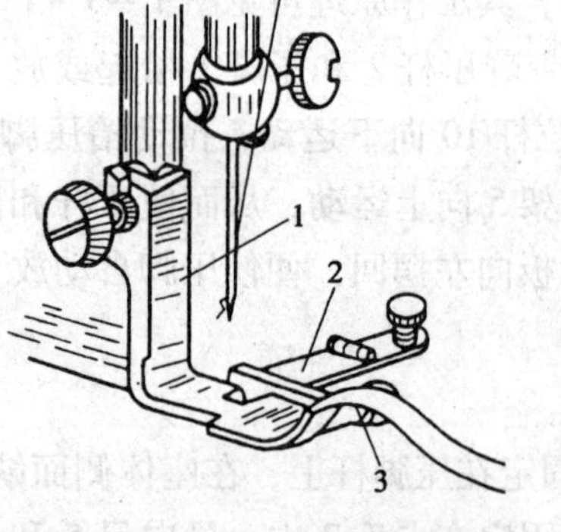

图 1－3－16　加装花边压脚

1—压脚　2—定向尺　3—压脚板

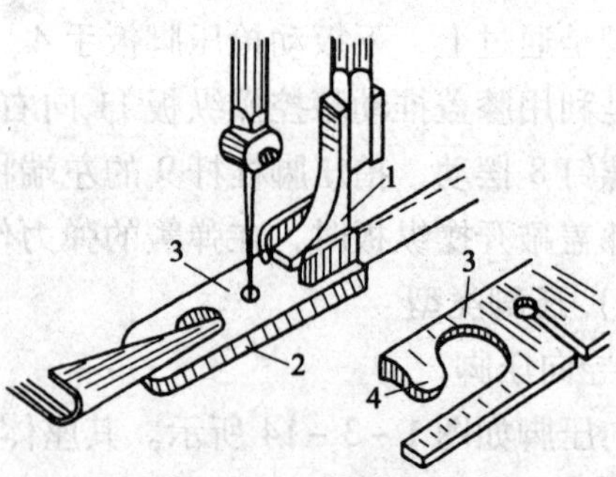

图 1－3－17　双卷边压脚

1—压脚　2—小槽　3—双卷边压脚　4—凸出部

缝制边缝时，将衣片由外表面向内表面折叠，并将其送入双卷边压脚中，使折叠的内边沿凸出部4上面和压脚1的脚掌下面通过。通常在缝制衬衣时，双卷边压脚可缝5～6mm缝宽，缝制工作服时，缝宽为6～8mm。

5. 装配压脚

在缝制妇女和儿童服装装饰中，常采用这种压脚。如图1－3－18所示，压脚1为刚性，在压脚左面有水平槽2，内装有收缩性的压脚脚掌3，可用该压脚打出均匀的小褶，作为装饰品。在连接带有内层小褶的双层面料时，采用更好。

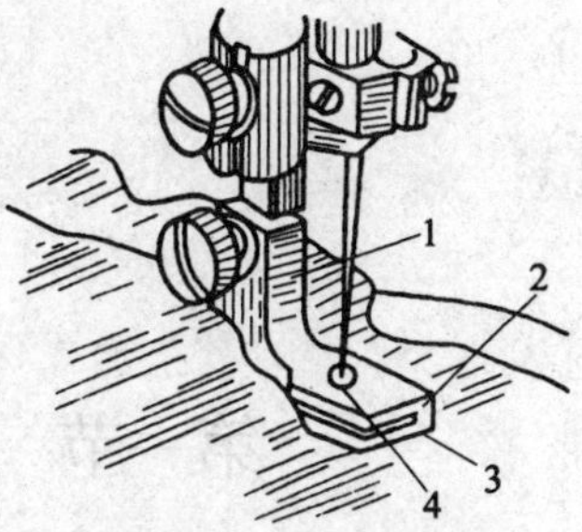

图1－3－18　装配压脚

1—压脚　2—水平槽

3—压脚脚掌　4—容针孔

思考与练习

1. 熟悉本章中各构件的简图表示方法。
2. 平面四杆机构有哪些类型？各有什么特点？
3. 平面四杆机构有哪些基本形式？
4. 平面六杆机构有什么特点？一般应用于缝纫机械的哪些机构中？
5. 空间连杆机构是怎样组成的？其中包括几种类型？
6. 什么是凸轮机构？凸轮机构有几种类型？各有什么特点？
7. 齿轮机构有哪几种类型？运动特点是什么？

第二章　家用缝纫机

第一节　家用缝纫机的特点、用途及类型

一、家用缝纫机的特点和用途

家用缝纫机是早期用来缝制服装的设备之一。与现代工业平缝机起着相同的作用，完成的是双线锁式线迹，可用来缝制薄料和中厚料，如棉布、呢绒、绸缎、麻布、毛织物及化纤纺织品等。大多采用脚踏方式，少数也有手摇或电动马达方式驱动，机头形式为平板型，缝纫速度一般不超过1000r/min。

二、家用缝纫机的类型

家用缝纫机发展至今已有百余年的历史，因此，类型规格也较多，据统计我国就有数十种之多。概括起来，我国生产的家用缝纫机有JB型、JA型、JC型、JH型四大类型，每一种类型中又有很多的规格。

如JA3－1型和JA1－6型均将封闭式梭床改为开启式梭床，便于调试清理及方便维修。又如JA1－6型改用短针杆，使该针杆在机壳上端可更换的针杆衬套中运动，长期使用后，更换针杆和衬套即可恢复原有的精度，从而提高了使用寿命。

第二节　家用缝纫机的结构与工作原理

家用缝纫机缝制的线迹为双线锁式线迹，它是由机针、摆梭、挑线杆及送布牙相互精确配合的运动结果。在这一节里学习家用缝纫机的工作原理对掌握工业平缝机的原理与维修将起到一定基础作用。其机构主要分为针杆机构、钩线机构、挑线机构以及送料四个机构。

一、针 杆 机 构

针杆机构的作用主要是传动机针带入缝线穿刺缝料。当机针从下始点位置回升约2.2mm时，由缝料与机针的摩擦而形成线环，这为摆梭钩取线环作好准备。

家用缝纫机的针杆结构为曲柄滑块机构，如图2－2－1（b）所示，当主轴1转动时，将带动左端固连的挑线凸轮2端面上的针杆曲柄销3，再通过连杆4与针杆紧固的针杆夹头5，传动针杆在机壳的上下同心导槽中实现往复运动，如需改变针杆的上下位置，可通过紧固螺钉6来进行调节以适应不同缝料。

二、钩 线 机 构

钩线机构的作用是在机针从下始点回升形成最佳线环时使摆梭梭尖钩住线环，并通过

摆梭的摆动将其线环拉长扩大，在挑线杆的配合下，将绕过梭芯的线环从摆梭与梭托的间隙里被挑线杆将面线上拉，从而实现面线和底线的交织，形成线迹。

家用缝纫机的摆梭机构如图 2－2－1（b）所示。当主轴转动时，传动其右端的摆动曲轴通过大连杆 18 使摇杆作往复摆动；再通过导槽的叉形摇杆在导槽中滑动的滑块和一起铰接的摇杆构成摆动导杆运动，然后由摆梭轴 28 左端的摆梭托 29 推动摆梭完成钩线运动。

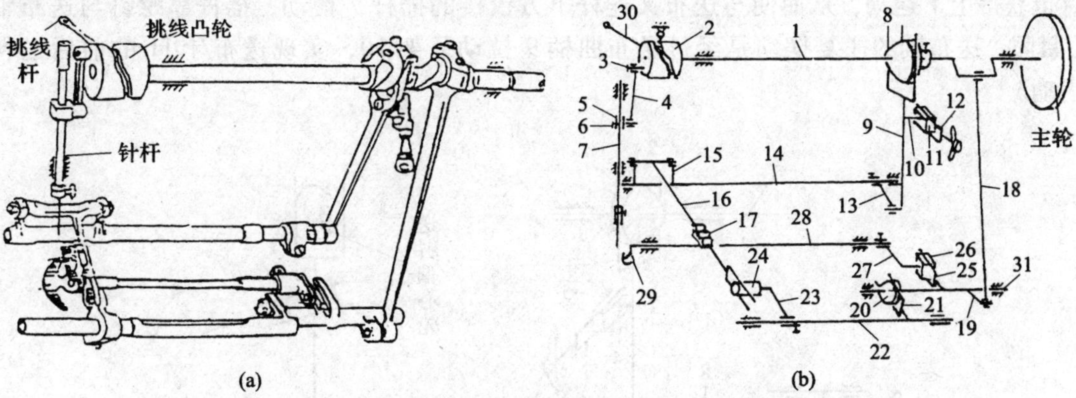

图 2－2－1　JA 型家用缝纫机结构示意图和工作原理图

1—主轴　2—挑线凸轮　3—针杆曲柄销　4—连杆　5—针杆夹头　6—紧固螺钉　7—针杆
8—送布凸轮　9—叉形连杆　10—销轴　11、26—滑块　12—针距调节器　13—送布轴右曲柄
14—送布轴　15—送布曲柄　16—牙架　17—送布牙　18—大连杆　19、27—摇杆　20—抬牙凸轮
21、25—叉形摇杆　22—抬牙轴　23—抬牙曲柄　24—滚柱　28—摆梭轴　29—摆梭托　30—挑线杆　31—摆轴

三、挑线机构

挑线机构的作用是：① 当机针带线穿刺缝料时供应面线穿入；② 在摆梭尖钩取机针回升所形成的线环后，以继续供应面线，满足线环被摆梭摆动拉长和绕过梭芯时的用线需要；③ 当线环绕过梭芯中心部位后，挑线杆迅速上升，使面线从摆梭尾与摆梭托之间的缝隙中抽出套住底部梭芯线，并把交织的线由挑线上收拉紧；④ 线迹收紧后，挑线杆克服了夹线器对面线的夹紧力，又从线团中拉出下一针所需要的缝线。

四、送料机构

送料机构的作用，是在一针缝纫结束后，送料机构中的送布牙将缝料前进一个针距。家用缝纫机大部分采用的是单牙下送料形式，送布牙在送料机构的驱动下实现了近似椭圆形的运动轨迹，如图 2－2－2 所示。送布牙的运动是由上下运动和前后运动复合而成，当送布牙上升到最高始点时，送料的向后运动以及配合压脚对缝料的压力推送缝料，随后送布牙开始下降并在针板底部向前运动开始复位，从而实现了送布运动。

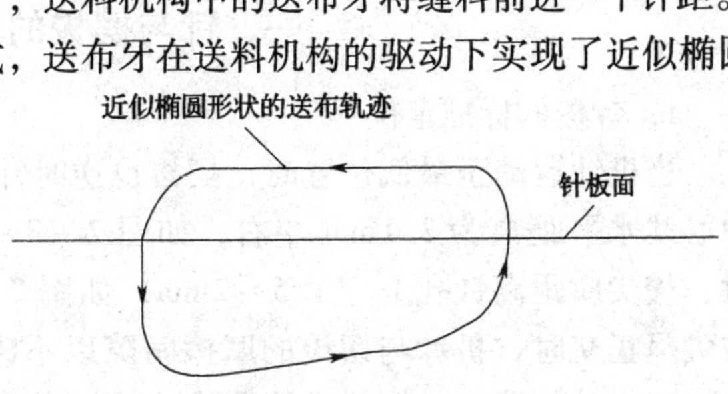

图 2－2－2　送布牙运动轨迹

（1）送布牙的上下（抬牙）运动：如图2－2－1（b）所示，机器右侧的摆轴在往复摆动时，传动左端的抬牙凸轮20使叉形摇杆21、25摆动，再通过抬牙轴左端的抬牙曲柄23和连接一起的滚柱24推动送布牙架，使送布牙实现抬牙的上下运动。

（2）送布牙的前后（送料）运动：如图2－2－3所示。当主轴1旋转时，紧固于主轴上的送布凸轮2推动送布叉连杆3摆动，在送布叉连杆上通过滑动销轴4铰接的滑块5在针距调节螺钉6的导槽中作往复运动。由于导槽有一定斜度，使送布叉连杆在摆动的同时也获得上下运动，从而使与送布叉连杆下方铰接的摇杆7摆动，摇杆靠螺钉与送布轴8紧固，送布轴的往复摆动是经过送布曲柄9拉动牙架10，实现送布牙11的前后送料运动。

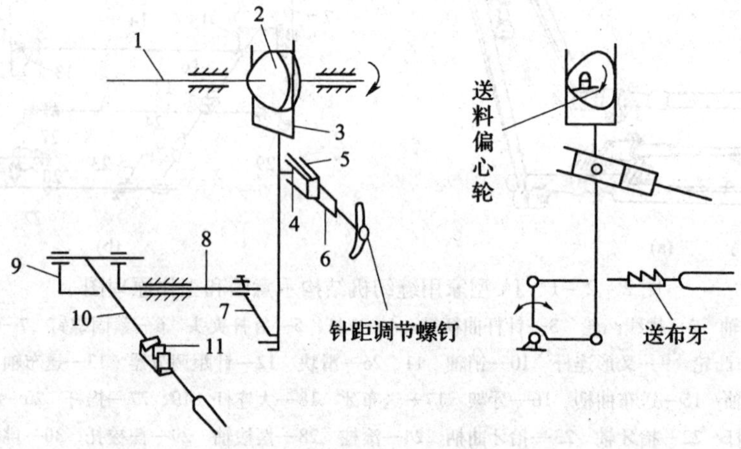

图2－2－3　送布牙前后运动机构工作原理

1—主轴　2—送布凸轮　3—送布叉连杆　4—滑动销轴　5—滑块　6—针距调节螺钉

7—摇杆　8—送布轴　9—送布曲柄　10—牙架　11—送布牙

机器上针距调节螺钉6的斜度是可调的，可以看出斜度的改变将直接影响送布叉连杆上下运动的幅度，改变了送布牙前后运动的距离，也就是改变了针距的大小。

第三节　家用缝纫机的标准配合与调整技巧

家用缝纫机的运动过程是各机构和成缝构件协调运动配合的结果。

一、针与摆梭的标准配合关系

1. 针梭的标准定位

当机针运动至最低位置时，摆梭也逆时针运动至左极限位置，此时，摆梭尖与机针中心线水平距离为3.1mm左右，如图2－3－1（a）所示：当摆梭尖运动到机针中心时，梭尖应距离针孔上方1.5～2mm，如图2－3－1（b）所示；当机针的侧平面与摆梭尖呈正交时，机针与摆梭的摩擦间隙以不碰机针为准，如图2－3－1（c）所示。以上三个尺寸的配合是摆梭尖钩取线环的标准定位，若间隙偏离上述标准将会引起跳针、断针等现象。

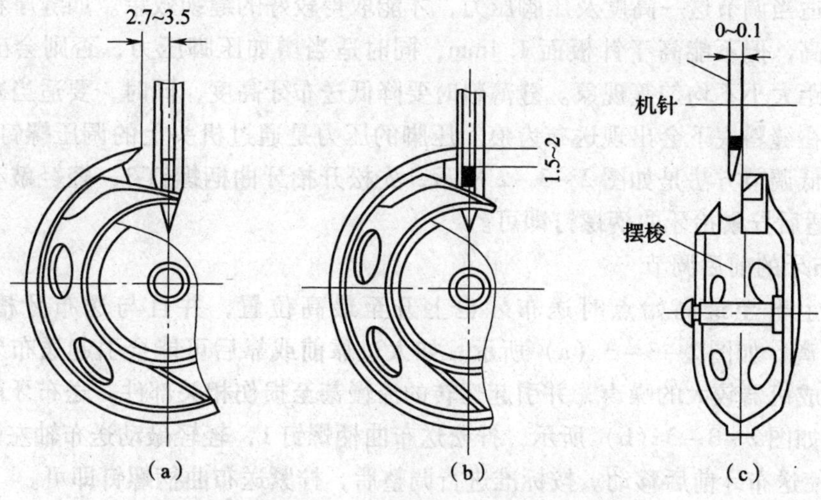

图 2-3-1　机针与摆梭标的标准配合要求

2．针杆高度和装针方向的调节

如图 2-2-1 所示，松开针杆夹头 5 上的紧固螺钉 6 后，便可进行针杆高低的调节。调节时要注意装针槽应朝向机器正左方，使机针线环与摆梭尖运动方向呈正交，为准确钩取线环提供条件，在调节达到要求后，紧固好螺钉 6。

3．摆梭的标准位置调节

如摆梭尖与机针中心线水平距离（即机针下降最低时，摆梭尖在左始点，并距离机针中心 3mm 左右）未达到要求时，要对摆梭托 29 的旋向位置进行调节，如图 2-2-1 所示，多数型号的家用缝纫机的摆梭轴与摇杆是靠螺钉紧固定位的，只要拧松螺钉改变紧固位置即可实现摆梭托的旋向位置调节。

二、机针与送布牙的同步标准及调节

机针与送布牙的同步关系是否标准将直接影响缝纫质量。检测针牙的同步关系方法如下，当机针从上始点下降接近针板表面时，送布牙的齿面恰好与针板面平行，这一关系对机器的缝纫工作能否正常进行是至关重要的，如果送布偏早（即机针下降至针板面时，送布牙的齿面低于针板表面）就会引起毛巾状浮线，而送布过晚（也就是与送布偏早相反，即送布牙的齿面高于针板表面）时，会使缝料移动较慢，而且在缝料的底下产生齿痕，严重时会使机器沉重，出现断针等现象。

针牙同步的关系失准，是由于送布凸轮的紧固螺钉松动引起的，因此只要重新调整送布凸轮的转向位置即可。如图 2-2-1 所示，松开送布凸轮 8 的紧固螺钉，按住手轮，顺时针调整送布凸轮，送布时间会提前；反之则送布时间延迟，在达到标准位置后，拧紧螺钉即可。

三、送布牙的标准调节

1．送布牙的高度调节

送布牙的高度是指送布牙上升至最高位置时，露出针板面以上的高度。缝料的性质如有改变时，适当调节这一高度及压脚压力，才能取得较好的缝纫效果。如缝厚料应将送布牙稍向上抬高，但不能高于针板面1.4mm，同时适当增加压脚压力，否则会出现送料运动缓慢、针距大小不均匀等现象。缝薄料时要降低送布牙高度，同时，要适当减少压脚压力，否则，在缝料底下会出现送布齿痕。压脚的压力是通过机头上的调压螺钉来改变的。送布牙的高低调节方法是如图2－3－2所示，先松开抬牙曲柄螺钉3，轻轻敲动抬牙曲柄4至调整合适后拧紧抬牙曲柄螺钉即可。

2. 送布牙的前后调节

当机针上升至最高始点时送布牙也上升至最高位置，并且与送布牙槽的内侧有0.6mm的距离，如图2－3－3（a）所示。如太过靠前或靠后可能会引起送布牙与针板的碰撞，会造成机器较大的噪声，并引起运转的滞慢甚至损伤相关部件。送布牙前后位置的调节方法是如图2－3－3（b）所示，拧松送布曲柄螺钉1，轻轻敲动送布轴左端的送布曲柄3，即可使送布牙前后移动。按标准进行调整后，拧紧送布曲柄螺钉即可。

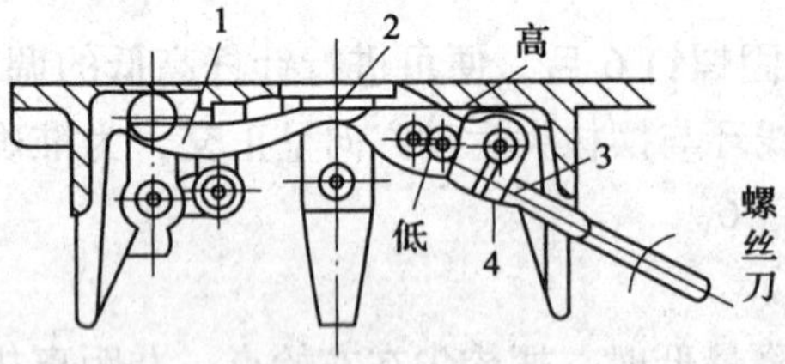

图2－3－2　送布牙高低调节

1—牙架　2—送布牙

3—抬牙曲柄螺钉　4—抬牙曲柄

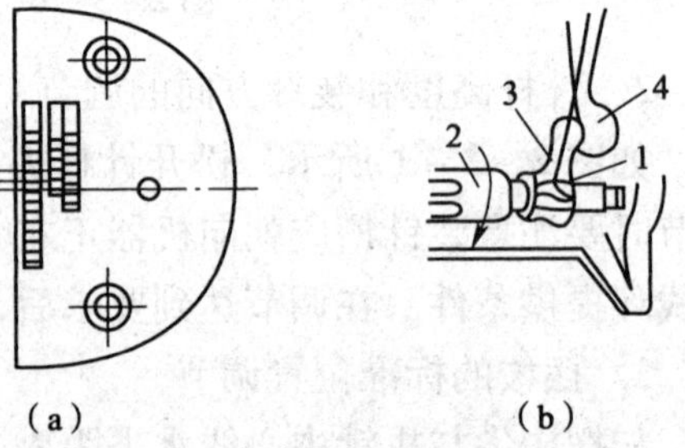

图2－3－3　送布牙前后位置调节

1—送布曲柄螺钉　2—送布轴

3—送布右曲柄　4—送布叉连杆

第四节　家用缝纫机的整机配合与调节方法

家用缝纫机的整机配合与调节方法主要包括以下几个方面。

（1）转动皮带轮，使机针下降到最低点，此时，摆梭钩尖距离机针2.5～3mm。否则，应强制性的撬动摆梭托达到要求为止。

（2）机针从最低点向上回升2.5mm左右时摆梭钩尖要求到达机针中心，其钩尖应高于针孔上方1.6mm左右，否则应把针杆夹头的螺钉松开，上下移动针杆调节到标准为止。

（3）摆梭钩尖钩到机针侧面的凹面时，其摩擦间隙为0.05mm（以不碰机针为准），如达不到要求，可用垫片把整个梭床微量向外垫出即可。

（4）机针从上往下降，当机针距离针板表面2～3mm时，送布牙应停止送布，否则应把送料偏心轮的螺钉松开，改变它的转向位置，保证送布与针板的间隙即可。

（5）无论送布牙运动到最前端还是最后端都不能与针板相碰，否则机器产生噪声或机器沉重，调节时只要把送料曲柄的螺钉松开，前后移动即可。

（6）家用缝纫机的结构很多地方是不能调节的，所以在维修时要注意不要随意改变某个地方的结构位置，在强制性的撬动下，不要硬撬只需进行微调，直到达到要求为止。

第五节　家用缝纫机的常见故障及排除方法

家用缝纫机在工作中，一般故障的产生几率较少。因整个机器在结构中实现可调的部件很小，大部分机构是固定的。下面将机器在工作中产生的故障作以下分析。

一、断　　针

断针的产生原因与排除方法见表2－5－1。

表2－5－1　　断针的产生原因与排除方法

故障现象	产生原因	排除方法
缝厚料时断针	机针太细，缝料厚薄不均匀	更换和缝料相对应的机针，缝纫到厚的地方时速度要缓慢
起缝时断针	起缝时用力拉住缝料	自然按住缝料，不需用力拉料
中途断针	拉缝料用力过猛或过快	帮助拉料用力要均匀、自然、应该与送布牙同步进行
在压脚上断针	压脚位置歪斜或压脚螺钉松动，机针碰到压脚	校正压脚位置，拧紧压脚螺钉
一般性断针	机针装反或装得太低，机针弯曲	按正确方法安装机针或更换机针
连续性断针	机针与针板容针孔边缘相碰（针杆下端倾斜），梭床拆卸后未装好	校正针杆下端，重新安装摆梭床

二、断　　线

断线的产生原因与排除方法见表2－5－2。

表2－5－2　　断线的产生原因与排除方法

故障现象	产生原因	排除方法
严重性断线及突然性断线	缝线霉腐或线股不均匀	更换缝线
	机针或针杆弯曲，造成机针紧挨针板孔边缘擦过或摆梭尖擦过	更换机针或修复针杆
	压脚歪斜，造成机针紧挨压脚槽孔边缘擦过	纠正压脚使机针从压脚槽孔中心通过
	缝线有结	剪去结头，重新穿线
断线头呈剥皮状态或线头有发毛现象	机针孔太小或机针太细	更换机针，使针、线、料三者互相适应
	线太粗或粗细不均	更换质量好的线，使缝线与机针相适应
	针板粗糙或起毛	用砂布条将针板孔磨光或更换新针板
	摆梭或梭芯套有毛刺	用细砂布磨光滑
	面线压力大	旋松夹线螺母，减小面线张力
	压脚槽孔有毛刺	用细砂布磨光

续表

故障现象	产生原因	排除方法
轧线（面线被摆梭和梭床夹住而断线，造成机头运转沉重）	起缝时没有把底、面线压在压脚下	把线头拉出约10cm，压在压脚下
	摆梭与梭床圈生锈	生锈处用细砂布磨光
	机针装反	重新按规定方法装好机针
	挑线凸轮槽磨损严重	更换挑线凸轮
	挑线滚柱磨损严重	更换挑线滚柱
	梭床内不清洁，有布毛或线毛	用软毛刷或软布清除污物
在缝料孔处积累重线，无法形成针距断线，断线头如马尾状	送布牙过低，缝料停滞不前，积线过多而断	抬起送布牙齿尖高度
	送布与挑线的运动不协调而被轧断	调整送布凸轮紧固螺钉的定位角度
	压脚抖动，阻碍送布运行	更换压脚
一般性断底线	底线的压力太大	旋松梭皮螺钉，并相应调好底、面线的张力
	梭芯套的进线口有毛刺	用油石或用细砂布磨光
	底线质量不好，或有结头	调换好线，剪去结头
	经过的摆梭或梭壳面有快口、毛刺	用细砂布修磨或更换梭壳
手拉底线时感觉松紧不均匀	梭芯套变形，或梭芯高低不平	调换好的梭芯套或梭芯
	底线绕得松乱、排列不匀或太满	重绕底线
底、面线同时断	针板毛刺或送布牙太尖利	用细砂布条拉磨针板孔，使其光滑或减轻压脚压力

三、跳　　针

跳针的产生原因与排除方法见表2－5－3。

表2－5－3　　跳针的产生原因与排除方法

故障现象	产生原因	排除方法
一般性跳针	针、线、缝料配合不当	选择与缝料相匹配的缝线、机针
	机针向左倾斜	校正针杆或机针
	机针弯曲	更换合适的机针
	机针的高低位置不准	按标准定好机针位置
	摆梭尖磨钝	修磨或更换新的摆梭
	梭床盖距针稍远	校正位置使之相距1mm
	梭床脚低	用硬纸片垫高梭床的位置，使机针与摆梭尖左平面的距离为0.1mm

续表

故障现象	产生原因	排除方法
连续性跳针	底线线头被梭皮盖夹住	扳起梭皮盖，把线头抽出来
	机针位置太高	按机针标准位置调整
	摆梭尖折断	更换新的摆梭
	压脚太高不能与针板接触	将送布牙降至低位置，使压脚靠紧针板
缝厚料不跳针缝薄料时跳针	针板孔太大	更换孔小一点的针板
	压脚压力小导致线环浮动	加大压脚压力
	压脚底面的线槽太深	更换新的压脚
突然遇到局部缝厚料时跳针，缝薄料时不跳针	压脚上下摆动角度小	缝厚料时放慢速度
	机针太细产生位移	更换合适的机针
	机针位置不正确	将针杆的位置稍微降低1mm
跳针时出现较大的噪声	摆梭和梭托磨损	更换新摆梭和修理梭床
	摆梭和摆托间隙太大	校正摆梭托或更换新摆梭
	针杆连杆和针杆连接轴磨损	更换新的连杆与滚针轴承
	紧固针杆连杆的螺钉松动	适当调紧螺钉
	摆轴叉口和滑块磨损过大	更换新的滑块

四、浮　线

浮线的产生原因与排除方法见表2-5-4。

表2-5-4　　　　浮线的产生原因与排除方法

故障现象	产生原因	排除方法
浮底线	夹板不平、生锈有污物或平面藏有线头，磨有线槽	清除污物，用细砂布磨平夹线平面
	夹线器中的松线顶钉位置不对	旋松夹线器固定螺钉，调整松线顶钉位置，调到扳起压脚时，夹线器松开，放下压脚时，夹线器夹紧
	底线太粗	调换合适的底线
浮面线	梭皮内有污物	清除污物，重新调整底、面线张力
	梭芯套的出线口或梭皮磨有线槽	用砂布磨光出线口线槽后，仍浮面线，可调整梭芯套或梭皮
	底线太细	调换合适的底线

续表

故障现象	产生原因	排除方法
"毛巾状"浮线	梭芯套的圆顶严重生锈或有毛刺	用细砂布磨光或更换梭芯
	面线没有放入夹线板内	将面线放入夹线板之间
	摆梭托簧片折断或翘起	更换新托簧片并调整摆梭托与摆梭的标准间隙
	送布凸轮定位不准，送布提前（针、牙不同步）	按送布凸轮定位标准重新调整
有时浮面线，有时浮底线	梭芯套变形，不圆满	更换新梭芯套
	梭皮变形	矫正梭皮或更换新梭皮
	压脚板下的出线槽太浅或太短	减小针距或修整压脚板下的线槽
	缝线粗细不均匀	更换质量好的缝线

五、其他故障

其他方面的故障与排除方法见表2-5-5。

表2-5-5　　其他方面的故障与排除方法

故障现象	产生原因	排除方法
针距时长时短	压脚压力太小	适当增加压脚压力
	压脚杆簧失去弹力或已断	调换新弹簧
	送布牙尖已磨钝	更换新送布牙
缝线严重歪斜不成直线	送布牙齿面倾斜，送料力不均匀	将送布牙垫平、紧固
	压脚底面与针板平面不平行	校正压脚位置
	缝薄料时用线太粗	换较细的线
	缝薄料时用针太粗	换较细的针
	底、面线张力太小	适当调大底、面线的张力
缝料后退（倒送布）	送布凸轮移位180°，针牙不同步	按标准调整送布凸轮
缝薄料时起皱	底、面线张力太大	适当调小底、面线张力
	送布牙过高，压脚压力太大	调低送布牙高度，减小压脚压力
	缝薄料用线太粗	换用较细的缝线
	缝线弹力太大	更换缝线
缝料底下出现牙痕	送布牙太尖、太高，压脚压力太大	可适当调低送布牙或修磨送布牙齿尖，减小压脚压力
梭床部分有噪声	梭轨内有污垢或线头	清除污垢，加油润滑
	梭床未装好	重新安装
	摆梭托簧无弹性	按标准适当撬大两端的空隙
	摆梭与摆梭托间隙过大	调整梭托弯度，使梭托有标准间隙

续表

故障现象	产生原因	排除方法
针板部分有噪声	送布牙碰击针板内侧或外侧	旋松送布曲柄螺钉调整
	送布牙摩擦针板槽	调整送布牙的左右位置
机架部分有噪声	摇杆接头螺钉松动或磨损	适当调整或更换
	摇杆轴承松动	旋紧轴承盖
上轮空转不能缝	离合螺钉未拧紧，离合垫圈移位	紧固下带轮螺钉，重新安装离合垫圈
转动不灵活	机器长久不用，被油污糊住	把各转动部分加入少量汽油，踏动机器，洗净油污后加入缝纫机油
	皮带过紧或过松	调整皮带长度
	梭床内留有线头，污物等	拆下梭床，清除布屑、线头，并加少量缝纫机油进行润滑

思考与练习

1. 家用缝纫机有哪些结构类型？各有什么特点？
2. 家用缝纫机由哪几个机构组成？各机构起到了什么作用？
3. 试述送布牙原理的运动过程。
4. 家用缝纫机的机针与摆梭配合有哪些要求？如未达到标准该如何调节？
5. 机针与送布牙的同步运动对缝纫机有何重要关系？如不同步如何调节？
6. 请举出四种可能会导致毛巾状浮线和五种可能会断线的故障原因，并说明相应的排除方法。

第三章　工业平缝机

工业平缝机是服装生产企业使用最多的缝制设备，在缝纫设备中占较大的比例。因此了解工业平缝机的性能和维修是非常重要的。下面将以国产 GC 型工业平缝机为例来讲述它的工作原理与维修方法。

图 3－0－1　工业平缝机外观图

第一节　工业平缝机的功能与线迹基本结构

一、工业平缝机的功能与特点

工业平缝机是服装生产中使用数量最多的机种。在服装加工中承担着拼、合、绱等多种工序任务，可以安装不同的车缝辅件，完成卷边、卷接、镶条等复杂的作业。

工业平缝机也称梭缝缝纫机，实现的是双线锁式线迹，图 3－1－1 为工业平缝机的外观图。

图 3－1－1　工业平缝机整体外形图

二、基 本 结 构

工业平缝机大多采用平板式结构，是由数百甚至上千种零件组成的精密机器。高速运转一般在一秒钟内会完成近百个线迹。显然，机器各部分的动作必须密切配合，精确协调。

从工业平缝机完成一个线迹的过程来分析，它主要由机针、旋梭、挑线杆和送料牙等四个主要机构，按一定顺序来完成工作。这四个机构分别是平缝机的针杆机构、钩线机构、挑线机构和送料机构。

（1）针杆机构　主要由针杆曲柄、针杆连杆、针杆夹头、针杆、机针等零构件组成。

（2）钩线机构　主要由主传动轴、连杆机构、锥齿轮和旋梭机构组成。

（3）挑线机构　主要由过线、夹线系统和挑线系统组成。

（4）送料机构　主要由送料机件（包括倒顺缝机构），针距调节系统和压料机件等组成。

三、工业平缝机的线迹形式及特点

工业平缝机所构成的线迹，都属于国内外最广泛、最常见的线迹。这类线迹通常被称为普通线迹，或双线锁式线迹。这种线迹有如下五个特点。

（1）结合紧密　机针线和旋梭线紧密地交织在缝料中间，其缝合牢度比其他类型线迹高，而且所形成的线迹两端不易松散、不脱离于缝料交织间。

（2）耗线少　除平缝线迹外，这种普通线迹比其他如包缝机线迹、绷缝线迹耗线少好几倍。

（3）外形美观　线迹紧贴缝料，底线和面线交织在缝料中间。正反面线迹外观基本相同。

（4）用途广泛　适用于大多数缝纫领域，可用于不同缝料和不同缝纫制作。

（5）没有弹性　这类线迹的缺点是不适宜缝制弹性缝料。

第二节　工业平缝机的主要结构及工作原理

现以 GC6－1 型平缝机为例简要介绍高速工业平缝机的主要机构及工作原理。GC6－1 型高速工业平缝机的结构如图 3－2－1 所示。其工作原理见图 3－2－2。

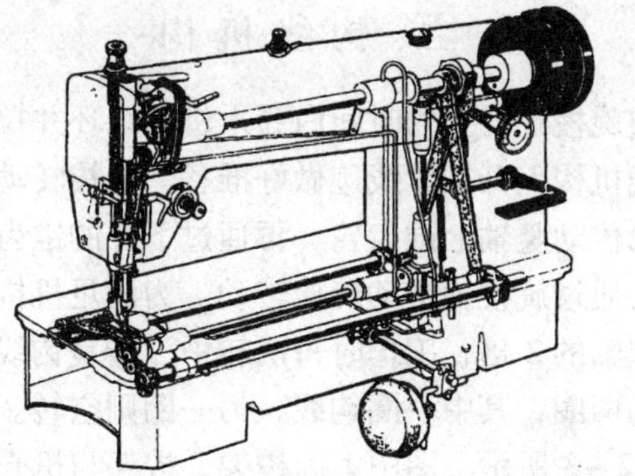

图 3－2－1　GC6－1 型高速工业平缝机结构示意图

高速工业平缝机的主要机构包括针杆机构、钩线机构、挑线机构和送料机构，除此以外还有旋钮式针距调节盘，杠杆式倒顺缝控制装置及自动润滑系统；这些机构和装置都安装在缝纫机机头内。

一、针杆机构

工业平缝机的针杆机构属平面曲柄滑块机构，见图 3－2－2 所示，当主轴旋转时由针杆曲柄，通过针杆连杆面和针杆夹头，带动针杆在机壳的针杆套筒导孔中做上、下直线往复运动，使紧固在针杆上的机针实现刺布动作。针杆夹头的前端与针杆相接，并用螺钉与针杆紧固。

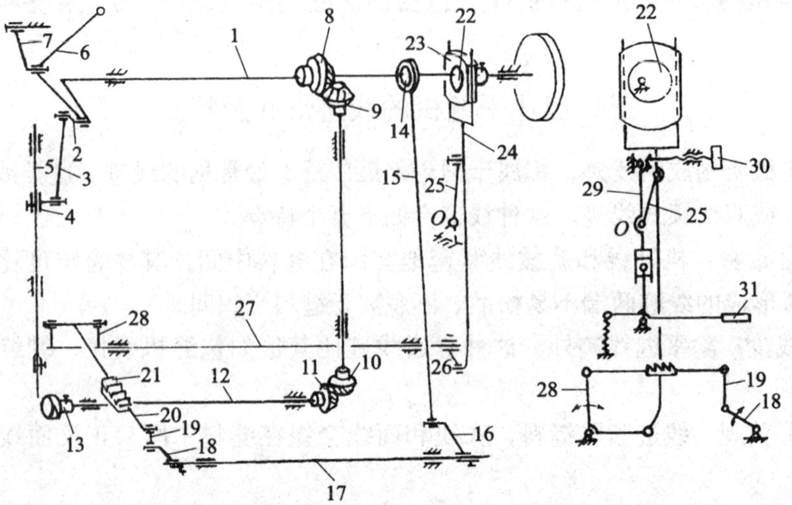

图 3-2-2　高速平缝机工作原理示意图

1—主轴　2—针杆曲柄　3—针杆连杆　4—针杆夹头　5—针杆　6—挑线杆　7、26—摆杆　8、9、10、11—锥齿轮　12—旋梭轴　13—旋梭　14—抬牙偏心轮　15—抬牙连杆　16、18—摇杆　17—摆杆轴　19—小连杆　20—送布牙架　21—送布牙　22—送布偏心轮　23—滑块　24—牙叉连杆　25—针距连杆　27—送布轴　28—送料摆杆　29—针距调节盘　30—针距调节旋钮　31—倒顺缝手柄

工业平缝机针杆机构的作用是在运动中通过机针带动缝线穿入缝料形成线环。在钩线、挑线和送布机构的准确配合下使底、面线交织，收紧而形成双线锁式线迹。

二、钩线机构

钩线机构的作用是使旋梭在需要的时间内穿入机针线环并拉长扩大，使其绕过梭芯完成底、面线互套，为挑线机构上升抽紧线迹做好准备。旋梭转动如图 3-2-2 所示，主轴旋转时，通过主轴锥齿轮传动竖轴上锥齿轮，再通过下方的锥齿轮传动旋梭轴转动，旋梭装在旋梭轴的左端，从而通过旋梭轴带动旋梭转动。为满足机构对运动配合的要求，在机器设计中旋梭轴转速是主轴的 2 倍，工作时每两转中一转是钩线，另一转空转。也就是主轮转动一圈，旋梭轴转动两圈，其中一圈钩线，另一圈则空转。

旋梭的构造如图 3-2-3 所示。图中 1 为梭架，梭架与机壳相连接由定位钩 3 固定位置，定位钩与梭架凹口周围要有 0.5mm 左右的过线间隙，见图 3-2-4 所示，旋梭工作时，梭架不转，由梭床上的钩线尖钩取机针上升时形成的线环，面线环在梭壳外表面时，从此间隙通过。

图 3-2-3 中的梭壳里装有梭芯，梭芯里面绕有底线。梭壳与梭芯一起套在梭床的梭芯轴上。梭芯与梭架保持静止不动，梭芯由于底线被抽动而绕着梭芯轴旋转。在梭壳上装有弹簧片用来压住底线，使底线在抽出时形成底线张力，底线的张力直接影响缝纫质量，张力的大小可通过弹簧片上的螺钉调节。

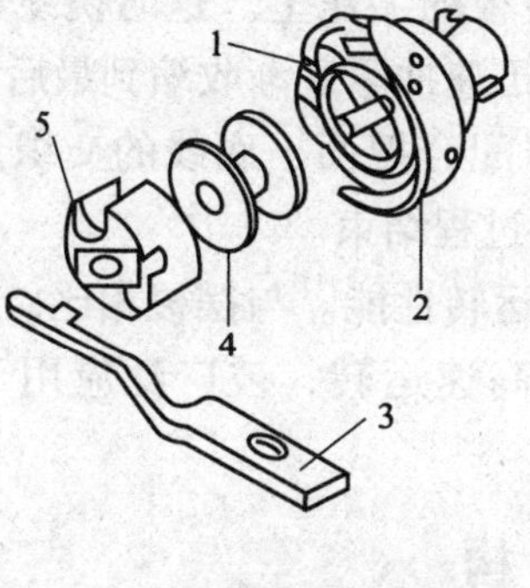

图 3-2-3　旋梭的整体组件

1—梭架　2—梭皮　3—定位钩　4—梭芯　5—梭壳

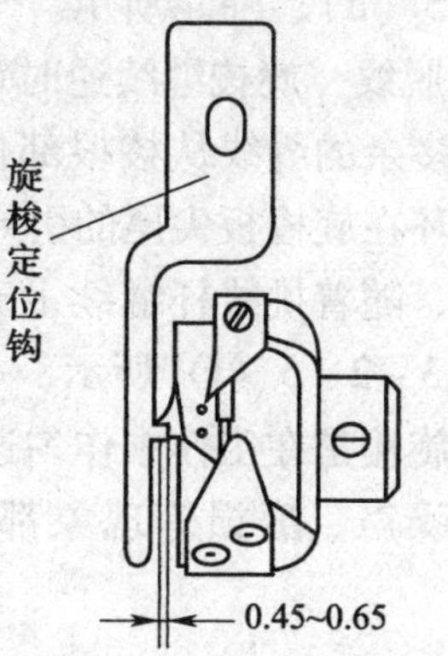

图 3-2-4　旋梭与定位钩的配合

旋梭的工作原理与摆梭原理不同，如图 3-2-5 所示，旋梭钩线是由紧固在旋梭轴左端的旋梭作连续的逆时针旋转而实现钩线、分线和脱线的。其过程分为三个阶段。

（1）钩线过程　当机针从下始点位置回升约 2.4mm 的距离形成最佳线环。此时，旋梭尖逆时针转动到机针中心线位置，并使旋梭钩尖钩入面线线环，如图 3-2-5（a）所示。

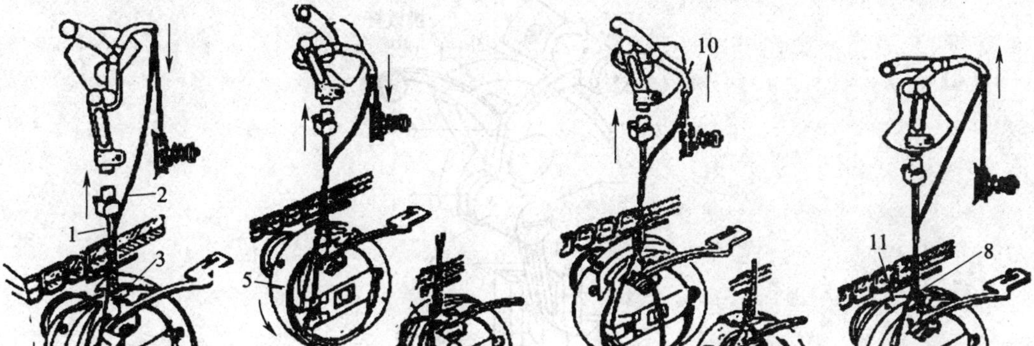

图 3-2-5　旋梭工作原理

1—机针　2—面线　3—梭尖　4—底线　5—旋梭皮　6—导齿
7—线环后段（长线段）　8—线环前段（短线段）　9—梭芯　10—挑线杆　11—旋梭板

（2）分线过程　旋梭尖钩住面线环后，继续逆时针转动，面线环沿梭尖的转动滑向梭根部，此时面线环顶端部分被旋梭架上的导齿截住，随着旋梭的继续转动，位于旋梭皮下方的短线段被旋梭皮的凸部从后边逐渐拨到前边，而长线段被梭架导齿挂住并推向前后方，整个线环被扭转 180°，如图 3-2-5（b）、（c）所示，随着旋梭的继续转动，面线环架在梭根带动下进一步拉长、扩大，使旋梭皮拨开线环。将线环绕过梭架及梭皮表面并通过定位钩与梭架凹口之间的过线间隙。在这个过程中面线环同时也把底线套在其中，如

图3－2－5（d）、(e）所示。

（3）脱线　旋梭继续逆时针转动，梭根引导面线环绕过梭架，此时挑线杆迅速上升把面线环多余的缝线从梭根部位拉出，并绕到旋梭板的尖尾上。这时挑线杆继续上升收线，面线环在旋梭板尖尾的引导下，通过挑线杆的迅速抽紧逐渐收缩到最后从旋梭板的尖尾处脱出，随着挑线杆继续上升，面线环和夹线器配合把面、底线的交织点收紧在面料中，如图3－2－5（f）所示，一个锁式线迹的形成过程结束。

由于旋梭是在工作中作匀速转动，所以提高了运转性能。与摆梭相比，在工作时出现的振动、噪声、磨损等现象都少得多，因此适于高速运转，被广泛应用于高速工业平缝机。

三、挑线机构

挑线机构的作用是向机针和梭子传送面线使面线线环脱离旋梭组件，把已构成线迹的多余缝线抽紧，并使面线和底线的交织点在缝料中间抽紧。然后又从线团中抽取缝下一个线迹所需要的面线。

综上所述，这个作用是挑线杆和面线夹线器共同配合完成的。挑线机构为平面曲柄摇杆机构，如图3－2－6所示，是由针杆曲柄连成一体的挑线曲柄带动挑线杆体做平面运动。随着挑线杆的上下往复运动，从而完成供线和收线动作。

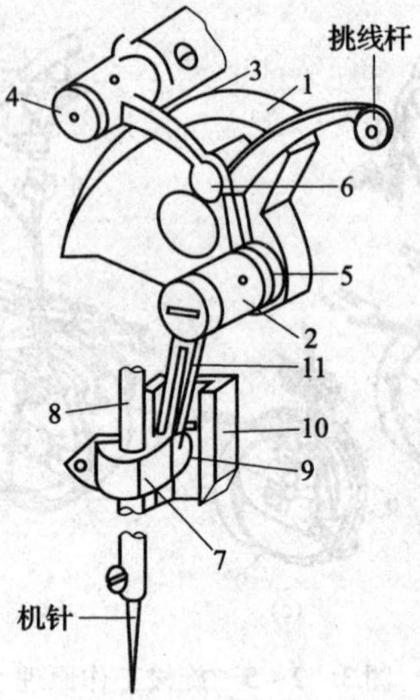

图3－2－6　连杆挑线机构

1—针杆曲柄　2—针杆曲柄销　3—挑线连杆　4—挑线杆插销　5—挑线杆体　6—挑线曲柄螺钉
7—针杆连接柱　8—针杆　9—针杆连接轴　10—针杆滑块导轨　11—针杆连杆

四、送料机构

送料机构的作用是在线迹形成过程中，与针杆机构、钩线机构及挑线机构的运动协调配合，按动作要求适时适量地向前或向后移送缝料。

送料机构的作用是在完成线环形成过程的同时周期的移动缝料。由于压脚的压力作用使缝料与送布牙之间，或上下层缝料之间产生摩擦力，缝料就是在压脚产生摩擦力的作用下，通过送布牙的推动向前运动。

送布牙的运动轨迹近似椭圆形，它是由送布牙的上下运动（即抬牙运动）和前后运动（即送布运动）复合组成。

（1）送布的上下（抬牙）运动　如图 3-2-2 所示，装在机器主轴上的抬牙偏心轮通过抬牙连杆，带动摇杆使抬牙轴往复摆动。抬牙轴左端的摇杆通过小连杆传动送布牙架，使安装在上面的送布牙做上下往复的抬牙运动。

（2）送布牙的前后（送布）运动　如图 3-2-2 所示，机器左端的送布偏心轮 22 与抬牙偏心轮 14 连成一体，因轮径、偏心距、偏心方向不同，图中将其与其他机构分开绘出，使之更清晰、易懂。当主轴转动时，送布偏心轮通过牙叉滑块 23 传动牙叉连杆 24 做往复运动。牙叉连杆与针距连杆 25 铰接，针距连杆另一端与针距调节盘 29 铰连于 O 点，工作时 O 点位置固定。通过对 O 点的制约作用，牙叉在往复摆动的同时形成了上下运动，通过摆杆使送布轴 27 形成往复摆动。再由送布轴左端的送料摆杆 28 拉动送布牙架 20 和送布牙 21 实现前后的（送布）运动。

第三节　工业平缝机的整机配合与调整技巧

高速平缝机在形成一个线迹的工作周期中，机器的四个机构之间的运动要求非常严格，各机件都要密切配合和协调。机件之间运动时间的配合对平缝机的正常运转及线迹的完美形成有着极大的影响。因此在机器的缝纫过程中，除了要求各机构本身正常工作外，同样对它们之间的运动配合也有严格的要求。

在上述四个运动机构中，挑线机构的运动是不可调节的，其余均可调节。这里将可调整的针杆机构、钩线机构和送料机构的调整方法介绍如下。

1. 针杆高低位置调整

在 GC6-1 型高速工业平缝机的针杆上刻印有两条基准线，上刻线用作机针高低位置的标准，针杆高低位置的调整方法是：转动皮带轮使针杆运动至下始点位置，然后松开针杆夹头螺钉使针杆的上刻线与机头上固装的针杆下套筒的下端面平齐，然后紧固针杆夹头螺钉，此时针杆便处于正确的工作位置，见图 3-3-1（a）所示。

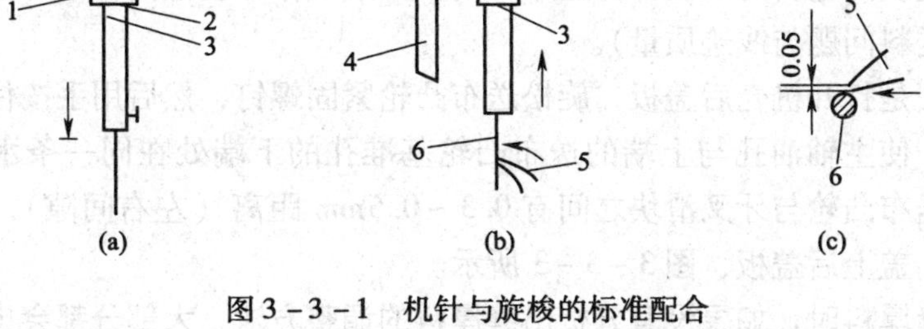

图 3-3-1　机针与旋梭的标准配合

1—针杆套筒　2—针杆上刻线　3—针杆下刻线　4—压脚杆　5—旋梭尖　6—机针

2. 旋梭工作位置的调整

在检测完针杆高低位置处于校准位置时，便可进行旋梭的标准位置调整。调整方法是：转动皮带轮使机针从最低位置回升，当针杆上的下刻线与针杆下套筒下端面平齐时，旋梭钩尖应到达机针中心，处于钩线环状态；由于上、下刻线的间距为2.2mm，所以机针回升2.2mm时正是机针形成最佳线环的标准回升量。也就是当机针从最低位置回升2.2mm时形成最佳线环，这时刚好旋梭钩尖钩入线环，这样就准确地实现了钩线环运动所提供的最佳配合时间。

如旋梭的安装位置没有达到以上标准，会引起跳针。在调节时，需要松开旋梭的紧固螺钉，按上述要求调整标准后再紧固螺钉，如图3-3-2所示。

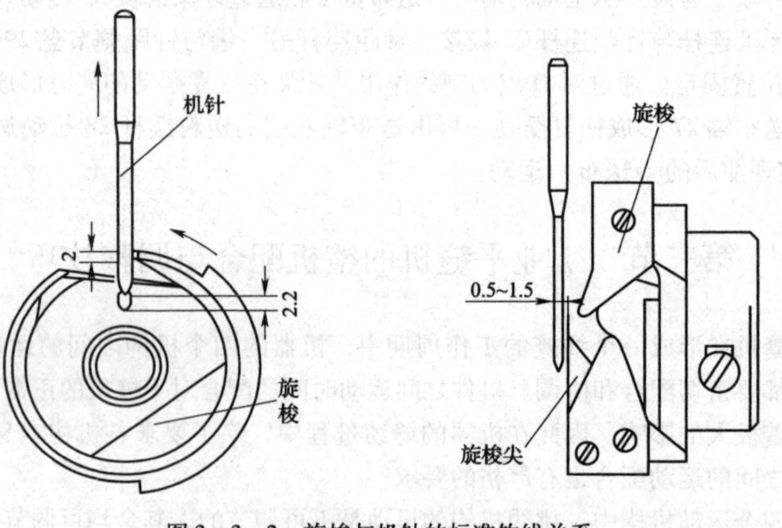

图3-3-2 旋梭与机针的标准钩线关系

注意：正确安装的旋梭在运动至机针中心线时，还必须保证梭尖和机针要有0.05mm的间隙。间隙过大，易引起跳针，而间隙距离呈负值时则会引起梭尖与机针碰撞造成断针或损坏梭尖！

3. 机针与送布牙同步关系调整

机针与送布牙的同步关系是：当机针尖下降至针板平面时，送布牙也下降至与针板面平行。此时如送布牙齿尖高于针板面，不稳定的缝料会影响机针穿刺缝料。严重时会引起断针，当送布牙尖低于针板面过多时，则为送布时间提前，会引起毛巾状浮线等故障（机器在缝制较厚性质的缝料时，机针与送布的同步关系要作一些微调，以适应不同性质缝料的送料产生的送料问题与线迹质量）。

调整的方法是打开机壳后盖板，旋松送布凸轮紧固螺钉，然后用手按住送布凸轮，缓缓转动皮带轮，使主轴油孔与上端的送布凸轮基准孔的下端处在同一条水平线上，调整时，应注意使送布凸轮与牙叉滑块之间有0.3~0.5mm距离（左右间隙），最后紧固送布凸轮固定螺钉，盖上后盖板，图3-3-3所示。

平缝机在缝厚料时，如果没有分析出缝厚料的调整方法，大部分都会出现跳针、断线的故障。现在将结合实践根据这些故障作一下分析。

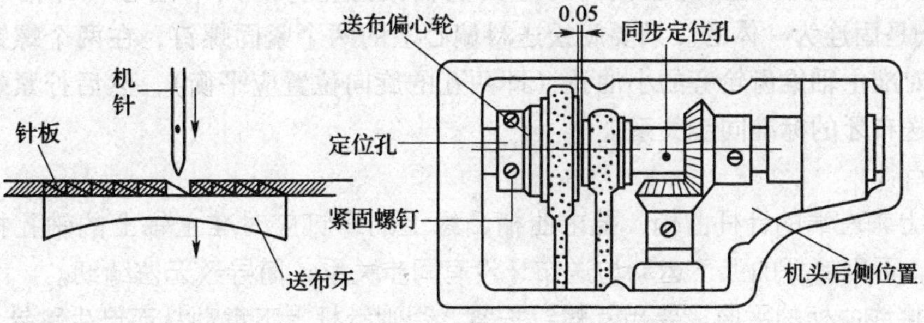

图 3-3-3　机针与送布牙同步关系的调整

在排除故障之前，就要观察缝线与机针是否与缝料相匹配。缝料越厚机针相对越粗，不能选用合成纤维的缝线，因为在机针刺入厚料摩擦力较大的情况下，它会被机针发热时的温度烧断。针号的大小表明机针的强度，如选用较细的机针，机针刺入厚料时会产生移位，这样就不能稳定地形成线环，导致旋梭无法钩住面线环而产生跳针。如果合理的选用了缝线与机针，还是有跳针现象，那就是机针与旋梭的位置不对。调整方法是加大压脚压力可将针杆稍许下降，然后延迟旋梭的钩线时间，使旋梭尖在机针中心时，距离针孔上方1mm即可。另外，根据情况可把机针偏右安装，使旋梭尖在机针有较轻的摩擦，断线大部分是由于摩擦较大而引起的，在检查过线部位及旋梭的外周无毛刺裂口的情况下，可通过降低缝线的张力来解决，有时防止浮线要使底线的张力与面线协调。有时可将缝线用开水浸泡1min，这样可增加缝线的强度。根据以上的调整方法，可以解决平缝机在缝纫一些厚料时产生的跳针、断线故障。

第四节　工业平缝机机构的配合与调节方法

以下为工业平缝机机构整体配合标准。

（1）机针与旋梭的钩线标准　转动皮带轮，当机针下降到最低点回升2.2mm时，旋梭尖应对准机针中心，并距离针孔上方1.5～1.8mm，然后松开旋梭上的紧固螺钉，改变它的转向位置，钩线时间即可调节。当机针与旋梭尖正面相交时，其摩擦间隙为0.05mm（以不碰机针为准），如达不到要求，把旋梭的紧固螺钉松开，左右移动旋梭间隙的大小便可改变。按标准定位后，拧紧螺钉。

（2）针杆的高低定位　当机针下降到最低点时，针杆的上刻线应与针杆套筒的下端面平齐。针杆回升时针杆的下刻线与针杆套筒下端面平齐，这时旋梭尖到机针中心的标准位置。调节时松开针杆连接轴的螺钉，按照标准上下移动针杆即可。

（3）送布牙的标准定位及调整　机器运转时，送布牙运转到最前端或最后端，都不能与针板相碰。送布牙在始点位置时应与针板牙槽的边沿保持0.05mm的距离，以免发生噪声，调节时松开送料曲柄的螺钉，前后移动进行调节。送布牙左右位置应与针板牙槽的左右有较小的间隙。否则松开抬牙曲柄螺钉，即可微调送布牙的左右位置。

（4）机针与送布牙的同步调整　当机针下降至针板表面1mm时，应停止前后移动（即送布）送布牙并将送布牙的齿面与针板表面平齐。否则机针与送布牙的同步关系不正确，调节时打开机台后侧的盖板即可看到上轴锥齿轮旁的两个偏心（即抬牙、送布偏心），它们是固连为一体的。只要旋松送料偏心上的两个紧固螺钉，在两个螺钉的中间有一小孔，对准主轴锥齿轮旁的小油孔（即两孔的旋向位置应平衡），然后拧紧螺钉，这就是机针与送布牙的标准同步关系。

注意点：

（1）上轴左端的针杆曲柄，要求曲柄凸缘上的螺钉应对准主轴上的轴孔拧紧。定位务必准确，否则针杆的上下运动与送布牙没有同步关系，而导致无法缝纫。

（2）挑线曲柄的平面，要用其螺钉拧紧，否则针杆上下窜动从而产生跳针。

（3）在缝制厚料时，应把针杆的位置少许下降。并延迟梭尖与机针的钩线时间，梭尖到达机针中心时，不能超过针孔上方1mm。

（4）送布牙的高低位置应根据缝料的厚薄而定，缝厚料时应使送布牙高一些。缝薄料时，则应使送布牙低一些。

（5）上轴与竖轴锥齿轮之间的啮合不能太紧，否则机器沉重。但啮合间隙也不能太大，控制在0.05mm的范围内，如间隙太大，机器就会产生噪声，并出现断线、跳针等故障。

（6）平缝机在缝纫厚料时对旋梭与机针的调节是有区别的。由于缝料厚的原因，机针在刺入缝料时有较大的摩擦。因此机针有时产生移位，这时如果张力过大，会使缝料底下的面线环不稳定（甚至线环很小），使旋梭钩尖不能顺利钩入线环，并加大了面线的运动阻力因而导致“跳针”、“断线”等故障。但大部分的“跳针”原因是旋梭与机针的配合不精确，平缝机在缝厚料时，不仅要掌握它的调节方法而且对机器运动的精确度要求也是很高的。下面结合多年的实践经验，对一般性“跳针”的排除方法作一些介绍：首先要选一支与缝料、缝线相匹配的机针（20、22号），先将针杆在原来标准的位置上下降1.5mm。装入机针时将机针少许向右偏斜，然后调节旋梭，使钩尖到达机针中心时，距离针孔上方1mm，并要求与机针的侧平面有轻微的摩擦。最后调节送料偏心轮，使送料时间稍微延迟，需要时将压脚压力稍加大，要求送布牙齿尖高出针板表面1.3mm左右。这样基本可以解决一般性跳针的故障。

（7）机器在缝制较薄塑料时，机针与旋梭不仅要达到精确位置，而且有时还需修磨一些部件，因塑料是一种较硬的物品，与缝料有着很大的区别。例如根据箱包沙滩椅制作的需要，会用到一些塑料制品。在用普通平缝机缝纫时，如对一些部件不进行更换、改装和调节就会出现故障，如送布缓慢，塑料底部出现牙痕，线迹疏松、跳针、断线等。下面对沙滩椅在部件制作过程中，缝制圆形塑料扣出现的故障作一说明：首先要选用送布牙较长的一排（如包边时则只要13齿）；然后选用细砂布稍微磨平齿尖；修磨时用力要均匀，最好是将选好的送布牙直接装在牙架上，将要修磨的齿尖露出针板表面，这样用力也就均匀了。然后选用缝厚料的旋梭（注意：与普通旋梭在梭板的结构上有了区别），当送布牙在最高位置时，齿面应高出针板1.3mm左右，压脚的压力要大幅度的减少，最后选用22号进口机针，按照上述一般性跳针的调节方法调整旋梭与机针的精确配合。调节送布机构是在标准位置上稍提前，在缝制时要根据送布的速度进行操作。如旋梭的速度过快，会因缝线供应量不协调而产生断线、跳针等故障。如过慢，则会使送布牙在原有的位置移动而导致牙痕迹。缝线的张力要求不能太紧。除此之外如仍有故障现象，则是调节不够精确，还需要耐心而又细致的分析，只要通过实践总结出经验，排除这些故障也就不难了。

第五节　工业平缝机的常见故障与排除技巧

工业平缝机是一种比较复杂又精密的机器，其精度和配合要求都非常高。机器可在一秒钟内精确无误地连续做十几个动作。因此，只要机器中某些零部件配合不好或质量达不到要求都可能会出现各种各样的故障。下面就常见故障的原因和排除方法做一下分析。

一、跳　线

“跳线”也叫“跳针”故障，是指在形成一个双线锁式线迹的过程中出现面线与底线不能交织的现象。跳线的原因主要是由于机针和旋梭尖的间距、间隙、高低不符合公差精度要求而引起的；同时零部件的松动、磨损或位置的定位不准确也会造成跳线故障。

现根据跳线故障可分偶然性跳针、断续性跳针和连续性跳针三种。故障的具体原因和解决方法见表 3－5－1。

表 3－5－1　　跳线故障原因及排除方法

故障现象	产生原因	排除方法
偶然性跳针	1. 在缝纫厚薄不匀的缝料时，由于使用较细的机针，遇到较厚部分缝料时，机针容易发生位移而产生跳针	1. 换合适机针；缝纫厚薄不匀缝料时，应适当减慢缝纫速度
	2. 由于机针后壁斜，未与旋梭成正交，造成机针线环不在正确位置	2. 按标准调整机针与旋梭尖的位置
	3. 缝线质量不好，捻度不均匀造成线环形成稳定性不够	3. 通过合理选择缝线来解决
	4. 由于缝制薄料制品时，用较粗机针来缝纫，再加上压脚的压力太小	4. 调换机针，加大压脚压力
	5. 机针尖不锐利，弯曲发毛	5. 调换机针
	6. 由于种种因素，使旋梭尖头变钝	6. 合理修磨旋梭尖并抛光
	7. 机器长期使用，使针板容针孔磨损太大	7. 更换合格的新针板
	8. 压脚压力过弱	8. 加大压脚压力
断续性跳针	1. 由于机器的长期使用，使针杆的高低位置发生位移，再加上针杆连接柱，针杆连杆，挑线曲柄等零件的磨损，而出现的间隙松动	1. 调换磨损零件，按要求重新调整旋梭和机针的间距以及间隙的高低位置

续表

故障现象	产生原因	排除方法
断续性跳针	2. 由于更换缝制器的种类而引起。特别是服装缝纫，往往一台机器要缝制各种厚薄软硬不同性质的缝料	2. 除了针、线符合要求外，及时合理地调整旋梭与机针的间距。一般情况下，缝薄料间距为8~10mm。同时，机针与梭尖平面间隙尽量小于0.1mm，只要不摩擦即可
	3. 由于压脚底平面与针板平面、齿面不密合而引起的	3. 调整压脚和修磨牙齿，使三个零件的平面密合
	4. 机针过细或缝线过粗	4. 相应的更换机针或缝线
	5. 机针弯曲	5. 更换机针
连续性跳针	1. 底线线头留的太短，线环套不住底线	1. 取出梭芯套，把底线拉出10cm
	2. 机针经长期使用，或维护、保养不当，各零部件位置发生变化，达不到缝纫要求	2. 按标准调整机针、旋梭之间的位置与间隙
	3. 面线受机针与缝料的摩擦而影响变热	3. 对化纤线采取机针冷却
	4. 缝制特殊材料（如胶带、塑料等）线环不能正常形成	4. 放慢缝纫速度、并增加面线滑性（如缝线通过蜡块润滑油、硅油）
	5. 压脚槽太宽，当针刺布退出时，缝料移动而影响线圈，这种情况缝薄料时影响最大	5. 根据缝料厚薄将压脚移左或移右或将宽槽用焊锡填满再开较窄的槽，并抛光或更换压脚
一般性跳针	机针弯曲、针尖折断、针槽太浅、针眼歪斜，挑线簧弹力大，压脚未装好	选用合适机针，调整挑线簧弹力，正确安装压脚
高速产生跳针	机针与旋梭的侧面间隙、针板容针孔距离太大、底线张力或压脚压力太小、机针与缝料厚薄不相称	正确调整钩线时间，并改变针杆的高低位置

二、断　线

断线是机器在缝纫过程中较常见的故障之一，工业平缝机的断线现象分为断面线故障和断底线故障两大类。缝纫过程中碰到的断线故障的产生原因及排除方法，见表3-5-2所示。

表 3-5-2　　断线故障原因及排除方法

故障现象	产生原因	排除方法
断面线	1. 机针针孔边缘有锐角或针槽拉毛	1. 抛光针孔后使用或换新针
	2. 面线经过线孔部分拉毛，缝线运动时受阻	2. 用砂布打光，再把线涂上研膏拉光
	3. 缝厚料用细线	3. 更换相应缝线
	4. 缝线强度太差	4. 更换缝线
	5. 面线压力太紧，缝线运动困难	5. 适当旋松夹线螺母
	6. 旋梭内槽有锐角，将缝线碰伤，抽断线	6. 将旋梭内槽用抛光膏抛光，然后试装或者更换新的
	7. 旋梭定位钩与梭架凹口配合不当	7. 调整旋梭定位钩的标准位置
	8. 机针过热把线头熔断	8. 对化纤线采取机针冷却
	9. 针板孔有毛刺以致碰伤缝线	9. 用砂布拉光，但不能拉得过大，否则会引起跳针
	10. 机针位置装错	10. 纠正机针的位置
	11. 机针弯曲	11. 更换质量好的机针
	12. 针杆上、下行程不对，针杆曲柄上的挑线曲槽定位螺钉没有定位在挑线曲柄的凹槽内，或定位方向错误	12. 重新定位和纠正错误的定位方向
	13. 检查锥齿轮上的啮合间隙和轴向间隙，按要求它们的窜动间隙一般不大于 0.05 ~ 0.1mm 公差范围	13. 旋松锥齿轮固定螺钉，合理调节两锥齿轮的间隙
断底线	1. 梭芯线绕得太满、太松、太乱，使底线在缝纫过程中出线不畅，造成断线	1. 合理修正绕线器，使梭芯上的绕线达到均匀、紧凑、整齐
	2. 梭芯太大，运转不灵活	2. 适当改善梭子与梭芯的配合
	3. 送布牙位置过低，造成送布牙底部快口处和底线出线的距离过小，使底线和牙齿底部快口发生接触摩擦	3. 适当提高送布牙的位置
	4. 梭皮压线口受到磨损	4. 调换新梭皮
	5. 旋梭皮边缘发毛，擦断底线	5. 调换新梭皮
	6. 梭皮和梭子外壳配合不好，配合间隙不合适，出线张力不均	6. 修磨梭壳或更换

三、浮　　线

浮线也是缝纫过程中较常见的故障之一。根据发生的症状，浮线故障一般可分为三种：一种是浮底线；一种是毛巾状浮线；另一种是有时浮底、面线，有时不浮线。具体原因和排除方法见表3－5－3。

表3－5－3　　　　浮线原因和排除方法

故障现象	产生原因	排除方法
浮底、面线	1. 由于送料与刺针的动作配合不对，造成底、面线交织过程中受阻，形成浮线故障	1. 通过合理调整偏心轮的定位位置来解决：当机针开始刺料但离缝料2～3mm时，送布牙送料结束。这时，就是偏心轮定位位置
	2. 面线的张力过大，造成浮底线，反之，底线张力大，则浮面线	2. 浮底线可调大面线的张力解决；浮面线可调小面线的张力来解决；也可以调整底线的张力大小来解决
毛巾状浮线	1. 由于旋梭受到外力作用而损伤，钩线各部位有了裂痕或毛刺，使面线无法顺利通过，从而造成毛巾状浮线的故障	1. 修磨生锈或有毛刺的旋梭，严重时进行更换
	2. 由于面线夹线器操作失灵或压脚压住缝料进行缝纫时，松线钩和松线顶失灵。造成面线在无张力的情况下缝纫，面线无法收紧，大量余线留在缝料下面	2. 可通过合理调整松线钩伸缩进、出位置和夹线器的进、出位置，使松线顶伸缩灵活，使夹线器既能松线又能压线
	3. 由于梭壳圆顶的过线圆弧面严重生锈或有毛刺，使面线通过梭壳圆顶过线圆弧受到阻力	3. 用油石修磨圆弧处的铁锈或毛刺，并抛磨达到一定的表面粗糙度要求，使面线通过时无明显受阻现象
有时浮线 有时不浮线	1. 由于梭子平口梭芯配合不佳，造成底线出线不匀，从而在缝纫过程中出现时浮、时不浮的现象	1. 通过选择配合较佳的梭芯来解决
	2. 梭皮和梭子外圆配合的平整度不好，使得不同的出线位置，出线的压力也不同，造成出线时好时坏的现象	2. 合理调整梭皮和梭子外圆配合的平整度，要求不同的出线位置，出线的压力基本相同
	3. 压脚压板下的出线槽太浅或太短，造成缝纫线迹向前移动时受到摩擦阻力的影响，使底面线交织不佳	3. 应拆下压脚，用细砂布拉深拉长压脚底板下的出线槽并要磨光出线槽，使缝料向前移动时能顺利通过
	4. 机针、缝线、缝料三者配合不符合要求	4. 根据缝料选用合理的机针和缝线

续表

故障现象	产生原因	排除方法
绕线器不转	1. 绕线胶圈与上轮或传动带接触不良，不能产生足够的摩擦力来带动绕线胶圈转动；绕线胶圈松滑，绕线胶脱落也会使绕线器不转	1. 旋紧绕线调节螺钉，以增加绕线胶圈与上轮间的摩擦力；更换绕线胶圈
绕线器按下弹不起	2. 绕线螺钉旋入过多	2. 将绕线螺钉旋出一些
梭芯绕线呈锥状	3. 过线架位置未对正	3. 调整过线架位置
梭芯绕不满线	4. 满线跳板过低，梭芯绕线未到量就跳起	4. 将满线跳板向外扳出一个角度

四、线迹歪斜和缝料皱缩

线迹歪斜是指缝料上的每一个线迹都是倾斜着的，底、面线的交结点总是偏向一方。缝料皱缩是指一处的缝料出现皱缩现象，用力一拉缝料，缝线便会一节一节被拉断。这些故障的产生原因及排除方法，见表3-5-4。

表3-5-4　线迹歪斜和缝料皱缩的原因及排除方法

故障现象	产生原因	排除方法
线迹歪斜	1. 面线张力太大	1. 减弱面线张力
	2. 缝纫薄料时底、面线的交结点无法藏于缝料中间	2. 缝纫薄料时选用较软的细缝线
	3. 机针太粗，造成线迹歪斜	3. 用与机针相匹配的缝线
	4. 机针安装不正确	4. 纠正机针方向
	5. 机针过线孔太大	5. 使用小号机针
缝料起皱	1. 面线张力太强	1. 减弱面线张力
	2. 送布运动快于针杆	2. 调到标准
	3. 送布牙倾斜	3. 把送布牙调到前高后低
	4. 旋梭与针板在挑线杆过线处不光滑	4. 使过线处光滑
	5. 针板容针孔太大	5. 换新针板

五、上、下层缝料错位

在缝纫过程中，有时会发生上层与下层缝料错位现象。这是送布机构长期磨损或零件松动造成的。具体原因和排除方法见表3-5-5。

表3-5-5　　上下缝料错位的原因及排除方法

故障现象	产生原因	排除方法
缝料错位	1. 压脚压力太大，使下层缝料错位	1. 减低压脚压力
	2. 送布牙倾斜	2. 把送布牙调节为前高后低
	3. 送布运动慢于针杆造成缝料错位	3. 把送布牙速度加快
	4. 送布不均匀	4. 使用粗齿送布牙

六、断　　针

断针是指在缝纫过程中，机针受到意外的阻力而被折断。主要原因是机针在工作过程中，与某些零部件碰撞或摩擦所造成。详见表3-5-6。

表3-5-6　　断针的故障原因与排除方法

故障现象	故障原因	排除方法
偶然性断针	1. 由于缝纫粗、厚料时用针太细，使机针在上、下运动时发生偏移	1. 选用与缝料相应的机针
	2. 机针弯曲，针尖毛，支针螺钉没有旋紧	2. 旋紧支针螺钉，更换新针
	3. 由于缝制厚薄不匀缝料时机速太快、机针发生移位、和旋梭碰撞而折断	3. 应放慢缝速
连续性断针	1. 压脚压板槽严重歪斜、压脚紧固螺钉没有旋紧，针板容针孔和机针同心度差，下轴轴向间隙大	1. 应合理调整各零件部位的位置和间隙，使机针尽量对准针板各针孔的中心
	2. 旋梭尖嘴平面低于梭架容针槽的平面	2. 使容针槽的平面低于旋梭尖嘴平面0.15mm或相平，使梭架容针槽既不碰针又能起护针作用
	3. 旋梭和机针的间隙、间距、高低位置不对	3. 根据要求合理调整
	4. 送布牙与针杆运动时间位置不对，造成针刺时，送布牙还在送料，而造成断针	4. 根据要求合理调整偏心轮的位置，当机针离缝料还有2~3mm时，送布牙应送料结束

七、送布故障

送布方面常见故障产生原因及排除方法见表3-5-7。

表 3-5-7　　送布方面的故障与排除方法

故障现象	产生原因	排除方法
缝料不走线迹重叠	压脚压力太小，送布牙移动时从缝料底面滑过而不能带动；压脚位置太低而使压力太小；送布牙机构不标准及送布牙太高，送布牙后退时没有降到针板下面而带动缝料一起后退，造成线迹重叠；压脚板平面粗糙，使压脚板与缝料间的摩擦力加大，送布牙松动或送布牙带不动缝料前进；送布牙松动或送布牙露出针板面太少，使送布牙带动缝料前进；送布凸轮固定螺钉松动或送布轴螺钉松动等	正确调整压脚位置及压脚压力；正确调整送布牙的高低位置，保证前进时露出针板平面一定高度，后退时低于机针平面；修整或更换已损坏的零件；拧紧各松动螺钉
缝料运行忽快忽慢针距忽大忽小	压脚压力不足，压脚过高，送布牙位置过低都不能有效地控制每个针迹的长短；操作者缺少经验，在推送缝料时用力不匀或过猛；针距调节器上的固定螺钉未拧紧，使用中针距座产生移位，使针迹长短发生变化；压脚螺钉未拧紧；弹簧失去了弹力或折断；送布牙齿尖磨秃；牙叉滑块与针距滑块配合松动	正确调整压脚高低位置，送布牙高低位置，保证前进时露出针板平面一定高度，退时低于机针平面；修整或更换已损坏的零件。拧紧各松动螺钉
缝料行走慢并且机器有噪声	牙叉连接螺钉、送布轴、抬牙轴及针距座螺钉松动，使送布不正常，并且产生噪声；送布凸轮与牙叉磨损，针距座与牙叉磨损	拧紧各有关螺钉；修整或更换磨损严重的零件
缝料表面咬伤	送布牙尖太尖锐，压脚压力太大	适当降低送布牙的高度，减小压脚的压力
缝料起皱	面线或底线过紧，使缝料伸展不开；缝线过粗或缝线弹力过大，在缝纫时受到较大力的作用而伸长，缝纫后缝线因受力减小而缩短使缝料产生皱；压脚压力太大，送布牙太高也会起皱	适当调整缝线张力；选用合适的缝线；适当减小压脚压力和降低送布牙

八、噪声和运动系统故障

噪声和运动系统故障产生原因及排除方法见表 3-5-8。

表3-5-8　　噪声和运动系统故障及排除方法

故障现象	产生原因	排除方法
旋梭噪声	上轮平面松动，运转时轴向窜动而产生撞击；大连杆中心距太短，使摆轴运动不平衡而产生；大连杆螺钉松动，牙叉与送布凸轮磨损，前轴套磨损	调整零件相对位置，减少上轴的窜动；拧紧松动螺钉；修整或更换已损坏的零件
挑线机构噪声	挑线凸轮磨损间隙增大；挑线滚柱或挑线杆螺钉松动而撞击面板；挑线杆倾斜也会撞击面板	拧紧松动的各个螺钉；扳正挑线杆；修整或更换磨损的零件
高速缝纫时噪声	机头装配不好；经长期时间使用后磨损而间隙增大；某些螺钉松动，机架安装不良	按要求安装各零件；拧紧松动螺钉；修整或更换已损坏零件
其他噪声	机器润滑不良，机头各螺钉松动；锥形螺钉与锥孔磨损等使某些配合间隙增大；下轴轴向固定不良而左右窜动；某些零件松动或磨损	定期加润滑油，正确安装各个零件；修整或更换已损坏及不合格的零件
机件内有杂物转动沉重	梭床内藏有棉纱、油污、线头等；送布牙槽有污物；机头零件安装不好	按要求正确安装机头；清除梭床、送布牙槽、旋梭里的污物
旋转一周发生部分沉重	滚柱、滑块与原配件配合不好；因上轮受损弯曲影响配合而引起上轮偏摆；送布牙太高，压脚压力过大	修整配合不好的零件；纠正上轮的偏斜；适当降低送布牙高度和减小压脚压力

1. 平缝机在工作时出现被卡现象的快速处理办法

当平缝机在工作时，突然出现被卡导致整机不能转动的现象，一般是因为机件内部有杂物，常见的是旋梭导齿与导槽之间，因为旋梭的导齿与导槽的结构精度极高，即使在中间夹入一根线头也会导致旋梭不能正常转动而使整机被卡；其次也有因机件的运动位置或长期供油不足使相关部件在运动时摩擦发热导致被卡。针对这些现象，结合实际维修经验，可以快速的由以下方法解决。

首先检查旋梭是否被异物卡住，检查方法是先卸下旋梭定位钩，再用手转动主轮看能否转动缝纫机。要是能转动主轮则是旋梭被卡而致。当确定旋梭被异物卡死，比如有断针，线头或其他异物，比较简单快速的解决办法是先不要把旋梭取下，直接用力向相反的方向转动皮带轮，如旋梭不是卡的特别紧即可以解决。但要是通过反转不能挤出旋梭里的杂物，则需要扳倒机头，先用螺丝刀取下旋梭定位钩，然后用手转动皮带轮，当转至旋梭架的边缘部位有利于用螺丝刀接触时停止转动。这时不让皮带轮转动，然后用螺丝刀顶住旋梭架边缘（即处于旋梭板位置时），用力拍打螺丝刀柄，使旋梭架在旋梭板的导槽里活动而挤出杂物。最后装上旋梭定位钩检查机针与旋梭的钩线关系是否变动。注意：在拍打螺丝刀柄时，不可用力太大，以免因强制拍打而影响旋梭的钩线质量；如通过螺丝刀不能取下旋梭杂物，就只能取下旋梭，按顺序卸下旋梭小部件，将杂物取出。

其次检查机器底部油盘里是否有油，如果油盘没油，机器会因为高速而温度升高，导致机器零件卡死，特别是偏心轮部分。具体解决办法是先将机器加满油，然后将机器底部的油窗取下，用一个小尖嘴油壶从油窗孔向下均匀的注油，然后用力转动皮带轮。这样可以解决因缺油而导致部件被卡的故障。

然后是检查针杆的灵活度，检查方法是先松开针杆夹头的定位螺钉，再用手转动主轮看能否转动。如能转动则是针杆与针杆套筒被卡，需做拆卸更换针杆或针杆套筒。

最后检查是否因送布牙过高而卡住针板，这一现象也能使机器被卡。解决办法是卸下针板或者向相反的方向转动皮带轮，然后再重新调节送布牙高度。

2. 关于旋梭在缝纫不同缝料时的调整标准

平缝机在缝制不同性质的缝料时，其旋梭与机针的钩线关系是稍有变化的。因为不同性质的缝料会使机针在缝料底部产生不同的线环的状态，所以这需要在线环形成的标准状态下适时的改变旋梭的钩线时间，从而保证旋梭的钩线质量，使线迹顺利形成。

（1）在进行合成纤维的缝制时，旋梭钩线时间的调整：由于合成纤维线较棉线易发生跳针，应将钩线时间位置调至略微延迟一些。旋梭的标准钩线时间是当机针从最低点上升2.2~2.6mm，旋梭尖应到达机针中心并距离针孔上方约1mm的位置。为了防止缝料起皱，应尽可能的在线迹不松浮的前提下，降低底线与面线的张力。

（2）在进行针织缝料的缝制时，旋梭钩线时间的调整：由于针织缝料的弹性较大，面线的线环不易形成，有时出现机器跳针现象。为了防止跳针，可将针杆从标准位置略向下降。同时稍微延迟机针和旋梭的钩线时间，再用较小的针板孔，尽可能用细的机针，这样将会减少机器的跳针故障。

3. 平缝机在缝薄料时，使用双色线的标准调整方法

平缝机在缝制薄料时，使用双色线，这对标准线迹的形成有一些难度。使用双色线缝制尤其是在薄料情况下，往往会出现线迹不美观的现象（底、面线迹松浮，底面一会儿看到面线小点，正面一会儿看到底线小点），这不仅需要底、面线张力的高标准，而且还需要选用合适的配件来完成。针对这一现象结合实践经验将平缝机在缝制薄料时使用双色线的调节方法作以下介绍，供维修时参考。

首先要选用合适的针板，通常用16号针板，并要求针板孔尽量小；选用中号（如12号）机针；将机针与送布牙调整为标准的同步关系；降低送布牙的高度，应尽量降低到送布牙不影响送布质量的前提下为佳；挑线簧的挑线量不宜太大，减小夹线器弹簧的压力，要求夹线板的两边光滑，无锈迹，保证面线出线顺畅无阻力；选用优质的梭壳和梭芯，要求拉出底线时顺畅，无阻力；机针与旋梭的钩线时间按标准调整即可；压脚压力不宜过大。

通过以上办法，基本可以解决平缝机在缝制薄料时，使用双色线出现线迹不合的现象。

4. 平缝机在倒缝时断针、断线的原因分析与处理方法

平缝机在倒缝时，断线也是平缝机的一个常见故障，但这种故障的产生原因存在很多细节，所以不少初入行的维修员并不能很顺利的将其排除，这不仅是因为他们对平缝机的工作原理掌握不够全面，同时也缺少实践经验。这里将结合多年的实践经验，对该问题作出以下分析，供维修时参考。

通常平缝机倒缝断线故障可分为两种情况：第一种是完全在缝料上的倒缝而产生的断线故障；第二种是不完全在缝料上的倒缝而产生的断线故障。

在分析倒缝断线时，首先要了解造成顺缝时断线的原因。顺缝断线的原因有很多，总结起来主要有：机针弯曲、缝线质量欠佳、缝线与机针不匹配、成缝构件如压脚、针板、旋梭、旋梭定位钩、送步牙等部位有毛刺或被线拉伤的沟槽；旋梭精度下降，如不能引导面线顺滑绕过梭壳面；旋梭尖变钝，不利于钩线；旋转时梭架与梭床产生较大窜动等；还有针杆与旋梭的配合不符合标准；机针与送布偏心轮的同步关系失准；也有因缝制时机针与缝料摩擦产生温度过高而断线等。以上这些问题是造成断线的直接原因。

倒缝与顺缝的区别在于针杆与抬牙送布偏心的配合时机要求稍有区别。倒缝时由于在按下或抬起倒缝扳手的瞬间里，机针有可能正处于穿刺缝料的状态，如果此时送布牙高出针板表面，则机针会随着缝料一同产生瞬间的摆动，这是造成倒缝断针、断线的原因之一。为了避免这种情况发生，应适时的按倒缝的要求调整抬牙送布偏心。

当机器处于倒缝时，要求旋梭运转时的摩擦阻力更小、更光滑，以使挑线杆在收紧面线时用最小的力来克服旋梭运转时的摩擦阻力。只有这样才能将夹线器的压力减到最小。因为摩擦阻力是由旋梭架、梭壳外部紧靠旋梭定位钩的阻力构成，如力度越大则要求夹线器上的压簧越紧，也就造成断线的几率加大。

当机器处于倒缝状态时，缝线与机针的摩擦位置不一样，特别是针孔以下部位。倒顺两个方向的摩擦要求机针的整体光滑度，因此形成了倒缝作业的难度。除维修员通过技术手段来调整机器外，使用优质机针和缝线、适当降低倒缝速度，这些都可以减少倒缝时出现的断针、断线现象。

至于偶尔离开缝料时的倒缝（即倒针空缝）故障，在分析之前需要对平缝机的原理有全面的了解，机针的引入线槽是在左侧，而形成的线环是在机针的右侧。形成理想线环的必要条件是当机针上升时，其右侧的缝线和缝料之间要有足够摩擦力，阻止在机针上升时缝线留下的线量。在不完全缝料上倒缝，一般会使挑线杆不能将面线进行快速、合理的上收，使多余的线在底部被卡而产生断线故障。针对这种情况，可以用一小块软布料卷起夹在面线过线钩中，以控制面线的出线流动量，这样可以减少在不完全缝料时进行倒缝的断线现象。此外，倒缝时出现断线断针与平缝机操作者的操作方法也有一定的关系。因此在日常工作中应合理指导平缝机操作者，让其尽量避免在不完全的缝料面上进行倒缝。

实践证明，对机器做好以上方面的检查与调整后，并在缝制时降低倒缝速度，一般是可以排除在缝料上进行倒缝时的断针、断线故障的。

5. 如何解决缝料离开压脚（走空针）时出现的断线故障

大部分操作工人为提高自己的生产效率，往往高速度缝纫。在高速运转时，当缝料离开压脚与机针，由于缝料离开缝线时不能稳定形成线迹，因而使多余的线不能被挑线杆顺利上收，导致缝线卡在针板底部而出现断线。出现这种故障的主要原因：一方面是操作者在离开缝料时速度过快；另一方面是机针与旋梭的配合不良（送布时间不对）与缝线的张力配合不标准。如减缓速度（在空针位置时）还会断线，就需要作一些调整。现将根据几年的实践经验，对空针断线故障的排除方法作一说明。

首先检测送布时间，将挑线杆下降到最低点，然后在即将回升的同时要求送布牙一起做送布运动。再将缝料放在针板上检测钩线时间，当机针在缝料底下被旋梭尖钩入线环形成一个线迹时，观察外部面线是否有较大的摆动现象。有此现象证明钩线时间延迟，应适当提前。然后调节缝线张力，要求底线在针板上能够轻滑无阻力地放线，面线的张力不能太紧也不能太松，用双手在挑线杆处拉动面线，要求出线时轻滑无阻力。由于缝料脱离了缝线，所以对底面线张力的标准要求是很高的。如长时间面线的张力仍不能达到标准，就用一块小薄布卷起来，放入左侧的过线钩内，然后再将线穿入薄布的中间，这样可以辅助挑线杆来控制出线时的稳定性以及减少针槽底部多余的缝线。所以当缝料离开针板位置时，因有效的控制缝线的张力与出线量，所以也就解决了缝料脱离压脚时出现的断线故障。

思考与练习

1. 工业平缝机由哪些机构组成？各机构有什么作用？
2. 试述旋梭的工作原理。
3. 试述 GC6－1 型高速平缝机针距调节机构和倒顺控制机构的工作原理。
4. 高速平缝机如何确定针杆和旋梭的工作位置？
5. 什么是高速平缝机的针牙同步关系？它对缝纫有何影响？如何调整？
6. 为什么针板孔过大，缝薄料时会容易跳针？
7. 试述毛巾状浮线的产生原因，并分析相应的排除方法。

第四章　双针针送料平缝机

双针针送料平缝机的结构原理与普通平缝机大同小异。稍有区别只是所谓“针送料”，顾名思义可以想到机针需要做前后的送布运动。其送料方式是机针与送布牙同时运动，采用这种运动的特点主要是在缝制加工中可以解决普通平缝机在缝制两层或两层以上的缝料时而产生上下不齐的现象，这种针牙同步送料的缝纫机在机针刺入缝料后，机针与送布牙一起完成送布运动。因此，完全可以避免缝料的滑移，加之能根据工艺的需要缝锁出理想均匀美观的双条线迹，显然比普通平缝机提高了工作效率。所以双针平缝机在服装厂得到了广泛的使用。下面以日本兄弟公司生产的 L72 – B842、B845、标准 GC20201 型双针平缝机为例来分析各机构的作用与基本传动原理、调整与维修方法。

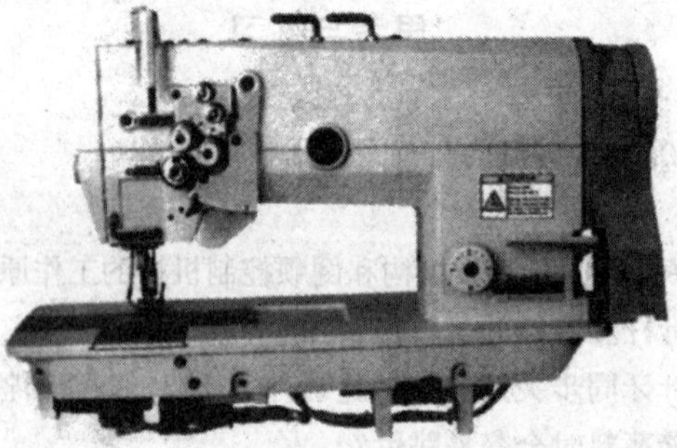

图 4 – 0 – 1　双针针送料缝纫机整机外观图

第一节　双针平缝机的主要机构与装配注意事项

图 4 – 1 – 1 为高速双针平缝机 GC20201 型送布机构的工作原理。和单针工业平缝机相同，其送布牙的运动也是由上下运动和前后运动复合组成的。

双针送料平缝机为双针、四线、滑杆挑线，双旋梭钩线，形成双线连锁线迹。其结构分类与平缝机相同，大致分为四个机构。

一、针 杆 机 构

其作用是引导面线刺入缝料形成线环给旋梭钩线创造基本条件。针杆是由两种运动组成，即上下运动和前后运动。如图 4 – 1 – 1 所示其上下运动由主轴曲柄作整周旋转时，通过固装在滑杆曲柄（滑杆曲柄是按标准装在针杆曲柄 24 上）上的针杆 34，针杆连杆 25 的下端用针杆连接轴固定，经过滑块 23 与滑槽实现了稳步的上下移动。针杆是装在针杆连接轴和针杆摆轴 19 的同心孔中，而针杆的下端装有机针，所以当主轴旋转时，实现了针杆的上下往复运动。针杆前后的运动来源于下轴上的送料偏心轮 9，当该偏心轮转动时，偏心轮及连杆10传动送料曲柄14和送料连杆13，使送料曲柄上下移动，因该曲柄是紧固在送料轴15上，再通过送布轴右曲柄17带动针杆摆动连杆18，该连杆铰接有针杆摆动轴右曲柄20，这样使连接在右曲柄上的针杆摆动轴和左端的针杆摆动轴左曲柄进行摆动，从而实现了针杆摆架22及针杆做前后运动。

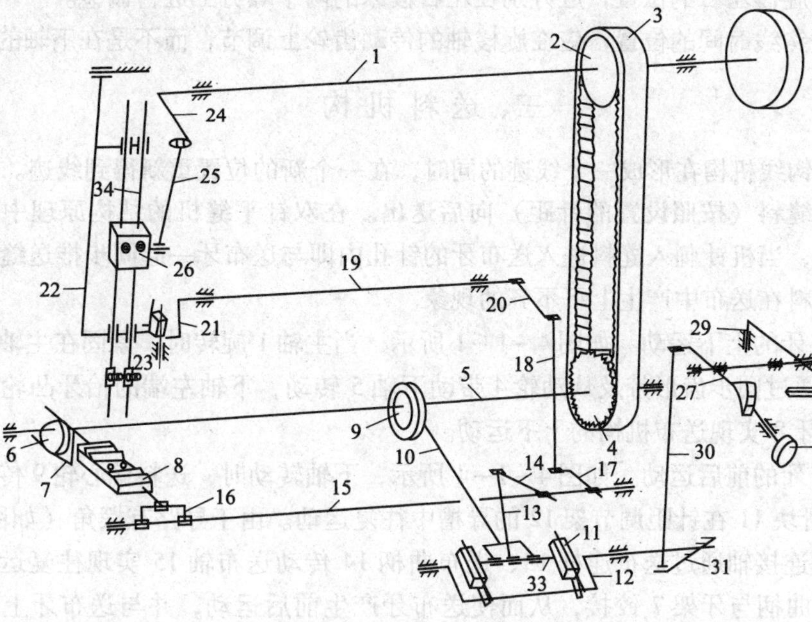

图4-1-1　GC20201型高速双针平缝机针牙同步送布传动示意图

1—主轴　2、4—同步齿形带轮　3—同步齿形带　5—下轴　6—抬牙凸轮　7—牙架　8—送布牙　9—送布偏心轮　10—送布大连杆　11—双滑块　12—针距调节架　13—送布连杆　14—送布曲柄　15—送布轴　16—牙架曲柄　17—送布轴右曲柄　18—针杆摆动连杆　19—针杆摆动轴　20—针杆摆动轴右曲柄　21—针杆摆动轴左曲柄　22—针杆摆架　23—滑块　24—针杆曲柄　25—针杆连杆　26—针杆夹头　27—针距调节销　28—针距调节钮　29—例缝弹簧　30—连杆　31—曲柄　32—倒顺缝控制柄　33—滑块连接轴　34—针杆

装配注意事项：

（1）针杆上下运动的时间必须与送布牙上下运动的时间同步（即机针下降到最低点，送布牙运动到最高点）。

（2）机针的前后运动距离与送布牙的前后运动距离必须相等（只要拧紧相应的部件螺钉，按标准要求安装即可）。

二、钩线机构

双针针送料缝纫机的钩线机构是采用双旋梭立柱式的结构方式（图中未绘出），分别装置在左机针左侧与右机针右侧。作用是当双机针下降到缝料底下回升2.2mm时形成线环，双旋梭应同时到达机针中心。钩住两机针的线环后，经过滑杆挑线杆的配合（放大缝线）扩大绕过梭芯，又经挑线杆把缝线收紧，使底、面线交织于缝料中间形成双线锁式线迹。

旋梭作整周的旋转，其动力来源于主轴同步齿形带传动下轴使下轴带动旋梭斜齿轮、旋梭一起转动（旋梭斜齿轮是紧固在下轴上），从而实现了两个旋梭作整周旋转进行钩线工作。

装配与调整注意事项：

（1）下轴斜齿轮与旋梭斜齿轮的螺钉应拧紧，并保持两齿轮啮合有0.5mm的间隙。

（2）左右旋梭左右的位置，应分别在左右梭床的两个螺钉上进行调节。

（3）旋梭钩线时间的位置，应在旋梭轴的传动齿轮上调节，而不是在下轴的斜齿轮。

三、送料机构

其作用是钩线机构在形成一个线迹的同时，在一个新的位置重新得到线迹。这就要依靠送料机构把缝料（按照设置的针距）向后送出。在双针平缝机的结构原理中该机构的运动特点则是，当机针刺入缝料进入送布牙的针孔内即与送布牙一起同步推送缝料，从而避免了多层缝料在送布中产生上下不齐的现象。

（1）送布牙的上下运动　如图4－1－1所示，当主轴1旋转时，紧固在主轴上的同步齿形带轮2，通过同步齿形带及从动轮4带动下轴5转动，下轴左端的抬牙凸轮6传动牙架7，使送布牙8实现送布机构的上下运动。

（2）送布牙的前后运动　如图4－1－1所示，下轴转动时，送料偏心轮9传动送布连杆13推动双滑块11在针距调节架12的导槽中往复运动。由于导路有摆角（如图4－1－2所示）两滑块连接轴通过送布连杆13、送布曲柄14传动送布轴15实现往复运动。送布牙左端的牙架曲柄与牙架7铰接，从而使送布牙产生前后运动，并与送布牙上下运动复合，形成类似椭圆的送布运动轨迹。

（3）针牙的同步运动　如图4－1－1所示，在送布轴往复摆动时紧固在送布轴右端的送布轴右曲柄17与针杆摆动连杆18及紧固在针杆摆动轴右端的针杆摆动轴右曲柄20构成双摇杆机构，从而使针杆摆轴也往复摆动。针杆摆动轴左曲柄21与嵌入针杆摆架22下端导槽内的针杆摆动滑块23铰接，使针杆摆架摆动，与此同时主轴左端的针杆曲柄24通过针杆连杆25及针杆夹头26使针杆产生上下运动。

安装与调整注意事项：

（1）抬牙偏心轮与送布偏心轮定位要正确，否则送布牙会因其上下运动和前后运动的时间错乱而无法正常工作。

（2）送布牙的前后位置必须正确，否则机针下降时，不能从送布牙的容针孔内穿过。

（3）安装同步齿形带时必须与机壳上的记号对准（最简便的方法是把机针下降到最低点，然后转动下轴使送布运动到最高位置，此时按住上轴与下轴不转动，最后装上同步齿形带即可）。

四、倒缝机构

倒缝机构是指为防止线迹不易脱散，在对缝料进行缝纫时，通常在开始缝的几针和缝锁结束的前几针进行加固（即倒缝）的机构。其结构原理如图4－1－2所示，是通过倒缝扳手、倒缝曲柄、滑块及相关部件，在按下倒缝扳手时，机针与送布牙将缝料进行倒缝。从而实现了加固的目的。

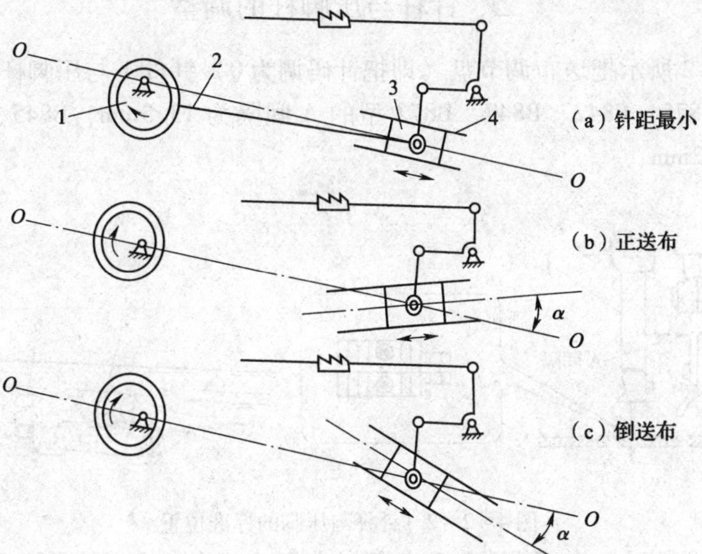

图 4－1－2　送布牙前后运动原理图

1—送布偏心轮　2—送布大连杆　3—滑块　4—针距调节架

第二节　双针针送料平缝机的标准配合与调整技巧

在这一节中主要讲述日本兄弟公司 CT2－B842、B845 型双针平缝机的标准调整。

一、机针与送布牙配合的调整

如图 4－2－1 所示，先取下机针放倒机头并卸下同步齿形带 1，将主动轮（同步齿形带轮）刻有的基线与机体上红点对齐。将带轮箭头所示方向与底板上刻有的基线对齐。然后装上同步齿形带。（注：上下轴在标准位置时要固定，不能有转动）。

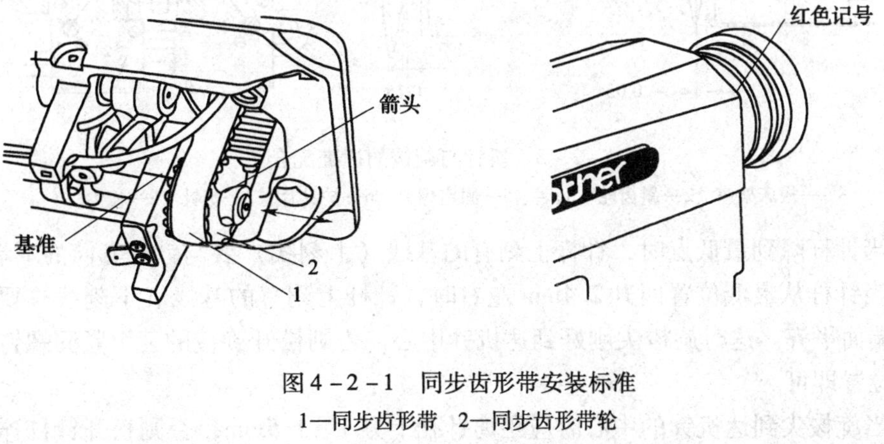

图 4－2－1　同步齿形带安装标准

1—同步齿形带　2—同步齿形带轮

二、针杆与压脚杆的调整

如图 4－2－2 所示把送布调节盘（即把针码调为 0）针杆 1 与压脚杆 2 的距离按 A 间隔调整。IT2－B875、B842、B847、B872 型的 A 间隔为 13.5mm，B845、B848、B875 型的 A 间隔为 14.2mm。

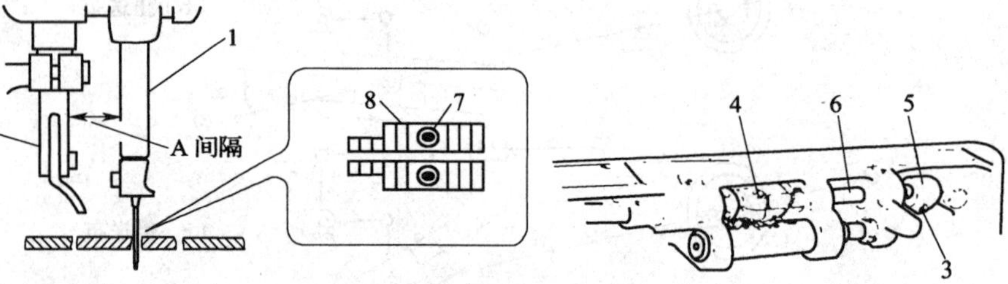

图 4－2－2　针杆与压脚的标准位置

1—针杆　2—压脚杆　3、4—紧固螺钉　5—送布轴右曲柄　6—送布轴　7—送布牙容针孔　8—送布牙

三、机针与旋梭的标准配合调整

如图 4－2－3 所示，转动主轮使针杆从最低点回升 2.4mm 左右时，将固定螺钉 3、4、5 旋松，把左右梭床架座向左右方向移动。以调整旋梭尖 8 与机针 7 侧平面的摩擦间隙 0.05mm（以不碰机针为准），要更换旋梭时，注意不要将斜齿轮 2 错位。要使两个齿印对齐，装在梭尖下的护针片 6 是用来防止梭尖碰撞机针的，在更换旋梭后，同时要调整护针片的位置。将 B845、B848、B875 型机的送布量设为零。

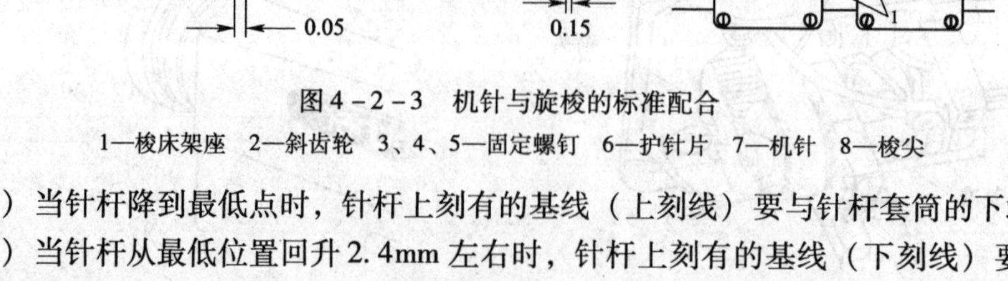

图 4－2－3　机针与旋梭的标准配合

1—梭床架座　2—斜齿轮　3、4、5—固定螺钉　6—护针片　7—机针　8—梭尖

（1）当针杆降到最低点时，针杆上刻有的基线（上刻线）要与针杆套筒的下端平齐。

（2）当针杆从最低位置回升 2.4mm 左右时，针杆上刻有的基线（下刻线）要与针杆套筒的下端面平齐。这时旋梭尖刚好到达机针中心，否则松开旋梭的三个紧固螺钉调节到机针中心位置即可。

（3）当旋梭尖到达机针的中心时应距离针孔上方 1～1.5mm，否则松开针杆连接轴的固定螺钉，上下移动针杆达到标准位置后紧固螺钉。

四、旋梭与针板的标准间隙

如图 4 –2 –4 所示，松开旋梭的三个定位螺钉，旋梭便可上下移动。要求旋梭的四方凸块与针板底板底部凹槽的间隙为 0. 8mm 左右。

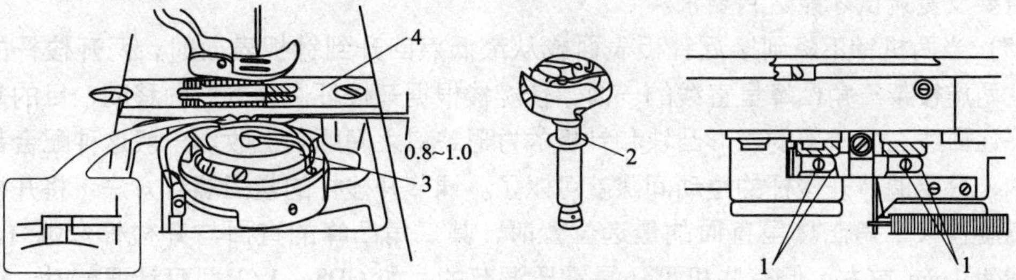

图 4 –2 –4　旋梭与针板的标准位置

1—旋梭调节螺钉　2—挡块　3—梭架　4—针板

五、送布牙高度的调整

如图 4 –2 –5 所示转动皮带轮，使送布牙运动到最高点，然后松开紧固螺钉 2，上下移动牙架 3 使送布牙高出针板平面 0. 1mm 即可。（注：在缝制较厚的缝料中，送布牙应高一些，缝薄料时应低点）。

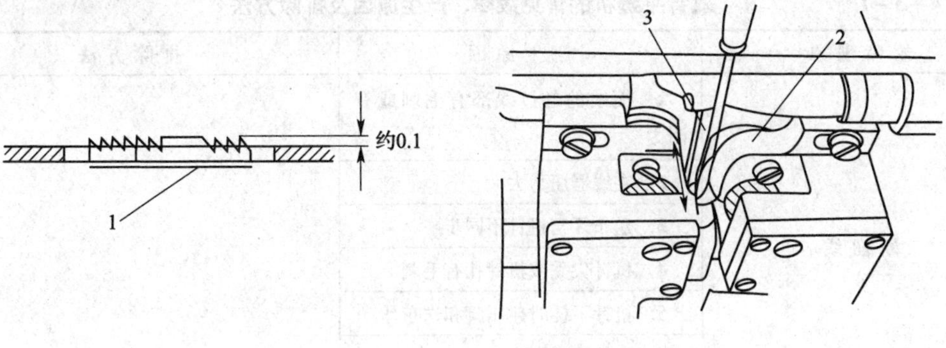

图 4 –2 –5　送布牙的高度调节

1—针板　2—紧固螺钉　3—牙架

有时，根据维修的需要把部分机件拆下时，为了缩短维修时间，将结合实践用简便的方法进行如下调整。

（1）转动皮带轮，将机针下降到最低点。此时针孔的上孔位置与旋梭板的下面相平（或与旋梭的中部相平），如有偏差应把针杆连接轴的螺钉松开，上下移动针杆即可调节。

（2）松开旋梭轴齿轮的紧固螺钉，转动主轮使机针从底面向上回升 2. 4mm 的位置时，用手转动旋梭，使两旋梭的钩尖分别钩到机针中心。并要求钩尖距离针孔上方 1. 5mm 左右，与此同时钩尖机针侧平面的间隙为 0. 05mm，以不碰机针为准；否则松开机器底部两梭床的紧固螺钉，左右移动梭床而使旋梭尖与机针产生位移，在达到标准后紧固相关螺钉。

（3）左右旋梭架上的方形定块与针板左右两边的方形缺口之间应保留 0. 8mm 的活动

间隙。否则，松开旋梭轴上斜齿轮的紧固螺钉，旋梭便能上下移动，而使针板方形缺口之间产生间隙，在达到标准后拧紧螺钉。

(4) 当机针下降到最低点时，送布牙必须在最高点。调节时松开牙架底部的抬牙偏心轮，改变它的转向位置。只要某个螺钉对准主轴平齐即可，有些型号的双针机没有平面，需要反复调试才能达到要求。

(5) 当两机针下降到接近针板表面或从最低点回升到针板表面时，两开梭杆的前端应抵住两旋梭架三角凸峰呈直线的一面，使旋梭根据开梭杆运动的方向移动，目的是配合挑线杆让面线在旋梭架的方形凸块和针板的方形缺口之间顺利上收。一般这种配合都是固定好的，只要调节开梭杆的拉动间隙就可以了。调节开梭杆的紧固螺钉方法：将开梭杆移到距离旋梭架三角凸峰呈直面的最远位置时，其三角凸峰的直面与开梭杆弯端（右端）的间隙为 1mm 左右。但有些机型还是需要调节的。如 GD8 - 1/2 型双针调节时，松开旋梭侧面开梭杆的齿轮螺钉，左右移动达到标准位置后，拧紧齿轮螺钉。

第三节　双针针送料平缝机的常见故障与排除技巧

双针平缝机与普通平缝机虽结构有些区别，但其工作原理较为相似，同样采用旋梭钩线，形成双线锁式线迹。因此出现故障的原因大部分与平缝机有着相同之处。表 4 - 3 - 1 为双针平缝机的常见故障、产生原因及排除方法。

表 4 - 3 - 1　双针平缝机的常见故障、产生原因及排除方法

<table>
<tr><th>故障现象</th><th>产生原因</th><th>排除方法</th></tr>
<tr><td rowspan="7">断面线</td><td>1. 面线的各过线部有毛刺或有阻力</td><td rowspan="11">按前面各节分析出原因做相应的修理，这里浮线不再重复</td></tr>
<tr><td>2. 夹线器压力太大</td></tr>
<tr><td>3. 送布牙与机针不同步</td></tr>
<tr><td>4. 机针尖秃或机针孔有毛刺</td></tr>
<tr><td>5. 机针下插时碰压脚和送布牙</td></tr>
<tr><td>6. 旋梭钩线尖有毛刺</td></tr>
<tr><td>7. 旋梭尖与机针的间隙太小</td></tr>
<tr><td rowspan="4">毛巾状浮线或断线</td><td>1. 开梭时间不对，使缝线不能在应有的时间内上收</td></tr>
<tr><td>2. 机针线过松导致毛巾状浮线，过紧会产生断线</td></tr>
<tr><td>3. 针板定位凹槽内有毛刺使线不能顺利通过而产生毛巾状浮线或断线</td></tr>
<tr><td>4. 针板方形缺口与梭架方形凸块的间隙太小而出现毛巾状浮线或断线</td></tr>
</table>

续表

故障现象	产生原因	排除方法
跳　　针	1. 机针有毛刺、弯曲、装反、装偏等	1. 更换机针
	2. 旋梭钩尖不在针杆回升 2.2mm 时达到机针中心，如到达时间提前，线环形成量偏小而钩不上，如到达延迟，线环将会偏大变形而无法钩上	2. 重新调整机针与旋梭的钩线时间
	3. 机针定位过高或压脚压力小	3. 重新调整加大压脚压力
	4. 旋梭钩尖与机针的孔上距离不标准，不能在线环形成的最佳位置钩入	4. 重新调整机针与旋梭的标准配合
	5. 钩尖与机针的摩擦间隙太大	5. 重新调整
	6. 旋梭上下窜动使钩尖高低不稳定	6. 旋松旋梭轴齿轮使其不让旋梭上下窜动
送布故障	1. 压脚压力太小，无法送布或送布不均	按前面各节的分析原因做相应的修理
	2. 机针前后的摆动必须与送布牙前后运动相一致，否则出现断针	
	3. 在缝纫过程中如遇到倒缝扳手上下跳动时，则是送布轴曲柄的左右位置不正确	

1. 双针机在缝厚料时跳针的调整技巧

提醒：双针机在缝纫厚料时，如机针与旋梭之间没有按照缝厚的标准调节就会经常出现跳针现象。在缝厚料如出现断线时检查相关部件无毛刺的情况下，可将针杆稍许下降并减少面线张力。在厚料转缝薄料时跳针，可将机针的钩线时间延迟；在薄料转缝厚料时跳针，可将机针稍许下降，要求梭尖距离机针孔上方 1mm 左右。

2. 双针平缝机在缝制不同性质缝料时的调整技巧

双针平缝机在缝制不同性质的缝料时，一般需要调整机针与旋梭的钩线关系。如将旋梭的梭尖调整为提前钩线时，可提高钩线质量，即不容易发生跳针故障；如将旋梭的梭尖调整为延迟钩线时，可对防止断线、浮线、跳针有明显的改善。机针与旋梭尖的间隙若过大，也会发生跳针故障，如机针与梭尖有较大的摩擦时将会引起断线、断针等故障，如需要调整时，将针杆下降到最低点后回升约 2.4mm，要求旋梭尖到达机针的中心，调整时只要拧松旋梭的固定螺针即可得到调节。当旋梭尖到达机针中心时，其梭尖应距离针孔上方约 1.6mm。同时旋梭尖与机针以不相碰为准。调整方法按上节的调整步骤进行。注意：在调整时两旋梭与两机针的钩线时间及间隙应保持一致。

思考与练习

1. 双针平缝机采用了哪些机构？各有什么作用？
2. 双针平缝机的针杆机构有哪些运动？特点是什么？
3. 简述双针平缝机旋梭与机针的标准配合关系。
4. 简述开梭杆与旋梭的时间配合关系。
5. 双针平缝机的送布牙与机针的同步关系是什么？应怎样调节？
6. 在安装同步齿形带时，要采取什么方法？应怎样调整针与牙的定位？
7. 掌握双针平缝机的传动原理以及调节部位。
8. 熟悉双针平缝机的常见故障与排除方法。

第五章　包　缝　机

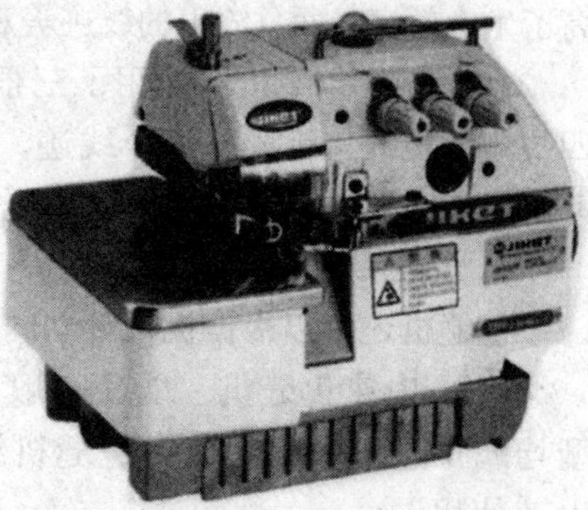

图5－0－1　三线包缝机整机外观

包缝机（俗称拷机、拷毛机和拷边机）也是服装企业的主要缝纫设备之一。其作用主要是用来缝合面料边缘，以特定的线迹对面料进行包裹，防止织物的纱线脱落。图5－0－1为包缝机整机外观，其具体性能表现在以下两方面：第一，适应高速运转，生产效率高。包缝机的机头结构与平缝机截然不同，其外形属简体结构，它的结构小巧、紧凑，无需平缝机那样大的工作空间。加之零件小，运转时的惯性较小，工作平稳，特别适合高速运转。另外在生产中不用频繁地更换梭芯，这也进一步提高了生产效率。第二，适应弹性衣料，能加强缝合牢度。因为包缝机的线迹基本上与链式线迹相似，所以在缝制弹性衣料时有一定的耐拉和适应性，有效地减少了缝料在拉伸时因缝线受力过大而出现的断线问题，保证了缝制的质量。

第一节　包缝机的类型和线迹的形成过程

一、包缝机类型

包缝机发展至今，品牌种类繁多，一般按以下两种方式进行分类。

1．按线数分类

包缝线迹有单线、双线、三线、四线、五线及六线等多种线量形式，因此，将出现有以下形式的包缝机。

（1）单线包缝机：采用一根机针和两根叉针（叉针即为不带缝线弯针），用一根缝线形成一种单线包缝线迹，主要用于缝合简单的毛皮和布匹接头。

（2）双线包缝机：采用一根机针，一根弯针和一根叉针（叉针同样不带缝线），用两根缝线，形成一种双线包缝线迹，主要用于缝合布匹接头，针织缝料和简单的包边衣料等。

（3）三线包缝机：采用一根机针、两根弯针、三根缝线。形成了使用较广泛的三线包缝线迹。这种线迹美观牢固且耐用，拉伸性较好。因此，这类机型是服装生产中使用较为多的包缝机。

（4）四线包缝机：采用两根机针、两根弯针、四根缝线。形成了一种四线包缝线迹，这种线迹与三线包缝线迹相比稍有一点区别。机器根据缝制要求，可以将机针与上弯针配合调节出半包与全包的包缝样式，从而更好地提高了工艺质量；也增加了线迹的坚固程度，减少了边缘脱散的可能。因此，这类线迹也被许多针织服装企业所广泛应用。其作用一般用于针织物包缝或服装受摩擦较为剧烈的肩缝、袖缝等处的包缝。

（5）五线包缝机：采用两根机针、三根弯针（其中一根为链线弯针），五根缝线，形成包缝与链线的复合线迹。它主要是由一根链弯针与一根机针形成双线链式线迹并与三线包缝线迹复合而成。这种包缝机使用范围及性能很广泛，可以与包边、合缝同时进行，这大大提高了生产效率，而且缝出的线迹美观、牢固。因此，已普遍的应用于各服装企业中。

（6）六线包缝机：采用了三根机针、三根弯针、六根缝线。形成了由双链式线迹和四线包缝机线迹组成的复合线迹，它也可实现连包带缝，与五线包缝机相比多了一根机针，显然，这种机器形成的线迹更为牢固，同样被不少服装企业应用。

2. 按缝纫速度分类

包缝机还可以根据机器转动的速度来进行分类。一般分为中速、高速、超高速三种。

（1）中速包缝机　缝速一般为3000r/min的包缝机，如国产的GN1－1、GN1－2型均属中速包缝机。此类包缝机结构简单、紧凑，人工润滑，生产率较低，适合小批生产使用。

（2）高速包缝机　缝速达到5000～7000r/min，如国产的GN2－1M型、GN5－1型、GN6系列等均属高速包缝机。与中速包缝机相比，这类包缝机在结构上有很大的改进，有些零件材料选用的是轻合金。采用全自动润滑方式，运转更为轻滑、稳定，生产率较高。

（3）超高速包缝机　如缝速超过7000r/min为超高速包缝机。如台湾银箭公司737、747系列均属超高速包缝机。这类包缝机在结构和工作原理上与高速包缝机并没有很大的区别，主要是带有机针针尖和缝线的冷却装置，静压式主轴轴承及风扇空冷的多级压力油泵，主要运转零部件均采用轻质合金，可以适应更高的缝纫速度。以近两年国产标准、台湾银箭、日本飞马制造的超高速包缝机较为典型。

二、线迹形式

1. 三线包缝机的线迹形式

三线包缝线迹的形成过程大致分为四个阶段，如图5－1－1所示，三线包缝线迹比双线包缝线迹多一根缝线。其线迹结构较为复杂。机器主要的成缝构件为机针、下弯针和上弯针。如图中（a）阶段，当机针刺入缝料时，一同把面缝线引入缝料中，自机针从最低点位置开始回升时在机针的侧平面形成面线环，下弯针通过（钩住）线环，把自身的线引入线环内，使面缝线不跟着机针从缝料中拔出；如图中（b）阶段，下弯针钩住线环后向右移并将线环扩大，与移动过来的上弯针相遇，上弯针从下弯针的线环中穿入，把自己的线也引入下弯针的线环内，机针继续向上运动；如图中（c）阶段，当机针从最高位置返回时，上弯针带着缝线绕过缝料边缘上移到机针的最左方位置。而下弯针则运动到最右位置，当机针重新下降时，将带着面线从上弯针背面和被它拉紧的缝线中间穿过；如图中（d）阶段，机针下降套住上弯针线后，同时上弯针将从左始点向右运动，并脱开下弯针的线。同时下弯针也从右始点向左运动。脱离机针线然后上弯针和下弯针继续退回原位，各自把线收紧。此时机针继续下降，把前一个互套的线迹收紧。从而完成了一个三线包缝线迹的工作周期。

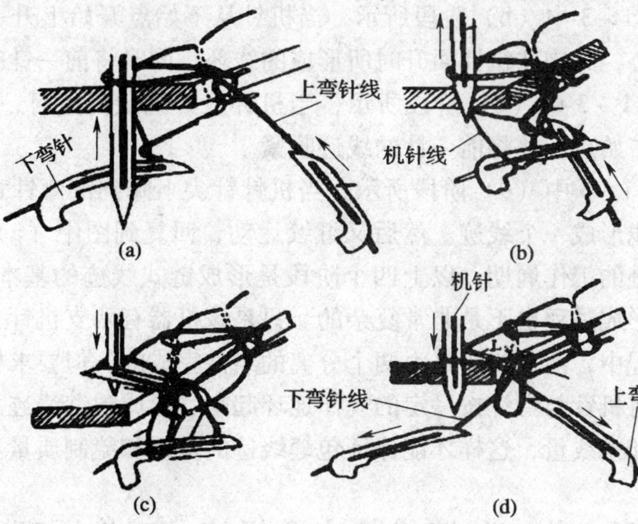

图 5－1－1　三线包缝机线迹形成过程

2. 五线包缝机的线迹形式

五线包缝机线迹如图 5－1－2 所示。从图中可以看出，五线中的三线线迹与三线包缝机完全相同，这里就只讲解五线包缝机的双线链式线迹的形成。其形成过程如图5－1－3所示。通过对链式线迹的形成分析，这里将双线链式线迹的形成过程分四个环节来讨论。

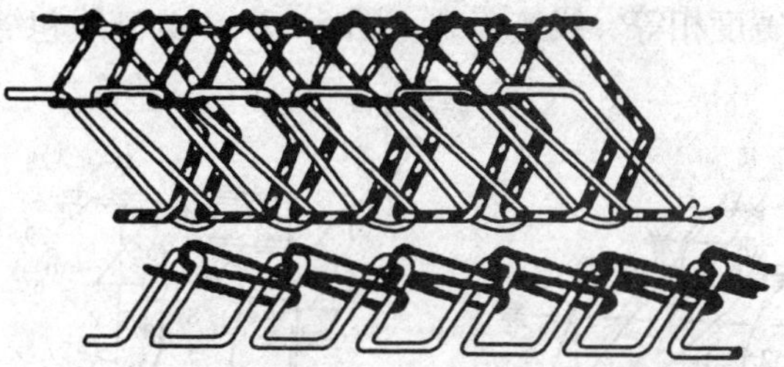

图 5－1－2　五线包缝线迹

第一步如图 5－1－3 中（a）阶段所示，当机针下降到最低点时链线弯针运动到左始点位置，此时链线弯针已把前一针钩住的机针线脱出，并要求机针线把链弯针线保持微松状态，同时形成前一针的线迹。

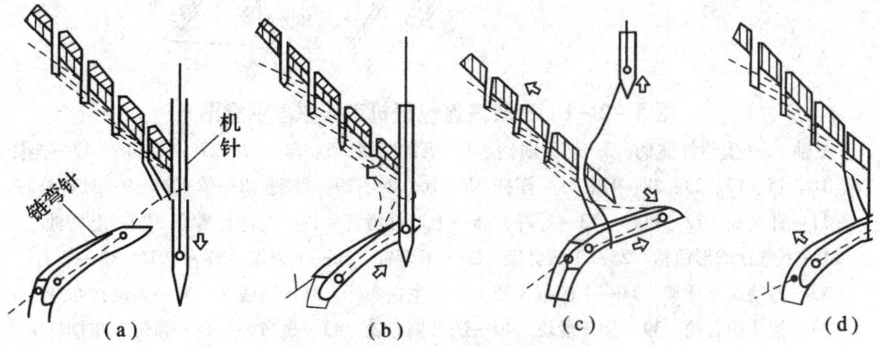

图 5－1－3　双线链式线迹形成过程

第二步如图 5－1－3 中（b）阶段所示，当机针从下始点开始上升一段距离后，链弯针尖将到达机针中心，并钩住机针回升时所形成的线环，同时将前一针的线迹收紧。

第三步如图 5－1－3 中（c）阶段所示，当机针上升到最高点时，送布牙移送缝料，链弯针将同时移到右始点，并将前一针的线迹收紧。

第四步如图 5－1－3 中（d）阶段所示，当机针针尖下降到链弯针背部并在针孔以左下插，套住链弯针线形成一个线迹。然后又继续运动，回复到图中（a）阶段。这样，就形成了一个链式线迹的工作周期。以上四个阶段是形成链式线迹的基本过程。综上所述，五线包缝机的线迹形成过程也不是非常复杂的。只是该机器有两支机针，三支弯针，五根线，在线迹形成过程中，两种线迹是由两个分离的组件完成的，但要求机针与弯针之间的动作配合严密，能将机针与弯针按一定的规律连环起来，形成包缝线迹。而且，要求每根线都有适当的张力和挑线量，这样才能保证包缝线迹的美观和缝制质量。

第二节　包缝机的主要机构及工作原理

目前，国内外生产的包缝机品种繁多，但工作与结构原理大致相同。通过对结构的分析，包缝机大致分为六个机构：针杆机构、钩线机构、挑线机构、压脚机构、送料机构以及切边刀机构。前四种机构的作用与平缝机相同，是形成包缝线迹所具备的四个成缝机构，分别驱动机针、弯针、送料和夹线机构作严密的配合。切边刀机构的作用是运用切刀切去缝料多余部分，保证线缝宽度相等、线迹美观。图 5－2－1 为三线包缝机工作原理图。

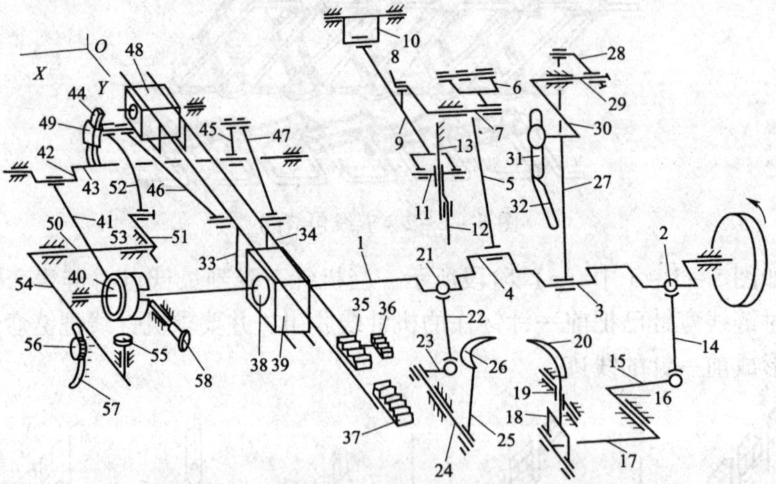

图 5－2－1　三线高速包缝机工作原理示意图

1—主轴　2—上弯针曲柄　3—切刀曲柄　4—机针曲柄　5、14、22、27、41、46、47—连杆　6、10、15、17、23、28、42、51—摆杆　7、16、24、29—摆轴　8—偏直销　9—针杆杠杆　11—针夹头　12—机针　13—导杆　18—上弯针滑杆　19—上弯针滑套　20—上弯针　21—下弯针球形曲柄　25—下弯针架　26—下弯针　30—上刀架　31—上刀　32—下刀　33—差动送布牙架　34—主送布牙架　35—主送布牙　36—送线牙　37—差动送布牙　38—抬牙偏心轮　39—抬牙滑块　40—送布偏心轮　43—送布轴　44—弧形送布摆杆　45—送布摆杆　48—滑块　49—滑套　50—差动调节轴　52—差动调节拉杆　53—扭簧　54—差动扳手　55—差动微调螺杆　56—差动调节螺母　57—差动刻度板　58—针距调节钮

一、针杆机构

在包缝机针杆机构中有两种结构形式：一种是针杆为活动式；另一种是针杆为固定式，针夹为活动件。中速包缝机大部分采用第一种结构形式，高速包缝机则多采用第二种固定式结构。

包缝机采用的固定式针杆结构，其针杆自身不能活动，而是针夹在针杆导杆上活动。采用这种结构方式是为了在高速运转时避免针杆产生惯性而设计的。图 5－2－2 是高速包缝机的固定式针杆结构，它是由一组曲柄摇杆机构与一组双摇杆机构组成的。

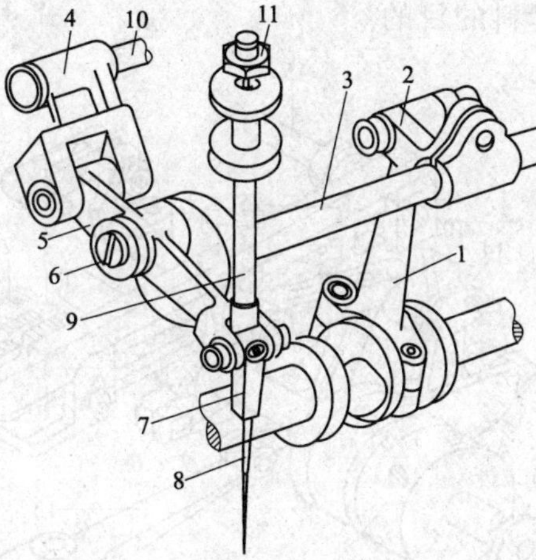

图 5－2－2　高速包缝机固定式针杆机构

1—针杆连杆　2—针杆摆轴曲柄　3—针杆摆轴　4—针杆曲柄　5—针杆杠杆　6—针杆杠杆螺钉　7—针夹　8—机针　9—针杆导杆　10—针杆曲柄销　11—针杆导杆螺母

其传动过程见图 5－2－2 所示，机器转动时，由主轴上的针杆上下运动球形曲柄，针杆摆轴曲柄与针杆摆轴等机件组成了一组曲柄摇杆机构；由针杆曲柄 4、针杆杠杆 5、针杆摆轴 3 等组成了一组双摇杆机构。针杆机构的传动原理，从图中可见，针杆连杆 1 的下端与主轴上的针杆球曲柄相连，另一端用销钉与针杆摆轴曲柄 2 铰连。针杆摆轴曲柄用紧固螺钉固装在针杆摆轴 3 上。摆轴活套固定在机器上的前轴套内。摆轴的左端有一偏心凸轮，作用是将滚针轴承活套在针杆杠杆中部的轴芯内。针杆杠杆 5 后端用销钉与针杆曲柄 4 连接，另一端又与针夹 7 连接。针夹活套将固装于机壳上的针杆导杆 9 上。针夹的下端装有机针，通过针杆曲柄销 10 与针杆曲柄活套配合，因右端被固于机架上，当摆轴从针杆上下运动球曲柄形成往复转动时，针杆杠杆以后端的销子为交点作上下运动，从而将传动前端针夹沿针杆导杆实现了针杆的上下往复运动。

二、送料机构

包缝机送料机构的运动同工业平缝机一样，由两组运动复合组成。一组是送布牙前、后运动，另一组是送布牙的上、下运动。因此，送布机构复合运动的运动轨迹是呈椭圆形的。

如图 5－2－3 所示，高速包缝机的送料机构，通常有两组牙架。左边是差动牙架

5，右面是送料牙架4。送料牙架前端装有送布牙3，而送布牙旁边附装有送线牙，与送布牙用同一个螺钉一起固定于送料牙架上，差动牙架前端装有差动牙2。差动牙与送布牙前后水平对直，左右位置由针板牙槽的左、右导板而定位。当主轴旋转时带动主轴左端的抬牙滑块6做偏心运动（上下运动），以此来抬动牙架，使送布牙和差动牙做上、下（抬牙）运动。当主轴上的送料凸轮旋转时，会使送料曲柄8摆动，同时带动送料轴9摆动，使送料轴上的差动牙连杆调整曲柄10与送布牙调整曲柄11也随之摆动。由于两个连杆分别与两个牙架（即送布牙与差动牙）相连接，这样就使牙架做前后往复运动；两个牙架后端与偏心滑块连接，因此两个牙架的上、下，前、后复合运动便实现了移送缝料的目的。

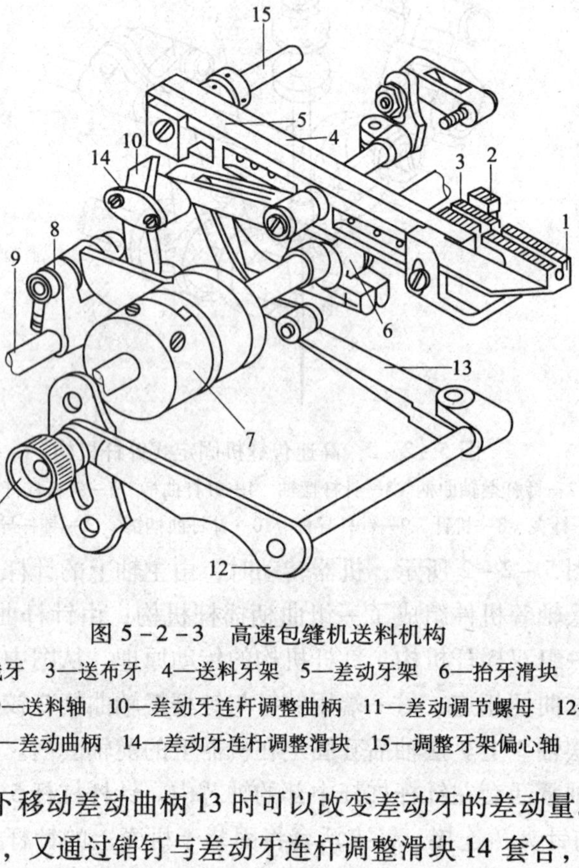

图5-2-3　高速包缝机送料机构

1—差动牙　2—送线牙　3—送布牙　4—送料牙架　5—差动牙架　6—抬牙滑块　7—送料偏心轮　8—送料曲柄　9—送料轴　10—差动牙连杆调整曲柄　11—差动调节螺母　12—差动扳手　13—差动曲柄　14—差动牙连杆调整滑块　15—调整牙架偏心轴

当差动扳手12上下移动差动曲柄13时可以改变差动牙的差动量。差动曲柄移动时，将推动差动牙调整连杆，又通过销钉与差动牙连杆调整滑块14套合，使滑块在差动牙连杆调整曲柄10上作上、下移动，从而使差动牙实现了不同幅度的前后运动。

针距调节与变化原理：当用手按下针码调节器时，其销子便嵌入针码凸轮的缺口内，再转动主轮，此时针码凸轮通过销子的强制移位偏心位置就改变了。由于针码凸轮的大半径推动了送料凸轮轴椭圆形的短半径，从而使送料凸轮在针码凸轮座的偏心槽内移动，即改变了针距调节凸轮的偏心距，使针距疏密得到了改变。如果将针码凸轮的大半径与送料凸轮的大半径调节重合，此时的偏心距最大，即针距最稀。当针码调节凸轮的大半径与送料凸轮的大半径正中对立时，则偏心距最小，即针距最密（近似于零），此时送料机构将无前后运动而停止送料。

差动调节与变化原理：如图5-2-4所示，先旋松差动扳手的调节螺母，向上移动差动扳手，随后通过差动曲柄、差动调整连杆传动差动牙连杆调整滑块也向上移动。因差动牙连杆调整滑块是套在差动牙连杆调整曲柄上，曲柄又与送料轴连为一体。因此，当滑块位置抬高时，虽然差动牙连杆调整曲柄的摆幅不变，但由于滑块与送料轴的中心线距离加大，摆动半径也随之加大，从而通过差动牙连杆，使差动牙前后运动变大。图中差动中心线为差动牙连杆调整滑块与送料轴中心线前后运动幅度大于送布牙。如果差动中心线小于送布中心线时，差动牙前后运动幅度小于送布牙。如差动中心线的幅度大于送布中心线时，则差动运动幅度大于送布牙运动幅度。

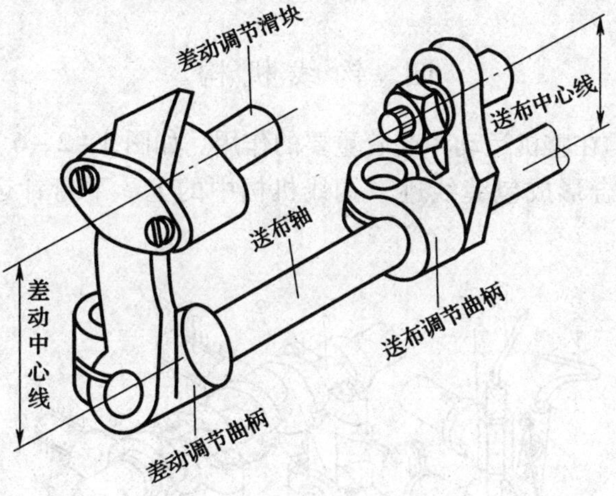

图 5－2－4　差动量的调节

三、压脚机构

高速包缝机的压脚为活动式机构如图 5－2－5 所示，即压脚可以向左、右方向移

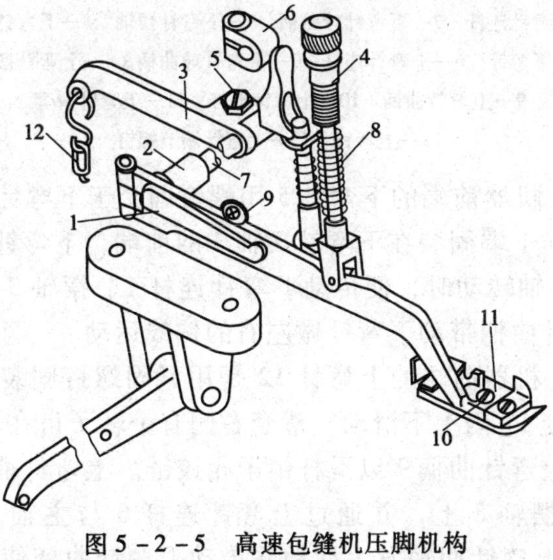

图 5－2－5　高速包缝机压脚机构

1—压脚架曲柄　2—压脚架铰链　3—抬压脚吊杆　4—调压螺钉　5—紧固块螺钉
6—抬压脚紧固块　7—压脚架曲柄轴套　8—压杆簧　9—偏心圈
10—压脚定位螺钉　11—压脚　12—抗压脚链条

动，以方便取拿缝料。其传动过程是：机器后侧的压脚架曲柄轴卡合在压脚架的凹槽中，轴柄卡合在压脚架铰链 2 的孔中，通过机壳的压脚架曲柄轴套 7、抬压脚吊杆 3、抬压脚紧固块 6 的套合是由紧固块上的螺钉固紧，所以当脚踩下踏板后，通过链条使抬压脚吊杆及压脚架曲柄做回转运动。进而在压脚架曲柄的杠杆作用下，使压脚架克服了压杆弹簧的压力和抬压脚顶杆簧（因安装在抬压脚吊板下的作用力是向上回转，所以压脚便随之抬起）。压脚调整偏心圈 9 可以调整压脚被抬起的高度。只要拧松压脚调整偏心圈螺钉，向上转动偏心后，压脚被抬起的幅度就会加大；反之，抬起的高度就减少。

四、钩线机构

包缝机的钩线机构在整机运动中起着重要的作用。如图 5-2-6 所示，其作用也是通过成缝构件与机针配合形成包缝线迹，钩线机构中的上、下弯针运动是通过主轴上的两个曲柄分别传动的。

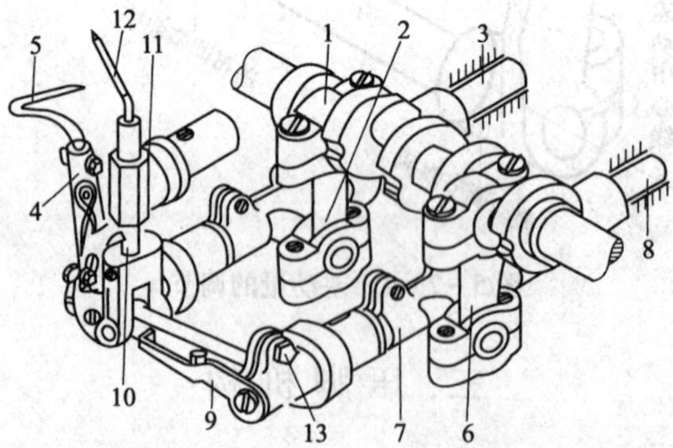

图 5-2-6　GN2-1M 型高速包缝机弯针机构

1—下弯针连杆　2—下弯针球曲柄　3—下弯针摆轴　4—下弯针曲柄
5—下弯针　6—上弯针连杆　7—上弯针球曲柄　8—上弯针摆轴
9—上弯针曲柄　10—上弯针滑杆　11—上弯针滑套
12—上弯针　13—上弯针调节螺钉

下弯针传动过程：机器前端的下弯针 5 用螺钉固套于下弯针曲柄 4 上端的下弯针插槽内。下弯针曲柄的下端固装在下弯针摆轴 3 的前端，下弯针摆轴的中部固装有下弯针球形曲柄 2，当主轴转动时，便传动下弯针连杆 1、摆轴 3 摆动，从而在下弯针球曲柄和前端的下弯针曲柄带动下弯针做左右的钩线运动。

上弯针传动过程：机器前端的上弯针 12 是用紧固螺钉固装在上弯针滑杆 10 上，滑杆可以在上弯针滑套 11 内上下滑动。滑套右侧有个转子可在套筒的孔内灵活转动。上弯针滑杆的下端与上弯针曲柄 9 以滑杆销子相铰链。上弯针曲柄和上弯针球曲柄 7 用螺钉固装在上弯针摆轴 8 上，并通过上弯针连杆 6 与主轴上的上弯针球曲柄相连。当主轴旋转时，上弯针摆轴发生摆动并传动上弯针曲柄使上弯针滑杆与弯针滑套产生上、下滑动，从而使上弯针做上、下升降的同时也做左、右摆动相复合的弧线运动。

五、切刀机构

切刀机构是由上刀和下刀两片所组成。下刀架机构固定不动，上刀架机构配合下刀架机构做上下往复运动，以完成缝料边缘的剪切任务。

图5－2－7为包缝机的切刀机构。当主轴旋转时，上刀圆柱曲柄获得旋转推动力。通过上刀架连杆1和上刀架曲柄2，使上刀架曲柄以上刀架轴心线为支点做往复的弧形运动。同样，上刀架也以轴心做往复上下的弧形运动。从而实现了上刀做上下运动，并与下刀配合进行缝料边缘的剪切。

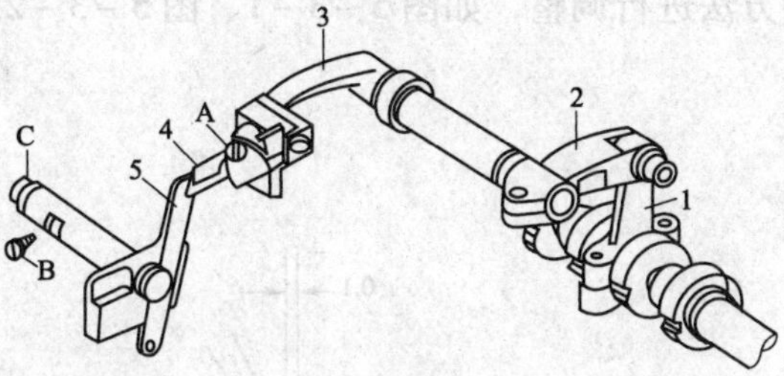

图5－2－7　GN2－1M型包缝机切刀机构

1—上刀架连杆　2—上刀架曲柄　3—上刀架　4—上刀　5—下刀

六、挑线机构

在包缝机的一个工作周期中，要求每根缝线都符合各机针和弯针所需的张力，这样才能实现理想的包缝线迹。如果单一的靠挑线机构来控制缝线的张力是不够的。因此，机针和弯针上的挑线组件是相互独立的。

(1) 针杆挑线组件　通常包缝机都在针杆夹头上装有一个小夹线器，它与针杆进行同步运动。随着针杆带着机针作上下往复运动时，此小夹线器不仅可以稳定缝线的摆动，同时可调节机针线的松紧，起到供线和收线的作用。一部分包缝机在针杆曲柄上装有挑线杆，并同针杆曲柄上下摆动。这样也同样起到稳定缝线的摆动和供应的作用。

(2) 上、下弯针挑线组件　下弯针架上装有上弯针挑线钩，上弯针架上装有下弯针挑线钩。当上、下弯针相互摆动时两个挑线钩也随之摆动，起到相互控制进线量的作用。上弯针向左运动钩取下弯针线环时，挑线钩随着下弯针架向右摆动，起到放松缝线的作用；当上弯针向右返回时，挑线钩又随着下弯针向左运动，起到拉紧缝线的作用。通过送布机构的移送收紧线迹，并经过线架从线团上抽出一定的线量。下弯针挑线钩对缝线进量的控制规律与上弯针挑线钩相同。

第三节　包缝机的标准配合与调整

一、针杆高度的标准定位

针杆高度的标准定位是指当机针上升到最高点时，机针针尖与针板表面的距离。不同型号的包缝机其针杆的高度标准也有所不同，但只要掌握了机针、下弯针与上弯针的配合关系，针杆的高度自然也标准了。

二、机针与下弯针的标准定位

机针与下弯针的标准定位是指机针运动至最低位置时，下弯针运动至左极限位置。为了确保下弯针向右运动至机针中心线时，机针能形成最佳线环、使下弯针准确钩入机针线环，需要将下弯针运动到左边位置并以此为始点，使下弯针尖与机针中心线保持4mm左右的距离，如图5-3-1所示，当下弯针处于钩机针线环位置时，要求下弯针尖在机针孔的上方并保持2mm左右的距离。同时要求下弯针尖与机针之间应保持0.1mm（以不碰机针为准）的间隙。如以上三个标准距离偏差太大都将会造成机针引起的跳针故障。三个标准的配合要依据相关的方法进行调整，如图5-3-1、图5-3-2所示。

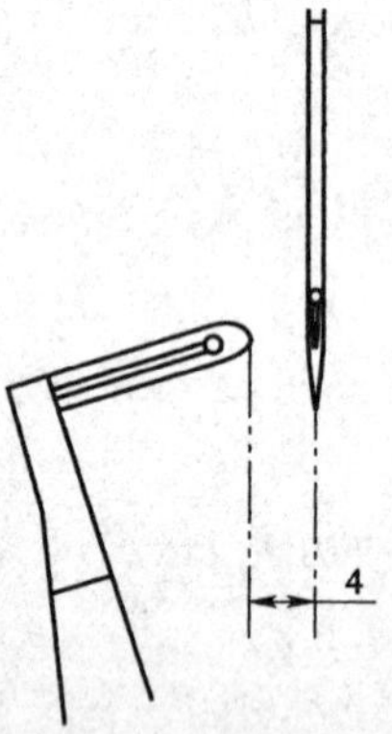

图5-3-1　下弯针与机针的始点距离

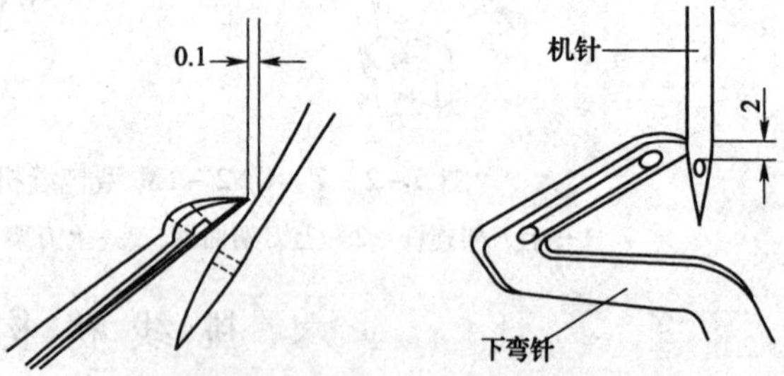

图5-3-2　机针与下弯针的钩线、摩擦间隙的配合标准

三、机针与上弯针的标准定位

当上弯针运动到左极限位置时，机针应在上弯针孔右3.5mm左右处下插，见图5-3-3所示。

四、上、下弯针的标准定位

当下弯针右移、上弯针左移时，上弯针尖运动到下弯针背面时，上弯针尖将在下弯针孔以左套入下弯针线环。为了确保准确穿入，此时应使两弯针之间保持0.1~0.2mm（以不碰机针为准）间隙。如图5-3-4所示，如此标准距离偏差太大，则会引起下弯针线跳

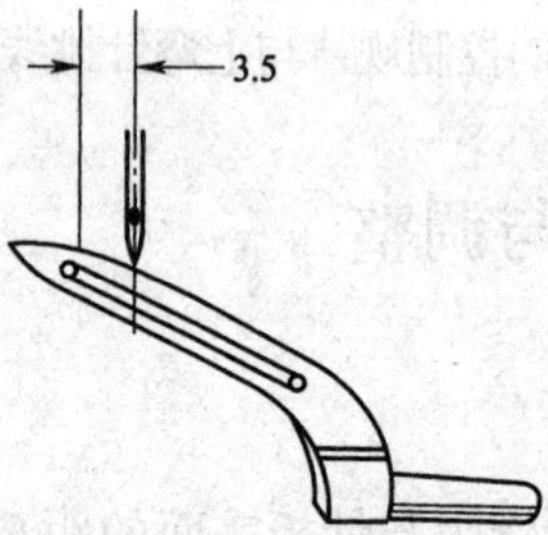

图5-3-3　上弯针与机针的配合标准

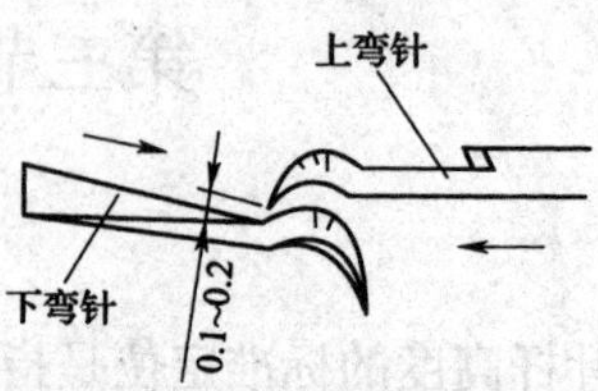

图5-3-4　上、下弯针的间隙标准

针。上、下弯针的间隙标准可通过弯针本身的紧固螺钉进行调节。

五、送布牙高度、倾斜度标准

送布牙的高度要视缝料的厚薄而定，缝制薄料时送布牙稍调低些；如缝制厚料时送布牙应高些。一般的高度标准为：当送布牙运动到最高位置时，牙齿面应高出针板平面0.8～1.5mm，送布牙上、下高度是通过送布牙本身的紧固螺钉来调节。送布牙的标准高度如图5－3－5所示。

送布牙齿面应尽量与针板平面保持平行。如有误差只允许送布牙前面略高些，但有些包缝机上送布牙的倾斜度是可以调整的，如GN13－02型三线包缝机，GN15－01型五线包缝机以及日本MO－1000系列包缝机等。如需要改变倾斜度时，可松开送布牙架后端的偏心销，转动偏心销，送布牙的倾斜度即可调节，如图5－3－6所示。

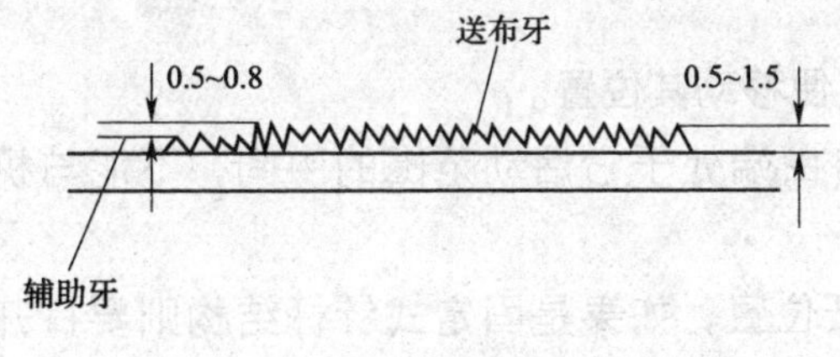

图5－3－5　送布牙的高度标准

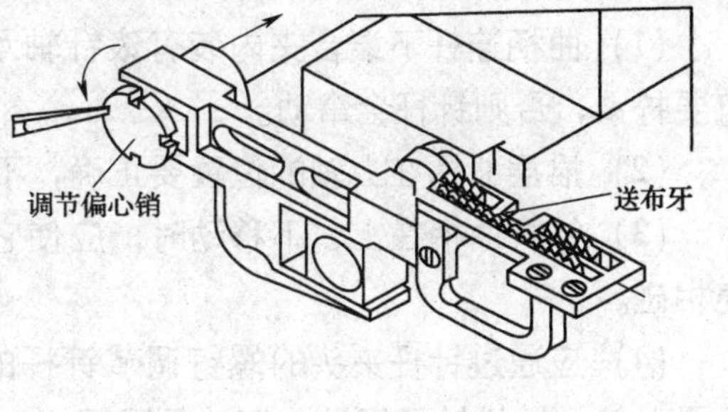

图5－3－6　送布牙的倾斜度调节

六、上、下切刀的标准定位

包缝机的切刀机构如上、下刀片位置及压力如果不符合标准，会直接影响线迹质量，严重时无法进行缝纫。切刀机构中的上、下刀片都可进行左右或高低位置的调整。

下刀的刃口应比针板平面略低一点。如果下刀刃口超出针板上平面，将会阻挡缝料的移动；如果刃口过于低于针板，则上刀片向下移动时，上刀会先挤压缝料后再与下刀咬合，这样就影响切边质量。刀片的咬合量应在1mm左右。上、下刀相互的挤压力是靠上刀的推力实现的。上刀推力的调节，可先拧松上刀左右紧固螺钉使导套向右移，使之更靠近下刀，此时上刀推动力会增大；反之，推力减小。当导套的左侧面距框架5～7mm时，两刀片为标准定位。

七、差动送布比的作用与调节

差动送布比是差动送布牙量与主送布量的比值。主送布量是不可调的，因此，通常是通过改变差动送布牙的送布量来调节差动送布比。当差动送布量大于主送布牙送布量时，缝料产生收缩现象（适合缝制弹性缝料）；反之则产生缝料伸展现象（适合缝制滑性缝料）。所以，缝纫弹性缝料时，应采用顺差动；缝纫滑性缝料时，则采用逆差动。

差动送料比调节法是：先旋松机器左侧的差动扳手调节螺母，根据所缝制的缝料性质将该螺母上下移动调节。如向上移动扳手时，差动送布量将加大；反之差动送布量则会减小。有些机型的差动送料调节装置位置有所不同，如以刻度盘数字“0”为界限。当指示箭头在“0”位上方为顺差动，反之为逆差动。缝纫弹性缝料时，如果出现缝料拉长，则顺差比太小，需将差动扳手上移；如果出现缝料缩短，则是顺差比太大，应将差动扳手向下移减少顺差比。缝纫滑性缝料时，如果缝料起皱，即逆差动比太小，应将差动扳手的箭头对准“0”，此时无需差动。另外，可以根据服装工艺的需要运用差动送料比做打裥或做装饰缝。

第四节　包缝机传动机构与装配注意事项

一、针杆机构

针杆是做直线的上下运动，主轴上的曲柄转动时，针杆曲柄连杆上下移动，然后通过摇摆曲柄的转变使曲柄的自由端用伸缩杆与针杆夹头连接，当上轴来回转动时，带动针杆曲柄上下摆动，从而使针杆实现了做单纯的上下运动。

装配注意事项：

（1）曲柄连杆下端合夹内装有滚针轴承，该滚针必须保持圆满无缺，同时合夹的螺钉要拧紧，否则针杆会窜动。

（2）摇摆曲柄在上轴的位置要正确，不得随便移动其位置。

（3）针杆曲柄在上、下移动时，应使它的自由端处于它活动范围的中间，不能与机壳相碰。

（4）应通过针杆夹头的螺钉调节针杆的高低位置，如果是固定式针杆结构则要打开机器上盖，拧松针杆摆轴曲柄的紧固螺钉，进行针杆的高低调节。

（5）伸缩杆应有足够的伸缩能力。

二、送料机构

送布牙由两种运动（即上下运动和前后运动）组成，送布的前后运动由主轴最右端的送料偏心座传动。旋转时通过送料连杆将动力传递给送料曲柄（该曲柄是用螺钉固在送料斜轴上）使送料轴做一个弧形的转动，送料轴的左端分别紧固差动牙曲柄和固定牙曲柄，通过滑块分别传动差动牙和固定牙做前后运动。送布牙的上下运动由牙架底下的抬牙偏心轮传动。旋转时通过滑块直接驱动两牙架和送布牙做上、下运动。

装配注意事项：

（1）送料偏心轮是调节针距的唯一组件，要求它的前一颗螺钉对准主轴上的平面拧紧。

（2）抬牙偏心轮的位置要正确，如错误则送布牙与机针达不到同步。要求抬牙偏心轮的前一个螺钉对准主轴平面拧紧。

三、上弯针机构

上弯针是做上下弧形的复合运动。它的动力来源于主轴上的上弯针曲柄。当该曲柄旋转时，通过上弯针连杆将动力传递给球形曲柄，该球形曲柄的一端紧固在上弯针轴上。当曲柄旋转时，就会带动上弯针轴连杆和球形曲柄上下移动。上弯针架紧固在上弯针轴的前端，当上弯针轴来回转动时便会带动上弯针的转动从而使上弯针以及滑块实现上下弧形的复合运动。

装配注意事项：

（1）每个合夹的螺钉要拧紧，在拆装每个合夹时，应记清楚它们的位置，不得随便更换。而且安装时应使两合片上的记号对齐。

（2）必须通过上弯针架的紧固螺钉调节上弯针的上下高度，应把上弯针本身的紧固螺钉松开进行上弯针的前后位置的调节。

四、下弯针机构

下弯针是做左右移动，目的是钩机针线和让上弯针穿套它本身的线，它的动力来源于主轴上的曲柄，当该曲柄旋转时，通过下弯针连杆将动力传递给下弯针球形曲柄，使下弯针轴来回转动。下弯针架紧固在下弯针轴前端，在下弯针轴的转动下，下弯针做左右移动。

装配注意事项：

（1）要求每个合夹同上弯针一样。

（2）应通过下弯针架的紧固螺钉调整下弯针的前后、左右位置。

（3）下弯针的倾斜角度必须在3°～6°之间，如有偏差，应松开它本身的紧固螺钉进行调节。

（4）不允许严重磨损下弯针的凸峰，否则很容易产生跳针。

五、链弯针机构

链弯针由两种运动组成，即左右和前后运动。链弯针的前后运动由主轴上的链弯针进出偏心轮传递，链弯针的左右运动与下弯针的左右运动的动力来源相同。而且两弯针的运动是完全一样的。从动曲柄的一端与下弯针球形曲柄相连，另一端紧固在链弯针轴上。所以，下弯针球形曲柄上下运动时，通过从动曲柄的连接带动了链弯针架做左右运动。经两个机构的组合传动，实现了链弯针做两个方向的运动。

装配注意事项：

（1）链弯针进出移动偏心轮是链弯针进出移动的动力来源，要求它的转向位置必须正确。确保链弯针进出移动的时间与机针同步。链弯针应在左始点后移，右始点前移。

（2）由于链弯针在链弯针轴上进出拨叉套，链弯针的动作是通过链弯针进出拨叉套和从动曲柄来决定和定位的，所以定位块应尽量上顶，将进出拨叉紧紧地夹在从动曲柄和定位块之间，不允许有丝毫间隙，否则链弯针进出运动会减少或完全消失。

（3）链弯针的倾斜角度为5°～7°。

（4）一般都是通过链弯针架上的紧固螺钉来调节链弯针左右、前后的移动。

第五节　包缝机整机配合与调节方法

一、三线包缝机整机配合与调节方法

（1）机针在最低点时，下弯针在左始点，下弯针尖距离机针3～3.5mm。调节时，把下弯针架的螺钉松开，左右移动弯针架便可调节。

（2）机针从最低点向上回升时，下弯针尖钩到机针中心钩尖应高于针孔上方1.5～1.8mm，如有偏差，应把针杆连接轴的螺钉松开，上下移动针杆后拧紧螺钉。

（3）下弯针钩到机针后侧凹面时，其摩擦间隙为0.03～0.05mm，如过大或过小，应先检查下弯针的前倾角度是否正确（应为3°～6°），如角度正确应再次把下弯针架的螺钉松开，前后移动弯针架后，把螺钉拧紧。

（4）上弯针上升到最高点时，上弯针孔应向右距离机针3～3.5mm。如过高或过低，应把上弯针架的螺钉松开，上下移动上弯针后拧紧螺钉。

（5）机针从最高点下插时，应从上弯针后侧凸峰以右2mm处下插，机针与上弯针后侧间隙为0.03mm，或有轻微的摩擦。否则，应松开上弯针本身的螺钉前后拨动弯针尖即可。

（6）上弯针上移时，应从下弯针凸峰以左上插，同时上弯针尖与下弯针的摩擦间隙为0.03mm左右。

二、四线包缝机整机配合与调节方法

由两支机针和两把弯针组成，两机针一支长，一支短。（左短、右长）

（1）机针在最低点时，下弯针也在左始点，下弯针尖距离机针2.5～3mm，否则也应调整下弯针的左右位置。

（2）机针从最低点向上回升，当下弯针尖钩到机针中心时，钩尖应在针孔上方1.6mm左右，否则调整针杆的高低位置。

（3）下弯针先后钩到两机针后侧的凹面时，两机针的间隙要一样大，如不一样先检查下弯针前倾角度，不对应纠正，再检查针头座的转向位置是否正确。如它们的间隙过大或过小，应把下弯针架的螺钉松开，前后移动整个弯针架来调整。

（4）上弯针上升到最高点时，上弯针穿线孔应在两机针中间，否则应调节上弯针的上下高度。

（5）两机针从最高点下插时，长机针与上弯针后侧的间隙为0.03mm。允许有轻微的摩擦，而短机针（左机针）不允许碰上弯针尖。

三、五线包缝机整机配合与调节方法

五线机的机针与上、下弯针的定位与三线相同。现分析链机针链弯针的配合定位。

（1）机针在最低点时，链弯针应在左始点，链弯针尖距离机针2.5～3mm，调节时，把链弯针架的螺钉松开，左右移动链弯针便可调节。

（2）链机针从最低点向上回升，链弯针向右移。钩尖处于机针中心时，钩尖应高于针孔上方1.5mm左右。如有偏差需检查链弯针与链机针的始点距离，在不影响下弯针与机针的配合情况下，将针杆微微上升或下降来达到要求。

（3）链弯针右移钩到链机针后侧的凹面时，其摩擦间隙为0.03～0.05mm。在调整时，应先检查弯针的倾斜角度，在它角度也正确的情况下，应调节链弯针的前后位置。

（4）链机针从链弯针后侧下插时，允许有轻微的摩擦。

第六节　包缝机的常见故障与排除技巧

包缝机是一种结构比较复杂的机器。在使用过程中，由于种种原因，它会出现各种各样的故障，以致不能继续工作。当出现这些故障时，要根据机器的构造原理和使用性能具体分析。要逐步缩小检查范围，尽快找出原因及时排除。现将各种常见的故障以及维修方法分别介绍如下，供参考。

一、跳　　针

包缝机跳针有上弯针线、下弯针线、二弯针交叉线和链线四种跳针情况。下弯针跳针故障，是下弯针没有钩住机针的线环；二弯针交叉线跳针故障，是上弯针没有钩上下弯针线而跳针；链线跳针是链线钩针没有钩上链线机针和链线机针未插入链线弯针而造成的跳针。跳针的产生原因及排除方法见表5－6－1。

表5－6－1　　跳针的原因及排除方法

故障现象	产生原因	维修方法
跳针	1. 上弯针与机针定位不准	1. 调整上弯针使其定位标准
	2. 上弯针与机针间隙太大	2. 调整上弯针与机针的间隙，其间隙不小于0.05mm
	3. 上弯针和下弯针相交处的间隙太大	3. 将上弯针尖与下弯针靠拢或将下弯针斜度加大些，使下弯针向里推进，其间隙不大于0.1mm
	4. 机针弯曲或针尖磨毛	4. 调换机针
	5. 机针长槽方向不正确	5. 调整机针，使针槽方向对准操作者方向
	6. 下弯针定位不准，钩线距离太小	6. 调整下弯针与机针定位，使钩线距离不小于4mm，缝薄料时要更大些以5mm为宜
	7. 上弯针线的张力太松	7. 调整上弯针线的张力
	8. 上弯针安装歪斜	8. 按标准重新定位
	9. 下弯针返回量高度（半径）不对	9. 调整机针与下弯针尖左始点距离和下弯针高度符合标准
	10. 针和缝线选择不当，针太粗，线太细	10. 正确选择针和线
	11. 护针片与机针的间隙太小或太大	11. 按标准调整间隙

二、断　　针

对于包缝机来讲，断针的故障会比平缝机多一些。断针多数为机针，弯针一般不容易断。断针的故障产生原因及排除方法见表5－6－2。

表 5-6-2　　断针故障的产生原因及排除方法

故障现象	产生原因	维修方法
断针	1. 下弯针定位不准，将机针钩断	1. 调整下弯针位置
	2. 机针尖与针杆中心不平行，缝厚料断针	2. 校正针杆夹头调换针夹使机针中心和针杆中心平行
	3. 护针片位置不对	3. 按标准重新调整
	4. 压脚槽与机针没有对准	4. 调节压脚槽位置与机针对准
	5. 送布动作过于延迟	5. 协调送布动作
	6. 针太细，缝料太厚	6. 换粗针
	7. 上弯针变形；高度过低时产生断针	7. 换新弯针，按标准重新调整
	8. 上、下弯针，链线钩针固定螺钉松	8. 换新弯针，按标准调整好
	9. 下弯针位置不正确	9. 更换新针，按标准调整好

三、断　线

包缝机的断线可分为断机针线、断上弯针线，断下弯针线，断链线机针线和断链线弯针线五种。断线故障产生的原因及排除方法见表 5-6-3。

表 5-6-3　　断线故障产生的原因及排除方法

故障现象	产生原因	排除方法
断机针线	1. 机针线夹线板压力过紧	1. 旋松机针线夹螺母
	2. 机针孔有毛刺	2. 更换机针
	3. 下弯针针尖磨毛	3. 修磨下弯针针尖或调整下弯针
	4. 送布牙有锋口	4. 修磨或抛光送布牙齿面
	5. 面线过线孔不光滑	5. 修磨或抛光过线孔
	6. 针碰针板孔	6. 按标准调整针板孔与针间隙
	7. 线质量不好	7. 换新线
	8. 针细线粗	8. 换相应针或线
	9. 机针过热而烧断线	9. 加冷却装置，或在缝线上加硅油，或降低机器转速
	10. 护针挡碰针	10. 重新调整护针位置
断上弯针线	1. 线路穿错或上弯针线夹板压力过大	1. 按穿线图正确穿线，调整合适的压力
	2. 上弯针孔有毛刺	2. 用弦线涂上研磨膏将上弯针孔磨光
	3. 压脚小舌有毛刺	3. 用0号砂布将压脚小舌毛刺磨光
断下弯针线	1. 缝线穿错或压线板压力过大	1. 按穿线圈正确穿线，调整合适压力
	2. 下弯针孔有毛刺	2. 修磨小针板，使其光滑无毛，并将下弯针高度适度放低
	3. 压脚小舌有毛刺	3. 用弦线涂上研磨膏穿进下弯针针眼内，将孔拉光滑或用细砂布磨光

续表

故障现象	产生原因	排除方法
断链线钩针线	1. 缝线穿错或过线器的穿线孔不光滑	1. 将拖链线式线迹的一排牙齿修磨或抛光锋口
	2. 机针与链线弯针定位不准	2. 按标准重新调整
	3. 链线弯针头变钝	3. 修磨链线针头或调换弯针
	4. 机针弯或针尖毛	4. 更换机针

四、线迹不良

这种故障不是一般所说的乱花现象，链线方面包括两种情况，一种是线迹结合松散，表现为在缝料表面和底面通过的线迹松浮；一种是线迹结合过紧，表现为线迹平坦，但缝料起皱。这两种线迹情况都是不合格的。应通过调节进行排除。故障的产生原因和排除方法见表 5－6－4。

表 5－6－4　　线迹不良的产生原因及排除方法

故障现象	产生原因	排除方法
包缝时机针线松	1. 机针线夹线板压力过松	1. 旋紧机针夹线螺母
	2. 机针线出线量过多	2. 调整机针挑线杆
	3. 下弯针线夹线板压力过紧，致使机针线被拉下去	3. 旋松下弯针线夹线螺母，或调节下弯针挑线杆
包边时机针线紧	1. 机针出线量不够	1. 旋松机针夹线板螺母
	2. 机针线夹线板压力过大	2. 旋松机针夹线板螺母
	3. 下弯针出线量过多，或下弯针母夹线板压力过小	3. 减少下弯针出线量或旋紧下弯针线夹线螺母
上弯针线紧或松	1. 上弯针轴摆线位置未调好，过高或过低	1. 按标准重新调整
	2. 上弯针线夹线板压得过紧或过松	2. 旋松或旋紧上弯针夹线紧固
下弯针线过紧或过松	1. 下弯针轴摆线位置未调好，过高或过低	1. 按标准重新调整
	2. 下弯针线夹线板压得过紧或过松	2. 旋松或旋紧夹线板达到微量压力即可
链线钩针线紧	1. 链线钩针出线量不够，造成机针线被拉下来	1. 加大锁线钩针出线量
	2. 链线钩针出线时间提早或延迟	2. 按标准调整出线时间

五、缝料起皱与错位

缝料起皱错位故障，产生原因和排除方法见表 5－6－5。

表 5－6－5　　缝料起皱与错位的产生原因及排除方法

故障现象	产生原因	排除方法
缝料起皱	1. 线的张力太强，特别是面线张力太强	1. 减小缝线张力
	2. 压脚压力太大	2. 减小压脚压力
	3. 送布牙过高，主送布牙和辅送布牙不平行	3. 按标准重新调整

续表

故障现象	产生原因	排除方法
缝料起皱	4. 差动比不适当	4. 参照第四节进行调整
	5. 切刀不锋利，影响送布力，以致缝料起皱	5. 修磨切刀
	6. 链线线迹不好	6. 加快下线凸轮速度
上下层缝料不齐，下层短	1. 压脚压力小	1. 增加压脚压力
	2. 压脚阻力太大或不平	2. 抛光压脚前部或装平压脚
	3. 差动牙与送布牙齿面不在同一平面上	3. 调整送布牙高度，使两齿面平齐

六、其　他

包缝机的其他故障产生原因及排除方法见表5-6-6。

表5-6-6　其他故障的产生原因及排除方法

故障现象	产生原因	排除方法
切边不齐	1. 上下切刀磨钝	1. 用金钢锉锉上刀，用黑色碳化硅砂轮磨上刀刃，将钝边磨掉，然后用细砂布磨光，直至下刀锋利
	2. 上、下切刀未装正	2. 装平，装正上、下刀，上刀保持直，下刀应有前角5°左右倾斜，上刀固定后，下刀随弹簧弹力与上刀贴平，然后固定架
链线缝锁不良	1. 针板平面不齐，辫子线不齐	1. 将针板上平面磨平
	2. 牙齿齿面不平，辫子线拖不着	2. 修磨牙齿齿面，使齿面保持平直光滑
	3. 压脚不平或未装平	3. 使压脚底面平且很光滑，安装时一定要和针板牙齿装平、压紧
	4. 链线挑线杆没有装好，造成三角针跳针，而不出辫子	4. 调整链线挑线杆，使机针在下降时，链线弯针线保持拉直拉紧不松，直到三角针套进后然后松线
	5. 链线弯针钩线，脱线不自然、不协调，脱线时太快	5. 将链线弯针与机针，按前面要求定位。如果链线弯针脱线快则要修正链线弯针或链线挑线杆，使其配合协调
润滑系统不良	1. 出油孔阻塞	1. 卸下上盖，用针尖通穿
	2. 液压泵滤油网被垃圾堵塞	2. 卸下油盘，将油泵滤油网的垃圾清除干净，换上新机油
	3. 机油太少，油位太低	3. 调换油盘里机油，将机油加到油位红线中间
	4. 主轴油孔阻塞	4. 卸下带轮和主轴后套筒，拿出进油泵，用针将油孔通穿
	5. 主轴油孔内有垃圾阻塞	5. 卸下主轴，用针或油壶将主轴油孔通穿

续表

故障现象	产生原因	排除方法
漏油	1. 主轴出油量太大	1. 打开左侧盖将立轴前后塞一段油毡以减小油量
	2. 防油尼龙隔板松	2. 调换尼龙隔板，减少间隙
	3. 主轴前节泄漏严重	3. 将主轴前节泄漏处阻塞
	4. 左上侧盖平面和机壳平面不平	4. 将机壳的左上侧盖平面互相铲平
	5. 针杆处冲油太多	5. 减少冲油量，旋紧盖板
	6. 针杆下套筒间隙太大	6. 调换下套筒，使其间隙不大于0.5mm
	7. 送料轴工艺密封塞漏油	7. 将塞封塞铆塞住
	8. 链弯针轴孔密封塞漏油	8. 塞住密封塞
	9. 机壳和顶盖右侧平面不平	9. 将机壳和顶盖右上侧盖平面互相铲平，垫上橡皮旋紧螺钉

包缝机的线迹形成过程与产生断线的故障原因在实践中的处理方法如下。

包缝机在工作中，产生断线、跳针的现象是机器中的常见故障，在进行维修时，要想熟练的将机器的故障进行快速、有效的排除，必须要对机器中弯针与机针形成包缝线迹的过程有一个全面的掌握，只有这样才能有效地分析出故障的原因然后进行排除。下面将介绍弯针与机针形成包缝线迹的全过程以及对故障作出的分析与处理方法。

1. 弯针与机针形成包缝线迹的全过程

第一阶段：当上弯针处在右端的位置时。机针带着面缝线从最低点位置开始向上回升，并通过缝料的阻力开始形成线环，当机针上升使缝料底部的机针线环形成最佳状态时，下弯针带着缝线开始由左往右移动，此时的缝线要与弯针孔、弯针槽进行摩擦而形成一定的摩擦力，因此对弯针表面粗糙度的要求极高，不能有任何毛刺，如果机器断线，就应该考虑到下弯针的表面粗糙度。

第二阶段：机针继续向上回升，下弯针向右移动至机针背面，并依次钩住机针在缝料底部所形成的机针线环。此时上弯针便开始从右向左斜线上升，在进入这一阶段后，通过下弯针线继续向右移动与机针线（即被下弯针钩住的线环）进行摩擦，并产生了一定的摩擦力。

第三阶段：下弯针向右继续移动，直到上弯针与下弯针相交叉（即上弯针套住下弯针线）后，上弯针继续上升，下弯针便向左移动，而机针逐渐到达最高位置，在进入这一阶段后，下弯针线与机针线继续摩擦，并通过上弯针的运动不断的增大摩擦力，当下弯针到达最右位置时，应注意针板底部与下弯针背面的距离，实践证明，有时往往因为下弯针背面距离针板底部的位置太近而导致下弯针线产生断线现象。

第四阶段：当上弯针移动至最左端的位置时。机针从最高点开始下降，并快速套入上弯针线，下弯针开始往左移动时，会继续带着下弯针线与下弯针向右移动时所钩住的机针线环进行摩擦，与此同时要收紧与上弯针线所形成的线迹，这样，下弯针线与机针线的拉力将进一步加大。

第五阶段：当机针继续下降的同时，上弯针也开始从左向右斜线下降，而下弯针往左移，逐渐脱离下弯针在向右移动时所钩住的机针线环。而下弯针线与上弯针线继续摩擦，最后被收紧在缝料边缘。

当机针又一次到达最低位置时，下弯针也到达左极限位置，上弯针继续向右方下降，就这样经过机针与弯针周而复始的运动形成了包缝线迹。

从包缝机线迹的形成过程中分析，下弯针始终要与机针线进行着摩擦。由于上、下弯针对缝线的各种质地、拉力强度的要求不同，如使用拉力小的劣质丝线将有可能造成断线的发生，只有最大限度地减小下弯针缝线的拉力，才能更好的控制、预防下弯针断线故障的出现。

2. 故障原因的分析及处理方法

为了能够准确的分析与解决下弯针的断线原因，可以从断线的形状来进行分析。在缝制过程中，缝线有可能因承受太大的拉力而断线或被成缝构件割断、磨断、折断，由于造成断线的原因不同，缝线断开的形状也有所不同，这对有效地排除故障提供了重要的分析依据。

切割状断线的分析：缝线断面呈切割状无发毛现象，似刀口割断。这是由于厚缝料而用细针、缝线所经过的某部件出现毛刺或某部件配合过紧而造成缝线被剪切割断，通过断线头的形状可以及时判断出部件的损伤程度和部件配合的标准程度。

马尾状断线的分析：如断线呈马尾状，这是因过度摩擦而引起的，此故障通常是发生在切割状断线之前。如：零件发毛、机针与缝线配合不当等，缝线受到摩擦损伤而断裂。

曲状断线的分析：在缝制过程中，如突然发生某种阻力而崩裂缝线，断裂后缝线呈卷曲状，通常这是由于缝线受到阻力而被拉断。如穿线错误、拉线钩的运动配合不标准、缝线的张力太大等都能导致此类故障。

在维修过程中，通过夹线器的张力可以改变包缝线迹的质量。甚至可利用各缝线的张力来控制机器的偶尔跳针、断线等故障。缝线张力的标准是以通过各弯针与机针用线量及在实际包缝线迹中的标准为依据。在调整缝线张力时应尽可能将弹簧压力减弱，这样在缝线张力较小的情况下，可以减小缝线与成缝构件的摩擦从而有效地控制机器发生断线故障的可能。

包缝机在工作过程中会出现各种断线、跳针等故障，在维修时应根据发生故障的实际情况进行分析。只有熟练的掌握基础理论知识，尤其是机针与弯针的运动原理，才能快速、有效地排除机器在工作中的各种故障，保障机器的正常运行。

目前服装厂使用较多的包缝机有银箭牌，双工牌和飞马牌等。虽然品牌各不相同，但它们存在一个共同点，就是形成一条包缝线迹的过程是相同的。而这些过程（比如三线包缝机）都是由一支机针，两支弯针直接带动缝线相互穿套而成的。所以无论维修何种机型的包缝机，最主要的是完全掌握包缝线迹的形成原理。因为包缝线迹的形成较为复杂，只有掌握其线迹形成过程。才能分析出“跳针”故障的原因。包缝机在生产过程中出现“跳针”的故障较多，而这种故障的产生主要是由于弯针与机针的配合要求不太标准（包括机针本身精度）。包缝机形成线迹的各个环节的精确度是很高的，特别是超高速型，1分钟近7000转。所以，在维修时，要耐心、细致地分析，不能心急。

此外包缝机在工作中要保持润滑系统供油正常。如缺少供油，则各个机构会发热、膨胀，导致机器被卡，同时还会减少易损部件的使用寿命，使整机失去原有的结构精度，从而导致机器出现噪声、断线等现象。另外要求每工作五小时需清理一次机器，如机体内污垢聚集太多也会导致故障的发生。

思考与练习

1. 包缝机在服装生产中有何重要作用？包缝机如何分类？
2. 三、四、五、六线包缝机的缝纫线迹各有什么特点？
3. GN 型包缝机主要由哪些机构组成？各有什么作用？
4. GN20－3 型包缝机中机针，上、下弯针有哪些配合要求？它们对线迹形成有何影响？
5. GN 型包缝机三针配合不良时分别如何调整？
6. 包缝机机针安装有何要求？
7. 包缝机切刀机机构安装时要注意哪些事项？
8. 高速包缝机与中速包缝机相比，结构上有哪些改进？
9. 试述高速包缝机送布机构的结构和工作原理。
10. 试述高速包缝机针距的调节方法。
11. 高速包缝机如何运用差动送布机构对不同性质的缝料进行理想的包缝作业？
12. 熟悉包缝机常见故障及排除方法。
13. 试述 GN20－3 型高速包缝机包缝宽度调节方法。

第六章　多线链式缝纫机

第一节　链式缝纫机的性能与线迹形成过程

多线链式缝纫机俗称下栏机、裤头机。机器的型号繁多，外形构造也各式各样，但工作原理基本上没有较大区别。图 6－1－1 是多线链式缝纫机外观。多线链式缝纫机的线迹大多数采用双线链式线迹，也有单线链式线迹，其线迹在缝料的下面看与双线锁式线迹相似，从反面看呈链状线迹，此线迹的强度和拉伸性能较好，适用于缝制有弹性的缝料。在多针链式缝纫机中，针杆采用的针数有双针、三针、四针、六针、八针、十二针或更多的针数。尽管针数有所区别，但线迹的形成原理实际都是由单针（即一根机针，一根弯针）多组的组合而成的，也就是在同一机构上装上几根机针和几根弯针，由于它们的运动动作相同，所以就形成了一种多线链式线迹。

图 6－1－1　多线链式缝纫机整机外观图

双线链式线迹的形成大致分为六个阶段如图 6－1－2 所示，（a）阶段，当机针下降时，机针便带着缝线刺入缝料；（b）阶段，此时机针从最低点上升一定距离，在缝料下面形成面线环后，弯针钩住机针所形成的线环；（c）阶段，此时机针上升已退出缝料，缝料在送料机构的作用下开始向前移动，将机针线环拉长，弯针同时后移一定距离（从机针的前侧移到后侧）；（d）阶段，缝料移送一个针距后机针又一次下降，在第二次刺入缝料时，机针尖从弯针背面套入弯针线形成三角线圈，弯针开始从线圈中退出，使机针线环套在弯针线圈上。三角线圈使弯针开始从针圈中退出，使机针线环在弯针线圈上；（e）阶段，当机针又一次下降到最低位置时，弯针又开始向前移，准备再次钩机针要回升时的线环；（f）阶段，此时机针再次回升又一次形成了新的机针线环，弯针又再次到达机针侧平面钩入机针所形成的线环，并开始通过挑线杆抽紧线迹。就这样周而复始的循环便形成了双线链式线迹。

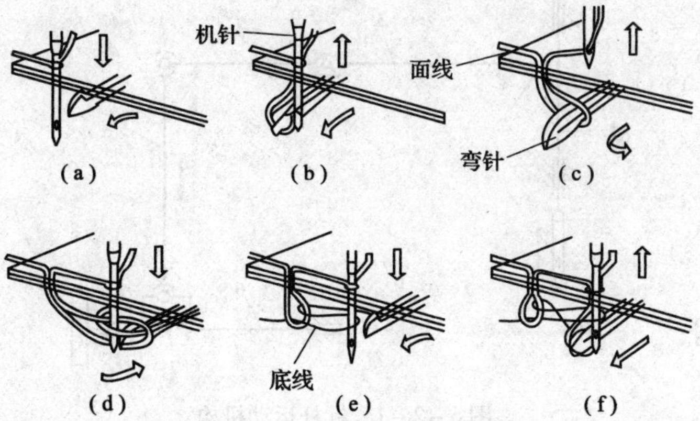

图6－1－2　链式线迹的形成过程

图6－1－3为使用较广的台湾银箭公司多线链式缝纫机工作原理平面图。显然它与常见的双线锁式线迹缝纫机相比，结构有了较大的区别。

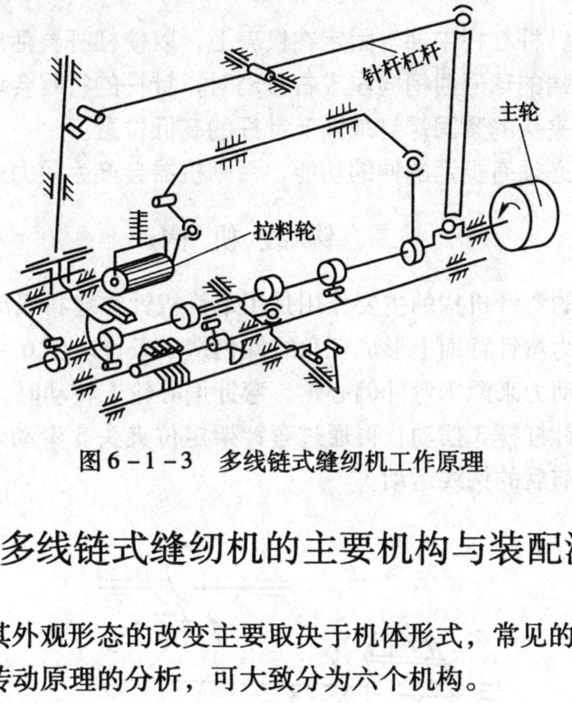

图6－1－3　多线链式缝纫机工作原理

第二节　多线链式缝纫机的主要机构与装配注意事项

多线链式缝纫机其外观形态的改变主要取决于机体形式，常见的有平台式机体和悬筒式机体。根据对该机传动原理的分析，可大致分为六个机构。

一、针 杆 机 构

多线链式缝纫机的针杆机构的结构较为简单，主要作用同样是引导面线刺入缝料，并在缝底层形成线环，还要求再次下降时套住弯针背面形成的三角线圈（通过拨线针的作用）。针杆机构的运动简图如图6－2－1所示，当主轮8带动曲柄6转动时使传动连杆5上下运动，再通过杠杆球柄4使针杆杠杆3产生翘动，针杆杠杆的前端连接着针杆连杆2，再通过针杆连杆使针杆1做上下往复运动。

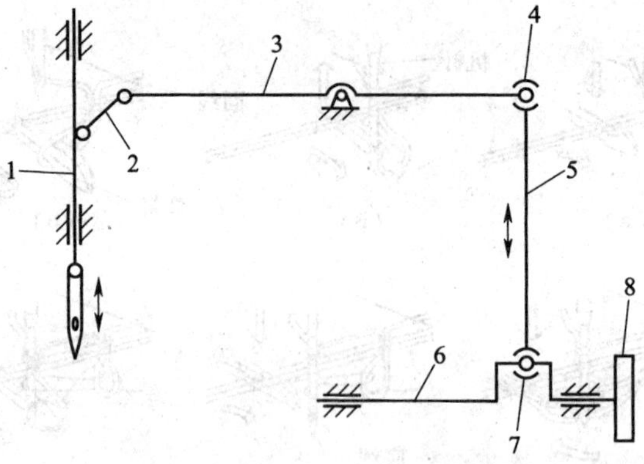

图 6-2-1　针杆运动机构

1—针杆　2—针杆连杆　3—针杆杠杆　4—杠杆球柄　5—传动连杆　6—曲柄　7—曲柄球面　8—主轮

装配注意事项:

(1) 曲柄连杆上下两端合夹钉必须拧紧，如果螺钉松动，针杆会产生窜动。在装卸时要对齐它的记号。

(2) 用支点轴将针杆杠杆中部，固定在机壳上，以使杠杆灵活地上下翘动。

(3) 针杆杠杆后端的球形曲柄向左或右移动时，针杆的行程会增大或减小。

(4) 应通过针杆夹头的紧固螺钉来调节针杆的高低位置。

(5) 针杆伸缩杆必须有灵活的伸缩功能，否则机器会产生阻力或被卡死。

二、钩 线 机 构

多线链式缝纫机的弯针机构的主要作用是用来钩机针在缝料底部形成的线环，并使弯针线一起带入，这又为弯针背面上形成三角线圈创造了条件。图 6-2-2 所示为弯针机构运动图。弯针机构的动力来源于弯针偏心轮。弯针偏心轮 1 转动时，使偏心连杆 2 上下运动，偏心连杆传动弯针杠杆 3 摆动，再通过弯针架定位夹头 5 牵动弯针架锁轴 6，使固定在弯针架上的弯针做前后的钩线运动。

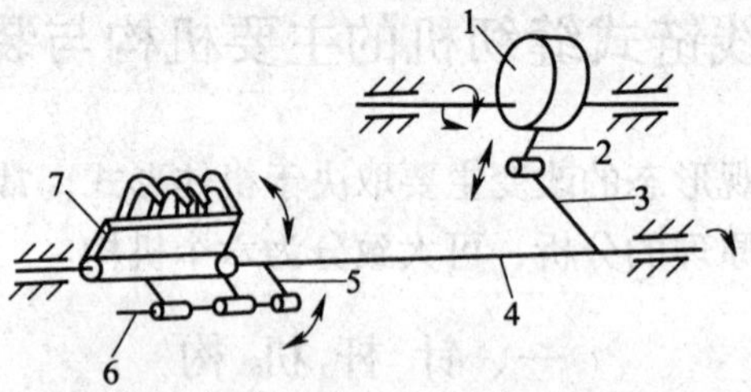

图 6-2-2　钩线机构

1—弯针偏心轮　2—连杆　3—杠杆　4—弯针轴
5—弯针架定位夹头　6—弯针架锁轴　7—弯针座

装配注意事项:

(1) 弯针前后运动偏心轮的紧固螺钉要拧紧，因为它是弯针前后运动的动力来源，在拧动的同时，应使机针在最低点，弯针在后始点（埋夹机的机针在最低点时，所有弯针都在前始点，这一点是和下栏机的唯一区别，其他调节方法基本相同）。

（2）定位轴的右端应伸入定位块的孔内，同时要把定位块的螺钉拧紧。

三、拨线机构

拨线机构的运动如图6-2-3所示，其作用是协助弯针拨开弯针线，让机针下插时顺利套住弯针线形成弯针背面上的三角线圈。其运动过程是由拨线针偏心套1带动拨线驱动连杆2上下运动，拨线驱动连杆通过拨线驱动杠杆带动拨线杠杆4摆动，拨线杠杆又通过支点的作用，使拨线连杆5左右运动，并传动左端的拨线杆轴6做左右往复滑动。由于拨线杆装在拨线杆轴上，所以拨线杆也随之做左右的拨线运动。

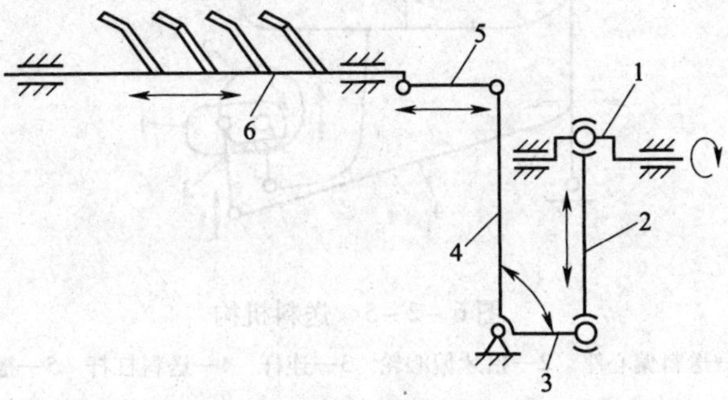

图6-2-3　拨线机构

1—偏心套　2、3—驱动连杆　4、5—拨线杠杆　6—拨线杆轴

装配注意事项：

（1）拨线针左右运动偏心轮和主轴对接轴套是一个整体，要求该偏心轮的转向位置正确，否则拨针与机针不同步。

（2）拨线针左右运动幅度很小，不允许它有窜动现象，否则拨针没有拨线动作。

四、挑线机构

挑线机构的运动如图6-2-4所示，其作用是弯针向前运动时松线，向后运动时压线（紧线），从而实现了弯针线的松线与紧线。机针线的松紧状态是由针杆同步运动的挑线杆来控制；而弯针线的松紧状态是由压线杆来进行控制的。挑线机构的传动过程是由压线偏心轮1的转动，带动压线偏心连杆2左右运动，再通过压线杠杆3带动压线杆4做上下摆动，这样压线杆就实现了弯针线松紧状态的控制。

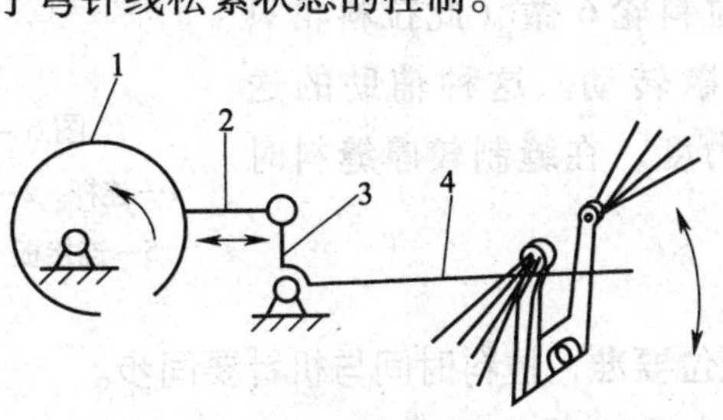

图6-2-4　挑线机构

1—压线偏心轮　2—偏心连杆　3—压线杠杆　4—压线杆

五、送 料 机 构

送料机构的运动如图 6－2－5 所示，当主轮转动时，通过主轴传动送料偏心座 1 转动后使送料连杆 3 做上下运动；又通过送料杠杆 4 带动送料摇杆 5 做前后摆动，送料摇杆再牵动送布牙做前后往复的送料运动；当送布机构的抬牙偏心轮 2 转动时便使送料牙架做上下往复的抬布运动。这样通过送料与抬牙运动的复合运动实现了缝料的间歇进给动作，从而形成连续的链式线迹。

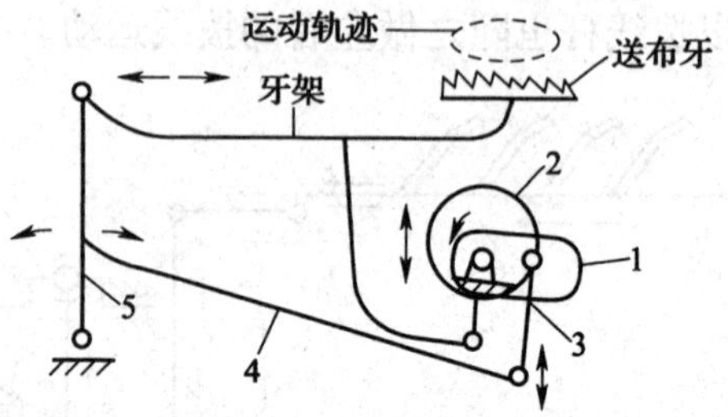

图 6－2－5　送料机构

1—送料偏心座　2—抬牙偏心轮　3—连杆　4—送料杠杆　5—摇杆

装配注意事项：

（1）抬牙偏心轮是送布牙上下运动的动力来源，要求它的转向位置必须正确。

（2）在装卸送料偏心座时，要记清它的方向不得装错。

（3）夹料曲柄是调节送布牙前后的唯一组件，相关螺钉必须拧紧。

（4）牙架曲柄的两个螺钉要对准送料轴上的两个平面拧紧。

六、拉料轮机构

拉料轮机构的运动如图 6－2－6 所示，其机构的运动是通过机器右侧的拉料偏心轮 7 转动带动连杆 1 做上下运动；拉料轮驱动连杆上下动作又传动拉料轮后摆杆 2 与拉料轮前摆杆 3 产生摆动，从而使拉料轮连杆 4 前后运动，再通过拉料轮连接板 5 的连接，使拉料轮 6 做（此拉料轮只做单向力度的转动）间歇转动。这种辅助的送料装置是用来增强送料力度，在缝制较厚缝料时起着很重要的作用。

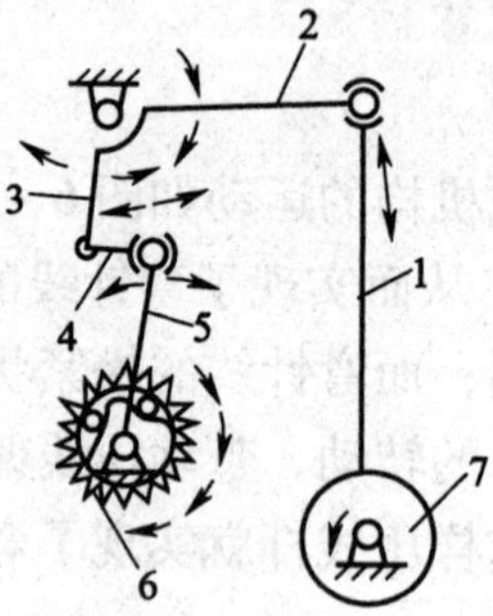

图 6－2－6　上拉料轮机构

1—连杆　2—后摆杆　3—前摆杆　4—连杆
5—连接板　6—拉料轮　7—拉料偏心轮

装配注意事项：

（1）拉料偏心轮的定位要准，拉料时间与机针要同步。

（2）拉料调速器的快慢可调节，必要时松开拉料轮的调节螺钉，调好后再紧固。

第三节　多线链式缝纫机的配合标准

一、针杆的标准调整

针杆高度的标准为针杆上升到最高位置时，机针针尖距离针板上表面 14mm 左右，如图 6－3－1 所示，调整时，旋转皮带轮使针杆运动到最高点位置，再拧松针杆夹紧螺钉，将机针针尖调至距针板表面 14mm，再拧紧针杆夹紧螺钉。

护针板的标准位置是：当机针运动到最低位置时，护针板与机针的间隙为 0.05 ~ 0.1mm（也可轻微接触护针板）。如图 6－3－2 所示，如需调节护针板位置，可通过护针板本身的定位螺钉来进行调整。

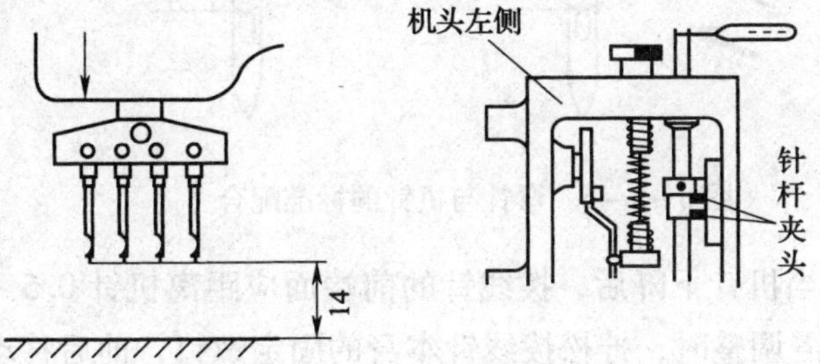

图 6－3－1　针杆高低的调整

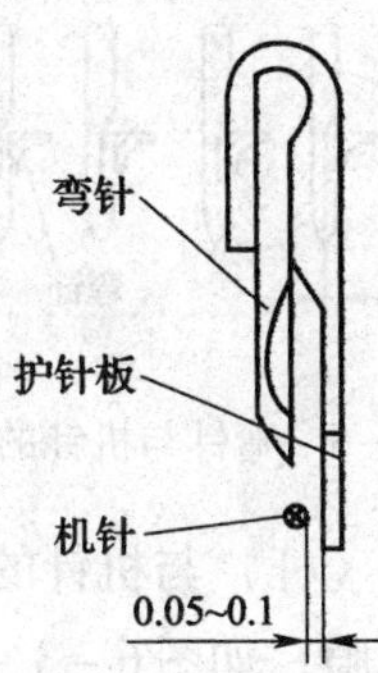

图 6－3－2　护针板的调整

二、弯针、拨线杆的调整

弯针与机针的初始标准位置是：当机针下降到最低位置时，弯针与机针的间隙为 2.6mm 左右。如图 6－3－3 所示，调整时，卸下上台板盖和上部油盖，转动皮带轮使机针处于最低位置后，拧松图 6－3－4 中的弯针定位螺钉，用手扳动弯针座，便可调节弯针与机针的起始距离。其标准距离是：机针在最低点时，弯针尖距离机针为 2.6mm 之后拧紧定位螺钉。

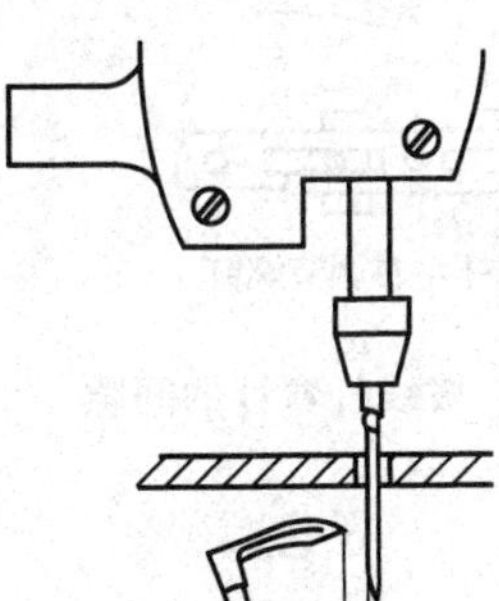

图 6－3－3　弯针与机针的始点距离

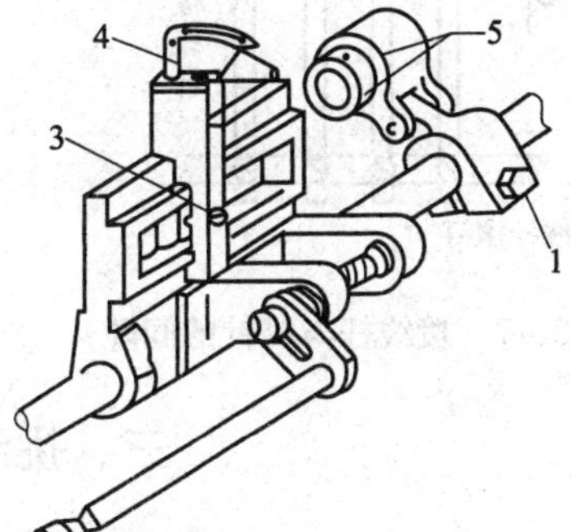

图 6－3－4　弯针位置的调节

1—定位螺钉　2—锁紧杆　3—弯针螺钉　4—弯针　5—偏心螺钉

弯针与机针的摩擦间隙的标准是：当弯针运动至机针平面时其间隙为0.05mm（以不碰机针为准），如图6-3-5所示。调整时，拧松图6-3-4中的弯针螺钉3，左右移动弯针4至机针的平面间隙达到标准后，拧紧弯针定位螺钉。

弯针与机针运动同步的正确位置是：当机针从最低位置回升7mm时，弯针尖到达机针中心并距离机针孔上方1mm左右，当机针从最高点下降28mm时，弯针尖距离机针孔上方2.5mm，如图6-3-6所示：调整时拧松图6-3-4中的弯针偏心紧固螺钉，如顺时针转动弯针偏心（以机器左侧方向为准），弯针运动提前；如逆时针转动时，弯针则延迟。调至标准时间后，拧紧弯针偏心螺钉5。

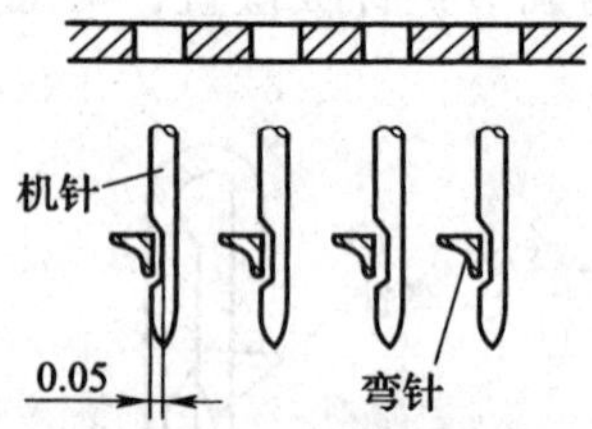

图6-3-5　弯针与机针的间隙

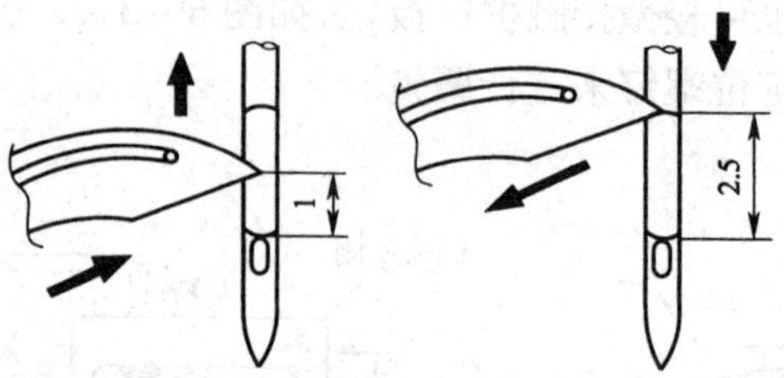

图6-3-6　弯针与机针的标准配合

拨线针（杆）与机针的标准间隙：当机针下降后，拨线针的前端面应距离机针0.5～0.8mm的间隙，如图6-3-7所示。如需调整时，拧松拨线针本身的固定螺钉，前后移动拨线杆，调至所需的标准间距后拧紧拨线紧固螺钉。

拨线针与弯针的标准间隙：当拨线针移动到左极限位置时，拨线针的右侧距弯针的右端为0.5mm。拨线杆与弯针之间的上下间隙以小到不相碰为准，如图6-3-8所示，调整时，先拧松拨线杆的调节螺钉，再转动皮带轮使拨线杆运动到左极限位置时，将拨线针与弯针右端间距调到0.5mm，最后拧紧拨线杆调节螺丝。

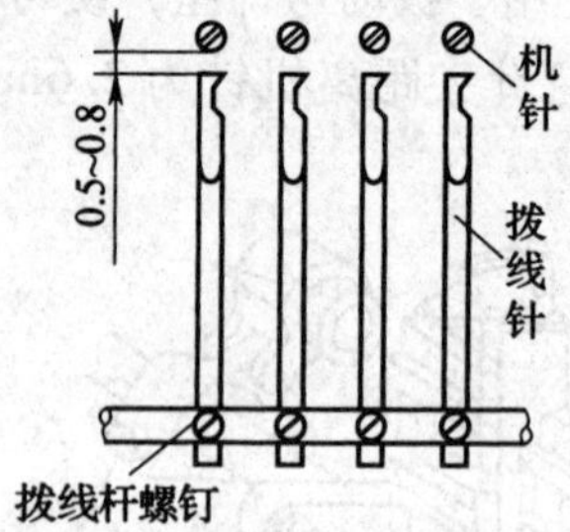

图6-3-7　拨线杆与机针的间隙

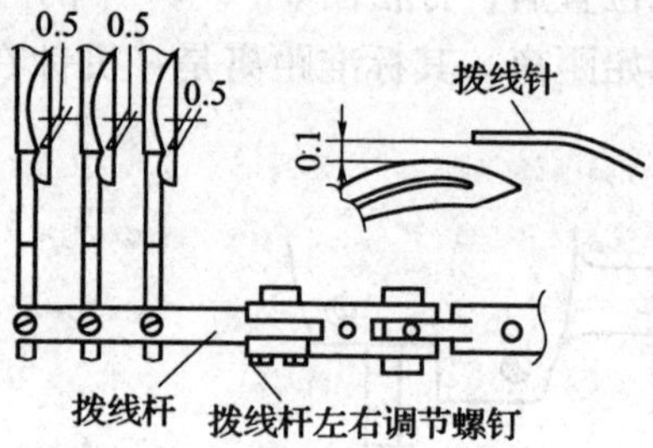

图6-3-8　拨线杆弯针的间隙

三、挑线杆的调整

机针挑线量的调整是根据缝料和缝线的性质来决定的。一般棉线为7～10mm左右。弹力线为10～15mm左右。如需调整时，松开机头上方的挡线杆紧固螺钉，上下移动挡线杆的高度，达到标准后拧紧挡线杆的紧固螺钉。

压线杆的调整标准：当机针从最高点下降20mm时，压线杆开始向上摆动，如图6－3－9所示。如需调整时拧松压线杆驱动偏心的固定螺钉，顺时针转动驱动偏心后，压线杆向上摆动变迟；逆时针转动该偏心后，压线杆向上摆动则提前。松开固线框的固定螺钉，上下移动也可作相应的调节，最后拧紧固线框的固定螺钉。

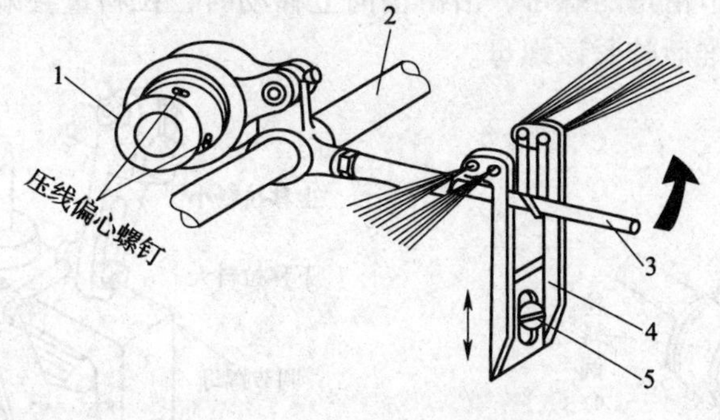

图6－3－9　压线杆的调整

1—压线偏心　2—摆动轴　3—压线杆　4—固线框　5—定位螺钉

四、送布牙的调整

送布牙的标准位置是要求送布牙的前后方向应与针板平行。如图6－3－10所示，摆动架后端的上螺钉是调节送布牙的平行位置，下螺钉是送布牙架的紧固螺钉。送布牙高度的正确位置是当送布牙上升到最高时，齿尖距离针板表面0.8～1.5mm。送布牙高低位置，可通过送布牙本身的紧固螺钉来进行调整。

送布牙送料距离（即针距）一般根据工艺要求而定，调整方法见图6－3－11，如需调节时，拧松针距紧固螺钉，然后用螺丝刀旋转上方的针距调节螺钉，当顺时针旋转针距调节螺钉时，送料量变小（针距密）；如逆时针旋转调节螺钉时，送料量增大（针距疏）。

图6－3－10　送布牙的标准调整

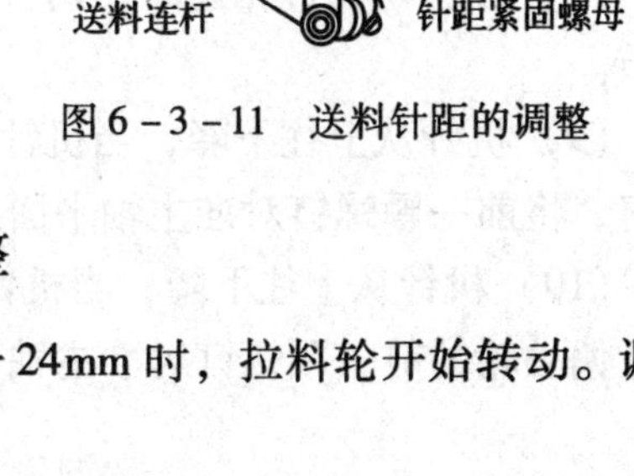

图6－3－11　送料针距的调整

五、拉料轮的调整

拉料轮动作时间的标准是：当机针从最低位置回升24mm时，拉料轮开始转动。调整方法见图 6－3－12。拧松拉料轮偏心的夹紧螺钉，用手逆时针转动该动偏心的平面，拉料轮的动作时间将延迟；反之，则拉料轮的动作时间会提前。达到标准的时间后拧紧螺钉。

拉料轮的拉料量也是可以根据缝制要求来调整的。调节方法见图 6－3－13。如需调整时，拧松拉料轮调节滑槽的螺母，沿滑槽向上移动时，拉料量会减小；向下移动时，则拉料量加大。调至标准后拧紧该螺母。

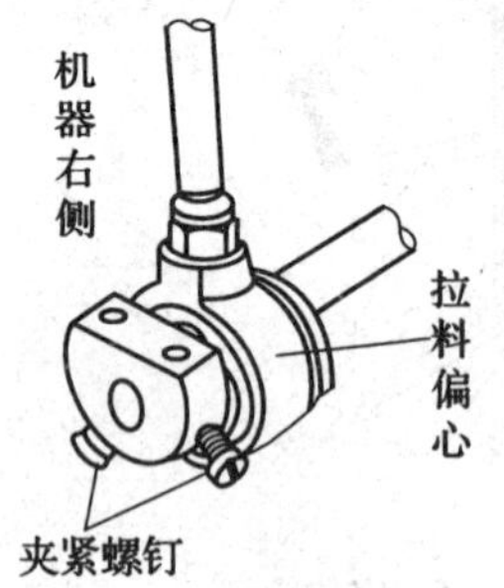

图 6－3－12　拉料轮的时间调整

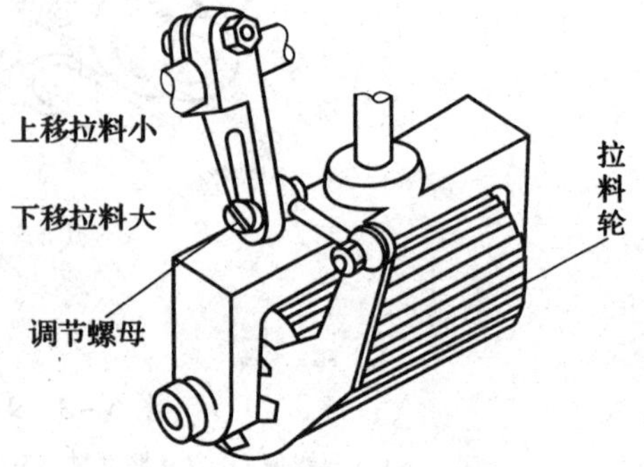

图 6－3－13　上拉料轮拉动量的调整

第四节　多线链式缝纫机的整体配合与调节技巧

以下为多线链式缝纫机的整体配合与调节技巧

（1）转动皮带轮，使机针下降到最低点，此时弯针应在后始点。

（2）机针在下始点时，弯针在后始点。弯针尖距离机针 3mm 左右，否则移动弯针架的位置便可调节。

（3）继续转动主轮，让机针从低点回升，弯针尖前移钩到机针中心，此时应高于针孔上方 1mm 左右，否则，松开针杆夹头螺钉进行调节。

（4）弯针尖与机针侧面凹面的摩擦间隙为 0.03～0.05mm（两针以不碰为准），否则松开弯针本身的螺钉进行调节。

（5）机针从上往下降，当针尖接近弯针背面时，拨线针应由左向右运动。否则应选择对接轴的螺钉拧紧（只有一排可以对准平面拧紧，调整时要认真选择）。

（6）拨线针与弯针重合时，拨针下侧与弯针背面相距 0.02mm。否则松开拨线杆，重新调整间隙。

（7）拨线杆运动到左始点时，拨针的右侧与弯针右侧相距 0.3mm。否则松开拨线轴曲柄的螺钉，进行左右调节。

（8）拨针与机针相遇时，两针间距约 0.5mm。否则松开拨线针本身的紧固螺钉进行调节。

（9）机针从上往下降，当机针接近布料时，拉料轮停止转动，否则旋松送料轮偏心螺钉，将前一颗螺钉对准主轴平面拧紧即可。

（10）机针从上往下降，当机针接近针板 2～3mm 时，送布牙应停止送布，否则选择抬牙偏心轮的前一颗螺钉对准主轴平面即可。

（11）送布牙在运动过程中，如偏左、偏右，应松开牙架曲柄螺钉，便可左右摆动牙架进行调节。

（12）送布牙在前后运动过程中，它的前后位置应与针板槽的前后端相等，否则应把送料曲柄的螺钉松开，前后移动送布牙即可。

（13）送布牙的高低位置由牙架底部本身的螺钉来调节。

（14）调节针距：先用扳手把送料偏心座的螺母松开（该螺母要反转才能松开，与其他螺母相反），用螺丝刀顺时针转动针距调节螺钉，针距减小；反之则加大。

第五节　多线链式缝纫机常见故障与排除技巧

多线链式缝纫机常见故障的产生原因及排除方法见下表6-5-1。

表6-5-1　多线链式缝纫机的故障及排除方法

故障现象	产生原因	排除方法
跳针	1. 穿线错误 2. 弯针定位不准确，或与直机针间隙过大，弯针钩不到机针线 3. 拨线杆定位不准确或机针、弯针间隙过大 4. 拨线针弯曲 5. 机针或弯针出线量过多	1. 按穿线图正确穿线 2. 按直机针与弯针的定位标准调整 3. 按拨线杆的定位标准调整 4. 更换拨线针 5. 适当调整直机针和弯针的出线量
断直机针线	1. 直机针针孔有毛刺 2. 弯针尖有毛刺 3. 直机针过线板的过线孔有毛刺 4. 直机针的夹线板压力过紧 5. 送布牙齿有毛刺或锋口	1. 更换机针 2. 修磨打光弯针毛刺或更换弯针 3. 修磨打光过线孔 4. 调松夹线板压力 5. 修磨齿面毛刺或锋口
断弯针线	1. 弯针过线孔有毛刺 2. 弯针线穿错 3. 弯针过线板过线孔有毛刺 4. 弯针夹器压力过大 5. 送布牙有毛刺或锋口	1. 修磨打光弯针过线孔 2. 按穿线图更正 3. 修磨打光弯针过线板过线孔 4. 调松夹线板压力 5. 修磨齿面毛刺或锋口
机针线紧或松	1. 机针线线量不足或过多 2. 机针夹线板压力过大或过小 3. 弯针出线量过多或太少 4. 弯针线夹线板压力过大或过小	1. 调节机针的出线量 2. 适当调整夹线板压力 3. 调整弯针下过线器，往下移动下过线器弯针出线量大；往上移动，则出线量少 4. 适当调整夹线板的压力
弯针线紧或松	1. 弯针线线量不足或过多 2. 弯针线夹线板的压力过大或太小	1. 调整弯针线的出线量和弯针线的张力 2. 适当调整夹线板的压力

续表

故障现象	产 生 原 因	排 除 方 法
缝料伸缩	1. 送布逆差比太小，造成缩短 2. 送布逆差比太大，造成伸长	1. 适当减小拉料轮的拉料量 2. 适当增大拉料轮的拉料量
缝料起皱	1. 送料逆差比太小 2. 机针或弯针的线量不足 3. 压脚底面与送布牙不平	1. 调整拉料轮，使拉料量小于送料牙的送料量，并调节到缝料平整为止 2. 适当调整机针线和弯针线的出线量 3. 调整送料牙与压脚底部，使之保持平行，如有磨损需更换压脚或送料牙
噪声	1. 机件松动或互相碰撞 2. 油路不畅通，机件润滑处缺油 3. 防振橡皮失效	1. 检查各部件紧固情况，紧固或调整至正确位置 2. 拆洗油盘、油泵、去除油路污物 3. 检查油盘下防振橡皮是否垫好
运转不良	1. 机器装配不良 2. 机器运动部件有异物 3. 润滑油不洁净	1. 检查机器零部件是否装配良好，按技术要求调整各运动零件之间的间隙 2. 清除异物，保证机器清洁 3. 更换润滑油，清洗机器
机器漏油	1. 密封件损坏或漏装 2. 各紧固密封处未涂上密封胶 3. 油盘与机头紧固不牢靠 4. 油盘内油量过多而外溢	1. 检查各密封件是否完好，如有缺损，必须更换或补装 2. 渗漏处用汽油擦净，涂上硅橡胶密封剂 3. 拧紧紧固螺钉 4. 排放出超过油标刻度的油

一、缝制服装针织品设备经常出现的故障

缝制服装针织品（尤其是内衣）的设备在工作时，经常会出现疑难故障。其维修的重点主要是机针与成缝构件的精度配合方面（如多线链式缝纫机、绷缝机、包缝机等）。因针织缝料与普通缝料的性质不同，所以机针与成缝构件的动作配合也稍有变动（如绷线器、挑线杆、缝线等）。而这一配合的标准是依据在实际的工作中针对不同性质的缝料而采取合理的维修办法。显然，具备这一灵活运用的前提条件是要对线迹的形成原理有一个全面、熟练的掌握。总而言之，针织品的缝制设备只有完全掌握了线迹的形成原理后，才能灵活的在实际工作中排除各种疑难故障。

第一，机器在出现故障时应静心观察。保持耐心，凭着对技术的掌握，以专业思维进行合理判断。这是解决疑难故障的必要环节。在维修过程中通常要以“顺藤摸瓜”的方法对机件进行筛选与检查，这将是发现故障原因最直观的方法。

第二，在进入维修时应先检查机针是否有问题；机器某部件的调整是否得当；有时上移针杆可以解决跳针故障；有时缝料也能导致故障。这些都需要做相应的调整才可以解决。

第三，机器发生故障的原因一部分与设备的清洁度有关，特别是国产设备，如不经常

擦净污垢或油垢，便会造成运动部件的堵塞从而导致故障；如机器在清洗油垢后短期内又出现油污现象，则需要对油路进行系统的检修，特别是回油系统的检查，这与供油系统大不相同；在维修过程中需要对拆卸后的设备安装时密封好，即将机器擦干净后用硅胶（选用704硅胶）重新涂抹进行密封，几小时后再加油使用。尤其是进口类的设备，更应注意其密封。

第四，针杆的窜动是直接造成跳针故障的原因。因此，要求针杆只能有上下的往复运动，而不能有窜动现象。这需要检查针杆套筒或密封圈是否磨损，如已磨损应注意及时更换。针杆套筒的周围要保持清洁，如有积聚的杂物应及时清除。

二、多线链式缝纫机经常出现的故障

在多线链式缝纫机中，针杆与钩线机构的配合精度很高。在维修时要耐心、细致的分析，没有真正判断出故障的产生原因，切勿盲目拆卸以免适得其反。总而言之，链式缝纫机的线迹形成包括两个过程：（1）机针回升，弯针前移，钩到机针回升时所形成的线环。（2）机针下降，必须要在弯针孔后方约1mm处套住弯针本身的缝线。在此过程中如果弯针不能钩住机针线环或机针无法套住弯针线，都不能形成双线链式线迹，即出现“跳针”。要排除跳针故障不仅要对机器的传动原理有深入的掌握，而且还要了解机器在缝制一些性质不同的缝料时，三针（即机针、弯针、拨针）的精度标准是有所改变的。

目前较先进的台湾银箭牌多线链式缝纫机与关西牌多线链式缝纫机在传动原理上大同小异，只是结构设计得先进。在进行维修时，只要采取“顺藤摸瓜”的方式。都能了解它的结构及调节方法，这里不再详述。

思考与练习

1. 多线链式缝纫机适合哪些类型的服装缝纫？
2. 为什么服装生产中越来越多的使用链式缝纫机？机针与弯针运动有何特点？
3. 多线链式缝纫机由哪些机构组成？各有什么作用？
4. 简述机针与弯针的标准配合关系。
5. 掌握多线链式缝纫机的各个调节部位及作用。
6. 多线链式缝纫机的针杆机构采用了哪种机构？
7. 多线链式缝纫机的弯针机构是做哪种运动？特点是什么？
8. 简述多线链式缝纫机链式线迹形成过程。
9. 多线链式缝纫机中拉料轮机构能起到什么作用？它与缝纫质量有何关系？
10. 全面掌握多线链式缝纫机的操作方法与传动原理。
11. 熟悉多线链式缝纫机的常见故障及排除方法。
12. 试举出五种可能会导致多线链式缝纫机跳针的原因，并说明相应的排除方法。

第七章　绷　缝　机

绷缝机俗称“砍车”，外观如图7-0-1。其成缝构件是由两根或三根直针和一根弯针进行钩线的，形成一种链式绷缝线迹，其形状呈扁平状。这种线迹的结构强力和弹性都比较好，适用于缝制睡衣，内衣、卫生衣，汗衫等；并有拼接、滚领、滚边两面装饰缝等多种功能，也可在圆边半径较小的部位上缝制。绷缝机常用的线迹形成见图7-0-2所示，图（a）为绷缝机的双针三线单面装饰缝线迹形式；图（b）为绷缝机的三针四线单面装饰缝线迹形式；图（c）为绷缝机的双针四线双面装饰缝线迹形式；图（d）为绷缝机的三针五线双面装饰缝线迹形式。图7-0-2（c）、（d）在缝料面部多了一条装饰线，这是通过一根叉针来完成的。

图7-0-1　平台式绷缝机整机外观图

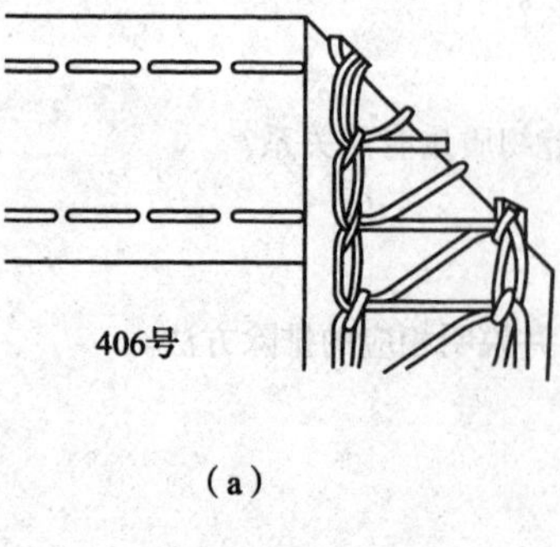

（a）

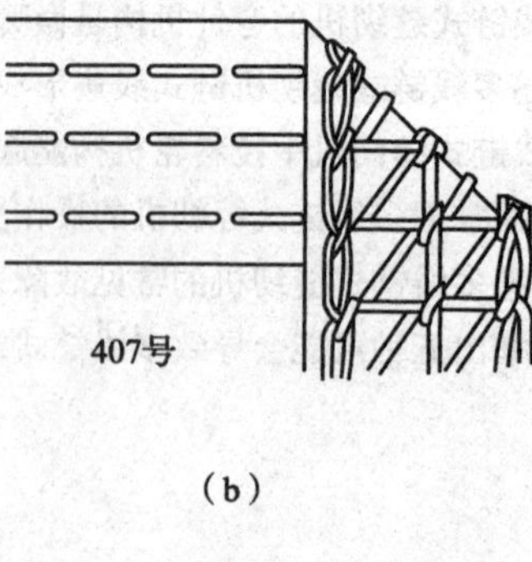

（b）

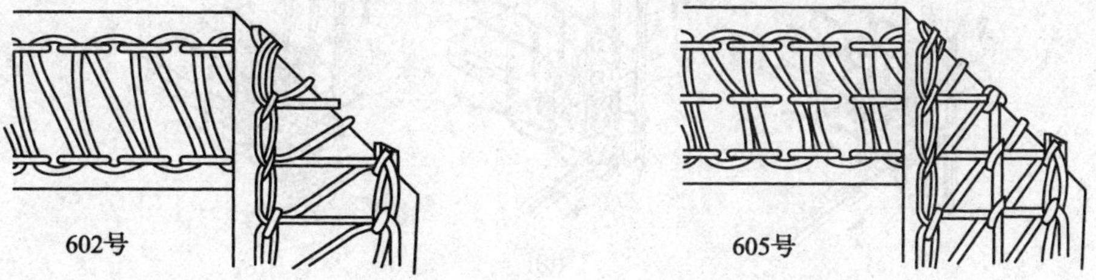

（c）　　　　　　　　　　　　　（d）

图 7-0-2　绷缝机的线迹形式

第一节　绷缝机的性能与线迹形成过程

一、绷缝机的性能

绷缝机按外形可分为悬筒式和平板式两种，悬筒式一般用于缝制细长筒形的产品部位，如袖口绷缝。按针数可分为双针、三针、四针等绷缝线迹，分别称为双针机、三针机、四针机。在绷缝机中，不带装饰线的绷缝线迹叫做“多线链式线迹”，带有装饰的绷缝机线迹称为“覆盖式链式线迹”。绷缝机的名称通常以针数、外形、用途和线迹命名，如筒式双针绷缝机、平台式三针绷缝机、双针滚领机、双链双面装饰缝用三针五线绷缝机等。

二、线迹形成过程

绷缝机在线迹和机型上虽然有区别，但线迹的形成原理是基本相同的。绷缝线迹与普通链式线迹的区别是无论前者的直针（这里直针称为机针）数有几根，其钩线弯针只有一个，也就是只有一根底线，而且每根机针安装的高低位置不同，由于运动时间的关系，弯针最先通过的直针应装得最高，其余依顺序装低一定的距离，目的是为了实现同样距离的钩线时间。

这里将三针四线绷缝线迹的形成过程分为六个阶段。如图 7-1-1 所示，（a）阶段：直针（即机针）从最低位置开始回升，弯针也开始从最右边位置向左移动；（b）阶段：当直针上升到一定高度时，面缝线（机针线）在缝料底下形成线环，弯针继续向左移动，这时弯针尖依次穿入三根机针所形成的线环；（c）阶段：当直针上升到最高位置时，缝料开始向前移动，已被弯针完全钩住的三个机针线环被拉长，并抽紧了前一针的线迹，这时弯针同时向操作者方向移动一定距离，以方便机针下降时能顺利从弯针背面套入；（d）阶段：缝料移送一个针迹距离，直针下降再次穿刺缝料并套入弯针背面形成的底线三角线圈；（e）阶段：直针继续下降，弯针也继续向右移动，此时底线被直针挡住，从而形成底线与面线的互相穿套；（f）阶段：直线运动到最低位置，弯针也运动至最右边，恢复到开始时的位置，收线器即拉紧线迹，一个线迹的工作周期结束。

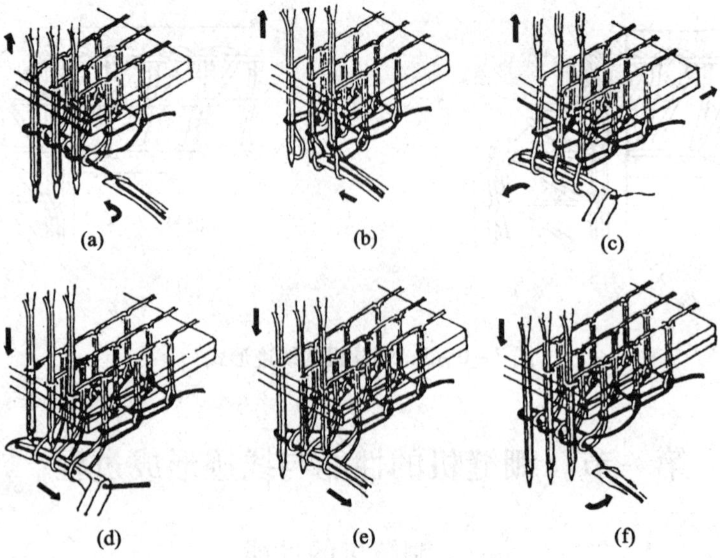

图 7－1－1　三针四线绷缝线迹形成过程

双针三线绷缝线迹、四针五线绷缝线迹的形成原理与三针四线绷缝线迹相同，只是少一根直针或多一根直针。在绷缝线迹中有时在缝料正面附加一两根装饰线，这是由装饰线附加机构来完成的。

同样三针五线绷缝线迹的形成过程也可分为六个阶段，见图 7－1－2 所示，与三针四线绷缝线迹有所不同的是它增加了一个装饰线叉弯针（即绷针）和一根装饰线。（a）阶段：装饰线叉弯针（即绷针）运动至最右边时，使装饰线处在绷针的叉口中；（b）阶段：装饰线叉弯针（即绷针）向左运动，其叉口推动装饰线向左曲折移动；（c）阶段：当绷针运动到最左边时，直针下降，最右边的直针在装饰线前面套入，其余两根机针从装饰线后面通过；（d）阶段：两根机针穿入装饰线线圈后，叉弯针（即绷针）开始向右移动；

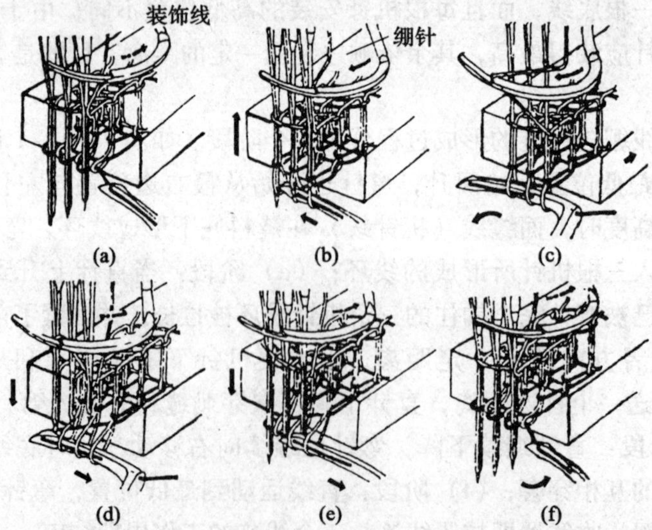

图 7－1－2　三针五线绷缝线迹形成过程

（e）阶段：绷针继续向右移动，装饰线与直针线开始拼结；（f）阶段：当绷针运动至最右边时，直针也下降至最低位置，抽紧线迹。在绷缝线迹中，只要是有两根装饰线的，其叉弯针（即绷针）同样也有两个，并以左右配置，叉线过程相同，但两个弯针的运动方向是相反的。

第二节　绷缝机的主要机构与装配注意事项

绷缝机的种类虽较多，但大致都是由五个机构组成，即针杆机构、钩线机构、挑线机构、送料机构及绷针机构。尽管各种绷缝机的机构有些区别但其作用是基本相似的，下面将以标准 GK10－3 型三针五线绷缝机为例，对其各个机构的工作原理做一讲解。

一、针 杆 机 构

绷缝机针杆机构的主要作用是由机针引导面线刺入缝料并形成线环，再与弯针线相互交织形成线迹。图 7－2－1 为标准 GK10－3 型绷缝机针杆机构的工作原理。机针由针杆做上下往复运动，而针杆的上下往复运动由主轴后套节转动再由曲柄通过大连杆带动固定在上轴的上轴曲柄产生上下摆动，使固定在上轴前端的针杆摆动曲柄摆动。针杆由一个针杆连接螺钉与针杆连杆连接，针杆连杆的另一端是通过针杆摆动曲柄连接螺钉与针杆摆动曲柄连接，与针杆两端连接的是圆柱螺钉；通过针杆摆动曲柄的摆动，也就带动了针杆做上下的往复运动。针杆上部装有针杆挑线，针杆中部也装有针杆挑线，当针杆上下往复运动时，便提供了机针刺入缝料时所需面线的供应量。当针杆向上运动时，挑线杆将收紧面线，起到收紧机针与弯针连接的线环作用。如需调整针杆行程只要将上轴曲柄的夹紧螺钉松开便可调节。标准的针杆行程为 30.8mm。

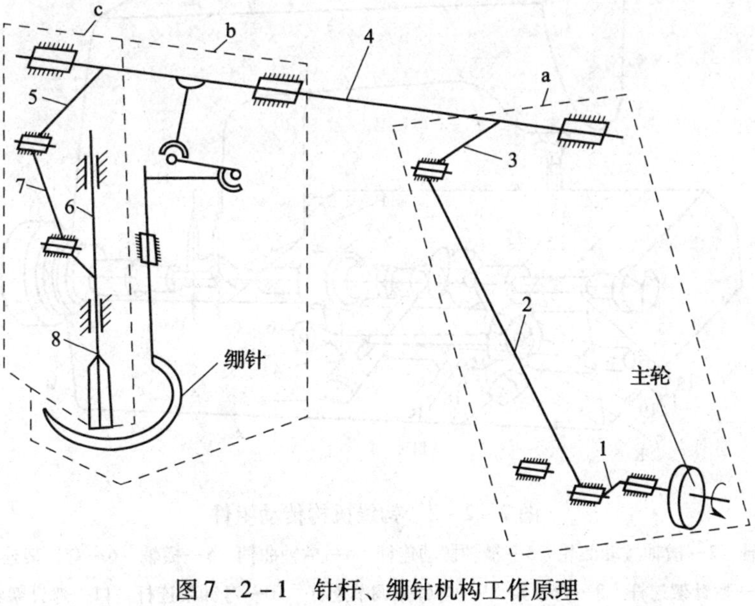

图 7－2－1　针杆、绷针机构工作原理
1—主轴　2—大连杆　3—上轴曲柄　4—上轴　5—针杆摆动曲柄
6—针杆　7—针杆连杆　8—针夹头

图 7-2-1 中用虚线框住的 a 部分是标准 GK10-3 绷缝机机针和绷针机构传动部分。按原理分析，它实际是一个平面四杆曲柄摇杆机构，与主轴固连的曲柄偏心为 12.8mm，当主轴中心转动其曲柄时，通过大连杆传动上轴曲柄沿上轴中心摆动 59°。有些机型的针杆、绷针机构的传动部分是采用一组同步齿轮带传动，这在性能方面要比四杆曲柄摇杆机构有所改进，其运动更为稳定、原理也易于掌握，如华南牌 GK201 绷缝机、日本重机 MF 系列绷缝机等。

装配注意事项：

（1）曲柄连杆下端合夹内装有滚针轴承，该滚针轴承要完整无缺，如滚针少了，针杆会上下窜动。

（2）针杆的高低位置必须在上轴曲柄调节，应注意不得随意移动该曲柄的位置，否则机台运转沉重。（台湾银箭牌机器则在针杆连接轴的螺钉上进行调节）

（3）小连杆装在针杆曲柄内与针杆相连，要求它有灵活的伸缩功能。

二、钩线机构

绷缝机钩线机构的主要作用是由弯针引导底线，钩入由面线机针在缝料底部所形成的线环，与面线相互交织形成线迹。绷缝机的弯针在线迹形成的过程中要做两种运动，除了要做钩机针线环的左右运动外，同时还要做前后运动，以便弯针本身的线被下降的机针套入。这也是绷缝机的主要运动部分。

标准 GK10-3 型绷缝机的钩线机构如图 7-2-2 所示。主轴转动使紧固在主轴后节的横轴摆动凸轮转动，又使空套在凸轮上的横轴摆动连杆上下运动，再通过下面的横轴曲

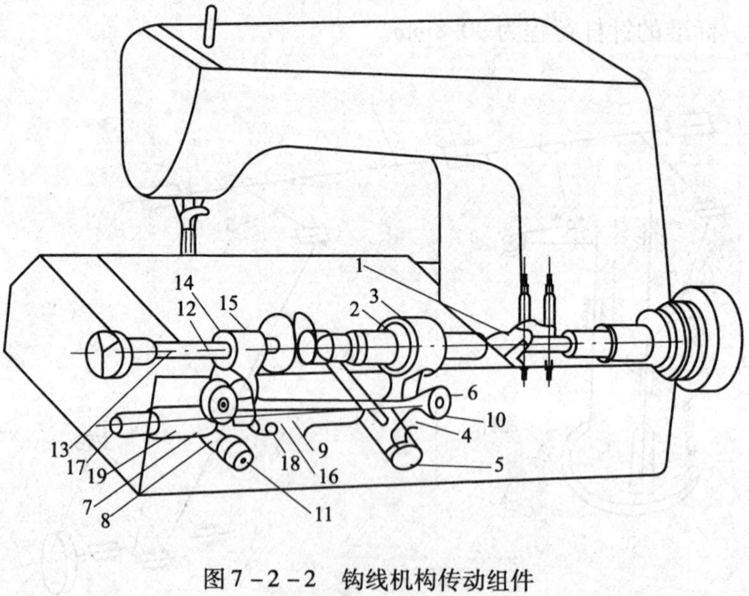

图 7-2-2　钩线机构传动组件

1—主轴　2—横轴摆动凸轮　3—横轴摆动连杆　4—横轴曲柄　5—横轴　6—弯针架连杆合夹　7—弯针架连杆　8—弯针架　9—弯针架调节连杆　10—弯针架连杆　11—弯针架轴　12—弯针　13—主轴前节　14—曲柄连杆凸轮　15—曲柄连杆　16—曲柄　17—弯针架曲柄轴　18—曲柄轴夹紧螺钉　19—弯针架曲柄

柄弹子传动横轴曲柄，沿横轴的轴心做左右摆动，又带动紧固在横轴曲柄上的弯针架合夹左右摆动，因弯针架合夹（左）是紧固在弯针架上，而弯针架合夹（左）是通过弯针架合夹调节杆与弯针弹子架连杆、弯针架、弹子连杆（右）相连接，所以当主轴转动时，使弯针架沿着支点带动弯针架轴进行左右摆动，从而实现了弯针做左右（横向）方向的钩线运动，如图 7－2－3 所示。

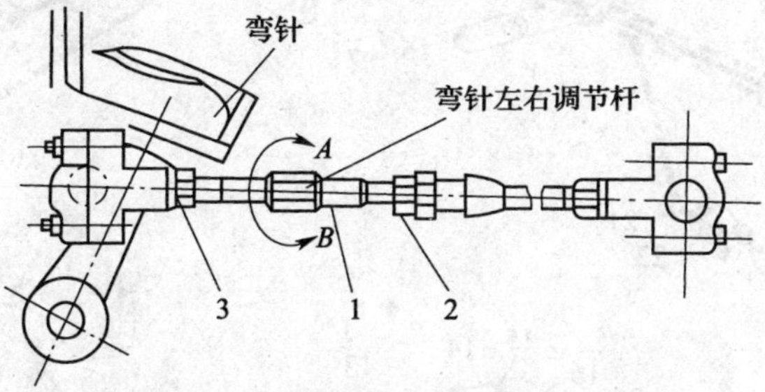

图 7－2－3　弯针的左右（横向）摆动

1—弯针调节连杆　2—调节杆反牙螺母　3—调节螺母

弯针的前后运动是通过装在主轴前节上的曲柄连杆凸轮控制的。当主轴转动时，使紧固在主轴前节上的曲柄连杆凸轮转动，使空套在曲柄连杆凸轮上的曲柄轴曲柄连杆上下运动，再通过下面曲柄轴曲柄连杆销的连接，使曲柄轴曲柄沿弯针架曲柄轴的轴心进行摆动。因为曲柄轴曲柄是通过夹紧螺钉固定在弯针架曲柄上的，而弯针架是通过弯针架曲柄固定在弯针架曲柄轴上的。所以，当主轴转动时就实现了弯针架沿弯针架曲柄的轴心做前后（纵向）的运动。绷缝线迹的形成是通过弯针的左右与前后复合运动并与机针的协调配合而获得的。

当机针从最低位置上升形成最佳线环时，弯针带着底线将其针尖到达机针侧平面钩入机针所形成的线环；当机针从最低位置运动到最高位置时，弯针也从最右边运动到最左边；机针下降时穿过缝料，弯针逐渐也向右退，此时弯针的背部在机针前面通过，以便机针套入弯针背面的线。当机针到最低位置时，弯针在右始点。因此弯针的运动轨迹近似一个椭圆形状，即为左右与前后的复合运动。

装配注意事项：

(1) 弯针左右偏心是弯针左右运动的动力来源，所以它的转面位置要正确，即机针在最低点，弯针应在右始点。这是弯针左右运动与机针的同步关系。

(2) 弯针必须在右始点后移，在左始点前移，它进出移动的时间是由弯针进出偏心轮来控制的。

(3) 弯针架曲柄的螺钉要对准曲柄上的平面拧紧。

三、挑线机构

挑线机构的主要作用是将机针、弯针和绷针的缝线用量加以合理的控制，供应缝线或抽紧线环并为下一个线迹作好拉线准备。在整个过程中配合每个阶段供应所需的缝线长度。标准 GK10－3 型绷缝机的挑线机构如图 7－2－4 所示，该机构分为面线挑线，底线挑线和绷线挑线三个部分。

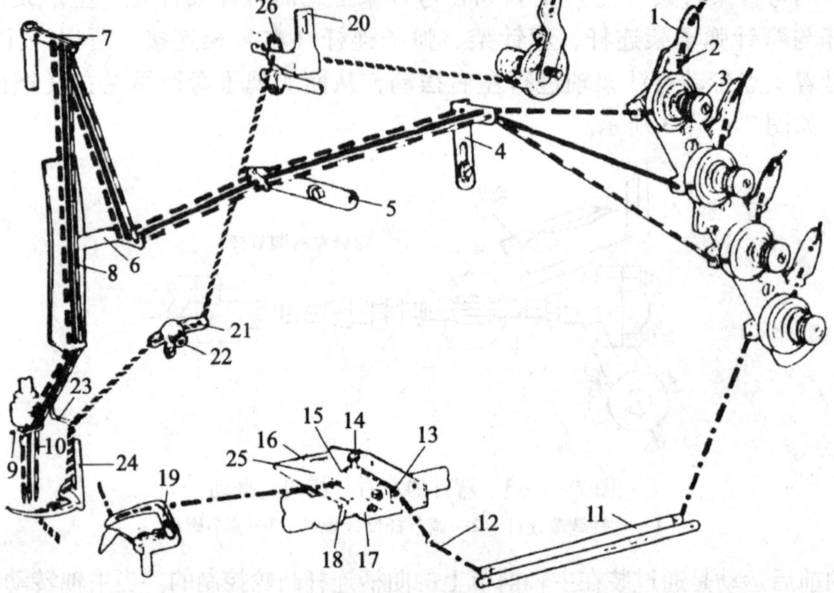

图 7-2-4　挑线机构

1—压线上线板　2—压线过线组件　3—压线螺母　4—后上过线板　5—前上过线板　6—针杆挑线　7—针杆上挑线　8—挑线罩板　9、19—弯针　10—机针　11—外过线管组件　12—压紧片弯针　13—挑线凸轮架过线簧　14—压线螺母　15—右过线环　16—上拦线板　17—挑线凸轮架　18—左过线环　20—绷线架过线板　21—过线板　22—过线板压紧螺母　23—绷线弯针　24—绷针　25—挑线凸轮　26—绷线架

(1) 面线挑线　是由紧固在针杆上部的针杆上挑线及紧固在针杆中部的斜杆挑线组成，针杆上下往复运动便带动其挑线杆一起运动。当机针向下运动时，把面线供应给机针；当面线环从弯针上脱出后收紧面线并收紧线迹；从线团中上拉出每个线迹所耗用的面线。

(2) 底线挑线　是由紧固在主轴前节上的弯针挑线凸轮和相关零件组成。主轴带着弯针挑线凸轮一起转动。当机针上升，弯针向左运动时，弯针挑线凸轮上的大半径转至小半径，供应弯针向左运动时有足够的用线量；当弯针从最左向右运动时，弯针挑线凸轮把弯针上的余线收紧（大半径转至底线处于绷紧状态），把弯针背后的三角线（即弯针本身的线）拉直，给机针下降时顺利套入弯针线创造条件。当弯针挑线凸轮把弯针从左到右的余线收回的同时，也从线团上供应下一个线迹所耗用的底线。

(3) 绷线挑线　是通过绷线挺线架进行挑线动作。当绷针向左运动需要线量时，绷线挺线杆退回，提供绷线针所需的线量；当直针从最高位置向下运动时，绷针则从最左向右运动，绷线挺线杆向外挺出，从而使绷线挺线架把绷缝线收紧拉直，供应绷针叉口钩住下一个所需要形成线迹的缝线，同时从线团中拉出下一个装饰线迹所耗用的绷线量。

四、送 料 机 构

送料机构的主要作用是在形成线迹以后，为了保证在缝料新的位置形成线迹，将缝料向前移动一个针迹距。绷缝机的送布机构同样是由送布牙、压脚等一系列零件组成。如图7－2－5所示。

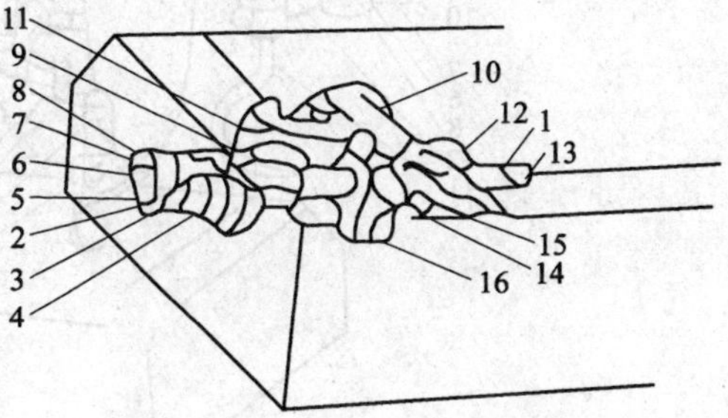

图7－2－5　送料机构

1—主轴前节　2—送布调节滑块　3—滑块螺母（反牙）　4—送布连杆　5—送面曲柄销　6—送布曲柄　7—送布轴　8—螺钉　9—牙架曲柄　10—牙架　11—牙架轴　12—送布牙　13—差动牙　14—抬牙凸轮　15—抬牙连杆　16—抬牙连杆销

绷缝机的缝制范围一般是以弹性织物为主，所以不但有送布牙，还需要有差动牙，送布牙与差动牙同装在一个牙架上。其牙架要进行水平方向的运动和垂直方向运动，这样才能使送布牙、差动牙形成上下和前后的复合运动，其运动轨迹近似于一个平面椭圆形状。牙架水平方向（前后）运动距离的大小，是由主轴前节前端的送布调节滑块与主轴中心偏心轮半径值的大小来控制的。当送布调节滑块调节到主轴中心偏距为定值时，紧固送布调节滑块螺母，送布连杆一端空套在送布调节偏心轴上，另一端则由送布曲柄销与送布牙相连接，当主轴转动时，送布连杆按送布调节滑块中心与主轴中心的偏心距带动送布曲柄沿送布轴的轴心进行摆动。送布曲柄由送布曲柄螺钉紧固在送布轴上，当主轴转动时便通过送布连杆、送布曲柄使送布轴按规定的值以一定角度进行摆动，然后再通过送布轴的摆动，带动固定在送布轴上的牙架曲柄摆动，牙架通过牙架轴与牙架曲柄相连接，带动牙架做水平方向运动，送布牙、差动牙通过螺钉紧固在牙架上，从而实现了送布牙、差动牙水平（前后）方向的运动。

牙架垂直方向的运动，是通过主轴的转动，使紧固在主轴前节上的抬牙凸轮转动。由于抬牙凸轮有0.75mm的偏心值，这使套在抬牙凸轮上的抬牙连杆上下运动。抬牙连杆的下支点，通过抬牙凸轮和抬牙连杆使抬牙架做垂直（上下）方向运动，从而便实现了抬牙的上下运动。

装配注意事项：

(1) 送布牙必须在前方上升，后方下降。如有故障只需调整抬牙偏心轮的转向位置即可。

(2) 调节送布牙的左右位置只要把牙架曲柄的螺钉松开，左右移动整个牙架即可。

(3) 调节差动牙的前后位置只要通过移动差动牙曲柄来改变即可。

(4) 调节送布牙的高低位置只要松开它本身的紧固螺钉来进行即可。

五、绷 针 机 构

绷针机构的主要作用是由绷针叉口叉入引导装饰线，与机针面线相互交织在缝料上面形成面覆盖线迹，绷针机构的组成见图7－2－6。

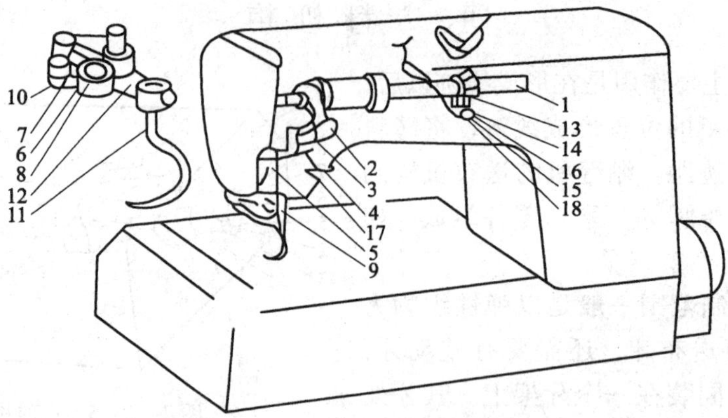

图 7－2－6　绷针机构

1—上轴　2—绷线曲柄　3—绷线滑块导轨　4—绷线滑块　5—绷线滑块曲柄
6—连杆曲柄　7—绷线下曲柄　8—绷线下曲柄轴　9—绷线座套
10—绷线曲柄连杆　11—绷针　12—绷针曲柄　13—绷弯针曲柄
14—绷弯针曲柄连杆　15—绷线挺线杆　16—绷线挺线架
17—绷线小夹线器　18—绷弯针曲柄连杆销

当主轴转动时，紧固在上轴上的绷线曲柄也随上轴摆动。绷线滑块导轨连接在绷线曲柄上，绷线曲柄的摆动使绷线滑块在绷线滑块导轨里摆动，从而使连接绷线的绷线滑块曲柄摆动。下连杆曲柄是紧固在绷线滑块曲柄上，下曲柄连杆曲柄以绷线滑块曲柄为轴心进行摆动。绷线下曲柄一端由绷线下曲柄轴连接在绷线座套上，绷线下曲柄另一端由绷针下曲柄连杆与下曲柄连杆的曲柄带动，使绷线下曲柄以绷线下曲柄轴为轴心进行摆动。绷针紧固在绷针曲柄上，绷针曲柄又紧固在绷线下曲柄上。上轴的摆动带动绷针的摆动，把绷针针杆与机针调整到相协调，从而实现面线与装饰线的覆盖线迹。

绷针所需缝线的线量和线的弹力大小是通过夹线器与绷线挺线杆来完成的。绷线弯针曲柄紧固于上轴，上轴的摆动便使绷弯针曲柄摆动。通过绷线弯针曲柄连杆销带动绷线弯针曲柄连杆与绷线拉线杆往复运动。绷线拉线架被紧固在绷线拉线杆上，通过调节把绷线拉线架调整到与绷针协调。当绷针向左运动需要线量时，绷线挺线杆退回，提供绷针所需的线量，当机针从最高位置向下运动，绷针从最左向右运动时，绷线拉线架向外拉出，把绷缝线收紧、拉直。供绷针叉口钩住下一个线迹所需的绷缝线。

绷缝机的机针、弯针及绷针的运动配合，无论是平台式或筒式，是双针或三针，其共同之处有以下四点。

（1）直线的行程在 30～33mm 之间。直针高低位置的确定，一般以最长即左边的机针与针板距离为基准，当机针运动到最低位置时，长针的针柄与针杆相接的锥形部分下端要与针板上平面距离 35mm 左右，直针应对准针板的针孔中心，以免机针碰撞针板而折断机针。

（2）弯针与直针的运动配合关系一般以最短针为依据（即右边机针），当直针运动到最低位置时，弯针尖与短针中心距离因各机型和针间距有所不同大约在 2.8～5mm 范围内调节；弯针尖穿过短机针线环时与短针的平面间隙约为 0.1mm，与长针的间隙为 0.2mm；当机针下降套入弯针上的三角线圈时，应使长针从弯针孔以右的弧面擦过，但不能撞得太紧。弯针的摆动行程要根据直针上下运动的行程来配合调节。弯针的纵向运动行程大约在1～2mm。

(3) 当弯针运动到与针板底平面最靠近时，弯针背面与针板底面的间距约为1～2mm。这个距离太近，容易产生断线或线迹变形，太远则机针线环会被拉得过长，容易产生裹线现象使直针下降时穿不过弯针的三角线而产生跳针。

(4) 送布牙、压脚及针板之间的间距配合，要求送布牙（包括差动牙）位于针板齿框中央，齿尖上升到最高位置时，齿尖约高出针板上平面1.2～1.5mm。缝厚料时调高些，缝薄料则调低些。当压脚抬到最高位置或直针运动至最高位置时，长针尖不应低于压脚底平面，否则在移动缝料时会把直针拉弯或拉断。

第三节　绷缝机的标准调整

一、针杆的调整

针杆的高度与针距、送布时间、送线收线时间、弯针的钩线量等有着精密的配合关系，所以要求针杆高度位置必须正确。

标准 GK10－3 型绷缝机针杆高度，以针杆上升到最高位置时为基准，其右直机针尖到针板上平面的距离为 12.5mm。调整时，转动主动轮，使针杆上升到最高位置，打开上盖，旋松上轴曲柄螺母便可移动针杆，使之达到标准距离后紧固上轴柄螺母。有些机型的针杆高度则是以弯针为基准来确定机针高度的。即当弯针针尖摆到左机针中心时，弯针尖在机针针孔之上，并要求在针孔上方约 0.5～1mm 的距离。如图 7－3－1 所示。调整时，可旋松针杆连接轴螺钉，上下移动针杆，使针杆高度达到标准后，紧固针杆连接轴螺丝。

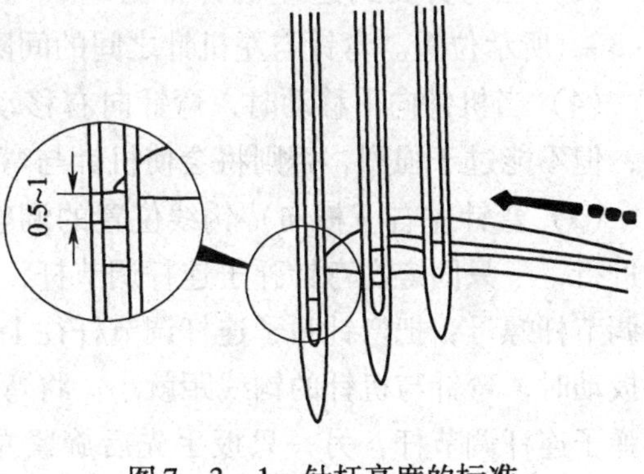

图 7－3－1　针杆高度的标准

二、弯针与机针钩线距的调整

(1) 当机针处于最低位置时，弯针处于最右方位置。弯针尖与机针中心的距离为5mm 左右，在实际工作中，为了便于调整，一般采用弯针与最右面的机针（短针）中线之间的距离为钩线距，如图 7－3－2 所示，由于机针间距不同，所以弯针尖与右机针中心的距离也不同。

(2) 当机针上升时，弯针向左运动，弯针尖便与右机针中心相交，此时弯针尖与机针的摩擦间隙为 0～0.05mm（以不碰机针为准）。如图 7－3－3 所示。调整方法是：先卸下右机针，当弯针向左摆时，弯针尖应正摆至中间机针的后面，使弯针尖与中间机针尽量靠近，间隙在 0.05mm（以不碰针为准）。然后，再装上右机针，这时右机针会与弯针尖

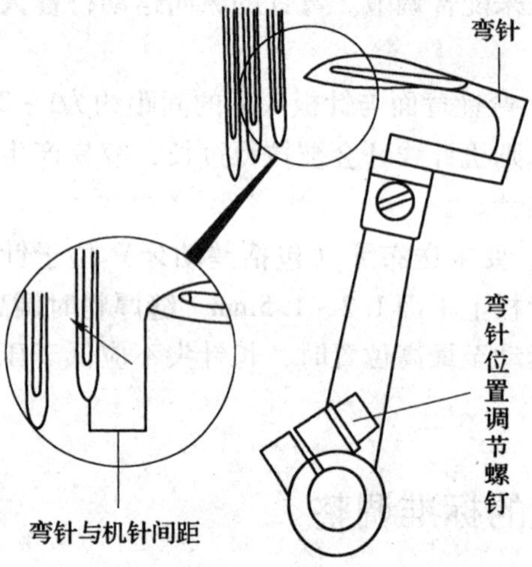

图 7-3-2　弯针尖与右机针始点距离

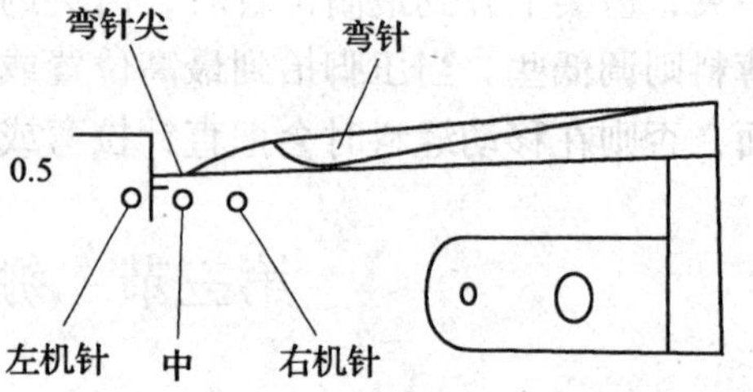

图 7-3-3　弯针与机针的间隙

相碰。此时要通过护针杆帮助右机针向前推 0.2～0.3mm，使弯针尖与右机针的间隙为 0～0.5mm（以不碰机针为准）。

（3）当弯针尖到达左机针中心时，弯针尖应高出左机针孔上方 0.5～1mm，见图 7-3-1所示位置。弯针与左机针之间的间隙为 0.2mm 左右。

（4）当机针向下移动时，弯针向右移动。此时机针必须碰到弯针的背部，并稍有摩擦，但不能过于强烈，否则将会使机针与弯针尖磨伤、损坏。

（5）弯针左右（横向）钩线位置的调整：如图 7-2-3 所示，要用两只双头扳手同时进行，一只固定在弯针弹子连杆调节杆，另一只先旋松右面的一只调节反牙螺母，再旋松调节杆螺母，把弯针弹子连杆调节杆往上面旋动时，弯针与机针的钩线距就大；如往下面扳动时，弯针与机针的钩线距就小。将弯针的左右位置调至标准后，一只扳手固定好弯针弹子连杆调节杆，另一只扳手先后旋紧左右两只螺母即可。此调节需要细致耐心（限 GK10-3 型绷缝机）。

（6）弯针前后（纵向）钩线位置的调整：当弯针从右向左移动时，机针也从最低位置上升，弯针尖与右机针中心相交时，弯针尖与机针后侧的平面间隙应为 0.05mm。调整时，可旋松曲柄轴曲柄螺钉，然后扳动弯针架，转动弯针架曲柄轴，使弯针尖与机针的间隙为 0.05mm，然后旋紧曲柄轴螺钉（GK10-3 型绷缝机）。

三、弯针与机针的同步调整

机针与弯针在运动时间上的同步非常重要，也是形成线迹的关键。如果弯针的摆动速度比机针快，弯针背部的三角线就不稳定，机针尖套弯针线时容易产生跳针和花针现象；如果弯针的摆动速度比机针慢，面线的张力就会增强容易产生面线收不紧的现象。机针与弯针在运动时间的同步配合，为针杆从最低位开始向上移动时，此时弯针也从最右边位置向左运动，两针在这一时间要同时运动。

机针与弯针同步的时间调整：将机器中部横轴摆动凸轮旋向的第一只螺钉与联轴套上的定位螺钉（旋向的第二组螺钉）约差半只螺钉孔的位置如图 7 – 3 – 4 所示，如果把横轴摆动螺钉向偏快方向移动时，则弯针运动时间延迟；如果把横轴摆动螺钉向偏慢的方向移动时，则弯针的运动时间提前。

四、弯针与挑线凸轮的配合及调整

弯针与挑线凸轮的运动时间同步标准是在弯针摆到最左端，然后准备返向右摆动的时候，弯针挑线凸轮开始接触缝线。如果弯针挑线凸轮挑线慢于弯针，弯针的三角线没有拉紧，从而使三角线环处于浮松位置，机针将穿不进它的线环而引起跳针。如果弯针挑线凸轮的时间过快于弯针时，则弯针的三角线拉得太紧，使弯针背面三角线环减小，针尖不能完全进入三角线环内，也容易引起背部三角线跳针。如弯针挑线凸轮稍快一点会使底线张力减小，这样线迹的质量较好。如弯针挑线凸轮运动稍快一点时，底线就打得松一点，底线花纹就宽；如弯针挑线凸轮运动稍慢一点时，底线就呈绷紧状态，缝料下边的花纹就窄。弯针挑线凸轮调整如图 7 – 3 – 5 所示，旋松弯针挑线凸轮上的两只定位螺钉，如将挑线凸轮向下方转动（以操作者怀里方向为准）时弯针挑线凸轮将快于弯针，底线则松；如将挑线凸轮向上方转动时，弯针挑线凸轮将慢于弯针，底线则紧。

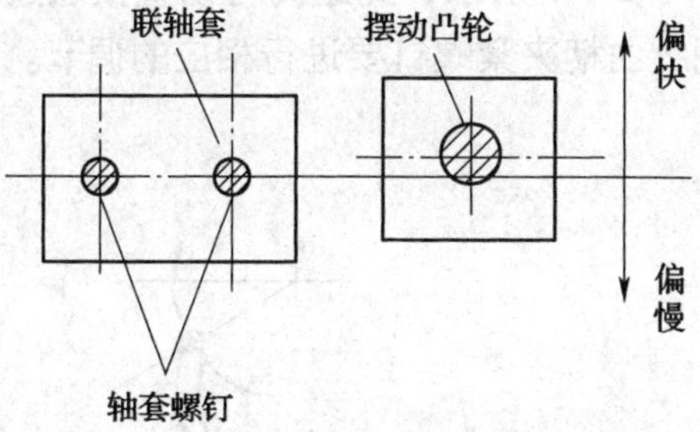

图 7 – 3 – 4　机针与弯针同步调整

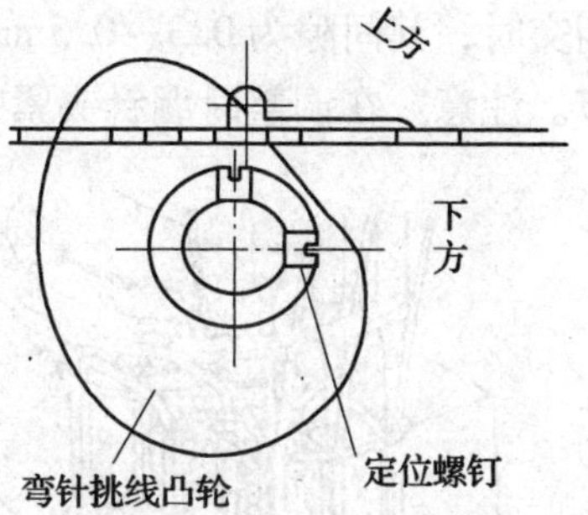

图 7 – 3 – 5　弯针挑线凸轮调整

五、护针杆的调整

护针杆与机针的标准调整是：当机针下降到最低位置时，护针杆前后光滑的扁平面与左机针尖处的间隙为 0.1 ~ 0.2mm。如作调整时，旋松护针杆调节螺钉，把护针杆调至标准位置后，旋紧护针杆螺钉。

六、机针与绷针的配合标准

绷针高度的标准调整如图 7 – 3 – 6 所示，当绷针处在最左边位置时，右机针要能套入绷针的上线，并在此标准的基础上应把绷针尽量装高，以提高压脚的提升距离，更方便取拿缝料。调整时，旋松绷针尖夹紧螺钉，上下移动绷针至所需位置即可（限 GK10 – 3 类型结构的绷缝机）。

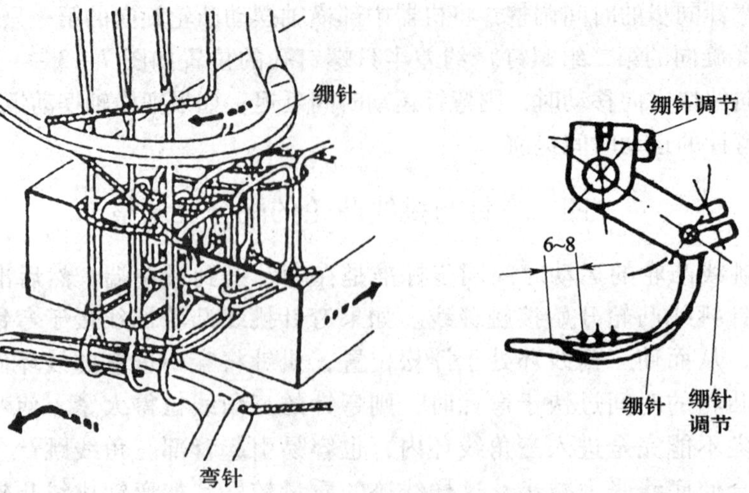

图 7－3－6　绷针高度的标准调整

绷针叉线标准距离的调整：如图 7－3－7 所示，当机针在最低位置时，绷针处于最右位置；当机针移动到最高位置时，此时机针向下，右机针要套入绷针的上线内，左机针与中机针要套入绷针的下线内；绷针在最左边时，其绷针叉尖与左机针中心距离为6～8mm，如图 7－3－6 所示，调整时可以通过绷针曲柄来改变；绷针尖从最右位置向左移动至左机针中心相交时，其间隙为 0.3～0.5mm，如图 7－3－7 所示，此距离可以直接通过转动绷针来调节。注意：在调整时绷针夹紧螺钉与绷针曲柄夹紧螺钉要进行相应的调节。

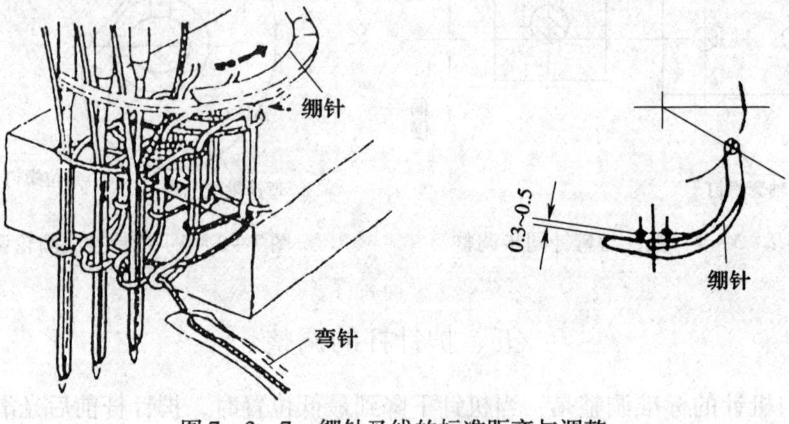

图 7－3－7　绷针叉线的标准距离与调整

七、送布牙的调整

绷缝机的送布牙同包缝机的送布牙一样有差动送布作用。在针板前面为差动送布牙，在后面为主送布牙。两个送布牙的高度要求是相同的，其高度标准为：送布牙上升到最高位置时，送布牙齿最高面高出针板上平面 0.8～1.5mm。如图 7－3－8 所示，送布牙的高度由送布牙本身的紧固螺钉来调节，送布牙如果过高，容易导致机针弯曲造成断针及损坏缝料；送布牙如果过低则会导致送料力度不够而使针距不均匀。

差动送布的作用主要是用来缝制较厚或是带有弹性、滑性的缝料。以免缝纫时变形拉长。同时还可以进行顺差动送料（即收缩缝制）和逆差动送料（即拉伸缝制）。

差动送料量的调整如图7－3－9所示，把差动调节螺钉向上移动时，差动送布量最大（适合缝制厚料）；把差动调整螺钉向下移动时，差动送布量小（适合缝制滑性缝料）；当调至标准的差动送布距离后，旋紧差动调整螺钉（限GK10－3类型结构绷缝机）。

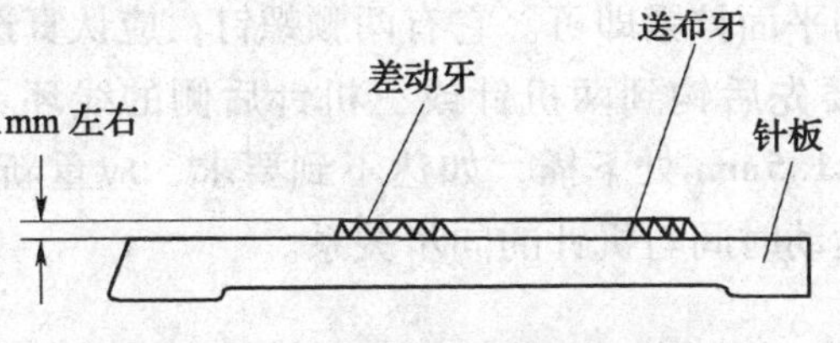

图7－3－8 送布牙的高度调整

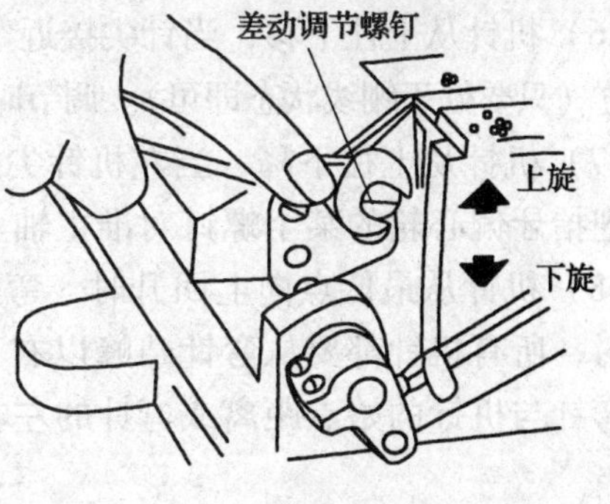

图7－3－9 差动送料量的调整

八、压脚的调整

绷缝机的压脚压力调节同包缝机一样，通常应尽可能调弱些。但压力过于弱时会引起送料不均匀、线迹不良或导致跳针现象。压脚压力的调整是：将机头上部的调压螺钉向右旋动时，可以增强压脚压力；向左旋动时则减弱压脚压力。

压脚左右位置的调整如图7－3－10所示，先将压脚紧固螺钉旋松，然后把压脚板的前面向左或向右移动，使压脚板的容针孔与针板的容针孔对齐同心，当调整标准后拧紧螺钉。压脚提升的高度是由压紧杆上的压紧杆、紧圈来进行定位的。当压脚底板与针板上平面接触时，压紧杆紧圈的上平面与压脚轴套下平面的距离为3mm。如需调整，将压紧杆的紧固螺钉旋松，上下移动压紧圈到所规定的抬起高度，达到标准后拧紧螺钉。

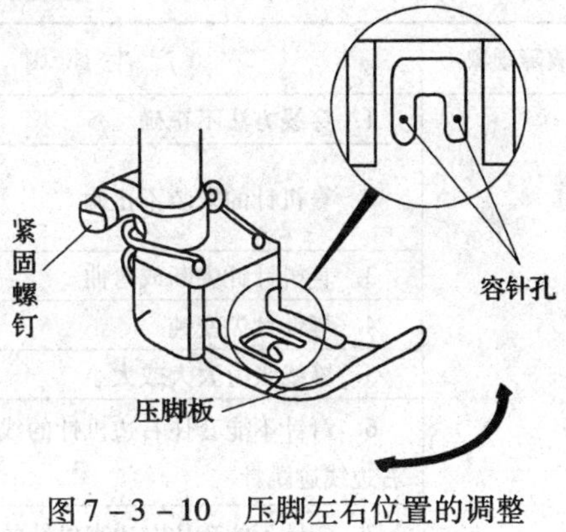

图7－3－10 压脚左右位置的调整

第四节 绷缝机的整体配合与调节方法

绷缝机的整体配合与调节方法如下。

（1）转动皮带轮使机针下降到最低点，此时弯针应在右始点。如达不到要求，把弯针左右运动偏心轮的螺钉松开反复调节，达到要求后拧紧螺钉。

（2）机针在最低点时，弯针尖距右机针3mm左右，调节时把调节连杆两端的锁紧螺钉松开，转动连杆使连杆伸长或缩短弯针可左右调节。

（3）继续转动皮带轮让机针从最低点回升，弯针尖钩到机针中心时，钩尖应高于针孔上方1.5～1.8mm，否则应调节针杆的高低。

（4）弯针尖先后钩到两机针（或三机针）后侧的凹面时，其间隙为0.03～0.05mm，否则应调节弯针的前倾角度和纠正针尖座的转向位置，如间隙过大或过小，应把弯针架曲柄的螺钉松开调节弯针的前后位置。

（5）弯针应在左始点前移，在右始点后移。调节时只要把弯针进出偏心轮的前螺钉对准主轴上的一条横线拧紧后，看看是否达到要求，如仍不行，再改变另一个螺钉对准记号拧紧。

（6）机针从上往下移，当针尖接近弯针背面时，挑线凸轮的大半径应指向机台的正上方或前方（只要处于绷线状态即可）。调节时，只要松开它本身的螺钉转动挑线凸轮进行调整。

（7）机针从上往下降，当左机针尖接近针板表面 2～3mm 时，送布牙应停止送布。调节时把抬牙偏心轮的某个螺钉对准主轴上的平面拧紧即可。它有两颗螺钉，应认真选择。

（8）机针从最低点向上回升时，弯针要先后钩到两机针或三机针后侧的线环。机针下插时，所有机针都要从弯针凸峰以右 1～1.5mm 处下插，如达不到要求，应重新配合，调节弯针与机针的始点距离或弯针的左右运动时间与机针的同步关系。

第五节　绷缝机的常见故障与排除技巧

绷缝机的常见故障通常分为跳针、断线、花针、线迹不良等故障。只要掌握了绷缝线迹的形成原理，这些故障也就不难排除了。下面将一些常见故障的产生原因及排除方法列于表 7－5－1 供参考。

表 7－5－1　绷缝机常见故障和排除方法

故障现象	产生原因	排除方法
跳　针	1. 穿线方法不正确	1. 按照穿线图重新穿线
	2. 直机针的安装不正确	2. 检查机针高度及斜向位置，使机针向下运动时略靠针板孔前方
	3. 直机针针尖断或弯曲	3. 更换新机针
	4. 弯针针尖变钝	4. 用油石或细砂纸修磨，也可换新弯针
	5. 缝线张力太大或太小	5. 适当调节缝线张力
	6. 弯针不能套住右边机针的线环，使装饰线的右边线迹跳针	6. 这种情况是直机针的线环太小，适当增加挑线量
	7. 弯针不能套住左边直机针的线环，下装饰线的右边线迹跳针	7. 这种情况是直机针线环过大，适当减小挑线量
	8. 弯针同时钩不住中间和左边直针线环，下装饰线的中间线和左边线跳针	8. 调整机针弯针的标准钩线关系，使机针线环大小适合
	9. 弯针背面中间，左边机针线不能套入弯针线的三角线内，左边线迹的背面中间跳针	9. 检查缝线是否穿过夹线器，检查挑线凸轮的同步关系，如有问题，按标准调整
	10. 机针与弯针配合不当	10. 检查针杆高度，机针与弯针之间的同步，机针与弯针的钩线距，机针弯针之间的前后同步，如有问题按标准调整
	11. 机针与护针杆配合不当	11. 检查机针与护针的位置
	12. 机针与绷针配合不当，或绷针位置不对，造成上装饰线跳针	12. 检查机针与绷针的配合尺寸，检查绷针出线量

续表

故障现象	产生原因	排除方法
断　　线	1. 穿线方法不正确	1. 按穿线图重新穿线
	2. 机针安装不正确	2. 重新安装机针，使机针长槽向操作者
	3. 机针孔及针槽不光滑	3. 更换新机针
	4. 缝线张力太大	4. 适当调整缝线张力
	5. 缝线质量太差	5. 改用适中的缝线
	6. 缝线比针孔粗	6. 改换适中的缝线或针
	7. 机针、弯针、针板、压脚舌、过线孔等过线处有毛刺或有刮伤现象	7. 用油石或细砂纸重新修磨，也可更换刮伤机件
	8. 机针与弯针、绷针配合不当	8. 按机针与弯针、绷针的配合标准调整
断　　针	1. 压脚压力小，送布不良	1. 增加压脚压力，使送布正常
	2. 弯针与机针相碰	2. 按标准调整弯针与直机针配合位置
	3. 绷针与机针相碰	3. 按标准调整绷针与直机针配合位置
	4. 机针与护针杆配合不当	4. 按标准调整机针与护针杆位置
	5. 弯针尖圆秃	5. 更换新弯针
	6. 针杆和针杆套筒磨损太大，使机针与针杆套筒配合松动	6. 更换针杆或针杆套筒
	7. 针板上的容针孔太小	7. 更换大眼针板或小号机针
	8. 机件松动较大	8. 检查钩线机构各机件之间配合和磨损情况，按标准调整配合尺寸，磨损严重的机件要更换
花　　针 （线迹不规则）	1. 直机针太低使直机针线环形成太大，使线圈之间相互交织在一起	1. 按标准重新定位直机针高度
	2. 针板舌头太窄，使直针线圈容易产生并拢而成花针	2. 更换新针板
	3. 弯针下面太窄，且呈圆形，也容易使直针线圈在弯针上不能各自分开，使线圈相互交织而产生花针	3. 更换新弯针
	4. 直机针与弯针配合不良	4. 按标准调整机针与弯针配合位置
缝料起皱	1. 差动送布比率不当	1. 适当调整差动送布比率
	2. 送布牙高低前后位置不当	2. 按标准重新调整送布牙高低和前后位置
	3. 缝线张力过大	3. 适当调整缝线张力
	4. 压脚压力太大或太小	4. 适当调整压脚压力

续表

故障现象	产生原因	排除方法
线迹不良	1. 线的粗细不一	1. 改用较好的缝线
	2. 夹线器工作不正常	2. 清除夹线器杂物，使过线平顺
	3. 过线器定位不正确	3. 调整针线、弯针线、绷针线张力
	4. 过线孔不光滑	4. 用砂纸或锉刀工具抛光过线孔
出现针洞	1. 机针针尖变钝或发毛	1. 更换机针
	2. 与缝料比较，机针太粗	2. 换用较细机针
	3. 针板眼（针孔）太小或起边角	3. 把针板孔修圆滑

1. 绷缝机在始缝时，出现弯针钩不上左机针（长机针）线的故障及排除方法

绷缝机作为针织缝制设备的一种，其维修的重点是机针与弯针的精度配合关系。绷缝机在工作时，往往会因缝料的不同性质或厚薄而需要改变机针与弯针的配合关系（包括绷线器、挑线杆、缝线等）。因此，需要熟练掌握绷缝线迹的形成原理再加上实际工作过程中的实践才能灵活的排除各种疑难故障。下面对绷缝机在始缝时弯针钩不上左机针（即长针）线的故障排除方法介绍如下。

绷缝机在正常缝纫时，始缝的机针线分别是被弯针钩住的，但有时会出现左边针（即长针）在起缝时带不上线的现象，甚至连续好几厘米都钩不上线。如果分析为跳针故障，但是只要长针线被弯针钩住，到缝纫结束时线迹却一切正常，中途没有出现跳针的现象。针对这一问题的排除技巧介绍如下。

在机针与弯针的动作配合标准的情况下，出现起缝长针不上线时，应考虑缝线的质量问题，有时缝线的捻度比较大，在机针上形成线环时就不稳定，因长针是距离弯针钩线最远的一根针，所以随着机针的上升在缝料底部形成的线环也随之变大。当缝线的质量较差时，线环在形成一定的范围时会扭曲变形，因此便加大了弯针钩入长机针线环内的难度。

排除方法是：

（1）将长针的缝线从针杆挑线杆中放下来，使线环的大小适中，不易扭曲。由于挑线杆的作用减少了长机针线的出线量，所以将直接影响线环的形成。

（2）将一块小面积的布料放在压脚底部，然后打开机器左侧盖（调差动的侧盖）和台面上的活动板，再用右手转动机器主轮，这时可以从机器的侧面盖方向观察机针与弯针的钩线情况，并会发现弯针开始进入长机针线环时，由于长机针的线环已扭曲变形使弯针无法钩入。根据这一情况可以将机针的转向微量倾斜使长机针的线环能合理的被弯针尖钩入。注意：机针的倾斜度只是微量，不宜倾斜过多，否则会导致跳针或断针故障。

（3）通过以上办法如仍不能解决时，需要将针杆上升约 0.5mm 左右，这样可使机针的线环减小。然后，再将弯针的钩线时间略作提前，目的是让弯针能尽早到达长机针中心并钩到所形成的线环。因为，通常当弯针到达长机针中心时，弯针的钩线平面正好与长机针孔的线进行接触，当弯针向左运动时弯针的钩线平面则与长机针线产生相互摩擦而带动长机针线环向左变形，从而便导致了长机针线环的扭曲。这时将弯针的钩线时间微量提前，当弯针进入长机针线环后，由于钩线时间的变更，使弯针提前运动到长机针中心而错

开了与长机针孔线的摩擦。其线环即使扭曲、变形，但弯针已完全钩入了长机针线环。因此，当保证了弯针能顺利钩住长机针的线环时，机器在起缝时弯针钩不住长机针线的故障就得到了有效的排除。(注意：在调节弯针的钩线时间时，需要细心，只要将弯针纵向调节螺钉进行微量的调节时，弯针的运动时间就有很大的改变)。

2. 绷缝机跳针故障的处理方法

绷缝机在工作时出现的跳针故障较为频繁，其维修的难度也大，除了细心观察与分析外，实践工作中的经验积累也是非常重要的。因为绷缝机产生故障（尤其是跳针）的原因及范围较大，理论知识只能解决一般性故障。下面根据维修实践经验，对绷缝机跳针故障及其排除方法做出如下分析。

(1) 先检查机针安装是否标准，机针本身是否弯曲变形等。再检查穿线是否错误，缝线是否在挡线板上，有时挑线量的大小也是造成跳针的直接原因。然后检查缝线的质量，需要时要加硅油润滑。

(2) 经过以上检查并排除后，仍出现跳针故障时，则需要检查机针与弯针的标准配合关系。① 先检查弯针同机针之间的动作关系。通常当机针下降到最低点并开始回升时，其右边的机针线环略有形成，这时弯针便能钩入线环。② 弯针与左机针（即长机针）的标准配合关系是：当弯针从右始点向左移动到左机针时，要求弯针尖正好处于左机针孔上方约 0.8mm 左右。

(3) 检查弯针与机针的标准钩线关系。在维修过程中，有时将针杆做适当偏斜，这样更有利于弯针能准确的钩住不同长度的机针线环。也就是最右边（即短机针）的机针侧平面与弯针尖应有 0 ~ 0.05mm 的间隙（即以两针不相碰为宜）；而最左边机针（即长机针）的侧平面与弯针尖相遇时应有轻微的摩擦，这样便形成了一个较小的倾斜角度，同时也要合理调节好护针板。当弯针从左始点开始向右移动时，左边机针与弯针孔保持 1.5 ~ 2.5mm 的距离，随后通过左机针下刺将穿过弯针背面，并套入弯针线以及弯针在上一针时所钩住的机针线环时应有 0 ~ 0.05mm 下刺（即机针尖应在弯针背面的凹面下刺以不能在弯针背面摩擦为准），否则便引起机针穿套时的跳针故障。

(4) 绷缝机中的护针板对缝制工作起着重要的作用，目的在于保护机针产生位移而影响线环的正常形成。如机针与前护针板的间隙过大时，则会造成机针线环的形成不够理想，同时会因弯针穿过线环时机针不稳定而容易移位，造成跳针故障。护针部的位置如过高或过低，也容易引起跳针。前护针与机针的标准间隙是：当机针接触到前护针板时应有 -0.01 ~ 0mm 的间隙（即机针与护针板之间允许有轻微的摩擦）。前护针的高度标准是：当弯针从右始点向左移动穿过机针背面时，前护针应高于左机针尖 1mm 左右的位置；后护针的高度标准则是：机针线环能正常形成的同时又不影响弯针的钩线。

(5) 实践证明，如机器在始缝时就跳针，一部分是因为弯针在穿过机针线环时，由于面料厚，使机针产生位移而造成弯针在机针前面穿过。其产生原因大部分是护针的位置不够标准。调节方法是将后护针向机针背面前移与机针有轻微的摩擦即可。同时前护针与机针之间的间隙也应小一点，只要机针不产生毛刺、断针、断线的前提下，允许有轻微的摩擦。

(6) 绷缝机中的挑线凸轮对于线迹的顺利形成也起到了重要的作用。主要是辅助弯针在运动到不同阶段时对缝线的控制。如是因挑线凸轮引起的跳针故障，可以检查弯针与挑线凸轮的配合关系，挑线凸轮的绷线时间如过早或过晚，轻则影响线迹美观，重则引起跳针故障。弯针与挑线凸轮的配合标准可以用一种最简单的实践方法来进行检测，即当左机针尖下降，即将接近弯针背面的凹面时，挑线凸轮的大半径应将缝线绷紧，使缝线处于绷紧状态，随后当机针穿过弯针线后，挑线凸轮的最小半径将缝线放松，使缝线处于松线状态。只要掌握了这些标准，就能快速的检查到挑线凸轮是否与弯针处于标准的配合关系了。

通过运用以上几种对跳针故障的排除方法，基本可以解决绷缝机的跳针故障。总之，只有在实践维修的过程中，通过自己耐心的观察、分析和判断才能对故障的排除经验有所积累。

3. 台湾银箭牌绷缝机的标准配合位置与安装方法

目前，服装厂使用较为广泛的是台湾银箭、日本飞马绷缝机。从整机的结构形式来看，它们与早期的关西牌绷缝机有着较大的区别。这类机型主要用于缝制针织品，在生产方面，它不仅提高了工作效率，也通过先进的设计减轻了维修方面的负担。因此，只要能掌握前面所讲的传动原理，那么对银箭牌绷缝机的传动原理的了解也就容易了。下面将介绍一下银箭绷缝机的标准配合位置与安装方法。

转动主轮使针杆处在高位置时，长机针尖应距针板表面 12mm，此时确定为针杆的标准位置。当机针下降到最低点时，弯针在右始点并向后移动，与此同时，弯针尖距右机针右侧 3.5mm（为始点距离）；机针升到最高位置时，弯针应在左始点并向前移；而绷针的标准位置是刚好运动到右始点。机针在最高点时，左针尖（长的一支）应与绷针的下平面对齐，然后机针在下降 7mm 的位置时，挑线凸轮的大半径应朝正上方。

同步齿形带的装卸方法：转动主轴，使机针上升到最高点。松开底部齿形带的紧固螺钉，用下轴右端第一只（按工作方向）内六角螺钉对准下轴小孔，并与机壳下端（轴承旁边）的一条小刻线平行。然后，再把上、下两轴固定不让其转动，最后装上同步胶带，拧紧内六角螺钉即可。

抬牙偏心轮的标准安装：将抬牙偏心上的滑块取出，用带有小油孔的一面朝上面与滚针轴承一块装上即可。送布牙的左右位置是通过牙架两边的挡块进行控制的，如果送布的左右位置不正确，可以松开挡块的紧固螺钉进行调节。送料偏心轮的调整方法是将偏心轮的紧固螺钉松开，以机器的转动方向为准，用偏心轮的第一只（前面）螺钉对准主轴平面拧紧即可。由于银箭牌绷缝机的结构较为先进，所以，它的某些部件是不需要进行调节的（如弯针的左右运动时间，送布牙前后位置），只要把相应的螺钉按照标准拧紧就可以了。另外，油泵系统应保证机器正常供油量确保机器正常润滑。认真做好机器的维护与保养工作，定期清理机内污物，这样不仅可以减少故障的产生，同时也延长了机器的使用寿命。

4. 绷缝机在缝薄料时，底部产生皱缩的分析与处理方法

绷缝机在缝制薄料时其底部产生皱缩的现象，一般是① 弯针线的张力过大或挑线凸轮时间较慢，应加快挑线凸轮的挑线时间，减小弯针线的张力，使过线部分保持顺畅。② 再检查差动比，适当调整差动送料比率。③ 送布牙的高低、前后位置如不平衡，需按标准重新调整送布牙高低以及前后位置。④ 底线张力过大，过线钩定位不正确，合理减

小底线张力，夹线板应光滑，使过线顺畅。⑤ 压脚的压力太大或太小，适当调整压脚压力。⑥ 大小压脚之间嵌入杂物或生锈，通过清除大小压脚之间杂物，除锈或更换压脚来解决。通过以上方法进行排查并做出相应调整后，机器在缝制薄料时底部皱缩的故障基本可以得到排除。

5. 绷缝机产生花针故障的原因及解决方法

绷缝机在工作时有时会出现花针（即无规则性跳针）现象，一般导致这类故障的原因有：① 机针位置太低，形成太大的机针线环，从而导致线环之间相互交织在一起，按标准将针杆重新定位；② 针板舌头太窄，导致机针线环容易产生并拢，把针板舌头用砂布拉大或更换针板舌头较大的针板；③ 弯针变形且呈圆状，造成机针线环在到达弯针上面时不能各自分开，使线环相互交织在一起而产生花针，更换弯针或将弯针抛光，尤其在弯针孔位置需要使缝线顺利平稳的通过；④ 机针与弯针的动作时间不标准，根据机器的实际工作情况合理调整机针与弯针的标准动作时间；⑤ 缝线的质量太差、粗细不一，造成缝线在过线部位所产生的拉力不均匀，出现断续受阻，这样也会产生花针现象。经过以上排查并做相应调整后，机器在工作中出现的花针故障基本可以排除。

6. 绷缝机在起缝处机针跳线的分析与处理方法

绷缝机在工作时，发生机针跳线的原因很多，主要包括以下几种：① 是因为弯针在机针线环时，由于缝料边缘较厚，使机针产生位移，造成弯针在机针前面穿过；② 是护针未能护到位，只要将后护针向直针背面贴紧一点即可，护针允许轻微碰机针，且前护针同直针之间的间隙也小一点，以机针不发毛、不断针、不断线为准。③ 检查前、后护针与直针之间的关系，由于前护针与机针之间间隙过大，机针线环将形成的不理想，从而造成弯针穿过线环时，机针不稳定，容易错位造成跳针。④ 护针位置过高或过低，也不容易形成线环，以致引起跳针故障的发生。通过以上排查并做出相应调整后，机器在缝料边缘产生的跳针故障基本可以排除。

思考与练习

1. 绷缝机适合哪种缝纫作业？它的优点是什么？
2. 绷缝机有哪些机构？各有什么作用？
3. 简述弯针的运动原理。
4. 绷缝机的针杆机构与平缝机的针杆机构有哪些不同？它的特点是什么？
5. 简述机针与弯针的配合及同步关系。
6. 绷缝机的结构与多线链式缝纫机的结构有哪些不同？
7. 全面掌握绷缝机的传动原理及调节部位。
8. 熟悉绷缝机的常见故障及排除方法。
9. 试举绷缝机四种能引起跳针的原因，并说明相应的排除方法。

第八章 暗 缝 机

暗缝机（俗称挑脚机、撬边机）是专门用于缝制西服、大衣领子、领角内部、上衣下摆、裙摆及裤脚口的一种特制缝纫机。这是一种采用单线链式暗缝线迹的缝纫机。是在缝料的反面上缝制，所以在缝料的正面看不到缝线，从而保持了衣物的整齐美观。图8－0－1是暗缝机外观。

图8－0－1 暗缝机整机外观图

第一节 暗缝机的性能和线迹形成原理

一、暗缝机的性能

暗缝机的外形通常采用悬筒平板可变式同时还设有跳缝装置，既可以缝普通撬边线迹，也可以缝跳缝撬边线迹，如图8－1－1所示，其线迹形式中分暗缝与跳缝。暗缝使用机针为弯针（LW×6TLW×2T），适用于薄料、中厚料、厚料、羊毛衫、棉布、脚口等各种服装的暗缝作业。缝料厚薄的缝纫可以通过弯针穿刺的深度来进行任意的调节。

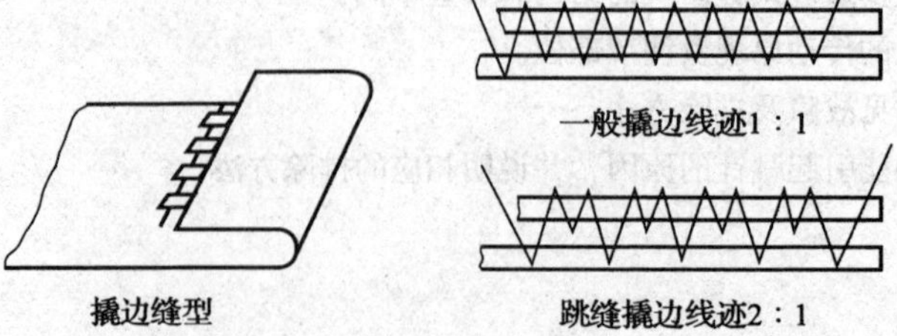

图8－1－1 撬边（暗缝）线迹形式

二、线迹的形成原理

暗缝机的缝纫线迹是单线链式线迹，其特点是在缝料的背面形成一种隐蔽线迹。其线迹的形成过程如图 8－1－2 所示。单线链式攞边线迹是由一根弯针和一根叉线针以及机器其他机构的相互运动配合来实现的。通过对线迹形成过程的分析，可大致分为六个阶段。

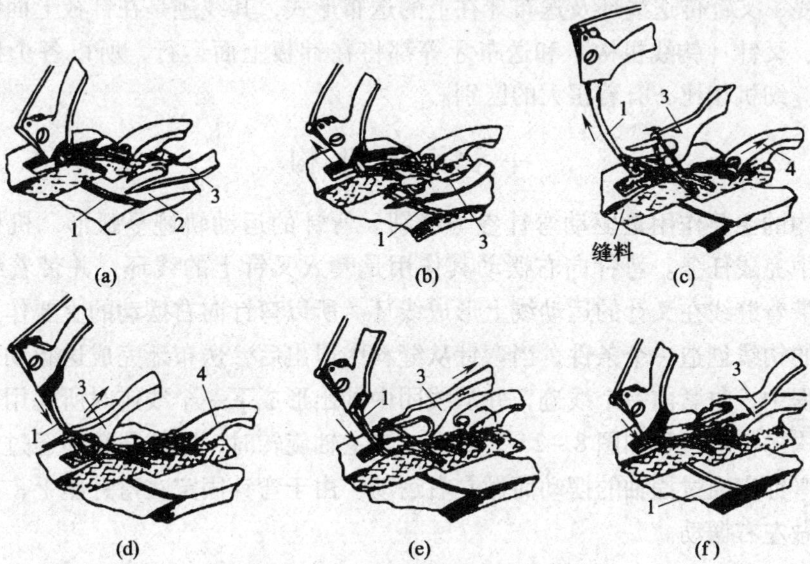

图 8－1－2　暗缝线迹的形成过程

1—机针　2—针板　3—叉针　4—送布牙

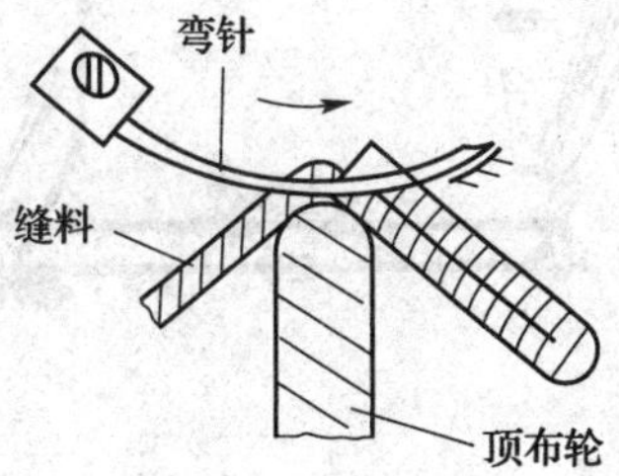

图 8－1－3　弯针与顶布轮配合示意图

第一阶段：如图 8－1－2（a）所示，带有缝线的弯针（即机针）从左向右移动，在送料即将结束时，弯针刺入缝料，在顶布轮上方穿过面料进入针板上的右边弯针槽内（参见图 8－1－3），从缝料到弯针这一段，缝线与弯针之间有一定的间隙，此时叉针开始由左摆到右做好钩弯针线环的准备。

第二阶段：如图 8－1－2（b）所示，当弯针移动到最右位置时，叉针继续向前（操作者方向）移动，当弯针开始向左运动时，缝线与弯针之间间隙加大（即为线环），此时叉针叉入缝线与弯针间隙中（弯针向左移动）。

第三阶段：如图 8－1－2（c）所示，弯针继续向左摆至左始位置，叉针将挑起弯针线环并逆时针旋转 90°，从右边摆到最左边，此时送布牙在缝料上方压送缝料。

第四阶段：如图 8－1－2（d）所示，弯针又开始从左向右运动，并套入叉针挑起的弯针线环中，叉针又开始向右移动。

第五阶段：如图 8－1－2（e）所示，叉针又继续回退，送布牙完成送料，开始抬起并复位，弯针刺入缝料时将停止送布。

第六阶段：弯针继续向右摆动，叉针退出线环并在退出过程中顺时针旋转的同时从左边向右边摆动，如图 8－1－2（f）所示。此时一个工作周期结束，即形成了单线链式的暗缝线迹。

第二节　暗缝机的主要机构及工作原理

目前，暗缝机的种类较多，但结构均相似，大致可分为针杆机构、送布机构、钩线机构、压脚机构及抬布轮机构，如图 8－2－1 所示为其整机工作原理图，通常采用单弯针刺布，针杆挑线、叉针传送线环及送布牙在上的送布形式，其线迹是在针板上面的缝料表面形成，弯针、叉针（钩线机构）和送布牙等都将在针板上面运行，所以各个机构的传动方式与其他缝纫机相比，有着很大的区别。

一、针 杆 机 构

针杆机构的主要作用是驱动弯针参与缝纫。弯针的运动轨迹呈弧形，机构在弯针的左、右摆动中完成任务。弯针向右摆动其作用是套入叉针上的线环，并带着缝线穿过缝料，使弯针带着缝线在叉针的运动线上形成线环。所以弯针向右摆动的主要作用是形成线环，给叉针的钩线创造一个条件，当弯针从缝料中退出后，送布牙完成送布动作；弯针在左右摆动过程中，收紧前一个线迹，并从线团中抽出形成下一个线迹时所耗用的缝线。

针杆机构的传动过程如图 8－2－2 所示，当主轴旋转时，弯针凸轮即通过弯针连杆和摆轴曲柄使弯针座通过摆轴的摆动而做左右运动。由于弯针固定在弯针座上，所以弯针座也带着弯针做左右摆动。

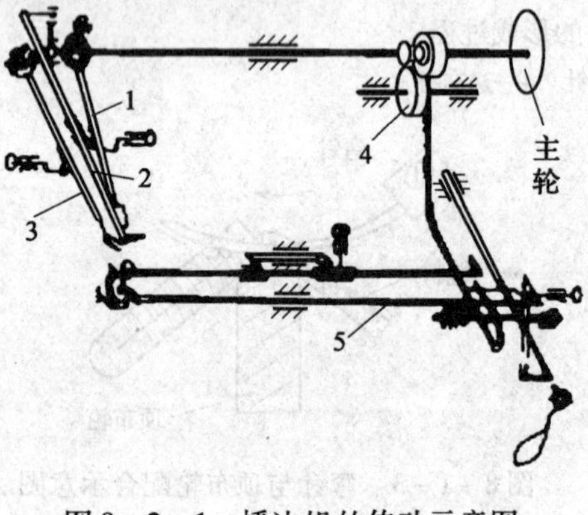

图 8－2－1　撬边机的传动示意图

1—送布机构　2—刺布机构　3—钩线机构

4—抬布机构　5—压脚机构

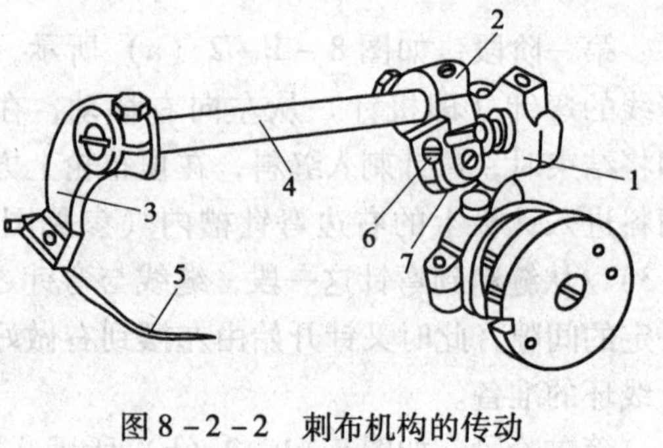

图 8－2－2　刺布机构的传动

1—驱动连杆　2—摆轴曲柄　3—弯针座

4—摆轴　5—弯针　6—偏心球　7—紧固螺钉

弯针绕轴摆动幅度的大小可以通过紧固在摇杆上偏心球的偏心量来调节。此偏心量通常为 1.7mm，如需调节可旋松紧固螺钉转动偏心球即可改变球心与弯针轴的距离。如偏心量增大，摇杆长度便增大；弯针的摆幅变小，则弯针的运动量变小；如偏心量减小，则弯针的摆幅变大，弯针运动量也变大。

二、送 布 机 构

暗缝机的送布机构与很多缝纫机不同的是其送布牙在针板上面，压脚却在针板下面。送布牙的送布动作与一般的送布动作完全相反，即下降时前进（送布），上升时后退，送布机构也周期性的往前移动缝料。当弯针退出缝料后，送布牙就向前移动缝料至一个线迹的距离。送布机构的结构如图 8-2-3 所示。

送布机构的动力来源于送布凸轮，凸轮回转，送布连杆摆动。牙架为连杆（杠杆），因送布牙与牙架连为一体，从而构成一个曲柄摆杆式的平面四连杆机构。当主轴旋转时，送布凸轮便运用其凸面前后推动牙架。当送布凸轮的凸面转动至最前边时，牙架便也带着送布牙前进到极限位置。送布牙凸轮的凸面转到最低点时，牙架以送布连杆销为支点，前低后高，所以形成送布牙上升。当送布凸轮的凸面转到最后位置时，也牵动牙架带着送布牙退到最后位置上。

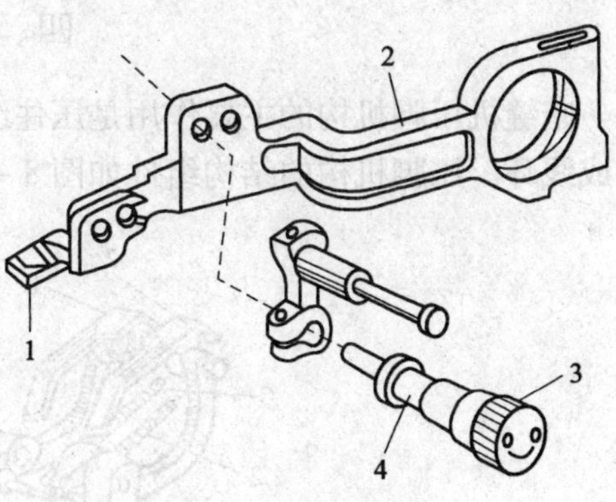

图 8-2-3　送布机构传动组件

1—送布牙　2—牙架

3—送布牙调节螺钉　4—偏心销

送布凸轮的凸面转到最高点或最低点时，送布牙又以牙架中部的送布连杆销为支点，产生前高后低或前低后高，形成送布牙的前后运动和上下运动。送布量的大小（即针距）可以通过改变送布凸轮的回转半径来调节。牙架的高低也可以通过牙架摆动的支点来进行调节，以适应不同缝料厚度的送布需要。

三、钩线机构

暗缝机的钩线机构是整机运动中的一个重要机构。其传动过程主要通过叉针的空间运动来完成钩线及传递线环等动作，并配合弯针形成单线链式线迹。叉针的主要作用是从右始点位置上钩住弯针线环，并将弯针线环绕 90°，旋转至左始点位置上，再让弯针套入叉针在上一针钩住的线环，从而形成一个线迹。

叉针的动力来源是叉针驱动曲柄。当主轴旋转时叉针驱动曲柄带动曲柄绕主轴转动，并通过万向节与叉针连杆相连接，球形节的一端用球面副与载钩体相接，另一端是用铰链形式与偏心销相连，使叉针既有前后、左右、上下的运动又有旋转运动。如图 8-2-4 所示，叉针驱动曲柄运用曲柄和轴套使万向节和叉针连杆在环形节的制约下做前后、左右摆动，因叉针是装在载钩体上，所以叉针便随着载钩体前后左右摆动。叉针与弯针的适时运动配合，主要是通过调节叉针的驱动曲柄在主轴的相对角度位置来确定。如要改变叉针与弯针的钩线间隙，可以通过调节偏心套的角度来进行调整。

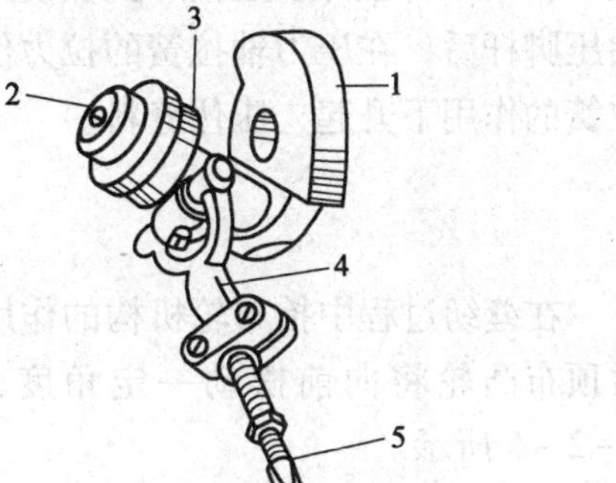

图 8-2-4　钩线机构结构组件

1—叉针驱动柄　2—曲柄轴　3—轴套

4—万向节　5—叉针连杆　6—球形节

7—叉针　8—偏心销　9—偏心套

四、压 脚 机 构

暗缝机压脚机构的主要作用是压住缝料，确保送布机构完成送布运动，并且辅助弯针形成线环。压脚机构的结构组件如图 8－2－5 所示。

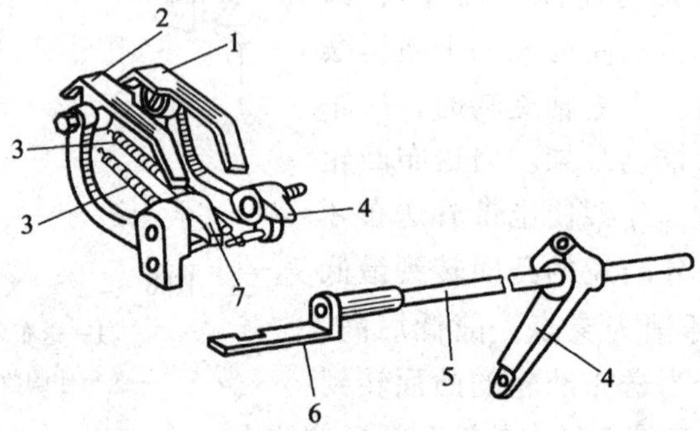

图 8－2－5　压脚机构结构组件

1—右压脚　2—左压脚　3—压脚拉簧　4—抬压脚轴曲柄

5—抬压脚轴　6—抬压脚板　7—抬压脚块

压脚拉簧是压脚压力的动力来源，在拉簧拉力的作用下，压脚始终向上压住针板上夹着的缝料。当用膝控向右靠移抬压脚杆时，通过压力轴曲柄和连接杆使压力轴向下牵引抬压脚轴曲柄，使抬压脚轴扭动抬压脚板逆时针方向（从机器左边看）摆动一定的角度。此时，抬压脚板即顶起抬压脚块使压脚下降（即为抬起），以便放置或取拿缝料。在释放抬压脚杆后，在压力轴拉簧的拉力作用下，抬压脚杆和压力轴以及抬压脚轴复位。压脚在拉簧的作用下升起，压住缝料。

五、抬布轮机构

在缝纫过程中抬布轮机构的作用是将缝料顶起，以便弯针能顺利刺入缝料。而在送料时顶布凸轮将向前摆动一定角度，完成间歇的顶布运动。抬布轮机构结构组件如图 8－2－6 所示。

暗缝机抬布轮机构的动力来源于主轴，当主轴旋转时，抬布偏心轮和抬布偏心套运用抬布连杆使抬布杠杆以跳缝偏心轴为支点做上下摆动。抬布杠杆上下摆动时，固定在抬布杠杆上的曲柄将运用球节推拉抬布轴曲柄，从而带动抬布轴和抬布轮做前后摆动。抬布轮向前摆动时，是顶起缝料的状态；抬布轮向后摆动时，是离开缝料的状态，所以在无顶力的情况下下降。

抬布轮的摆动角度大小是有规律的交替摆动，即一次大一次小。其摆动角度之所以不同是因为抬布连杆的上孔内装有抬布偏心轮。抬布偏心轮上装有抬布偏心套，抬布偏心轮螺钉紧固在主轴上，当主轴转动一圈时，抬布偏心轮也转动一圈。抬布偏心套由套销与被动大齿轮相连接。被动大齿轮与空转小齿轮啮合。空转大齿轮又与主动小齿轮相啮合，主动小齿轮由螺钉紧固在主轴上。主动小齿轮与被动大齿轮的齿数比是 1∶2，所以主动小齿轮转两圈，被动大齿轮即带着抬布偏心套转一圈。这样抬布偏心轮和抬布偏心套的转速比为2∶1。当抬布偏心轮的凸面和抬布偏心套的凸面处在相反位置时，抬布连杆的运动幅度也变小，所以抬布轮的摆动角度也变小。因此就形成了跳缝线迹。

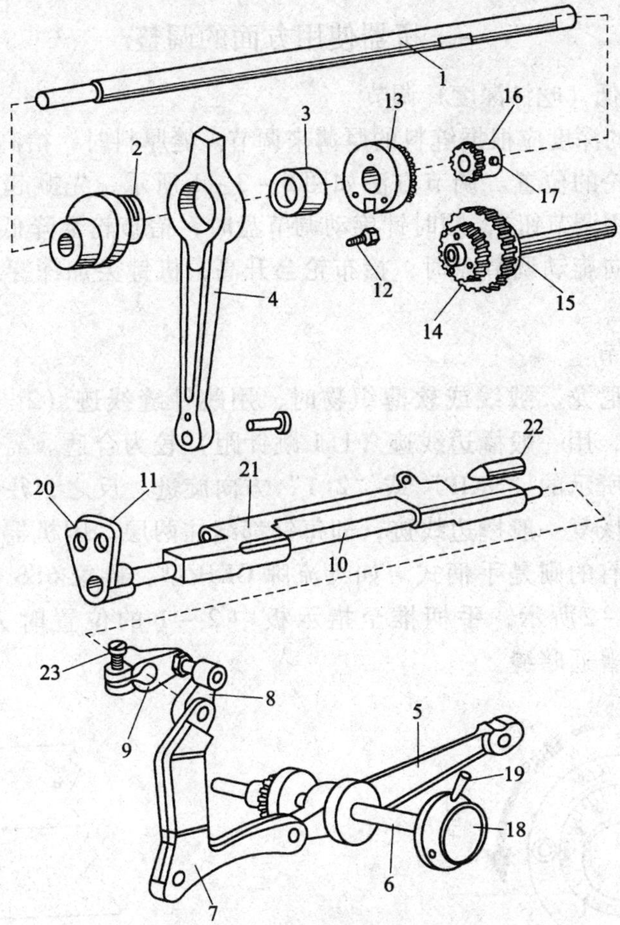

图 8-2-6　抬布轮机构结构组件

1—主轴　2—抬布偏心轮　3—抬布偏心套　4—抬布连杆　5—抬布杠杆　6—跳缝偏心轴　7—曲拐　8—球节　9—抬布轴曲柄　10—抬布轴　11—抬布轮　12—套销　13—被动大齿轮　14—空转小齿轮　15—空转大齿轮　16—主动小齿轮　17—紧固螺钉　18—选择旋钮　19—选择旋钮柄　20—抬布轮缺口　21—抬布轮轴架　22—顶尖螺钉　23—紧固螺钉

抬布轮的高低是可以调节的。因抬布轮轴架的左右两端是由尖头螺钉连接在机壳上，抬布轴是装在抬布轴架孔内，在拉簧的作用下，抬布架始终向上，并紧靠在调节螺钉上。当逆时针方向转动抬布轮高度调节盘时（因机器型号的不同，高度调节盘的位置也是不相同的），抬布轴架即随着调节螺钉的放松而上升，使抬布轮升高。当抬布轮升高时，弯针会加深对缝料的穿刺。当顺时针方向旋动抬布轮高度调节盘时，调节螺钉将压下抬布轴下降，使抬布轮位置变低。当抬布轮变低时，弯针会减少对缝料的穿刺。这样将可以根据缝料的厚薄来设置抬布轮的高低位置。

第三节　暗缝机的标准调整与装配注意事项

一、机器使用方面的调整

1. 抬布轮的高低（吃针深度）调节

弯针穿刺缝料的深度应根据缝料的厚薄来调节。缝厚料时，抬高抬布轮的位置；缝薄料时，降低抬布轮的位置。调节方法如图 8－3－1 所示，先掀起调节盘（因机器型号的不同有的是采用调节钮），顺时针旋动调节盘时，抬布轮会降低，机针穿刺深度将减少；如逆时针方向旋动调节盘时，抬布轮会升高，机针会加深穿刺的深度（上节里有详细讲解）。

2. 跳针缝的调节

缝纫人造丝、尼龙、绒线或软薄织物时，用跳针缝线迹（2∶1 跳针距）较为合适。缝硬厚缝料时，用一般撬边线迹（1∶1 跳针距）较为合适。需要跳针缝时，可将手柄往跳针指示牌所示的“SKIP”或“2∶1”方向旋进。反之，往“NOSKIP”或1∶1方向旋进时，便能恢复一般撬边线迹，即每针都缝住两层。因机器型号的不同，有的跳针缝是拨块式，有的则是手柄式。如飞流牌 GKH 型，胜家 6SS 型暗缝机的跳针为手柄式。如图8－3－2所示，手柄推至指示板中 2－1 的位置时为跳针缝；如推至 1－1的位置时则为普通暗缝。

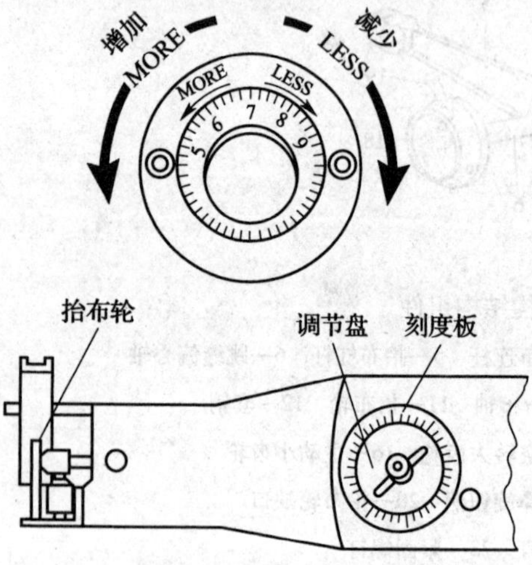

图 8－3－1　抬布轮的高低调整

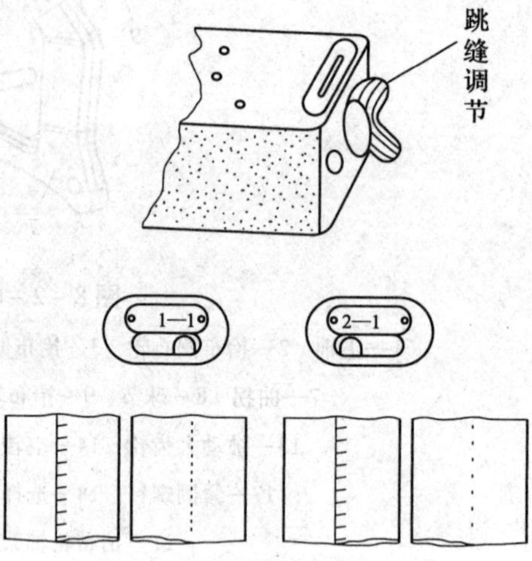

图 8－3－2　机器跳针缝的调整

3. 针距疏密的调整

暗缝机的针距大小同样是可以调节的。如图 8－3－3 所示，调整时，先掀开机器右上部的顶盖板，用左手按下机头针距调节钮，再用右手转动主轮，当机内针迹调节器的缺口转到调节钮的顶杆时将缺口卡住。此时，继续顺时针或逆时针转动主轮，观察机头内的针距块上的刻度 3、4、5、6、7、8。此数字是表示 1 英寸内缝 3 针、4 针、5 针……8 针。那么“1/3”表示针迹距最大，“8”则表示针迹距最小。如果选择 1 英寸 5 针。那么当刻度“5”转到针距指示片所指位置时，左手便可放开针距调节钮，再盖好机器上盖板便完成了针距调节。

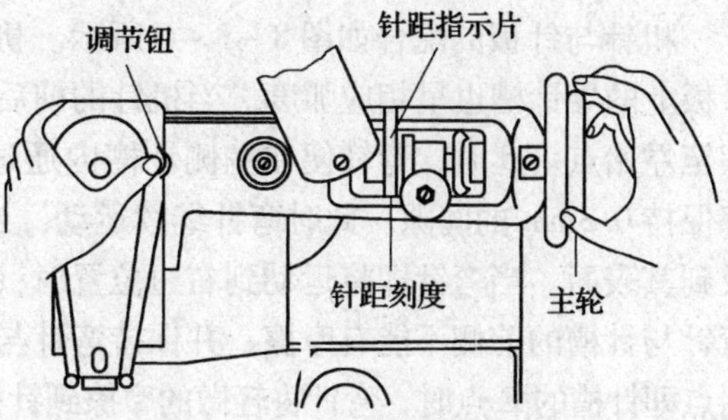

图 8－3－3　针迹的调整方法

飞流牌 GK1－1 型，美国胜家 6SS 型暗缝机针距的调整方法如图 8－3－4 所示，先取下机器左侧的后盖板，拧松针迹距调节环压紧螺钉，调整针迹距调节环，然后握住进针偏心接头，转动皮带轮到所需的针距长度。刻度标记在针迹距调节环上，刻度数目越大，则针距就越稀；反之，针距就越密。调整刻度的大小是以偏心接头的背部刻线为基准，调到合适针距刻度后拧紧螺钉。

4．缝线张力的调节

暗缝机的缝线张力大小，会直接影响到缝纫的质量。如缝线张力过大时，易产生断线；如缝线张力过小时，会产生浮线现象。标准的暗缝线迹是要求缝线与缝料结合紧密、均匀整齐。所以，合理的缝线张力是形成理想线迹的必要条件。缝线张力的调整是通过夹线器来完成的。顺时针方向旋动夹线螺母，缝线张力大，反之，缝线张力小（调节方法与平缝机夹线器相同）。当使用小针距时，缝线张力要大，以减少缝线的出线量；使用大针距时，则反之。图 8－3－5 为机器的穿线标准。

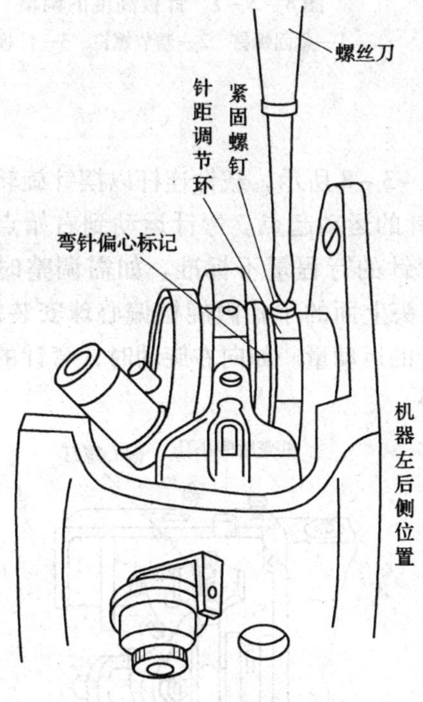

图 8－3－4　GK1－1、6SS 针距的调整

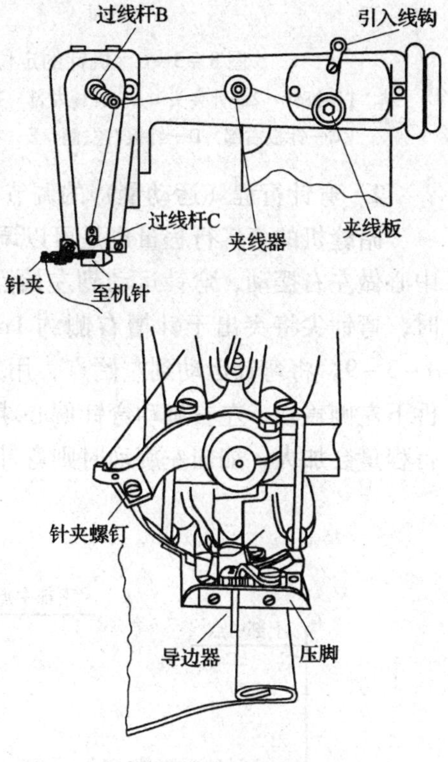

图 8－3－5　机器穿线标准

二、机构标准配合的调整

1．机针与针板的配合标准

机针与针板的配合如图8－3－6所示。机针（即弯针）尖是做半弧形往复运动。因此，针板上的导针槽也呈相应弧度。当机针的前后位置确定标准以后，转动主轮，让机针即弯针摆至左始点。此时，弯针便在左侧针槽内通过（如图8－3－6A部）。同时要求与针槽的底部保持0.3mm的间隙。此时弯针继续运动，当弯针到达图8－3－6B部时，弯针应轻微的触及到其表面。当弯针即将运动到右边位置时（即图8－3－6中针板C位置的D点上），这时弯针与针槽的前侧不能有摩擦，并保持弯针与针槽底部有0.3mm的间隙。直到弯针运动到右始点即针槽的E点时，弯针将轻微的摩擦到针槽的底部。这是弯针与针槽的配合要求。如不符合上述要求，可通过调节针板的高低来达到，调节方法是如图8－3－7所示，先旋松左右两边的紧固螺钉，再转动左右调节螺钉，如顺时针转动调节螺钉时针板会下降，这时将加大弯针与针槽的间隙；如逆时针转动调节螺钉时，则减少了弯针与针槽的间隙。调整标准后再拧紧螺钉。

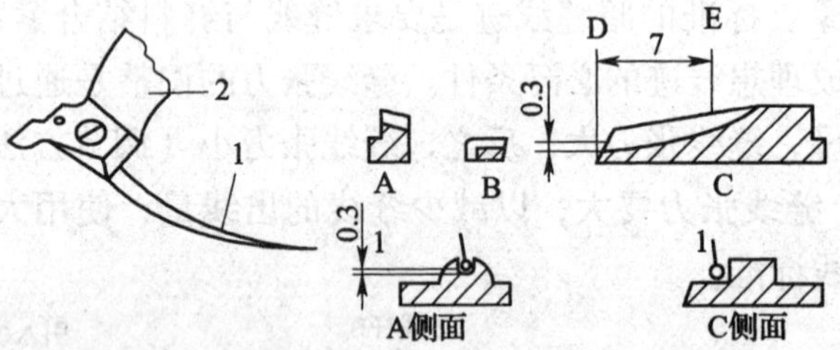

图8－3－6 机针的定位

1—机针 2—针夹头 A—针板左部 B—针板中部 C—针板右部 D—针板右左侧 E—右针槽中部

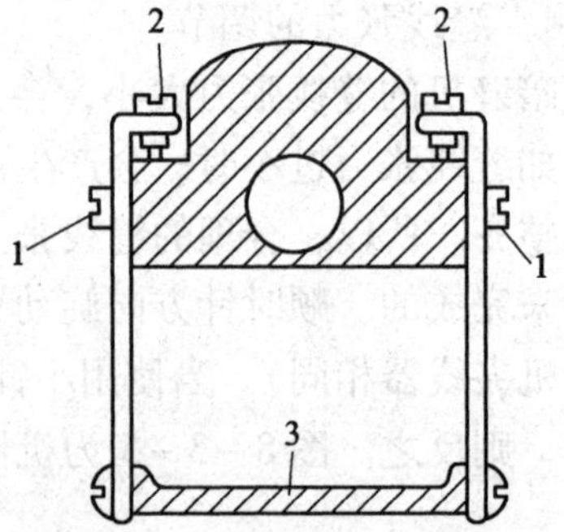

图8－3－7 针板高度的调整

1—紧固螺钉 2—调节螺钉 3—针板

2. 弯针行程（运动量）的调节

暗缝机的弯针行程量也是可以调节的，如图8－3－8所示，载针连杆以摆针旋转轴为中心做左右摆动，弯针运动到左始点位置时为弯针的运动起点。弯针运动到右始点位置时，弯针尖将突出于针槽右侧约1mm。否则，弯针的行程量不标准。如需调整时见图8－3－9，将弯针运动到左始点，用螺丝刀伸进机头上面的小孔内旋松偏心球安装螺钉，拆下左侧盖板，左右旋动弯针偏心球便可改变弯针的运动量。如向右旋动时，弯针的运动行程量会加大；如向左旋动时则弯针的运动量变小。

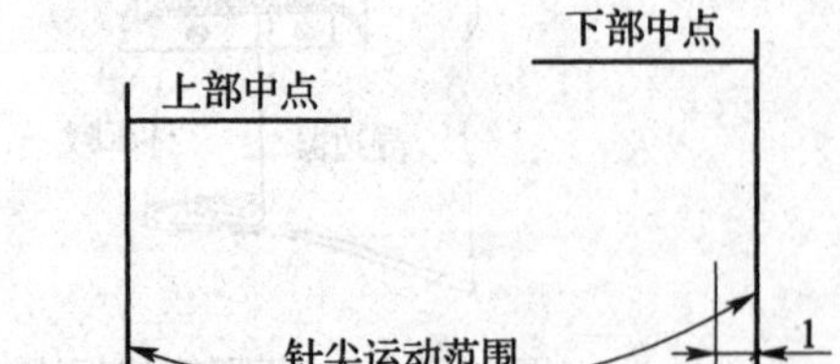

图8－3－8 弯针尖的运动范围

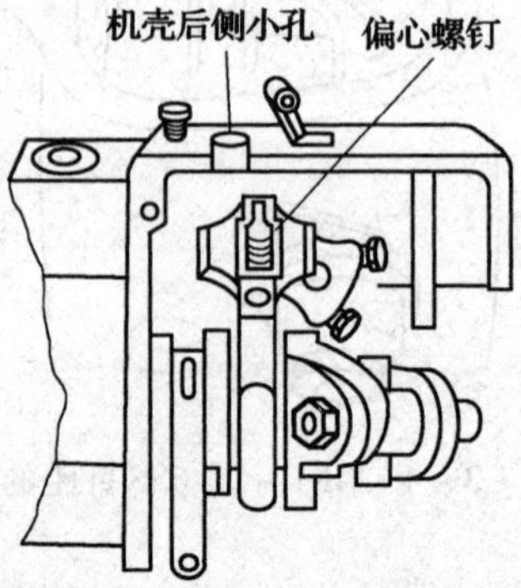

图8－3－9 弯针运动量的调整

3. 叉针（线钩）的定位和调整

机针（弯针）的运动位置达到标准后，还要检测叉针的运动标准。叉针的安装是将其叉针柄的平面插入载针体底部，两平面对齐后紧固螺钉。当叉针旋转到右始点与弯针平面相交时，其叉针的长叉尖应在弯针孔以左 2mm 距离左右如图 8－3－10（a）所示。此时，叉针的长叉与弯针相交的平面摩擦间隙为零。但叉针的短叉尖与弯针不能有摩擦。这是叉针左右位置的标准。如距离有较大偏差会导致跳针或断针故障。当叉针旋转到左边位置时，如图 8－3－10（b）所示，弯针自左向右移并要求在叉针的两叉尖中间通过。其作用是要求弯针尖套入叉针在上一个环节所钩住的弯针线环。如果叉针的位置过于向前，则弯针就不能在叉针的两叉尖中间套入线环；如果叉针的位置过于向后，则弯针尖套叉针时会碰到叉针从而引起弯针损坏。

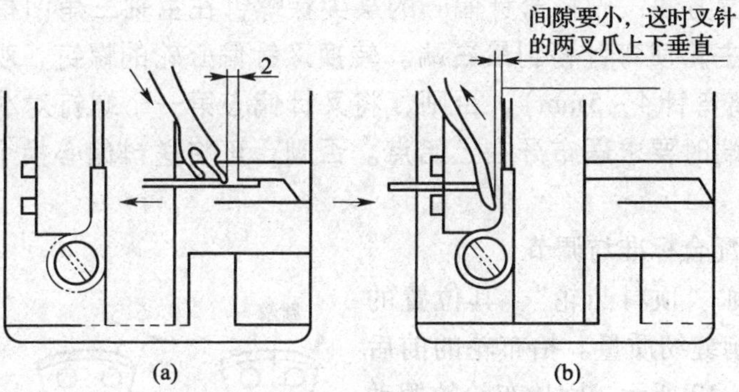

图 8－3－10　机针与叉针的配合

叉针的前后、上下、左右和旋转运动的位置是可以调节的。如图 8－3－11 所示，叉针的左右位置是通过机身臂中部的偏心套左右移动来调节的。调整时，转动主轮使叉针在右始点与弯针相交处于钩线状态，便可检测叉针与弯针的钩线距离（即始点距离）。达标准后拧紧偏心紧固螺钉。叉针的高低位置同样是通过偏心套来调整的。只要旋松偏心套紧固螺钉，通过偏心作用旋转偏心套，叉针与弯针的摩擦间隙便可调节。它的配合标准是：叉针的长叉尖到达弯针平面时以相互不摩擦为准。当叉针旋转到左始点位置时，叉针的长叉尖与短叉尖上下要垂直。如果有斜度，弯针尖在套入叉针线时就没有保证，甚至无法穿套。如需调节时，拧松万向节紧固螺钉和固定螺母，转动载针体来纠正叉针的倾斜度，叉针的前后位置是由载针体和万向节的接合调节连杆来调整的。调整时，拧松万向节紧固螺钉和固定螺母，顺时针转动载针体叉针则加长距离；如逆时针转动载针体叉针则减短距离。直到弯针能从叉针线环内 1mm 处套入时，拧紧万向节紧固螺钉。

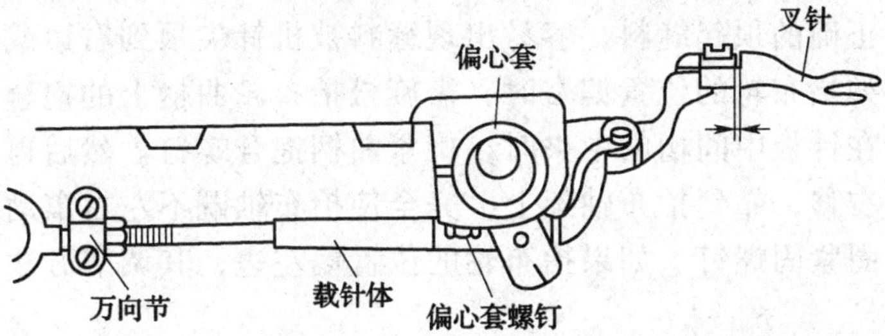

图 8－3－11　叉针前后、上下、左右及旋转位置的调整

装配注意事项：

叉针、弯针、送布牙三者的同步关系对实现暗缝的质量是很重要的。调节时是在主轴（上轴）左端叉针偏心。其结构方式为连体与非连体两种。它们的同步定位是不一样的，现将连体的简单的定位方法介绍如下。

这种机型的叉针偏心是单独的，而弯针偏心与送料偏心是用同一个螺钉固定在主轴三角凹槽内。调节时先把弯针偏心的螺钉固定在主轴凹槽内，然后转动主轮让弯针移动到最右端，观察送布牙是否在上始点。否则应把弯针偏心和送料偏心取出，让两偏心脱开。然后将送料偏心调换 180°再与弯针偏心相套。最后将两偏心装入。当两偏心调好后，再调节叉针偏心。方法是：转动主轮，把弯针移到最右端，再松开叉针偏心螺钉，转动叉针偏心使长叉针尖与弯针距离 4 ~ 5mm，然后拧紧螺钉。

非连体的定位方法：先将弯针偏心的某尖状螺钉在主轴三角凹槽内拧紧。装上连杆合夹后，转动主轮使弯针移到最右端。转换叉针偏心轮的螺钉，观察是否达到同步（即叉针长尖距离弯针 4 ~ 5mm），否则，将叉针偏心第一个螺钉对准主轴平面拧紧即可。当弯针在右端时要求送布牙在上始点。否则，可将送料偏心换个螺钉对准主轴平面拧紧即可。

4．抬布轮的配合标准与调节

抬布轮也可称“顶料凸轮”，其位置的标准度将直接影响缝纫质量。抬布轮的前后位置，如图 8 - 3 - 12 所示，因抬布轮的摆动角度不同，抬布轮的前后位置也有所不同。当抬布轮向前摆动时机针向右摆动，机针和抬布轮交叉相遇时，如图 8 - 3 - 12（a）所示，若是从抬布轮的缺口处刺入缝料时，则为跳缝线迹；如图 8 - 3 - 12（b）所示，若是机针从抬布轮背部穿进缝料时，则为一般线迹（即撬边线迹）。缝不跳缝迹时，抬布轮的前后位置，为机针距离抬布轮前侧 5mm。如果抬布轮过于靠前，则不能产生跳缝线迹。调节方法是先拨动，旋至跳缝位置，然后转动主轮，使弯针向右摆动并与抬布轮交叉相遇。如出现图 8 - 3 - 12 的情况，说明抬布轮的前后位置是符合标准的。如果不符合标准，调节方法是旋松抬布轮曲柄抱合螺钉，前后转动抬布轮，直到达到标准位置为止。

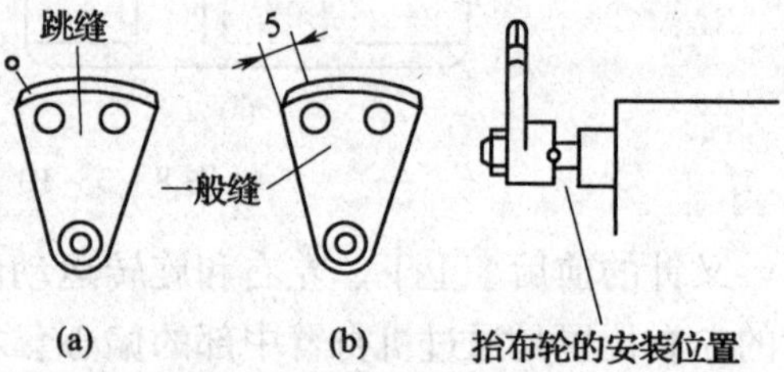

图 8 - 3 - 12　抬布轮前后位置的调整

抬布轮的左右位置标准是要求抬布轮必须在针板中间槽的中央处。如果抬布轮偏左或偏右，则不能正确的顶起缝料，容易出现缝料被机针尖顶到右边或机针穿刺深浅度不均匀等故障。如抬布轮的位置偏右时，需旋松抬布轮曲柄上的抱合螺钉，向左移动抬布轴至抬布轮在针板中间槽的中央时，旋紧曲柄抱合螺钉。然后再旋松抬布轴挡圈螺钉，将挡圈向右移，靠到抬布轴架上，完全使抬布轴既不左右窜动又能前后灵活的摆动后，旋紧挡圈紧固螺钉。如果抬布轮的位置偏左边，其调节方法与上述相同，只要方向相反即可。

5．抬布轮与抬布偏心轮的运动标准配合

抬布偏心轮是抬布轮前后摆动的主动力来源。抬布偏心轮的定位标准是：当弯针尖从左向右摆动到抬布轮中心时，抬布偏心轮上的第一个螺钉（机器右侧主轮旁边）与抬布连杆的油孔呈一条平行线（抬布轮应处于静止状态）。如有偏差，则抬布轮与机针的动作不协调。调整时转动主轮，使弯针从左向右摆动至针尖到达抬布轮中心时，旋松抬布偏心轮紧固螺钉，转动抬布偏心轮，使抬布偏心轮上的第一颗螺钉与抬布连杆的油孔呈一条平行线即可，然后再旋紧抬布偏心螺钉如图 8－3－13 所示。

抬布偏心套定位标准：当弯针针尖从左向右摆动到抬布轮中心时，抬布偏心套上的缺口与抬布连杆油孔也呈一条平行线。如失准，则出现抬布轮向前摆动的幅度大小不均匀或抬布轮的动作不正常等现象。调节时，先拧松主动小齿轮紧固螺钉，向右推移动小齿轮，使主动小齿轮与空转齿轮脱离啮合，然后再转动大齿轮，直至抬布偏心套上的缺口与抬布连杆的油孔呈一条平行线后，左移主动小齿轮与大齿轮啮合，最后拧紧主动小齿轮紧固螺钉即可如图 8－3－13 所示。

6. 送布牙的标准配合与调节

送布牙的高低位置是通过送布牙调节钮来进行的。如图 8－3－14 所示，送布牙的高低标准要依据缝料的厚薄性质、缝制针距的大小情况而定。如缝较长针距时，将送布牙调高一些，以免送布牙上升迟缓，造成压脚压不住缝料而引起弯针的穿刺力将缝料顶到右边；如缝较短针距时，将送布牙适当降低，以免送布牙咬不住缝料而产生线迹不均匀或不能完成送料动作。

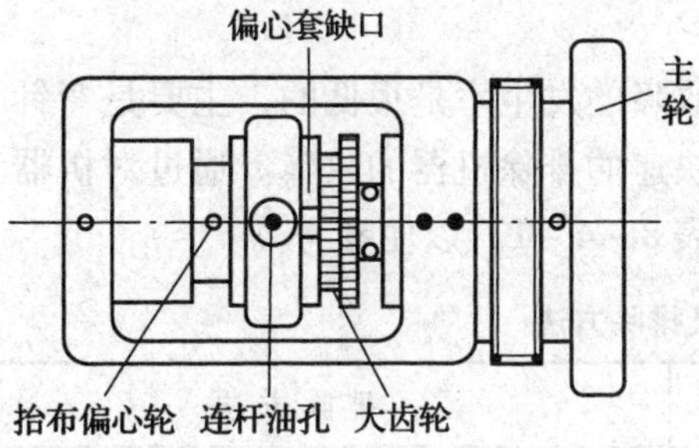

图 8－3－13　抬布偏心轮的标准定位

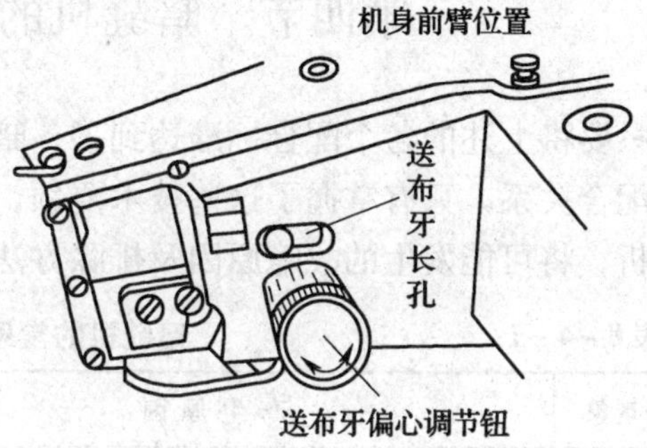

图 8－3－14　送布牙的高低调整

送布牙的前后位置是通过送布牙紧固螺钉来进行调节的。调整时，先转动主轮，直至送布牙与压脚开始接触时，旋松送布牙紧固螺钉，前后移动送布牙至送布牙紧固螺钉处在送布牙的长孔中间，送布牙与压脚板平行时，将送布牙紧固螺钉拧紧。

7. 压脚的标准配合与调节

压脚机构是通过机器底部的膝控左右移动使压脚上下活动的。如将膝控向右推动压脚杆时，压脚板与针板相距 6mm。如图 8－3－15 所示，此距离如过大，则抬压脚时较费力；如此距离过小，则不方便缝料的进给。调整时，先卸下机头固定螺钉，向前掀倒机头。拧松压力轴止动杆的紧固螺钉，向右移动抬压脚曲柄，至达到压脚板与针板相距 6mm 时，把压力轴止动杆靠在机壳上，最后拧紧止动杆紧固螺钉即可。

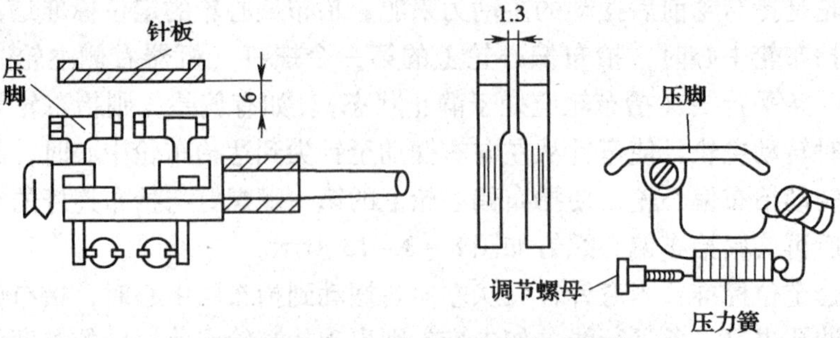

图 8－3－15　压脚的压力与标准定位

压脚的压力，是依据缝料的性质来决定的。缝厚缝料时，可加大压脚的压力，以免弯针的穿刺力将缝料顶到右边；如缝薄缝料，可减小压脚的压力，以免送布牙在缝料上产生齿痕。调节方法是：逆时针方向转动调节螺母时，则压脚压力变大；顺时针转动调节螺母时，则压脚的压力变小。注意：左右两个压脚板的压力与高低要相等。

压脚与压脚组件在工作时不能有松动现象。但要求有抬起、下降的灵活动作。压脚板下降时，其前端以固定螺钉为支点而降下。左右压脚之间的间隙通常为 1.3mm 左右，如图 8－3－15 所示，左右两边压脚的高度要相等，否则压不牢缝料，出现窜动、跳针或缝料被弯针推到右边等故障。压脚板必须平行地接触针板，压脚板平面上的三条刻线纹是用来阻止缝料左右晃动的。这样更好地保证了在缝纫时的稳定性。

第四节　暗缝机的常见故障与排除技巧

只要将上述的各个配合标准达到了，暗缝机故障的发生率是很低的，主要是弯针与叉针的配合关系。只有掌握了这些技术要领，才能快速的排除机器的故障。通过对机器工作的分析，将可能发生的故障原因及排除方法列于表 8－4－1，以便参考。

表 8－4－1　　暗缝机的常见故障及排除方法

故障现象	产生原因	排除方法
断线	1. 缝线的张力过大，超过缝线强度，而被拉断	1. 根据需要调节线张力，使缝线张力适度
	2. 缝线受阻力被划伤失去强度发生断线	2. 检查各过线部位，将毛刺清除使之过线顺畅
	3. 缝线质量不良	3. 选用优质缝线
	4. 针细线粗	4. 根据缝料选用针和线
	5. 叉针在运动中有与其他零件相碰情况	5. 转动手轮，检查叉针的运动情况，并调整使其运动通畅。同时应注意叉针与弯针配合
	6. 夹线器浮动时间晚	6. 调节松线凸轮
	7. 夹线板浮动量太小	7. 调到 1mm 左右
	8. 夹线板闭合时间不对	8. 缝纫时，右夹线板要浮起松线

续表

故障现象	产生原因	排除方法
断针	1. 弯针在运动过程中有与其他零件相互干涉或摩擦的情况	1. 更换新弯针，调整弯针位置使之运动正常
	2. 细针缝硬厚料，因弯针的强度和刚度有限，当所需穿透大于弯针本身的强度时，弯针发生弯曲变形，与其他零件相碰	2. 根据缝料正确地选择所用弯针。在缝纫过厚地方，可降低缝速，必要时用手转动皮带轮，缓慢缝纫，以免断针
	3. 针板高度不对	3. 按标准调节针板高度
	4. 抬布轮太高	4. 适当调低
	5. 扣环位置太靠前	5. 适当向后调整
	6. 弯针与线钩的动作配合不当	6. 按标准配合时间调整
	7. 叉针（线钩）过低	7. 按叉针高度标准定位
	8. 叉针变形，在运动过程中与其他零件相碰	8. 修正叉针几何形状，必要时更换新叉针
跳针	1. 叉针在钩线时与弯针的间隙过大，叉针不能将弯针上的线环钩住	1. 调节叉针的高低使叉针接近于弯针
	2. 叉针在钩线时，长叉距针孔太远或太近	2. 调节叉针的左右位置，使叉针的长叉距弯针针孔 2mm
	3. 叉针的前后位置不对，弯针未插入叉针线环	3. 调节叉针的前后位置
	4. 缝线张力太强或太弱	4. 调整缝线张力适度为宜
	5. 压脚压不住缝料，缝料随针右移	5. 调整压脚的压力
	6. 扣环压不住缝料，缝料随针右移	6. 调整扣环的压力和位置
送料不良	1. 送布未调好，送布不顺，出现起皱现象	1. 按标准调整送布牙的前后高低位置
	2. 送布牙磨损严重，使缝料发生滑移现象	2. 修整送布牙，或换新送布牙
	3. 压脚未调好或开口处变形，压脚过低使送料受阻，缝料发生歪斜；压脚或开口处变形，则缝料失控出现缝纫不良	3. 使压脚高低位置适度，并调整压脚开口中心处于抬布轮中心
	4. 送料板磨损，表面出现凹凸不平，缝纫中出现滞料现象	4. 修整送布板，必要时更新
撬边深度不均匀	1. 弯针变形	1. 更换新弯针
	2. 针板高度不正确	2. 按针板标准定位调节
	3. 弯针针尖磨钝	3. 换新弯针
	4. 抬布轮前后位置不对	4. 按抬布轮前后位置标准调整
	5. 抬布轮磨损	5. 修磨或更换抬布轮
	6. 压脚板左右位置不对	6. 按压脚板左右位置标准调整

暗缝机出现跳针、断针故障时的实践排除技巧

暗缝机在工作时，一般会出现跳针、断针等故障。主要是因为叉针与弯针的标准配合失准而产生的。

1．跳针故障的分析

机器出现的跳针故障大部分是由于：（1）机（弯）针与导针槽的配合间隙过大；（2）顶布凸轮过高而摩擦弯针引起弯针磨损；（3）压脚装置歪斜或压脚的压力太小；（4）叉针相关传动组件的某个螺钉松动或零部件磨损而导致叉针运动时松动与弯针配合失准等原因。

排除方法是：（1）先转动主轮，将弯针运动到导针槽（针板）上方，然后松开针板支架左边的固定螺丝，再用螺丝刀微调针板支架上的调节螺钉，此时针板会随着螺钉的转动而向上移动（以减小弯针与针板之间的间隙），同时要注意针尖底部是否接触导针板，要求弯针应轻微接触，而不能产生较大摩擦。调至标准后再固定支架螺钉；（2）机器在工作时要注意顶布凸轮位置不能过高，以弯针尖轻轻接触顶布凸轮的上端为宜，这样可以减少弯针尖的磨损和弯针经过顶布凸轮时产生位移的情况；（3）松开压脚定位螺钉，要求左右压脚居于顶布凸轮的中心，并使压脚面与针板面有全面的接触，顺时针拧动压簧螺钉，适当加大压脚压力；（4）先打开机臂侧盖，仔细检查万向连轴节组件是否有螺钉松动，然后重新调整挑线叉与弯针的配合标准。松开叉针偏心套可前后或左右调节叉针位置。使叉针与弯针的配合间隙保持在0.1mm左右（以两针不相碰为准）。注意：叉针与弯针相接触时都不能有过大的摩擦，否则机件将会过早的磨损。

2．断针故障的分析

造成断针故障通常是因为弯针与针板有较大的碰撞或叉针与弯针之间的动作标准严重失准；另一方面则是因机针质量差或弯针运动时碰到硬物所致。

排除方法是：使用暗缝机时应选用质量较好的机针（如日本风琴、台湾多特等），因暗缝机在工作时，弯针难免要与针板导槽、顶布凸轮或叉针有较轻微接触，所以对暗缝机所使用的弯针质量要求较高，这样也提高了机针对缝料的穿刺效果。如选用了优质的机针，则需要按标准安装弯针。在引线过程中，线头距离弯针孔不要太长，在缝制下一布件时应将线头向上带起。一般暗缝机，除机器具有的功能外，不宜缝制特厚或特硬的缝料。如需要缝制则要选用较大号的机针，否则机器在正常情况下也会产生断针故障。

思考与练习

1．暗缝机适合哪些缝纫作业？它的特点是什么？
2．暗缝机由哪几种机构组成？各有什么作用？
3．熟悉暗缝机叉针机构的运动变化原理。
4．如何调节顶布凸轮与弯针的标准位置？
5．简述弯针、叉针及送布牙三者的标准配合关系。
6．暗缝机是属于哪一种线迹？
7．熟悉暗缝机各机构的标准定位以及调节方法。
8．熟悉暗缝机的常见故障及排除方法。

第九章　钉　扣　机

钉扣机是服装制作业供各类服装钉扣的专用缝纫机。其结构形式通常是由针杆挑线，旋转钩钩线形成单线链锁线迹。主要缝钉两眼、四眼扁平扣。如配置相关的附件还可钉带柄纽扣、风纪扣等。钉扣机的类型随着服装工业生产的发展和制造技术不断的改进，各种自动化装置和电子技术也广泛地应用于钉扣机上。

目前国外使用广泛的钉扣机型有：日本兄弟公司 CB3 - B916 型钉扣机、日本重机公司 MB - 372 型钉扣机、美国胜家的 275Z 型钉扣机等，还有一些自动组合的钉扣机。国内钉扣机的品种也较多，下面以国产双工牌 GJ4 - 2 型钉扣机为例，来讨论钉扣机的基本原理、使用与维修方法。图 9 - 0 - 1 为其整机外观图。在本章第五节里将介绍日本兄弟 CB3 - B916型钉扣机的调整方法。

图 9 - 0 - 1　GJ4 - 2 型钉扣机整机外观

第一节　钉扣机的性能与成缝原理

一、钉扣机的性能

通过对 GJ4 - 2 型钉扣缝纫机的结构分析，其性能比 GJ1 - 2 型钉扣机有了很大的改良。缝制过程是以针杆挑线、旋转钩钩线形成单线链式线迹。该机采取针杆和旋转钩做同步摆动，可使旋转钩更容易钩住线环和穿套前一针的线环。其上下轴均采用锥齿轮传动。针杆和旋转钩摆动凸轮、扣夹移动凸轮和蜗轮的机构结合，其结构紧凑、封闭性好，还附有自动剪线装置。在 GJ4 型钉扣机系列中，GJ4 - 1 型和 GJ4 - 3 型钉扣机是自动喂扣，分别用于钉带柄纽扣和钉衬衫纽扣的专用缝纫机。

GJ4 - 2 型钉扣机的主要技术性能参数如下：机器最高缝纫速度为 1400 针/分，机针摆动距离为2～4.5mm，扣夹移动距离0～4.5mm。可钉纽扣直径为9～26mm，每扣缝钉针数为20针，使用机针规格为16～20号机针。机头净重23.5kg。外形尺寸为488mm×155mm×135mm。

二、线迹形成原理

钉扣机形成单线链式线迹是通过旋转线钩与机针相互配合来实现的。这个过程也只需一根缝线，旋转线钩不带缝线，只起钩起机针线环和被机针套入的作用。线迹是通过机针和旋转线钩穿套而成的。如图9－1－1所示，机针与旋转线钩的工作过程分三个阶段。第一阶段如图9－1－1（a）所示，机针摆向右边穿过扣夹上的纽扣眼及缝料后下降至最低位置。当机针回升形成线环时，旋转线钩开始迅速运动，其钩尖到达机针形成线环的理想位置进行钩线；第二阶段如图9－1－1（b）所示，当旋转线钩钩住机针线环后进行勒线，机针退出后移动到左边的另一个扣眼穿过缝料套入上一针被旋转线钩扩展的线环；第三阶段如图9－1－1（c）所示，此时，旋转线钩继续转动，同时机针回升，当旋转钩尖运动至机针平面时，就又钩入机针回升时产生的线环。通过这样周而复始的相互穿套，直到纽扣钉完。机器在钉两眼扣时，扣夹不会前后移动，只有钉四眼纽扣时扣夹才做前后运动。

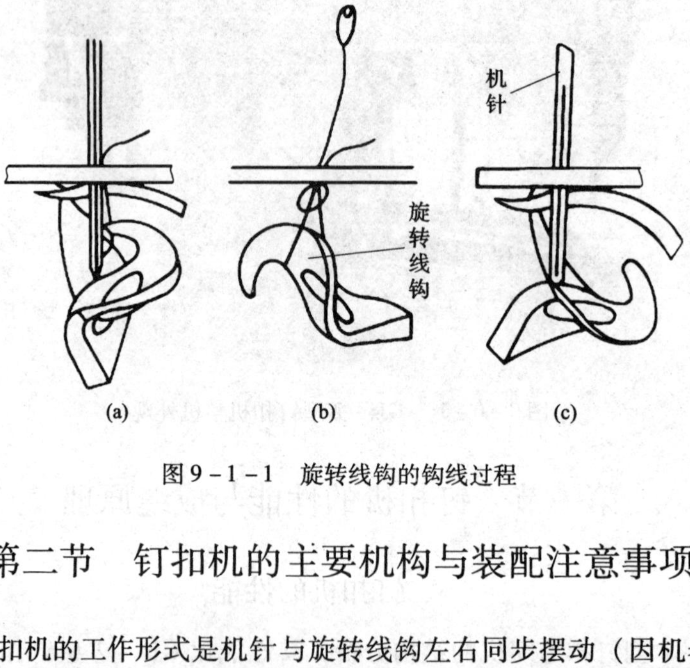

图9－1－1　旋转线钩的钩线过程

第二节　钉扣机的主要机构与装配注意事项

GJ4－2型钉扣机的工作形式是机针与旋转线钩左右同步摆动（因机器结构与型号的不同，有的机针不做摆动，由扣夹完成摆动动作），扣夹不产生左右摆动，在缝钉四眼扣时，缝完前两孔，扣夹要做前后的跨针运动，以完成后两孔的缝钉工作。当20针缝完后自动停车，操作者踩下踏板抬起压脚时切割缝线。

钉扣机的结构大致分为：针杆机构、钩线机构、摆针机钩、扣夹移位（跨针）机构、纽夹压布机构，割线机构及启动、制动机构。图9－2－1所示为GJ4－2型钉扣机的工作原理。下面来讲解这些机构的传动原理。

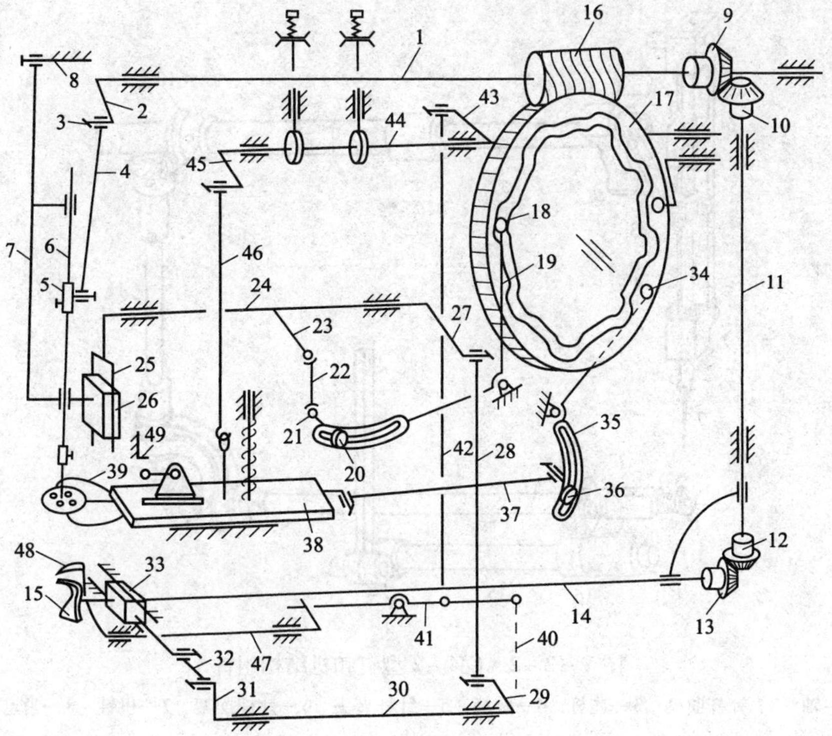

图 9-2-1　GJ4-2 型钉扣机工作原理图

1—主轴　2—针杆曲柄　3—针杆曲柄销　4—针杆连杆　5—针杆夹头　6—针杆　7—针杆摆架　8—销轴　9、10、12、13—锥齿轮　11—竖轴　14—线钩轴　15—旋转线钩　16—蜗杆　17—蜗轮　18、34—滚轮　19—摆针调节曲柄　20、36—调节螺母　21—球节　22—摆针大连杆　23—摆针中曲柄　24—摆针上轴　25—摆针前曲柄　26—摆针架凸块　27—摆针后曲柄　28—摆针弯连杆　29—摆针下曲柄　30—摆针下轴　31—拨杆　32、37—连杆　33—轴承座　35—跨针调节曲柄　38—纽夹座　39—纽夹　40—链条　41—抬压脚杆　42—拉杆　43—摆杆　44—抬压脚轴　45—吊钩曲柄　46—吊钩　47—割线刀轴　48—割线刀　49—纽夹开启碰块

一、针杆机构

钉扣机的针杆有摆动与不摆动两种形式。如国产 GJ1-2 和 GJ4-2 型钉扣机均采用针杆摆动形式。日本兄弟公司生产的 CB 系列则是采用扣夹摆动形式，其针杆不摆动。GJ4-2型钉扣机的针杆机构是由两种运动机构组合而成。其上下运动由曲柄滑块机构控制，如图9-2-2所示，是由固定在主轴前端的针杆曲柄，经针杆连杆带动针杆完成了上下动作。针杆摆动是由蜗杆、蜗轮连杆组合通过针摆槽道凸轮来实现摆动的。如图 9-2-3所示，当机器转动时，使主轴上的蜗杆带动蜗轮，由蜗轮端面（机器右侧）的曲形槽驱动摆针主曲柄绕摆针主轴摆动，随后传动摆针调节曲柄进行摆动，再通过摆针大连杆，摆针中曲柄，最后通过摆针上轴和摆针曲柄使针杆产生左右摆动。钉扣机的挑线动作是通过针杆上下往复运动来完成的。

注意事项：

（1）主轴曲柄的螺钉要对准主轴的凹槽调节拧紧。

（2）针杆连接轴的螺钉必须拧紧，因为它是调节针杆高低的唯一组件。

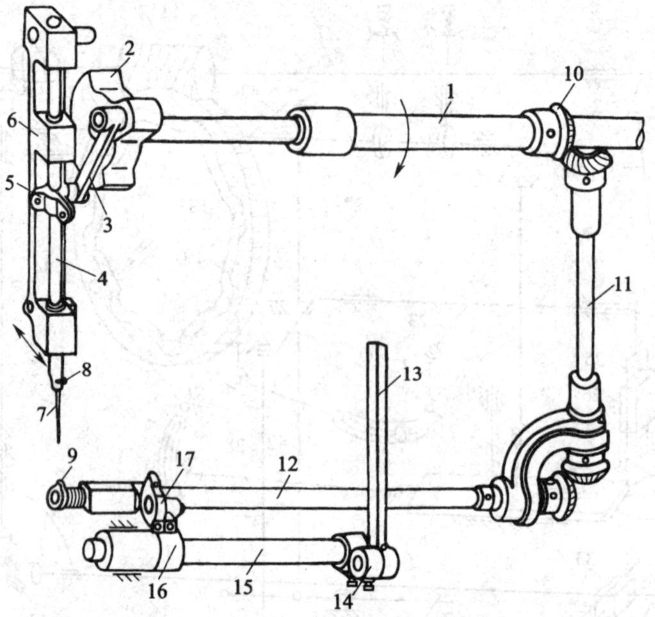

图 9-2-2　GJ4-2 型钉扣机结构组件

1—主轴　2—针杆曲柄　3—连杆　4—针杆　5—针杆夹头　6—针杆摆架　7—机针　8—紧定螺钉　9—旋转线钩　10—锥齿轮　11—立轴　12、15—旋转钩轴　13—杠杆　14、16—摇杆　17—送布装置

（3）针杆摆架与插销铰接处只允许灵活的摆动，不允许有窜动。

（4）主轴蜗杆的螺钉必须拧紧，因为它是大蜗轮旋转的动力来源。

（5）机针必须在上始点方可摆动，如不在上始点左右摆动时，应调节送料针摆上凸轮的转向位置。

（6）机针左右摆动量的大小，应根据纽扣两孔间距离的大小而定，它可通过调节摆针调节曲柄上的调节螺钉来达到要求，将该螺钉沿着调节槽往作用点的方向移动，机针摆动量会减少，反之则增大。针杆在针杆摆架的两个同心孔中，上下运动，要灵活但不能有窜动现象。

二、钩线机构

GJ4-2 型钉扣机中的钩线机构作用与其他缝纫机一样配合机针形成线迹。钉扣机为了配合纽扣的缝钉要求，钩线机构中的旋转线钩产生两种运动：一种是旋转运动，另一种是左右摆动。旋转线钩的旋转动作是通过主轴与旋转钩轴上的两对锥齿轮传动而实现的。其上、下两轴运转速度相等。旋转线钩的左右摆动是通过蜗轮端面曲形槽（机器右侧）经滚柱轴，摆针主曲柄，摆针调节曲柄，摆针大连杆又带动摆针上轴（使摆针上轴带动摆针前曲柄而形成针杆摆动），使摆针后曲柄摆动，再经弯连杆传动摆针下曲柄以及摆针下轴和旋转线钩连杆从而使旋转线钩做左右的摆动动作。因针杆和旋转线钩是做同步摆动的，所以形成机针与旋转线钩运动的距离一致，也就是机针左、右摆动时，旋转线钩同样跟着一起摆动，从而保证了缝钉工作的可靠与稳定。

注意事项：

（1）主轴锥齿轮：竖轴锥齿轮两个螺钉中有一个要对准轴的平面拧紧。

（2）每组锥齿轮的啮合要正确，在它与主轴互相啮合时，窜动量不得超过0.05mm。

（3）旋转钩要和机针同步做左右摆动，应正确安装它的动力来源的机构和零件的位置，螺钉必须拧紧。

三、摆针机构

GJ4-2型钉扣机的机针在左右纽眼间的反复缝钉，是由机针与旋转线钩做准确地同步往复摆动且相互配合来实现的。所以机器在工作中机针与旋转线钩的同步摆动位置的标准是非常重要的。如图9-2-3所示，实现机针的摆动是通过摆针机构来完成的。

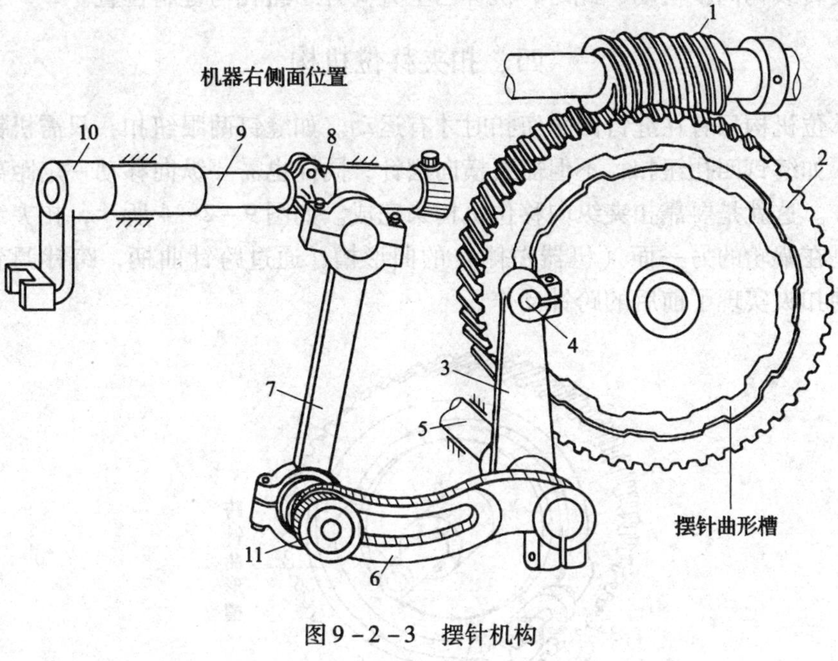

图9-2-3 摆针机构

1—蜗杆 2—蜗轮 3—主曲柄 4—滚子 5—摆针主轴 6—调节曲柄 7—大连杆 8—中曲柄 9—上轴 10—摆针曲柄 11—摆针量调节螺母

其传动原理过程是：转动主轮，使主轴上安装的蜗杆传动蜗轮，蜗杆与蜗轮传动比为20∶1，即蜗轮转动一周，便完成一个纽扣20个针数的缝钉。如图9-2-3所示，蜗轮以图示正面为摆针凸轮，背面为扣夹移动凸轮（也称跨针凸轮），在蜗轮背面边缘的特定位置上安装停车凸块。该蜗轮既控制针杆与旋转线钩的同步摆动，又使扣夹移位（跨针）及缝钉结束时能自动停车。因此蜗轮是机器工作中的主动件。在蜗轮正面的曲形槽内嵌入与摆针调节曲柄转动连接的滚轮，通过蜗轮的转动，使曲形槽在摆针调节曲柄绕支点有规律的摆动，在摆针调节曲柄的调节槽中用调节螺母紧固着摆针大连杆分别与摆针中曲柄连接，通过运动使摆针调节曲柄的往复摆动改变为摆针上轴绕固定轴做往复摆动。摆针曲柄是装在摆针的前端，而摆针架是套在摆针曲柄的滑槽内，摆针架上装有针杆，所以当摆针轴摆动时便使一系列的组件实现了摆针的运动。

机针在准确无误摆动的同时，旋转线钩必须与机针同步摆动以准确地钩取机针线环。其传动原理如图 9-2-1 所示，摆针上轴后端连接有摆针后曲柄与摆针弯连杆铰接，而摆针下轴后端连接有摆针下曲柄，又与摆针弯连杆铰接，形成双摇杆机构，获得往复摆动的摆针下轴前端有拨杆，再通过连杆使轴承座与旋转线钩轴做左右方向的往复运动，摆针上轴的前后端分别传动针杆摆架和旋转线钩摆动。因此这种结构形式必然也是同步的，从而保证了机针在穿过纽扣左右两孔后，均与旋转线钩保持相同的运动状态。

注意：针杆的摆动是在机针上升离开纽扣后才开始的，而在下次机针刺入纽孔前针杆摆动需停止动作。这种时间的保证是通过蜗轮端面里曲形槽的特定形状来控制的。蜗轮曲形槽是由多个等半径槽和变半径槽有规律的连接而成，所以当曲形槽里的滚轮在等半径槽阶段时，机针不摆动，此状态正刺入纽孔与缝料中；曲形槽里的滚轮在变半径槽阶段时，则机针与旋转线钩同步摆动，此时，机针已上升离开了纽孔与缝料位置。

四、扣夹移位机构

扣夹移位机构只有在缝钉四眼纽扣时才有运动。如缝钉两眼纽扣，只需机针左右摆动便能完成。如缝钉四孔纽扣，不但需要横向摆针，同样也需要纵向移动一定距离，此运动为跨针动作。这就是要靠扣夹纵向移位机构来完成。如图 9-2-4 所示，扣夹纵向移位的动力来源是在蜗轮的另一面（机器左侧）的曲形槽，通过跨针曲柄，跨针调节曲槽及扣夹连杆，使扣夹实现了前后的跨针动作。

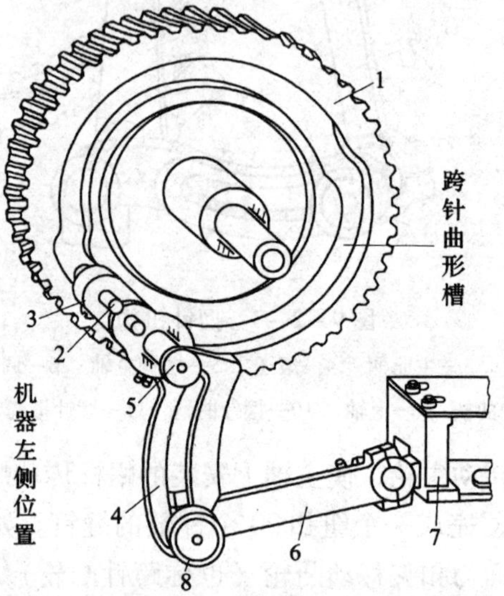

图 9-2-4　扣夹移位机构

1—蜗轮　2—滚子轴　3、4—曲柄　5—曲柄销　6—连杆　7—扣夹　8—跨针量调节螺钉

五、扣夹机构

扣夹机构也称纽夹机构。其作用是用于稳定夹住纽扣，满足成缝构件缝钉时对稳定的需要。图 9-2-5 为 GJ4-2 型钉扣机的扣夹结构组件。扣夹机构前端的夹扣钳由三个夹爪组成，夹扣钳的张开与收拢动作是同步的。夹扣钳的张开尺寸是根据所夹持纽扣的直径

大小来决定的，如钳口中无纽扣时，其张开尺寸便会收拢。夹扣钳的大小可依据纽扣直径的大小来调节。方法是：松开夹扣钳螺钉，推动扣夹调节扳手至合适的钳口宽度，然后再拧紧夹扣钳螺钉。注意：调节夹扣钳的张开大小时，把压脚抬至高点，方为夹扣钳中张开尺寸的标准。

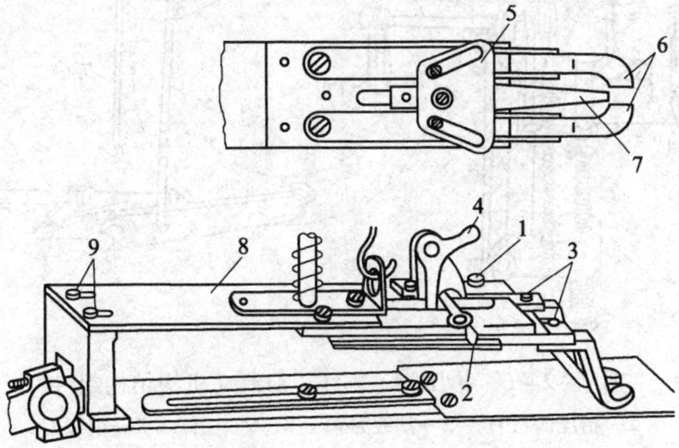

图9－2－5　扣夹机构

1—夹钳螺钉　2—调节扳手　3—左右夹爪紧固螺钉　4—纽夹开启柄　5—纽夹导轨片
6—左右压脚　7—中夹脚　8—纽夹　9—扣夹前后调节螺钉

夹扣钳左右夹爪的调整：先拧松扣夹钳左右夹爪的紧固螺钉将夹爪调至所需长度，如要在一件衣服上钉直径大小不同的纽扣时，应使钳口先适应小纽扣，然后降低扣夹挡块，使压脚上升到最高点。当扣夹扳手碰到挡块时，钳口就会扩大，以便放入大纽扣，在缝钉小纽扣时，压脚同样上升到高点，然后回落少许，以脱开挡块使夹爪减小钳口宽度再放入纽扣即可。若是钉同一规格的纽扣，就不需要使扣夹开启扳手碰挡块。如同时钉两种不同规格的纽扣时，要求两种纽扣的眼孔距离相接近，调节时通常按纽孔小的对中，纽孔大的则稍偏。如纽扣孔眼的距离相差太大时，则需要分开调节。

如果扣夹的前后位置不正确，则机针就不能穿过纽孔。调节时，旋松扣夹后端的两个螺钉即可前后移动扣夹，使机针处于孔中间位置，以防止纽孔略有偏离而导致跳针或断针现象。扣夹钳的三个夹爪要求均匀地压住缝料，以免产生跳针故障。

六、割线机构

割线机构的作用是当一个纽扣缝钉结束后，在抬起压脚的同时将线割断，使纽扣与缝料直接从机器中脱离。如图9－2－6所示，当蜗轮转动一周后，主轴将自动停止转动，当针杆升到最高点时，踩下左踏板，通过链条使抬压脚杠杆运动提起压脚，同时割线刀轴及其杠杆被抬压脚杠杆推动，使割线刀随轴摆到针板出线位置割断旋转线钩内侧的一根线。然后刀架退回，旋转线钩处于静止状态。

压脚提升是由抬压脚杠杆传动的。经抬压脚杠杆带动抬压脚轴转动，使扣夹吊钩向上提升压脚。在压脚提升的同时割线刀将线割断。如需改变割刀的割线时间，可以通过吊钩上方的吊钩曲柄来进行调节。

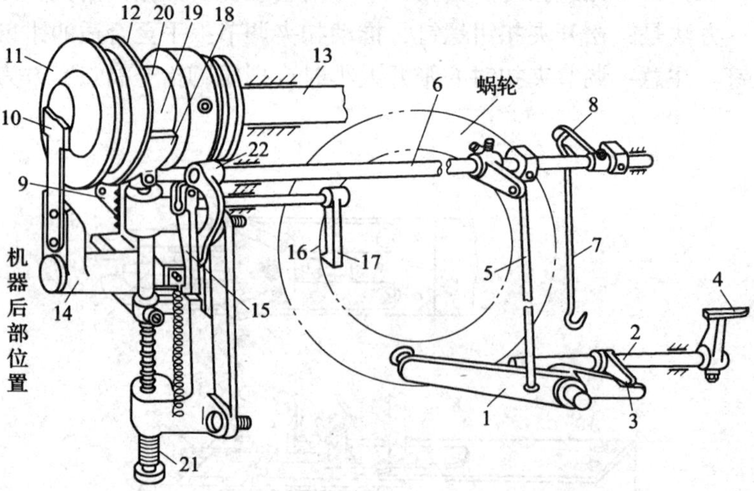

图9－2－6　抬压脚、割线、启制动机构结构组件

1—抬压脚杠杆　2—割线刀轴　3、5—杠杆　4—割线刀
6—抬压脚轴　7、15—吊钩　8—吊钩曲柄　9—扳手　10—启动压板
11—带轮　12—摩擦轮　13—主轴　14—启动架　16—顶板　17—顶杆
18—托架　19—制动皮带块　20—制动轮　21—调节螺钉　22—安全爪

七、启、制动机构

钉扣机中启、制动机构的作用是在完成一个纽扣的缝钉后，将控制机器自动停机，同时使机针处于最高位置，而这些要求是由启、制动机构来进行控制的。

钉扣机的主轴是采用摩擦离合器方式传动。如图9－2－6所示，当踩下脚踏板时，链条将启动扳手拉下，由启动压板的斜面传动皮带轮与摩擦轮接触后，使主轴转动。启动架已被启动吊钩钩住，这时不踩踏板也可继续工作。直到蜗轮侧面（机器蜗轮左侧面）的停车顶块推开停车顶杆时，使启动吊钩脱开摩擦轮，皮带轮便处于空转状态。同时制动托架向上，使制动皮带块顶住制动轮，此时主轴转速降低，随后依靠惯性走完20针，最后通过制动闸进入制动轮的缺口而定位。如需调节时旋动调压螺钉，制动皮块的摩擦压力便可改变。

如图9－2－6所示，在抬压脚轴的后端装有一个启动安全爪，随着抬压脚轴的摆动而动作。当抬起压脚时，安全爪便扣住启动架阻止其启动。只有当压脚落下后，安全爪便松开了对启动架的控制，此时才能踩动启动踏板。由此看来，启动爪不仅有启动作用，并和抬压脚运动形成互锁。这样就防止了操作上的失误而引起割线刀及相关机构部件的损坏。

八、夹线过线机构

单线链式线迹钉扣机的夹线过线装置与一般缝纫机的要求相比，有其独特之处。根据线迹结合的需要，该机设有停机紧线装置和工作松线装置。这两个装置对动作配合的时间要求很高。所以夹线时间的松紧将直接影响缝钉的质量。因此要正确掌握夹线器的标准配合时间。

GJ4 -2 型钉扣机的顶部有三个夹线器，但作用各不相同。如图 9 -2 -7 所示，机器要求前夹线器在缝纫时必须松开，使缝线的阻力变小。特别是缝钉第一针时，如阻力稍大旋转线钩钩到线环后由于缝线张力紧而被机针带回形成空针。当停机后，随着踏板踩下压脚开始提升，此时前夹线器应夹紧缝线，以防止机针内的线环往回拖，而中间夹线器的作用则相反，要求在缝钉中起压线作用，当停车提升压脚时，夹线器要顶开，其作用是让导线杆从线团中抽出缝下一个线迹时所需要的缝线。后夹线器是帮助中间夹线器加大收紧线迹的能力，如果单靠夹线器压得太紧，尽管也能起到收紧作用，但会增加断线的几率。所以中间夹线器应尽可能放松些，后夹线器应在针杆上升接近到高点时松开。作用是在线环上收之前压紧，防止线团里线的流动。直到线被收完，线结被拉上而针杆继续上升，被顶开的后夹线器放出线团的线，补充消耗在缝料中的线。后夹线器的动作时间是由缝料和纽扣的厚度以及线迹的宽度等因素来决定的。所以，早顶开时耗线量多；晚顶开时耗线量少。耗线量的大小是可以通过主轴上的斜面顶块来决定的。

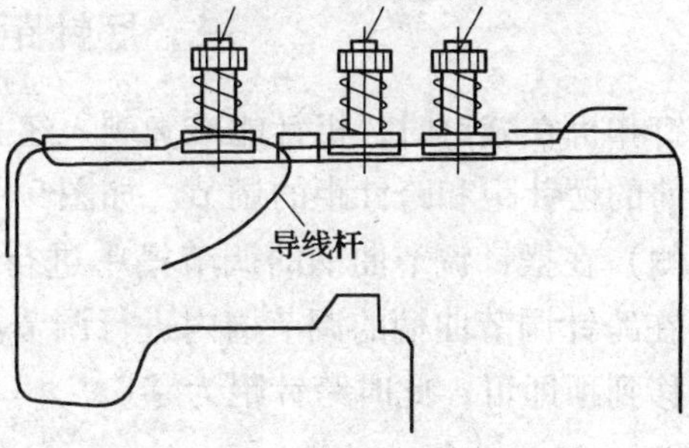

图 9 -2 -7　夹线、松线机构

第三节　钉扣机的使用与调整技巧

一、钉扣机的工作顺序

钉扣机属于一种形成单线链线迹的特殊缝纫设备。其工作顺序如下。

（1）抬起扣夹，将纽扣放在缝料的缝钉处，放下扣夹，压住缝料。

（2）踩下启动踏板，机针和旋转线钩形成线迹，进行钉扣工作。

（3）机器运转至 19 针时，止动装置开始工作，机器处于低速运转。

（4）第 20 转时，制动闸进入缺口，在规定的位置使钉扣机完全停止工作。

（5）抬起扣夹，割线刀动作，取出钉好的纽扣及缝料，完成一个钉扣工作。

二、扣夹的调节

GJ4 -2 型钉扣机的性能，适宜缝钉 9 ~26mm 直径的四眼或两眼纽扣，如钉大纽扣时需将左右两夹爪的距离拉开，钉小纽扣时则可把夹爪的距离调小。如图 9 -2 -5 所示，拧松扣夹前端的夹爪紧固螺钉可进行前后位置的调节。

扣夹钳口张开的大小应按纽扣大小进行调节。扣夹中无纽扣应比有纽扣略小一些，即能正常夹持纽扣。调节时旋松扣夹紧固螺钉如图 9 -2 -5 所示，推动钮夹调节扳手，在夹爪张开合适宽度时，拧紧扣夹紧固螺钉即可。扣夹钳的前后位置可以通过扣夹后端的扣夹前后调节螺钉进行调节，在调节前后位置之前，要检查机针是否在方形孔板以内的位置。

三、摆针距与跨针距的调节

钉扣机在缝钉时，机针能准确刺入纽孔中心是进入缝钉工作的前提。因此需细心做好工作前的摆针距和跨针距的调节。如图9-2-1所示，摆针运动量可以通过调节螺母（机器右侧）在摆针调节曲柄的调节槽中进行调节，而跨针运动量则通过调节螺母（机器左侧）在跨针调节曲柄的调节槽内进行调节。当钉两眼扣时，需将跨针调节螺母朝调节槽向上方移到顶即可，此时跨针距为零。

四、针杆与旋转线钩的配合标准

（1）当针杆上升至最高位置时，机针针孔上端应相距针板顶面32mm左右。

（2）机针与旋转线钩的标准配合关系如图9-3-1所示，机针应对准旋转线钩的三角凹槽中心，当机针从最低点上升3～3.5mm时，旋转线钩的尖头恰好到达机针中心，并要求旋转线钩尖应在针孔上方1mm距离左右，同时旋转线钩尖与机针之间的相交间隙应尽可能小些，以不碰撞机针为准。此即机针与旋转线钩的标准配合关系。

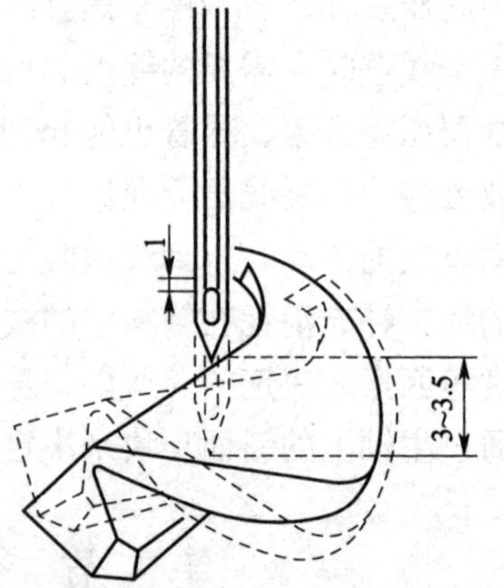

图9-3-1　机针与旋转线钩的标准配合

钉扣机在调节钩线时间的同时，特别注意的就是机针与旋转线钩的位置，它们之间的配合要求较高，所以在这一方面如调节不精确，机器就会出现跳针现象，针对这样的情况，一般通过以下简便合理的方法进行解决。首先确定针杆的位置，然后再按标准把旋转线钩装好，然后穿入缝线，用手摇动主轮，观察机针与旋转线钩的钩线情况是否正常（要求旋转线钩在机针回升形成最佳线环的位置上钩入），否则就要重新调节机针与旋转线钩的位置。只要通过反复调试，这个问题是可以解决的。另外，机器在缝钉不同型号的纽扣时，需要重新调整，简便的方法就是将要缝钉的纽扣放在硬纸片上。按照扣眼的位置用记号做在硬纸片上，然后将硬纸放到抬扣夹下，再按记号位置重新调整针摆幅就可以了。

五、过线夹线配合标准

（1）当针杆上升到距离高点2～3mm时，第一夹线器应被顶开放线。调整时可通过主轴上的斜面松线顶块来调节。如要耗线多要早顶开；耗线少则晚顶开。

（2）导线杆摆动距离，根据缝料而定，耗线多摆动距应大。

六、制动装置的配合标准

（1）机器旋转到19针时，蜗轮侧面的停车顶块推开停车顶杆，使启动吊钩脱开。摩擦轮分离。最后机器依靠惯性运转至结束。

（2）机器完全制动后，要求针杆处在最高点，以便在缝钉下一个纽扣时缝线不被甩落。

（3）制动闸进入缺口时要求冲击声较小。

七、机器整体配合标准

（1）转动皮带轮使机针下降到最低点，此时旋转钩的一小截平面应基本成水平，否则应把下轴后端伞齿轮螺钉松开，转动旋转钩使它的平面成水平后，把螺钉拧紧。

（2）机针在最低点时，针孔的上方与旋转钩的一小截平面成水平或针孔的上方略低于该平面0.1mm左右，应把针杆连接轴的螺钉松开，上下移动针杆后，把螺钉拧紧。

（3）机针从最低点向上回升，旋转钩的钩尖到机针中心时，应在针孔上方1mm处钩到，否则应相互纠正旋转线钩的转向位置，或针杆的高低位置。

（4）旋转钩的钩尖钩到机针侧面的凹面时，它们之间的摩擦间隙为0.03～0.05mm，否则，应把旋转钩本身的螺钉松开或下轴后端伞齿轮的螺钉松开来进行调节，达到要求后拧紧螺钉。

（5）机针在左右两边下插时都要与拖板框左右两边的距离相等，否则应把摆针轴摆杆的两个螺钉松开，调整针杆的左右位置，达到要求后，拧紧螺钉。

（6）机针左右下插都要在旋转钩的三角凹槽中心下插，否则应将下摆轴上摆杆曲柄的螺钉松开，左右移动下轴和旋转钩来进行调节。针杆的左右调节有两个螺钉，针杆与摆针的同步要调节蜗杆。

第四节　钉扣机的常见故障与排除方法

钉扣机的故障通常要比其他缝纫设备少一些，而且有了故障也较容易分析原因。机器维修的难点主要是机针与旋转线钩的标准配合以及夹线器的松紧时间。只要掌握了这些配合标准维修起来就容易了。现根据分析将钉扣机在工作时经常出现的故障原因及排除方法列于表9－4－1～9－4－6，供参考。

一、断　　线

断线故障是钉扣机在工作中最常见的故障之一。断线故障产生原因及排除方法见表9－4－1。

表9－4－1　　钉扣机断线故障产生原因及排除方法

故障现象	产生原因	排除方法
断线	1. 线过紧	1. 将夹线器压力调小
	2. 挑线量不足	2. 加大挑线量可调节线量，调节过线钩（输线杆、挡线杆）
	3. 线钩表面不光滑	3. 用砂布磨光或更新线钩
	4. 夹线器松线时间不对	4. 按标准调整机动松线夹线器松线时机
	5. 缝线质量不好，无拉力	5. 更换缝线
	6. 机针孔或针槽不光滑	6. 更换新机针

续表

故障现象	产生原因	排除方法
断线	7. 纽扣眼小而机针太粗	7. 更换细针
	8. 机针在针板眼中位置不当	8. 按标准调整针杆摆动中心，应与针板孔左右两侧空隙相等
	9. 机针没有落在纽扣孔中心	9. 调整扣夹安装架
	10. 扣夹移位尺寸不当	10. 按标准调整移位尺寸
	11. 针杆摆动宽度不当	11. 按标准调整针杆摆动宽度
	12. 扣夹夹扣不牢	12. 重新调整扣夹开距
	13. 线钩转速时机过晚	13. 按标准调节线钩主轴与被动轴的曲柄运转时间
	14. 推线叉弯曲变形，旋转线钩与线叉碰磨使缝线被轧断	14. 修复推线叉或更换
	15. 推线叉终点位置过左	15. 按标准重新调整

二、断　针

钉扣机断针的故障多数是由于位置不当而造成的。其故障产生原因及排除方法见表9-4-2。

表9-4-2　　断针故障产生原因及排除方法

故障现象	产生原因	排除方法
断针	1. 扣子眼的距离宽窄不一，大小不等，四眼扣子眼位置不对称	1. 更换标准纽扣
	2. 机针与扣子眼不对位	2. 按标准重新调整
	3. 扣夹子与扣子眼不对位	3. 按标准重新调整
	4. 针杆摆动宽度不符实际需要	4. 按标准重新调整
	5. 线钩位置不正确	5. 重新调整线钩的位置
	6. 机针挡块碰针	6. 重新调整间隙
	7. 针杆弯曲或插针孔歪斜	7. 修复针杆或更换新针杆
	8. 方形孔板错位，机针摩擦方孔	8. 按标准调整方孔板位置
	9. 蜗杆定位不准。当机针未刺入纽孔前未停止横向及纵向运动	9. 将蜗杆重新定位，可更换销钉
	10. 扣夹夹扣不牢	10. 重新调整扣夹开距
	11. 推线叉轴摆动时机和前后位置不对	11. 将转动曲柄调到适当位置（针杆由最低位置上升移动20~21mm时，推线装置向后运动）
	12. 拨线三角凸轮开始工作过快	12. 按标准重新调整

三、跳　　针

跳针的故障可以从钩线原理方面去找，一旦原因找准，故障不难排除。跳针故障的原因及排除方法见表9－4－3。

表9－4－3　　跳针故障原因及排除方法

故障现象	产生原因	排除方法
跳针	1. 针杆高度不正确	1. 按标准重新调整
	2. 钩线时机过早，针在右边跳针	2. 调整钩线时机，使线钩在机针抛出线环后钩线
	3. 钩线时机过晚或线钩加速时间晚，机针在左边跳针	3. 按标准重新调整
	4. 机针对线钩或对挡块间隙大	4. 调整线钩尖尽量靠近机针，但不要相碰为宜
	5. 夹扣位置不正确，机针对纽孔偏	5. 重新调整扣夹位置
	6. 机针弯曲，偏转或针柄未插到底	6. 更换新针，重新安装机针
	7. 线钩轴前后松动	7. 调整线钩轴间隙
	8. 扣夹压力小，布随针上下浮动	8. 加大扣夹压力
	9. 线钩损坏	9. 更换新线钩
	10. 推线叉动作时机不正确	10. 按标准重新调整
	11. 针碰方形孔板	11. 整修
	12. 零件严重磨损	12. 更新零件，按标准重新调整

四、线迹太松和空针

线迹太松和空针故障的产生原因及排除方法见表9－4－4。

表9－4－4　　线迹太松和空针故障的产生原因和排除方法

故障现象	产生原因	排除方法
线迹太松	1. 夹线器压力太小	1. 调整夹线器压力，使缝线有足够的张力
	2. 机动夹线器开放时间早	2. 按标准重新调整
	3. 压脚底板厚	3. 修换
空针	1. 针杆位置不对	1. 按标准重新调整
	2. 机针装偏	2. 重新安装机针
	3. 线钩离机针距离太远	3. 调整线钩与机针距离，使线钩尖尽量靠近机针
	4. 旋转线钩钩线时间不对	4. 按标准重新调整
	5. 线钩损坏	5. 更换新线钩
	6. 线头短	6. 增大输线量

五、制 动 不 良

制动不良故障产生原因及排除方法见表9－4－5。

表 9-4-5　　制动不良的产生原因与排除方法

故障现象	产生原因	排除方法
制动不良	1. 制动时间提前或延迟	1. 按标准重新调整顶杆或停车拨块
	2. 制动杆动作迟缓	2. 对制动杆与制动架和制动架配合处加油
	3. 制动皮块加油过多，制动阻力减低	3. 把油擦干（严重时要用汽油洗净擦干）
	4. 制动轮的定位凹口两角磨损和缺损	4. 用乙炔焊制动轮凹口上补上缺角，呈稍高一点，再经锉加工，修复到原状；或更换制动轮

六、其他故障

其他故障产生原因及排除方法见表 9-4-6。

表 9-4-6　　其他故障产生原因及排除方法

故障现象	产生原因	排除方法
机器不转	1. 皮带太松，无摩擦力	1. 收紧皮带
	2. 开车拨头松动	2. 紧固开车拨头上的螺钉
	3. 启动板定位螺钉松动	3. 扭紧定位螺钉
缝一、两针后机器就停止	1. 踏脚板没有踩到底	1. 将脚板踩到底
	2. 弹簧钩装得太高与启动吊钩距离过大	2. 按标准调整间隙
制动后断线	1. 扣夹装置提升高度不够	1. 提高扣夹装置的高度
	2. 压线板压力不够	2. 调整压线板压力
	3. 带割刀机器割线时间不符合	3. 按标准重新调整

第五节　钉扣机（兄弟 CB3-B916 型）的标准配合与调整

在本章前几节里，已对国产 GJ4-2 型钉扣机的结构与工作原理作了较全面的讲解。虽然，各类钉扣机的结构方式有所区别，但都不外乎机器在缝钉时所要完成的左右摆动或前后移动（缝钉四眼纽扣时）的缝钉动作。只是由于机器的不同结构其运动方式也不同。目前，常用的机械式钉扣机的结构形式大致分为两大类。第一类以国产 GJ4-2 型钉扣机为代表，其结构运动方式是，通过机器左侧大蜗轮端面的曲形槽的作用，经过相关组件将动力传递给针杆，使针杆在上下往复运动的同时还可以左右摆动。而蜗轮另一面的曲形槽则是传动纽扣夹做前后移动以配合缝钉四眼扣时所需要形成的动作。机器缝钉针数为 20 针，第二类以日本兄弟 CB3-B916 型钉扣机为代表，其外观见图 9-5-1。机器的结构运动方式是，由机器底部的左右摆动凸轮和前后移动凸轮通过相关组件将动力传递给纽扣夹，使纽扣夹产生左右或前后（缝钉四眼纽扣时）的复合运动。而针杆不产生左右摆动，只做上下的穿刺运动。缝钉针数可设置为 8 针、16 针、32 针等。

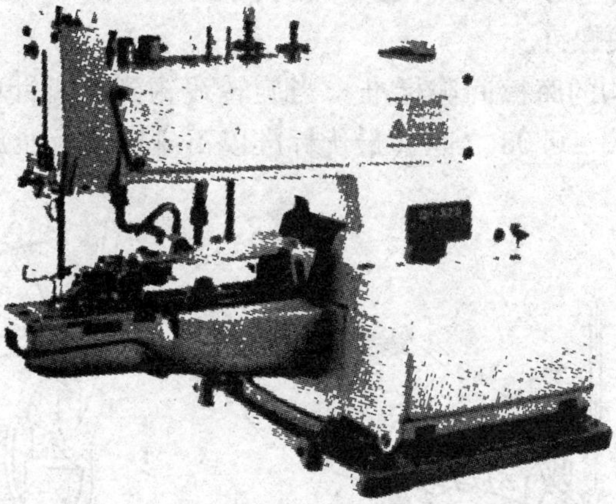

图 9－5－1　兄弟 CB3 型钉扣机外形图

尽管这两类机型的结构形式有较大区别，但工作原理基本相同。因此，只要对不同机型的标准调整有所掌握，其维修就容易多了。下面将以日本兄弟 CB3－B916 型钉扣机为例，对机器的标准调整做一讲解。

一、针杆的标准调整

针杆的高低标准见图 9－5－2 所示，要求针杆的基准线与针杆套筒的下端面平齐。

二、绷线器的调整

先转动主轮，将机针下降到最低位置，然后再转动机器下方的绷线器槽凸轮，当绷线器运动至操作者最近的位置时，前后移动绷线器槽凸轮，使机针与绷线器之间保持 0.3～0.5mm 的间隙，如图 9－5－3 所示。

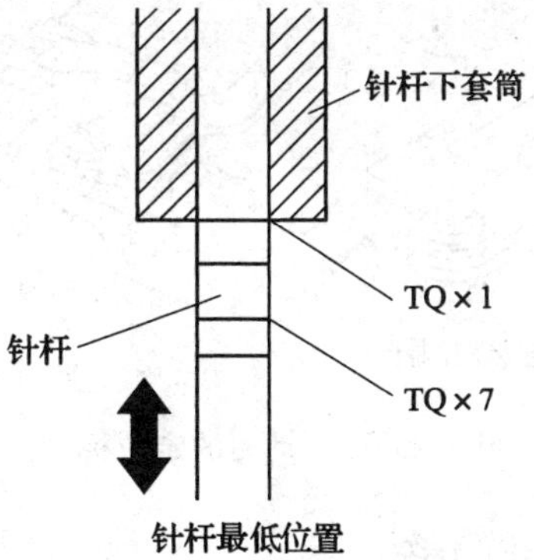

图 9－5－2　针杆的高度标准

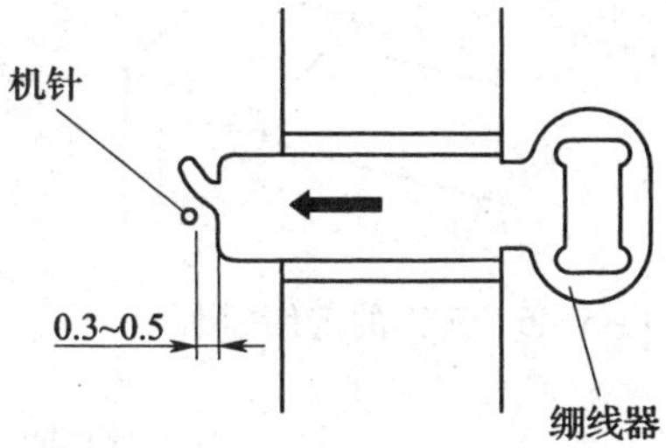

图 9－5－3　绷线器的调整

三、机针与旋转线钩的标准配合关系调整

（1）针杆高度的调整　当机针从最低点向上回升时，针杆的刻线与针杆套筒（根据机针的不同型号，刻线的标准也有所不同见图 9－5－4 所示）的下端面平齐后，转动旋转

线钩，要求钩尖与机针的中心一致，即处于钩线状态，并要求三角凸轮能轻轻的接触到绷线器槽凸轮后再拧紧相关螺钉。

（2）机针与旋转线钩的摩擦间隙标准　当旋转线钩到达机针中心时，其钩尖与机针的摩擦间隙就保持在 0.03～0.08 之间（最优标准以不碰机针为准），如图 9－5－5 所示。

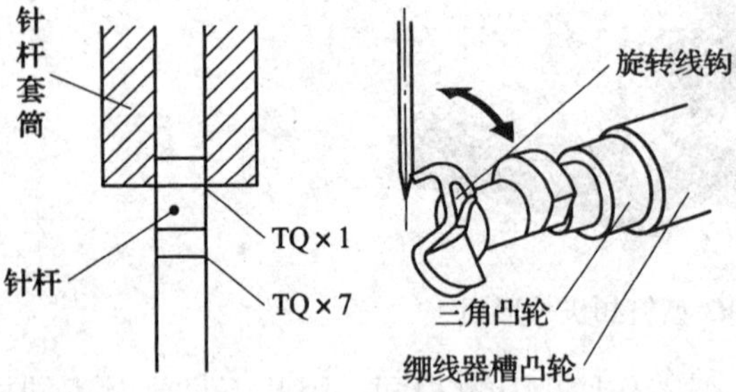

图 9－5－4　机针与旋转线钩的配合关系

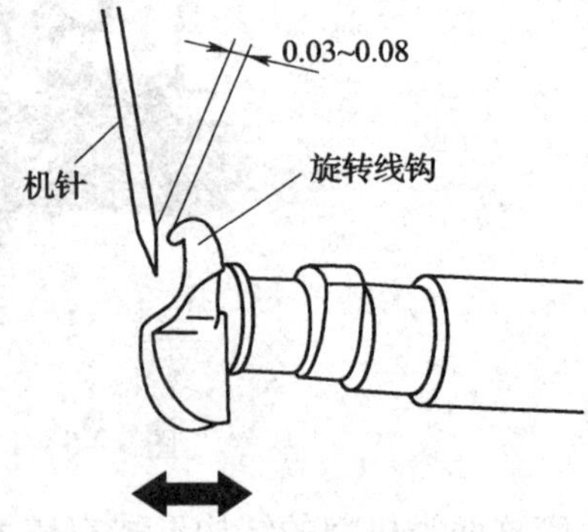

图 9－5－5　机针与旋转线钩的标准间隙

四、剪线定刀与动刀的标准配合调整

（1）机针与剪线定刀的标准间隙　当机针下降接近割线定刀时，要求割线定刀的刃口尖端距离机针约 2mm，如图 9－5－6 所示。

（2）剪线定刀与动刀的标准调整　先用剪线连接控制杆将动刀的突缘部位调整到与剪线定刀的刃口尖端距离 0.5～1mm 的间隙如图 9－5－7 中 D 所示。

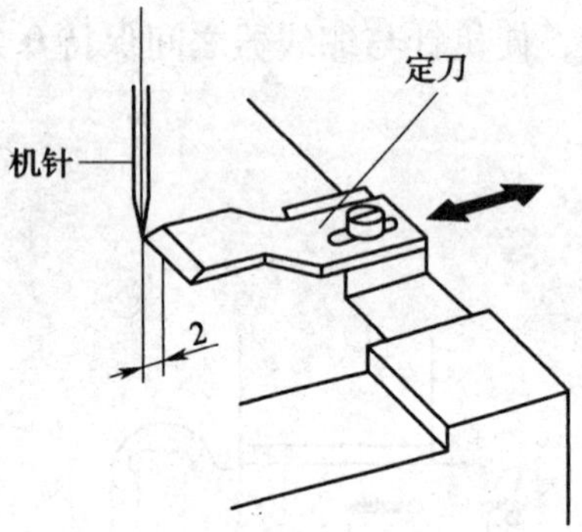

图 9－5－6　定刀的定位标准

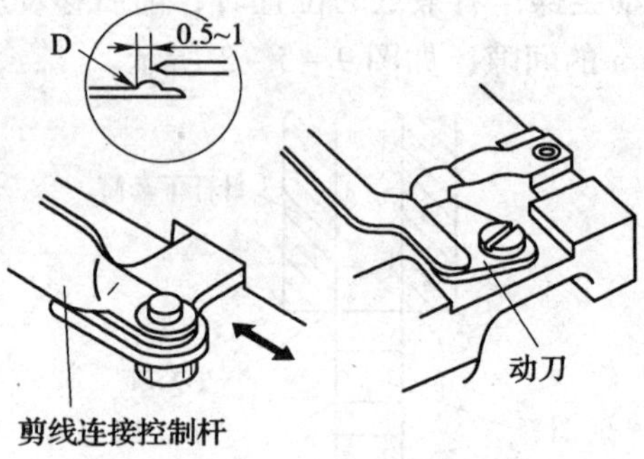

图 9－5－7　动刀的定位标准

五、针数控制杆的标准调整

（1）针数变换凸轮与棘爪的间隙标准　先用手按下制动架下端，使机器处于起动状态。然后调整棘爪与针数变换凸轮的间隙使其保持在 0.5mm 的距离。如图 9－5－8 所示。

（2）针数变换凸轮与棘爪的标准调整　当机器在缝钉最后一针的状态时，将凸轮的 A 部位停在距制动架的端部 20mm 的位置，同时要求针数控制杆的棘爪从针数变换凸轮处滑下，如图 9－5－9 所示。

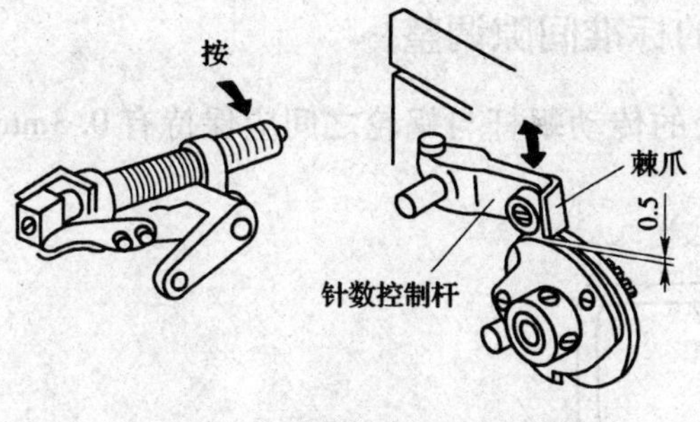

图 9－5－8　针数控制杆的调整标准

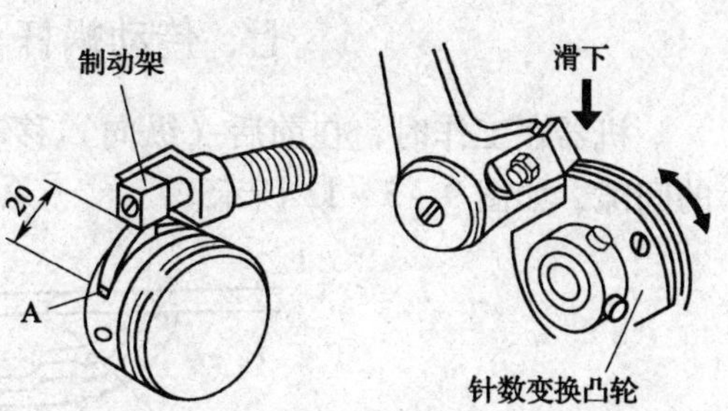

图 9－5－9　针数变换凸轮的标准调整

（3）剪线控制杆与棘爪的标准间隙　当机器处于停机状态时，要求棘爪与针数变换凸轮的间隙以 0.5mm 为宜，如图 9－5－10 所示。

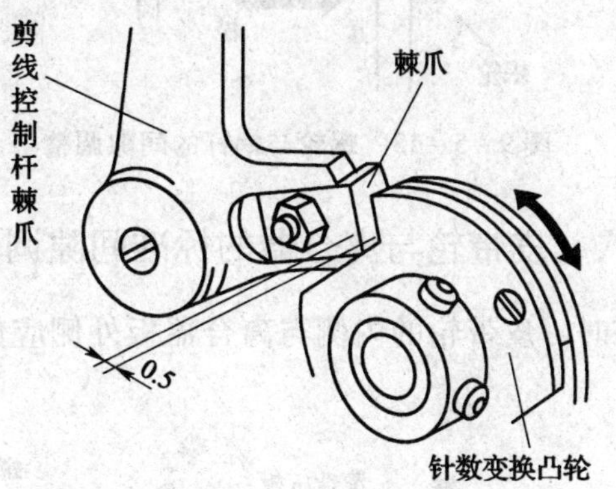

图 9－5－10　剪线控制杆的定位标准

六、纽扣夹工作控制杆的标准配合调整

（1）如图 9－5－11 所示纽扣夹工作叉与工作连杆棘爪尖端之间应保持有 0.5mm 的间隙。

（2）如图 9－5－12 所示，纽扣夹工作叉的尖端与工作环之间以及前后（纵向）移动凸轮与工作环之间均要求保持有约 1mm 的间隙。

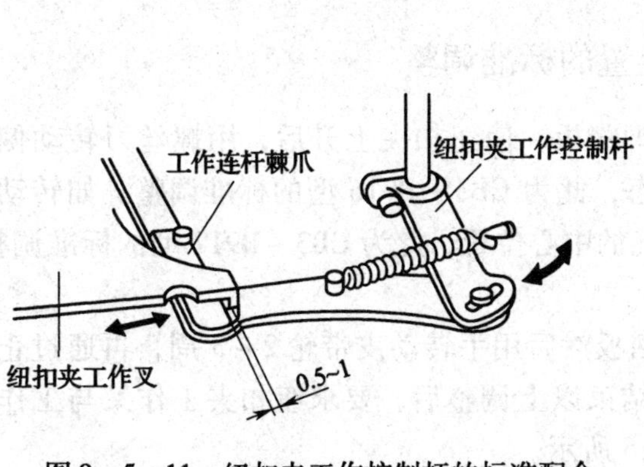

图 9－5－11　纽扣夹工作控制杆的标准配合

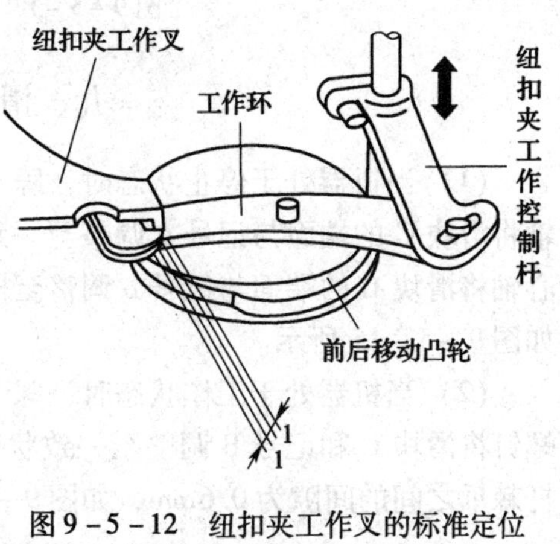

图 9－5－12　纽扣夹工作叉的标准定位

七、传动蜗杆与蜗轮的标准间隙调整

机器在工作时，在前后（纵向）移动凸轮处的传动蜗杆与蜗轮之间应保持有 0.3mm 的间隙，如图 9－5－13 所示。

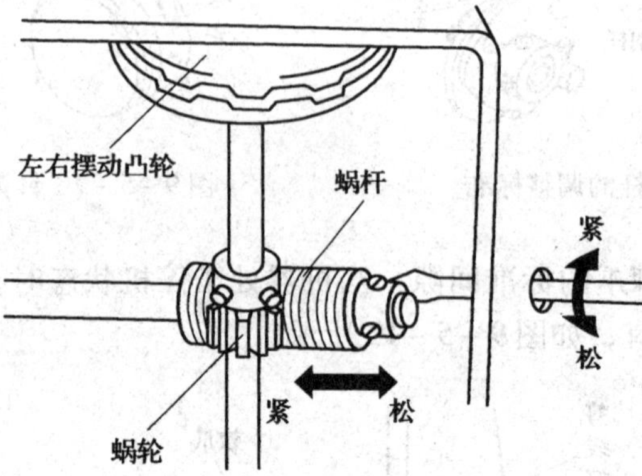

图 9－5－13　蜗轮与蜗杆的间隙调整

八、皮带轮与离合器的标准间隙调整

当机器处于停止状态时，皮带轮的内侧与离合器板外侧应保持有 0.8mm 的间隙。如图 9－5－14 所示。

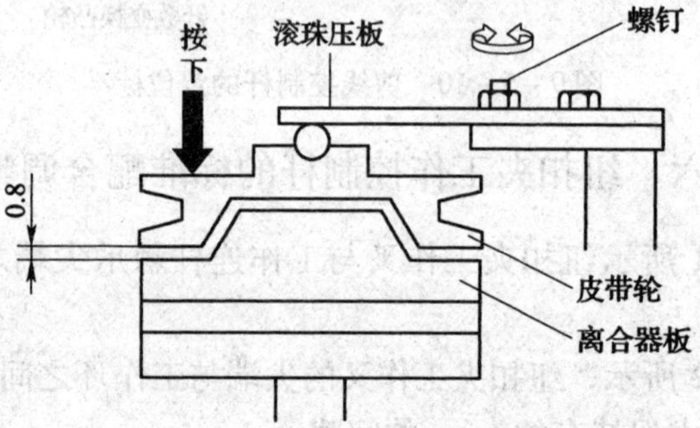

图 9－5－14　皮带轮与离合器的间隙调整

九、滑块位置的标准调整

（1）当机器处于停止状态时，踩下压脚踏板，使纽扣夹上升后，用螺丝刀转动偏心轴将滑块 C 的端面与记号 a 调整至一致状态，此为 CB3－B916 型的标准调整。如转动偏心轴将滑块 C 的端面与记号 b 调整至机架孔的中心位置，此为 CB3－B917 型的标准调整，如图 9－5－15 所示。

（2）当机器处于工作状态时，踩下脚踏板然后用手转动皮带轮 2～3 周，再通过止动螺钉将滑块 C 和记号 B 调整至一致状态。结束以上调整后，要求纽扣夹工作叉与工作连杆棘爪之间的间隙为 0.6mm，如图 9－5－16 所示。

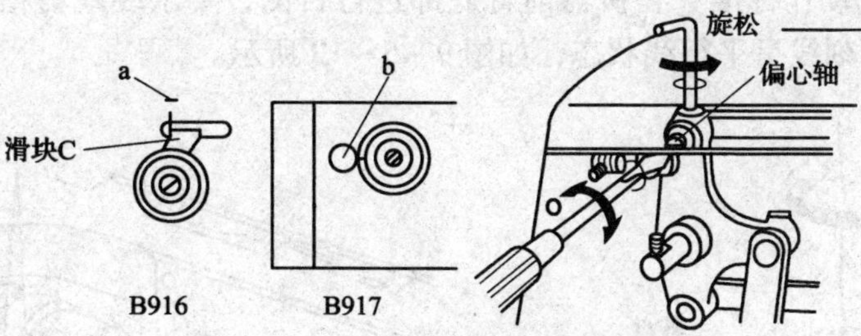

图 9－5－15　滑块位置的标准调整

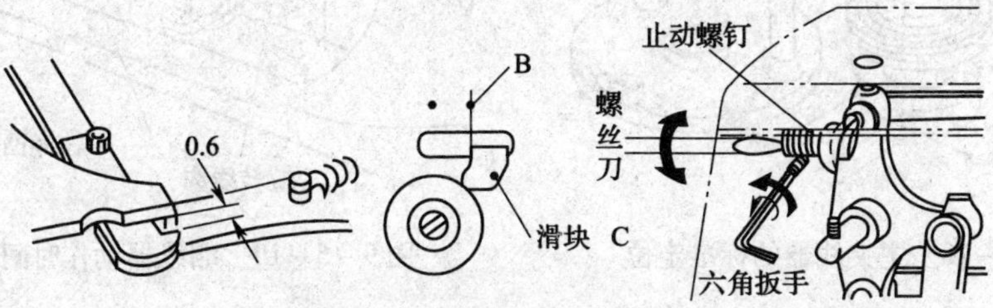

图 9－5－16　滑块的标准调整

十、主、副夹线器与绷线器的动作标准调整

（1）副夹线器的动作标准　将针杆从最低点向上回升，当针杆的基准线（刻线）与针杆上套筒的上端面平齐时，副夹线器应处于松线状态，此为 B917 型标准。当针杆的基准线高出针杆上套筒的上端面约 1mm 时，副夹线器应处于松线状态，此为 B916 型标准。注：图中 TQ×1 与 TQ×7 代表机针不同的型号，因此调整时是依据机针型号的不同而确定针杆刻线的标准。如用 TQ×1 型机针是以针杆的上一个刻线为基准；如用 TQ×7 型机针则是以针杆的下一个刻线为基准，如图 9－5－17 所示。

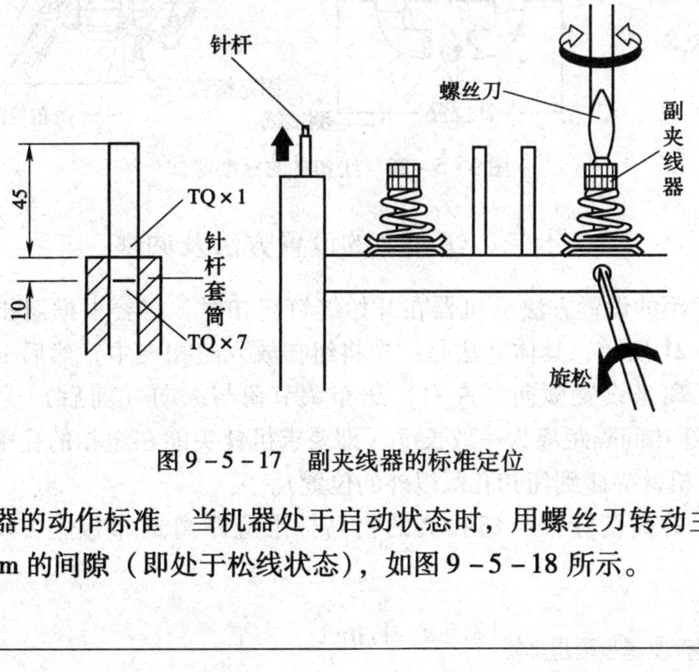

图 9－5－17　副夹线器的标准定位

（2）主夹线器的动作标准　当机器处于启动状态时，用螺丝刀转动主夹线器，使主夹线器保持 0.5mm 的间隙（即处于松线状态），如图 9－5－18 所示。

（3）绷线器的动作标准　在机器前臂底部进行目测，要求绷线器槽凸轮的基准刻线与三角凸轮的基准刻线呈平行线状态，如图 9－5－19 所示。

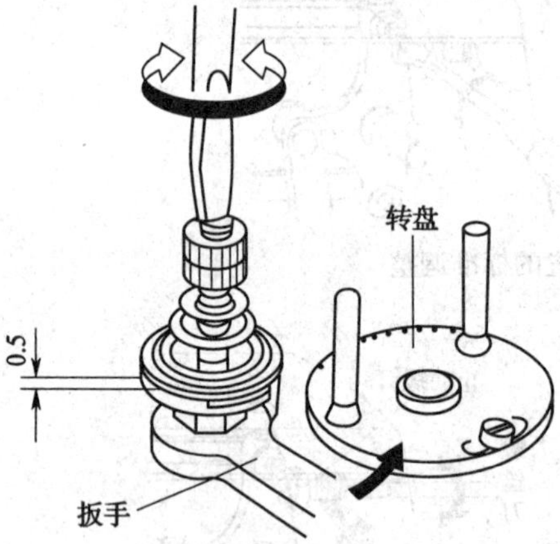

图 9－5－18　主夹线器的标准定位

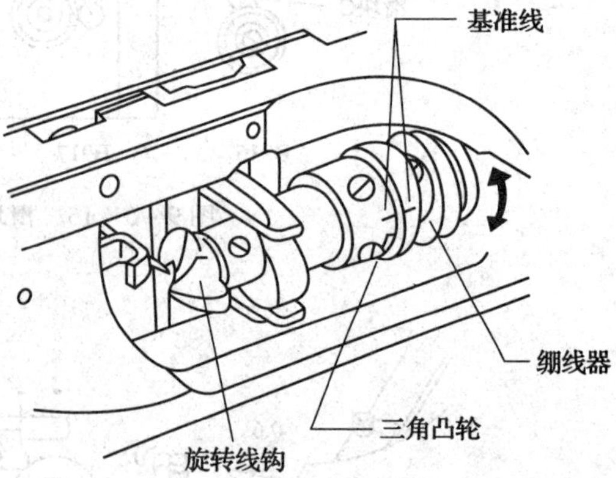

图 9－5－19　绷线器动作时间的调整

十一、纽扣夹前后（纵向）动作的标准设置调整

先将机器后部位置的纵向送布调节控制杆（四眼、两眼调节柄）移至 2 孔眼位置，再将测试纸放入纽扣夹的下方，转动主轮使机针在纸上穿刺两个针孔。然后，再将纵向送布控制杆（四眼、两眼调节柄）移至 4 孔眼位置，继续在测试纸上穿刺针孔。再用螺丝刀转动送布控制轴，要求两个针孔的中心与四个针孔的中心均匀一致，如图 9－5－20 所示。

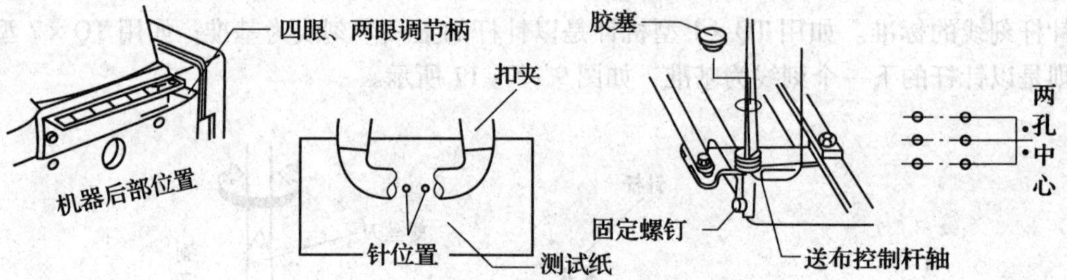

图 9－5－20　纽扣夹的标准调试

十二、纽扣夹的设置方法及调整

（1）纽扣间距的设置方法　机器在开始缝钉纽扣时，需要根据纽扣的规格而进行设置。如图 9－5－21 所示，具体办法是：先将纽扣放入纽扣夹中，然后根据纽扣孔眼的左右与前后间隔距离来设置横向（左右）送布调节钮与纵向（前后）送布调节钮的刻度（运动跨度）与纽扣间隔距离为一致长度（即要求机针尖能在纽扣的孔眼中心穿刺于缝料底部，绝不能使机针尖碰到纽扣孔眼以外的位置）。

（2）纽扣夹的高度标准　纽扣夹的抬高标准应距离送布板上方 13～14mm。如图 9－5－22所示。

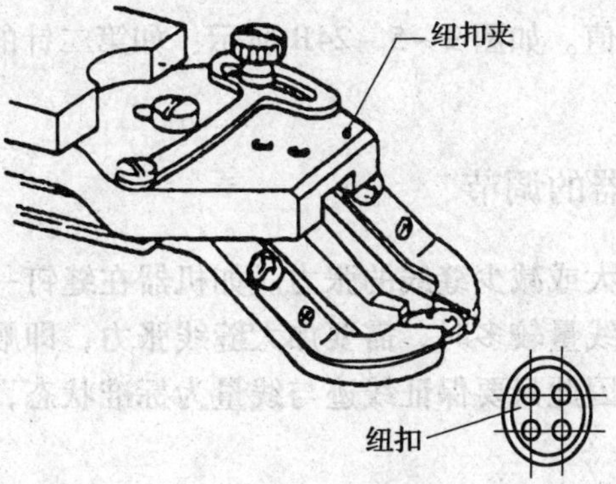

图 9－5－21　纽扣夹的设置方法

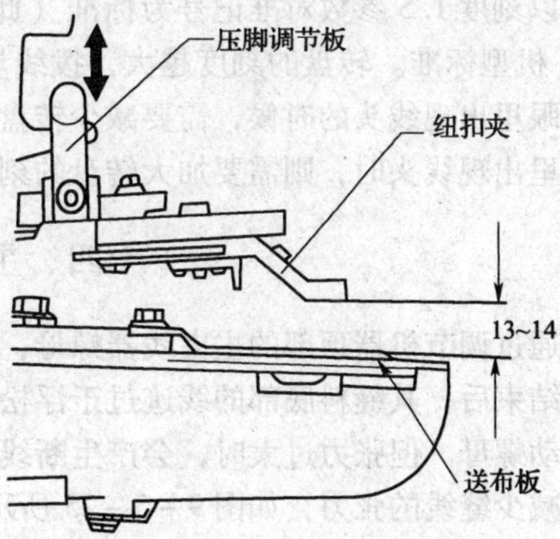

图 9－5－22　纽扣夹的高度标准

十三、拨线控制杆的调整

（1）拨线量的调节标准　机器在缝钉时，由于用线种类的不同，而需要调整拨线控制杆的位置。如选用棉线缝钉时，就需要机器在停机状态下将拨线控制杆的下侧对准上部的基准线；如选用细纱线缝钉时，就需要机器在停机状态下将拨线控制杆的下端对准下部的基准线如图 9－5－23 所示。

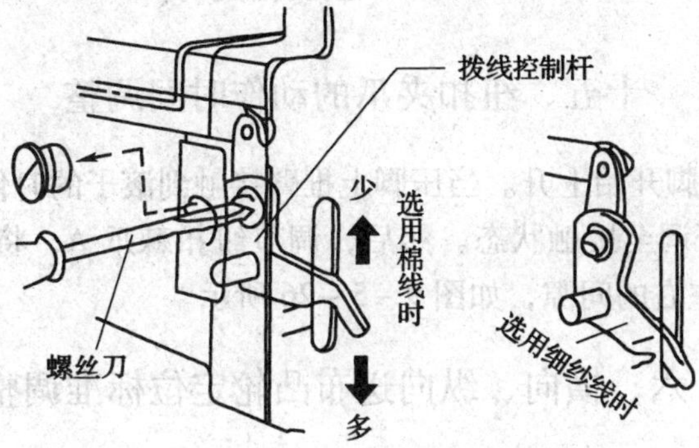

图 9－5－23　拨线量的调节标准

（2）转盘拨线量的调整　如图 9－5－24 所示，拨线转盘的位置一般是机器在停机状

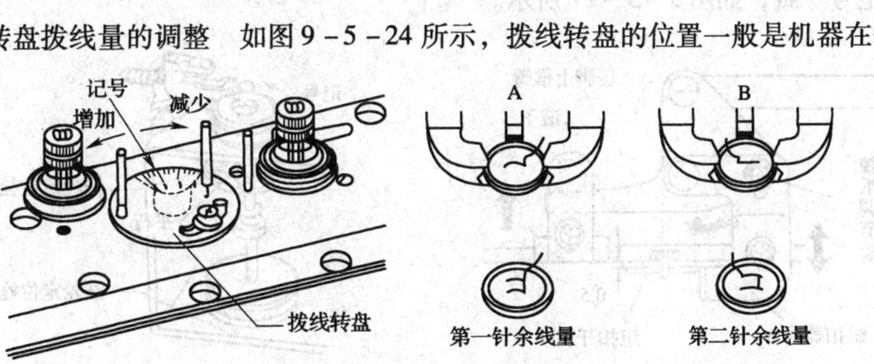

图 9－5－24　转盘拨线量的调整

态下以刻度 1.5 参数对准记号为标准（此为 B917 机型）。如以刻度 2 参数对准记号此为 B916 机型标准。转盘的刻度越大，拨线量也就越大。如图 9－5－24A 所示：如第一针的纽扣眼里出现线头的时候，需要减少转盘的刻度值。如图 9－5－24B 所示：如第二针的纽扣眼里出现线头时，则需要加大转盘的刻度值。

十四、主夹线器的调节

通过调节机器顶部的主夹线器螺母，可以加大或减少缝线的张力。如机器在缝钉一个纽扣结束后，其缝料底部的线迹过于浮松或残留线量较多时，需要加大缝线张力，即顺时针拧动螺母。但张力过大时，会产生断线现象。因此只要保证线迹与线量为标准状态，应尽量减少缝线的张力，如图 9－5－25 所示。

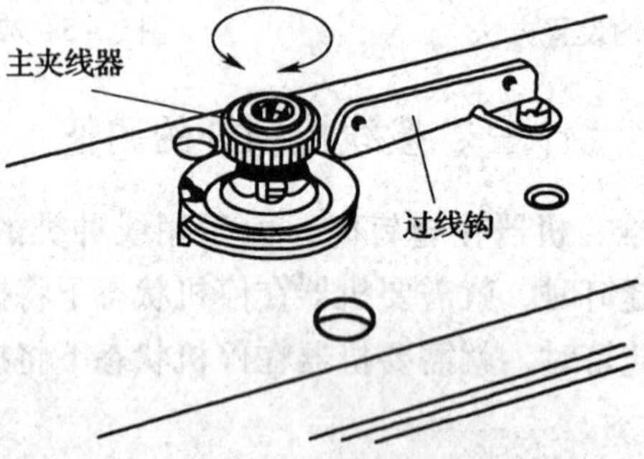

图 9－5－25　主夹线器的调节

十五、纽扣夹爪的动作时间调整

在缝钉结束时，压脚开始上升。当压脚上推臂接触到滚子的时候，用棘爪调节板将纽扣棘爪 A 与纽扣开放杆调至接触状态。然后，调节纽扣棘爪 A，将纽扣棘爪 A 与纽扣开放杆之间保持 0.5mm 左右的间隙，如图 9－5－26 所示。

十六、横向、纵向送布凸轮定位标准调整

先将机器处于停机状态，然后在机器底部转动送布凸轮，使送布凸轮的记号与凸轮定位栓的记号一致，如图 9－5－27 所示。

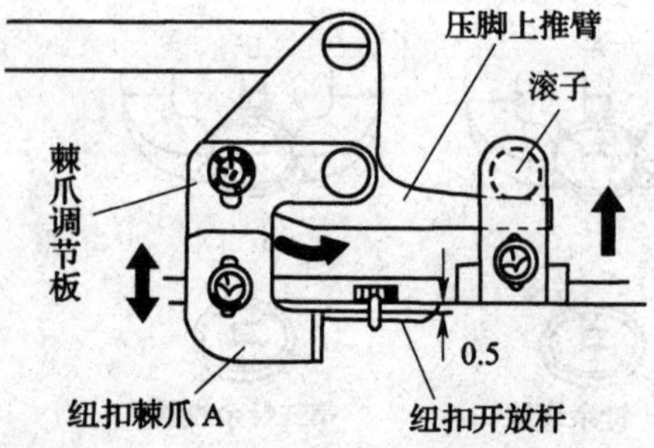

图 9－5－26　纽扣夹爪的动作调整

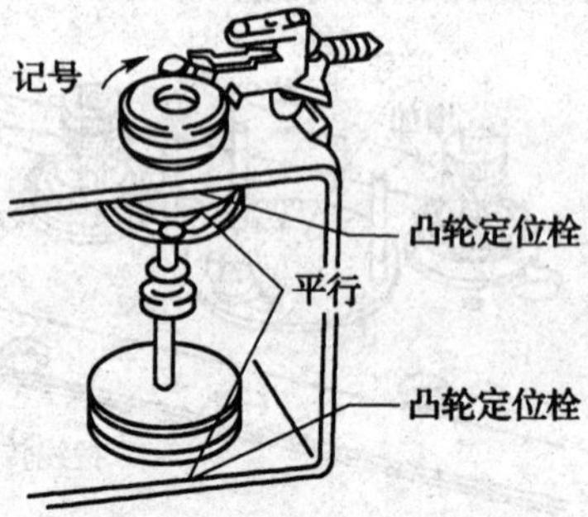

图 9－5－27　槽向、纵向送布凸轮定位标准

十七、制动组件的标准调整

（1）离合器控制杆的标准　机器在停机状态时，用离合器工作台将离合器工作杆的轴部与离合器体之间保持有0.5～1mm的间隙，如图9－5－28所示。

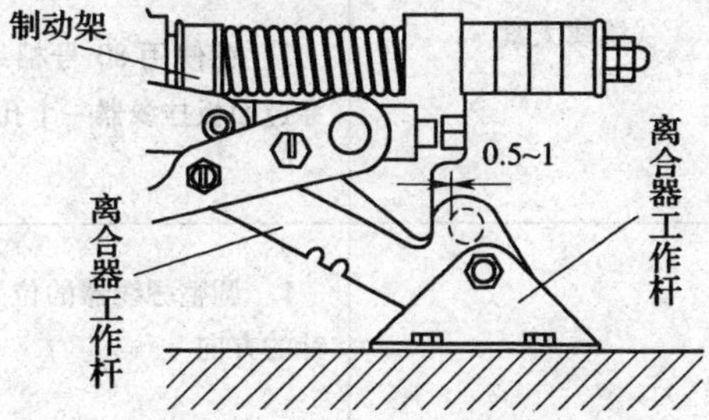

图9－5－28　制动组件的标准调整

（2）制动架缓冲的标准调整　机器在缝钉最后一针时，如图9－5－29所示，要求制动架的制动端和制动凸轮的基准线保持一致。调节制动片使制动架和制动凸轮之间有0.5mm的间隙。机器在停机状态时，通过转动制动架上的缓冲弹簧，可以调整制动架的缓冲力度。标准要求是使制动架端部与制动凸轮的卡槽面保持2～4mm的间隙。

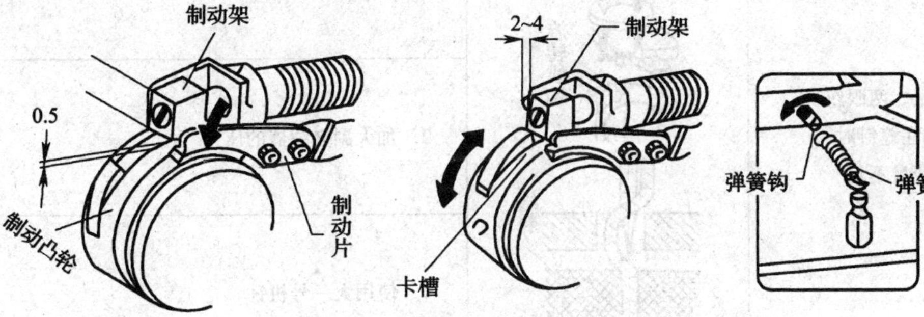

图9－5－29　制动架缓冲的标准调整

第六节　钉扣机（兄弟CB3－B916型）的常见故障与排除方法

钉扣机工作出现的故障，大致可分为钩线故障及扣夹、制动故障。通过对日本兄弟CB3－B916型钉扣机与国产GJ4－2型钉扣机的结构原理分析，日本兄弟CB3－B916型钉扣机稍显复杂，在机器结构方面也有所改良。尽管二者在结构方面有所区别，但都有着相同的运动共性。因此，只要基本掌握了对该机整体工作的配合标准与调整，工作时出现的故障便容易排除。

下面将日本兄弟CB3－B916型钉扣机在工作时经常出现的故障与排除方法作了分析。表9－6－1中的附加插图有助于初学者分析和理解，在维修时可供参考。

表 9－6－1　　兄弟 CB3—B916 型钉扣机故障及排除法

故障现象	产生原因	排除方法
机器工作时断线 	缝线太紧	1. 旋松主夹线器的松紧螺母 2. 减少副夹线器的压力 3. 在使用 80 号棉线时，需穿过面板挂线器一个孔 
	机针与旋转线钩产生摩擦	1. 调整绷线器的位置，使之靠近机针的方向 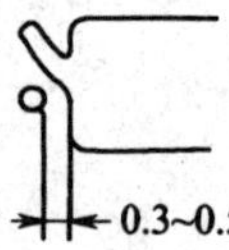 2. 要求机针与旋转线钩的摩擦间隙以不相碰为准，不要产生碰针现象 
四眼、两眼纽扣在缝钉时线量不足	缝钉时机针扎缝线 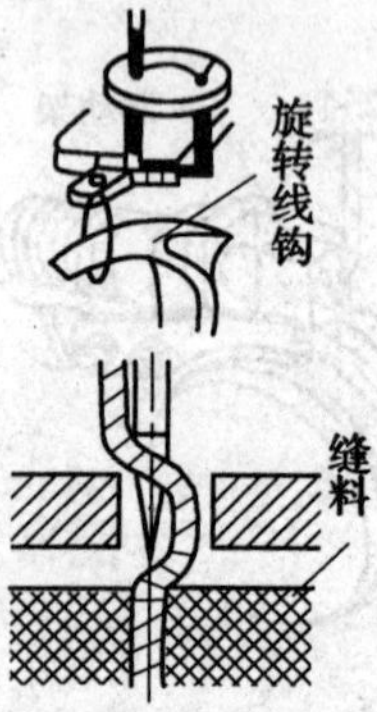	1. 使绷线器与机针保持 0. 5mm 间隙 2. 加大副夹线器的压力 3. 使用大一号机针
缝钉结束时易断缝线（此为 B917 机型标准） 固线器 	拨线器控制杆的拨线量过多	1. 上推拨线器控制杆，减少拨线量 
	夹线器的松线时间太迟	2. 当纽扣夹上升的时候，要求滑块的记号处于机架的中央位置

续表

故障现象		产生原因	排除方法
断线	在固线器与缝料之间绷断	纽扣夹放开的时机晚，钮扣被托起	调整纽扣开入时棘爪的吻合量
	打结时绷断线  四个眼扣  两个眼扣 线量不足短断线	主夹线器的压力过大	将绷线器与机针的间隙调整标准
			旋松主夹线器减少缝线的张力
	经常分裂断线或断线位置不定同时发生跳针现象	旋转线钩的钩线精度不高	1. 调整针杆高度、机针与旋转线钩的摩擦间隙 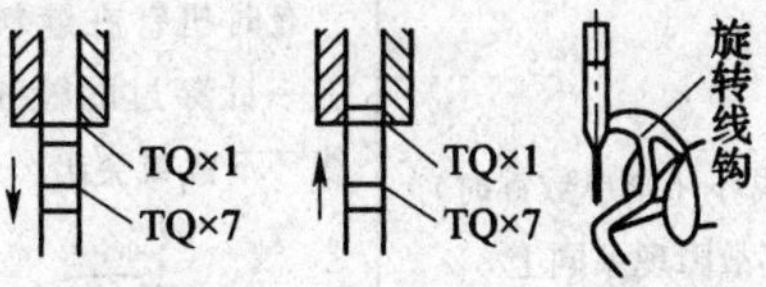
			2. 旋转线钩与机针之间的间隙，进行调整
			3. 针座与机针之间的间隙，进行调整 
		由于缝料的浮动而引起机针不能稳定形成线环	1. 使用有齿形送布板，防止布移动
			2. 加大纽扣夹的固定压力 
		机针与纽扣夹或送布板的配合不精确	1. 对机针的落点与纽扣夹的安装位置不正确进行调整
			2. 对机针的落点与送布板的安装位置不正确进行调整
缝钉时线的松紧不良，即浮线		夹线器的压力太小	1. 加大主夹线器的压力
			2. 调整针杆的高度 B917 时高于 45mm B916 时高于 46mm 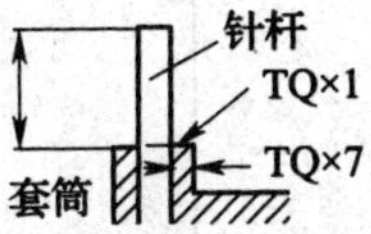

续表

故障现象	产生原因	排除方法
残留线环(在移动打结时残留)发生在16针(12针)的时候 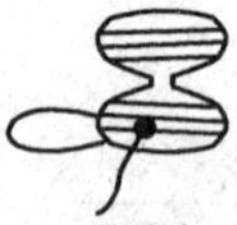 四眼扣  两眼扣 两眼缝时容易发生 四眼缝时不易发生	缝线张力不合标准，针杆位置不正确	1. 放松主夹线的线松紧螺母 2. 降低针杆的高度
	夹线器的压力较小	1. 加强副夹线器的压力 2. 穿过面板过线器两个孔 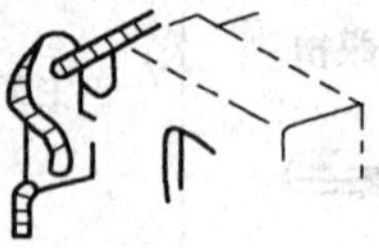
	绷线器和旋转线钩的两次加紧过大	1. 调整绷线器 2. 调整旋转线钩
残留线环（剩单数针时）其故障现象同上 有时出现断线、线环的部位出现毛刺	有时机针在缝料中碰到上一针穿过的缝线，导致线环不紧或突出 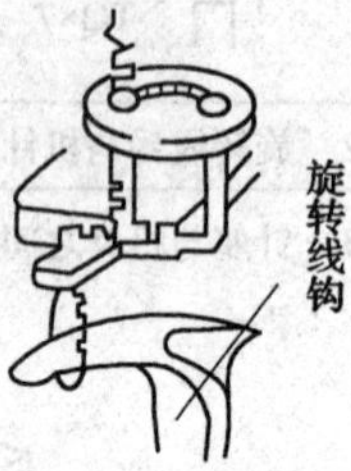 	1. 调整绷线器与机针的标准间隙 2. 交换绷线器 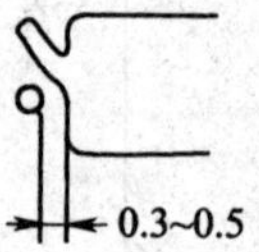
缝钉结束后，有部分余线 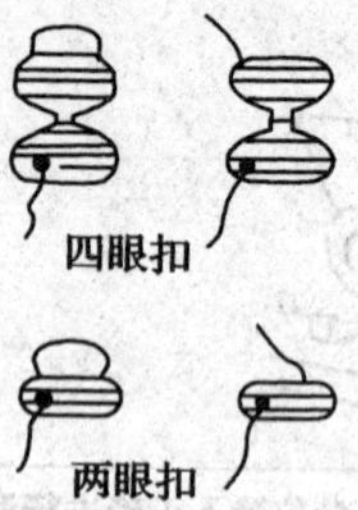 	转盘的拨线量过多	减少转盘的拨线量，转至小的刻度 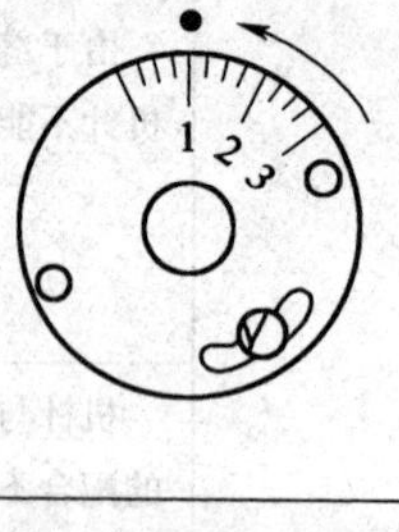
打结处浮起（浮线）  四眼扣	拨线器控制杆的线量不足	将拨线器控制杆调至下方，加大拨线量 

续表

故障现象	产生原因	排除方法
缝钉两眼扣时， 最后一针的底线突出 	固线器的压力较弱	加大固线器的压力 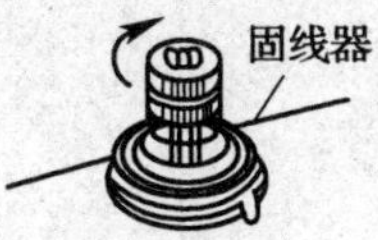
	固线器的动作时间过早	合理调整滑块的位置 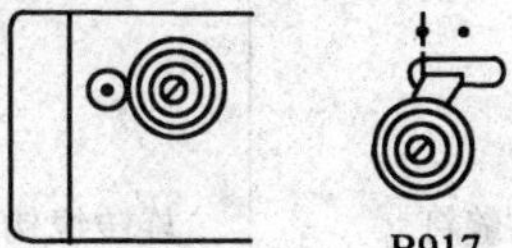
缝钉时偶然出现 线迹松紧不良  	穿线过程不正确； 过线时有缠绕 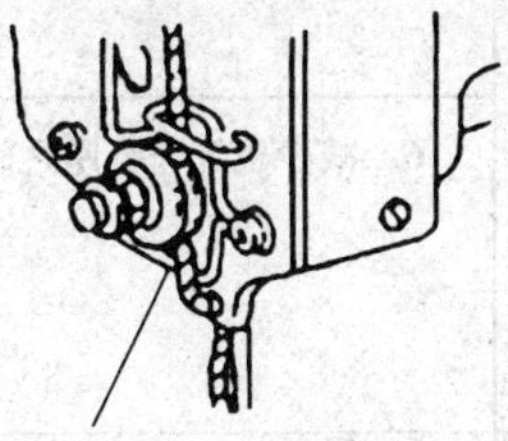	检查穿线步骤
机器在缝钉时 就出现跳针  	机针的余线长度不足 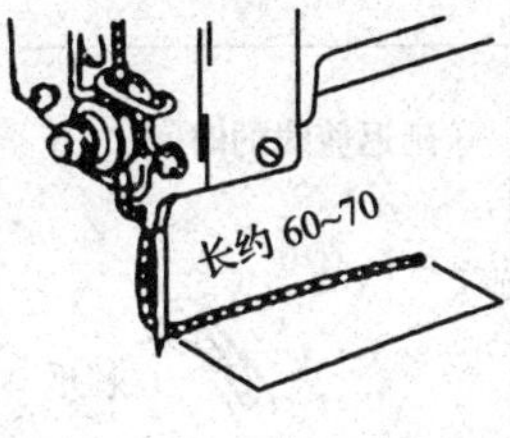	1. 在停机时减小剪线控制杆的棘爪和针数变换凸轮之间的间隙 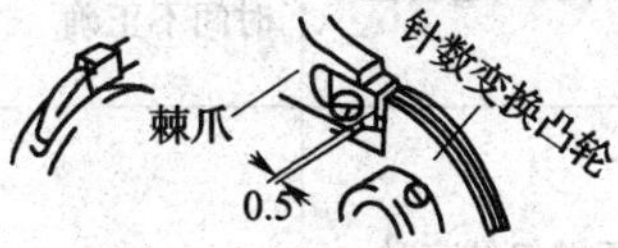
		2. 放松主夹线器的张力 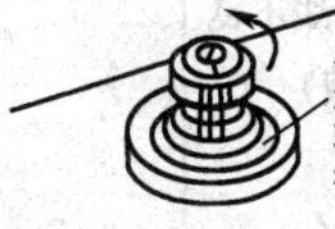
	转盘拨线量的供应不足	加大固线器的开放量
	转盘拨线量的线量不足	加大转盘的拨线量，调至大的刻度值
	机针线环太小（线环大的时候、特别是使用粗线的会使线环不稳定）	调整机针与旋转线钩的钩线时间 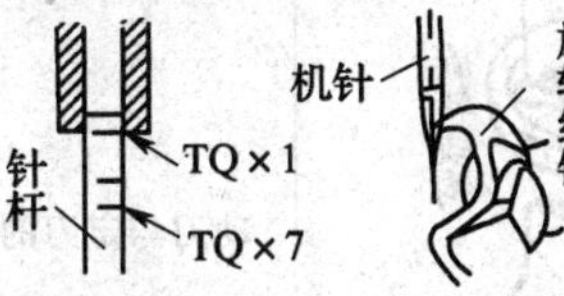
		使用带有齿形送布板，使之不容易移动缝料，而导致线环不能稳定形成

续表

故障现象	产生原因	排除方法
机器在缝钉时就出现跳针	旋转线钩的动作时间不标准	1. 机针的安装要正确，侧平面要与旋转线钩正交
		2. 检查纽扣夹、送布板的位置是否正确
		3. 调整针杆高度
		4. 调整机针与旋转线钩的标准钩线时间 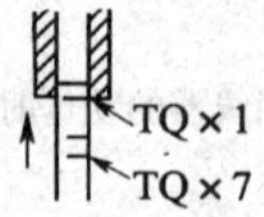 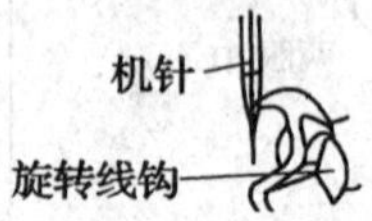
		5. 减少机针与旋转线钩之间的钩线间隙，以不碰针为宜 
		6. 减少机针与针座之间的间隙 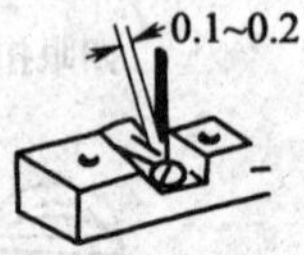
机器在缝钉结束时跳针，同时出现剪线不良现象取下缝料的时候线迹便脱开	机针与旋转线钩的配合不标准；剪线动作或剪刀刃口不利；夹线器的动作时间不正确	重新检查机针与旋转线钩的标准配合；检查剪线动作是否标准或刀口是否变钝以及夹线器放松与夹紧的动作标准等
机器在最后缝钉结束时，旋转线钩能正常的钩到上一针的线环而产生剪线不良（此为B917机型） 	动刀的剪线时间不正确	延迟剪线的时间 
	动刀或定刀的刃口不锋利，变钝	需要更换或修磨动刀或定刀
	动刀与定刀的位置不标准	1. 调整定刀的标准位置，使机针与定刀保持1～2mm的间隙
		2. 使动刀与旋转线钩保持一定间隙

续表

故障现象	产生原因	排除方法
缝料与纽扣之间第一针的线插入第二针里或套入第二针的线环里 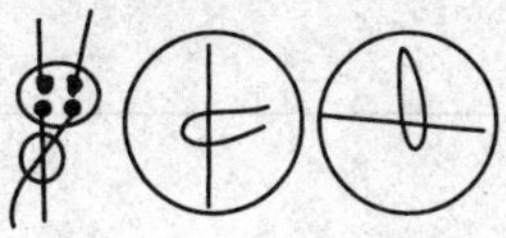	起动时因纽扣夹压力较小而产生窜动，导致缝料滑动	加大纽扣夹压力，使之能合理的固定好 
离合器不工作或在即将结束时提前停止	由于主轮转速不足，因此不能完成整个缝钉工作	使用标准皮带轮，50Hz N75 皮带轮或 60Hz N65 皮带轮
	制动过强	1. 减弱制动力
		2. 延迟针数变换凸轮的动作时间 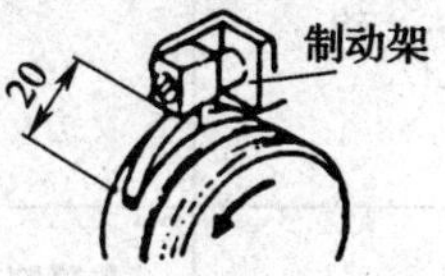
噪声较大	转速过高减速效果不好	使用标准皮带轮，50Hz N75 皮带轮或 60Hz N65 皮带轮
	制动过弱	稍加大制动力
压脚不上升	纽扣夹工作叉和工作连杆棘爪的尖端之间的间隙过大	应将间隙调整到 0.5 ~ 1mm 左右
	由于工作连杆棘爪的磨损而失去精度	需更换工作连杆
	在纽扣夹工作叉的上始点工作连杆不吻合	需拧动止动螺钉，使工作连杆棘爪保持 0.6mm 的间隙
机器在缝钉时，纽扣放不进纽扣夹内	纽扣的外径大于纽扣夹的开放量	1. 应将纽扣放到纽扣夹上，再进行调节与纽扣外径尺寸相同的夹爪开放量
		2. 在纽扣放入纽扣夹后，不能使纽扣产生松动现象
	纽扣的开放棘爪调整不正确	1. 重新调整纽扣和开放棘爪的动作时间
		2. 将纽扣开放棘爪和纽扣开放杆之间的间隙调整为 0 ~ 1mm

续表

故障现象	产生原因	排除方法
机器在缝钉四眼扣时，缝完前半部分后，却不能缝后半部分 	机器的送布（纵向）动作不标准	机器在停机时，要求纵向送布凸轮的基准线与凸轮定位栓的印记一致
机器在最后缝钉结束时，旋转线钩能正常的钩到上一针的线环而产生剪线不良（此为B916机型） 	缝至结束时，缝线张力较小，使缝线不能绷紧	1. 加大主夹线器的压力 2. 加大固线器的压力 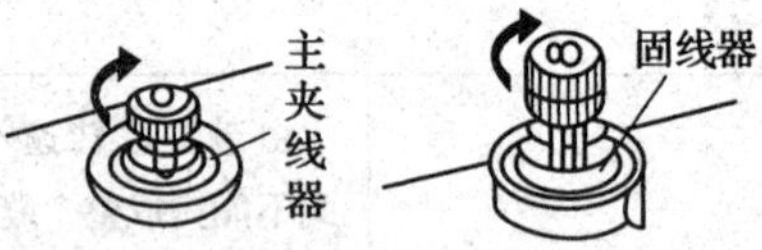 3. 调整纽扣夹的上升量 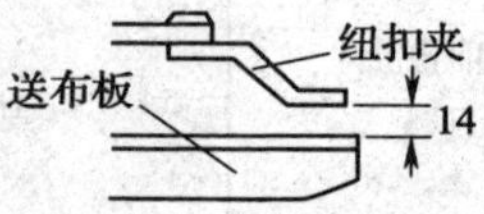
机器结束时，剪断缝料上部线，有时在停机时缝线缠绕到旋转线钩上；使用粗机针时也容易发生缝线缠绕	在缝料的上面剪断了线 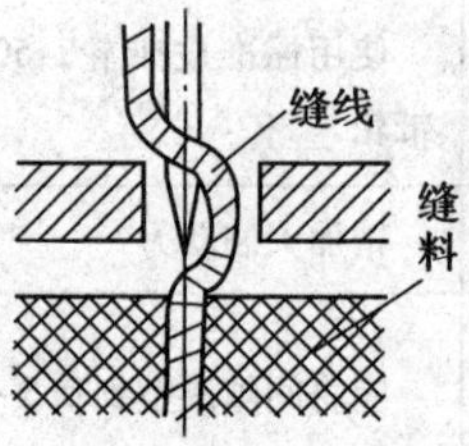	1. 加大副夹线器的压力 2. 应选用较细缝线 3. 尽可能减少缝钉的针数 4. 尽可能的使机针尖在扣眼的外侧下插 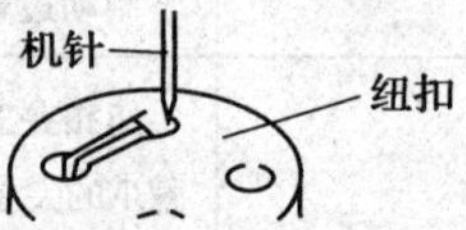
缝线在缝料上有余留 	主夹线器的压力较弱	1. 加大主夹线器的压力 2. 减少转盘的拨线量 

1．钉扣机产生断线故障的排除技巧

断线是钉扣机在工作时常见的故障，一般来说，机器产生断线的原因很多，现根据实践经验做以下分析：机针孔或机针挡块有毛刺引起的断线；中间夹线器太紧或夹线器松线时间太晚跨针时断线；旋转钩有毛刺或有裂痕等引起断线；旋转钩在钩线时与机针太紧，造成旋转钩在机针外侧。通常检修时，首先更换新机针，选择与机针相匹配的缝线，调整机针与旋转钩的标准配合关系，即机针从最低点回升 3～3.5mm 时，旋转钩尖刚好到达机针中心，并要求旋转钩尖与针孔上方的距离为 1～1.3mm，其摩擦间隙为以旋转钩尖不碰机针为准，机针与挡板间隙应小于 0.1mm，要注意针杆左右摆动时，机针与挡板间隙相同。调整中间夹线器压力和标准的松线时间。以上分析对于一般性断线是可以排除的。

2. 钉扣机在缝钉结束时，旋转钩偶尔缠住线的处理方法

钉扣机在缝钉工作中，偶尔会在机器底部的旋转钩上缠住一根线，而割线刀也起不到割断这根线的作用。最后把缝钉好的纽扣从扣夹里拉出来时，缠住的那根缝线只有用力从旋转钩中拉出，但这种故障只是偶尔发生，针对这种表面看似疑难故障，现结合实践经验做出以下分析及处理办法。

钉扣机在出现此类问题时，通过理论知识的分析一般需要检查缝线的张力、旋转钩与机针的钩线关系、夹线器的收线时间以及旋转钩在最后一针时停车时间是否标准等。如经过排查后仍不能解决问题，那么就需要检查机针了，因为机器的缝钉动作是在同一个扣眼里进行来回数针的缝钉的。所以，机针的针尖形状会导致此故障的发生，如机针的尖部太尖，在下插穿入缝料时，偶尔就会从两股缝线的中间穿过，因此便会出现此类故障。解决办法是：只要将机针的尖部稍稍磨钝一点，使针尖下插时，可以在缝线边缘间穿过，避免缝线被拉下的现象。注意：在磨针尖时，需要做细致的处理，不能使针尖产生毛刺，这样不仅解决不了故障，还会增加断线现象。

3. 钉扣机发生断针故障的原因与排除技巧

钉扣机在工作时发生断针故障时，一般都容易检修，现根据实践经验做出以下分析。(1) 如因扣夹位置不正确，机针下插时偏离了纽孔位置而造成断针，排除方法是：正确调整扣夹位置，使机针对准纽孔中心（使前后、左右均保持一致）；(2) 如遇纽扣孔中心距大小不等，外形特殊时，需要更换标准纽扣（孔距大小相同），缝钉时根据外形、纽孔，固定方向装入纽扣；(3) 拖布板的方孔位置不正确，机针碰撞方孔板，调整方孔板位置，如钉大纽扣时换用大方孔板，钉小纽扣时用小方孔板（如衬衫纽扣）；(4) 护针板碰机针，调整护针板位置，使针尖无论处在哪个位置应与护针板的间隙保持一致；(5) 旋转钩与机针有较大的碰撞现象，调整旋转钩与机针的标准摩擦间隙，正确要求旋转钩在到达机针中心时其间隙应以不碰针为准；(6) 旋转钩轴出现窜动现象，按标准调整；(7) 蜗杆定位产生窜动，需重新调整蜗杆。通过以上排查后，机器出现断针的故障基本可以排除。

思考与练习

1. 钉扣机能缝钉哪些类型的纽扣？实现的是哪种线迹？
2. GJ4－2 型钉扣机的特点是什么？它有哪些主要机构？
3. GJ4－2 型钉扣机的针杆与旋转线钩同步摆动是怎样实现的？
4. GJ4－2 型钉扣机针杆上下运动与摆针运动之间有什么运动配合要求？这个要求是如何实现的？
5. GJ4－2 型钉扣机抬扣夹和割线运动有什么运动配合要求？如何保证？
6. 简述 GJ4－2 型钉扣机的定位制动工作原理。

7. GJ4－2 型钉扣机在工作前，根据缝钉的纽扣要进行哪些调节？

8. 兄弟 CB3－B916 型钉扣机的结构与国产 GJ4－2 型钉扣机相比较有哪些区别？增加了几种功能？

9. 兄弟 CB3－B916 型钉扣机的针数变换是如何实现的？

10. 全面掌握兄弟 CB3－B916 型钉扣机整机标准配合与调整方法。

11. 简述兄弟 CB3－B9－6 型钉扣机工作顺序。

12. 简述机针与旋转线钩的成缝运动配合要求。

13. 熟悉钉扣机的常见故障与排除方法。

第十章　套　结　机

第一节　套结机的性能与用途

套结缝纫机俗称“打枣机”。是一种对服装缝制加固结的专用服装机械，在缝料过程中根据生产工艺需要对服装作特定的线迹形状与加固缝纫。图 10－1－1 为其外观图，图 10－1－2 为套结形状：图中（a）为袋口部位的加固结缝；（b）为圆头纽孔尾部的加固缝；（c）为缝钉裤带袢耳；（d）为商标的封闭型缝纫；（e）为带接头的封闭式缝纫；（f）为服装某些部位花式缝纫。

图 10－1－1　日本兄弟 LKB 430 型套结缝纫机整机外观图

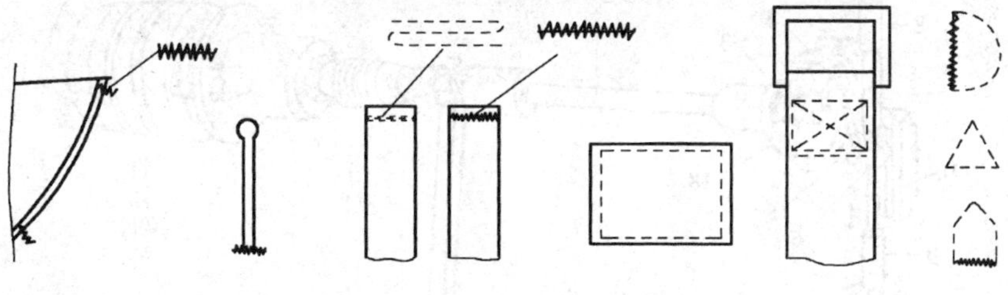

（a）　（b）　（c）　（d）　（e）　（f）

图 10－1－2　套结缝形示意图

从图中可以看出，这些特殊的线迹形状用普通缝纫机是很难实现的。因此，在服装制作过程中，这些特殊的线迹缝纫是要依靠不同性能的套结机来完成的。下面以目前服装企业使用最广泛的日本兄弟 LKB430 型套结机为例做一些结构原理与维修的讲解。

套结缝纫机的种类繁多，主要是针对不同性质的缝料以及套结的针数、图形进行分类。一般常见的针数有 21 针、28 针、36 针、42 针、56 针、64 针。缝纫性质分平缝、套结缝、花样打结缝等。目前，服装企业使用最多的是 42 针套结缝。其缝型结构见图 10－1－3 所示。

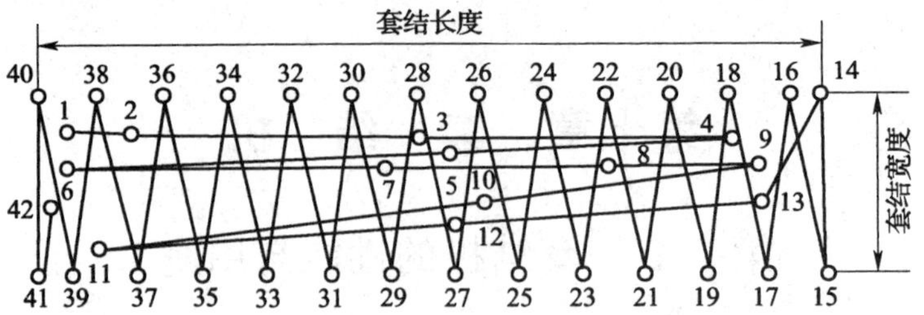

图 10-1-3　套结缝形的结构与名称

第二节　套结机的主要机构与装配注意事项

日本兄弟公司生产的 LK3-B430 型套结机的结构形式为单针、双线、连杆挑线、摆梭钩线、形成锁式线迹的套结缝型。其线迹的形成原理与钩线方式和家用缝纫机基本相似。其工作原理为一组大凸轮控制的压脚和送布板做横向和纵向的送料运动，并使送布机构产生预期的复合运动。且配合一组挑线连杆，摆梭钩线的双线锁式线迹缝纫并在短距离之内使针迹有规则的进行缝制动作，从而形成加固时所需要的线迹。根据整机按各机构在缝制中的功能可大致分为针杆机构、钩线机构、挑线机构、送料机构、压脚机构和启制动机构。

一、针 杆 机 构

针杆机构的结构形式与作用同工业平缝机相似。其动力是通过上轴前端的针杆曲柄、滑块以及连杆传递给针杆，使之做上下单纯的往复运动。它的任务是要求机针下降将面线穿到缝料下面；机针上升形成线环，为摆梭钩线创造条件。

针杆机构是采用曲柄连杆式滑块机构。如图 10-2-1 所示，上轴的左端装着针杆曲

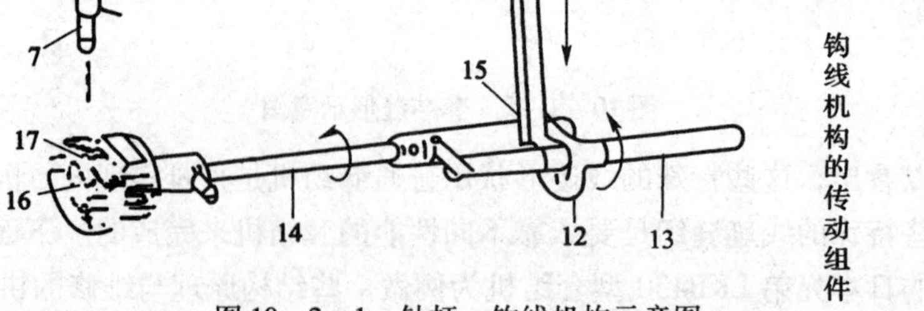

图 10-2-1　针杆、钩线机构示意图

1—皮带轮　2—上轴　3—挑线曲柄　4—针杆曲柄　5—小连杆　6—针杆连接轴　7—针杆　8—针杆上套筒　9—针杆下套筒　10—滑块　11—大连杆　12—摇摆齿轮　13—摆轮　14—下轴　15—下轴齿轮　16—摆梭托　17—摆梭　18—针杆曲柄

柄，针杆曲柄销被固定在针杆曲柄上。针杆曲柄销的前端配合针杆小连杆，针杆小连杆的另一端转动后连接着针杆连接轴，针杆连接轴的垂直孔中固定着针杆，针杆的滑动是装在两个同心的针杆上套筒中，该套筒固定在机壳上。另外在针杆连接轴的后端配合着针杆滑块，而针杆连杆滑块和被固定在机壳上的连杆滑块通过导槽滑动配合。而针杆的下端装有机针。因此，当转动主轮时传动主轴使针杆曲柄也带动针杆连杆和滑块，使针杆做上下的往复运动，从而完成穿刺缝料的动作。

装配注意事项：

（1）针杆曲柄的主螺钉要对准主轴前端的定位孔拧紧。

（2）针杆连接轴的螺钉必须拧紧，它是调节针杆高低的唯一组件。

（3）滑块应在滑槽内灵活地上下滑动，决不能有窜动现象。

（4）挑线曲柄的平面要对准主轴曲柄侧面的螺钉拧紧。

（5）挑线曲柄外端的支头螺钉的旋向（螺纹）与其他螺钉相反，反转则是松开。

二、钩 线 机 构

钩线机构的作用与运动形式与家用缝纫机基本相似。主要是通过摆梭将机针形成的线环钩住，并使线环围绕摆梭环绕约半周而使线环扩大。再配合挑线机构将多余的面线抽紧，实现面线与底线交织，即为双线锁式线迹。

钩线机构的动力来源于摆梭齿轮和下轴齿轮传动钩线组件。如图 10－2－1 所示，机器后部皮带轮往箭头方向旋转时，上轴曲柄摆动大连杆做上下运动，大连杆下端与摇摆齿轮相连接，使摆轴做往复摆动，下部的摇摆齿轮与装在下轴的下轴齿轮啮合并带动下轴做180°的摆动，同时又传动下轴前端的摆梭托即带动摆梭做来回往复摆动，从而实现钩线动作。

三、挑 线 机 构

套结机的挑线机构的作用也与 GC 型平缝机的挑线机构基本相同。机器在缝制过程中也是根据线迹形成到不同阶段时，根据机针和摆梭用线的需要而输送面线，最后收紧面线使面线环脱离摆梭形成有效的线迹，再从面线团中拉出一定长度的面线，以便形成下一个线迹。

套结机的挑线机构与工业平缝机的四连杆挑线机构相似，这里不再讲解。

四、送 料 机 构

套结机的送料机构是采取下托上压的夹板式送料形式，并配合压脚机构，这对实现各种特定缝型起着很重要的作用。

缝纫机常采用的送料形式有摩擦式和夹板式两种。摩擦式是通过送布牙对缝料的摩擦作用来完成送布动作的，这也是缝纫机中常采用的送料形式，如平缝机、包缝机等；而夹板式送布机构多为半自动或全自动缝纫机采用。在套结缝纫机中基本是采用了由双面槽送布凸轮来控制下托上压的夹板式送料动作的。套结缝纫机的送料工作原理如图 10－2－2 所示。首先分析纵向送料过程，上轴逆时针旋转，带动安装在竖轴上的蜗轮旋转，从而使安装在竖轴下端的变换齿轮（塑胶齿轮）与安装在送布凸轮的变换齿轮相啮合，从而使送布凸轮顺时针旋转。嵌在送布凸轮的纵向曲形槽内的滚柱使纵向送布凸轮摇杆做摇摆运动，同时与纵向送布凸轮摇杆相连接的纵向送布调节杆也做摇摆运动；纵向送布曲柄是以调节螺帽固定在纵向送布调节杆并以纵向送布的轴为支点使送布台做纵向（即前后）运动。横向送料过程是：嵌在送布凸轮横向曲形槽里的滚柱，使横向送布凸轮摇杆以横向送布凸轮的支点轴做摇摆运动；通过横向调节螺帽固定在横向送布凸轮曲柄的横向送布调节杆和横向送布摇杆做摇摆运动；同时，嵌在送布台上的拖动滚柱使送布台做横向（即左右）运动。当送布凸轮转动时，就带动了横向与纵向的复合运动。通过送布凸轮曲形槽的改变，从而形成了各种特殊的缝型线迹。

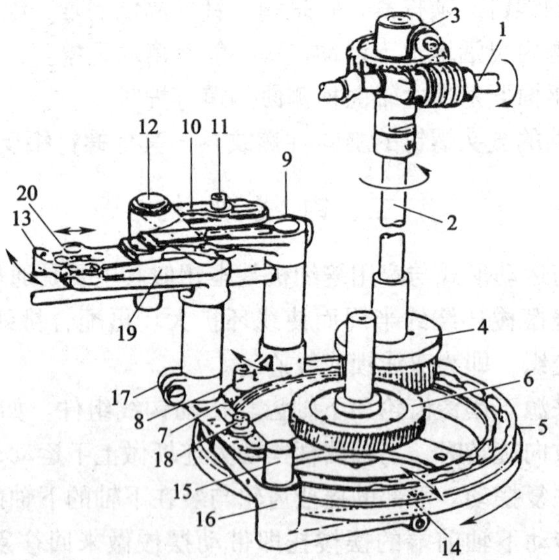

图 10－2－2　送布机构传动装置示意图

1—上轴　2—竖轴　3—蜗轮　4—塑胶齿轮　5—送布凸轮　6—变换齿轮　7—滚柱　8—送布凸轮曲柄　9—送布凸轮摇杆　10—纵向送布柄　11—螺母　12—纵向送布柄轴　13—送布台　14—横向滚柱　15—横向送布凸轮柄轴　16—横向送布凸轮摇杆　17—横向送布调节杆　18—横向调节螺母　19—横向送布柄　20—滚柱

装配注意事项：

送布机构的送布时间与机针必须同步，造成送布时间与机针不同步的原因是送布凸轮的转向位置（定位）不正确。具体调节方法见总配合。

五、压 脚 机 构

套结机中压脚机构同样是起到压紧缝料的作用，并与缝料之间产生摩擦力，配合送布压板同步运动。同时要求机器起缝与结束时压脚应处于自动落下或抬起状态。套结机的压脚及扫线机构的传动如图 10－2－3 所示，其工作原理是：当从动柄往箭头方向运动时，传动杆的下端装有滚柱就往上顶，传动杆滚柱由压脚驱动凸轮的 A 部位脱开，当压脚驱动凸轮与压脚驱动轮接触时，驱动凸轮就转半圈，抬压脚杆是和抬压脚曲柄相连接的，以曲柄轴为支点传动抬压脚杆，抬压脚杆又与抬压脚连杆相连，并以连杆轴为支点，通过嵌在抬压脚连杆上的方柱提升抬压脚板和弹簧使压脚臂的另一端往上顶。通过压脚臂的支点作用，翘起了固装在压脚臂前端的压脚。当机器完成最后一针时，抬压脚滚柱轴就通过起动杆的卡爪脱开，又使传动杆滚柱离开压脚驱动凸轮的A部，使压脚驱动凸轮接触并驱动压脚凸轮约转半圈，从而通过相关组件使压脚抬起。

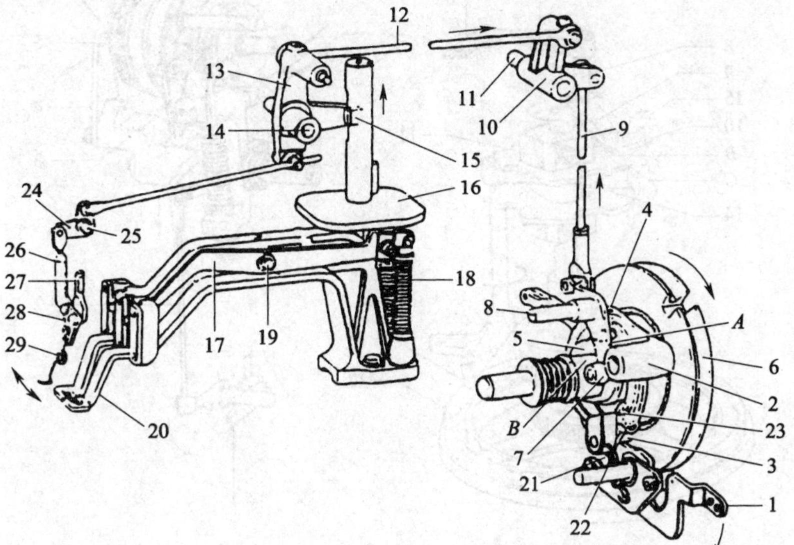

图10－2－3　压脚、扫线机构

1—从动柄　2—传动杆　3、4—控制滚柱　5—压脚驱动凸轮　6—压脚驱动轮　7—支点曲柄　8—支点轴　9、12—抬压脚杆　10—转向曲柄　11—转向曲柄轴　13—压脚连杆　14—连杆支点轴　15—压脚顶块　16—压脚板　17—压脚臂　18—压脚弹簧　19—压脚臂支点轴　20—压脚　21—滚柱轴　22—起动卡爪　23—压脚杆滚柱　24—扫线连杆　25—扫线支点轴　26—扫线连杆　27—扫线曲柄　28—支点轴　29—扫线钩

六、启、制动机构

套结缝纫机的启、制动是用来控制机器的起缝与结束动作。套结机的缝纫速度很快，每完成一个套结大约耗时2s时间。由于机器在高速运转时的惯性作用对停车的制动冲击很大，这样会损伤机器的零部件，针对这种缺陷，套结机采用了减速缓冲装置。

兄弟LK3－B430型套结机的启、制动机构，如图10－2－4所示，其工作原理是：当起动柄做下压动作时，通过连杆使装在离合架上的滚珠压板的低速挡A部与滚珠中心一致。通过起动杆将动力传递给上轴，离合架与离合器连杆一端相连接，另一端是与离合器从动杆相连接，以离合器从动轴为支点从离合控速曲柄和端部装有的滚柱接触到速度轮的边缘B时即低速挡缝两针。当滚柱接触到速度轮的高速挡边缘时，机器底部送布凸轮的控速滚柱则从送布凸轮的凸缘部位滚下来。控制器便进入滚柱下面高速缝制直到只剩下四针的位置时，机器底部送布凸轮的低速凸缘便接触到控速滚柱，使控速滚柱摆动，从而脱开控制器的控制，使上方控速曲柄的滚柱接触到速度轮的高速挡。然后，通过速度轮继续转动便在速度轮的低速挡缝制四针的时间后滚进速度轮的凹槽（即停针位），此时，套结缝纫已全部结束。机器在工作过程中，如将急停手柄向机器后方推动时，控速曲柄的前端滚柱就摆脱了控制器的控制，使滚柱立即滚入速度轮的凹槽位置，机器便立即停止缝制工作。

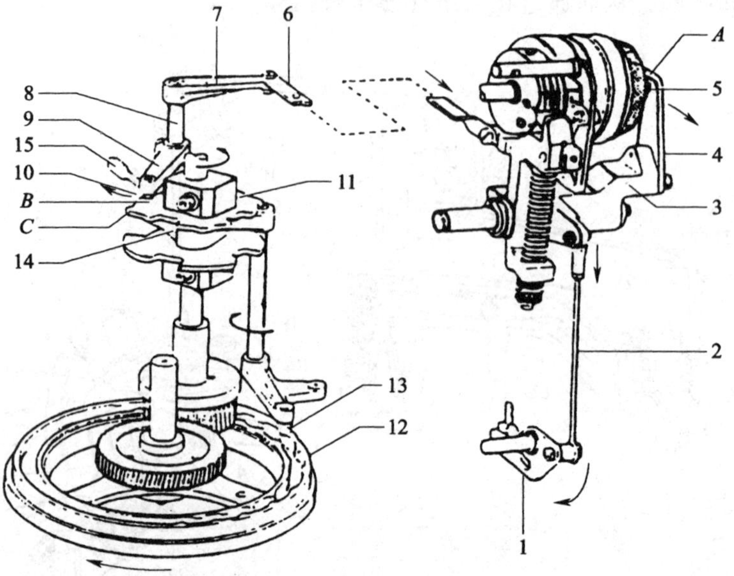

图 10－2－4　机器离合控速机构

1—起动柄　2—起动连杆　3—离合架　4—滚珠压板　5—滚珠　6—离合器连杆　7—离合从动杆　8—离合从动轴　9—控速曲柄　10—控速曲柄滚柱　11—速度（控速）轮　12—送布凸轮　13—控速起缘滚柱　14—控制器　15—急停手柄

第三节　套结机的标准调整

一、套结长度和宽度调整

LK3－B430 套结机套结长度调整方法是：旋松机器右侧的横向送布调节杆螺母，沿长度标尺前后移动到所需尺寸，再固定螺母即可。套结宽度的调整方法是：旋松机器左侧的纵向送布调节杆上的螺母，沿宽度尺前后移动到所需尺寸，再紧固螺母即可。如图 10－3－1 所示。

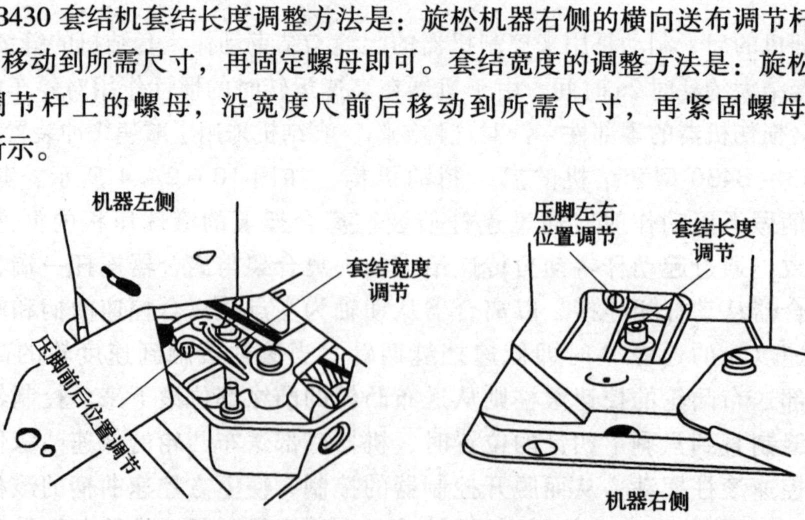

图 10－3－1　套结长度、宽度调整位置

二、送料装置的调整

1．送布时间的调整

当机针针尖由针板上升至17mm时，送布机构便开始工作，直到机针尖从最高点下降到离针板表面17mm时，送料机构应停止动作。如果送料动作的开始和停止时间过早或过晚，可将送布凸轮上三个有孔定位螺钉松开，将送布凸轮根据需要微量转动如图10－3－2所示。调整送布时间标准后，拧紧三个内六角有孔定位螺钉即可。在LK3－B430－2型、LK3－B430－3型，LK3－B430－6型的缝纫厚料型套结机中，为了防止跳针，改善线迹标准，要将标准的送料时间调得小于17mm（即延迟送布时间）。

2．LK3－B430套结机的压脚位置调整

因基本规格不同，LK3－B430套结机的标准针数也有所不同。即LK3－B430－1型、LK3－B430－2型、LK3－B430－7型套结机从缝纫开始运动到第7针为压脚中心。LK3－B430－3型套结机从缝纫开始运动到第3针为压脚中心。LK3－B430－4型、LK3－B430－5型、LK3－B430－6型、LK3－B430－8型套结机从缝纫开始运动到第8针为压脚中心。LK3－B430－9型套结机从缝制开始运动到第9针时为压脚中心。如图10－3－3所示。调整方法：用手转动皮带轮，在各机型的规格中心针数中来检测压脚是否处于机针孔的同心位置。压脚前后位置调整的方法是：如图10－3－1所示，松开机器左侧内六角螺钉，将压脚的位置往前或往后移动，使压脚的前后位置与针板孔处于同心位置后，再旋紧内六角螺钉即可。压脚左右位置的调整方法是：松开机器右侧内六角螺钉，将压脚的位置往左或往右移动，使压脚的左右位置与针板孔处于同心位置后旋紧内六角螺钉即可。

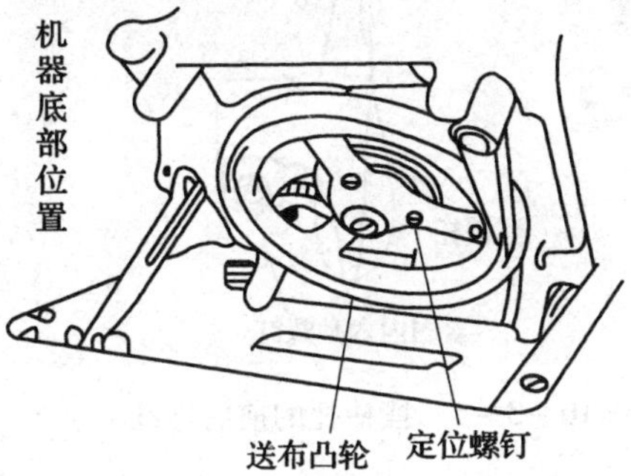

图10－3－2　送料时间调整示意图

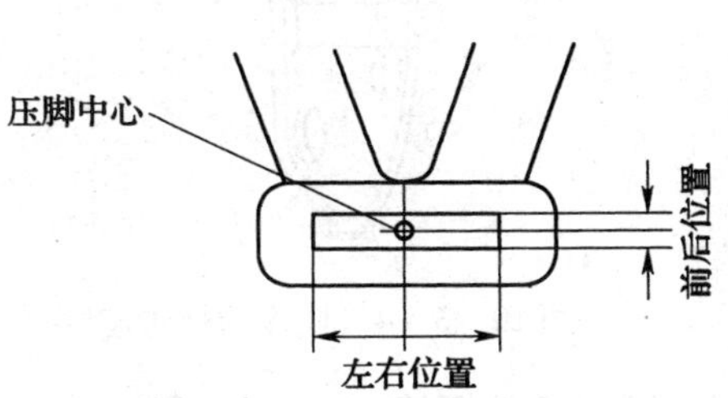

图10－3－3　压脚标准位置

三、机针与摆梭的配合调整

1．针杆高度的调整

针杆高度定位：机针下降到最低点时，针杆的上刻线应与针杆套筒的下端面平齐，此为针杆高度的标准。机针回升，当针杆的下刻线与针杆下套筒的端面平齐时，此为摆梭的钩线标准，即机针回升当针杆的下刻线与针杆下套筒的下端面平齐时，摆梭尖应恰好到达机针中心并距离针孔上方1.5mm。LK－B430套结机针杆上的第三个刻线为使用DP×17机针时的针杆高度定位线。

2．摆梭的径向定位

摆梭的径向即为摆梭的钩线时间，其定位标准是：机针从最低位置上升到针杆的第二刻线（下刻线）与针杆下套筒的下端面平齐时，摆梭尖运动到机针中心。调节方法是：打开摆梭盖板，从机器悬筒臂的侧面下伸入内六角扳手松开摆梭托的紧固螺钉，顺时针或逆时针微转梭托便可改变摆梭的钩线时间。

3．摆梭的轴向定位

摆梭的轴向定位即为机针与摆梭尖的摩擦间隙。当摆梭尖顺时针方向运动到机针中心时，机针与摆梭尖的间隙应为0.05～0.1mm（以不碰机针为准），如图10－3－4所示。如间隙过大时，就不能保证摆梭尖顺利钩入机针线环而导致跳针故障；如间隙过小，当摆梭钩到机针时会碰撞机针。调节时松开梭床座的紧固螺钉。顺时针或逆时针旋动调节销或偏心螺钉，梭床则带着摆梭前后移动，直到摆梭尖与机针的前后距离达到标准时，再旋紧梭床座紧固螺钉。

4．摆梭托的前后位置调整

当机针下降到最低位置时，摆梭托最凸部与机针的前后间隙应为零，如图10－3－5所示，目的是起到护机针的作用，如间隙过大，机针下降穿刺时会产生位移，不利形成线环，容易导致跳针故障；如间隙小于零，机针便向摆梭尖方向弯曲而刺毛摆梭尖，这样将容易导致断线、断针故障。调节方法是：用内六角扳手旋松摆托六角螺钉，将机针下降到最低位置，然后前后移动梭托，使梭托最凸部靠近机针后旋紧内六角螺钉。

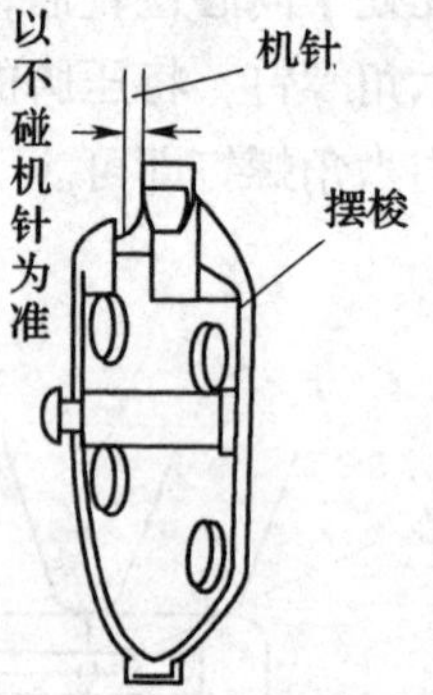

图10－3－4　摆梭的轴向定位

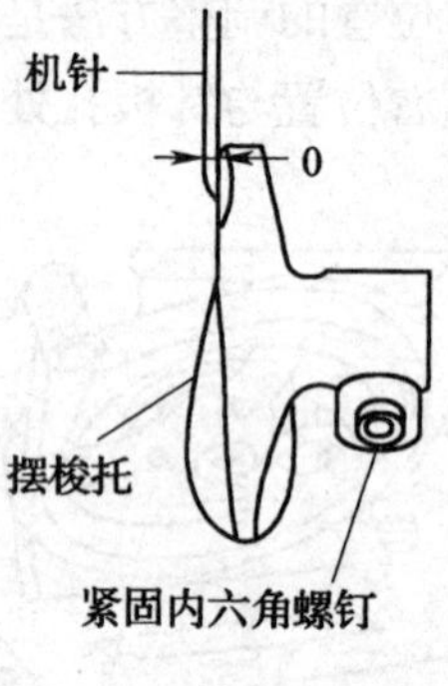

图10－3－5　摆梭托的前后标准

5．摆梭托与摆梭回转间隙调整

摆梭托两端与摆梭两端的回转方向的活动间隙应为0.3～0.5mm（即托动间隙）。如图10－3－6所示，如间隙过大会产生噪声；如间隙过小，面缝线便不能被挑线杆顺利上收而导致毛巾状浮线、断线等故障。如果是活动间隙过大，要加大摆梭托的弧度，这样将减少摆梭与梭托的托动间隙；如间隙过小，则要拉直梭托的弧度，这样将加大摆梭与梭托的托动间隙。注意在敲打梭托弧度时不能用金属物硬敲，应用木锤小心敲打以免损坏梭托的精度。

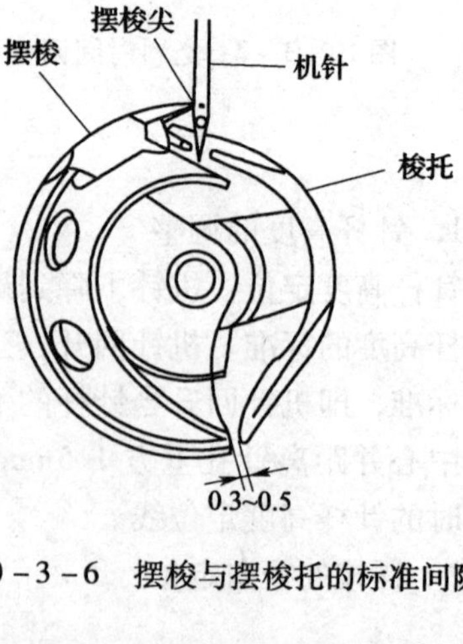

图10－3－6　摆梭与摆梭托的标准间隙

四、启动、制动机构的调整

1. 离合器凸轮杆的定位

当控速曲柄前端的滚柱，滚动到控速轮的低速挡位置时，停止凸轮与制动爪之间的间隙应为（6±0.5）mm，控速成曲柄的定位调整是通过本身的调节螺钉来进行调节的，如图 10－3－7 所示。

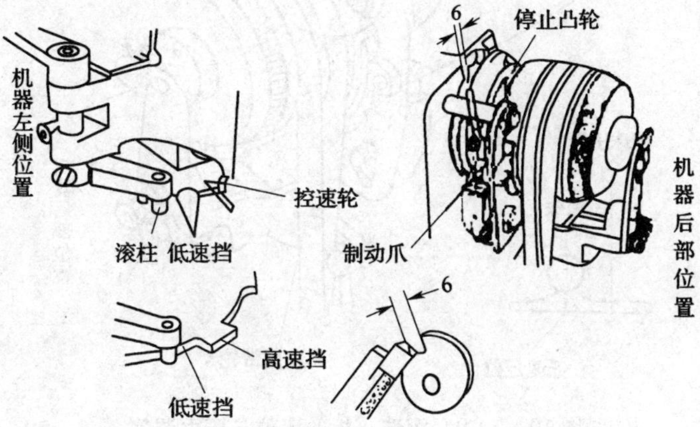

图 10－3－7　控速轮与停止凸轮的定位调整

2. 控速轮的定位

先将机器处在停机位置，用手转动机器后部皮带轮，等转到机器底部送布凸轮传动杆上的滚柱滚到与送布凸轮上刻印的定位白线相一致为止。如图 10－3－8 所示。此时将皮带轮从停机位置倒转 60°，使控速曲柄的滚柱卡在控速轮边缘的凹槽中，以固定停止凸轮；然后，旋松夹持螺栓，调节偏心销子，使闸瓦接触皮带轮，调整结束。

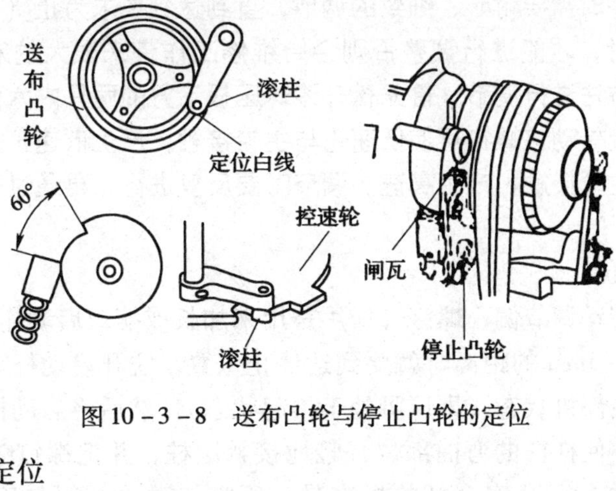

图 10－3－8　送布凸轮与停止凸轮的定位

3. 滚珠压板的定位

先松开滚珠压板的两个六角螺钉，使滚珠压板的定位块位于滚珠中心。然后用手制住停止凸轮，另一只手转动低速挡位（靠机器前端的皮带轮）皮带轮。此时，低速挡皮带轮应不能转动。调节方法是：旋松滚珠压板上的一颗螺母，转动螺钉便可调节滚珠压板的压力。如滚珠压板的压力过大，机器仍处于一直工作的状态；如滚珠压板的压力过小，则滚珠控制的速度受力就小。所以在缝制厚料时，因加大了机针刺入缝料时的阻力，机器就会停止工作。此调节精度高，在调节时需要有耐心。如图10－3－9所示。

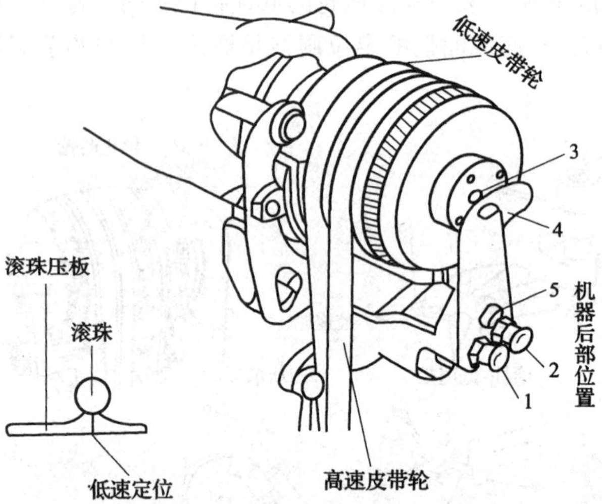

图10－3－9　滚珠压板的定位与压力调整

1、2—滚珠压板紧固螺钉　3—滚珠　4—滚珠压板　5—调压螺母

在调节皮带轮的高速与低速时，目的是让它根据传动要求，有效地与主轮接触，实现低速或高速运动。机器在停车时两速轮与主轮均不接触，处于空转，在调节时首先要了解高、低速及停机的转换是由皮带轮后面滚珠压板上的三个不同面进行控制的。滚珠下方带有螺母的螺钉是调节高速与低速的主要部件之一。虽只有一颗螺钉，但它与皮带轮（高速、低速轮）的配合要求很高，只要将该螺钉进行微量的转动，高速与低速就有很大的改变，所以在进行调整时需要耐心、细致的调节，直到达到要求为止（一般确认无误的判断出该部件出现故障时，才能进行调整否则会给维修工作带来很大的麻烦）。现结合实践，介绍如何用简便的方法进行调节。首先松开滚珠压板下方的两只内六角螺钉，然后松开压力调节螺母，逆时针转动该螺钉可使低速轮与主轮接触，产生低速；如顺时针转动该螺钉时，可使高速轮与主轮接触，产生高速。调节时要反复进行，再通过微量调节后达到要求为止。

4. 启动杆的定位

先用扳手左右转动调节偏心螺钉（作用是用来加长或缩短启动连杆长短），使启动杆滚柱在凸轮转到还差5mm的距离时就要到达停止位置，脱开启动杆。如图10－3－10所示，使起动杆保持在停机状态（即压脚处于抬起状态）。然后将启动杆上升使滚柱从沟中脱开，再压下杠杆，使杠杆的弯曲部位轻轻地接触滚柱，并把螺钉略向上移动后拧紧螺母，如图10－3－11所示。安全杆的标准是：压脚传动轮外周与压脚安全锁的间隙为3mm。如图10－3－12所示，然后将脚踏板踩到第二阶段后，调整启动限位杆的上下位置，使滚珠压板上刻印的定位线正好位于滚珠的中心如图10－3－13所示（滚珠压板图未绘出，请参见图10－3－9）。

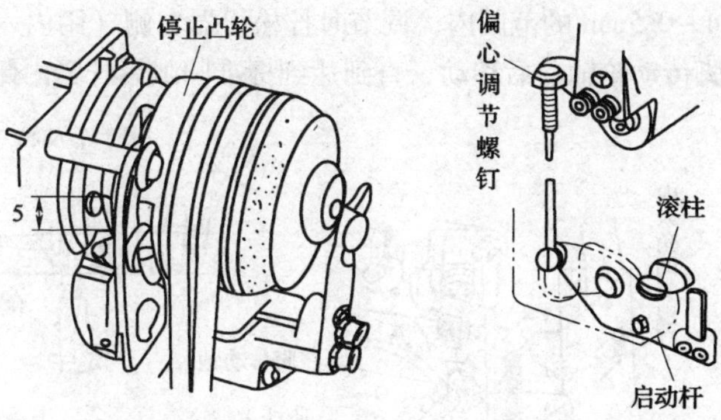

图 10－3－10　启动杆的标准定位时间

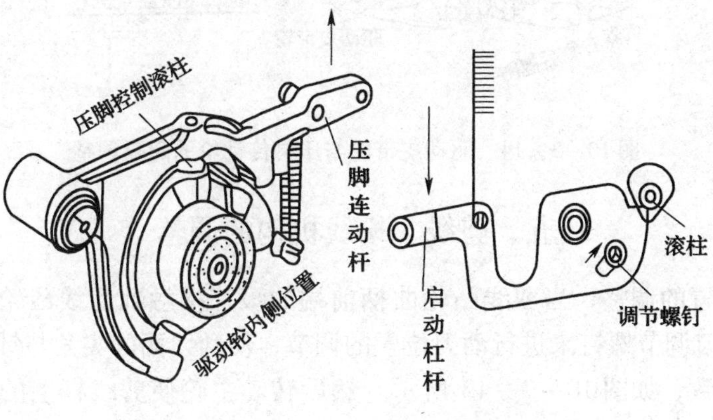

图 10－3－11　启动杆的位置调整

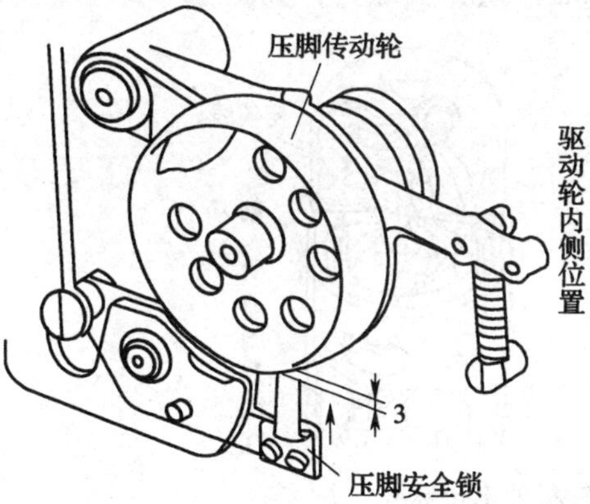

图 10－3－12　压脚传动轮与压脚安全锁的定位

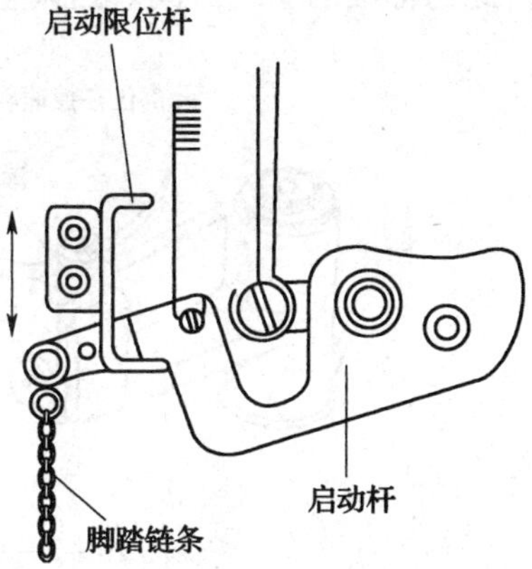

图 10－3－13　启动限位杆的调整

5. 驱动杆轴的调整

当压脚未动作时，驱动皮带轮与压脚传动轮的标准间隙为 0.4～0.5mm。此间隙过大时，驱动皮带轮便接触不到压脚传动轮使压脚抬不起来；此间隙过小时，则驱动皮带轮与压脚传动轮长时间接触而发热。调节此间隙的大小方法是：将机器处在停止状态，用卡尺测量驱动皮带轮与压脚传动轮之间的间隙。如图 10－3－14（a）所示，在压脚传动轮被驱动往外推出来时，再用卡尺测量驱动皮带轮与压脚传动轮之间的间隙。如图（a）的间隙与图（b）

的间距之差应在0.4~0.5mm的范围内，调节时拧松机器右侧（用内六角扳手伸入）的内六角螺钉，便可使压脚传动轮轴前后移动，直到达到标准间隙后拧紧内侧该内六角螺钉。

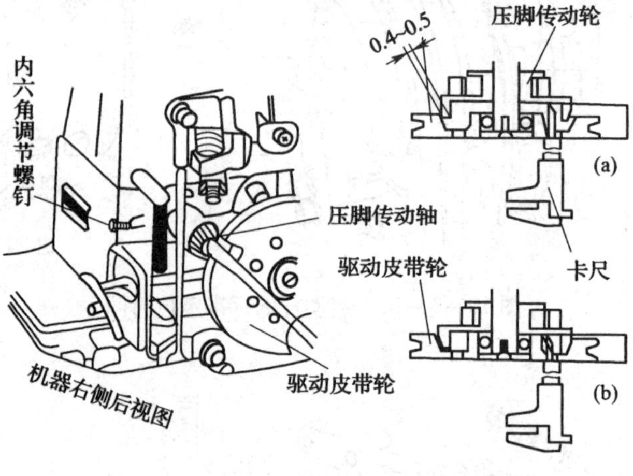

图10-3-14　驱动皮带轮与压脚传动轮的间隙调整

五、剪线、松线机构的调整

（1）动刀位置的调整　当剪线凸轮曲柄前端的滚柱接触到剪线凸轮的边缘时，拧松悬筒臂下面的动刀调节螺钉来进行动刀位置的调节，使动刀面的尖角与针板上刻印的定位线（黑点）相一致，如图10-3-15所示。然后转动主轮使剪线杆上的挡块移动到下一节，再拧松剪线杆后端的夹紧螺钉用螺丝刀转动偏心螺钉，使底线拉钩的尖角位于针板孔的中心，此为标准的剪线时间。当调整达到标准后拧紧相关螺钉，如图10-3-16所示。

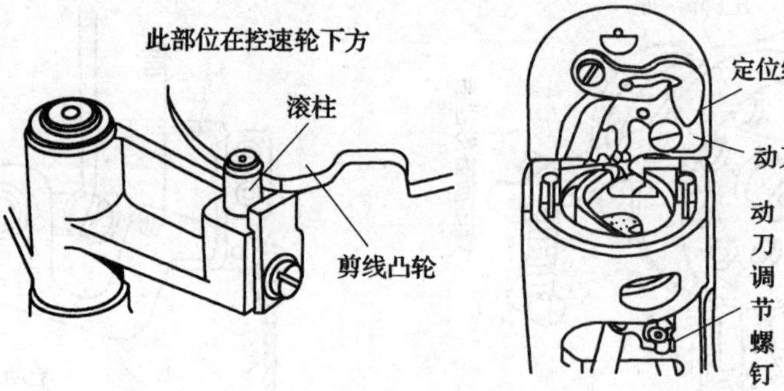

图10-3-15　动刀与针板的定位标准

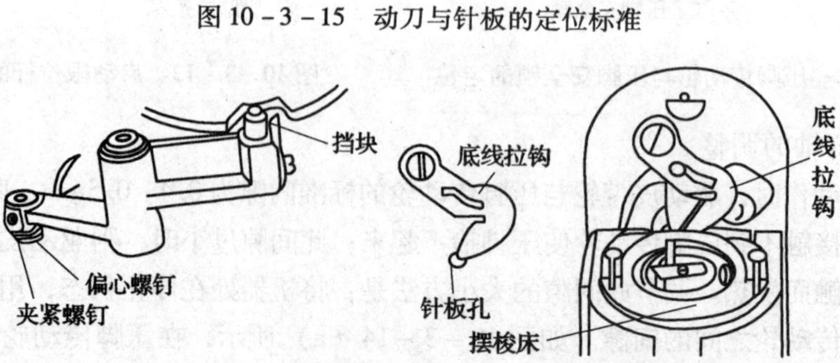

图10-3-16　底线拉钩与剪线凸轮杆挡块的定位标准

（2）动刀吻合时间的调整　如图 10 - 3 - 17 所示，拧松剪线凸轮的内六角螺钉，转动剪线凸轮，使剪线凸轮曲柄的前端挡块在缝制到最后一针快要结束时（即摆梭尖处在 90°～135°的范围内）落到剪线凸轮的缺口内。

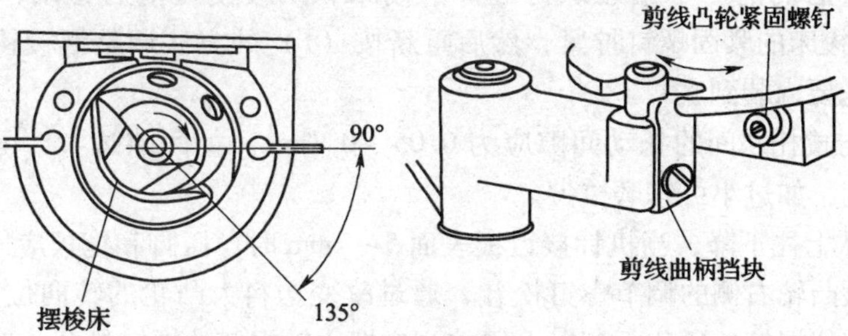

图 10 - 3 - 17　动刀标准时间的定位

第四节　套结机的整机配合与调整方法

一、兄弟 430 型总配合

（1）转动皮带轮，使机针下降到最低点，此时摆梭应在左始点。摆梭钩尖距离机针 2.5～3mm；否则，应把梭托的内六角螺钉松开，左右移动梭托后，把螺钉拧紧。

（2）当机针从最低点向上回升 3～4mm 摆梭钩尖到机针中心时，钩尖应在针孔上方 1.5mm 左右。调节时，把针杆连接轴的螺钉松开上下移动针杆后把螺钉拧紧。

（3）摆梭钩尖钩到机针侧面时，其摩擦间隙为 0.03～0.05mm。如达不到要求，应先把梭托螺钉松开，再把机台右侧的前六角螺钉松开，用螺钉刀转动旁边的一个偏心螺钉达到要求后，把所有螺钉拧紧即可。

（4）当机针从针板表面上升 15mm 左右时，送布装置应先开始工作。调节时把机台掀起，把机台底下的送料大凸轮的定位螺钉松开，改变送布凸轮的转向位置，达到要求后拧紧螺钉。

（5）扫线器高度的调整，在扫线器通过机针下面时，扫线器与机针尖的距离应为 1.5～2mm。调节时，先把机台右侧的固定螺钉松开，然后用手上下移动扫线连杆后，把固定螺钉拧紧。

（6）离合器的调节：把机器停在停车的位置上，然后用手转动皮带轮，直到横向送布凸轮传动杆上的滚柱与送布凸轮上刻印的定位线（白色）相一致为止（调节时先把螺钉松开）。

（7）滚珠的调节：滚珠不能压力太大或太小，如压力太小在缝制厚料时机器会自动停车（一个套结还未结束）；压力太大时，机器会出现噪声并会减少使用寿命。调节时把滚珠后面的两个六角螺钉松开，左右移动滚珠定位块，经反复调整正确后，拧紧螺钉。

二、重机 1850 型总配合

（1）转动皮带轮，使机针降到最低点，此时摆梭钩尖距离机针 2.5～3mm。如有偏差，用六角扳手从机台右侧的孔内伸进，将梭托紧固螺钉松开。用手转动梭托而推动摆梭来达到要求后把螺钉拧紧。

（2）摆梭钩尖钩到机针侧面的凹面时，其摩擦间隙为0.03～0.05mm。调节时，先用六角扳手把梭托的螺钉松开，再用螺钉刀把机台右侧梭床的紧固螺钉松开。然后，再用螺钉刀转动该螺钉后面的一个偏心螺钉，整个梭床和摆梭便可前后移动，使该间隙达到0.03mm后，把梭床的紧固螺钉拧紧，然后重新按（1）的方法调整摆梭钩尖与机针的始点距离（但梭托要内装到底）。

（3）摆梭与梭托之间的托动间隙应为0.05～0.1mm。如间隙过大，可强制性的改变梭托的内弯程度，如过小可修磨梭尖。

（4）机针从上往下降，当机针接近板表面5～7mm时，压脚和拖板应停止送布。调节时，先把送料大凸轮右侧的调节螺钉松开，通过改变送料大凸轮的转向位置来进行调节。如果反复调节定位螺钉，还达不到以上要求，应把主轴蜗杆的螺钉松开，改变送料大凸轮的位置即可调节。

（5）压脚框和拖板左右位置调节（压脚框只要处于拖板内就可以了）：压脚框移到左边或右边，它的左右边沿与针板容针孔的中心距离要相等。否则应把送料大凸轮右侧滚柱轴的螺母松开，移动偏心，整个压脚架即可左右调节。

（6）压脚框前后位置调节：压脚框前移到始点，或后移到始点，它的前后边沿都要与容针槽相等，调节时要先把压脚螺钉松开。

第五节　套结机的常见故障与排除方法

一、断　线

套结缝纫机断线故障分为断面线、断底线和线头从针孔内甩出来三种。断线的常见现象、产生原因及排除方法见表10－5－1。

表10－5－1　断线故障产生原因及排除方法

故障现象	产生原因	排除方法
断面线	1. 机针装反	1. 机针长槽朝操作者
	2. 机针弯曲	2. 调换机针
	3. 机针与压脚相碰	3. 按标准调整压脚位置
	4. 针板容针孔有毛刺	4. 用细砂纸磨光或更换针板
	5. 穿线顺序不正确	5. 按顺序重新穿线
	6. 经过部位有毛刺	6. 用砂布磨光
	7. 夹线板压力太大	7. 适当调压夹线板压力
	8. 摆梭或摆梭托有毛刺	8. 拆下梭摆架托用油石或砂布磨光
	9. 摆梭与摆梭托尖端间隙太小	9. 用锤子敲摆梭托中部减少其弯度
	10. 摆梭里嵌入线头或污物	10. 拆下梭床架清理污物
	11. 缝线质量太差，拉力弱	11. 换线或加硅油
	12. 涤纶线熔断	12. 线上加硅油或石蜡
	13. 缝厚重缝料	13. 选用大号机针
	14. 动刀拨线处有锐边	14. 用油石磨光滑

续表

故障现象	产生原因	排除方法
断底线	1. 底线张力太大	1. 适当旋松梭皮螺钉
	2. 梭子内线太多，妨碍梭芯转动	2. 取出线毛
	3. 梭芯偏歪	3. 更换新梭芯
	4. 底线经过处有毛刺	4. 用砂布磨光
	5. 摆梭轴缠上线头	5. 将线头去掉

二、跳　　针

套结缝纫机的跳针故障分一般性跳针和始缝或终缝时跳针两种。跳针的常见现象，产生原因及排除方法见表 10－5－2。

表 10－5－2　　跳针的故障现象与排除方法

故障现象	产生原因	排除方法
一般性跳针	1. 机针与摆梭尖的摩擦间隙过大	1. 按标准调整间隙
	2. 针杆过高或过低	2. 按针杆定位方法调整
	3. 机针针孔方向不正确	3. 重装机针
	4. 机针弯曲	4. 更换新机针
	5. 摆梭尖钩线时间过早或过晚	5. 调整摆梭定位方法
	6. 摆梭尖磨钝	6. 更换新摆梭
	7. 针板孔过大，缝薄料时跳针	7. 换新针板
	8. 针尖磨秃或折断	8. 更换新机针
	9. 机针细缝线粗或机针粗缝线细	9. 按缝料选择机针和缝线
	10. 压脚压力不足缝料走动	10. 适当调整压脚压力
	11. 送布时间不对，针刺入缝料，送布板还在动作	11. 调整送料与走针时间
起针与结束时跳针	1. 底线线头短，而引起头几针跳针	1. 适当旋松梭皮螺钉
	2. 梭子内线毛太多，造成底线张力大，而线头短引起跳针	2. 清除线毛
	3. 面线头短，始缝时跳几针	3. 调整下夹线器的浮动时间
	4. 缝制的裤腰襻带窄，而套结长，则套结的两头跳针	4. 使套结长度与缝制物长度相等

三、断　　针

断针的故障多数是由于位置不正确造成的，常见的断针故障、产生原因及排除方法见表 10－5－3。

表 10-5-3　　断针故障产生原因与排除方法

故障现象	产生原因	排除方法
一般性断针	1. 梭床靠前，摆梭碰机针	1. 适当向后调整梭床
	2. 纵向送布量过大，针碰压脚	2. 适当调整纵向送布量
	3. 压脚前后位置不对	3. 停车后，根据机器的不同类型，将针板孔与压脚调整为同心位置
	4. 机针刺入缝料送料尚未停止	4. 调整送料与走针时间
	5. 动刀位置靠后，机针碰动刀	5. 按标准调整动刀尖与针孔位置
	6. 动刀杠杆轴位螺钉松动	6. 拧紧轴位螺钉
	7. 动刀调节板紧固螺钉松动	7. 按调节板标准位置旋紧螺钉
	8. 动刀调节板与动刀连杆脱离	8. 将调节板短销插入动刀连杆孔内
	9. 拨线杆位置过高，擦断针尖	9. 适当调低拨线杆
断厚料时断针	1. 使用细针缝硬厚缝料	1. 更换相应的粗针
	2. 摆梭托过于靠后起不到护针作用	2. 适当向前调摆梭托

四、浮　　线

套结机浮线故障、产生原因及排除方法见表 10-5-4 所示。

表 10-5-4　　浮线故障产生原因及排除方法

故障现象	产生原因	排除方法
浮线	1. 面线或底线过松	1. 调整面线或底线张力
	2. 面线跳线簧跳动幅度过大	2. 适当调整跳动幅度
	3. 梭托与摆梭出线间隙过小	3. 适当扳弯梭架托
	4. 摆梭回转角过小	4. 适当调节摆梭回转角
	5. 梭皮下有异物	5. 清除异物

五、其他故障

套结机其他故障原因及排除方法见表 10-5-5 所示。

表 10-5-5　　其他故障产生原因及排除方法

故障现象	产生原因	排除方法
不能启动	1. 皮带轮倒转	1. 重接电源线使之反向
	2. 启动拉杆限位块靠前	2. 适当向后移动限位块
	3. 启动压板调节螺钉脱落	3. 装上调节螺钉，调好位置，旋紧螺母
	4. 启动压板钢球脱落	4. 重新安装钢球
	5. 离合簧断裂	5. 换新离合簧
	6. 皮带轮与低速轮中间有异物	6. 清除异物
	7. 刹车鼓与刹车轮间隙太大	7. 转动减速偏心销调节间隙

续表

故障现象	产 生 原 因	排 除 方 法
无高速或高速运转慢	1. 皮带太松，在轮上滑动	1. 将电机适当调低
	2. 启动压板压力太小，高速轮和低速轮咬合不紧	2. 适当逆时针转动启动压板调节螺钉
	3. 高速轮与紧固内六角螺钉断裂	3. 换新螺钉
	4. 高速轮软木部位磨损	4. 更换新高速轮
	5. 高速轮软木部位有油污	5. 用酒精清洗油污
剪不断线	1. 动刀或定刀磨损	1. 更换新的动刀或定刀
	2. 动刀轴位螺钉垫圈丢失	2. 装上新垫圈
	3. 动刀轴位螺钉垫圈磨薄，动刀因而松动	3. 换新垫圈
	4. 定刀比小针板下的凸起部位低	4. 将定刀适当压弯使刀刃高点
	5. 剪线架销轴断裂	5. 更换
	6. 梭床簧位置偏左	6. 适当向右调整
噪声	1. 启动压板压力太大，停车时机器冲击力太大	1. 顺时针旋动启动压板调节螺钉
	2. 皮带太紧，停车时制动凸轮冲击太大	2. 顺时针旋动启动压板调节螺钉
	3. 低速轮挡圈脱出，皮带轮不能及时脱开	3. 将低速轮挡圈推入上轴的环形槽内
	4. 止动杆位置靠左，低速运转时。止动杆碰制动凸轮	4. 适当调节启动杆滚柱轴的位置
	5. 剪线控制板磨损，低速运转时滚柱碰剪线凸轮	5. 更换剪线控制板

从整机结构的角度来讲，套结机较为复杂，尤其它的制动机构，它是与多个机构相互联系起来的，对于机构的标准配合要求很高。所以对于初学者来说，掌握整机的传动原理是维修的一个重要基础。套结机与平缝机一样，在缝制不同性质的缝料时有时会发生跳针、断线等故障。

1. 在检查机针与摆梭处于标准的情况下，还出现跳针

这一般是缝制厚料以及在压脚板下有高低不平的缝料时产生。解决的方法：可以将针杆稍降低 1.5mm 左右，并延迟摆梭的钩线时间并把机针稍向左偏移，同时稍降低面线张力。如仍不能解决，可将送布凸轮调整到比当前的送布时间提前。

2. 在检查摆梭壳和机针无毛刺的情况下会出现断线

解决的方法：可以减少面线的张力。而后如出现浮底线时可以减小底线的张力，达到两线张力协调为止。如仍不能排除，是因为缝料较厚，机针的摩擦力明显加大，导致断缝线，遇到这种情况，在面线油垫上加入硅油即可。注意：如果在制动机构上出现故障时(特别是高速轮与低速轮的配合标准，调节时要细心，一般高速轮与低速轮是不需要拆卸的)，需要做冷静、细致的分析，如没有判断出故障原因，是不能盲目拆卸的。

3. 套节机产生断线的原因及排除方法

如摆梭与机针的定位和钩线的时间及护针间隙处于标准的情况下，仍旧出现断线故障，这里做出如下分析，供维修时参考。

由于机针弯曲或有毛刺而产生断线，更换新机针；面线过松或太紧产生断线，调整面线夹线器的张力；梭盖簧片与机针相摩擦或起毛引起断线，将机针与梭盖簧片弹簧片前刃口间距调整为 0.1 ~0.3mm；底剪刀钝了，不能剪断缝线而被扫线器扫断，应检查底剪组件是否夹有线毛等污物，使剪刀无法剪线，或剪线后留下的线头太短脱开而产生断线，把底剪刀拆下进行修磨或更换新底剪刀；机针与梭架是否产生摩擦而引起断线，将摆梭与机针的间距调整为 0.05 ~0.1mm。

注意：机器每完成一个套结时，尽量将线头留短，这样有利于线迹的美观。

思考与练习

1. 套结机是一类专用缝纫机的总称，它可进行哪些特殊的缝纫作业？
2. 套结机的送布机构运动有何特点？
3. 套结机的针杆机构和送布机构在运动配合上有什么要求？如果未达到要求会引起什么故障？如何解决？
4. 简述 LK3 - B430 型套结机的长度和宽度的调节方法。
5. 简述套结机针梭配合要求及调整方法。
6. 熟悉套结机的常见故障与排除方法。

第十一章　平头锁眼机

平头锁眼机俗称“纽门缝纫机”。是专门用于缝制服装容纳纽扣扣眼的一种特殊缝型缝纫机。随着科学技术的不断进步，目前平头锁眼机具有高速自动多功能以及电子程序控制等特点，是服装生产企业使用较为广泛的一种专用服装生产设备。

图 11－0－1　761 型平头锁眼机外观图

平头锁眼机虽然在服装生产中仅专门用来缝制一个工序，但其对纽孔的缝制质量会直接影响到服装的外观及牢固度。纽孔规格的大小可以通过调节或更换针数齿轮来改变纽孔的尺寸或针数。因此，对平头锁眼机工作原理的了解和掌握是维修的前提。目前，平头锁眼机的机械结构形式一般分为两种：一种以日本重机 761 型平头锁眼机为代表；一种则以日本兄弟型平头锁眼机为代表；虽然两种机型结构有所区别，但其原理还是大同小异，只是传动方式有所不同。在这章节里将以 GI8－1 和日本重机 LBH－761 型（原理基本相同）平头锁眼机为例来做一讲解。

第一节　平头锁眼机的技术规格和缝型过程

一、平头锁眼机技术规格

GI8－1 型平头锁眼机主要技术规格，见表 11－1－1。

表 11－1－1　　GI8－1 型平头锁眼机技术规格

缝纫速度/min	纽孔长度/mm	套结宽度/mm	机针型号规格	抬压脚高度/mm	适用缝料
3000	6.4～19	2.5～5	GC（70～100）	8	薄料、中厚料

二、缝型运动特点

此型号平头锁眼机是以上轴为主动源，该轴前端装有针杆传摆组件，可实现针杆上下运动和左右摆动；通过两组锥齿轮传动旋梭轴上的反转旋梭与机针配合完成钩线动作；在机器底部主控凸轮的控制下完成针杆摆幅做有周期变化和摆动变位动作，并通过夹板式送料的前后往复移动缝料，最后实现双线锁式线迹的纽孔缝型。纽孔大小的变化可以通过针数齿轮的更换来改变。机器在开始工作时进行高速运转，直至缝锁到纽孔结束前几针时转为低速运转，以使切刀能顺利切开纽孔后，机器便停止缝锁处于空转状态。该机在缝制过程中如出现断线现象时，切刀则自动停止下切，以防止中途断面线而未完成纽孔缝锁的情况下切刀落下切开缝料，减少缝料损失。其急停装置和手动送布装置作用是在机器缝制工作中如遇意外可立即使机器停止工作；机器如运转不良时，可手动移动送料柄至缝料到合适位置；当缝制结束抬起压脚时，剪线机构将自动剪断面线与底线，以提高工作效率。

三、纽孔形状与形成过程

平头锁眼机完成的是密度较大的曲折型双线锁式线迹，如图 11－1－1 所示，可以看出纽孔两端的加固结是为了增加纽孔的牢固度，防止纽孔在受力时被拉长或撕裂缝料。纽孔两端加固结的针数是不一样的，其中一个加固结受力较大，这是为了纽孔在受拉时保证其牢固度。两边加固结针数的大小是由纽孔加固结顶块来控制的。纽孔左、右基线的间隙应保证切刀下切时不能切到缝料。如间隙过大时，则使纽孔两边有毛状影响其美观。

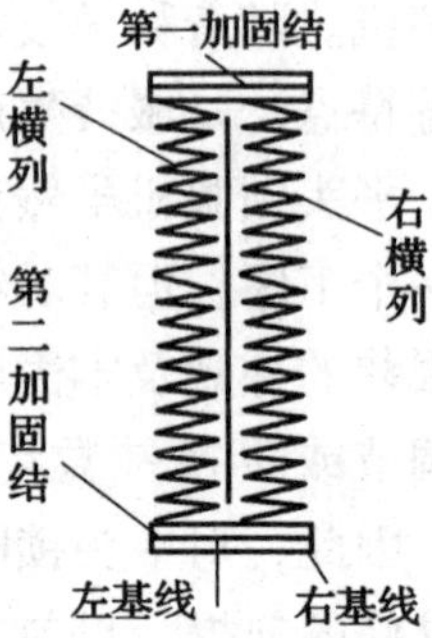

图 11－1－1　纽孔缝型

重机 761 型平头锁眼机的起缝是由左针位开始的。以机针的上下运动和左基线为准的横向摆动相互配合时，夹板送料机构将缝逐渐向前移动，从而将形成左右基线的曲折型双线锁式线迹的纽孔缝型。当左基线缝制结束时送布机构稍有短暂停留，此时针杆摆动幅度增大以缝制第一加固结。随后送布机构返回移动（即向后移送），此时针杆完成摆动变位即进入到右基线位置后同样通过针杆的摆动缝制右基线位。当右基线缝制结束时，送布机构又稍有短暂停留，此时针杆的摆动幅度再次增大进行第二加固结的缝制。在整个纽孔即将结束的前三针时切刀机构将驱动切刀下落，以切开纽孔左右基准线的中间位置。随后机器自动停车，皮带轮处于空转状态。

第二节　平头锁眼机的主要机构与工作原理

平头锁眼机是一类结构复杂、自动化程度较高的缝纫设备，要能正确熟练地掌握该机的工作原理，首先要从机构分析。整机传动大致可分为六大机构，即：针杆、挑线机构；针摆、套结和变位机构；送布压脚机构；制动机构；切刀机构；剪线机构。图 11－2－1 为重机 761 型平头锁眼机整机结构图，图 11－2－2 为该机的工作原理图。

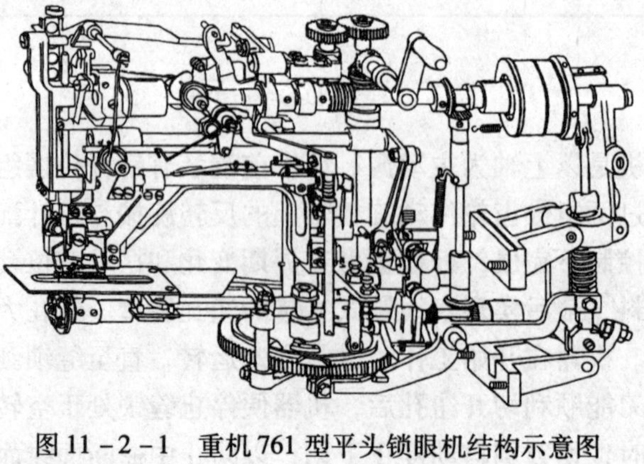
图 11－2－1　重机 761 型平头锁眼机结构示意图

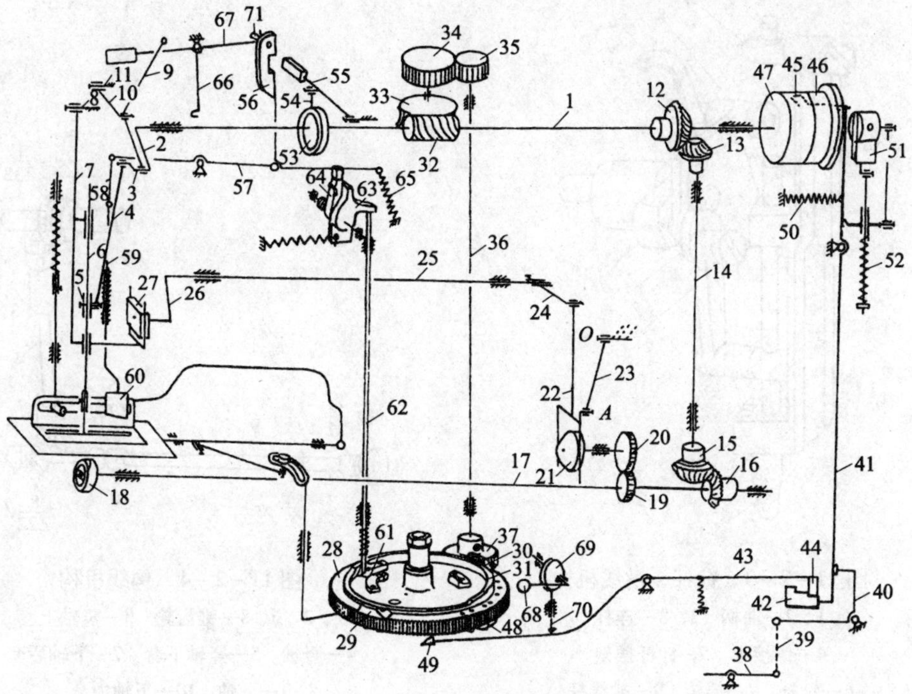

图 11 -2 -2　重机 761 型平头锁眼机工作原理图

1—主轴　2—针杆曲柄　3—针杆曲柄销　4—针杆连杆　5—针杆夹头　6—针杆　7—针杆摆架
8、11—销轴　9—挑线杆　10—摆杆　12、13、15、16—锥齿轮　14、36—竖轴　17—旋梭轴
18—旋梭　19—针摆小齿轮　20—针摆齿轮　21—针摆凸轮　22—叉形连杆　23—叉形小摆架
24—摆轴后摆杆　25—摆轴　26—摆轴前摆杆　27—滑块　28—送布凸轮　29、30—套结顶块
31—环形基线变位凸轮　32—蜗杆　33—蜗轮　34、35—针数变换齿轮　37—齿轮　38—右踏板
39—链条　40—启动架　41—制动架　42—变速块　43—变速杠杆　44—定位块　45—皮带拨叉
46—固定带轮　47—空转带轮　48—变速顶块　49—主动速控块　50、65—弹簧　51—制动块
52—缓冲大弹簧　53—切刀偏心轮　54、58—连杆　55—落刀摆架　56—落刀曲柄
57—落刀杠杆　59—切刀杆　60—切刀　61—切刀顶块　62—切刀顶杆
63—落刀顶块　64—落刀顶架　66—过线杆　67—停刀钩
68—紧急停车手柄　69—凸轮　70—从动杆　71—销

一、针杆和挑线机构

（1）针杆机构　平头锁眼机的针杆机构采用简单的曲柄滑块机构。图 11 -2 -3 所示为 GI8 -1 型锁眼机针杆机构的结构示意图。其动力主要由上轴驱动，装在该轴前端的针杆曲柄经针杆连杆传动针杆上下运动，针杆装在针杆摆架的两个同心孔中，使针杆摆架上端与针杆摆针铰接，驱动机针形成穿刺缝料动作。

（2）挑线机构　平头锁眼机的挑线机构如图 11 -2 -4 所示。挑线曲柄与针杆曲柄固联为一体，在主轴旋转带动下，又经挑线连杆传动挑线杆做上下复合运动，与机针升降相互配合，帮助面线在针杆的各个线迹形成环节有相应的抽紧和放松。同时与旋梭配合实现双线锁式线迹。

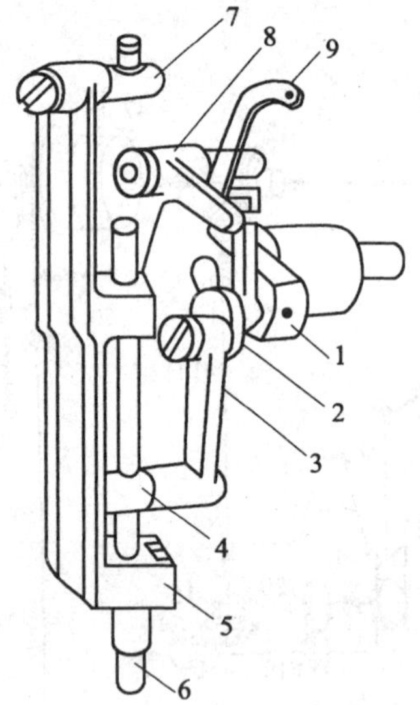

图 11 -2 -3　针杆、挑线机构

1、2—曲柄　3、8—连杆

4—铰接头　5—针杆摆架

6—针杆　7—插销　9—挑线杆

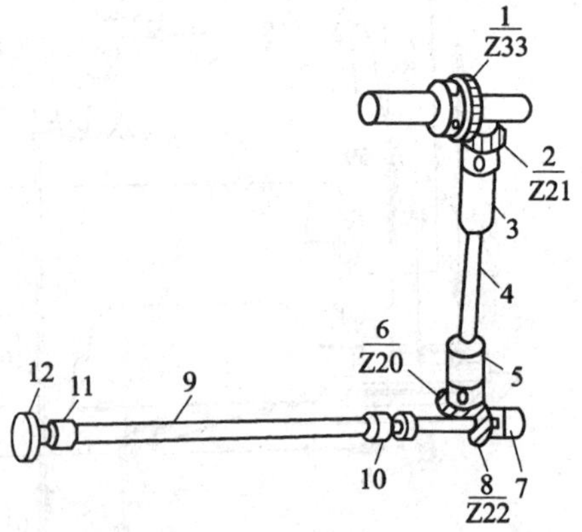

图 11 -2 -4　钩线机构

1、2、6、8—锥齿轮　3—竖轴上套

4—竖轴　5—竖轴下套　7—下轴后套

9—下轴　10—下轴中套

11—下轴前套　12—旋梭

二、钩 线 机 构

GI8 -1 型锁眼机钩线机构，如图 11 -2 -4 所示：上轴通过两对锥齿轮的啮合运动关系传动下轴，使下轴前端紧固的反转旋梭实现旋转钩线运动。上轴和旋梭的传动比为 1∶2 即上轴转一圈时，旋梭转两圈。

三、针摆变位和套结机构

平头锁眼机的针摆变位机构是形成纽孔轨迹的一个重要机构。其作用是机器在缝制的一个周期内通过机针的穿刺运动和夹板送布运动的配合，实现了在左针位结束后进入第一加固结，然后又到达右针位缝制第二加固结，最后缝制结束。

从图 11 -1 -1 的纽孔缝型图中可以分析，纽孔的左右针位宽度及两次加固结的宽度两边都是相等的。所以在形成一个纽孔的周期中不仅机针有两种不同幅度的摆动变位，还要以左基线为准的左针位摆动和右基线为准的右针位摆动。因此，将之称为针摆的变位机构。

如图 11 -2 -5 为针摆、加固结及针摆变位机构的结构示意图与工作原理图。

1. 针摆机构

针摆机构的作用是通过机针做横向摆动的曲折缝型。如图 11 -2 -2 所示，机器运转中，旋梭轴上安装的针摆小齿轮传动针摆齿轮，使同轴的针摆凸轮转动，通过针摆凸轮的凸形作用使叉形连杆往复摆动，叉形连杆又与叉形小摆架连接，而叉形小摆架的另一端与叉形大摆架（见图 11 -2 -5）连接，图 11 -2 -2 中的 O 点除针杆摆动幅度变化时而改变外，在其他缝制时间基本静止，如图 11－2－2 中所示，叉形连杆摆动时，A 点将以 O 点为中心做弧线摆动，因此，叉形连杆在往复摆动的同时形成了上下运动，通过与之铰接的摆动轴后摆杆，使摆轴及摆轴前端的摆轴前摆杆往复摆动。与摆轴前摆杆连接的滑块再与针杆摆架下方的导槽滑动配合，从而就实现了针杆摆架通过针杆摆架销轴形成了针杆的左右横向摆动。

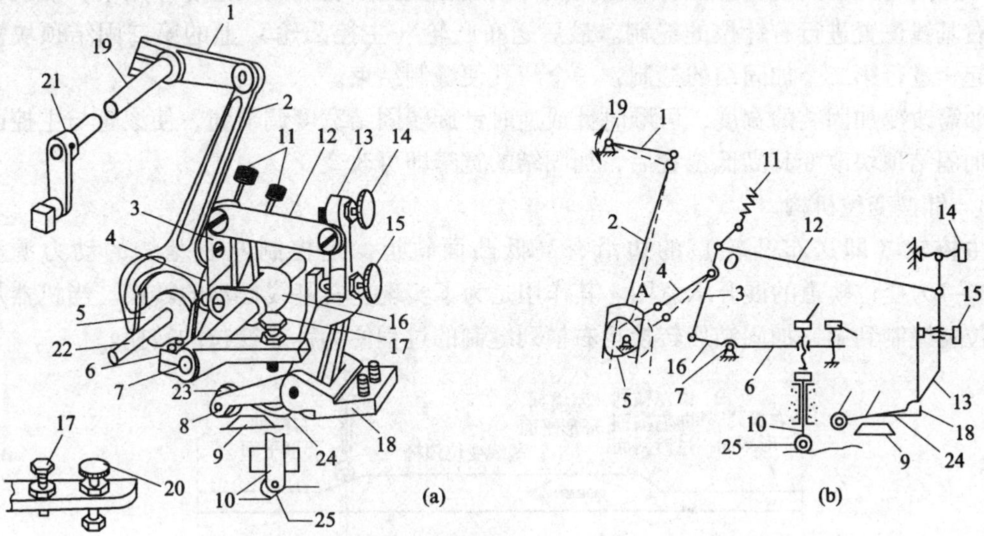

图 11－2－5　针摆、加固结及针摆变位机构工作原理示意图

1—摆轴后摆杆　2—叉形连杆　3—叉形大摆架　4—叉形小摆架　5—针摆凸轮　6—针摆变位架　7—摆轴　8—套结宽度调节架　9—套结顶块　10—变位顶杆　11—叉形大摆架拉簧　12—拉杆　13—横列套结宽度调节架　14—横列宽度调节钮　15—套结宽度调节钮　16—叉形摆座　17—左基线调节钮　18—调节架托架　19—针摆摆轴　20—右基线调节钮　21—针摆前曲柄　22—针摆凸轮轴　23、25—滚轮　24—板簧

机针的摆动时间要求是在机针上升离开缝料才能摆动，且要在下次刺布以前结束，这个运动的标准是由针摆凸轮的特定凸形来控制的。如图 11－2－6 所示，当针摆凸轮的等径部分与叉形连杆接触时，叉形连杆便停止摆动，此时正是机针穿刺缝料形成线环和反转旋梭的钩线时间。当针摆凸轮的变径部分与叉形连杆接触时，叉形连杆摆动便是刺入缝料的摆动时间。

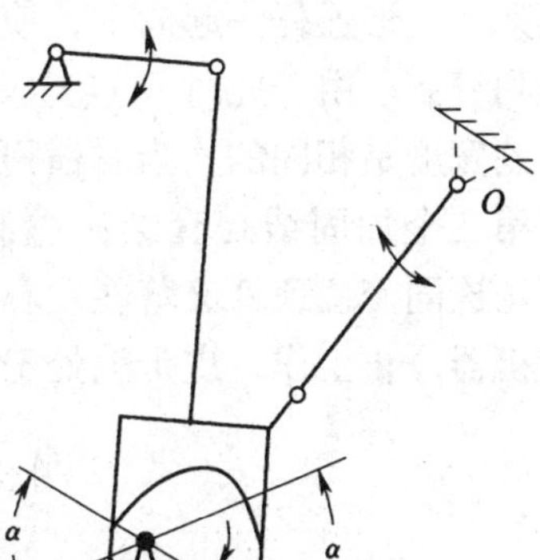

图 11－2－6　针摆凸轮与机针的运动配合

2．加固结机构

加固结机构的作用是在纽孔的两端进行加固，提高纽孔的牢固度。其动力来源是由该机器底部送布凸轮上装配的两个套结顶块来控制的，如图 11－2－2 所示。

加固结机构的加固结过程：如图 11－2－5 所示，当机针在左针位（即左横列）缝制结束时，机器底部送布凸轮上的第一个套结顶块将套结滚轮顶起，使之铰接的固结宽度调节绕固定支点顺时针转动，由于该调节架上部与装在横列固结宽度调节架上的固结宽度调节钮的头部接触，使调节架右倾。又通过拉杆拉动叉形大摆架改变了 O 点位置，此时机针摆动量立即增大，进行第一套结缝制。当固结顶块失去了对滚轮的顶起之后，滚轮便随之落下，此时机针又恢复了原有的横列摆幅，又在主控凸轮的凹凸边缘作用下，使机针转变到右基线位置进行右针位的缝制。最后送布凸轮（主控凸轮）上的第二固结顶块被滚轮顶起，进行第二个加固结的缝制，一个纽孔便缝制结束。

如需改变加固结的宽度，可顺时针或逆时针旋转固结宽度调节钮，使滚轮与主控凸轮上的加固结顶块改变其高低位置后，加固结的宽窄即可改变。

3. 针摆变位机构

主控轮（即送布凸轮）的边沿有高低凸面轨道，是控制左右基线的动力源。图 11－2－7为变位轨道的展开示意图。其作用是为了实现左右基线摆动的转换。当机器从左横列位置缝制到第一加固结后转换至右横列缝制的过程便为针摆变位的转换。

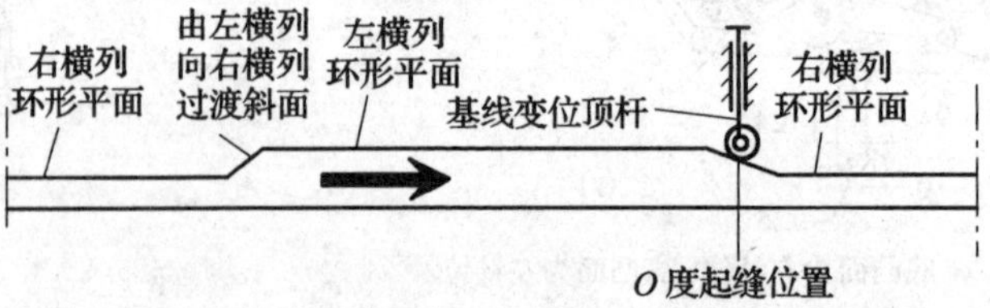

图 11－2－7　主控轮边缘基线变位凸轮变位示意图

针杆变位机构的传动原理：当主控轮（送布凸轮）上的套结顶块转过滚轮后，第一加固结（也称套结）完成。此时，当送布凸轮上环形基线轨迹的过渡斜面接触到滚轮时，机针便处在右横列环形轨迹凸面上，如图 11－2－5 所示。通过叉形大摆架拉簧的拉动作用，使针摆变位架前端左基线调节钮的螺钉头部紧压在变位架上。因此，随着滚轮落在右横列环形轨迹凸面时，针摆变位架绕摆轴座支点顺时针转动一个角度，使叉形大摆架、叉形小摆架及叉形连杆一起向上，使摆轴后摆杆上摆、摆轴前摆杆向右摆，并将针杆摆架拨向右横列缝制。由于此时 O 点与叉形连杆的相对位置与缝左横列相同，因此，左、右横列的缝制宽度是相同的，当右横列缝制结束时，送布凸轮上的第二加固结顶块再次工作，实现了第二个加固结（套结）缝制。随后变位轨迹也恰好转完右横列环形凸面。此时，套结滚轮连同变位顶杆又落在左右横列环形变位轨迹的斜面上，最后通过制动机构的制动作用使机器停止工作，皮带轮处于空转状态，一个纽孔便缝制结束。

四、送布机构和压脚机构

1. 送布机构

平头锁眼机的送布机构和压脚机构的结构形式为下托上压的夹料式送料。其作用是为了成缝机构在形成一个线迹时在新的位置得到线迹。因此，送布机构是要有周期性的连续移动缝料并与其他运动机构配合实现纽孔特定缝型的缝制。平头锁眼机的压脚呈一个长方框形状，与大部分缝纫机对压脚的要求不同，它需要压脚底面对缝料有足够大的阻力。这样在机器缝制过程中，压在框形压脚下面的缝料就不会有松动现象。因此，不少平头锁眼机的压脚，除了压脚底面带齿或装有涩性物外，还把机器的针板刀口部分在针板下凸起来，配合压脚套在一起夹住布料。这样一方面可以有效地加大压脚压料压力，同时还可以使缝料在压脚下面绷紧，从而更有利于稳定线迹的形成使缝制出的纽孔整齐、美观。

如图 11－2－8 所示为送布机构的结构图。其传动过程见图 11－2－2 所示整机工作原理图。主轴上的蜗杆传动蜗轮，使固定在蜗轮轴上的交换齿轮传动齿轮和竖轴。继而通过固定在竖轴下方的齿轮使送布凸轮（即主控轮）转动，可参见图 11－2－10 主控轮的控制位置分析。随后通过送布凸轮底面的心形送布曲形槽（其结构形状如图 11－2－9 所示）中的滚轮（见图 11－2－8）嵌在送布凸轮曲形槽内并与送布摆杆连接。当送布凸轮转动一周时，滚轮便驱动送布曲柄，该曲柄的调节槽内紧固着调节螺钉轴并与送布连杆相连，送布连杆的另一端与送布推架连接，送布推架固定在送布推架滑杆轴上，滑杆轴的前端滑动在机器底板孔中，后端滑动则在固定的送布滑杆托架孔中。送布推架的上平面固定着送布拖板便可使拖板做前后的往复运动。送布推架滑杆轴后端固定着压脚架联动夹头，上面连接着压脚架，压脚架前端装着压脚固定架，固定架的下面装着可浮动压脚而压紧缝料。压脚的压力来自机头上的压脚杆上的压脚杆弹簧，压脚杆的下端固定着滚轮架，滚轮与滚轮架上的固定轴连接。滚轮外圆锥面与压脚的 V 形槽相配合，使弹簧压力作用在压脚上。当踩下机器左踏板时使压脚杆抬起从而抬起压脚压架，实现了压脚框的上升与下降动作。

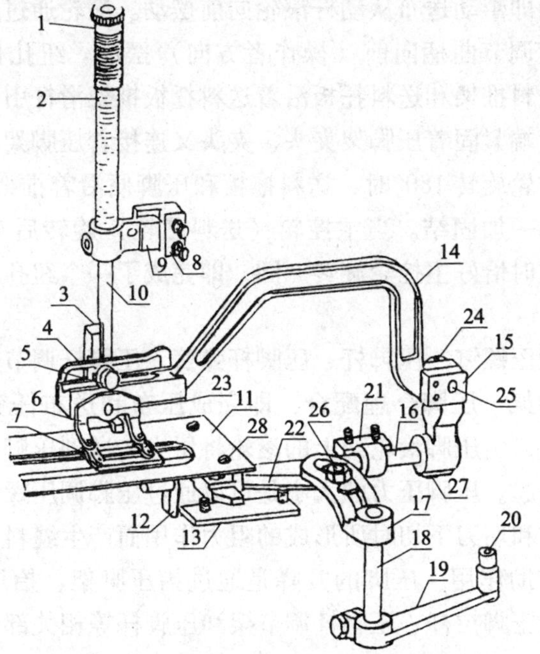

图 11－2－8　送布机构结构示意图

1—调压螺钉　2—压脚杆弹簧　3—滚轮架　4—滚轮护架　5—滚轮　6—压脚固定架　7—压脚
8—压脚杆导板　9—压脚杆调节架　10—压脚杆　11—送布拖板　12—送布推架　13—送布推架导板
14—压脚架　15—压脚架联动夹头　16—送布推架滑杆轴　17—纽孔长度调节曲柄　18—轴
19—送布摆杆　20—滚轮　21—送布滑杆托架　22—送布连杆　23—压脚固定架轴
24—联动夹头轴螺钉　25—联动夹头轴　26—纽孔长度调节螺钉轴
27—联动夹头螺钉　28—送布拖板螺钉

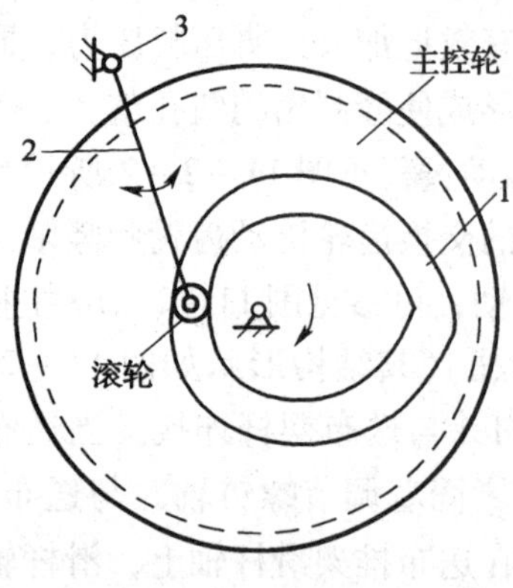

图 11－2－9　送布凸轮曲形槽工作原理示意图

1—送布曲形槽　2—从动杆　3—送布轴

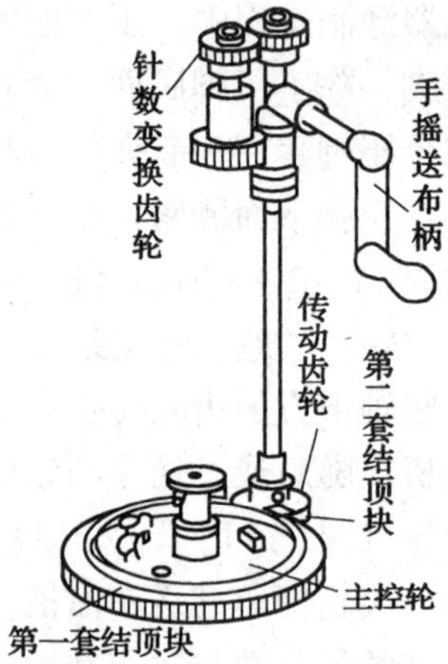

图 11－2－10　主控轮的控制分析

送布运动是当送布凸轮转动时，纽孔长度调节曲柄的往复摆动由送布连杆传动送布推架。送布推架滑杆轴便带动送布拖板和压脚夹紧缝料做前后移动实现送布动作。

761 型与 GI 型平头锁眼机的送料工作是由送料拖板和压脚进行同步配合完成的。送料拖板的动力源是由送料凸轮底面的心形槽来控制的。送布机构的工作原理是：当送料凸轮转动时，送布心形槽即牵动送布从动杆滚轮向前摆动。滚轮通过送布从动杆，扭动送布从动杆轴，使纽孔长度调节曲柄向前（操作者方向）摆动。纽孔长度调节曲柄向前摆动时，推架连杆便推动送料推架和送料托板沿着送料托板推架滑杆引导的方向向前送布。因送料托板推架滑杆的后端紧固着压脚架夹头，夹头又连接着压脚架，所以送料拖板与压脚形成同步送料。当主控轮旋转 180°时，送料拖板和压脚便沿着推架滑杆向后送布，此时，机针将缝制左横列和第一加固结。当主控轮（送料凸轮）旋转后 180°时，机针将缝制右横列和第二加固结。此时恰好主控轮旋转一圈，即完成了一个纽孔的缝制过程。

2. 压脚机构

压脚机构由压脚调压螺钉、压脚杆、压脚杆弹簧、压脚杆调节架、滚轮和压脚提升架等零件组成，并与压脚架、压脚合理配合，即完成压布和送布任务。压脚杆只能原地升降，当压脚前后送料时，由压脚滚轮架上的滚轮将压力传递到压脚。当压脚杆提升时，便将压脚架和压脚一并提起。压脚压力的大小是可以通过压脚调压螺钉来调节的。压脚压力的作用是防止机针刺布和切刀下切时所形成的阻力作用而产生缝料凹陷现象，同时对机针线环的形成有很好的辅助作用。压脚的升降是通过抬压脚架、抬压脚竖拉杆、抬压脚拉板、抬压脚横拉杆、拉压脚拉杆、压脚杆调节架和压脚杆等相关部件来实现的。当用脚踩下踏板时，压脚便抬起；当松开脚踏板时，由于压簧的作用便使压脚落下而压紧缝料。

五、制动机构

平头锁眼机的制动机构在缝制过程中做一种特殊的动作，即能使机器自动定位停机。自动定位停机所指的是要求每次停机后都要停在一个固定的位置上。此位置是以针杆挑线杆处在最高位置时而停机，以保证在缝制下一个纽孔时，挑线杆能顺利供应面线，而不是收紧面线导致跳针或走空针现象。

平头锁眼机的制动机构如图 11－2－11 所示，其作用是控制机器启动、制动、停车等动作。

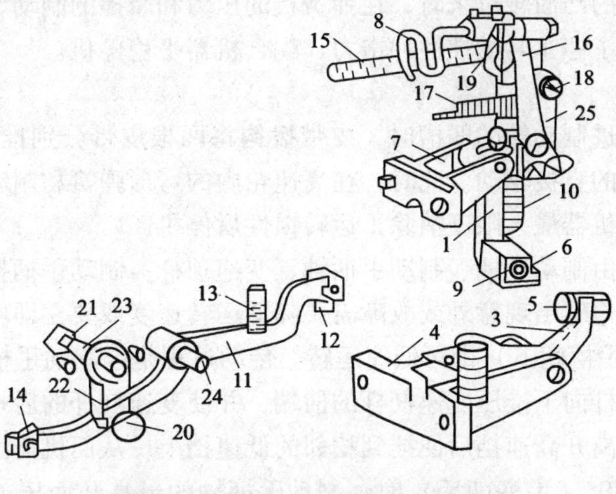

图 11－2－11　制动机构结构示意图

1—制动架　2—链条　3—起动架　4—起动架座　5—螺钉　6—起顶销　7—制动架座　8—皮带钩
9—制动架变速顶块　10—制动缓冲大弹簧　11—变速杠杆　12—变速杠杆定位块　13—变速杠杆弹簧
14—变速杠杆顶块　15—制动架长拉簧　16—制动减速弹簧板　17—制动架短拉簧
18—弹簧架轴螺钉　19—制动轮定位块　20—制动手柄　21—制动手柄轴　22—变速杠杆
23—制动手柄扭簧　24—变速杠杆轴　25—制动减速簧架

1．启动控制过程

当踩下起动踏板时，通过链条即牵动固定在起动架座上的起动架，然后以起动架座销轴为驱动轴向前摆动。起动架上的螺钉推着起动顶销，随后制动架的上端以制动架座的销轴为支点向后摆动。当制动架向后摆动到极限位置时，将使机器产生四个动作。

（1）挂挡　制动架下端的变速顶块，有两个阶梯面即高速挡和低速挡。当制动架向后摆到终点时，变速杠杆的定位块在弹簧的弹力作用下，使定位块挂到高速挡上。

（2）高速运转　制动架的上端紧固着皮带拨钩。当皮带拨钩拉着两根皮带，随着制动架向后摆动到终点位置时，电机上大皮带轮（高速轮）的皮带被拉到高速皮带轮上。电机小皮带轮（低速轮）上的皮带被拉到空转滑轮上，从而使机器产生高速运转。

（3）安全互锁　制动架的上端向后摆动时，机器左侧长拉杆上的安全钩便拉向后方并卡进抬压脚起动杆。因此，机器在工作中压脚将不能抬起，从而起到安全互锁的作用。

（4）释放夹线器　安全钩向后摆动时，通过松线顶杆又牵动松线相关部件，使第一、第三夹线器开始工作。

2．制动

当一个纽孔在缝制到只剩 10 针左右时，机器底部主控轮上减速顶块的斜面将变速杠杆后端的控速顶块顶起。此时，变速杠杆的高速挡面移到低速挡面，同时制动架在拉簧拉力的作用下向前摆动。制动架上的皮带拨钩将高速皮带推到空转轮上，将电机的低速皮带推到低速轮上。此时，机器从高速运转降至 1100r/min 的低速运转。当主控轮上减速顶块的最高凸面将变速杠杆定位块再次顶起时便脱离了低速挡面，使制动架因失去变速杠杆定位块对控速阶梯面的接触，使整个制动架在大拉簧的作用下向前摆。制动减速弹簧板倒靠在制动盘上，等到制动盘的凹槽转过来时，制动减速弹簧板便立即卡进凹槽压到制动盘上。此时，当制动盘的凸面转过来时，在弹簧板的压力和摩擦的制动下，上轴的转速再一次降低，这样便减少了停车时的惯性冲击力，配合机器平稳停机。

3. 停车

当制动定位块卡进制动轮的凹槽时，皮带拨钩将两根皮带分别推到两个空转滑轮上，使电机失去了对主轴的直接驱动。此时，在高速轮内的弯形弹簧和制动杆上的制动缓冲大弹簧的共同制约下，机器最大限度消除了运转惯性后停机。

手动停车过程是由制动手柄、制动手柄轴、变速顶杆，制动手柄扭簧等零件完成。其作用是：如机器在工作时出现意外或故障需要降低运转速度或要立即停机时，只要将制动手柄向下推转 90°（手柄朝下）即可低速运转。传动过程是以制动手柄轴的凸面开始压迫变速顶杆，使变速顶杆向下推压变速杠杆的前端，并使变速杠杆的后端以变速杠杆轴为支点向上翘起。当顶块离开高速挡后便挂到相邻的低速挡上，从而机器出现低速运转。如将制动手柄向后推动 180°（手柄朝后）时，制动手柄轴的最高凸面压迫变速顶杆，使变速杠杆的后端完全被翘起，当顶块离开低速挡后便移到了控速板的上平面。此时，制动架上的皮带拨钩将两根皮带推到空转轮上，使机器失去了由电机传动主轴的驱动力，并在制动机构其他部件的配合下，使机器停止工作，皮带轮处于空转状态。

如紧急刹车以后，需要用送布手柄将送料托板移到停车的起缝位置上，或将送料拖板移到缝制时出现故障的位置再进行补缝。

六、切刀机构

平头锁眼机采用的是先缝后切动作形式，并在机构中设有断面线自动停刀装置，以便在断线后切刀不会下落而获得理想的补缝效果。其结构如图 11－2－12 所示（G18－1 型和日本重机 LBH－761 型平头锁眼机切刀机构相同），切刀动作是由上轴的落刀偏心转动，使落刀摆架做上下摆动，当落刀曲柄凹槽嵌住落刀摆架时，落刀摆架则带动切刀杠杆使切刀下落将纽孔切开。切刀的动作时间是由机器底部送料凸轮（主控轮）上的落刀顶块来控制的。在停车前 2～3 针时，切刀下切为切刀动作的标准时间。切刀机构的动作分四个阶段，如图 11－2－13 中（a）、(b)、(c)、(d) 所示。

(a) 阶段：当机器底部主控轮（送料凸轮）上的落刀顶块斜面将落刀顶杆向上顶时，推动落刀顶架便做顺时针转动，使落刀曲柄的凸部被拉向落刀顶块的顶部。

(b) 阶段：当落刀顶杆下降后落刀顶块便逆时针转动，落刀曲柄的凸部开始进入顶架和顶块的打开空间里，同时落刀曲柄凹槽已接近落刀摆架。

(c) 阶段：当落刀顶杆继续下降时，落刀曲柄下端的凸部已完全进入顶架和顶块的空间里。同时切刀曲柄的凹槽已卡住落刀摆架离合块，使落刀摆架向上摆并带动切刀杠杆以支点作用使切刀下落切开纽孔。

(d) 阶段：切刀下落之后，落刀摆架离合块又压着落刀曲柄向下摆动行程的 1/3，使切刀从缝料内拔出。此时落刀曲柄下端的凸部，落到落刀顶架上，致使落刀曲柄的凹部离开落刀摆架，同时切刀杠杆在拉簧的作用下复位，整个切刀动作结束。

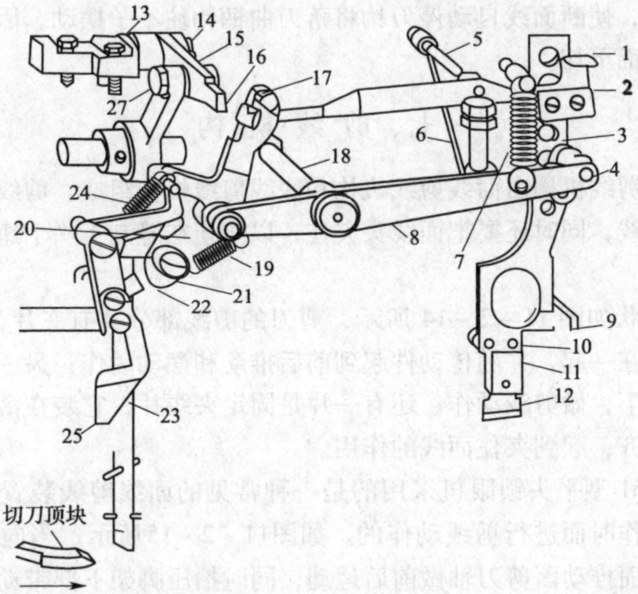

图 11-2-12　切刀机构

1—自动停刀钩　2—平衡块　3—切刀杆连杆　4—切刀杠杆销　5—停刀钩轴　6—过线杆　7—切刀杠杆拉簧　8—切刀杠杆　9—切刀杆下护板　10—切刀杆　11—切刀架　12—切刀　13—落刀摆架支座　14—紧固螺钉　15—落刀摆架　16—落刀架离合板　17—落刀曲柄　18—切刀杠杆轴　19—落刀顶架拉板　20—落刀顶架　21—落刀顶块　22—落刀顶架扭簧　23—落刀顶杆　24—落刀曲柄拉簧　25—面剪夹线架顶块

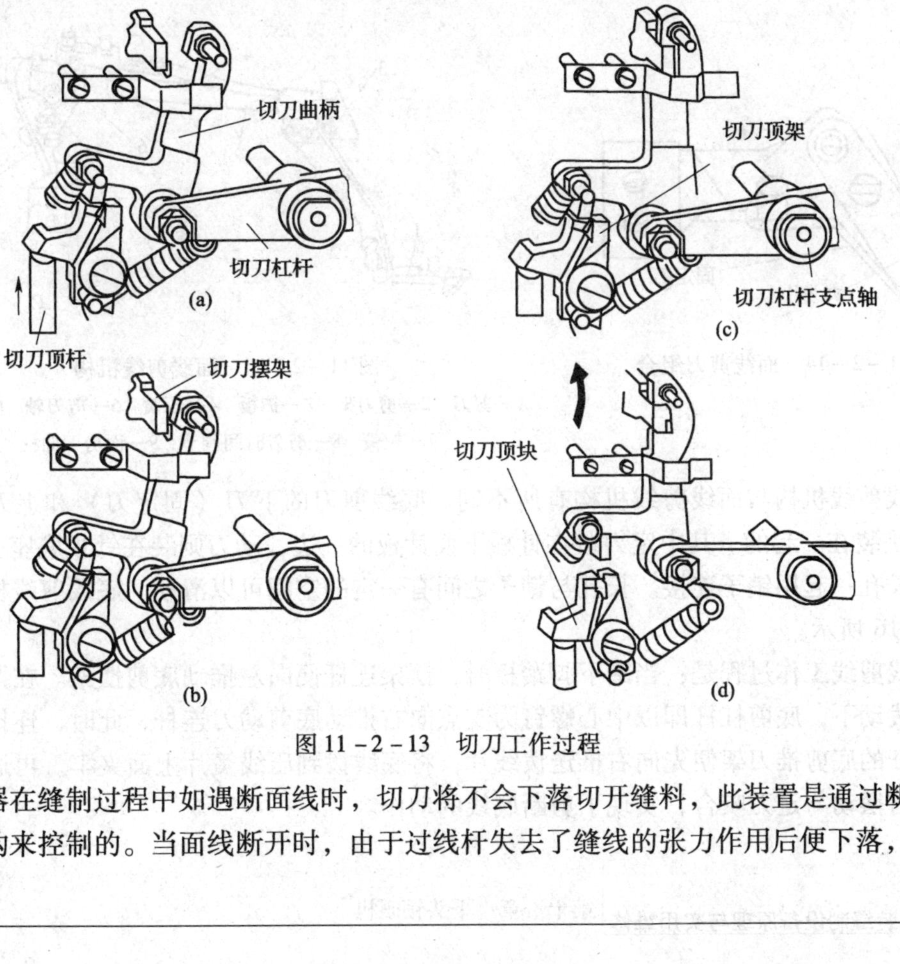

图 11-2-13　切刀工作过程

机器在缝制过程中如遇断面线时，切刀将不会下落切开缝料，此装置是通过断面线自动停刀钩来控制的。当面线断开时，由于过线杆失去了缝线的张力作用后便下落，同时将带动停刀钩轴转动，使断面线自动停刀钩将落刀曲柄钩住不予摆动，因此落刀曲柄就不能通过落刀摆架接触而下切。

七、剪线机构

平头锁眼机的剪线机构由面线剪线机构和底线剪线机构组成。剪线机构的作用不仅是需要剪断面线和底线，同时还要把面线头夹住，以防止在缝制下一个纽孔时产生面线脱落而形成空针现象。

面线剪刀的形状如图 11 - 2 - 14 所示，剪刀的剪线部分共有三片，一片是固定刀片，它与传动零件连接在一起，并随传动件起到前后推动和摆动动作；另一片是活动刀片，它在控制零件的作用下，做剪线动作；还有一片是固定夹线片，它装在活动刀片的上面，位置是与固定刀片相齐，起到夹住面线的作用。

GI8 - 1 型与 761 型平头锁眼机采用的是一种常见的面线剪线装置。这种剪线的动作是随着抬压脚架动作时而进行剪线动作的。如图11 - 2 - 15所示，当向下踩动抬压脚踏板时，压脚架上部斜面推动面剪刀轴做前后运动，同时抬压脚架下部带动面剪刀开合曲柄上的曲柄滑轮轴和滑轴，使面剪刀轴产生摆动。活动刀片（即上刀）的剪线动作有两个：① 合刀动作是由面剪刀轴带动剪线部件动作的。活动刀片上的拨销被面线剪刀导板挡住，此时，活动刀片便做剪线动作。② 张开动作是由剪线部件随面剪刀轴做退出动作时，活动刀片上拨销被线头控制板挡住。此时，活动刀片便做张开动作。

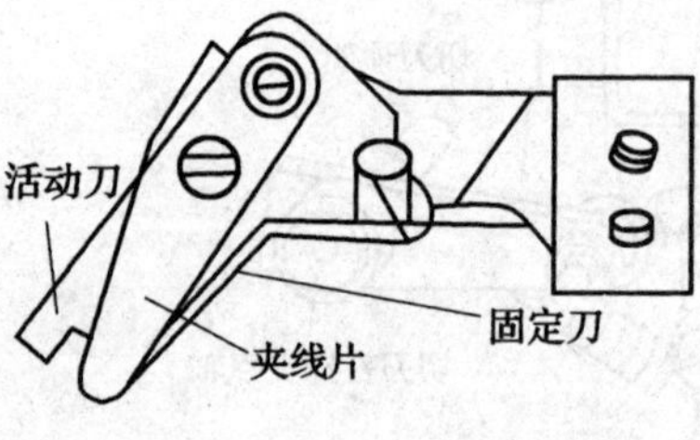

图 11 - 2 - 14　面线剪刀组合

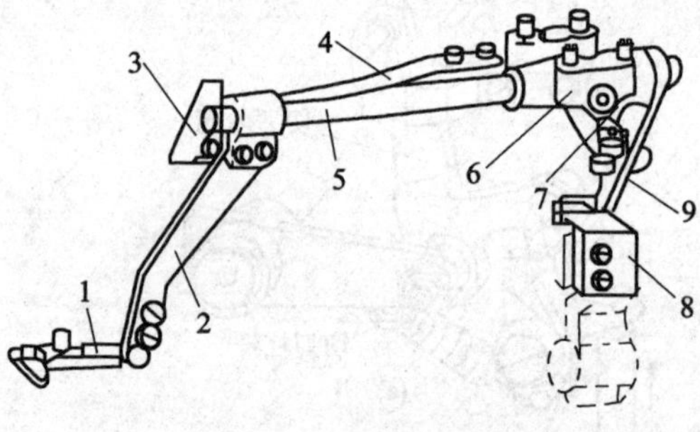

图 11 - 2 - 15　面线剪线机构

1—剪刀　2—剪刀架　3—护板　4—压簧　5—剪刀轴　6—托架
7—拉簧　8—剪刀时间调节　9—面剪刀曲柄

底线剪线机构与面线剪线机构有所不同。底线剪刀的下刀（固定刀）和上刀（活动刀）不是装在一起的。其中定刀装在针板下面针板的一边，动刀则装在针板底座上侧，与推刀架长孔一起用销子连接。长孔与销子之间有一定的空间可以滑动。底线剪线机构如图 11 - 2 - 16 所示。

底线剪线工作过程是：当踏下脚踏板时，摆架连杆便向左推动底剪摆架。在摆架滑动螺钉的拨动下，底剪杠杆即以中心螺钉为支点向右推动底剪动刀连杆，此时，连接在底剪动刀连杆的底剪推刀架便先向右推送拨线片，将底线拨到压线簧片上面夹牢。再通过动刀使它向右摆动与定刀咬合，实现了剪断底线的动作。

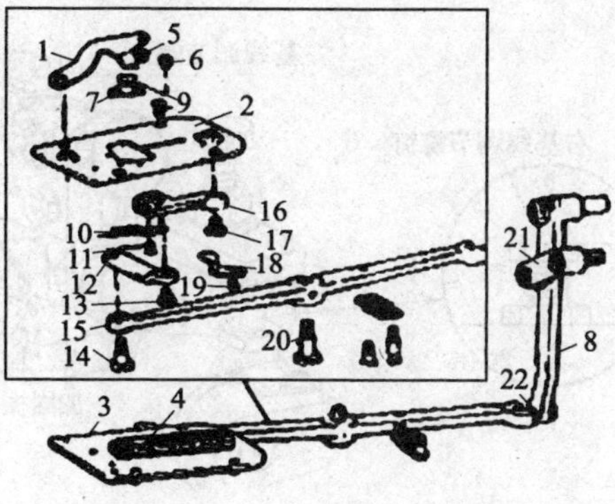

图 11－2－16　底线剪线机构

1—上刀　2—针板底座　3—送料托板　4—针板　5—上刀拨销　6—圆柱头螺钉　7—下刀
8—底剪摆架　9—针板底座紧固螺钉　10—拨线片　11—拨线片紧固螺钉　12—底剪上刀连杆
13—连杆、推刀架连接轴　14—上刀连杆连接轴　15—底剪起动杆　16—底剪推刀架　17—推刀架紧固螺钉
18—上剪托板　19—圆柱头螺钉　20—起动杆支点轴位螺钉　21—摆架连杆　22—摆架圆头螺钉

第三节　平头锁眼机线迹和各机构配合标准

一、纽孔线迹的调整方法

GI8－1 型、LBH761 型平头锁眼机在缝制过程中是以纽孔的左基线为准的。机针是以此基准从左向右进行振幅摆动来进行缝制。图 11－3－1 所示是线迹情况，在调整线迹时的顺序是应先调节右针位的摆幅宽度，然后调节左针位，最后调节加固结宽度。

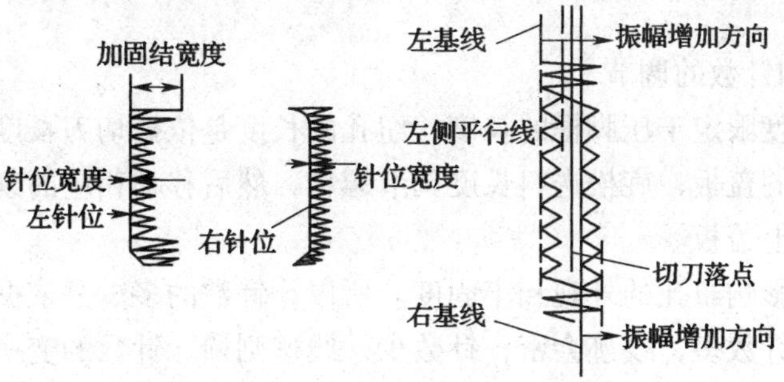

图 11－3－1　纽孔线迹部位分析

右针位（右基线的位置）是通过右基线调节螺钉的高低来进行移动的。将螺钉旋低时右针位向右移动；而旋高时右针位向左移。通常右针位调节螺钉在离机壳面部 12.6mm 左右，（这是参考数据，实际维修时还是要根据实际情况来调整）。

纽孔左右针位的横列宽度大小是通过针位宽度调节螺钉来调节的，如图 11－3－1 所示。如旋低螺钉时，振幅宽度将扩大；如旋高螺钉时振幅宽度将缩小。调节时右基线左侧和左基线右侧的边缘不能超出切刀槽，以便切刀下落时切断缝线。

纽孔两端的加固结（套结）宽度是通过加固振幅螺钉来进行调节的。如旋低该螺钉时便加宽加固结；如旋高该螺钉时则使加固结变窄。纽孔各部位相应的调节螺钉如图11－3－2 所示。

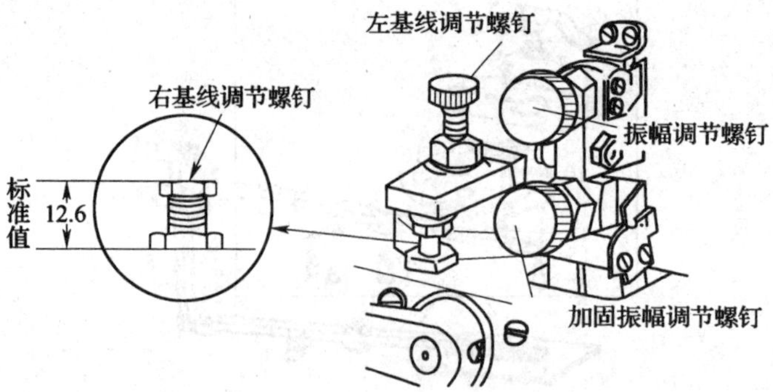

图 11－3－2　纽孔各调节螺钉位置示意图

1. 底、面线的调节

底线和面线的张力是通过梭皮和夹线器来进行控制的。底线的张力调节方法是：将梭子里的线抽出用手捏住，另一只手放下整个梭子。如梭子能缓缓的往下落时为标准张力；如梭子不能下落或迅速下落都视为张力的大小不准。张力的大小可通过梭皮的调节小螺钉来进行调节。机器在缝厚料时张力要小些；缝薄料时张力要大些。如底线的张力过大会使得线迹弯曲影响纽孔的美观；如底线张力过小时则使缝料浮于缝料上面，同样影响线迹的美观。

面线的张力是通过机头上的夹线器来进行控制的。在正常的情况下，机头上部的夹线器（即第三夹线器），其张力较大一些，它是为了配合纽孔加固结有更好的效果而设置的。而其他夹线器只起辅助作用。当机器在缝制到前加固结或后加固结时，辅助夹线器是松开的。第一夹线器是调节加固振幅；第二夹线器是调节左右针位。如张力过大会产生断线故障。

2. 纽孔长度和针数的调节

纽孔的最大长度限定于压脚框的长度，纽孔的长度是依据切刀长度来调节的。调节时打开机器台面中部的盖板，旋松送料长度调节螺母，然后移动相应的刻度标准后紧固送料长度调节螺母并盖上盖板。

纽孔的针数可影响纽孔的外观和牢固度。所以，针数的多少是依据纽孔的大小而选择的。显然，纽孔的针数多，线迹会密；针数少，线迹则稀。针数的变换是通过调换针数齿轮来实现的。调换时，先打开机器上部小盖板，取出两个针数齿轮，然后将更换的齿轮对准轴上的圆柱销套在轴上。针数变换齿轮共有两个，每个都刻有字母标记，有的机器盖板上也刻有字母供变换参考。使用时可根据生产所确定的针数选择针数齿轮。

二、旋梭的配合标准

机针与旋梭的定位如图 11－3－3 所示，当机针从最低点上升 2.3mm 左右时，旋梭尖应到达机针的中心，这时针孔上端至旋梭尖的距离为 1.6mm 左右（即左针位置）。若缝制针织料时应稍高一点，梭尖与机针间隙为 0.05mm（以不碰机针为准）。调整方法是先将机针落到针板中央的切刀槽中心后将机针降到低点，此时调整针杆的下端面与针板距离 10.3mm，再将机针从最低点向上回升 2.3mm，把旋梭尖转到机针中心。旋梭定位钩与旋梭之间的间隙应为0.6mm，使面线在此范围内顺利通过。如间隙太大，机器会产生噪声；如间隙太小，面线通过时有阻力，则会产生断线或浮线故障。

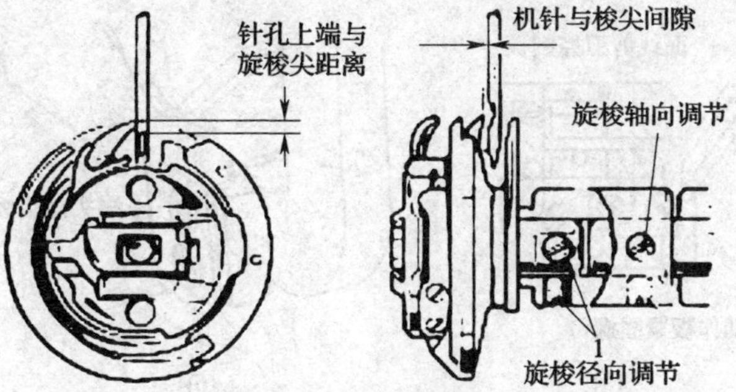

图 11－3－3　机针与旋梭的标准定位

三、压脚的调整标准

压脚的压力是可以通过调压螺钉来进行调整的。如旋紧调压螺钉将会加大压脚的压力；如旋松调压螺钉则减小压脚压力。

当抬压脚板踏到极限位置时，压脚紧杆的抬升高度为7.5mm。如有偏差应调整压脚紧杆定位的高度。

机器在停机状态时，压脚要位于针板孔中心前端2.5mm的位置，并要求压脚框的中心与针板的中心处在同心位置。

四、面线剪刀的调整标准

面线剪刀的标准位置是当面线剪刀张开着移动到面线位置时，以面线在剪刀前端的中间位置来调整面线剪刀的前后位置。面线剪刀动作结束时的位置是：面线剪刀向右动作完成后，剪刀的前端由针板切刀槽向右突出4mm左右，见图11－3－4（a）所示。面线剪刀的高度在压脚提升后调节，以不碰压脚和机针尖为准。如图11－3－4（b）所示。

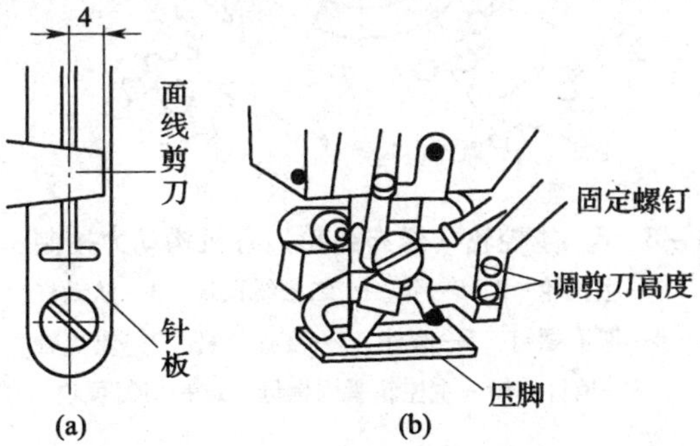

图 11－3－4　面线剪刀标准位置

平头锁眼机面线剪刀的闭合位置如图11－3－5所示，面线剪刀的夹线时间是要经面线剪刀控制板反复调整，使面线处在刀刃部的中间时夹线。如剪刀控制板位置过前时，则剪刀合不上；如剪刀控制板过后时，剪刀未夹住面线时就闭合。前后移动机器中部的线头控制板的位置，可以调节面线剪刀的张开时间。向前移动控制板时，剪刀张开时间提前；向后移动控制板时，剪刀张开时间延迟。

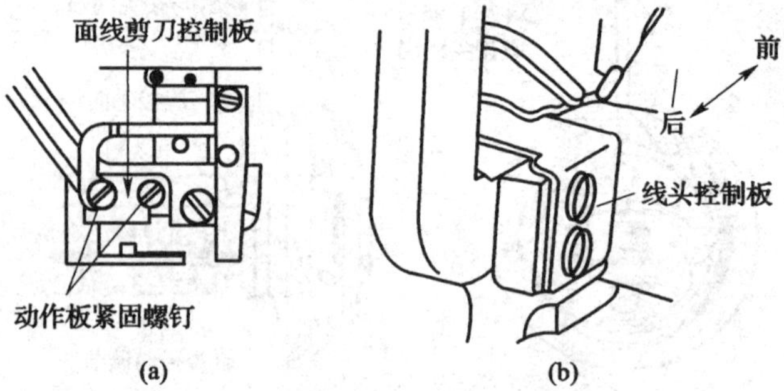

图 11－3－5　面线剪刀的闭合与张开调节

五、切刀的调整

切刀下落时其位置应处于针板切刀槽中间。因机器的切刀架不能左右调节，所以只能通过针板座来调节。切刀的落下时间应在机器减速后纽孔只剩 2～3 针时下切。其动力是由送料凸轮上的切刀顶块来控制的，如图 11－3－6 所示，如向图中箭头方向移动切刀顶块时，切刀下切时间提前；如向箭头相反方向转动时，则切刀下切时间延迟。

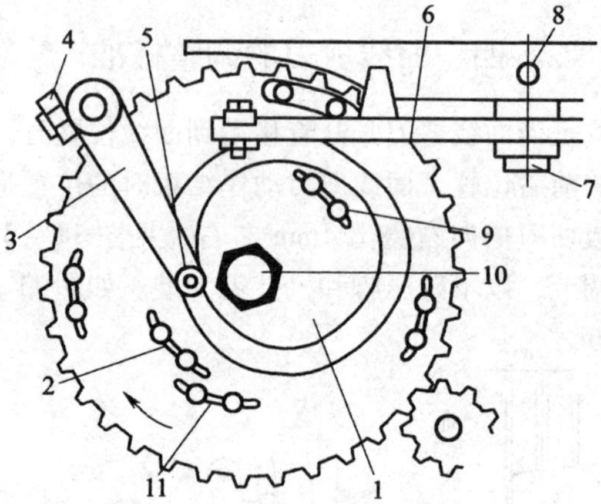

图 11－3－6　主控轮（送布凸轮）各机构动力控制示意图

1—主控轮　2、9—第一、二松线顶块　3—从动杆
4—紧固螺钉　5—滚柱　6—变速杠杆　7—支点轴
8—销钉　10—主控轮紧固螺母　11—切刀顶块

六、制动部件的调整标准

LBH－761 型平头锁眼机的制动架控速顶块的正确位置是：用手把制动架向后推至快速位置，再转动应急制动手柄将制动架移到慢速位置上，此时制动架的控速顶块与传动变速杆顶块的间隙为 0.2～0.5mm，如图 11－3－7（a）所示。

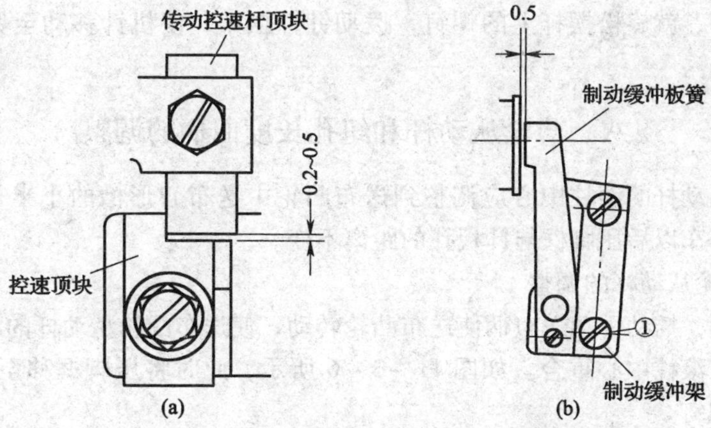

图 11－3－7　控速顶块与减速板簧的定位标准

制动缓冲板簧弹力应调整到螺柱伸出螺母 10～15mm 的位置处。

制动缓冲板簧的前端面与制动凸轮盘距离大约在 0.5mm 左右，如图 11－3－7（b）所示。

机器在停机状态时，起动（杠杆）架的螺钉头部与制动架下部的起动顶销间隙为 0.5～1mm。如间隙过大或过小，可松开螺母进行调整，如图 11－3－8 所示。

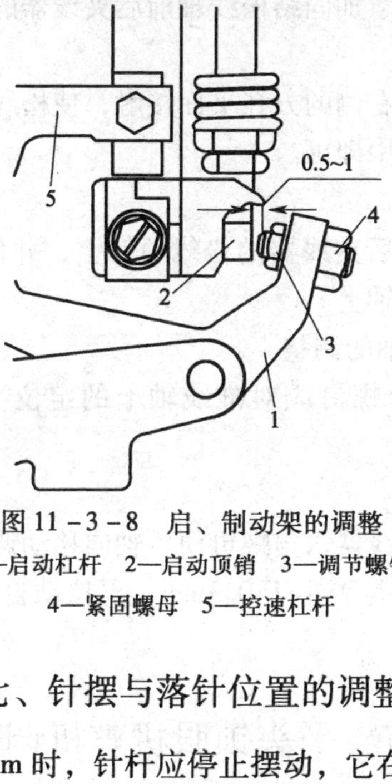

图 11－3－8　启、制动架的调整

1—启动杠杆　2—启动顶销　3—调节螺钉

4—紧固螺母　5—控速杠杆

七、针摆与落针位置的调整

当机针下降至离针板约 2mm 时，针杆应停止摆动，它在右针位时应落在针板孔中心位置上。调整方法：转动上轴，使机针下降到最低位置，如图 11－3－9 所示，针摆凸轮的大半径 R 应转到最右边，如不在该位置上，应把机头翻倒，旋松针摆小齿轮的紧固螺钉，并转动小齿轮，带动针摆大齿轮（塑胶齿轮）轴上的针摆凸轮转动，直至调到标准的位置上。转动机器将机针仍落在最低位置上，检查机针是否落在切刀槽的中心位

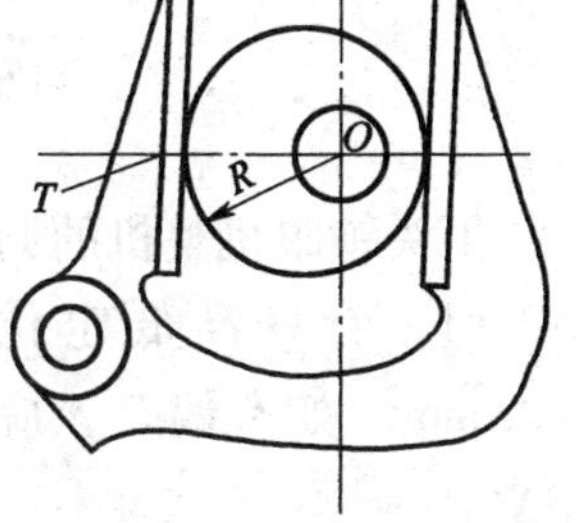

图 11－3－9　针摆与落针位置调整

置，若不在中心，就旋松摆杆上的螺钉，拨动针杆摆架，使机针移动至针板孔的中心位置上。

八、凸轮从动杆和纽孔长度曲柄的调整

送布凸轮从动杆的滚柱中心应调整到送布凸轮中送布心形槽的小半径上，不论缝制大、小纽孔，停车以后压脚框与针板孔的距离不变。

1. 送布凸轮从动杆的调整

将机器翻倒，摇动手动送布柄使送布凸轮转动，使送布凸轮从动杆的滚柱转到心形槽的最小半径时与滚柱中心重合。如图 11 – 3 – 6 所示，此时将压脚框移至机器起缝位置，最后拧紧相关螺钉。

2. 纽孔长度调节曲柄的调整

在停车位置上，旋松送布凸轮从动杆和纽孔长度调节螺母，来回拉动调节曲柄上的弧形槽，直至纽孔长度调节曲柄不动为止，然后拧紧螺母。

九、松线机构的调整

包括松线拉板、松线曲柄、加固结松线轴前后夹线器的调整。

1. 松线拉板的调整

将该拉板孔下端面与机头右侧的方孔平面接触，使松线拉杆与松线拉板两端平齐，弯曲部伸进加固结松线的叉形口中即可。

2. 松线曲柄的调整

松线曲柄的斜面应接触到后夹线器的松线顶钉上，并使轴向有 0.8mm 的间隙，然后把松线曲柄固定在加固结松线轴上。

3. 加固结（套结）松线轴的调整

套结松线连杆上的第一个螺钉应对准线轴上的定位平面，上端螺钉孔与松线连杆铰接。

4. 前、后夹线器的调整

旋松前夹线器螺钉和后夹线器六角螺母便可轴向移动调节，调整后应上下推动松线拉杆，检查前夹线器上的移动量是否小于 0.3mm，再拉动自动架，检查后夹线器上的上压线板是否也移动 0.3mm。

第四节　平头锁眼机整机调整技巧

平头锁眼机整机的调整技巧主要包括以下几个方面。

(1) 针杆高低定位：当针杆下降到最低点时，针杆的下端面与针板面距离 11.3mm。如有偏差，应把针杆连接轴的螺钉松开上下移动针杆达到要求后把螺钉拧紧。

(2) 转动手摇送布曲柄，使机针进入右缝位上，在右位下插到最低点向上回升 2.2 ~ 2.6mm（此跨度距离分别是在左、右针位上的配合距离），旋梭钩尖到机针中心时，

钩尖高于针孔上方1.2~1.8mm。同时钩尖与机针凹槽间隙为0.03~0.05mm。如有大小应将旋梭轴轴向移动达到要求后，把旋梭的螺钉拧紧。

(3) 旋梭架的定位峰与定位钩的缺口应保留0.8mm以上的活动间隙，否则只要松开定位钩的紧固螺钉来进行调节即可。

(4) 送布位置与机针同步的调节：首先转动皮带轮使机针从最高位置下降到针尖接近针板表面2~3mm时，再把机器翻倒将送布从动曲柄的转子中心与控制凸轮的心形凹槽的最小半径重合后，把从动曲柄的螺钉拧紧。

(5) 针位的调整（基准线的调节）

① 右基准线的调节：使机针在右基准缝位上，再转动皮带轮使机针从右横列最左针位下插。观察机针是否达到要求，要求机针尽量靠近切刀槽的中心方向，但不能超过切刀槽中心线，否则基准线会被切刀切断，如有偏差调节机台右侧台板上的右基准线螺钉，直到达到要求为止。

② 左基准线的调节：右基线调好后，再转动手摇曲柄，使机针进入后半部（左横列的缝制），只要求机针从左横列的左针位下插于针板容针槽的左边沿，但机针应尽量靠近，如有偏差应通过调节右基准线的调节螺钉来调好为止。

(6) 横列（摆针、加固结宽度）的调节

① 摆针宽度的大小是由摆针宽度调节螺钉来调节的，把该螺钉左右旋转，机针左右摆动量会增大或减小。但要注意机针在最大摆动时，在右横列的右针位下插，不应碰针板容针槽的右边沿，否则产生断针。机针从左横列的针位下插不能超过切刀槽中心线，否则左基准线会被切断。

② 加固结宽度的调节：它必须与两横列的宽度相吻合，即两横列的宽度加上切刀位置的宽度。套结的宽度是由套结调节螺钉来调整的，将该螺钉左右旋转，套结的宽度会增大或减小。

以上的调节应注意：两个螺钉要同时调节，不能单独大量调某一螺钉，否则机器会产生阻力。

(7) 压脚框前后位置的调节：压脚框在前后最大运动量时，无论它移动到前始点或后始点都应与针板容针槽的中心距离相等。压脚框的前后边沿距离容针槽的中心应有2mm左右。调节时，松开送布滑杆上的送布推架上的两个紧固螺钉，前后推动压脚架来调节。

(8) 纽孔长度的调节，机器在缝制过程中，纽缝长度调节曲柄在做前后移动，要求该曲柄移到前始点或移到后始点前后都不能碰到机壳；否则机器会有阻力或被卡死。调节时，把凸轮从动杆曲柄的螺钉松开，前后移动曲柄来调节。

第五节　平头锁眼机的常见故障与排除方法

平头锁眼机是一种结构比较复杂的专用缝纫设备，因而产生故障的频率也较高。某些机构动作相互配合与它们各自动作的间断性要求十分精密，所以分析故障产生的原因也就相对困难一些。

一、断线、浮线

平头锁眼机断线和浮线故障产生原因及维修方法见表 11－5－1。

表 11－5－1　　平头锁眼机断线和浮线的故障、产生原因及维修方法

故障现象		产生原因	维修方法
断面线	机器启动时	1. 针杆下端和针板面距离不对	1. 转动上轴使针降到最低位，用量规将它的间距调整为 11.3mm，继续转上轴，用量规将其间距调整为 13.6mm
		2. 梭尖与机针位置不对	2. 将梭尖与机针间距调整为 0.05～0.1mm 并要求梭尖在针中心
		3. 机针柄未装到孔底	3. 把机针柄装到针杆装针孔的孔底
		4. 上、竖、下轴的轴向窜动	4. 将上轴、竖轴、下轴的轴向窜动间隙调整在 0.05mm 内
		5. 啮合间隙过大或过小	5. 将上轴、竖轴、下轴的锥齿轮啮合间隙调整在 0.05～0.1mm 内
		6. 夹线器压力和松压线时间不正常	6. 按标准要求调整夹线器的压力，使线张力均匀，调整压线、梭线时间
		7. 穿线的位置不合要求	7. 按说明书调到合理穿线位置上
		8. 针杆的行程未在尺寸范围内	8. 调整挑线曲柄定位螺钉
		9. 摆针时间不正确	9. 合理调整针摆凸轮位置
	正常缝纫时	1. 底、面线的张力不协调	1. 根据缝料缝线差别，合理调节底线、面线的张力
		2. 机针缝线配合不当	2. 选择合适的机针缝线，面线选右旋线，底线选左、右旋均可
		3. 机针弯曲或针尖毛、钝，针孔有毛刺	3. 更换机针
		4. 旋梭尖毛，旋梭过线部位有毛刺	4. 用细砂布或研磨膏研磨，用机油清洗
		5. 因为齿轮啮合不良，造成旋梭和机针位置窜动，缝纫有时好有时坏	5. 分别将上轴、竖轴、下轴的锥齿轮螺钉对准轴上定位平面并扭紧，再根据旋梭与机针位置要求调整
		6. 套结时，套结夹线器松线动作过晚或没有动作	6. 调整套结夹线器的正确松线时间
		7. 套结结束时，套结夹线器过早关闭	7. 调整套结夹线器的松线时机

续表

故障现象	产生原因	维修方法
断底线	1. 绕线器接触不良，有时转、有时停，梭芯上的线松、乱、散，出线量时多时少，时紧时松	1. 维修绕线器，使梭芯的线均匀紧凑、整齐
	2. 梭子与梭芯配合精度低，使其内表面产生摩擦，造成线量不均匀	2. 修复或配上合适的梭芯，使梭芯与梭子之间有一定间隙，运转自如
	3. 底线动剪刀背面有毛刺，底线因毛刺撕断	3. 拆下底线动剪刀，用油石将毛刺磨光
浮底、面线	1. 送布与针刺动作时间不协调，造成底、面线在交织过程中受阻而形成浮线	1. 拧下针摆齿轮的螺钉，微转齿轮针摆凸轮位置，直到机针在左、右摆动时离针板高度相等为止
	2. 底线张力过大，或面线张力大	2. 调节夹线器螺母，浮底线调大面线张力，浮面线调小面线张力。一般先调底线，再调面线张力
毛巾状浮线	1. 旋梭被损伤，钩线各部位有毛刺或裂痕，线通过时受阻	1. 把旋梭钩线的各部位用油石或细砂布将毛刺修去，然后加以抛光
	2. 余线在旋梭定位钩上，使定位钩与旋梭架凹口间隙减小，则面线通过时受阻	2. 清除绕在旋梭定位钩上的余线
	3. 面线前夹线器动作失灵，造成面线在进行缝制时张力减小，因而无法收紧留在缝料下面的大量余线	3. 将前夹线器螺钉松开，调节顶销位置，使顶销移动灵活，夹线器松线可靠
断续性浮线	1. 梭子外圈与梭皮配合不吻合，使不同出线位置压力不均匀，导致底线出线时重时轻	1. 合理调整梭皮与外圈的吻合性，使不同出线位置基本一致
	2. 梭子和梭芯配合不好（此梭芯径向跳动较大），梭芯和梭子内表面摩擦造成底线出线不匀	2. 选择梭子配合较好的梭芯
	3. 机针落下的位置靠近针板孔边缘，易使机针产生前后偏斜，从而导致面线擦边时受阻	3. 若机针位置正确，应调整针板底座位置；若机针位置不正确，则调整机针位置使机针位于针板孔中心

二、跳针、断针

平头锁眼机在缝锁过程中，对于机针与旋梭的标准配合要求很高，在进行调节时必须要掌握机器在左横列、右横列时机针分别与旋梭的标准定位，否则将会出现跳针、断针等故障。表 11－5－2 列举了这些故障原因及维修方法。

表 11-5-2　平头锁眼机跳针、断针的缝纫故障、产生原因及维修方法

故障现象	产生原因	维修方法
偶然性跳针	1. 机针细，遇到较厚缝料时，机针受力弯曲使旋梭钩线失准	1. 换合适机针
	2. 机针歪斜，使机针与梭尖之间的间隙过大而造成钩线不良，出现跳针	2. 更换机针，调整机针与旋梭位置
	3. 在缝薄料时，用细缝线粗机针，再加上压脚与针板接触不良及压脚压力不足而造成	3. 更换合适机针，增加压脚压力
	4. 机针针尖不锋利、弯曲、不光滑。旋梭尖变钝磨秃，或其他影响钩线效果，压脚压不牢缝料等	4. 更换机针，修复或更换旋梭及调整压脚压力
断续性跳针	1. 机针长期使用使针杆上下位置发生变动，加上针杆连接轴、针杆挑线曲柄等零件的磨损产生过大的间隙	1. 更换已磨损的零件，按要求重新调整机针与旋梭的位置
	2. 缝厚薄不同的缝料，机针与缝线选择不当；没有正确调整旋梭与机针的位置	2. 一般缝制薄料，机针回升量为 2～2.2mm，旋梭尖与机针引出线槽的间隙取0.05～0.08mm为宜
	3. 针板与压脚接触不良，没有把缝料压实，机针由最低位回升，将缝料带起，使机针线环形成不佳导致跳针	3. 若压脚变形，应先使压脚平直，然后把压脚磨平，使它与针板接触良好
连续性跳针	1. 长期使用，维修保养不当，使各零件的位置移动而产生	1. 对磨损件进行更换，将位置发生变化的零件调整到规定的位置上
	2. 缝制尼龙纱，薄丝绸等特殊缝料；旋梭和机针的位置不正确；机针的回升量有问题；机针和缝线不合适	2. 调整机针的回升量，将标准值减小，进行试验而定；调整旋梭与机针位置
一般性跳针	1. 钩线时间过早，左横列来不及形成线环	1. 调整旋梭位置，将钩线时间延迟
	2. 钩线时间过晚右横列线迹跳针	2. 调整旋梭位置，将钩线时间提前
	3. 针杆位置偏低，旋梭钩线不良	3. 旋松针杆连接轴螺钉，调节针杆位置
	4. 针杆位置偏高，右横列线迹跳针	4. 按标准调整针杆位置
断针	1. 机针太细，强度低	1. 按缝料厚度更换相应机针
	2. 针摆与旋梭钩线时间不协调，使机针未离开旋梭就摆动而折断	2. 正确调整针摆凸轮
	3. 针板孔与机针有较大的偏移，当机针下落时，机针刺在针板孔的边缘上	3. 转动上轴使机针落在最低位，将机针对准针板孔中心
	4. 机针弯曲，固定机针的螺钉没有拧紧，机针歪斜	4. 更换机针并拧紧固定螺钉

续表

故障现象	产生原因	维修方法
断针	5. 旋梭作轴向移动，使机针刺在旋梭上	5. 按规定调整有关零件间的轴向间隙
	6. 旋梭与机针的间隙位置不正确	6. 按规定要求进行调整
	7. 针杆的前后方向松动太大	7. 减小针板摆动架的松动
	8. 面线剪刀碰压脚板和剪刀控制板	8. 调整面线剪刀的上下和左右位置
	9. 面线剪刀开合时间不对	9. 调整面线剪刀动作时间
	10. 下剪刀返位不正确	10. 调整下剪刀动作时间

三、传动系统故障

平头锁眼机传动系统故障、产生原因与维修方法见表 11－5－3。

表 11－5－3　　平头锁眼机传动系统故障分析与维修

故障现象	产生原因	维修方法
踏板踏到最低位置时机器达不到高速	1. 控速杠杆上的定位块与制动架上的变速块咬合位置不正确，定位块和变速顶块的螺钉有松动	1. 调节控速杠杆的定位块与制动架的变速顶块的咬合位置，并拧紧定位块和变速顶块螺钉
	2. 起动架的调节螺栓有松动，使螺栓位置改变	2. 按制动架变速顶块与变速杠杆的定位块咬合位置，调节起动架螺栓
	3. 皮带拨叉的安装位置不正确，高速皮带太松打滑	3. 按皮带拨叉位置进行调整，若皮带太松应切去一点再装上
	4. 紧急停车装置中制动手柄的扭簧扭力不足；或制动手柄脱节，使其达不到高速	4. 将制动手柄拨向操作者一方，若扭簧扭力不足，应拆下制动手柄，重新对正扭簧
	5. 控速杠杆压簧离开原位置，使变速杠杆失去压力而达不到高速	5. 按装卸方法把变速杠杆压簧装到原有位置
踏动抬压脚踏板压脚杆不能完全复位	1. 针板及其底座，底线剪刀部分有线头或被细小物品堵塞，使踏板踏不动或吃力	1. 拆下送布拖板，清洗底线剪刀、针板及其底座，然后加油使其灵活
	2. 底剪起动杆的拉簧脱落	2. 翻倒机台拆下凸轮从动杆，变速杠杆和送布凸轮，再把底剪起动杆的拉簧挂好
	3. 抬压脚机构及有关部件配合不良	3. 对有关部位进行调整，活动部位清洗加油润滑
	4. 抬压脚架与锁紧钩位置不正确，或被锁紧钩挂住	4. 将机器转到停车位置，若锁紧钩挂在抬压脚架上，按前述方法调整
	5. 面剪刀轴前后移动或受阻	5. 调整剪刀轴或清除阻挡物

续表

故障现象	产生原因	维修方法
缝制快结束时减速装置失准	1. 皮带拨叉位置不正确，使皮带没有滑到低速轮	1. 把皮带拨叉调到正确位置上
	2. 低速皮带太松打滑，而带动不佳	2. 切去一节低速皮带，重新接好装上皮带轮
机器停车不灵敏	1. 制动架起动架及连杆铰接处不灵活，或螺钉轴歪斜而使零件卡死	1. 调整各铰接处，使其转动灵活并加油润滑
	2. 连接制动架、锁紧钩、松线机构的连杆发生弯曲或卡住	2. 各连杆的扭曲按标准进行修复
	3. 起动架的螺栓伸出过长，使制动架卡不进制动定位凸轮的定位槽中	3. 调节起动架上的调节螺栓的伸长量，一般在停车时，距离起动锁为0.5~1mm
	4. 制动架拉簧因长期使用而变形，使拉力减小，制动定位块卡不进制动定位凸轮的定位槽中	4. 更换拉簧（弹簧拉力要适中）
	5. 制动减速弹簧板与制动盘的位置不正确。减簧板卡不进制动盘的曲面上而不能停车	5. 对弹簧板进行调节，使减速弹簧板的前端面与制动盘的后端面在低速时间隙为0.5mm
	6. 制动定位凸轮和制动定位块由于长期使用及互相撞击而磨秃，使定位块不能卡住导致不能停车	6. 更换制动定位凸轮和制动定位块
机器停车时机针不在规定位置上	1. 停车时，由于减速弹簧板的位置偏斜，使制动定位块卡不进制动定位凸轮的定位槽中，针杆比规定要低	1. 按规定调节减速弹簧板的位置
	2. 高速皮带轮中的环形缓冲簧断裂或变形而压力不足	2. 更换新的缓冲簧
	3. 缓冲杆上的缓冲弹簧压力不足或调节螺母松动，使弹簧压力降低而引起	3. 压力不足，可调节可调螺母来增大弹簧压力；若调节螺母松动，按标准重新调整
	4. 因停车位置不正确，锁紧钩与抬压脚架没有脱开，仍处在互锁状态	4. 按标准调整停车位置
	5. 锁紧钩与抬压架在停车时，两者的间距不正确	5. 先对锁紧钩进行调节，使锁紧钩与抬压脚的距离为0.5~0.8mm之间
	6. 在意外情况下，抬压脚竖拉杆和横拉杆脱开	6. 要求抬压脚竖拉杆和横拉杆重新挂上钩

四、功能系统机械故障

平头锁眼机功能系统故障、产生原因及维修方法见表 11 –5 –4。

表 11 –5 –4　　平头锁眼机功能系统机械故障分析与维修

故障现象	产生原因	维修方法
开始缝纫时，切刀就落下切布	1. 制动定位块没有卡进制动定位凸轮的定位槽中 2. 停车后，锁紧钩上的凸起爪没有把落刀曲柄上的拉簧锁顶起，使落刀曲柄与落刀摆架咬合分离	1. 调整制动定位块的位置 2. 锁紧钩的凸起爪如有磨损应更换；落刀顶架的顶部与落刀曲柄的凸起部的间隙应为 0.5 ~1mm
有时切刀落不下来	1. 自动停刀钩调整不当，使落刀曲柄不能工作，切刀杠杆就不能落下来 2. 切刀杠杆的调节螺栓的位置不正确，切刀就降不下来 3. 机器还没有减速，落刀曲柄就动作，使落刀曲柄的凹槽卡不进高速摆动的落刀摆杆的凸部上 4. 落刀曲柄、落刀顶架和落刀顶块的弹簧拉力不足 5. 落刀曲柄压簧把落刀曲柄压得过紧	1. 调整切刀曲柄凹槽要卡进切刀架的凸块内，并调节停刀钩上平衡块 2. 将落刀摆杆与落刀曲柄凹槽的下平面之间的间隙调到 0.5 ~0.2mm 内 3. 调整落刀顶块的位置，使停车前 2 ~3 针时落刀 4. 调整弹簧拉力或更换新弹簧 5. 把落刀曲柄压簧调到能使落刀曲柄自由滑动
有时切刀连续切布	1. 落刀顶架轴转动不灵活，扭簧扭力不足 2. 切刀杠杆拉力弹簧拉力不足使切刀杠杆复位时不规律，造成连续落刀	1. 向落刀顶架轴注油，使转动灵活；更换扭簧 2. 更换拉力较大的拉力弹簧
面线断了以后，切刀仍落下切布	1. 自动停刀钩和过线杆的位置不正确 2. 穿线方法不正确，面线没有穿过线杆的长孔中	1. 调整它们的安装角度，调节停刀钩上的平衡块，使面线无张力时能钩住落刀曲柄摆手 2. 按正确方法穿线，使面线穿进过线杆的长孔中。由面线张力使停刀钩抬起，防止切刀落下
压脚不能回到始位	1. 纽孔长度调节曲柄的安装位置不正确 2. 与压脚架配合的联动夹头的螺钉有松动	1. 拧松纽孔长度，调节螺钉，使其曲柄的长槽移动，并把凸轮从动杆的螺钉扭松，直到其曲柄不动为止 2. 拧紧紧固螺钉

续表

故障现象	产生原因	维修方法
转动机器送布凸轮不动	1. 松线扭柄装得过低，碰到松线顶块的垂直面上 2. 松线挺杆和切刀顶杆上的斜面装反 3. 送布凸轮轴的螺钉松动使凸轮下沉，装在上面的套结顶块与送布传动齿轮发生摩擦	1. 调整松挺杆的高度，以不碰到松线顶块垂直面为宜 2. 重新安装，使顶杆的斜面朝向顶块的斜面上 3. 将凸轮轴上的螺钉拧紧
缝制加固结时，送布停止	1. 送布传动齿轮上的螺钉松动 2. 蜗轮上的弹簧离合器脱钩、松动或折断 3. 转动手送布曲柄，送布凸轮不动，是因弹簧离合器脱钩或断而产生	1. 将松动的螺钉拧紧 2. 重新把弹簧离合器的钩部钩在蜗轮上，若折断应更换 3. 重新把离合器钩部钩上或更换
压脚提升量达不到要求	1. 压脚杆调节架紧固螺钉松动 2. 面线剪刀与压脚碰在一起 3. 压脚固定架上的弹簧弯曲	1. 按标准要求调整并拧紧螺钉 2. 按要求调节面剪刀的高度 3. 纠直弹簧或更换弹簧
高速皮带轮噪声大	1. 针杆摆架轴及其滑块轴上的紧固螺钉松动 2. 挑线杆曲柄磨损产生间隙而发生噪声 3. 针杆摆架滑块磨损	1. 重新安装，使之不松动 2. 更换已磨损的零件 3. 更换针杆摆架滑块

五、切刀机构的故障

切刀机构的故障、产生原因及排除方法见表11－5－5。

表11－5－5　切刀机构的故障产生原因和排除方法

故障现象	产生原因	排除方法
切不开纽孔	1. 切刀不锋利，或形状不对 2. 切刀活动量不足	1. 把切刀磨成60°斜刀 2. 调整修复
切刀碰面线剪刀	1. 线头控制板和线头控制顶板的关联动作不正常 2. 面线剪刀张不开	1. 调整线头控制板的位置 2. 调整面线剪刀压簧的弯曲量
有时切刀不下切	1. 停刀杆的调整不正确 2. 切刀杆与切刀杆挡块的组装不良，切刀杆没有完全恢复 3. 切刀驱动杆的挡块螺钉的位置不正确 4. 切刀动作钩的簧片将切刀的动作钩压得太紧 5. 切刀动作钩与切刀驱动拉簧力量太小	1. 重新调整停刀杆 2. 按标准重新调整 3. 调整挡块螺钉位置 4. 将簧片进行弯曲，使切刀动作钩能自由旋转 5. 更换拉簧
有时下切多次	1. 切刀驱动爪辅块不能绕轴灵活旋转 2. 切刀驱动爪辅块的扭簧太弱	1. 给切刀驱动爪部加油 2. 扭曲簧钢丝，使弹力加大

六、关于平头锁眼机切刀故障的排除技巧

实践表明，平头锁眼机的切刀机构故障发生率较低，如机器在工作中遇到切刀方面的故障时，通常是由切刀机构中的某个部件发生变动或某个部件的损坏而导致。因此在掌握了切刀机构的传动原理及各部件的活动间隙后，故障就很容易排除了。

通过对平头锁眼机切刀机构运动过程的分析，并结合长期的维修实践经验，笔者得出一套较为完整的有关切刀机构的调整方法，并对切刀机构在生产过程中经常出现的故障现象以表格形式做了归类和总结，供维修时参考。

在整机工作过程中，切刀机构的作用是将缝制完的纽孔切开，切刀下落的时间是由主控轮上的切刀凸块的位置决定的，技术要求切刀在停机前 2～3 针时下落为宜，切刀下落的动力来源是由主轴上的切刀偏心轮传动的。当主轴转动时，与主轴一起转动的切刀偏心轮则通过偏心连杆带动切刀驱动杆上下摆动。当切刀动作钩在控制杆的作用下向后运动并钩住切刀动作钩的端部，随着偏心连杆带动切刀驱动杆，使其不停地绕定轴转动，再通过上升的切刀动作钩，又经过切刀驱动杠杆、切刀连杆、切刀架，使切刀下落实现了切刀动作。

由于切刀架的位置不能调节，因此只有通过调整针板座，来改变针板左右的位置进行调整以解决切刀下落时不落在针板切刀槽的中心内的问题。切刀安装好后，要使刀的前边缘与针杆之间的距离不得小于 0.2mm 间隙。当切刀下落至最低位置时，切刀尖较高的一端应低于针板表面 3mm。

切刀动作时是在机器慢速阶段进行的。其具体的下落时间应是在机器缝制完纽孔（机器完全停止）的前 2～3 针时。如切刀动作时间不在这个标准位置时，则调整主控轮上切刀顶块的位置即可。具体调节是先旋松切刀凸块上的螺钉，再根据失准的切刀下落时间来移动切刀顶块的位置以做相应的调整，如按主控轮的工作方向移动切刀顶块时，则切刀落下的时间将提前，反之则延迟。

停车时，切刀驱动爪顶块与切刀动作钩底部的凸块之间应保持 0.8～1mm 的间隙。否则，当机器在初始缝时便会重复切刀动作。当切刀驱动杆运动到下极限位置时，与切刀动作钩的缺口底面应保持 0.5～0.1mm 间隙。调节时可通过切刀驱动杠杆上面的螺钉来进行调整。

下面是切刀常见的几种故障、产生原因及排除方法。

1．机器在开始缝制时切刀就落下

检查部件	产生原因	排除方法
检查停车碰块	因停车碰块没有卡进止动凸轮的凹槽中而产生	调整停车碰块的位置
检查切刀驱动爪	因停车后切刀驱动爪没有把切刀驱动杆上的拉簧锁顶起，使切刀驱动杆与切刀动作钩咬合分离而产生	驱动爪如有磨损应更换。切刀驱动爪辅块顶面与切刀动作钩底部凸块间的间隙应保持 0.8～1.0mm

2. 机器在正常工作中切刀不下落

检查部件	产生原因	排除方法
检查自动停刀钩	自动停刀钩调整不当，把切刀驱动杆上的扳手钩住，使切刀驱动杆不能工作，切刀杠杆就不能落下来	排除切刀在机头滑槽中的别劲现象，加油润滑，并调节停刀钩上平衡块
检查切刀杠杆的调节螺栓	因切刀杠杆的调节螺栓的位置不正确，切刀就降不下来	将切刀驱动杆与切刀动作钩凹槽的下平面之间的间隙调整到0.05～0.1mm内
检查有否减速	因机器还没有减速，切刀驱动杆就动作，使切刀驱动杆的凹槽卡不进高速摆动的切刀动作钩的凸部上而产生	调整切刀顶块的位置，使其在停车前2～3针时切刀下落
检查切刀机构的弹簧	因切刀动作钩、切刀顶架和切刀顶块的弹簧拉力不足引起	增加弹簧拉力或更换新弹簧
检查切刀动作钩压簧	因切刀动作钩压簧把切刀动作钩压得过紧	把切刀动作钩压簧调到能使切刀动作钩自由滑动为宜

3. 切刀连续下落

检查部件	产生原因	排除方法
检查切刀驱动爪	因切刀驱动爪绕轴转动不灵活，扭簧的扭力不足而产生	向切刀驱动爪注油，使转动灵活；更换扭簧
检查切刀杠杆的拉力弹簧	因切刀杠杆拉力弹簧拉力不足使切刀杠杆复位时不规律，造成连续切刀	更换拉力较大的拉力弹簧

4. 面线断开后切刀仍然下落

检查部件	产生原因	排除方法
检查自动停刀钩和过线杆的位置	因自动停刀钩和过线杆的位置不正确而产生	调整安装角度和适当调节停刀钩上的平衡块前移，使面线无张力时能钩住切刀动作钩
检查穿线方法	因穿线方法不正确，面线没有穿过线杆的长孔中而产生	按正确方法穿线，使面线穿进过线杆的长孔，由面线张力使停刀钩抬起，防止切刀落下
检查停刀杆偏心挡块	因停刀杆偏心挡块调得太高而产生	调整偏心挡块高度

以上只列出了几种常见的故障。通过对切刀机构的传动原理及各部件的动作配合来分析，引起切刀故障的原因应不止这些，总之要掌握这些故障的产生原因主要还依靠实践经验的积累和对出现故障的正确判断和分析。最后根据这些实践经验与故障的正确分析，将故障的检查范围尽可能的缩小，从而起到事半功倍的效果，同时也积累维修经验，提高了

维修效率。

七、纽孔的调整

在 GI8 - 1 型平头锁眼机中（包括 GI8 - 1 型、重机 761 型）因调节纽孔的部位较多，所以调整出一个美观的纽孔，需要通过合理的调节步骤来完成。

现根据实践经验，用最简便的方法进行调节：首先调好右针位标准位置是要将机针摆到右针位的左边，此时切刀槽的中心与机针左侧平行，又将机针摆到右针位右面时，最大摆动量不得超过压脚框边缘。机针右侧与压脚边缘间隙在 0. 05mm 的范围内。然后摇动手摇曲柄，使机针落在左针位，标准位置是将机针摆到左针位的右边，此时，切刀槽的中心与机针的右侧平行，又将机针摆到左针位的左边，其最大摆动量不得超过压脚框的左边缘。机针的左侧与压脚左边缘距离 0. 05mm 的范围，然后用硬纸皮放在针板上，摇动送布手柄到机器即将套结时，要求套结的宽度要与左针位的左侧与右针位的右侧宽度相等即可（注：根据制作工艺的要求，随时要改变纽孔的宽度与长短，只要掌握了机器的传动原理与调节部位，用上述方法调节相应的螺钉后基本可以解决）。另外，日本兄弟公司生产的平头锁眼机的结构原理与本章所讲的有着较大的区别。它的纽孔调节部位在机器的左侧，并且都指明了调节部位，虽然结构不同，但只要经过细致的摸索，了解其内部结构，就不难掌握它的传动原理了。

第六节　平头锁眼机（兄弟 LH4 - B816 型）的标准配合与调整

在这一节里将对日本兄弟 LH4 - B816 型平头锁眼机的运动原理做较为详细的讲解。目前，根据结构方式的划分同类用途的（机械式结构）平头锁眼机应分为两大类：一类为重机 761 型平头锁眼机；另一类为以兄弟 LH4 - B816 型平头锁眼机。虽然两种机型的结构形式有所区别，但几乎都有着相同的运动目的与共性。所以如果掌握了其中一类机型的运动原理的话，对于另一类机型便可以通过对其外形结构和机器工作时的细心观察、分析，最终掌握整机的各部件标准配合与调整，那么对于产生的故障便容易排除了。

图 11 - 6 - 1　兄弟 LH4 - B816 型平头锁眼机外观图

下面将以日本兄弟 LH4 – B816 型平头锁眼机为例，对于整机的配合与调整标准作一介绍。

一、针杆、机针与旋梭的标准配合关系

为了使机针在纽孔的左、右横列以及套结位置能够准确的配合旋梭形成双线锁式线迹，要求机针与旋梭有较高的配合标准。

1. 针杆的高度调整

针杆的高度与线迹的形成质量有着很大的关系。调整针杆高度的方法是：先将机针落在针板容针孔的中心位置，然后转动主轮把针杆降到最低点，再打开机器头部外盖板，用螺丝刀拧开针杆夹头的紧固螺钉。把调节针杆高度的量规（量规是用来调节针杆高度及旋梭钩线时间的一种固定测尺，调节的标准量规有 –2、–3、–4、–5 等 4 种规格，使用时需选择上面所对应的记号）的一个端面放到针板面上，然后移动针杆，使针杆的下端平面与量规的另一个端面接触后，再拧紧针杆夹头的紧固螺钉，如图 11 –6 –2 所示，如没有量规，则将针杆下降到最低点时，用小尺测量针杆的下端面距离针板面 11. 3mm 时为标准的针杆高度。

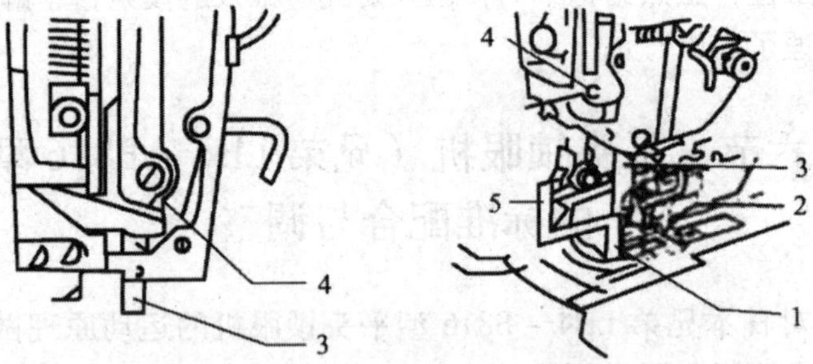

图 11 –6 –2　针杆高度的调整
1—机针　2—针板　3—针杆
4—针杆夹头　5—量规

2. 机针与旋梭的钩线标准

先将旋梭的两个紧固螺钉松开，然后按机器的正常工作方向转动皮带轮，使机针落到针板容针孔的中间位置（即左针位右侧、右针位左侧）时下降到最低点，将量规的一个端面（针杆回升位置量规）放置针板表面上，再用右手转动皮带轮，使针杆逐渐向上回升，当针杆的下端面回升到与量规的另一端面接触（平齐）时，把皮带轮（主轮）固定，然后再转动机器下部的旋梭，使旋梭的梭尖与针杆下方的机针呈正交后，再拧紧旋梭的紧固螺钉，如图 11 –6 –3 所示。注意：在调整旋梭的钩线时间时，不能随意松开旋梭固定螺钉的后面两个紧固螺钉。如没有量规，在确定了针杆的高度标准后，再转动主轮将机针下降到最低点，然后继续将机针回升约 2. 3 ~ 2. 5mm（左针位，2. 5mm，右针位 2. 3mm）时，将机器底部的旋梭尖移至机针的侧平面即可。

3. 机针与旋梭的摩擦间隙调整

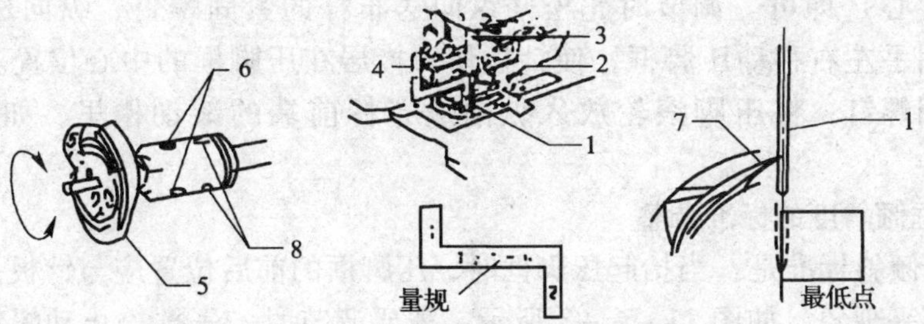

图 11－6－3　机针与旋梭的标准配合关系

1—机针　2—针板　3—针杆　4—量规

5—旋梭　6—旋梭紧固螺钉　7—旋梭尖　8—固定螺钉

用手转动主轮，当机针回升与旋梭尖呈正交时，其梭尖与机针的侧平面要有约 0.05mm 间隙（以梭尖不碰机针为准）。调节时需拧松机器底部的两颗紧固螺钉，然后前后移动旋梭，此时机针与旋梭的间隙即可改变，如图 11－6－4 所示。

在固定好旋梭的标准位置后，要求旋梭的梭架要与旋梭定位钩保持在 1～1.5mm 的范围内。以保证旋梭钩线后能顺利被挑线杆上收。调节方法是松开旋梭定位钩的两个固定螺钉，然后移动定位钩便可调节定位钩与梭架的间隙，如图 11－6－5 所示。

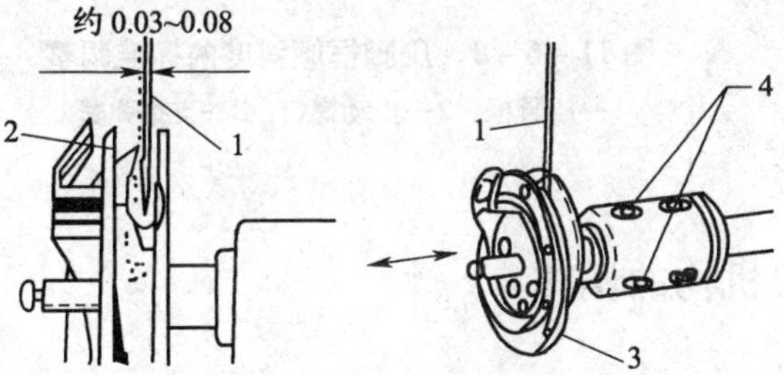

图 11－6－4　机针与旋梭的摩擦间隙调整

1—机针　2—旋梭尖　3—旋梭　4—旋梭紧固螺钉

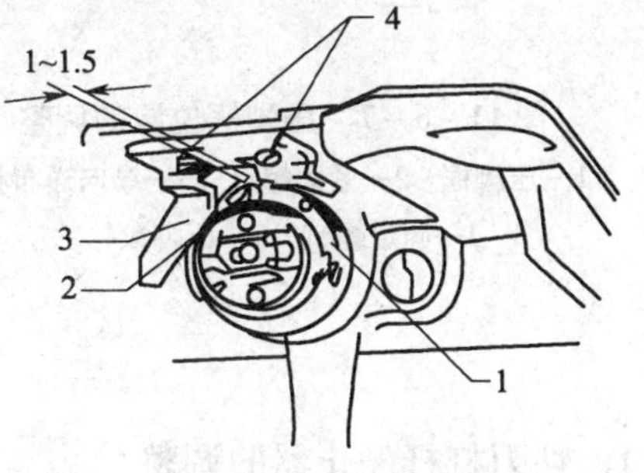

图 11－6－5　旋梭与定位钩的标准调整

1—旋梭　2—梭架　3—定位钩　4—紧固螺钉

二、压脚框部件的调整

1. 压脚框前后位置的标准调整

无论压脚框前移动到最前端还是后移动到最后端，要求压脚框的内边缘与针板容针孔都应保持有 1.3mm 左右的间隙。如需要调整，先拧松压脚固定螺钉，将送布控制杆的记号与送布控制连接杆的记号对齐即可，如图 11－6－6 所示。

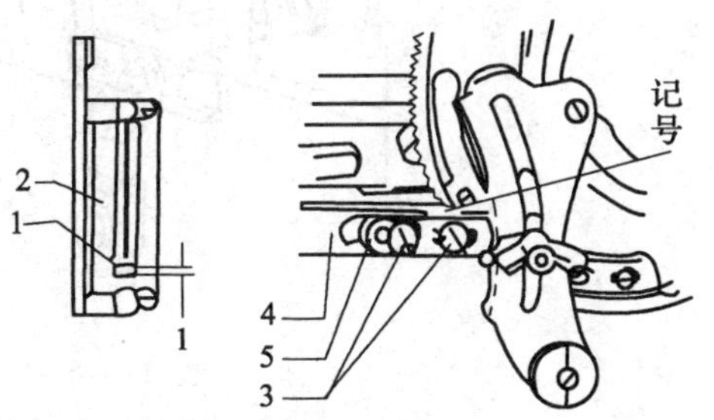

图 11－6－6　压脚框前后位置的标准调整

1—针板容针孔　2—压脚框　3—紧固螺钉

4—送布控制杆　5—送布控制连接杆

2. 压脚框左、右位置的调整

压脚框左、右位置的标准是要求压脚的中心与针板切刀槽的中心同心（且切刀槽居在压脚框的中心）即可。调节时先松开纵向送布杆的紧固螺钉，纵向送布杆便可左右移动，再用手左右移动压脚框，使针板切刀槽居在压脚框的中心位置。然后拧松压脚滚轮的紧固螺钉，将压脚滚轮放入纵向送布杆前端的滚动槽里，如图 11－6－7 所示。

3．压脚框倾斜度的标准调整

压脚框的倾斜标准是：当抬起压脚框时，压脚框的前后位置应与针板面相平行，不能出现高低不平现象。如图 11－6－8 所示，需要调节时，先拧松止动螺钉，再转动压脚框支撑弹簧，用手移动压脚框，使压脚框的前后与针板表面的上下距离保持平行即可。

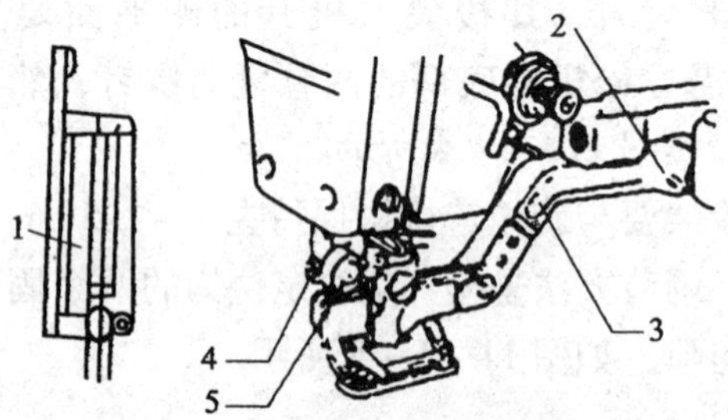

图 11－6－7　压脚框位置的调整

1—压脚框　2—紧固螺钉　3—纵向送布杆
4—固定螺钉　5—压脚滚轮

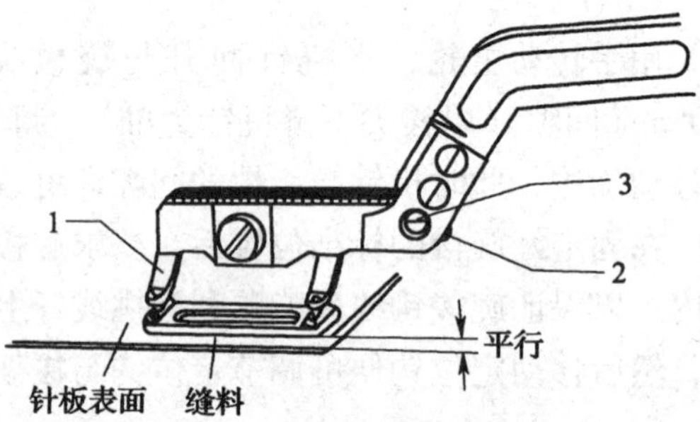

图 11－6－8　压脚框倾斜度的标准调整

1—压脚框　2—止动螺钉　3—支撑弹簧

三、切刀机构的调整

1．切刀杠杆停止器的调整

将机器处在停止状态，然后拧松调节螺母，转动切刀杠杆停止器螺钉，使大臂的下端与切刀架安装板之间距离 1.5mm 左右，如图 11－6－9 所示。

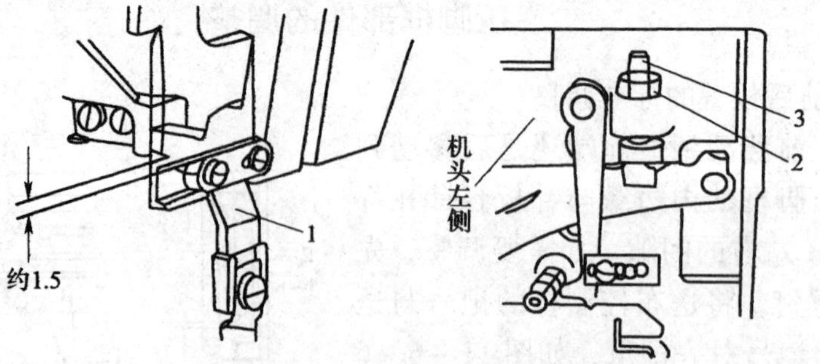

图 11－6－9　切刀杠杆停止器的调整

1—切刀架　2—调节螺钉　3—切刀停止器调节螺钉

2．切刀控制杆的调整

先用手转动机器主轮，使机器左侧的切刀凸轮处在最前方位置（这时可以看到切刀凸轮和内六角螺钉)，然后将切刀控制杆放入切刀离合器和切刀离合器杆之间，拉动切刀离合器板，将切刀工作板准确套好。此时，再用螺丝刀转动偏心阶梯螺钉，使切刀杠杆与切刀杠杆停止器调节螺钉的下端之间保持约0.6mm的间隙，如图11-6-10所示。

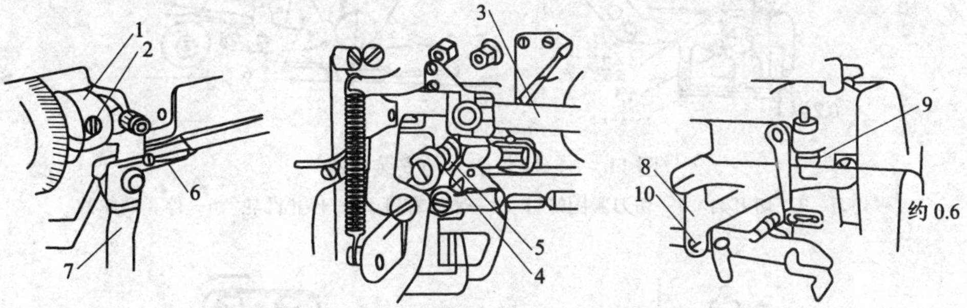

图11-6-10　切刀控制杆的标准调整

1—切刀凸轮　2—内六角螺钉　3—切刀控制杆　4—切刀离合器
5—切刀离合器杆　6—切刀离合板　7—切刀工作板
8—偏心阶梯螺钉　9—切刀杠杆　10—切刀杠杆停止器

3. 切刀工作板的高度调整

切刀工作板的高度调整是：当切刀控制杆的突起部位移动到切刀离合器杆的时候，拧松紧固螺钉，上下移动切刀工作板，使切刀离合器板与切刀工作板之间保持约0.5mm的间隙，如图11-6-11所示。

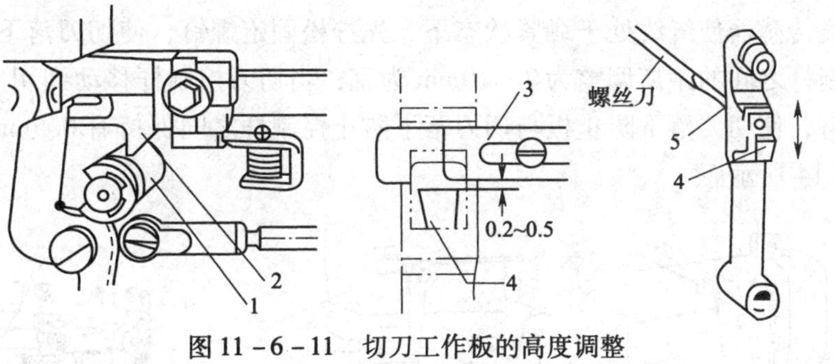

图11-6-11　切刀工作板的高度调整

1—切刀离合器杆　2—切刀控制杆　3—切刀离合器板　4—切刀工作板　5—紧固螺钉

4. 切刀的安装标准

切刀与针杆的标准调整：先将切刀用切刀架固定螺钉紧固在切刀架上。再用手转动主轮，将针杆下降到最低点，然后拧松固定螺钉前后移动切刀架，使切刀架下端的切刀与针杆之间保持在0.2mm的范围以内。先用手转动皮带轮，当针杆处于最高位置后，用手摇动送布手柄，使停止凸轮片移动到停止凸轮的中部时停下，如图11-6-12所示。

切刀下切位置的标准调整：用手转动皮带轮，使针杆升到最高位置，再用手摇动送布手柄至机器右侧的停止凸轮块到达停止凸轮的中央位置时停住；然后用左手将切刀落下防止板向前拉开，再用右手转动主轮（皮带轮），使切刀处于最低位置后，再拧松切刀架下端的切刀紧固螺钉，要求切刀尖与针板之间距离约在2mm以内，如图11-6-13所示。

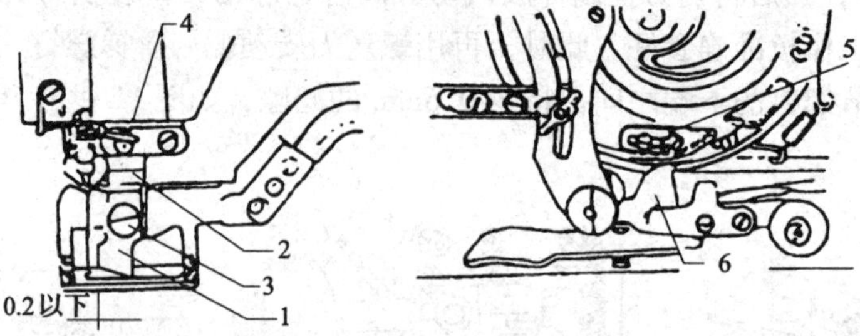

图 11 -6 -12　切刀的安装标准

1—切刀　2—切刀架　3—切刀紧固螺钉　4—紧固螺钉　5—停止凸轮　6—停止凸轮片

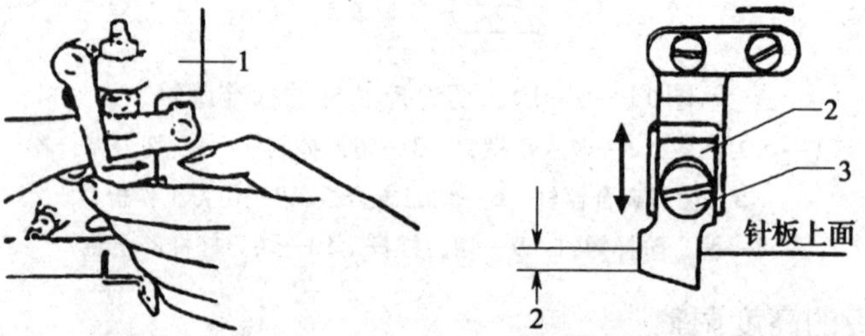

图 11 -6 -13　切刀下落的标准调整

1—切刀落下防止板　2—切刀　3—切刀紧固螺钉

切刀落下防止板的标准调整：先将机器穿上面缝线并在机针底部暂时固定，在机器右侧头部的剪线传感器使缝线处于绷紧状态下，先拧松固定螺钉，使切刀落下防止板和切刀落下防止控制杆之间的距离调整为 7 ~ 10mm 为宜；当切刀控制杆移动到切刀离合器杆时，拧松固定螺钉，使切刀落下防止板与切刀落下防止控制杆之间保持有 0. 5mm 左右的间隙，如图 11 -6 -14 所示。

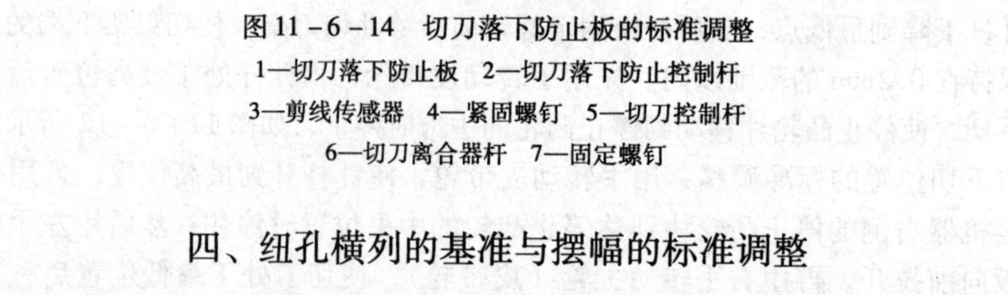

图 11 -6 -14　切刀落下防止板的标准调整

1—切刀落下防止板　2—切刀落下防止控制杆

3—剪线传感器　4—紧固螺钉　5—切刀控制杆

6—切刀离合器杆　7—固定螺钉

四、纽孔横列的基准与摆幅的标准调整

机器在缝制纽孔时，可以根据服装制作工艺的要求而改变纽孔的规格。因此，纽孔规格的改变是从纽孔的针数、长短以及横列的摆幅来实现的。

1. 纽孔横列、套结的摆幅（宽度）调整

纽孔左右横列宽度的调节方法：先打开机器左后侧的调节盖板，用螺丝刀向顺时针转动横列摆幅调节螺钉时，则会加大纽孔横列的摆幅（宽度）；如逆时针转动纽孔横列摆幅调节螺钉时，则会减小纽孔横列的摆幅，如图 11－6－15 所示。

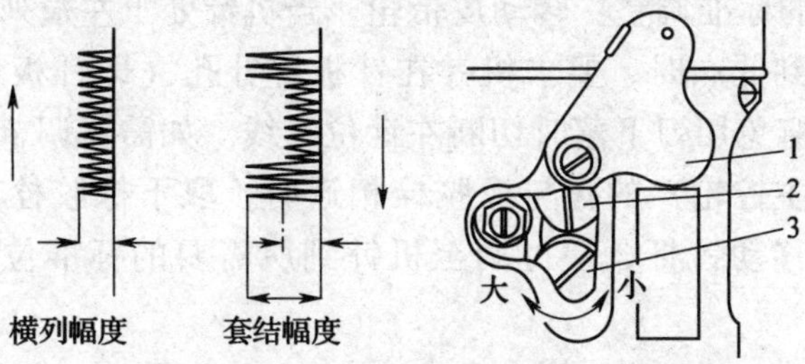

图 11－6－15　纽孔横列、套结摆幅的调整

1—盖板　2—纽孔横列摆幅调节螺钉　3—纽孔套结摆幅调节螺钉

纽孔前后套结摆幅的调节方法：打开机器左后侧的调节盖板，用螺丝刀向顺时针转动纽孔套结摆幅调节螺钉时，会增加纽孔套结的摆动宽度；如逆时针转动纽孔套结摆幅调节螺钉时，则会缩小纽孔套结的摆动宽度，如图 11－6－15 所示。

2. 纽孔横列、套结基准位置的调整

纽孔横列的基准位置与纽孔套结的基准位置是否标准将直接影响纽孔的质量。当切刀下切时需要在左横列的右侧与右横列的左侧中心位置切开缝料，如横列的基准位置不标准会引起切刀下切时切开缝线或切开缝料时留有缝边毛头。调节方法如图 11－6－16 所示，先打开机器左后侧的盖板，用扳手拧动左横列基准线的调节螺母，然后用螺丝刀转动左横列基准线调节螺钉后，便可对左横列基准线的左右位置进行调节；如用扳手拧动右横列基准线的调节螺母，再用螺丝刀转动右横列基准线调节螺钉后，便可对右横列基准线的左右位置进行调节。在调节左、右横列基准线位置的同时也需要通过左、右横列摆幅调节螺钉一起配合调整。如在调整左横列的基准位置时，为了使切刀下切时不切断缝线，这时可以通过横列摆幅调节螺钉来改变横列的摆幅度；如在调整右横列的基准位置时，为了使切刀下落时不切断右侧的缝线，这时可以通过套结摆幅调节螺钉来改变其摆幅度。在用手转动机器时调试的纽孔套结幅度效果与机器高速运转时的纽孔套结幅度效果会有点区别，最终还是要以机器高速运转出的效果为准。

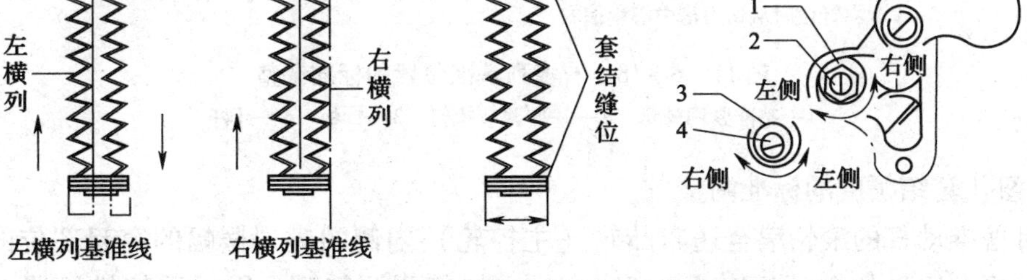

图 11－6－16　纽孔横列、套结基准位置的调整

1—左横列基准线调节螺钉　2—紧固螺母

3—右横列基准线调节螺母　4—紧固螺钉

机针摆动的幅度范围不能超过压脚框的宽度。如纽孔套结摆幅度在4mm以上或移动了基准线时，用手转动皮带轮，要求机针从左横列开始至右横列结束时其边缘不能与压脚框相碰。当用手转动皮带轮时，必须按下紧急停止钮，将离合止动器置入止动凸轮后再启动机器。

左横列基准位置的标准调整：转动皮带轮，当机针处于左横列的基准位置（即左针位右侧）并使机针降到低点时，要求机针在针板容针孔（即针板切刀槽的左边缘）的中心向左偏移少许，避免切刀下落时切断左针位缝线。如需要调节时，先用手摇动送布手柄，当送布凸轮（主控轮）的孔与橡胶栓相遇时，取下橡胶栓，用螺丝刀拧松针摆紧固螺钉，然后左右移动针杆，便可调至机针到所需要的标准位置，如图11－6－17所示。

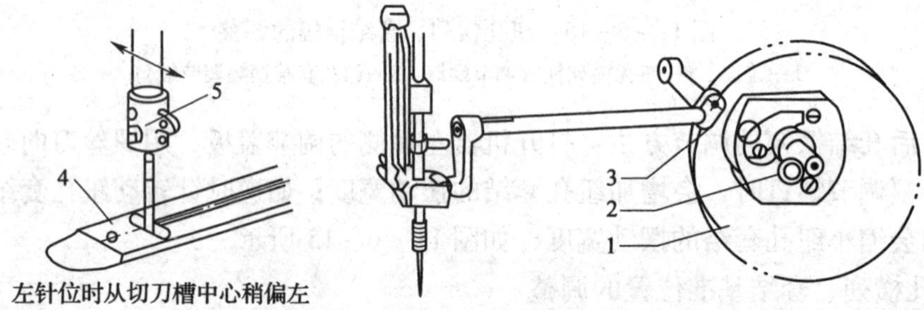

图11－6－17　左横列基准位置的调整

1—送布凸轮　2—橡胶栓　3—紧固螺钉　4—针板　5—针杆

右横列基准位置的标准调整：转动皮带轮，当机针处于右横列的基准位置（即右针位左侧）并使机针降到低点时，要求机针在针板容针孔（即针板切刀槽的右边缘）的中心向右偏移少许，以避免切刀下落时切断右横列（右针位）缝线。如需要调节时，先用扳手拧松右横列基准调节螺母，再用螺丝刀转动右横列基准调节螺钉，便可将机针调至到所需要的标准位置，如图11－6－18所示。

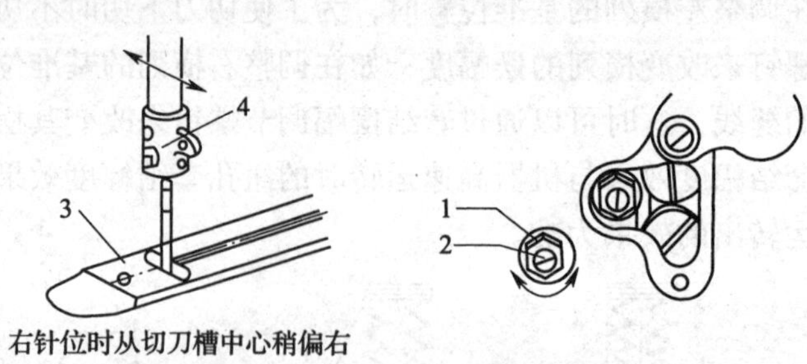

图11－6－18　右横列基准位置的标准调整

1—基准紧固螺母　2—基准调节螺钉　3—针板　4—针杆

3．纽孔套结幅度的标准调整

当针摆推动杆的滚轮滚至送布凸轮（主控轮）内侧的横列摆幅的突起部位的最下端后，这时要求机针的摆动幅度为0.5～1mm。如需要调整时，用扳手拧松机器左侧的螺母，再转动调节控制杆止动器的螺钉进行调整即可，如图11－6－19所示。

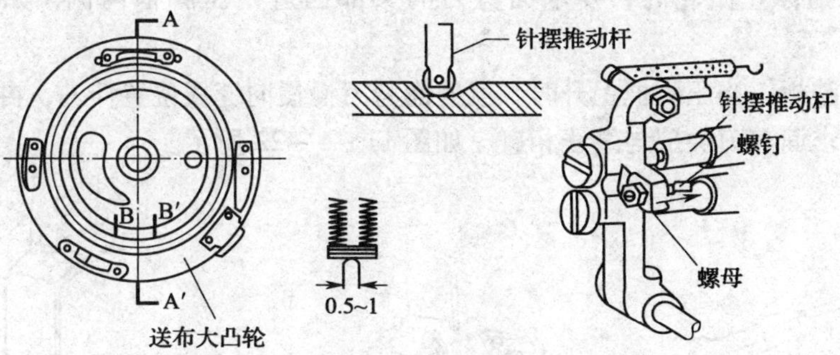

图 11－6－19　纽孔套结幅度的标准调整

五、面剪线机构的标准调整

1．面剪线控制杆的调整

面剪线控制杆的标准调整方法是：先拧松紧固螺钉，再根据缝料的厚度将面剪线控制杆对准面剪线控制杆的基准线即可，如图 11－6－20 所示。

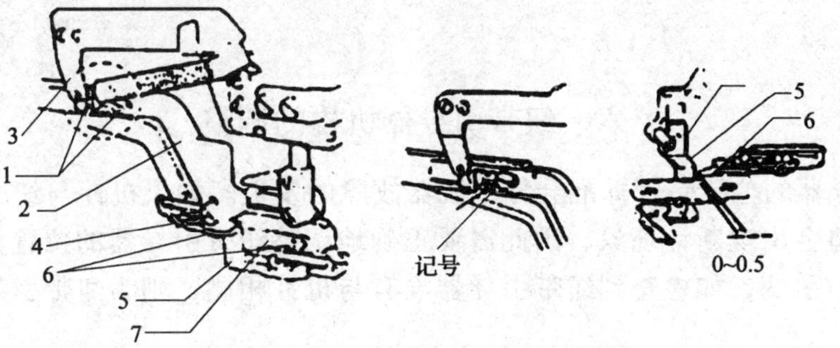

图 11－6－20　面剪线机构的调整

1—面剪线控制杆紧固螺钉　2—面剪线控制杆　3—面剪线杆的基准线
4—紧固螺钉　5—剪刀　6—面剪刀引导器紧固螺钉　7—面剪刀引导器

2．面剪刀的标准调整

面剪刀的剪线位置不宜过高，否则当面剪刀剪断缝线后在缝料的表面会残留较长的线头。调整方法是：先拧松剪刀固定螺钉，再将剪刀标准的安装在压脚框表面上，其剪刀底部不能与压脚框接触，如图 11－6－20 所示。

3．面剪刀剪线动作的调整

面剪刀的剪线时间是否标准会影响纽孔的质量。如延迟了剪线动作，会引起面缝线紧绷、底线浮起、针迹不良等现象；如提前了剪线动作，则不能将线端缝入。调节方法是：先拧松面剪刀引导器的紧固螺钉，再将面剪刀引导器和面剪刀之间保持有 0～0.5mm 的间隙，如图 11－6－20 所示。

4．面剪刀脱离板的调整

在停止位置时，先拧松面剪刀脱离板的紧固螺钉，再左右移动面剪刀脱离板，使面剪刀工作板在离开面剪刀脱离板时应保持有 0.4mm 的间隙。这时用手摇动送布凸轮，当停止凸轮片上升到停止凸轮时，要求面剪刀的头部已进入压脚框内侧，如图 11 －6 －21 所示。

踩动压脚踏板，当压脚框上升时，就使面剪刀慢慢向缝线位置伸入，再前后移动面剪线控制杆，要求面剪刀尖部与缝线相碰，如图 11 －6 －22 所示。

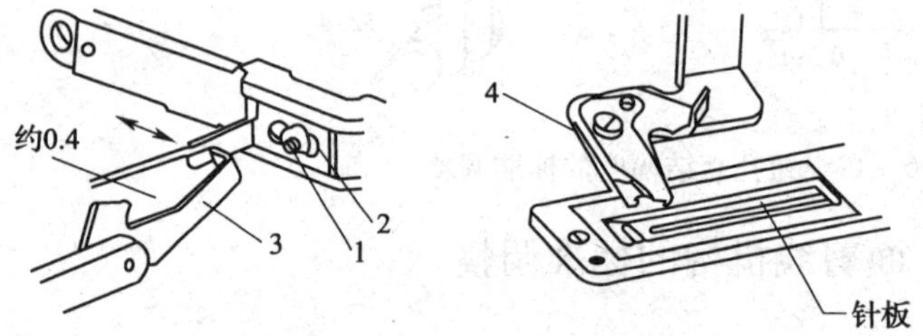

图 11 －6 －21　面剪刀脱离板的调整

1—紧固螺钉　2—面剪刀脱离板

3—面剪刀工作板　4—剪刀

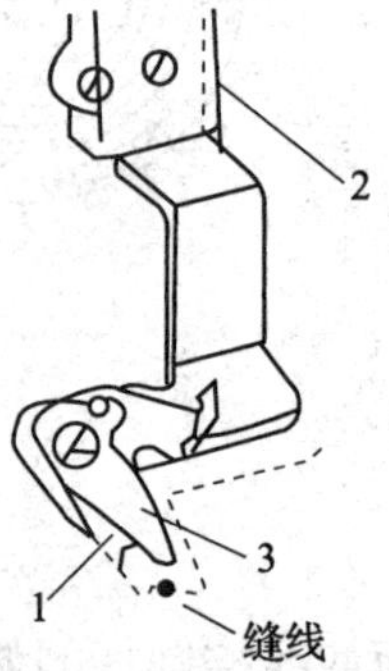

图 11 －6 －22　剪刀与缝线的调整

1—剪刀　2—面剪线控制杆

3—剪刀尖端

六、纽带引导器机构的调整

纽带引导器的位置是否标准会导致机器故障的发生。如果机针与纽带引导器的距离不标准，将会出现断针现象，因此需要正确地调整纽带引导器的位置。检测方法是用手摇动送布手柄，如检查到纽带引导器没有与机针相碰，则为纽带引导器的标准位置。

1. 纽带引导器停止位置的调整

在调整纽带引导器的停止位置时，先拧松纽带引导器杆的紧固螺钉，再转动纽带引导器杆，使机器在停止位置时，纽带引导器与压脚框保持有 3mm 的间隙。然后，拧松纽带引导器的紧固螺钉，上下移动纽带引导器。纽带引导器的高度应为：纽带剪刀移动刀至纽带引导器的尖端距离为 0. 1 ~0. 2mm 的间隙，如图11 －6 －23所示。

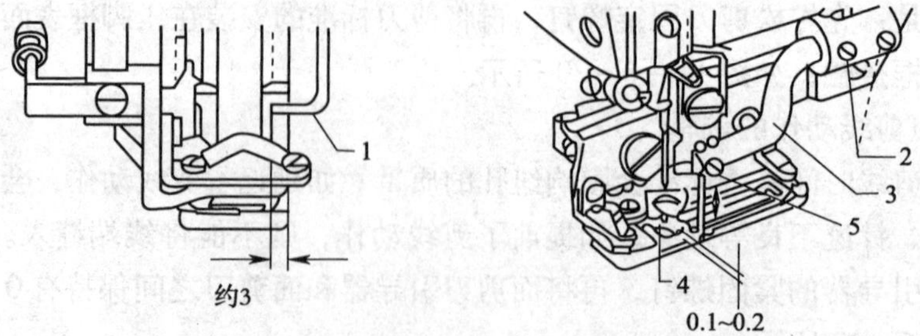

图 11 －6 －23　纽带引导器停止位置的调整

1—纽带引导器　2—纽带引导器杆紧固螺钉

3—纽带引导器杆　4—面线剪刀　5—纽带引导器螺钉

2．纽带引导器左右位置的调整

纽带引导器的左右位置标准是当机针在左横列（左针位）位置时，要求纽带引导器的尖端应处于左横列的左侧；当机针在右横列（右针位）位置时，要求纽带引导器的尖端应处于右横列的右侧。调整时，如机针在左横列，先拧松支架紧固螺钉，再转动位置来调节螺钉支架，使纽带引导器的尖端处于左横列的左侧位置；如机针在右横列，则需拧松支架紧固螺钉，再转动位置来调节螺钉支架，使纽带引导器的尖端处于右横列的右侧位置即可，如图 11－6－24 所示。

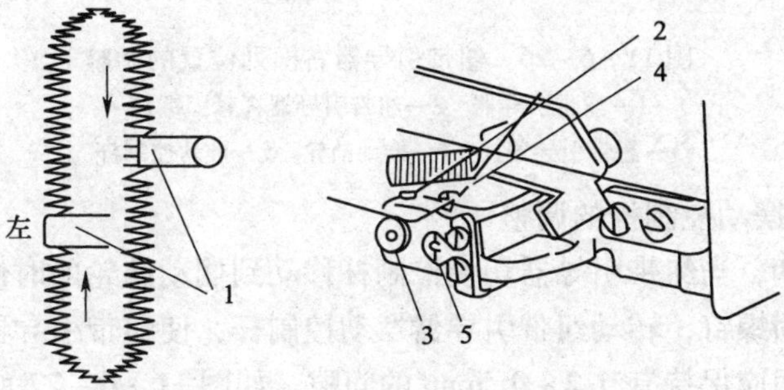

图 11－6－24　纽带引导器左右位置的调整

1—纽带引导器　2、4—支架紧固螺钉　3、5—螺钉支架

3．纽带引导器前后位置的调整

（1）位于左横列的调整方法　先使机器处于停止位置时，踩下脚踏板，使压脚框上升 6mm 后，再用手转动手柄到机器处在左横列位置时停下。此时，检查纽带引导器和机针与缝料之间是否相碰。如出现相碰现象，应先拧松纽带引导器杆的紧固螺钉，前后移动纽带引导器杆，使之不与机针和缝料之间有相碰现象。注意：一般缝料的厚度不能超过 6mm，否则针杆和纽带引导器会相碰。因此，在缝厚布料时，其厚度应在 6mm 的范围以内，如图 11－6－25 所示。

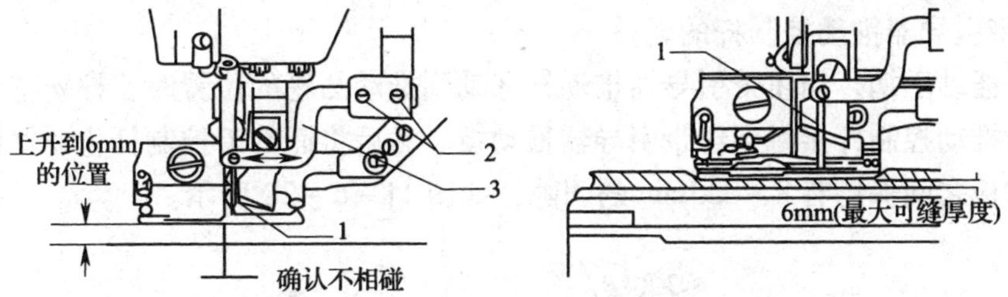

图 11－6－25　纽带引导器左横列位置的调整

1—纽带引导器　2—纽带引导器杆紧固螺钉　3—纽带引导器杆

（2）位于右横列的调整方法　先用手转动手柄，当进入右横列位置时，先拧松纽带引导器杆的紧固螺钉，便可前后移动纽带引导器杆，当纽带引导器推动控制杆从推动凸轮位置分离时，要求纽带引导器和机针应保持有 0.5mm 的间隙，如图11－6－26 所示。

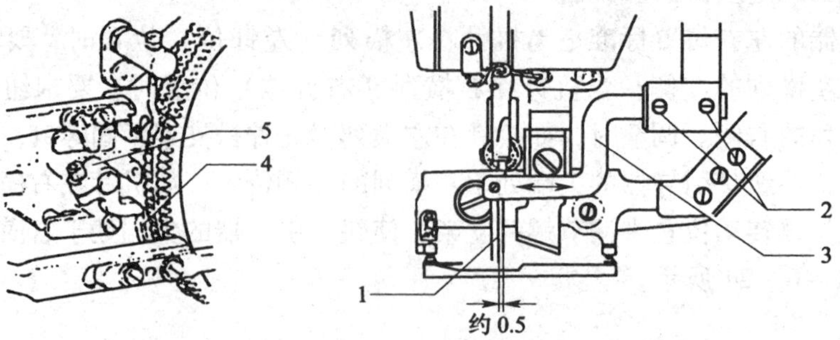

图 11－6－26　纽带引导器右横列位置的调整

1—纽带引导器　2—纽带引导器杆紧固螺钉

3—纽带引导器杆　4—推动凸轮　5—推动控制杆

4. 纽带引导器摆动控制杆的调整

先转动送布手柄，当纽带引导器切换控制杆移动到摆动凸轮的时候，再拧松纽带引导器摆动控制杆的紧固螺钉，转动纽带引导器摆动控制杆，使纽带引导器切换控制板与纽带引导器位置凸轮之间应保持有 0.2～0.5mm 的间隙，如图 11－6－27 所示。

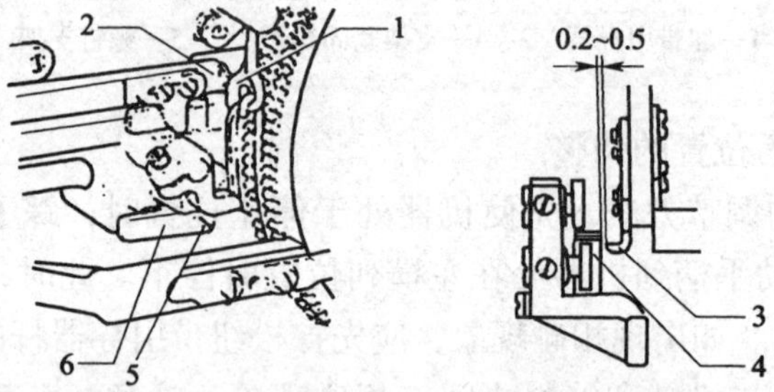

图 11－6－27　纽带引导器摆动控制杆的调整

1—摆动凸轮　2—纽带切换控制杆　3—纽带切换控制板

4—纽带引导器位置凸轮　5—纽带引导器摆动杆紧固螺钉　6—纽带引导器控制杆

5. 纽带引导器推动控制杆的调整

先用手摇动手柄，当纽带引导器推动杆移动到推动凸轮的位置时，拧松抱合螺钉，使纽带引导器推动控制杆接触到纽带引导器推动板。然后将面剪刀控制杆止动器调至与纽带引导器推动板之间保持有 8～8.5mm 的间隙，如图 11－6－28 所示。

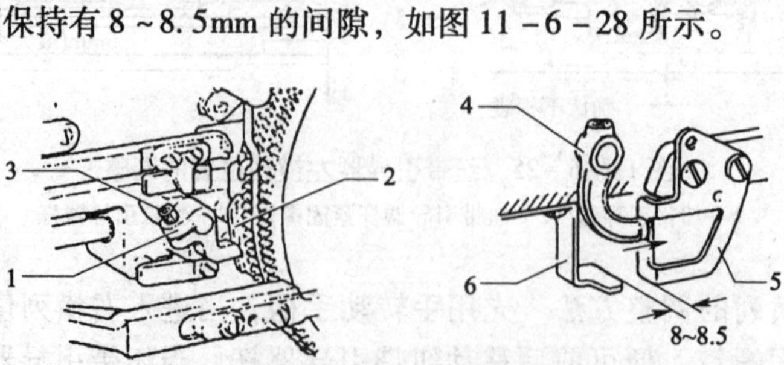

图 11－6－28　纽带引导器推动控制杆的调整

1—纽带引导器推动杆　2—推动凸轮　3—抱合螺钉

4—纽带推动控制杆　5—纽带引导器推动板　6—面剪刀控制杆止动器

6. 纽带引导器切换板的调整

先用手摇动送布手柄，当纽带引导器切换控制杆脱离了摆动凸轮时，拧松紧固螺钉，前后移动纽带引导器切换板，使纽带引导器切换板与纽带引导器位置凸轮之间保持有1mm的间隙，如图11－6－29所示。

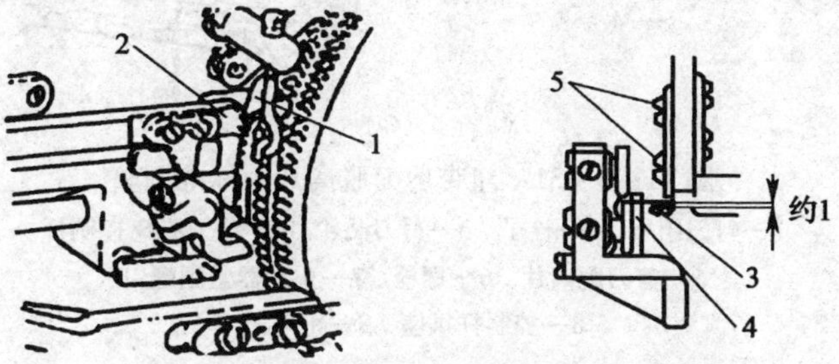

图11－6－29 纽带引导器切换板的调整

1—摆动凸轮 2—引导器切换控制杆

3—引导器切换板 4—纽带引导器位置凸轮 5—紧固螺钉

七、面线剪线杆的调整

1. 纽带剪刀拉板的标准调整

先将机器处于停机位置，然后踩下踏板升起压脚，使纽带剪刀组板挂到栓子上。此时，先拧松紧固螺钉，再上下移动纽带剪刀拉板，将纽带剪刀拉板与栓子之间保持有0.1～0.3mm的间隙，如图11－6－30所示。

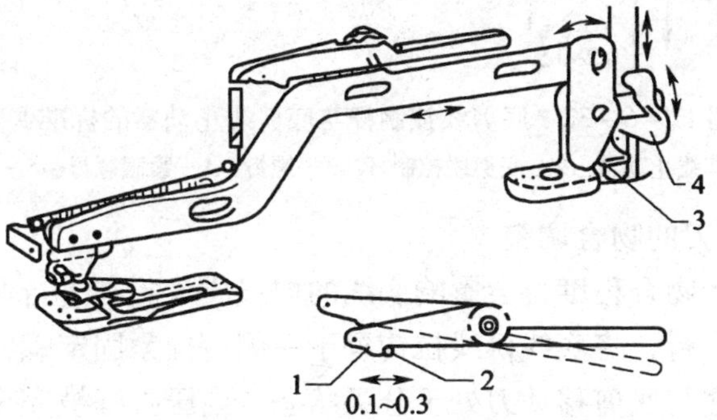

图11－6－30 剪刀拉板的标准调整

1—剪刀组板 2—栓子

3—紧固螺钉 4—剪刀拉板

2. 纽带剪刀脱离片的标准调整

先用手转动送布手柄，当剪刀脱离控制杆移动到剪刀凸轮的位置时，再拧松螺栓和止动器紧固螺钉，调整脱离控制杆拱座和脱离片止动器，直到纽带剪刀脱离片与纽带剪刀组板之间的间隙为0～0.5mm即可。同时，当剪刀脱离控制杆移动到剪刀凸轮上端的时候，检查纽带剪刀组板与栓子是否脱离，如图11－6－31所示。

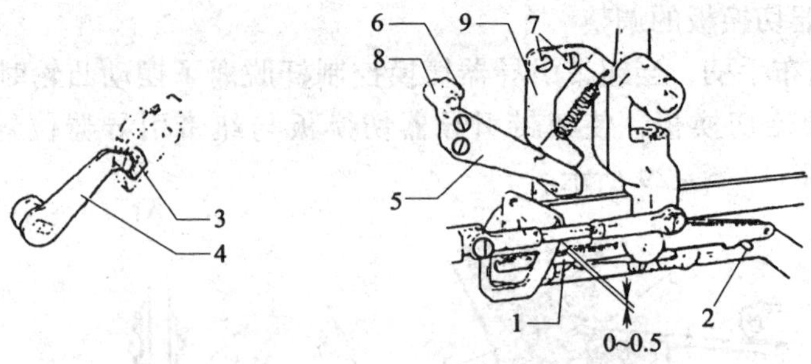

图 11－6－31　纽带剪刀脱离片的标准调整

1—剪刀组板　2—栓子　3—剪刀凸轮　4—剪刀脱离控制杆

5—剪刀脱离片　6—螺栓　7—止动器紧固螺钉

8—控制杆拱座　9—止动器

八、底剪线部件的标准调整

1. 底剪线控制杆与底剪线止动器的标准调整

先将机器处于停机位置，拧松螺钉，再用扳手拧松螺母，转动球接头，将底剪线止动器与底剪线控制杆之间调整到 0.2～0.5mm 的间隙，如图 11－6－32 所示。

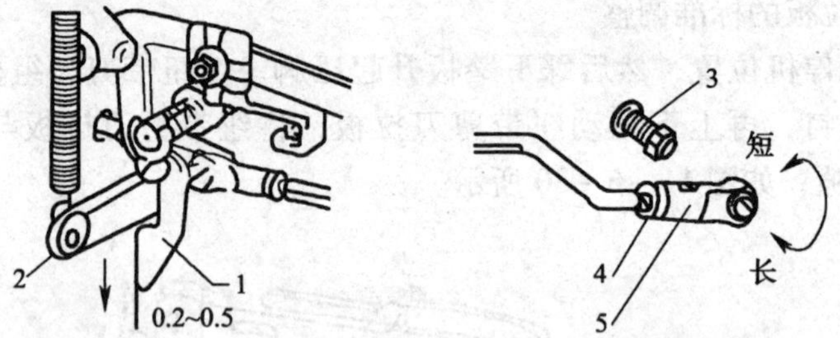

图 11－6－32　底剪线控制杆与底剪线止动器的标准调整

1—底剪线止动器　2—底剪线控制杆　3—螺钉　4—紧固螺母　5—球接头

2. 底剪定刀与动刀的吻合调整

底剪定刀与动刀的吻合程度将会影响底线的剪线质量。在进行调整时，要求底剪线动刀与底剪线刀安装杆平行，将底线松线拉钩置于左侧后拧紧固定螺钉。然后，将底剪固定刀提升到最顶端，使之与底剪移动刀处于分叉状态。当压脚框被完全抬起时，拧松抱合螺钉，活动底线剪线轴杆，使底剪固定刀与底剪动刀的尖端吻合在 2.5～3mm 的范围内。如吻合间隙太小会影响剪线质量，如图 11－6－33 所示。

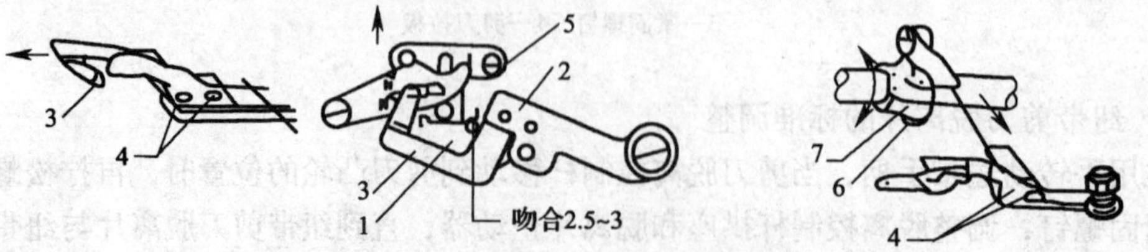

图 11－6－33　底剪定刀与动刀的吻合调整

1—底剪动刀　2—剪刀安装杆　3—底线松线拉钩

4—紧固螺钉　5—底剪固定刀　6—抱合螺钉　7—底线剪线轴杆

九、面线剪线器剪刀脱离凸轮的高度调整

面线剪线器剪刀脱离凸轮的高度标准是：当压脚框上升的时候，用螺丝刀拧松紧固螺钉，上下移动面线剪线刀脱离凸轮，调至机针的尖端不与剪刀相碰即可，如图 11－6－34 所示。

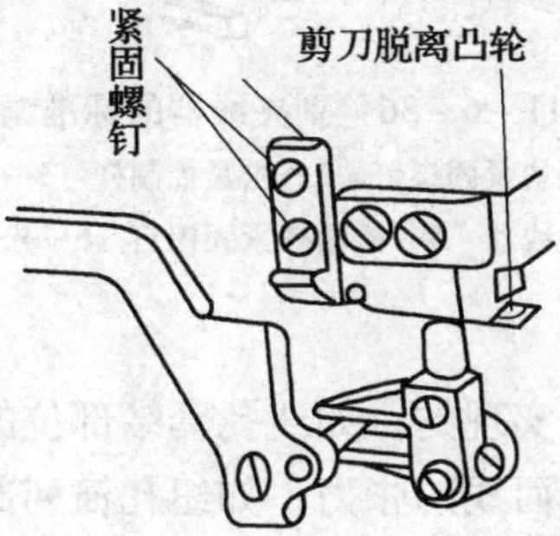

图 11－6－34　面线剪线器剪刀脱离凸轮的高度调整

十、主、副夹线器的松紧调整

夹线器的松线与紧线时间是否正确，同样影响纽孔的质量，甚至会引发故障。因此，当机器进入不同的工作状态时需要主、副夹线器予以不同的动作配合。

1. 主夹线器的标准调整

主夹线器的标准工作时间是要求机器在高速运转时主夹线器处于紧线状态；在停机时主夹线器应处于松线状态。如需调节时，先拧松夹线器松紧板的紧固螺钉，然后左右移动面线松紧板进行调整，如图 11－6－35 所示。

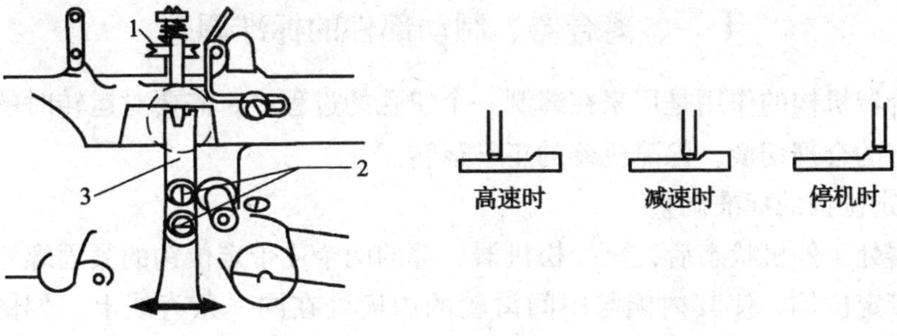

图 11－6－35　主夹线器的标准调整

1—主夹线器　2—固定螺钉　3—面线松紧板

2. 副夹线器的标准调整

副夹线器的标准调整方法是：当机器处于停机位置时，用螺丝刀松开松线顶块紧固螺钉，使松紧控制杆处于松线顶块的上方。此时，再松开松紧杆紧固螺钉，左右移动松紧杆，使夹线器浮起约 0.5mm 的间隙（处于松线状态），如图 11－6－36 所示。

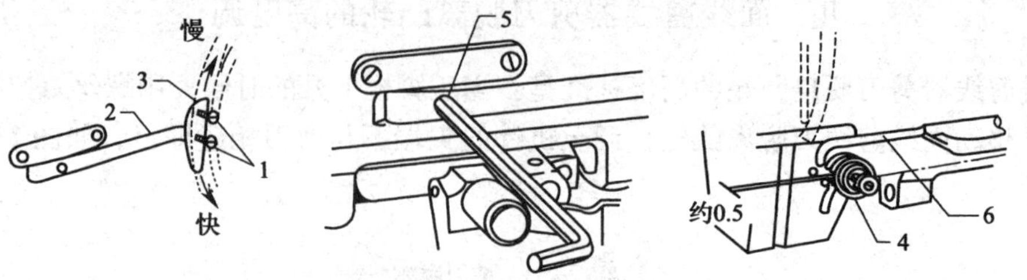

图 11－6－36　副夹线器的标准调整

1—松线顶块紧固螺钉　2—松紧控制杆　3—松线顶块

4—夹线器　5—松紧杆紧固螺钉　6—松紧杆

3．面线张力的调节

面线的张力是通过夹线器来实现的。如纽孔套结部位的线迹过松或过紧时，则需要转动主夹线器的螺钉来加大或减小面线的张力；如纽孔横列部位的线迹过松或过紧时，则需要转动副夹线器的螺钉来加大或减小布线的张力，如图 11－6－37 所示。

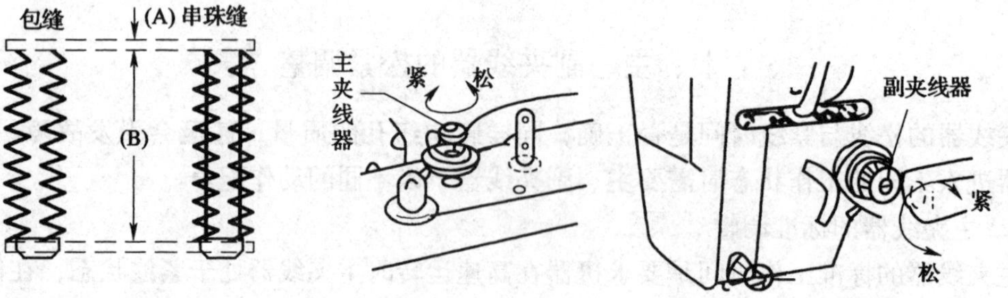

图 11－6－37　面线张力的调节

十一、离合器、制动部件的标准调整

机器离合器机构的作用是用来在缝制一个纽孔的过程中，需要对运转时的高速、低速以及停机状态的合理切换，保障机器的正常运转。

1．皮带定位钩的标准调整

先将机器处于停机状态后，再拧松机器后部的两个皮带定位钩的紧固螺钉，然后便可前后移动皮带定位钩，使其内侧与中间滑轮的内侧处在同一条直线上，如图 11－6－38 所示。

2．离合器压簧的调整

先拧松机器后部的弹簧调整板的紧固螺钉，再活动弹簧调整板，应尽量使离合器返回弹簧的弹力弱一些，但要求能使离合停止器起到停机作用，如图 11－6－39 所示。

3．离合器走动控制杆的间隙调整

先将机器处于停机状态后，再用扳手拧松机器后部位的启动杆螺母，然后转动螺栓，使离合器控制杆栓和螺栓之间保持 0.5～1mm 的间隙，如图 11－6－40 所示。

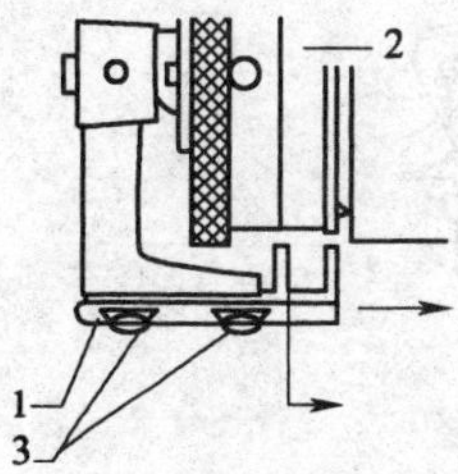

图 11-6-38　皮带定位钩的标准调整

1—皮带定位钩　2—滑轮　3—紧固螺钉

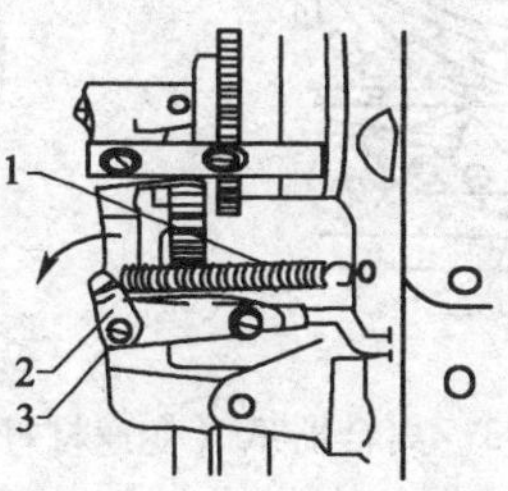

图 11-6-39　离合器压簧的调整

1—弹簧　2—紧固螺钉　3—弹簧调整板

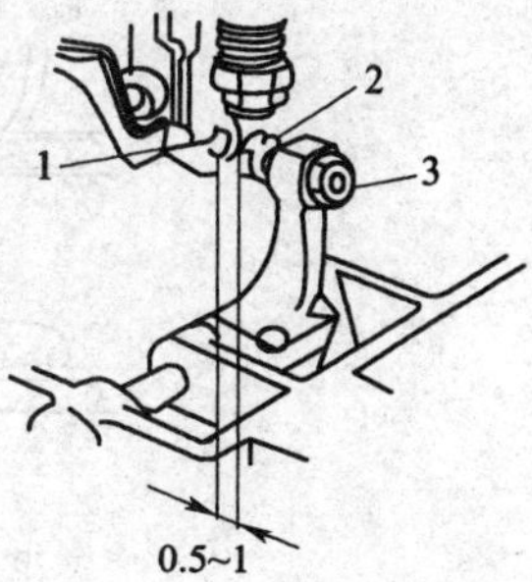

图 11-6-40　离合器控制杆的调整

1—控制杆栓　2—螺栓　3—启动杆螺母

4. 制动缓冲簧的强度调整

制动架缓冲簧的强度应适中。如缓冲簧的强度太大时，机器会产生噪声；如缓冲簧的强度太小时，则机器在停机时起不到缓冲的作用。标准调节是先拧松缓冲簧下方的两个调节螺母，使制动杆的下端面与最下面螺母的底平面之间应保持有约 5mm 的距离，如图 11-6-41 所示。

5. 停机顶块的安装位置

停机顶块的标准安装方法是：用停机顶块的突起部位对准送布凸轮的停机记号即可，如图 11-6-42 所示。

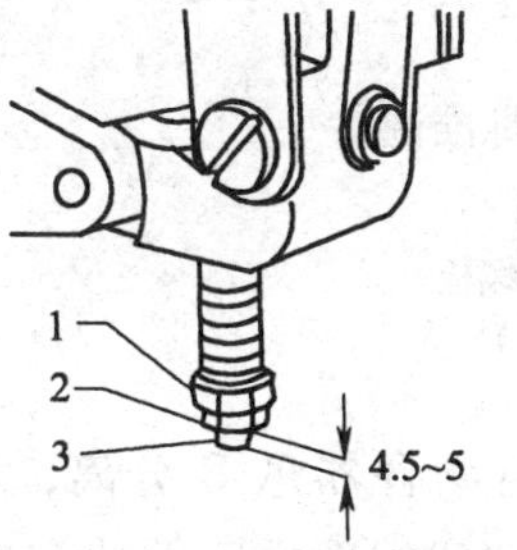

图 11-6-41　缓冲簧的调整

1—缓冲簧螺母　2—螺母　3—制动杆

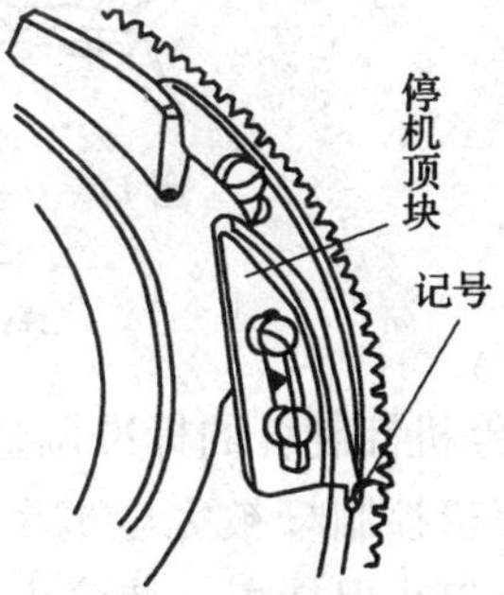

图 11-6-42　停机顶块的安装位置

6. 离合器爪（变速杠杆）的标准调整

（1）离合器爪后端的标准调整　转动送布手柄，当停止凸轮片接触到停机顶块的突起部位时，用螺丝刀拧松螺栓，再左右移动离合器爪，使制动轮与制动架尖端之间保持不得少于 3mm 的距离，如图 11-6-43 所示。

（2）离合器爪与停机顶块的标准调整　当停止凸轮片接触到停机顶块的突起部件时，要求停止凸轮片与停止顶块吻合，如图 11-6-43 所示。

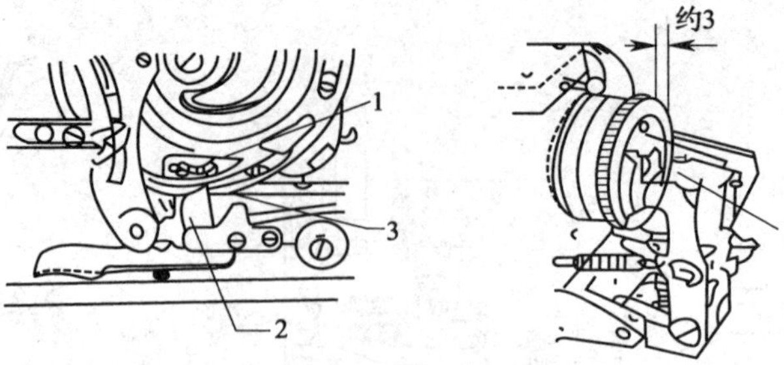

图 11－6－43　离合器爪（变速杠杆）的标准调整

1—停机凸轮　2—停机顶块

3—停止凸轮　4—离合器停止器

7．皮带定位控制杆的标准调整

皮带定位控制杆的调整方法是：先拧松皮带定位控制杆停止器的两个紧固螺钉，前后活动皮带定位控制杆停止器，使皮带定位器的内侧能够完全地移动到高速轮位置上。然后拉起离合器控制杆，用手转动送布手柄，当停机凸轮片到达停机顶块的中间部位时，拧松螺母，再转动螺栓，使皮带定位器的内侧能够完全地移动到低速轮位置上，如图 11－6－44所示。

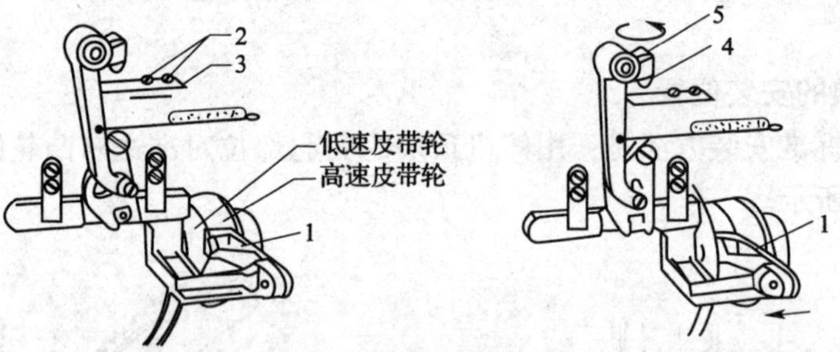

图 11－6－44　皮带定位控制杆的标准调整

1—皮带定位器　2—紧固螺钉

3—控制杆停止器　4—螺母　5—螺栓

8．紧急停机控制杆的标准调整

当紧急停机控制杆被完全放下时，使离合器爪 A 与离合器爪 B 分离，再拧松螺栓，前后移动紧急停止保持板，使停止凸轮的突起部位与制动架端部之间保持有 3mm 的间隙。同时，要调整紧急停止保持板能够挂到紧急停止接头的内侧，如图11－6－45所示。

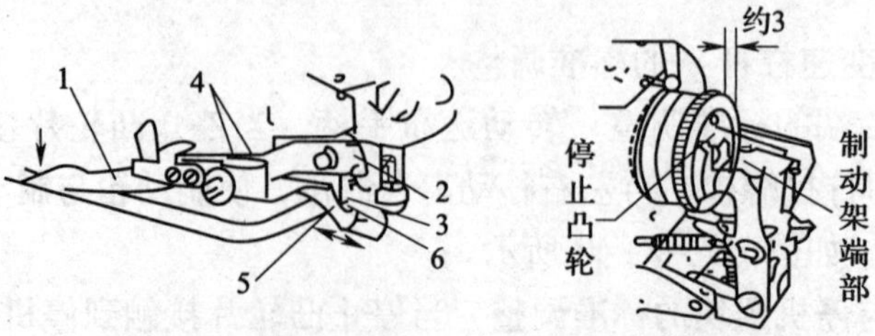

图 11－6－45　紧急停机控制杆的标准调整

1—停止控制杆　2—离合器爪 A　3—离合器爪 B　4—螺栓　5—停止保持板　6—停止接头

第七节　平头锁眼机（兄弟 LH4 - B816 型）的故障排除方法

兄弟 LH4 - B816 型平头锁眼机常见故障产生原因及排除方法，见表 11 - 7 - 1。

表 11 - 7 - 1　　兄弟 LH4 - B816 型平头锁眼机故障及排除方法

故障现象	产生原因	排除方法
面线断线	机针的安装方法不对，如安装的方向及高度	调整机针的安装方向和高度
	机针弯曲、针尖损伤	换针
	穿线错误	正确穿线
	面线张力过强，如主夹线器的强度过大	减少面线张力
	机针与旋梭的配合不对，如针杆上升量、针杆高度、机针和梭头之间的关系	参照“机针和旋梭的标准配合调整”
	小夹线器的弹簧不动作或强度过大	更换小夹线器
底线断线	底线张力过强	调整底线梭皮，减小张力
	梭芯上附有油及线头等物	清除梭芯杂物
纽带缝不进去	纽带引导的高度不正常	参照“纽带引导器的位置的调整”进行调整
	纽带引导左右位置不正常	参照“纽带引导器的位置的调整”进行调整
跳针	机针的安装方法不对	调整机针的方向
	机针弯曲或针尖损伤	换针
	穿线错误	正确穿线
	机针与旋梭的钩线动作不正确或针杆上升量、针杆高度、机针和梭头的间隙有问题	参照“针和梭头时序的调整”进行调整
始缝时残留线头	面线剪线刀过高	参照“面线剪线刀的调整”进行调整
	剪刀引导器的位置不正常	参照“面线剪线刀的调整”进行调整
面剪刀不动作	面线剪线刀过高	参照“面线剪线刀的调整”进行调整
	上线剪线控制杆工作弹簧疲劳损坏	更换上线剪线控制杆工作弹簧
	压脚框上升的时机不正常如纵向送布杆和螺栓的间隙有问题	参照“压脚框上升量的调整”进行调整

续表

故障现象	产生原因	排除方法
线迹松浮	加固缝的部位的线迹松浮	夹线器、副夹线器的线松紧的调整
	横列部位的线迹松浮	夹线器、副夹线器的线松紧的调整
	底线张力过强	夹线器、副夹线器的线松紧的调整
	机针与旋梭的配合不正确或针杆上升量、针杆高度不对	参照“机针与旋梭的时序的调整”进行调整
缝纫位置错位	压脚压力小	参照“压脚弹簧的调整”进行调整
	压脚框的倾斜度不好	参照“压脚弹簧的调整”进行调整
	压脚框的部分弯曲	更换压脚框
	布塞住了针板容针孔	更换 1.2 号的针板
断针	机针安装不正确	正确安装机针
	切刀的安装方法不对	调整切刀的安装方法
	机针与针板相碰及针杆台的松紧有问题	移动针杆台支撑轴和针杆台引导器、消除针杆台的窜动
	机针浮动	更换机针
	针摆幅太大碰机件	合理调整机针摆幅
	机针与旋梭头的配合不正确，如针杆上升量、针杆高度、针和梭头之间的间隙	参照“针和梭头的时序调整”进行调整
切刀切断缝线	左横列基准位置过于向右	重新调整左横列使之向左少许偏移
	右横列基准位置过于向左	重新调整右横列使之向右少许偏移
纽孔的形状不美观	缝纫宽度不均	参照“包缝幅度和包缝基准位置的调整”进行调整
	不缝加固针	参照“包缝幅度和包缝基准位置的调整”进行调整
机器不停车	离合器爪 B 的位置不标准	重新调整离合器的标准位置
	离合器返回弹簧的压力太小	加大返回弹簧的压力
	离合器返回弹簧损坏	更换新的返回弹簧
压脚不上升	剪线控制杆停止器和底线剪线控制杆之间的间隙不好	将相关部件按标准调整
	剪刀引导器的位置不正确	参照“面线剪线刀的调整”进行调整
	缝线缠在梭架定位钩上，使底剪不能动作	清除梭头停止器的线

续表

故障现象	产生原因	排除方法
切刀不动作	切刀控制杆的动作时间不对	参照“切刀控制杆的调整”进行调整
	切刀落下防止板的位置不正确	重新调整切刀防止板的位置
	切刀工作板的高度不正确	重新调整切刀工作板的高度
	切刀控制杆损坏	更换新的切刀控制杆
	切刀杠杆止动器的高度不对	重新调整切刀杠杆止动器高度
油窗中的油管不通油	油压过低	观察油量调节器进行调整
	管子接口脱离	连接管子的接头和接头螺母
	油箱中没有油	向油箱里注油
	油泵的V形皮带破损	更换新的V形皮带

一、平头锁眼机确定针杆位置的调整技巧

平头锁眼机针杆位置是否标准对纽孔的顺利形成是很重要的。一般以调整好的针杆高度为基准，针杆的高低与否与缝制效果好坏及故障率有着直接的关系。调整针杆的方法是：首先在针杆上装上机针，用手摇动送布手柄使之在左横列右针位或右横列左针位，再用手转动机器使针杆下降至最低位置，测针杆下端距针板表面之间的尺寸约为11.9～13.5mm左右。在实际调试过程中，根据缝料性质和特殊产品的缝制需要，针杆高度还可适当提高或降低一些，如缝制弹性、较软缝料时，可将针杆从标准位置略做下降；如缝制厚、硬缝料时，可将针杆从标准位置略做上升。注意：降低或升高针杆的位置时应当在1mm的范围内进行。

二、平头锁眼机产生断线、跳线的原因及处理方法

机器在缝制过程中，断线、跳线是机器的常见故障，造成这类故障的原因，一般是由于机针的安装不正确以及机针弯曲、穿线错误、过线部位有线痕造成缝线过线不顺畅而引起的。如针杆的高低位置不标准、机针与旋梭的时间及配合不准、旋梭尖有毛刺或磨损、压脚框的压紧状态不好或因缝制薄料而产生松动也会引起断线、跳线等故障。排除这类故障的方法是：更换新机针后，按正确方法穿好缝线，如过线部位有线痕，把线痕抛光，将针杆位置调至标准。要注意旋梭尖与机针的摩擦间隙一般是以梭尖不碰针为准。对于压脚框的压力要完全落实到针板面上，如压脚大于纽孔时，应使用适合纽孔大小的压脚，在缝制薄料时使用薄料及针织缝料的专用压脚。

思考与练习

1. GI8－1型平头锁眼机有哪些特点？
2. 熟悉平头纽孔的缝型结构及缝锁过程。
3. GI8－1型平头锁眼机由哪些机构组成？各有什么作用？
4. 送布凸轮控制机器能完成哪些动作？

5. 机针的摆动必须在离开缝料后才能开始，又必须在再次刺入缝料前结束，这个要求是怎样实现的？

6. 简述重机 761 型平头锁眼机与兄弟 814 型平头锁眼机结构方式的不同。

7. 针杆摆动变位是怎样实现的？

8. 简述 GI8 - 1 型平头锁眼机送布机构工作原理。

9. 机器如何自动实现低速转换和定位制动？

10. 针梭的正确配合对机器工作有何重要作用？如何检测？

11. 熟悉纽孔各参数调节的程序、方法和要求。

12. 紧急停车手柄如何使用？它的工作原理是什么？

13. 熟悉机器常见故障的分析及排除方法。

第十二章　圆头锁眼机

圆头锁眼机是用于缝制厚料、中厚料服装纽孔的专用缝纫机。所谓“圆头”是指缝锁的纽孔前端呈圆形。其作用是在容纳纽扣与缝料间缝锁住的缠绕缝线。机器缝制出的纽孔形状不仅美观、线迹均匀结实，而且受力也高，具有很高的装饰作用。目前除电子数控外，机械传动式的圆头锁眼机通常采用摆动针杆、双弯针、双叉针钩线。形成双线包缝复合式链锁线迹。下面以德国杜尔克普 557 型、华南 GY1－1 型圆头锁眼机（其结构形式基本一样，因此用一种结构图形）为例来讨论、讲解其结构原理、调整步骤和维修方面的问题。本章第六节里对美国利是 104 型圆头锁眼机的整机标准调整与常见故障的排除方法作了详细讲解。

图 12－0－1　德国杜克普 557 型圆头锁眼机整机外观图

第一节　圆头锁眼机的性能和线迹形成原理

一、圆头锁眼机的性能

圆头锁眼机也是由电机传动的。它是用于缝制一种圆头纽孔的专用服装设备。整机的工作原理与结构比前面所讲的各种缝纫机都复杂，其主要结构形式是采用凸轮针杆、针杆摆动、双弯针、双拨线针钩线形成双线包缝复合式链锁线迹。下面将 GY1－1 型圆头锁眼机的技术性能列于表 12－1－1。

表 12－1－1　　GY1－1 型圆头锁眼机的技术性能参数

技术性能	参数	技术性能	参数
主轴转速/（r/min）	700	缝纫速度（针/min）	1400
针迹密度/mm	1.4～3.5	针杆行程/mm	34.3
摆针宽度/mm	1.4～3.5	挑线杆行程/mm	10.85
纽孔长度/mm	合尾 15、20、22	机针规格	96×14；96×16；96×18
缝料最大厚度/mm	4		

二、线迹的形成原理

圆头锁眼机形成的是双线包缝复合链锁线迹。从线迹形成的过程来分析，它与单线链式线迹、双线链式线迹以及双线包缝线迹的形成相类似。

目前，圆头锁眼机虽型号较多，但完成的线迹形式和原理是基本相同的。图12－1－1为圆头锁眼机形成双线链锁复合线迹的工作过程。成缝构件是由双弯针双拨线针配合一支机针来组成。形成线迹的过程分析如下。

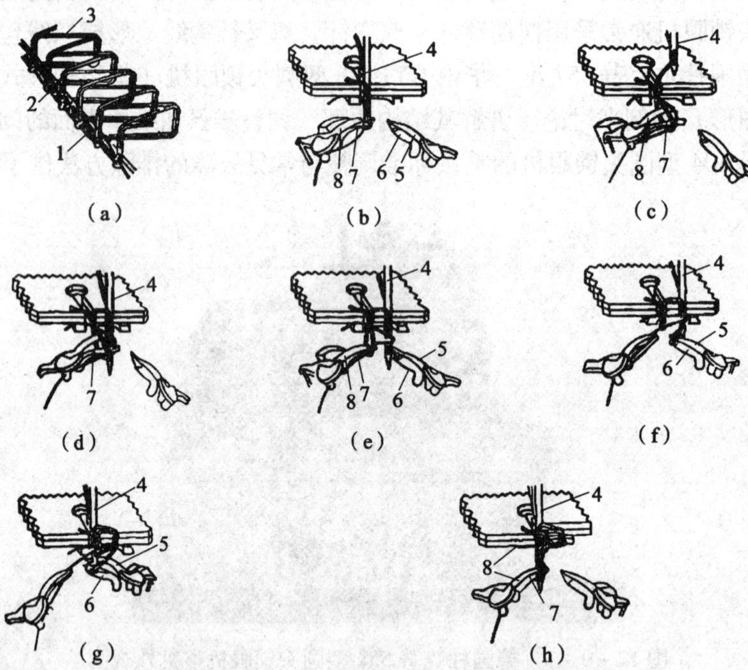

图12－1－1　圆头纽孔线迹形成过程

1—底线　2—衬线　3—机针线　4—机针　5—右拨线叉　6—右弯针　7—左弯针　8—左拨线叉

（1）如图12－1－1（b）所示，当机针从下始点位置向上回升约2.5mm时，机针线便在缝料底部形成线环，此时左弯针带着弯针线和左拨线叉一同向右移动钩入机针回升时所形成的线环（讲解的定位方向是以机器在起缝时的左横列为准）。

（2）如图12－1－1（c）所示，当机针上升离开缝料后开始向右摆动，此时左弯针和左拨线叉继续向右移动，在拉长线环的同时左拨线叉将左弯针背面的缝线拨开。

（3）如图12－1－1（d）所示，此时，机针在右横列下降穿入缝料的同时套入左拨线叉所拨开的左弯针线内。

（4）如图12－1－1（e）所示，随着左弯针与左拨线叉向左移返回，左拨线叉便复位到左弯针背面，从机针线环中脱离，将弯针线留在机针和上一针的线环内。

（5）如图12－1－1（f）所示，当左弯针和左拨线叉移动至左极限位置时，从左弯针和左拨线叉上脱下的机针线将同穿套的弯针线被收紧在面料下，与此同时，机针从下始点回升2.5mm时再次形成的线环被向左移的右弯针和右拨线叉穿入，机针继续上升，底线套住机针线环。同时，在右弯针叉头的叉动下将机针线环向左边移送。

（6）如图12－1－1（g）所示，此时机针上升离开缝料后又向左摆动，再次从最高点下降，同时右弯针将钩住的机针线环移送到机针上方后，右拨线叉将机针线环拨开。机针便在穿入缝料后套入拨开的机针线环中。

（7）如图12－1－1（h）所示，机针套入机针线环后，右拨线叉同右弯针一起向右摆动，并复位于右弯针背面上，面线将被收紧在缝料底下（缝料底部为圆头纽孔的下面），机针又下降。就这样，一个线迹的形成过程结束。形成的线迹如图12－1－1（a）所示。

这种线迹的形成还有通过送料机构及钩线机构、针杆机构、摆针机构的相互配合与成缝器（左弯针、左拨线叉与右弯针、右拨线叉）的有规律的循环运动，而实现圆头纽孔的线迹与形状。

第二节　圆头锁眼机的传动原理与主要机构

一、机器的基本运动过程

机器在缝制一个完整的圆头纽孔时需要各个机构的相互配合才能顺利完成。各个机构在圆头纽孔形状中起到的作用如图12－2－1所示。

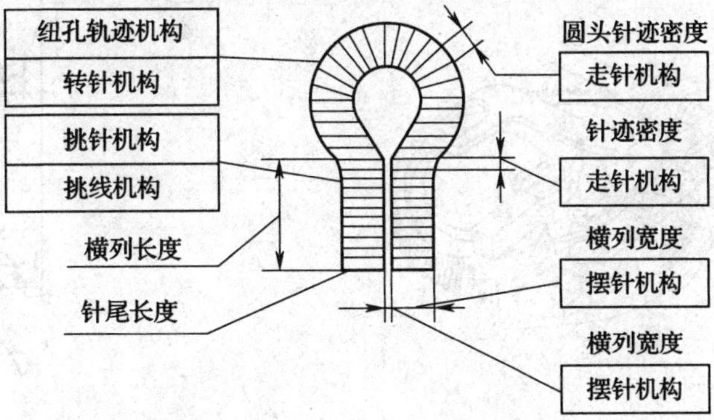

图12－2－1　纽孔外形与部位名称

圆头锁眼机缝制一个纽孔的工作过程，包括先切后缝的动作和先缝后切的动作。

（1）先切后缝的动作也就是机器先切开缝料，然后缝锁，该动作程序如下：

启动电动机→扳下压脚扳手→按下开车按钮→切开缝料滑板高速向前→绷紧缝料→高速转换成缝纫（走针开始）→再转换成高速抬起压脚（走针结束）→高速转换成空转（缝制结束）

（2）先缝后切的动作即先缝纽孔再切开缝料动作程序如下：

启动电动机→扳下压脚扳手→按下开车按钮→滑板高速向前→绷紧缝料→高速转换成缝纫（走针开始）→缝纫（结束）转换高速→切开缝料→滑板后退3～5mm后抬起压脚→高速转换成空转（停车）

根据上述的运动过程，圆头锁眼机的传动可分为四大过程：①机器空转→滑板高速→缝纫（走针）→滑板高速→空转（停车）。②空转→机器除高速轮、皮带轮空转以外，其他的部件都静止不动。③高速→滑板在高速轮的作用下，做连续运动。④缝锁（走针）→滑板在开停架的作用下，做间歇的送布运动。

二、机器开车运动时的转换过程

（1）空转变换高速的结构示意如图 12－2－2 所示，其运动过程如下：

机器空转→按下开车按钮，释放开车杠杆（因摆杆拉簧拉力大于复位顶簧顶力，开车摆杆做逆时针方向摆动）→带动拨块和拨块座及高速轮和高速轮凸块转动→蜗杆轴转动→主动蜗轮转动滑板后退→产生高速

转换过程的详细分解如图 12－2－3 所示，当按下开车按钮时开车杠杆（后端即向左移）被释放。因为抬压脚座拉簧 F_1 的拉力大于开车杠杆复位顶簧 F_2，所以开车摆杆在拉簧 F_1 的作用下推动拨块使拨块座、高速轮和高速轮凸块一起向左移动。此时高速轮凸块便与手摇曲柄凸块相接，高速轮将动力传递给手摇曲柄（手摇曲柄凸块固定在蜗杆轴上）以及蜗杆轴上的蜗杆，蜗杆轴上的蜗杆再将动作传递给主控蜗轮。在主控蜗轮的转动下，轮中部的送布曲形槽通过送布零部件的连接使滑板产生高速运动。

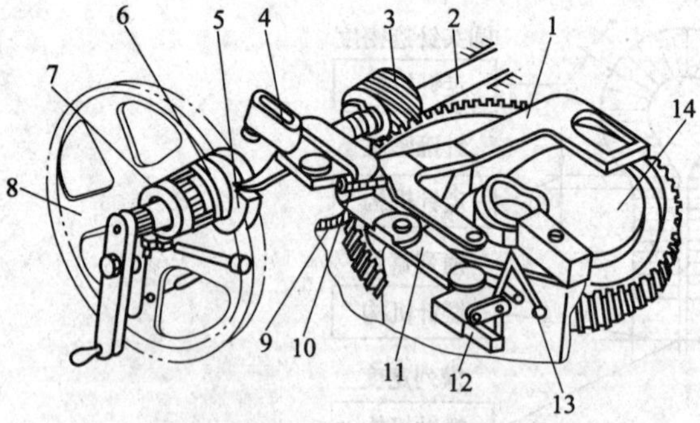

图 12－2－2　空转转为高速

1—开车摆杆　2—下轴　3—蜗杆　4—开车换向销　5—摆杆挡块　6—滑块螺钉　7—高速轮滑块　8—高速轮　9—蜗轮座　10—复位弹簧　11—开车杠杆　12—开车摆杆控制端　13—开车按钮　14—控制大蜗轮

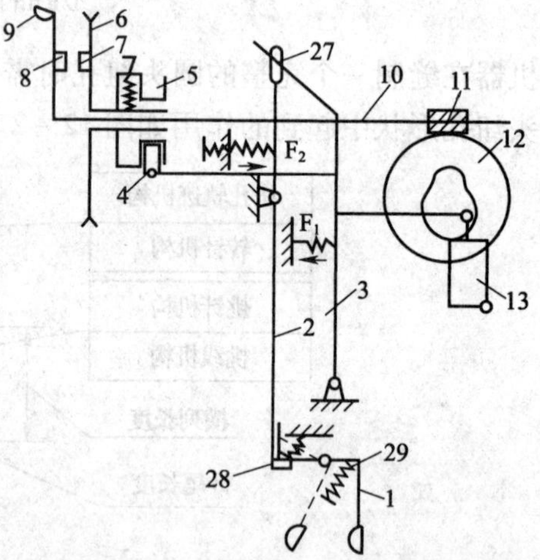

图 12－2－3　高速—空转—高速传动示意图

1—开车按钮　2—开车杠杆　3—开车摆杆　4—拨块　5—拨块座　6—高速轮　7—高速轮凸块　8—手动曲柄　9—手摇曲柄　10—蜗杆轴　11—蜗杆　12—主控蜗轮　13—滑板　27—开车换向销　28—开车杠杆接柄　29—开按钮复位顶簧　F_1—拉簧　F_2—复位顶簧

（2）高速转换走针的结构示意如图 12－2－4 所示，其运动过程如下：

高速→滑板上的撞块后退时，撞块推动开停架，连杆滚轮销被拉钩扣住→滑板向前→当纽孔长度调节凸块顶起制动架向后倾时，释放离合器爪，在复位簧作用下离合器爪便抱合转动凸轮→缝纫开始。当连杆滚轮被纽孔长度调节块的凸面顶起时，停针杆的下端缺口便卡住开停架上方的头螺钉→保证走针时间（即缝制），当停针杆与螺钉脱开时，开停架顺时针摆动→拨块、拨块座、高速轮、高速凸块在开车摆杆拉簧的作用下向左移动→高速轮凸块与手摇曲柄凸块结合→产生高速。

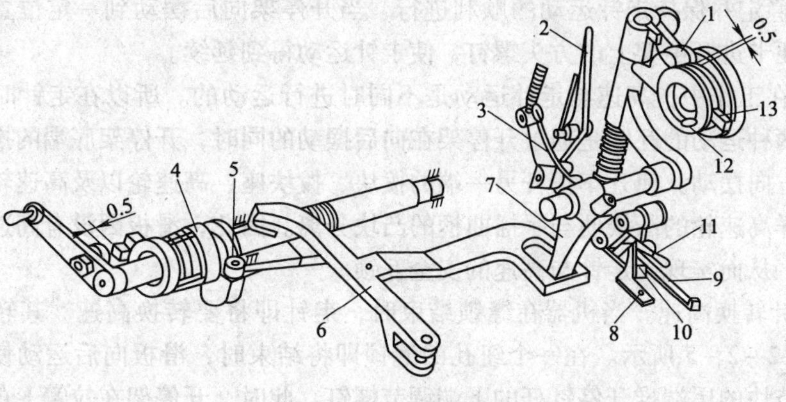

图 12－2－4　高速转换为缝纫

1—凸轮轴离合器爪　2—停针杆　3—开定架方头螺钉　4—拨叉座　5—开车摆杆拨块　6—开车摆杆
7—开定架定杆　8—撞块　9—开定架拉钩　10—缝纫长度调节块　11—开定架连杆滚轮（销）
12—凸轮轴传动凸轮　13—凸轮轴离合器爪拉簧（复位拉簧）

转换过程的详细分解如图 12－2－5 所示，当滑板高速向后退时，带动滑板上的撞块也向后退。当撞块推动开停架滚轮上的销子被拉钩扣住时，滑板也带着纽孔长度调节块向前移动顶起开停架滚轮。通过连杆连接开停架向顺时针（后倾方向）摆动，与此同时便产生如下三个动作。

① 与开停架一起固定的制动杆也做顺时针摆动而释放离合器爪，使离合器爪抱合安装在皮带轮上的走针凸轮旋转，使走针凸轮轴上的斜齿轮与针杆齿轮啮合以此传动针杆偏心轮、针杆杠杆等传动一系列的部件而产生走针（即缝制工作）。

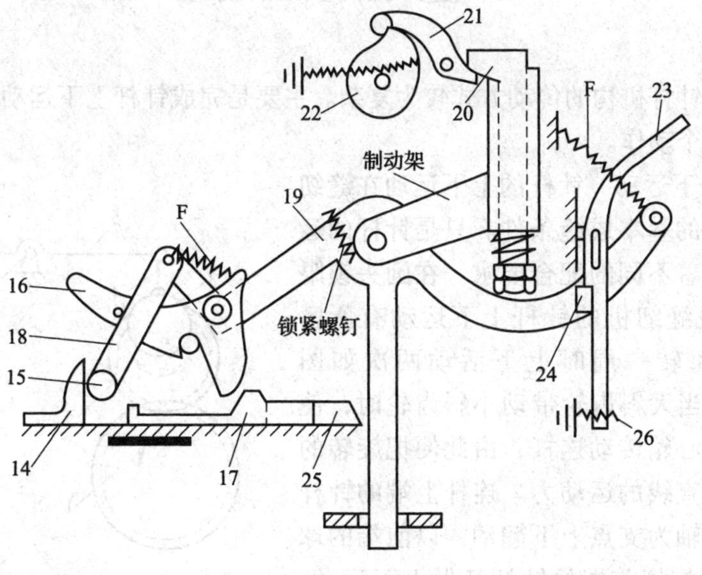

图 12－2－5　高速—走针—高速阶段传动示意图

14—撞块　15—开停架滚轮　16—拉钩　17—纽缝长度调整块　18—连杆　19—开停架　20—制动杆
21—离合器爪　22—走针凸轮　23—停针杆　24—方头螺钉　25—左右长度调整块　26—停针杆调整螺钉

② 为了稳定并保持走针运动的顺利进行，当开停架向后摆动到一定位置时，停针杆下端的缺口便卡进开停架上的方头螺钉，使走针运动得到延续。

③ 机器在工作中，高速与走针运动是不同时进行运动的。所以在走针时滑板没有高速运动，这两种运动的互锁是通过开停架在向后摆动的同时，开停架底端的推杆拨动开车摆杆顺时针方向摆动。使开车摆杆另一端的拨块、拨块座、高速轮以及高速轮凸块同时向右移动，这样高速轮的凸块便与手摇曲柄的凸块分离。因此，滑板因没有高速轮的驱动而无高速运动，从而实现了走针与高速的安全互锁。

(3) 走针转换高速。当机器在缝锁结束时，走针即将要转换高速。其转换过程的详细分解如图 12 -2 -5 所示。在一个纽孔的缝锁即将结束时，滑板向后运动使滑板右侧的纽孔长度调节块的尾端推开停针杆的下端调节螺钉。此时，开停架在拉簧 F 的拉力作用下向前倾（作逆时针）摆动后，开停架的制动杆便卡住主轮离合爪，使其让走针凸轮空转。与此同时，开停架下端的推杆则向后摆动失去了对开车摆杆的控制。这样在开车摆杆拉簧的作用下便带着拨块、拨块座、高速轮及高速轮凸块与手摇曲柄的凸块相结合。由此就实现了走针的结束、高速的开始。

(4) 高速转换空转的运动过程如下，当机器由高速转换空转时，其转换过程的详细分解如图 12 -2 -3 所示。当滑板带动开车杠杆高速后退时（由于开车按钮在顶簧 F_2 的作用下复位，所以开车杠杆的前端只能向右而不能向左摆动），安装在开车杠杆后端的开车换向销克服了抬压脚座拉簧 F_1 的拉力而推动开车摆杆向右移动。从而使连接在开车摆杆的拨块、拨块座、高速轮及高速轮凸块与手摇曲柄的凸块分离。机器便由高速运动转换成空转。

三、主要机构及工作原理

1. 针杆机构

圆头锁眼机针杆机构的传动方式较为复杂。主要是完成针杆上下运动、针杆摆动和针杆变位旋转的三个动作。

(1) 针杆上下运动　针杆的上下运动在缝纫机中是缝制线迹的基本成缝条件。只是针杆的运动与成缝构件有着不同的配合要求。在圆头锁眼机中，它与一般缝纫机的针杆上下运动有所区别，针杆上轴每转一周时上下活动两次如图 12 -2 -6所示，当大斜齿轮带动小斜齿轮时，使小斜齿轮上的偏心轮传动连杆，由此便把旋转的运动力变换为做直线的运动力。连杆上端的针杆杠杆是以针杆横轴为支点上下翘动，以前端的球面轴为交点带动杠杆前端的针杆叉做上下运动，而针杆是由针杆叉传动，再通过针杆的上下两个挡环作用使针杆产生了上下运动。当主轴上的大斜齿轮旋转一周时，小斜齿轮则旋转两周。这是

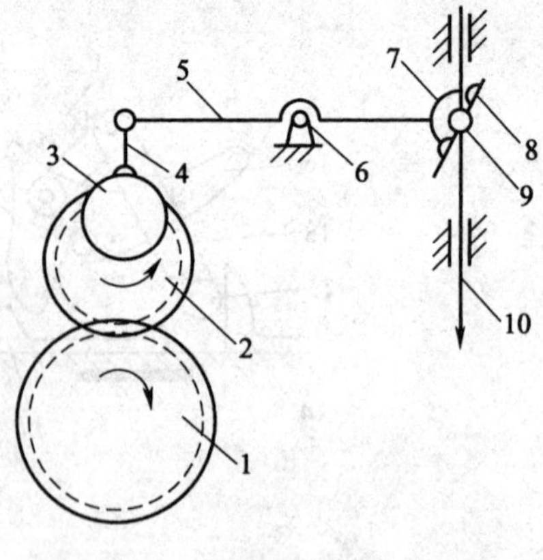

图 12 -2 -6　针杆上下传动示意图
1—大斜齿轮　2—小斜齿轮　3—偏心轮
4—连杆　5—挑针杠杆　6—横轴　7—针杆叉
8—耳环　9—球面轴　10—针杆

因为大斜齿轮的齿数与小斜齿轮的齿数比为2:1，因此，大斜齿轮转一周小斜齿轮上的偏心则转两周。偏心转动时通过连杆（或偏心套）带动杠杆传动针杆做两次上下运动，从而使主轴转动一周的情况下针杆只左右摆动一次。

（2）针杆摆动　图12－2－7是圆头锁眼机摆针构件传动示意图。当装在上轴凸轮轴（机器左侧）上的纽孔横列调节块一起摆动时，便传动针杆摆动叉做上下运动。针杆摆动叉又与针杆摆动耳环相连接，针杆摆动耳环与针杆摆动套装在一起。并能在针杆的外周和针杆转动的套筒的内圆里边滑动。通过横列连杆的运作，上轴每转一周，针杆摆动套也就上下运动一次。因针杆摆动套下端相对的两面各有一个斜槽相同的滑框。当针杆摆动套向下动作时，在针杆摆动导向销的作用下（斜面原理），针杆就产生摆动动作。针杆摆动套不动时，针杆就没有摆动动作。所以，当上轴每转一周，针杆上下活动两次；而针杆摆动套只上下活动一次。因此在针杆的上下两次运动中，一次是在针杆摆动套静止时刺缝料，另一次是在针杆摆动套向下活动（即针杆摆动）时刺缝料的，所以针杆在两次上下动作中只摆动一次。在缝制纽孔时摆动是有规律的运动，其纽孔线迹外圆的一针是摆动的（为横列针），内圆的是不摆动的一针（为中心针）。

（3）针杆变位动作　针杆的变位（旋转）动作是圆头锁眼机为形成圆头形状所特有的动作。一般平头锁眼机缝锁纽孔的线迹形式是两边平齐的，只需针杆在缝完左横列或右横列后针杆向另一边移动位置就能实现。但在圆头锁眼机中针杆不仅有左、右横列的摆动，而且旋转针杆还由右横列转到左横列位置，这样才能在缝料上缝制出圆头纽孔。机器在缝制小圆头纽孔时，滑板面只有前后送料动作。针杆和弯针部分同时在纽孔圆头部分的原位置上旋转180°的转弯。这时除滑板面的前后运动外，缝制圆头部分时还有一个倾斜的动作，以配合圆头的形成。图12－2－8为圆头锁眼机转针部件传动图。当蜗杆轴上的蜗杆传动主控蜗轮后，主控蜗轮上的转针曲形槽则牵动连杆、转针调整座及转针轴一起旋转。

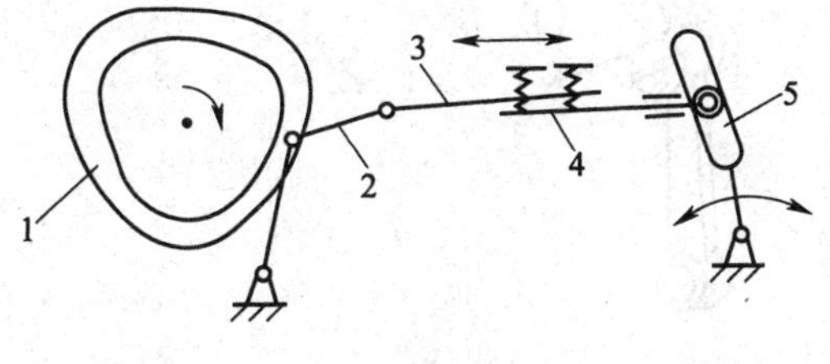

图12－2－7　针杆摆动传动示意图

1—摆针凸轮　2—连杆　3、4—拉杆　5—横列调节块

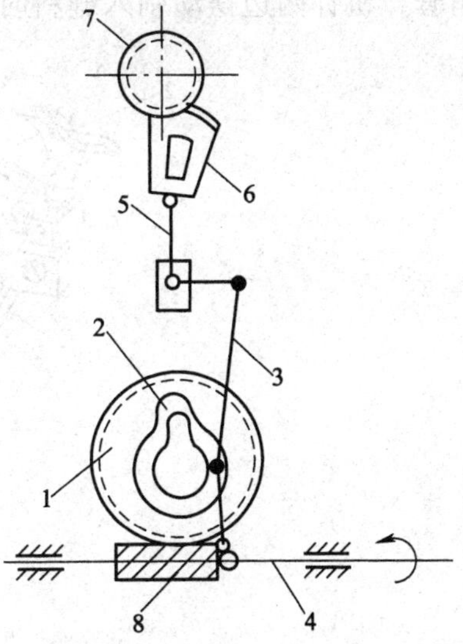

图12－2－8　转针传动示意图

1—主控蜗轮　2—曲形槽　3—连杆　4—蜗杆轴　5—调整座　6—扇形齿轮　7—弯针座　8—蜗杆

而转针轴的旋转则推动弯针座上的小齿轮，使弯针座和弯针做同步的旋转运动。同时针杆的左右横列摆动要与纽孔的直线轨迹垂直。由此便形成了针杆和弯针座的转动角度为180°（呈半圆形）。针杆与弯针座的角度大小是可以通过移动调整座销轴来调节的，只要上下移动转针调整座销轴即可改变旋转半径的大小。

注意点：

（1）针杆小齿轮是用偏心传动的，它的转向位置不能错误，否则机台会被卡。

（2）针杆杠杆以它中部的支点与机壳铰接为圆心做上下翘动。要求它的支点轴固定后，杠杆上下翘动要灵活。

（3）针杆上下两个紧圈要将摆针叉杆（万向联轴节）相对拧紧。不允许紧圈之间有丝毫间隙。

（4）针杆装入摆套后，应能灵活的上下移动。

2. 钩线机构

圆头锁眼机的钩线机构，与一般弯针钩线的缝纫机相比有许多特殊之处。图12-2-9为圆头锁眼弯针部件组装图。在一个夹角为45°的弯针架上装有两个弯针，其中一个是弯针架左弯针，另一个是弯针架右弯针。底线是由机器的底下通过底线穿线管、夹线板、针杆簧等穿入弯针架左弯针上的线孔。弯针架右弯针上没有线孔，其作用是把钩住的机针线环经右拨线叉张开扩展后让机针下刺穿套。两个弯针的上面，都有一个可摆动的拨线叉，在弯针架左弯针上面的左拨线叉尖部呈叉形。这个拨线叉（针）的开叉处与弯针架左弯针的线孔是相平齐的。当弯针架的左弯针钩住机针线环后，左拨线叉便在弯针架底板拨线撑块的推动作用下将左弯针底线拨开；而弯针架右弯针上面的右拨线叉呈尖状，没有叉状。其作用是在弯针架右弯针钩住机针线环后弯针架右拨线叉同样在弯针底板撑线块的作用下张开右弯针的线环。当左、右弯针钩住线环后通过拨线叉的作用都在弯针上面开成一个三角套，机针两边摆动刺入缝料时都要套入弯针背面的三角套内，然后，机针又在三

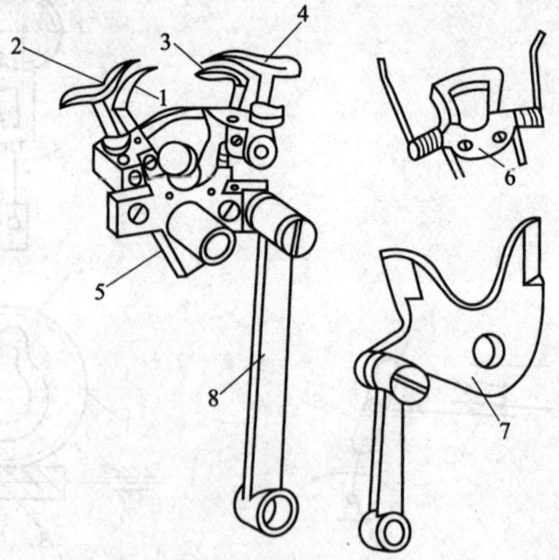

图12-2-9　弯针座结构示意图

1—左弯针　2—左拨线叉　3—右弯针　4—右拨线叉　5—弯针架

6—弯针架护针板　7—弯针架底板　8—弯针架大连杆

角套内形成，就这样机针与弯针及拨线叉周而复始的将线环穿套之间相连起来就实现了双线复合链锁线迹。

圆头锁眼机钩线机构传动工作原理如图 12 -2 -10 所示。

左、右弯针的钩线运动过程如图 12 -2 -10（a）所示：弯针的动力来源是由弯针凸轮轴通过斜面使弯针摆动凸轮旋转。弯针臂在其轴的作用下，使弯针摆动凸轮右侧的曲槽做上、下运动。弯针臂的下端连接了直连杆，直连杆的另一端则传动弯针座拉管杠杆，又经过前端拉管连接套、拉管、拉管导板座和弯针座大连杆牵动弯针架，使固定在弯针架上的左弯针和右弯针与弯针架一起左右摆动。因此，实现了弯针钩线的目的。

左、右拨线叉的运动过程如图 12 -2 -10（b）所示，左、右拨线叉的动力来源是由弯针摆动凸轮上的左侧外凸轮来传动的，当拨线凸轮转动时分线叉臂上的滚轮在拨线凸轮的曲形槽作用下，使分线叉臂摆动。随后经过分线叉臂拉杆球面套，分线叉臂钢丝拉杆和分线叉臂拉杆下球面螺母传动底板拉管杠杆，连接在底板拉管杠杆上的底板拉管叉拨动底板拉管杠杆，使与底板拉管连接的底板拉管导板座再通过底板小连杆传动分线底板做左右摆动（向右摆动是靠两个底板复位顶簧实现的）。从而使拨线叉产生拨线动作。

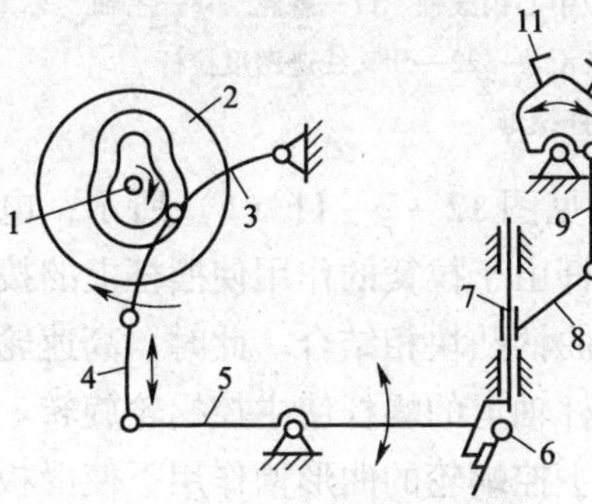

(a) 左、右弯针传动示意图

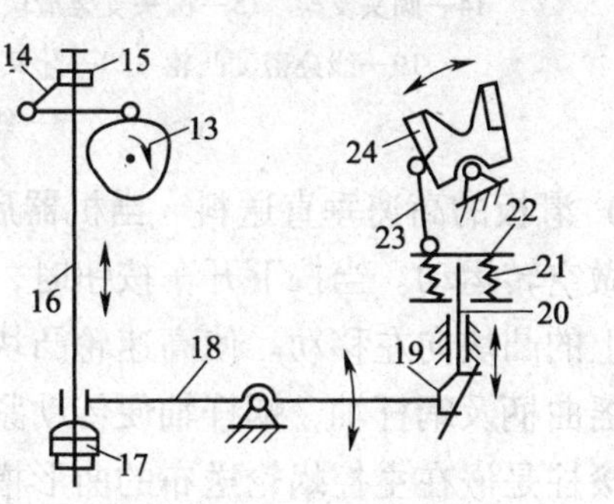

(b) 左、右拨线叉传动示意图

图 12 -2 -10　钩线机构工作原理示意图

1—弯针凸轮轴　2—弯针摆动凸轮　3—弯针臂　4—直连杆　5—弯针座拉管杠杆　6—拉管连接套　7—拉管　8—拉管导板座　9—弯针座大连杆　10—弯针架　11—左弯针　12—右弯针　13—拨线凸轮　14—分线叉臂　15—分线叉臂拉杆球面套　16—分线叉臂钢丝杆　17—分线叉臂拉杆下球面螺母　18—底板拉管杠杆　19—底板拉管叉　20—底板拉簧　21—底板复位顶簧　22—底板拉管导板座　23—底板小连杆　24—底板

3. 送料机构

圆头锁眼机的送料机构与其他缝纫机的送料机构相比有很大的区别。机器在缝制纽孔时不能同平头锁眼机一样采用连续性送布方式。因平头锁眼机针对的是中、薄型缝料，加之针迹的密度又很小，因而形成的送布量也很小，所以当机针在缝料底下时送布机构仍正常工作不影响机针穿刺。但在圆头锁眼机中针对的是厚料缝纫，所以，采用连续送料的方式是不可取的。在圆头锁眼机中送料机构共有三个主要动作：① 台面（滑板）在机器按下开车按钮后，走针（缝制）动作之前做高速垂直运动；② 高速结束走针开始动作后，台板将做间歇性的送布运动；③ 当走针缝制到圆头部位时，台板做斜向动作，目的是配合走针运动时形成最佳圆头形状。这种斜向动作是通过送布机构的滑板、主控蜗轮，压脚机构以及走针机构和纽孔轨迹机构等相互有规律的配合完成的。

下面将送布机构三个主要动作的具体传动过程分析如下，图 12－2－11 所示为圆头锁眼机送布机构的工作原理。

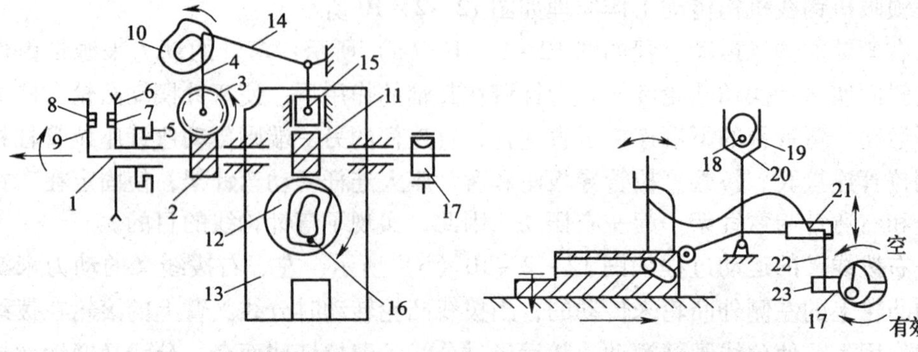

图 12－2－11　送布机构传动示意图

1—蜗杆轴　2—双头蜗杆　3—圆头蜗轮　4—圆头凸轮轴　5—拨块座　6—高速轮　7—高速轮凸块　8—手摇曲柄凸块　9—手摇曲柄　10—圆头凸轮　11—蜗杆　12—主控蜗轮　13—滑板　14—圆头支架　15—圆头支架滑块　16—滑板中心销滚柱　17—棘轮　18—主轴　19—线迹密度凸轮　20—牙叉　21—牙叉滑块　22—牙叉线迹密度拉杆　23—线迹密度拉杆螺母

（1）滑板的高速垂直送料　当机器启动后，见图 12－2－11（a）所示，电机便带动高速轮做空转运动。当按下开车按钮时，开车摆杆由于拉簧的作用使摆杆上的拨块座带动高速轮上的凸块向左移动。使高速轮凸块与手摇曲柄凸块相结合。此时，高速轮将动力传递给手摇曲柄及蜗杆轴，蜗杆轴便传动紧固在蜗杆轴上的蜗杆使主控蜗轮旋转。滑板上的中心销滚柱是嵌在主控蜗轮送布的曲形槽内，在主控蜗轮的曲形槽作用下使滑板做高速垂直的送布运动。

（2）滑板的间歇送料运动　滑板高速运动时，滑板上的撞块推动开停架的滚轮销被拉钩扣住后，滑板又带动长度调整块向前移动、顶起滚轮。此时，通过开停架向后倾的作用使其下端的推杆推动开车摆杆，从而使开车摆杆拉动拨块座、拨块、高速轮凸块向右移动使两凸块（即高速轮凸块与手摇曲柄凸块）分离，高速运动便停止。当走针运动时，如图 12－2－11（b）所示，其主轴上的线迹凸轮（走针凸轮）带动牙叉摆动再通过牙叉线迹密度拉杆把动力传递给棘轮。因棘轮是紧固在蜗杆轴上的，当牙叉带动棘轮顺时针方向转动时离合器前盖则带动蜗杆轴转动。而逆时针方向时，由于棘轮的作用蜗杆轴则不能转动。因此，蜗杆轴的间歇运动也使蜗杆和主控蜗轮做间歇的运动，从而便使滑板产生了间歇的送布动作。

（3）滑板斜动送料　当滑板在主控蜗轮的送布曲形槽作用下（滑板至最前开始向后移动的状态），双头（下轴）蜗杆带动圆头蜗轮转动。圆头蜗轮是固装在圆头凸轮轴上，从而使圆头凸轮也随之转动。转动时通过圆头凸轮的曲形槽作用使圆头支架上的滑块推动滑板，再通过滑板以滑板中心销为圆心支点使滑板产生了左右摆动，即实现了滑板斜向送布运动。

4．绷料机构

圆头锁眼机的绷料机构的作用是当压脚把缝料压住后，绷料机构要将缝料两侧绷开，配合切刀下切和缝制工作。如机器设置的是先切后缝的工作顺序时，绷料可以帮助切开的纽孔稍微张开。这样使机针能进入切缝边缘，将切开的缝料毛边包住使纽孔的线迹也更为美观。如机器设置的是先缝后切的工作顺序时，绷料可使纽孔在缝制过程中或结束时，绷紧缝料和绷开纽孔中间两边的线迹。可以防止机针穿刺缝料浮动时引起的跳针现象和切刀下切时损伤纽孔的线迹边缘。

图 12－2－12 所示为圆头锁眼机绷料机构的传动构件。当滑板上的压脚板向前运动时，绷料构件分别将左、右压脚板向两侧绷开，这是通过绷料的前、后杠杆的传动作用使压脚板克服了弹簧的拉力向两侧挤开，从而就实现了左压脚与右压脚向两侧绷料的动作。

5. 夹料机构

圆头锁眼机的夹料机构也称压料机构、压脚机构，与普通缝纫机压脚的作用基本相似。即通过压脚压力将缝料压住，防止机针穿刺缝料时因阻力而造成浮动，也是为线环的形成创造条件，确保缝纫线迹稳定形成。通过与普通缝纫机对压脚作用的分析，圆头锁眼机的压料板相当于普通缝纫机的压脚底板，夹料支臂相当于压脚柄。但用机构的特征来分析，它与套结机、钉扣机等夹料式缝纫机有些接近。但圆头锁眼机的夹料机构还要配合绷料机构动作，在夹紧缝料的同时绷开缝料，并在机器即将缝制结束时自动抬起压脚，从而减少了操作程序、提高生产效率。

图 12－2－13 所示为圆头锁眼机夹料机构的传动构件。当手动或自动扳下夹料扳手时，夹料弯杆通过支架使夹料摆杆向下偏转。固定在夹料摆杆上的升降杆通过夹料支臂使夹料板下压夹住缝料。当缝制结束时，夹料凸轮端面的轴向尺寸才发生变化使凸轮摆杆在弹簧作用下上抬释放夹料弯杆。此时，夹料摆杆便朝上动作，使夹料板（压脚）自动抬起。

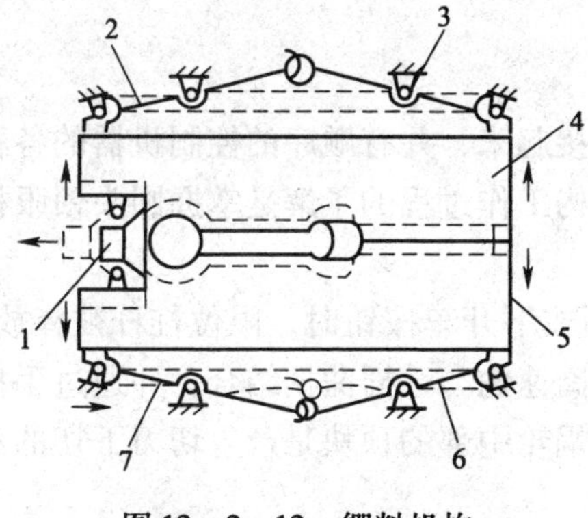

图 12－2－12　绷料机构

1—绷料顶块　2—右绷料前杠杆
3—右绷料后杠杆　4—右压脚板
5—左压脚板　6—左绷料后杠杆
7—左绷料前杠杆

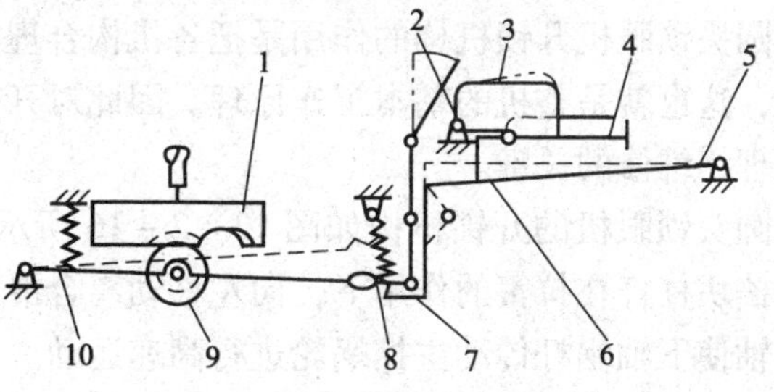

图 12－2－13　夹料机构

1—夹料凸轮　2—夹料扳手　3—夹料支臂　4—夹料板
5—夹料摆杆　6—升降杆　7—夹料弯杆支架　8—弯杆
9—凸轮滚轮　10—凸轮摆杆

6. 切刀机构

圆头锁眼机切刀机构的作用是当一个纽孔缝制开始或结束后，切刀将在纽孔两边线迹的中间（内圆部分）将缝料切开。切刀的一端呈圆形状，以便在纽孔的圆形部分切开形成一个完整的纽孔。实现切刀动作，通常是以冲切的方式在缝料上冲切出与切刀形状相吻合的纽孔。

图 12－2－14 所示为圆头锁眼机切刀机构的传动构件。当机器中部主控蜗轮上的切刀顶块转动后，其凸起的顶块传动上刀顶杆和上刀杠杆，使切刀压块向下运动。当运动到与固定刀刃口相合时便将缝料切开形成圆头纽孔的形状。切开纽孔眼后，切刀压块通过复位弹簧使之复位。

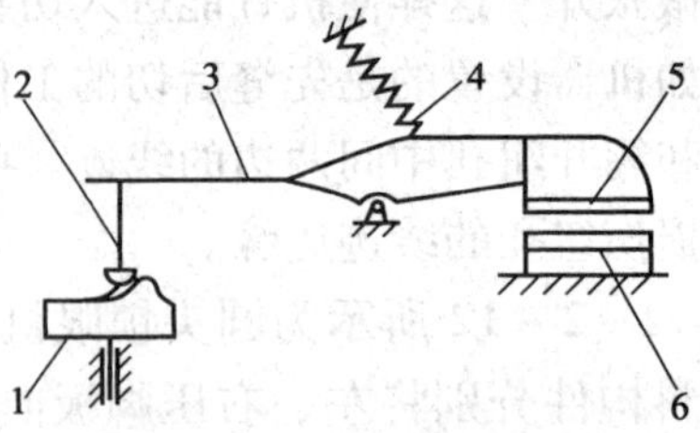

图 12－2－14　切刀机构

1—切刀顶块　2—上刀顶杆　3—上刀杠杆　4—复位弹簧　5—刀块　6—切刀（下刀）

7. 启停机构

圆头锁眼机的缝制开始运动与结束运动是通过机器的内部机构进行的有效的合理控制，而不是由电机的转动与停止来直接控制的。所以，这种内部机构被称为启停机构。如果机器在工作中没有进行合理的启停控制，则机器可能在进行缝制动作时与其他机构发生干扰而导致机器零部件的损伤。

圆头锁眼机的启停机构如图 12－2－15 所示，当电机通电带动皮带轮空转后，上轴主轮（机器右侧）通过驱动簧的作用与皮带轮一起空转。当开停架拉钩被撞块向后推动时，即开停架滚轮被纽孔长度调节凸块顶起，开停架向后摆动一个小角度，同时开停架后端的停针杆通过缺口将开停架卡进缺口定位。与此同时，制动杆释放离合爪，在离合爪弹簧作用下离合爪抱合主轮内圆，使主轮带动针距凸轮等一系列组件传动时缝制动作便开始。当纽孔长度调节块的尾端推开停针杆下端的调节螺钉时，停针杆的缺口便脱离了对方头螺钉的控制释放开停架。在开停架拉簧的拉力下开停架向前倾使制动杆卡住离合爪，让其爪尖失去对主轮内圆的接触。因此，针距凸轮及上轴一系列组件停止转动，走针（即缝制）动作停止。

8. 开锁机构

圆头锁眼机开锁机构的作用是把各机构合理的连接起来，并有顺序的控制机器的各种动作，这也就是整机的基本工作原理。因此对开锁机构工作过程的了解是掌握圆头锁眼机的原理、维修的关键。

圆头锁眼机的开锁机构如图 12－2－16 所示，当按下开车按钮时，限位杠杆被释放，便使挡块杠杆在拉簧的作用下，向左移动离合滑块使高速轮与手摇曲柄结合，并通过手摇曲柄轴使下轴蜗杆传动主控蜗轮进行高速运动。主控蜗轮中部的顶块是产生切刀下切的动力来源。

当台板（滑板）高速运动到走针（缝制）时，台板右侧的纽孔长度调节凸块便顶起开停架前端的滚轮，使开停架逆时针向后摆动。此时，开停架下端的推杆便推动开车摆杆及离合滑块、高速轮向右移动，使手摇曲柄与高速轮脱开，限位杠杆复位。此时，制动架上的制动杆便释放离合爪使针距凸轮和一系列相关组件开始动作，即实现了送料和缝制。

当纽孔缝制要结束时，是由纽孔长度调节块的尾端推开停针杆下端的调节螺钉后，使开停架由于拉簧的作用顺时针向前摆复位时，开停架上的制动杆便卡住离合爪使针距凸轮与主轮内圆失去接触后，缝制动作结束。同时，开停架下端的推杆也释放开车摆杆，使开车摆杆通过拉簧拉力的作用带动离合滑套、高速轮向左移动使手摇曲柄凸块与高速轮凸块结合，机器便产生了高速运动。当滑板高速向后运动时，限位杆后端的销子螺钉由于弧面作用便牵动离合滑块、高速轮向右移使手摇曲柄的凸块与高速轮凸块分离。此时，机器工作全部停止，两皮带轮处于空转状态，一个纽孔的工作周期结束。在这些动作中，开锁机构为了避免切孔和高速及走针运动同时发生，所以采取了有效的互锁措施，从而保证了机器的安全运转。

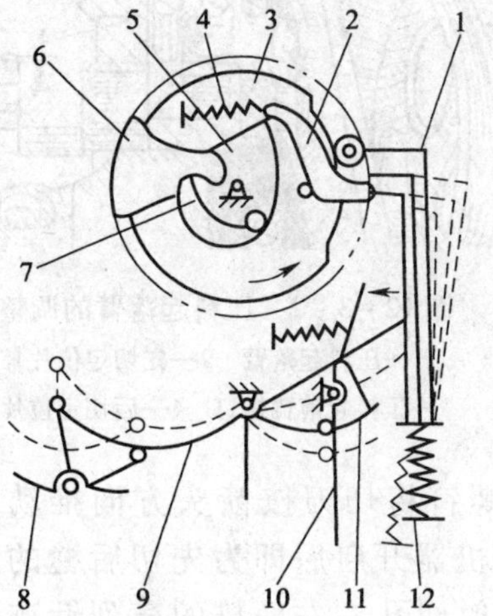

图 12－2－15　启停（开停架）机构

1—制动杆　2—离合爪　3—针距凸轮
4—离合爪弹簧　5—主轮　6—皮带轮
7—驱动簧　8—开停架拉钩　9—开停架
10—停针杆　11—开停架弹簧
12—缓冲簧

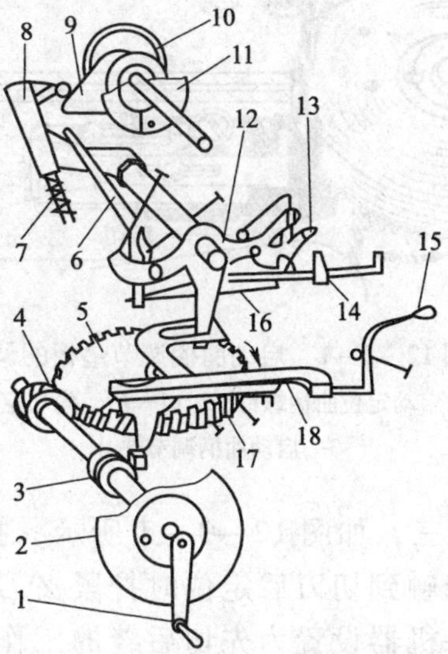

图 12－2－16　开锁机构

1—手摇曲柄　2—高速轮　3—离合滑块　4—蜗杆
5—主控蜗轮　6—停针杆　7—制动杆　8—制动架
9—开定架　10—皮带轮　11—针距凸轮
12—开停架　13—开停架拉钩　14—撞块
15—开车按钮　16—长度调节块
17—开车摆杆　18—限位杠杆

第三节　圆头锁眼机的结构与调整

一、圆头锁眼机使用方面的调整（GY 型、557 型）

（一）机器先缝后切与先切后缝的调整

圆头锁眼机设置先缝后切或先切后缝要按照以下三个步骤进行。圆头纽孔的形状是可以通过圆头凸轮的更换来改变的。

步骤一，如图 12－3－1 所示，启动定位曲柄的螺钉拧松，按箭头方向推动启动曲柄调节垫板，使定位片接触到启动摆杆后拧紧启动定位曲柄螺钉。

步骤二，如图 12－3－2 所示，拧松压料起落臂的螺钉，然后把压料起落臂按箭头方向拉动，使压料起落臂接触到先切定位片后将压料起落臂的螺钉拧紧。

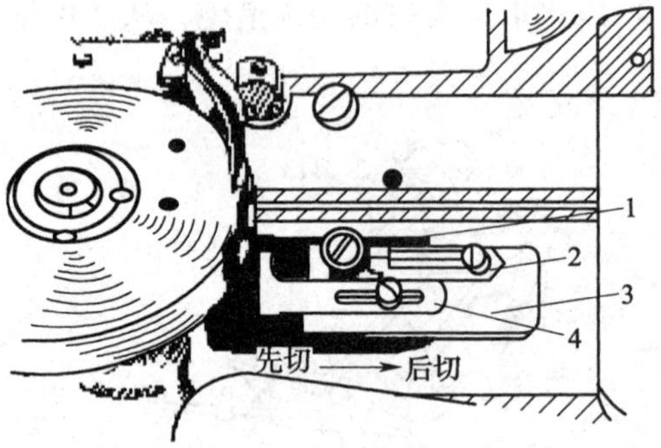

图 12－3－1　启动曲柄调节垫板的调整

1—启动定位曲柄螺钉　2、4—后、先切定位片

3—启动曲柄调节垫片

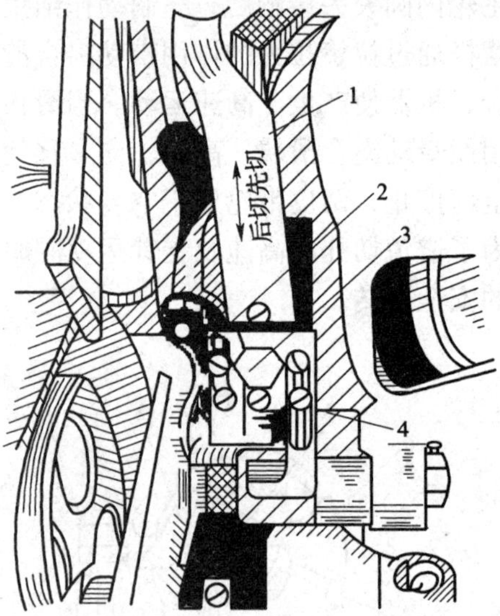

图 12－3－2　压料起落臂的调整

1—压料起落臂　2—先切定位片

3—压料起落臂螺钉　4—后切定位片

步骤三，如图 12－3－3 所示，拧松夹刀板螺钉将切刀按箭头方向推动，使切刀后端接触到切刀后定位时拧紧夹刀板螺钉。当机器开启后即为先切后缝的工作模式。如果机器设置为先切后缝的工作顺序后，有时纽孔左右两排的横列针迹宽度出现不对称的现象，这时可以将夹距定位片或切刀座左右移动到纽孔相应的位置即可。

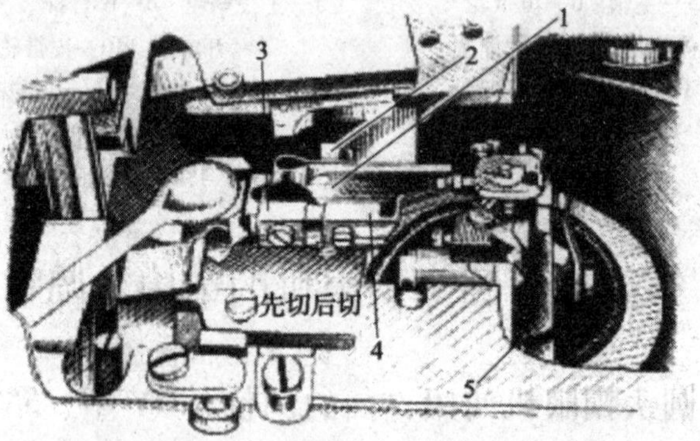

图 12－3－3　切刀的调整

1—切刀　2—夹刀板螺钉　3、4—切刀后、前定位片　5—弯针架

先缝后切的调整方法：在先切后缝的状态下，转动手摇曲柄，使滑板后退到极限位置时，制动架锁住手轮（走针停止）调整手摇曲柄的凸块与高速轮的凸块距离相接触 0.5mm 左右，调整时松开定位曲柄螺钉，把高速轮向左移动使两凸块分离至标准位置，然后松开机器底部抬牙臂的螺钉，将抬牙臂向下移至极限（以机器抬起为准）。松开切刀定片螺钉，向前移动切刀至极点，调整结束。

先切后缝的调整方法：在先缝后切状态下转动手摇曲柄，使滑板移动至切刀落下时，制动架同时锁住手轮（走针停止）；调整手摇曲柄的凸块与高速轮的凸块相隔 0.5mm 左右。调整时松开定位曲柄的螺钉，把高速轮向右移动使高速（凸块换向销后移至极限）接触手摇凸块时距离 0.5mm。然后松开机器底部的抬牙臂螺钉。将抬牙臂向上移动至极点（以机器抬起为准）。再松开切刀定位片的螺钉，将切刀向后移动至极点。结束时，紧固各个螺钉，防止工作时产生松动现象，切刀的定位改变后，同时也要将上刀压片移到与切刀相碰时的标准位置，即上刀压片的后端应超出切刀后端 1mm，以防止切缝厚料时产生移位而切断缝线。

（二）纽孔形状的调整

纽孔的形状是通过纽孔凸轮来控制的。如要缝制不同形状或不同规格的纽孔，更换相应的纽孔凸轮便可更变。在更换纽孔凸轮时机器要处于起始位置，更换方法是：如图 12－3－4所示，把弧形弹簧扣往外拨开，即可将纽孔凸轮往上提出。在安装纽孔凸轮时，必须要把纽孔凸轮的定位孔对准轴上的定位销钉，最后把纽孔凸轮向下压到底后安装结束。纽孔的合尾长短是通过纽孔合尾凸轮来控制的。根据纽孔规格的不同需要更换不同长度的纽孔合尾凸轮。开尾纽孔的长度则是通过滑板右侧的纽孔长度调节座来进行调整。所以，纽孔的开尾或合尾是要区分调节的。

1. 合尾纽孔的长度调整

将符合规格的纽孔合尾凸轮装在纽孔凸轮主轴上，然后开机试缝一个纽孔，如出现合尾长度不相平齐时，拧松纽孔长度调节座的方头螺钉，前后移动调节座直到合尾的长度符合要求后拧紧方头螺钉（如缩短合尾长度，只要把纽孔长度调节座向后移，如加长合尾长度则向前移纽孔长度调节座即可）。如图 12－3－5 所示。

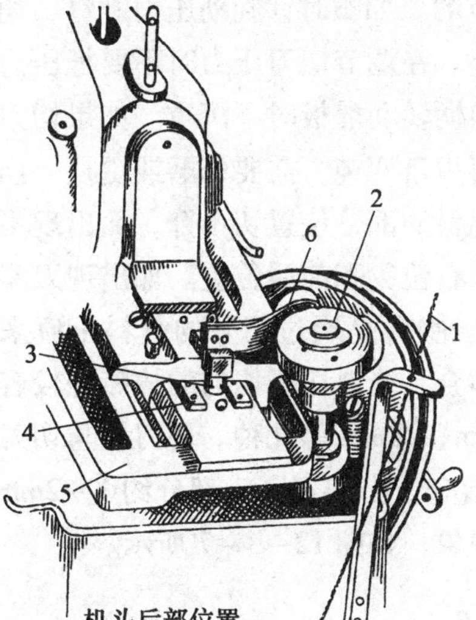

图 12－3－4　纽孔凸轮的安装

1—弯针底线　2—纽孔凸轮　3—定位滚柱车
4—定位板　5—滑板台　6—弧形弹簧扣

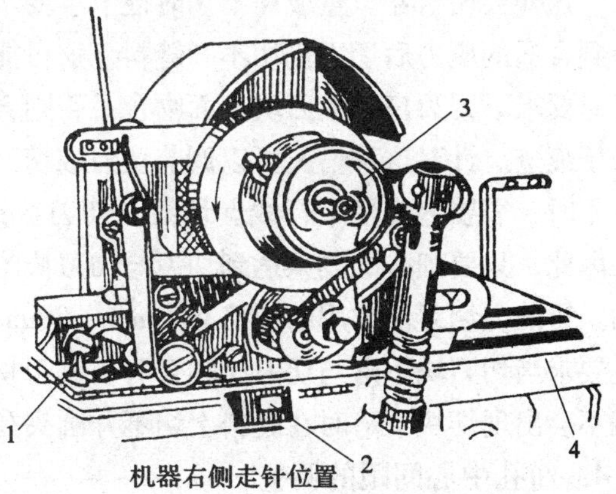

图 12－3－5　合尾纽孔的长度调整

1—长度调节座　2—长度调节座螺钉
3—主轮（手轮）　4—滑板

2. 开尾纽孔的长度调整

选择开尾纽孔凸轮装在纽孔凸轮主轴上，同样拧松纽孔长度调节座的方头螺钉。前后移动调节座即可改变纽孔的长短。如向前移动（朝操作者方向）纽孔长度调节座，纽孔便会加长；如向后移动则缩短纽孔的长度。可依据调节座旁边的长度刻度表来参考。如图12－3－6所示，当调至合适的纽孔长度时，拧紧调节座的方头螺钉。如过多或过少的改变纽孔长度时也需要更换相应长度的切块。

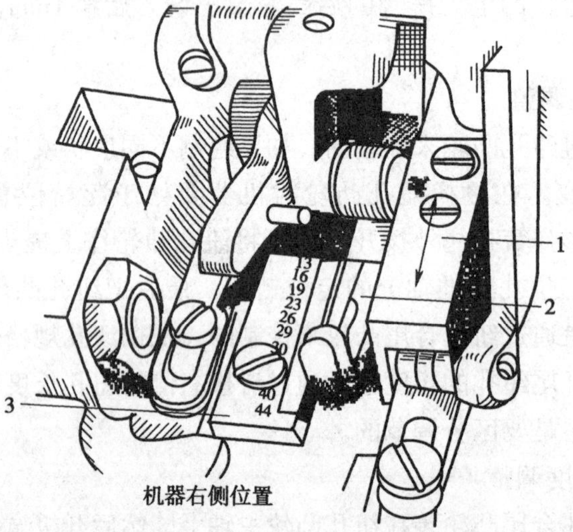

图12－3－6　长度调节座及长度指示牌

1—针距座　2—纽孔长度调节座　3—长短刻度牌

3. 切刀孔的调整

纽孔切刀压力大小是通过切刀压力调节螺钉来调节的。如顺时针旋动压力螺钉，切刀压力会增大；如逆时针旋动压力螺钉则切刀的压力会减小。在调节切刀压力时不要把压力调得过大，这样会使机器沉重或在下切时被卡。要求手摇曲柄转动滑板时不沉重。如果切刀压力调节到合适的压力后切刀仍切不开缝料，这可能是切刀刃口变钝，需要修磨或更换。当切刀下切时要求下刀刃口与上刀块全面吻合；否则会导致缝料的部分位置切不开，而出现不均匀的切压痕迹。针对这种情况可以调节切刀或切刀块的左右位置和前后位置。如出现刀座有高低不平时，需要垫起呈平行线。切刀与切刀块是否完全吻合是通过切开的缝料压痕来判断的。因此，只要细心的调整达到切刀与切刀块的完全吻合，缝料切不均匀的故障是较容易解决的。目前，切刀块常用的规格有15mm、20mm、22mm、28mm等几种。切刀块与切刀的吻合还要求当切刀块下落与切刀相吻合时，其刀块的后端应长出切刀圆头部分约1～2mm。这样就不会出现切块下落时在缝料上切不开圆头孔眼的现象，如图12－3－7所示。

4. 纽孔中心间距的调整

纽孔中心间距的大小将影响到纽孔的美观与质量。机器在缝制不同性质的缝料时，纽孔的中心距离是要作微量调节的。如纽孔中心间距太小，切刀块下落时将纽孔内圆线迹切开；如纽孔中心间距太大时，则切刀切开纽孔后内圆线迹的边缘产生毛边。调整时可通过旋松机器左侧摆针调节铰螺母和横列轴调节螺母，再旋松横轴调节螺钉。如往上旋时将加宽纽孔中心间距；如往下旋时则缩小纽孔的中心间距。调整标准后拧紧相关螺钉。通常标准的纽孔中心间距为1.2mm左右，如图12－3－8所示。

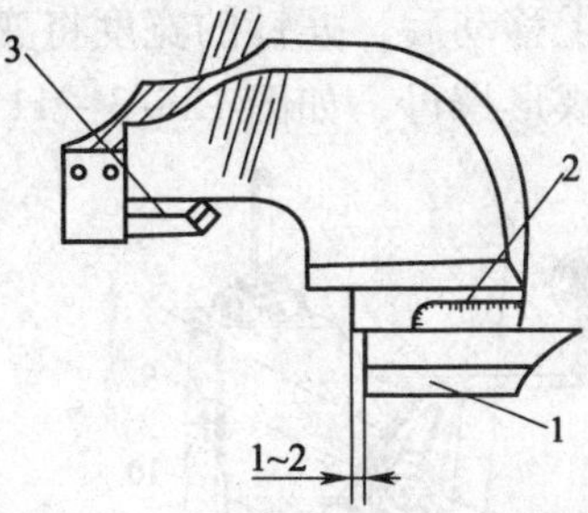

图12－3－7　切刀与切块的标准位置

1—下切刀　2—上切刀块　3—切块压力调节螺母

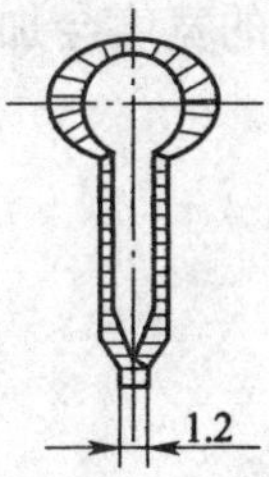

图12－3－8　纽孔中心标准距离

5. 针迹密度的调整

纽孔针迹的疏密通常是以缝线的粗细和对纽孔的工艺要求而进行调节的。如图12－3－9所示，旋松机器右侧下部针距调节螺母，将棘轮连杆通过滑块沿着棘轮调节槽前后移动即可调节针距的大小。如往前移动（朝操作者方向）针距调节螺母会加大针距密度；如往后移时则反之。当针距调整合适后，拧紧针距调节螺母。

纽孔圆头部分的针迹密度要与纽孔横列部分的针迹密度相一致，否则将影响纽孔的美观。在缝制大圆头纽孔时，圆头部分的针迹密度可以通过变动针距座的位置进行调整。调节方法是旋松针距座螺钉，将针距座往前推动（朝操作者方向）时，圆头部位的针距密度加大；往后推动时则针距变疏。如图12－3－6所示，在缝制小圆头纽孔时，可通过机器底部的转针凸轮扳手和管位扳手来调节。方法是：将转针凸轮扳手和管位扳手往机器上面推时，如图12－3－10所示，小圆头部分的针距便变疏；在缝制大圆头纽孔时，需要将转针凸轮扳手和管位扳手向下推复位。

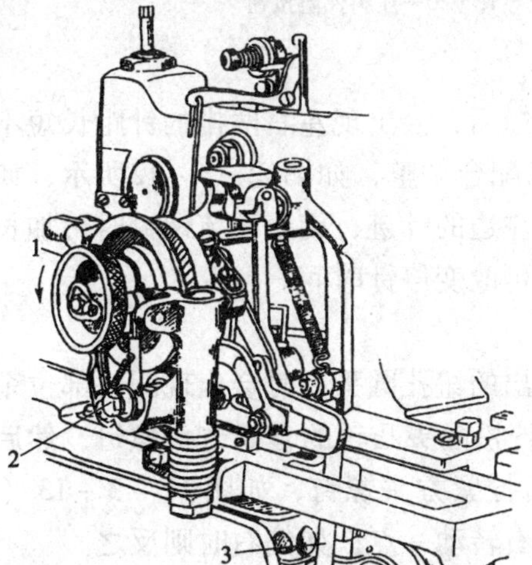

图12－3－9　针迹密度调整

1—手轮　2—纽孔长度调节螺钉　3—走针驱动杆　4—针距调节螺母　5—棘轮

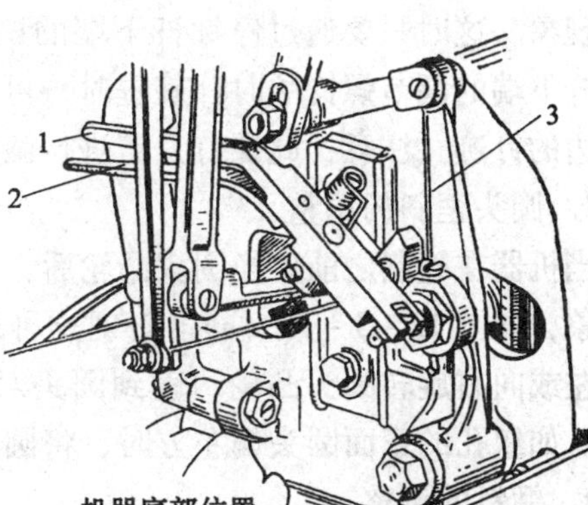

图12－3－10　调节扳手位置

1—转针凸轮扳手　2—管位扳手　3—转针从动杆

6. 摆针宽度的调整

圆头锁眼机的摆针摆动范围一般在1.4～3.5mm之间。如需调节时，只要旋松机器左侧摆针，调节蝶形螺母沿着摆针调节铰的斜形槽往上移动后，摆针的宽度将变窄；如往下移动后，摆针的宽度会加大。调整合适后拧紧摆针蝶形螺母，如图12－3－11所示。

图12－3－11 机器左侧位置示意图

1—交叉皮带 2—手摇柄 3—纽孔凸轮 4—衬线过线架 5—衬线 6—摆针连杆 7—摆针调节铰螺钉 8—摆针调节铰 9—蝶形螺母 10—摆针横轴调节螺钉 11—摆针横轴调节螺母 12—切压调节螺母 13—切块 14—针板 15—衬线导片 16—切刀 17—压料扳手 18—启动按钮 19—衬线导管 20—压料保险按钮

7. 纽孔左右横列针迹不对称的调整

在缝制之前更换了圆头凸轮或调整了纽孔的长短后，会出现左右两排的针距长短不平行的现象。这时只要通过停针杆下端的调节螺钉来配合调整，如图12－3－12所示，如将停针杆下端的调节螺钉顺时针旋进时，可减短纽孔左边的针迹；旋松调节螺钉时可加长纽孔左边的针迹。注意：此螺钉只需进行微量旋动即可改变停针时间。

8. 圆头歪斜的调整

当机器在缝制之前更换圆头凸轮后，下次缝制出的纽孔圆头有时会出现圆头部位歪斜的现象，如图12－3－13（a）。针对这种现象只要拧松圆头凸轮的套筒方头螺钉，然后用手向左或向右旋转圆头凸轮，直到圆头对称标准后拧紧方头螺钉，如图12－3－13（b）所示。如纽孔的正面圆头偏左方时，将圆头凸轮向右转动一点；如偏右时则反之。

9. 绷料的调整

机器在开始缝制之前，绷料机构就应将缝料绷开。否则，缝料松滑易导致跳针现象。有时因缝料的性质不同而要调整绷开的宽度。绷料量是否合适会影响纽孔的美观和质量。绷料量的调节通常分为先切后缝或先缝后切两种形式。

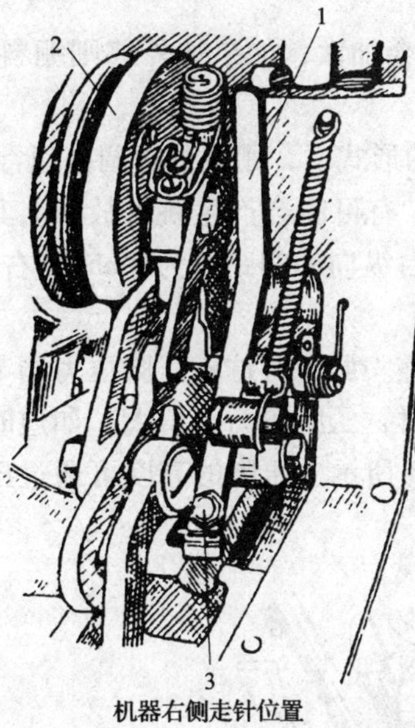

图 12－3－12　停针调节示意图

1—停针杆手柄　2—手轮　3—下端调节螺钉

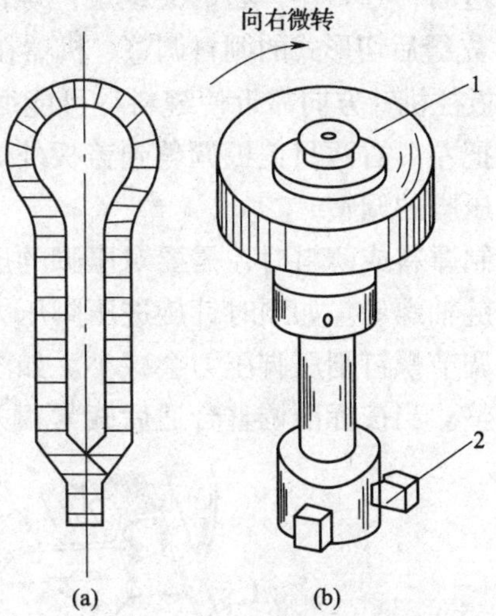

图 12－3－13　圆头歪斜的调整

1—圆头凸轮　2—纽孔竖轴方头螺钉

（1）先切后缝形式的绷料调整　机器在先切后缝的形式下，绷料量的调整如图 12－3－14所示：拧松左方和右方的夹距定位片螺钉，将左方和右方的夹距定位片微微往

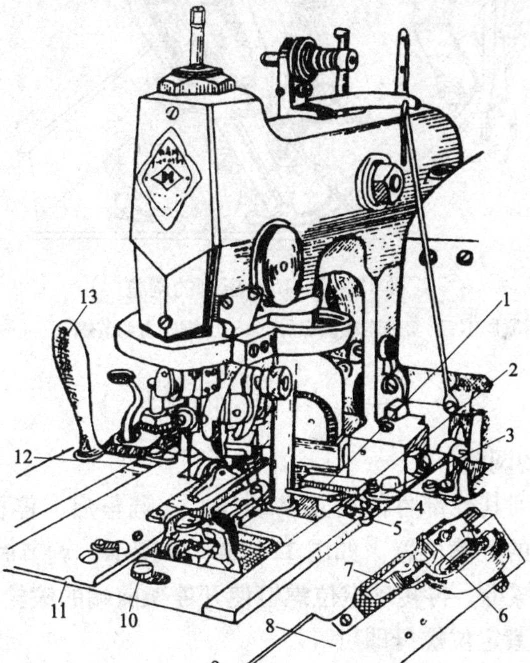

图 12－3－14　绷料构件装置

1—压脚托爪　2—盖板限位圆柱　3—盖板压片　4—右夹距定位片　5—盖板限位片　6—压脚臂缺口　7—压脚　8—盖板　9—盖板定位孔　10—盖板定位圆柱　11—盖板掀槽　12—左夹距定位片　13—压脚扳手

内或往外移动。如往内移（相互靠近移动）绷料量将会加大；如果往外移则绷料量减小。当调整合适后，拧紧左、右的夹距定位螺钉。

（2）先缝后切形式的绷料调整　机器在先缝后切的形式下，绷料量的调整通常要将左、右两只盖板往机针方向靠近使缝料尽可能绷紧，否则，有可能会产生跳针故障。其调整方法是只要把左、右两只盖板调整到盖板外侧并与工作台纵向的间距约为2mm左右即可。

10．压脚的调整

在缝制厚料或薄料时，需要对压脚的压力进行调整。调节时拧松压脚压力调节螺母以及连动铰链轴螺母。如顺时针旋进压脚压力调节螺钉时，压脚压力会增大；如逆时针旋松压脚压力调节螺钉则压脚压力会减小。如图12-3-15所示，压脚的高度可通过压脚定位螺母来调整。当按标准调整合适后旋紧相关螺母即可。

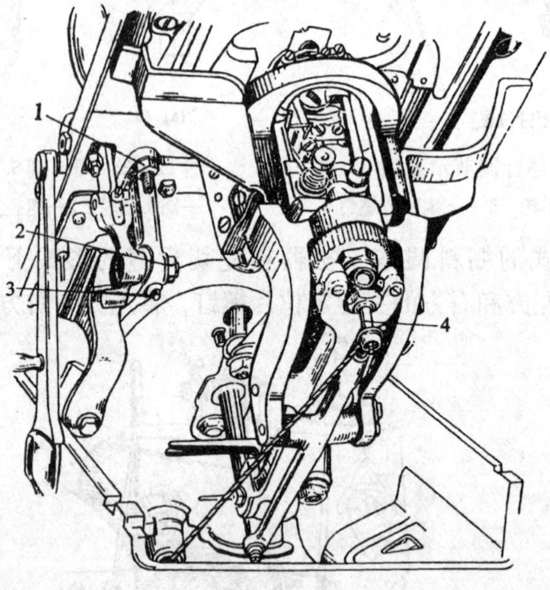

图12-3-15　压脚的调整

1—压脚紧固螺钉　2—连动铰螺母　3—压脚压力调节螺钉　4—弯针轴

二、启停机构

（一）开停架启动的调整

开停架的定位关系到其他部件能否正常动作。在调整启、停机构各部位的标准间隙时，应先调整好开停架的正确位置。如图12-3-16所示，调节时将机器处于起始位置，然后旋动开停架的定位螺母，再转动定位螺钉使开停架前端的滚轮距离纽孔长度调节平面约1mm。达到标准后拧紧定位螺母即可。

（二）开停架制动的调整

开停架制动的调整方法是：先将机器处于起始位置（停车位置），然后旋松机器右侧的开停架定位螺钉使制动杆滚轮距离手轮凸轮面的间隙约为1mm。如图12-3-17所示，若此间隙小于1mm制动杆后倾不能释放离合爪，因此便无走针运动；若间隙大于1mm，制动杆前倾时不能卡住离合爪，使走针运动得不到控制从而在高速运动时折断机针。

（三）手轮定位杆的调整

手轮定位杆的作用是控制上轴主轮不能反方向转动，以免损伤或机器被卡。调节方法是：如图 12－3－18 所示，拧松手轮定位杆螺钉，用小扳手转动定位偏心套，使离合爪碰不到驱动轮，防止机器在空转时因摩擦而产生噪声。

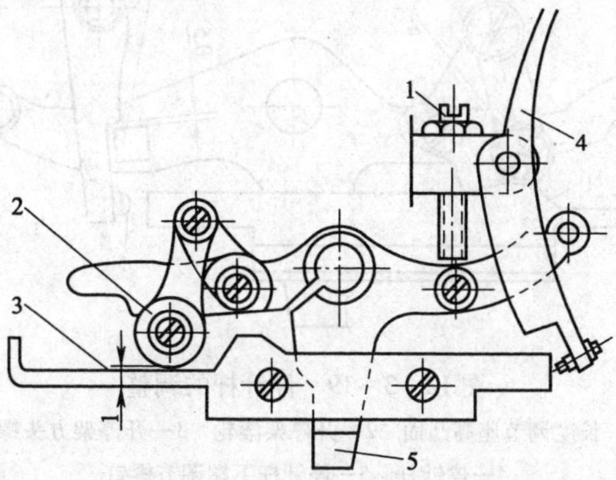

图 12－3－16　开停架的定位调整

1—开停架定位螺钉　2—开停架滚轮　3—纽孔长度调节座

4—停针杆　5—开停架下端摆杆

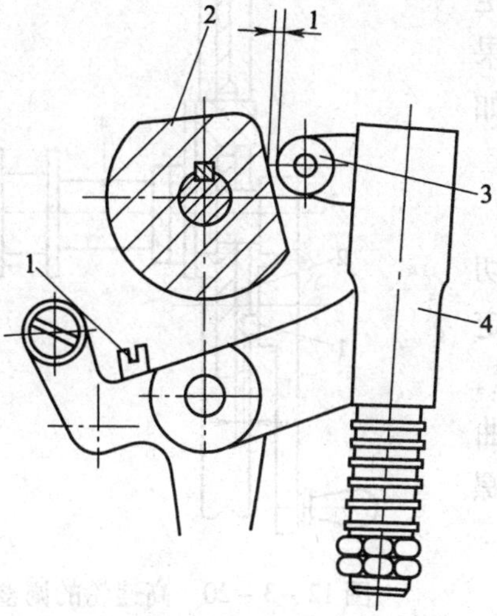

图 12－3－17　开关座的调整

1—开停架定位螺钉　2—手轮凸轮

3—滚轮　4—制动杆

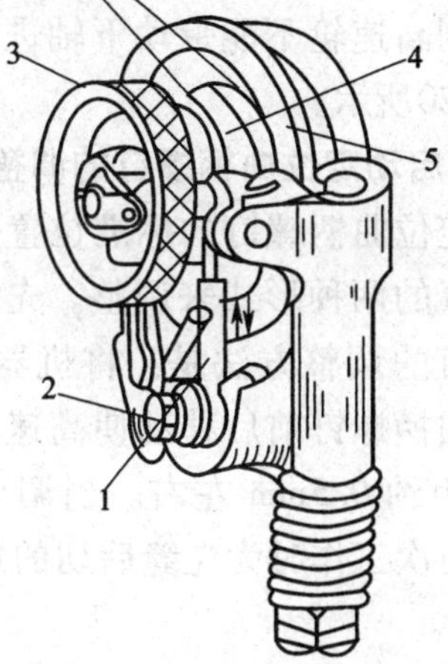

图 12－3－18　手轮定位杆的调整

1—手轮定位杆　2—手轮定位杆螺钉

3—手轮　4—离合爪　5—驱动轮

（四）停针杆的调整

停针杆的调整方法是：用手摇动手柄使滑板向前运动至开停架连杆滚轮接触到纽孔长度调节座凸面时，开停架向后倾使停针杆的下端缺口卡进开停架方头螺钉的平面上。此时，要求缺口平面与方头平面有 0.5mm 的间隙。如图 12－3－19 所示，如果间隙小于 0.5mm，停针杆的缺口便卡不进开停架的方头螺钉上，导致走针没有延续；如果间隙过大，则机器的构件会发生碰撞现象从而损坏机件。

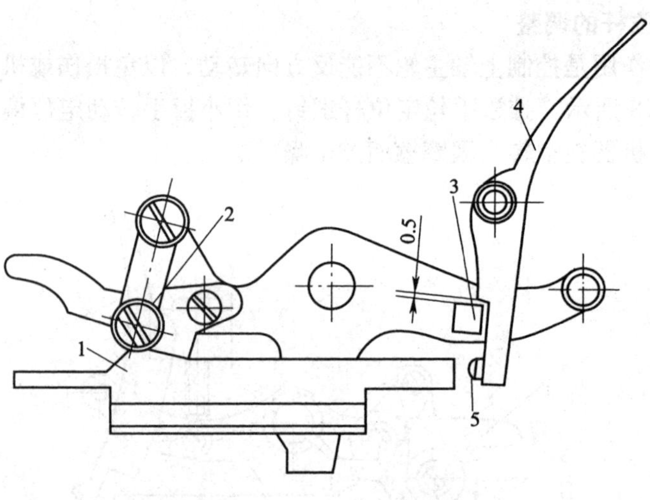

图 12 - 3 - 19　停针杆的调整

1—长度调节座高凸面　2—开停架滚轮　3—开停架方头螺钉

4—停针杆　5—停针杆下端调节螺钉

（五）高速轮的调整

当机器处于起始位置（停车）时，按下启动按钮使高速轮向左移动与手摇曲柄靠拢。松开启动定位曲柄使高速轮凸块与手摇曲柄凸块相接合，如果有间隙，则高速轮不能带动下轴进行高速转动，如图12 - 3 - 20所示。

（六）启动定位曲柄螺钉的调整

启动定位曲柄螺钉的标准位置是要分先缝后切和先切后缝的两种形式来调整。先缝后切时启动定位曲柄螺钉的调整方法是：将机器处于停车位置，松开启动曲柄螺钉前后移动使高速轮凸块与手摇曲柄凸块相距约 0.5mm 左右。当调至标准后拧紧螺钉，机器再次工作时为先缝后切的形式，如图 12 - 3 - 21 所示。

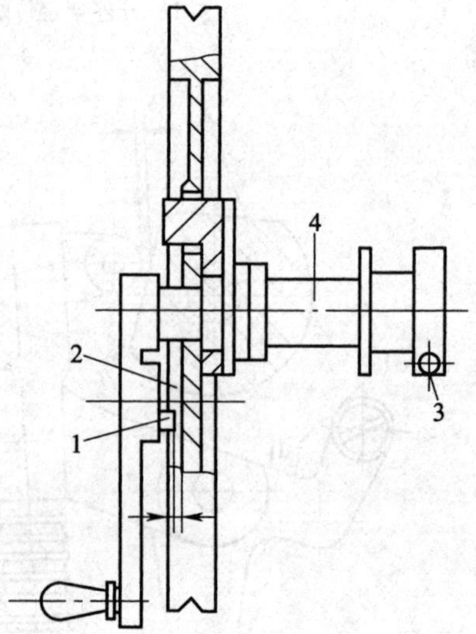

图 12 - 3 - 20　高速轮的调整

1—手摇曲柄凸块　2—高速轮外端面

3—套筒螺钉　4—蜗杆轴

先切后缝时启动定位曲柄螺钉的定位方法是：用手摇动手摇曲柄使滑板运动到切刀架开始下落时，松开启动定位曲柄螺钉使高速轮的凸块与手摇曲柄凸块相距 0.5mm 左右的间隙。当调至标准后拧紧螺钉。机器再次工作时为先切后缝的形式。如图 12 - 3 - 21 所示（注意：在通过启动曲柄螺钉调节先缝后切与先切后缝时，还有一个步骤就是对切刀与抬压臂的位置调节）。

（七）走针定位的调整

开车撞块的调整方法是：用手摇动手摇曲柄使滑板（台面）处于最终位置。然后拧松开车撞块螺钉，使开车撞块的前端面将开停架滚轮销推进定位块的缺口内再旋紧螺钉。

如图12－3－22所示，如开停架滚轮销未能被开车撞块的端面推入定位块缺口时，开停架在缝制状态不能向后倾释放主轮离合爪。因此，主轴不能工作（即无走针运动）。

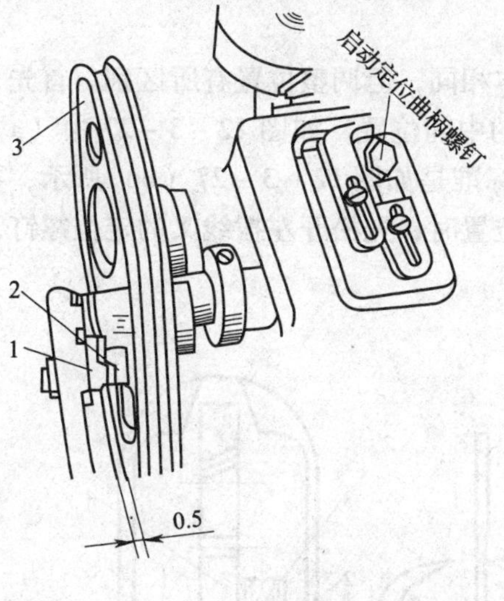

图12－3－21　启动定位曲柄螺钉的调整
1—手摇曲柄凸块　2—高速轮凸块　3—高速轮

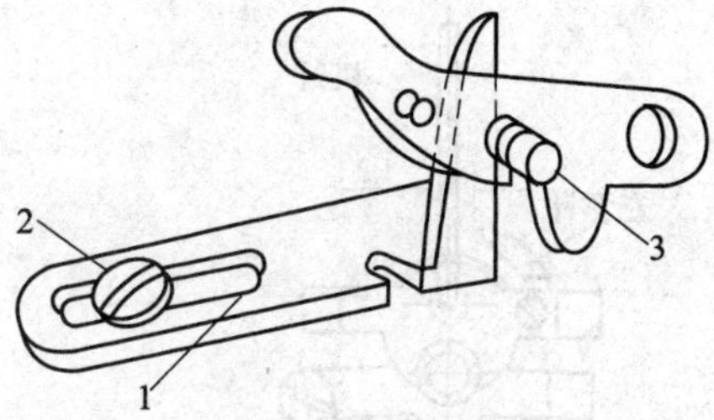

图12－3－22　走针定位的调整
1—开车撞块　2—定位螺钉　3—开停架滚轮销

三、钩线机构的调整

（一）左、右弯针与机针摩擦间隙的标准

当左、右弯针运动到机针背面的平面时，其间隙标准在0.05mm之间（以不碰机针为准）。如图12－3－23所示，如需调节时，只要松开左、右弯针本身的紧固螺钉，移动弯针即可改变与机针平面的摩擦距离。

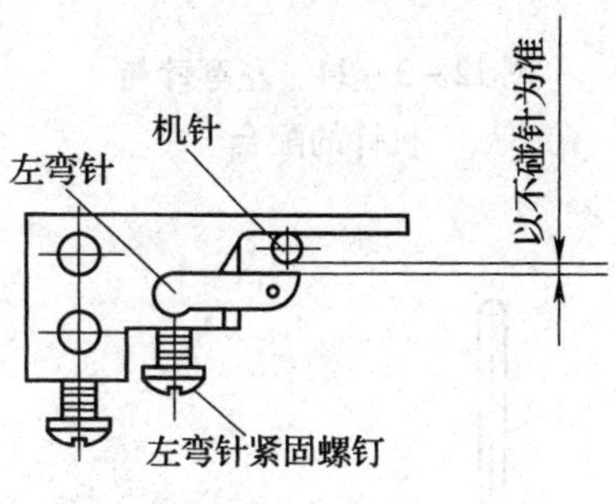

图12－3－23　左、右弯针与机针的间隙

（二）左弯针与机针的始点配合标准

当机针（中心针）下降至最低位置时，左弯针尖与机针中心标准距离为1.2mm左右。如图12－3－24所示，调整方法是：松开弯针座底部的调节螺钉，弯针便可左右移动改变与机针的始点距离。当调至标准后拧紧螺钉。

（三）弯针与机针的钩线时间配合标准

弯针与机针的钩线时间配合标准是：当机针（中心针）从最低点往上回升3mm左右时，左弯针尖应到达机针中心。如图12－3－25所示，如需调节打开机头后侧的小盖板，拧松针杆主动齿轮锁紧螺钉和定位螺钉。然后转动定位螺钉，如将针杆主动齿轮向上移动时，针杆的运动时间会快，弯针钩线的时间则会延迟；如向下移动时则反之。

（四）针杆高度的调整

针杆高度的标准是：当左弯针尖运动到机针中心时，左弯针尖应距离机针孔上方1.5mm左右。如图12－3－26所示，这是机器出厂时设定的数值。通常不需要调整，如要根据实际情况做调整时，其方法是：松开针杆上下两个挡圈，针杆的上下位置便可改变。当调至标准后将两挡圈靠近，针杆滑动套筒不允许有丝毫间隙。

（五）拨线叉的调整

圆头锁眼机的左拨线叉与右拨线叉的作用基本相同，但调整位置有所区别。首先，左拨线叉的标准是要求拨线叉的叉口应在左弯针面的中间位置，如图 12－3－27 中（a）所示，不得露出左弯针的前、后侧面。右拨线叉的标准是如图 12－3－27（b）所示，要求右拨线叉不能有夹针现象。如需调节左拨线叉的位置时，先松开左拨线叉的定位螺钉，移

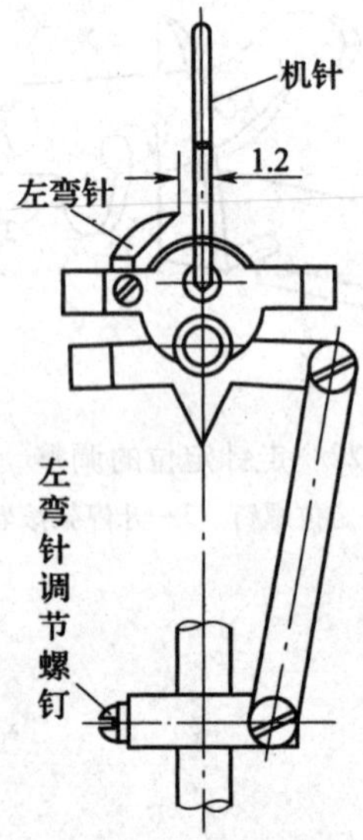

图 12－3－24　左弯针与机针的配合

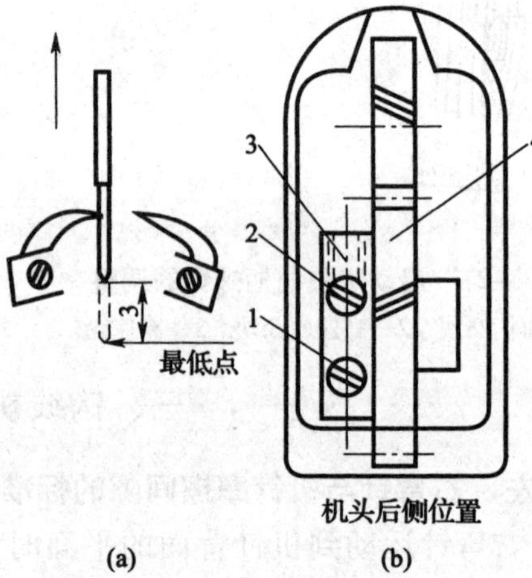

图 12－3－25　弯针与机针的钩线时间配合

1—紧固螺钉　2—定位螺钉

3—定位紧固螺钉　4—针杆主动轮

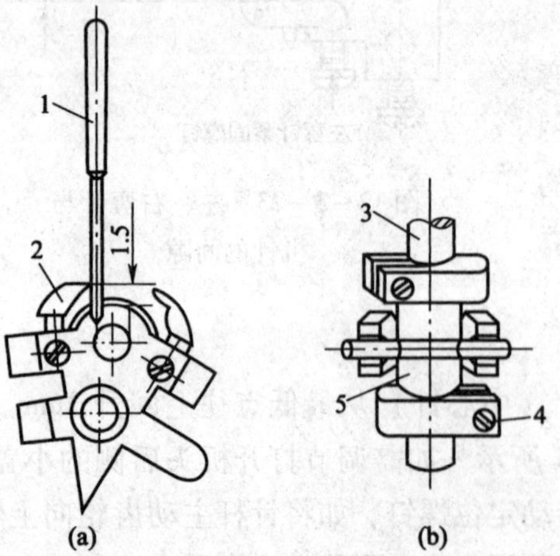

图 12－3－26　针杆高度的调整

1—机针　2—左弯针　3—针杆

4—挡圈紧固螺钉　5—滑动套筒

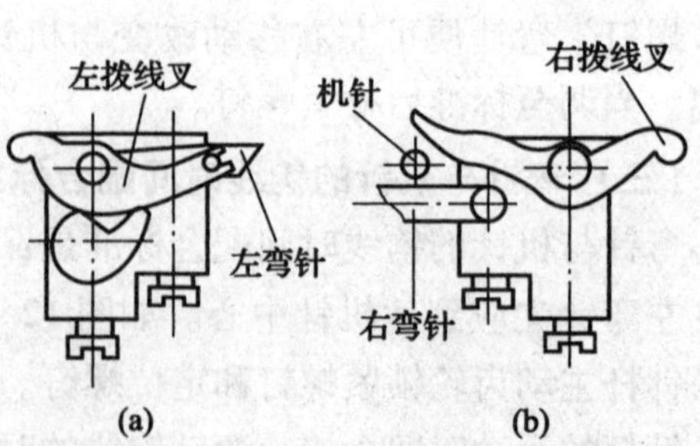

图 12－3－27　拨线叉的标准调整

动左拨线叉使之居在左弯针面的中央即可；右拨线叉拨开的宽度是由拉杆控制的，只需调节拉杆使右拨线叉不产生夹针现象即可（注意：在调整左、右拨线叉时要使左右弯针在准备钩线时进行调节最为准确）。

（六）针板高度的调整

针板高度的调整标准是要求针板的最高表面与机器两侧的压脚垫板面相平行。如图 12 - 3 - 28 所示，如针板的最高表面高于压脚垫板平面，会碰撞机件；如低于压脚垫板表面时缝料会产生浮动而出现跳针现象。针板的高低可通过针板本身的紧固螺钉来调节。

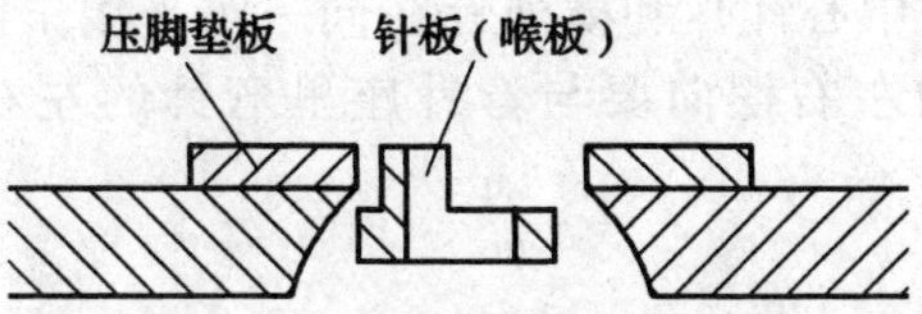

图 12 - 3 - 28　针板高度的调整

四、其他机构的调整

（一）弯针架运转的调整

弯针架开始运转的时间是通过机器底部扇形齿轮摆杆的滚柱位置来决定的。当纽孔缝制到圆头部分时，弯针座将开始转动。调整方法是：如图 12 - 3 - 29 所示，先拧松转针时间调节螺母，将轴线调整到与转针支点螺钉轴线相距 57 ~ 58mm。此间隙如过大或过小都使圆头部位的针迹产生歪斜。弯针架的转动角度标准应在 180°的范围内。如此角度过大或过小时也使圆头部位的针迹歪斜。如需调整弯针架的转动度是先确定弯针架开始运转时间将扇形齿轮紧固螺钉松开使弯针架后平面与台板纵向 90°。然后摇动手柄使弯针座旋转 180°后，观察弯针座旋转角度是否大于 180°或是小于 180°，如大于 180°时可将扇形齿轮连接轴螺母松开，向下移动连接轴时其角度将小于 180°。反之，往上移直至弯针座转角符合 180° ±2°后旋紧螺母，见图12 - 3 - 30。

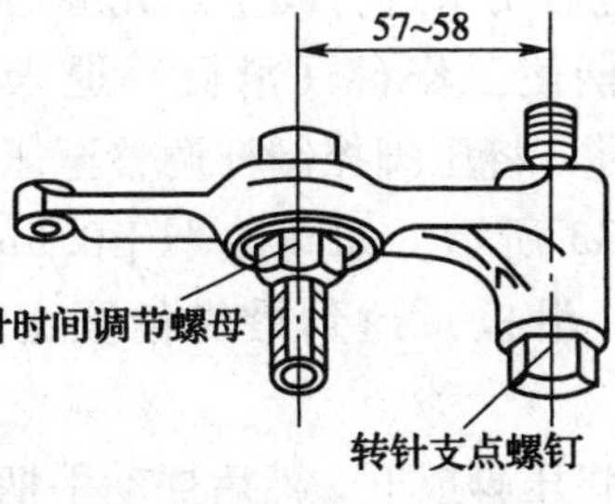

图 12 - 3 - 29　转针时间的调整

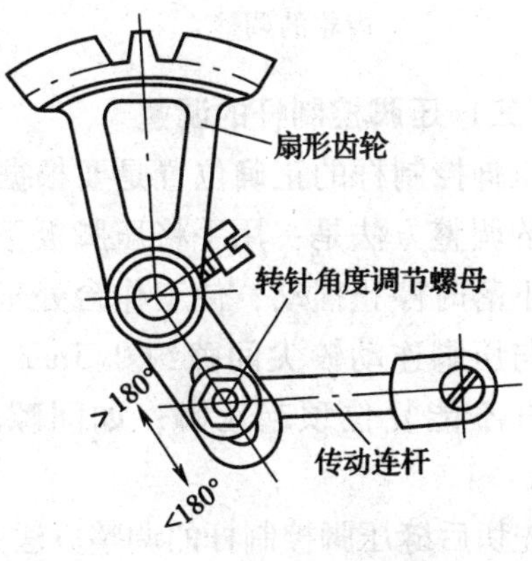

图 12 - 3 - 30　转针角度量的调整

（二）上、下扇形齿轮的调整

上、下扇形齿轮的同步旋转位置如不符合标准，机器在进入缝制圆头部位时会出现断针、断线、跳针、线迹歪斜等故障。下扇形齿轮的调整标准是：当下扇形齿轮转到左始或右始点时应与下齿轮啮合四齿。如图 12－3－31 所示，调整方法是将扇形齿轮的调节螺钉松开，使下扇形齿轮与下齿轮啮合四齿，同时移正弯针座，使弯针座后平面与工作台纵向成直角后拧紧扇形齿轮调节螺钉。上扇形齿轮的调整标准是：上扇形齿轮与上齿轮同样要啮合四齿，机针（中心针）与横列针应在同一水平线上下降。调节方法是将下扇形齿轮部位调整后，然后旋松上扇形齿轮螺钉，使上扇形齿轮与上齿轮啮合四齿，移正上齿轮使机针（中心针）和横列针在同一水平线下降。当机针左右摆动下降到弯针座部位时，机针的左右摆向要与弯针座里弯针的左右摆向呈水平一致，如图 12－3－32所示。

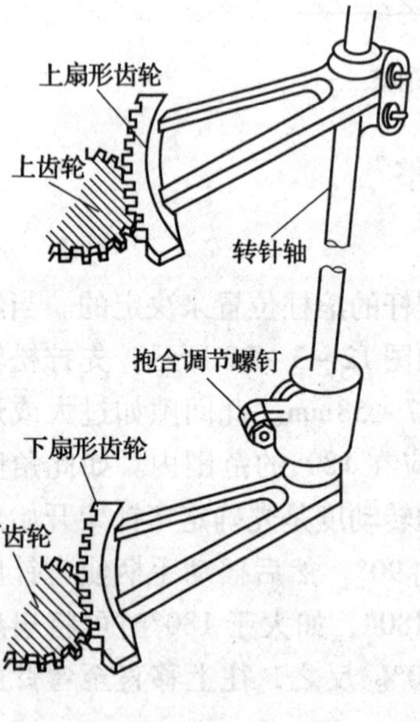

图 12－3－31　上、下扇形齿轮的调整

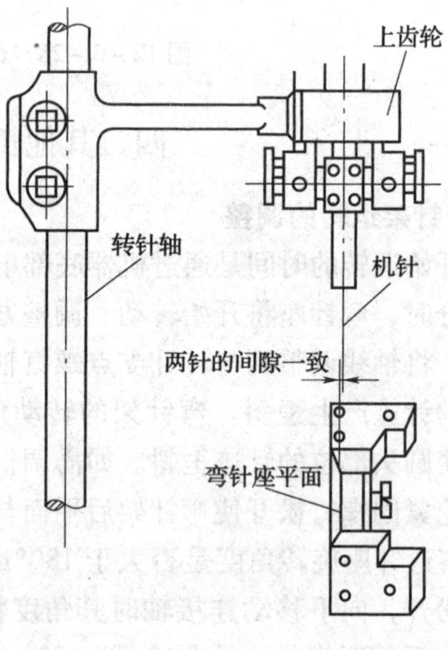

图 12－3－32　机针与弯针座的平面调整

（三）压脚控制杆的调整

压脚控制杆的正确位置是要根据先切后缝或先缝后切来进行调整。先缝后切压脚控制杆的调整方法是：用手将压脚扳下，然后摇动手柄使工作台（滑板）退入至切刀开始往下落时停止摇动，使工作台处于静止状态。此时，将压脚控制杆调整至压脚控制杆尖端与压脚连动铰尖间隙约 0.5mm，如图 12－3－33 所示，如间隙小于0.5mm，压脚控制杆不能复位顶起压脚；如间隙过大，工作台（滑板）退到最终位置也不能顶起压脚。

先切后缝压脚控制杆的调整方法是：同样用手先将压脚扳下，然后摇动手柄使工作台（滑板）退到最终位置后，将压脚控制杆调整到压脚控制杆尖端与压脚连动铰杆部 6mm 距离，如图 12－3－34 所示。

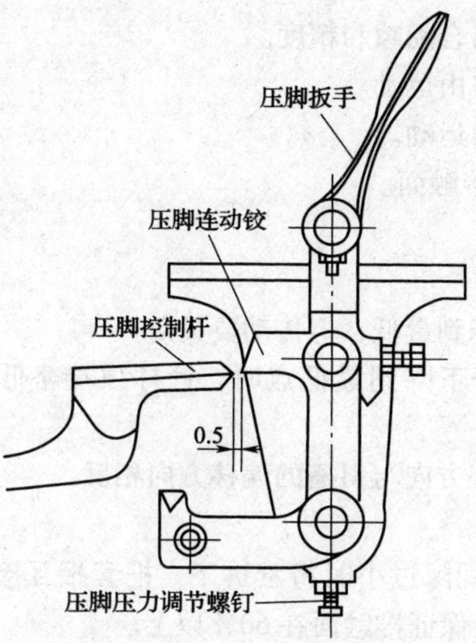

图 12－3－33　先缝后切的压牙间隙

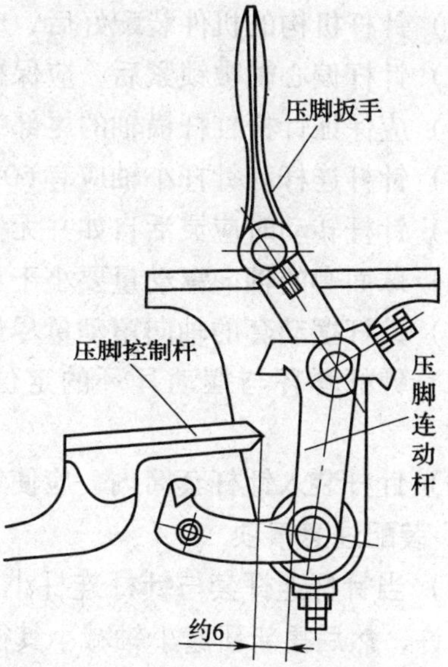

图 12－3－34　先切后缝的压牙间隙

第四节　圆头锁眼机各机构的分解与装配技术要求

一、针杆机构的结构详细分解（如图 12－4－1 所示）

1．装配技术要求

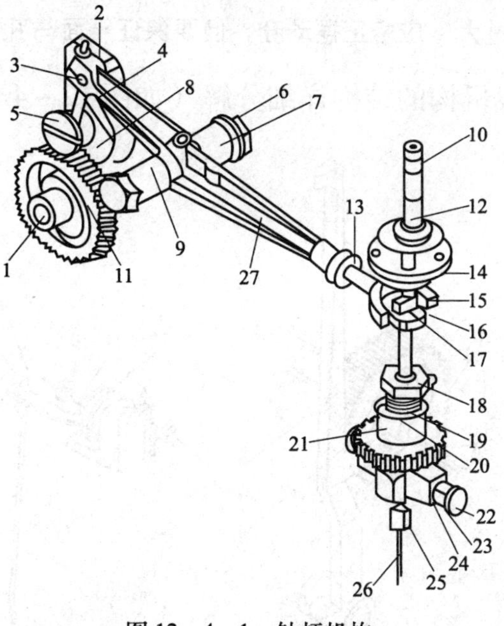

图 12－4－1　针杆机构

1—针杆凸轮　2—针杆连杆　3—针杆小轴　4、8—偏心轮　5—偏心轴　6—横轴螺母　7—挑针横轴套　9—挑针杠杆横轴　10—针杆上螺钉　11—斜齿轮　12—针杆　13—衬套　14—针杆套筒　15—针杆叉　16—耳环挡圈　17—针杆耳环　18—挡圈　19—针杆摆动套　20—摆动耳环　21—下叉架　22—导向压板轴　23—压板销　24—导向销　25—垫块　26—机针　27—挑针杠杆

(1) 针杆机构的机件装配好后，应保证其组合间隙和精度。

(2) 针杆偏心轴被锁紧后，应保持偏心轮自由运动。

(3) 应保证针杆杠杆横轴的尾部螺母能自由运动。

(4) 针杆连杆和针杆小轴应有60%以上的接触面。

(5) 针杆转动时应灵活自如并无松动现象。

(6) 球面套的轴向窜动量要小于0.05mm。

(7) 针杆摆动套的轴向窜动量尽最大限度降到最低，但传动要灵活。

(8) 针杆耳环与摆动耳环的定位应在针杆下降到最低点时，针杆顶端略低于针杆套筒。

(9) 针杆装入针杆套筒内，应使针孔的偏心方向与斜槽的偏移方向相反。

2. 装配注意事项

(1) 当针杆连杆套与针杆连杆小轴的径向间隙过小时将套拆下，把套相互接触的面修去少许，然后重新研磨小轴减小其径向间隙，保证接触面在60%以上。

(2) 针杆杠杆径向间隙过大，可将其衬套压出，更换一个新的即可，轴向窜动过大，可将衬套和杠杆进行位移来调整。

(3) 针杆杠杆前衬套磨损，可压出衬套进行更换。

(4) 更换针杆齿轮时，应将齿轮毛刺修磨光滑。

(5) 在更换新的下叉架后，应修净齿轮端的毛刺。

(6) 如对压板定位时，能使顶簧有效地顶住导销即可。

(7) 拆装垫块时，应认准方向。

(8) 针杆转向间隙过大，应修正摆动套，但要保证平面与孔的垂直精度。

二、挑线机构的结构详细分解（如图12-4-2所示）

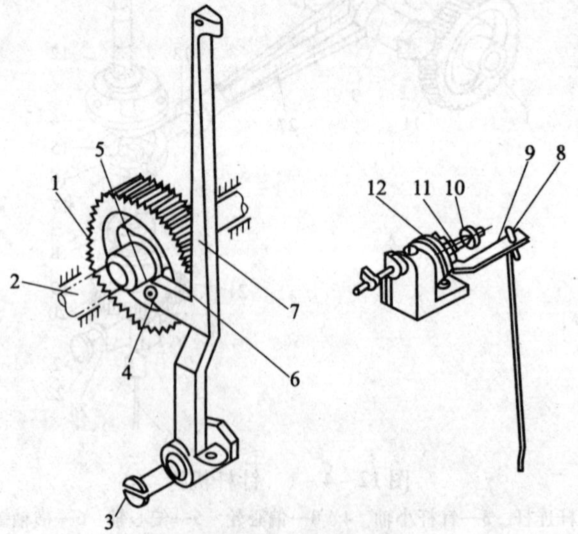

图12-4-2 挑线机构

1—主动斜齿轮 2—凸轮轴 3、5—轴位螺钉 4—挑线杆滚轮 6—挑线杆滚轮 7—挑线杆 8—松线杆 9—松线臂 10—面线调整螺钉 11—调整簧 12—夹线板

1. 装配技术要求

（1）针杆滚轮应在斜齿轮凸轮槽内滚动接触。

（2）挑线杆内轴的轴向窜动量应降到最低。

（3）松线杆应在开停架作用下，使面线夹线板在走针时能够将线压紧，在高速时面线夹线板应放松面线。

2. 装配注意事项

（1）针杆滚轮与斜齿轮应滚动接触，若更换针杆或其他有关零件后，滚轮不能正常滚动，则应将针杆的位置进行纠正。

（2）针杆在轴上螺钉的固定下，应摆动灵活，轴向窜动量不能过大。

（3）拆装针杆滚轮轴时，应保证和孔轴线平行。

（4）针杆衬套长期使用会被线拉出很深的痕迹而影响使用，这样可将衬套取出，转一角度压进后可继续使用。

（5）松线臂在松线杆等零件作用下，如在高速运动时，应将面线放松；如在走针时应将面线压紧，否则应纠正松线臂。

（6）两夹线板的夹线面应平直，光滑、无毛刺，否则会影响线迹质量。

三、切刀机构的结构详细分解（见图 12－4－3 所示）

1. 装配技术要求

（1）刀架应灵活转动，轴向窜动量不应过大。

（2）上刀块应在下切刀刃口的左右位置居中。

（3）横拉块在弹簧作用下应往复自如。

2. 装配注意事项

（1）安装刀架时，要将横直两拉块放在压力最小位置进行。

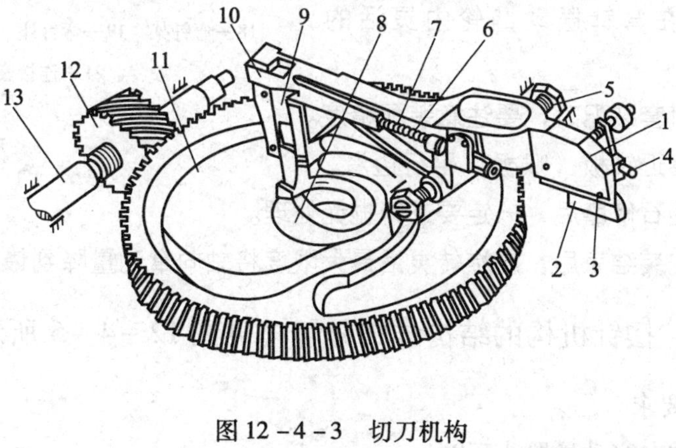

图 12－4－3　切刀机构

1—刀架　2—切刀　3—切布调整螺钉　4—压板销　5—支撑轴螺钉
6—弹簧　7—刀架调整螺钉　8—切刀凸轮　9—直拉块
10—横拉块　11—蜗轮　12—蜗杆　13—蜗杆轴

（2）如图 12－4－3 所示，应保证刀架装配位置的尺寸。

（3）切刀压力过大时，应检查切刀调压螺母或切刀凸轮。

四、钩线机构的结构详细分解（如图 12－4－4 所示）

1. 装配技术要求

（1）分线叉臂和弯针臂相互转动时都应灵活自如，轴向窜动量不能过大。

（2）连杆锁紧后轴向窜动量应降到最低。

（3）分线叉臂滚轮和滚轮轴均应滚动接触。

（4）弯针架和弯针底板都应能灵活摆动，轴向间隙降到最低。弯针架、弯针架底板要与弯针座相贴合。

（5）护针板应能有效地保护机针。

（6）连接套的轴向窜动量不能过大。

（7）在保证弯针座的灵活转动下，要使两杠杆不能产生碰撞现象。

2. 装配注意事项

（1）滚轮若不在凸轮槽内滚动，可根据涂色的方法来进行纠正。

（2）更换新的弯针臂后，如铆接滚轮轴的端面和斜齿轮相碰时，需移动弯针臂和衬套。

（3）滚轮应在弯针摆动凸轮内灵活的滚动。

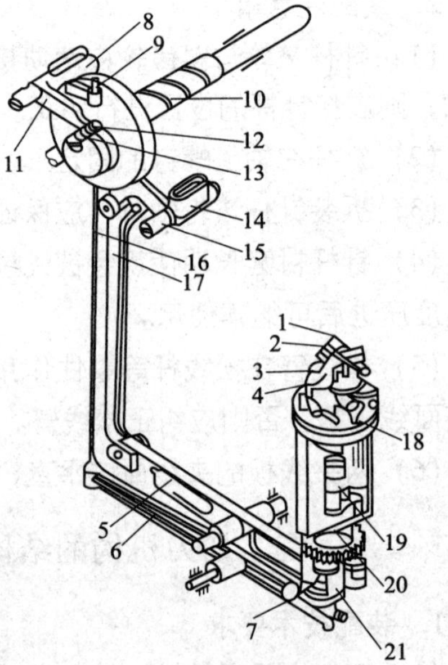

图 12－4－4　弯针机构

1—喉板　2—弯针　3—弯针架底板　4—保针板　5—直拉管杠杆　6—底板拉管杠杆　7—连接销　8—销钉　9—螺栓　10—凸轮轴　11—分线叉　12—分线叉臂滚轮　13—滚轮轴　14—弯针臂　15—弯针臂螺栓　16—钢丝拉杆　17—直连杆　18—弯针架　19—弯针座　20—弯针座齿轮　21—连接套

（4）连杆和衬套装配时，要注意装配精度。

（5）机针应靠近针板（喉板）平行边沿。

（6）弯针用油石修磨后，一定要进行抛光处理。

（7）弯针座安装结束后，应旋转灵活最大限度将轴向窜动量降到最低。

五、摆针机构的结构详细分解（见图 12－4－5 所示）

1. 装配技术要求

（1）横轴的轴向窜动量要小于0.1mm。

（2）机针处于中心针最低点时，上下移动拉杆和调整架时不能有摆动现象。

（3）横列连杆在轴位螺钉的固定下摆动要灵活，轴向窜动量不能过大。

（4）滚轮应在横列凸轮槽内滚动接触。

（5）横列连杆和下拉杆在轴位螺钉连接下要转动灵活，轴向窜动量不能过大。

2. 装配注意事项

（1）如滚轮不能在凸轮槽内滚动接触，则可固定摆针连杆下端，用涂色的方法进行纠正。

（2）摆针连杆如轴向窜动间隙过大时，可通过移动衬套连杆来进行调节。

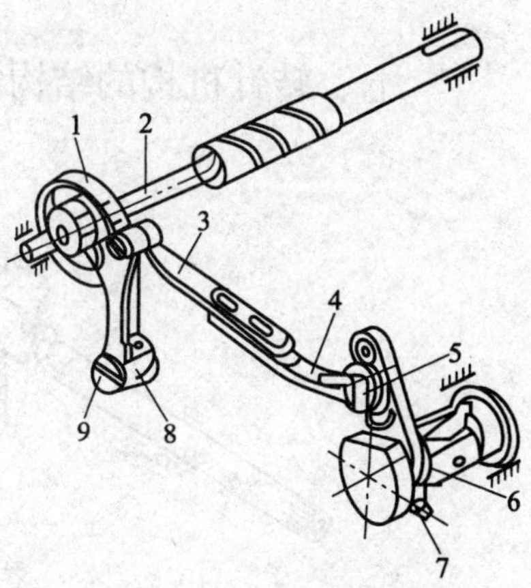

图 12－4－5　摆针机构

1—摆针凸轮　2—主轴　3、4—摆针连杆
5—蝶形螺母　6—针杆滑套　7—摆针调节螺钉
8—摆针从动杆　9—支点螺钉

六、走针机构的结构详细分解（见图 12－4－6 所示）

1. 装配技术要求

（1）摆杆与滚轮销铆接应牢固无松动现象。

（2）横拉杆和轴位螺钉定位锁紧时，应能灵活转动，轴向间隙不得过大。

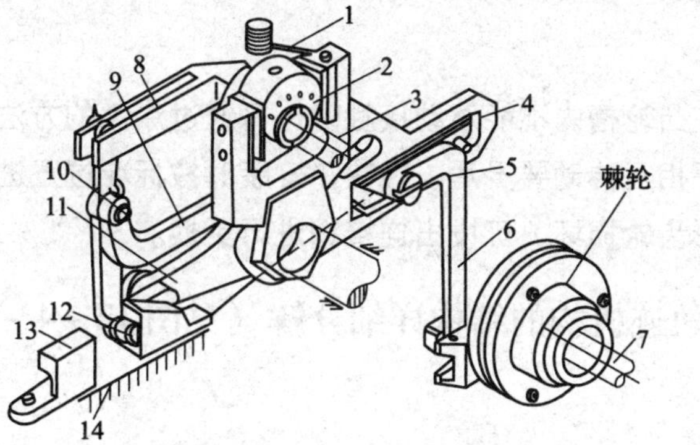

图 12－4－6　走针机构

1—牙叉毛毡座　2—针迹凸轮　3—凸轮轴　4—牙叉　5、6—拉动连杆
7—蜗轮轴　8—针迹摆杆架　9—横拉杆　10—轴位螺钉　11—摆针座
12—滚轮销　13—圆头针迹调节板　14—牙叉滑块

2. 装配注意事项

（1）牙叉和针迹密度凸轮如间隙过大，可以在牙叉和垫块中间垫放垫片。

（2）如牙叉轴向窜动，需调整摆杆座的位置。

（3）各摆杆、连杆、拉杆均应活动自如，否则要检查各个连接位置。

七、转针机构的结构详细分解（见图 12－4－7 所示）

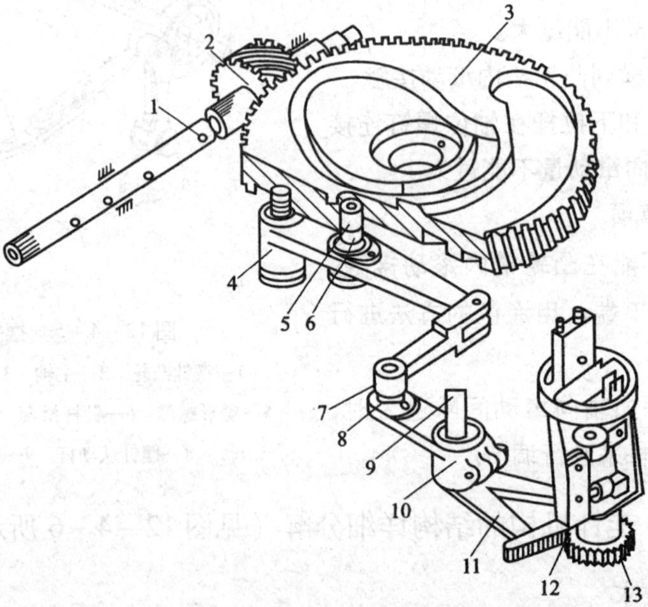

图 12－4－7 转针机构

1—蜗杆轴 2—蜗杆 3—主控蜗轮 4—转针从动杆 5—转针滚柱 6—滚轴 7—连杆
8—转针角度调节螺钉 9—转针轴 10—调整座 11—下扇形齿轮 12—弯针座 13—下齿轮

装配注意事项

（1）如摆杆滚轮在凸轮槽内不能滚动接触时，可通过涂色的方法来进行检查。

（2）各摆杆与连杆相互传动要灵活、轻快，安装时按标准位置进行。

（3）如上、下扇形齿轮损坏，可拔出连接销进行更换。

八、纽孔轨迹机构的结构详细分解（见图 12－4－8 所示）

1. 装配技术要求

（1）蜗杆与蜗轮的啮合应灵活无松动，间隙要降到最低。

（2）顺时针方向转动棘轮时，前盖应带动蜗杆轴转动，逆时针方向转动时则不传动蜗杆轴转动。

（3）蜗杆在装配时要将连接销卡入槽内，然后再旋紧螺母。

（4）滚柱装配完毕后，应能灵活转动

（5）蜗杆与蜗轮的啮合应均匀、灵活、不沉重。

2. 装配注意事项

（1）主控蜗轮、蜗杆磨损后，如啮合间隙过大则可通过移动 T 型套筒来调整。

（2）安装蜗杆时，螺钉应对准蜗杆轴凹孔锁紧。

（3）拨块应灵活地拨动高速轮，否则可能是开车摆杆变形或拨块被卡。

（4）装配前应将两对蜗轮的毛刺修净，更换两蜗轮时应将周边的毛刺修磨光滑。

（5）主控蜗轮压板和蜗轮应有60%的接触面，并在压板的两端，若中间接触，则可修挫与机座接触的两凸面。

（6）如蜗轮、蜗杆的间隙过大或过小时，可通过蜗轮座的四个螺钉来进行调节。

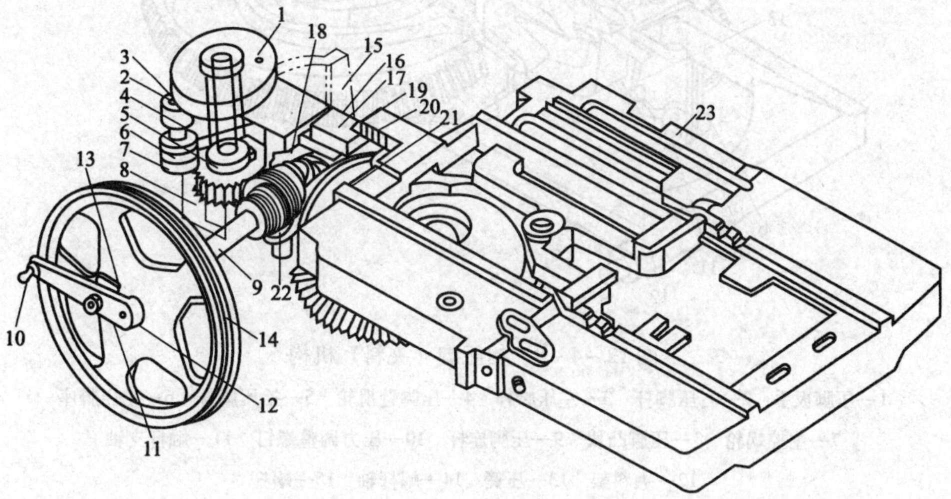

图12-4-8　纽孔轨迹机构

1—圆头凸轮　2—滚柱　3—滚柱套　4—圆头凸轮轴　5—圆头蜗轮座垫圈　6—圆头支架
7—滚柱锁紧螺钉　8—圆头蜗轮轴套　9—蜗杆轴　10—手摆柄　11—手摇曲柄
12—手摇曲柄凸块　13—高速轮凸块　14—高速轮　15—圆头蜗轮座
16—圆头支架方滑块　17—圆头支架滑块销　18—蜗杆
19—蜗杆锁紧螺母　20—双头蜗杆　21—主控蜗轮
22—蜗杆锁紧螺钉　23—滑板

九、抬压脚（夹料）机构的结构详细分解（见图12-4-9所示）

1. 装配技术要求

（1）抬压脚座应灵活摆动，轴向窜动量要降到最低。

（2）调整螺钉的定位要使左、右压脚抬起8mm左右。

（3）压脚夹紧架轴向窜动量要降到最低。

（4）各连接机件，摆动件传动要灵活。

（5）当压下压脚时，左右压脚应与左、右夹板全面接触。

2. 装配注意事项

（1）机器如长期使用不当，齿板会变形，如纠正后可用薄纸在齿间移动来进行检验。

（2）更换压脚杆后，如左右压脚前后错位或高低位置不等时，需调整压脚杆。

（3）扳紧压脚扳手，应使扳手、触杆三孔成一线，允许向前偏差。

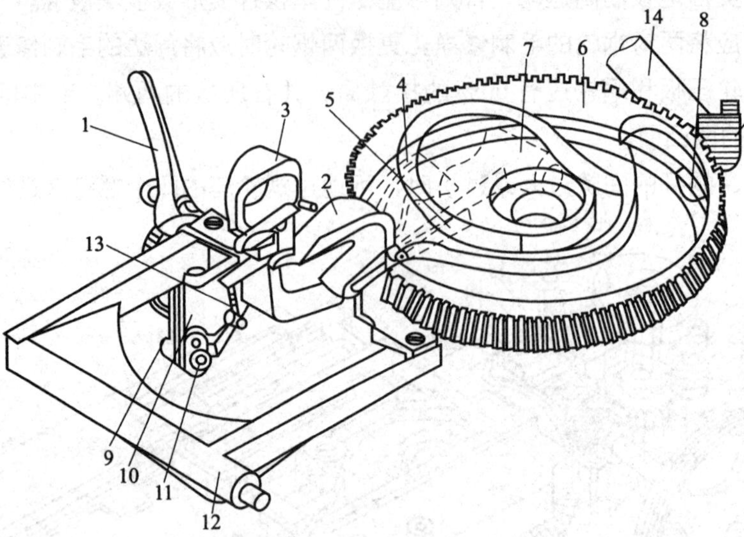

图 12-4-9　抬压脚（夹料）机构

1—压脚扳手　2—右压脚杆　3—左压脚杆　4—压脚臂滑轮　5—抬压脚杆　6—抬压脚座
7—主控蜗轮　8—压脚凸块　9—压脚连杆　10—压力调整螺钉　11—触杆支轴
12—夹料架　13—压簧　14—蜗杆轴　15—蜗杆

第五节　圆头锁眼机的常见故障与排除技巧

圆头锁眼机是工业缝纫机中最复杂的一种机器，整机维修的复杂性很高。因各个机构的动作配合非常精密，所以对圆头锁眼机故障产生原因的分析也比其他工业缝纫机困难。但只要掌握机器的各个机构的传动原理及调整标准，耐心细致的分析问题后是可以将故障排除的。下面是圆头锁眼机的一些常见的故障及排除方法，供维修时参考。

一、跳　针

跳针是圆头锁眼机最常见的故障之一。引起机器跳针的原因较多，跳针的情况也有所不同，大致可分为圆头跳针，横列跳针和套结跳针。跳针故障产生的原因及排除方法见表 12-5-1。

表 12-5-1　跳针故障产生原因及排除方法

故障现象	产 生 原 因	排 除 方 法
跳针	1. 机针安装不正确	1. 检查机针安装是否正确，正确安装机针
	2. 机针弯曲或损坏	2. 换新机针
	3. 穿线不正确	3. 按穿线示意图正确穿线
	4. 弯针离机针的位置太远或太近	4. 按标准调整弯针与机针的位置
	5. 左右弯针安装不对称	5. 按标准调整使左右弯针对称
	6. 弯针变形或磨损	6. 更换新弯针

续表

故障现象	产生原因	排除方法
跳针	7. 针杆高低位置不对	7. 按本章第四节有关内容重新调整
	8. 分线叉（拨线针）变形或磨损	8. 更换分线叉
	9. 分线叉（拨线针）安装位置不对	9. 按本章第四节有关内容重新调整
	10. 针板（喉板）装配位置不正确，导致机针碰撞在针板开口边缘从而使机针偏离	10. 按标准重新调整针板位置
	11. 弯针架（弯针托架）轴向窜动量大	11. 重新调整间隙，磨损较大的应更换
	12. 分线叉扭簧脱落或断裂	12. 重新安装扭簧
	13. 面线夹线板释放面线过松	13. 调整面线夹线器压力
	14. 缝线弹性太大	14. 更换缝线
	15. 皮带太松造成车速太慢引起跳针	15. 收紧皮带，使车速正常
	16. 弯针和机针配合时间不对	16. 按标准重新调整

（一）普通缝纫跳针的处理方法

（1）检查机针，如机针、缝线和缝料配合不当，机针变钝，也会产生跳针现象。

（2）适当降低面线张力，在不影响浮线的情况下，可将面线张力尽量减弱，尤其厚薄缝料交接时要将面线张力减弱。

（3）面线必须夹持在针杆的小线夹里，如面线脱出可能会产生跳针故障。

（4）检查压脚是否压紧缝料，检查方法是将一层缝料分别压在压脚下，然后用手拉动缝料。如能拉动缝料可加大压脚的压力；如其中一只压脚压不紧缝料时，只要将压脚臂用钳子稍微夹弯，使压脚两边能均匀的压住缝料即可。

（5）把缝料压在压脚下，用手摇动手柄，使工作台处于缝锁位置，然后转动手轮，当机针刺入缝料和回升时，观察缝料是否随着机针的阻力而上下浮动。若有此现象，即是绷料量不足或针板安装过低。这些问题只需按照前节里的标准调节即可。

（6）通过上述办法检查后，仍出现跳针故障，这就要仔细分析出是左弯针还是右弯针跳针，确定了哪一边跳针后，再检查此针与其他针的配合是否失准、还有针杆的高低是否合适以及弯针钩线的动作时间过早还是过迟等。只要经过耐心细致的分析，故障最终是可以排除的。

（7）检查针杆、钩线机构零件是否磨损，如有磨损则需要更换新的相关零件。

（8）将前节所讲的钩线机构的标准调整参数重新调整准确，这样跳针故障一般可以排除的。

（二）缝厚料跳针处理方法

（1）选用16号～18号适合缝厚料的机针，如缝料特厚可用20号机针。

（2）选用伸缩性较小的缝线。

（3）更换针杆和钩线部位磨损、松动较大的构件。

（4）按照前节里所讲内容对机针与弯针钩线时间配合的标准，进行仔细、微量的调整。必要时需延迟弯针的钩线时间。

（三）缝圆头部位、缝合尾部位缝左边针迹时跳针处理

如根据上述各项检查和处理方法仔细反复调整后，仍不能解决故障时，可检查针杆机构与钩线机构的同心度是否有偏差。检查方法是：摇动手柄使弯针座处于始缝位置，然后调整好弯针钩尖后平面与机针间隙为 0.05mm（以不碰针为准），左弯针尖与机针中心距离（始点距离）为 1.5mm 左右。然后再摇动手柄使弯针座旋转 90°。此时，细心检查弯针与机针的间隙和弯针尖与机针的距离有没有变动，最后将弯针架旋转 180°再次检查弯针与机针的摩擦间隙，以及弯针尖与机针的始点距离是否有变化（无论弯针座旋转到任何角度，机针与弯针的位置偏差不能大于 0.1mm）。通过检查后，如针杆机构与钩线机构出现不同心的偏差，先松开螺钉和销钉，将机头前、后、左、右微量移动，直到弯针座旋转任何角度时弯针与机针的相对位置基本一致后旋紧螺钉和打紧销钉。

二、断　　针

断针的故障通常是机器配合失准和零件位置不对而导致的。断针故障产生的原因及排除方法见表 12-5-2 所示。

表 12-5-2　断针故障产生原因及排除方法

故障现象	产 生 原 因	排 除 方 法
断针	1. 机针没有向上装到顶	1. 将机针向上装到顶，旋紧紧固螺钉
	2. 机针碰针板	2. 正确调整针板位置
	3. 弯针离机针太近	3. 调整机针与弯针的间隙
	4. 分线叉（拨线针）配合动作不正确	4. 按标准调整分线叉的位置及动作时机
	5. 机针粗细选择不当	5. 适当选择机针
	6. 护针板松动	6. 将护针板正确定位
	7. 分线叉（拨线针）弹簧弹力太小或脱离	7. 弹力太小需换弹簧，若是脱离将弹簧重新装上
	8. 互锁装置位置不对	8. 按标准调整
	9. 弯针架轴向窜动	9. 用油石将摆钩架套筒稍磨短些，要求轴向窜动不大于 0.05mm
	10. 针杆移位	10. 将针杆位置调正

注意：如机器因使用时间较长出现针杆机构、钩线机构部分零件严重磨损时，要及时更换相关的零部件。若机器在缝制圆头部位时出现断针现象，通过上述处理方法还不能解决，就按前节所讲上下扇形齿轮的调整和检查针杆机构与钩线机构同心度的标准调整方法来进行调整。

三、断　　线

断线也是圆头锁眼机常见的故障之一。断线一般分为两种，即断面线和断底线。断线的故障产生原因及排除方法如表 12-5-3 所示。

表 12-5-3　　断线故障产生原因及排除方法

故障现象	产生原因	排除方法
断面线	1. 机针弯曲或装反	1. 换新机针或正确安装机针
	2. 面线穿线不对	2. 按穿线图正确穿线
	3. 面线夹线板压力太大	3. 减小面线夹线器压力
	4. 面线过线道上有毛刺或锐边	4. 用细砂布磨光
	5. 针杆动作不协调	5. 重新调整针杆动作时机
断底线	1. 底线夹线板压力太大	1. 减小底线夹线器压力
	2. 弯针或拨线叉磨损	2. 用油石将磨损痕磨去，或更换磨损件
	3. 针板过线孔有锐边或毛刺	3. 用油石修磨
	4. 底线穿线不正确	4. 正确穿线

四、纽孔线迹形成不良

圆头锁眼机缝锁纽孔线迹形成不良的故障、产生原因及排除方法见表 12-5-4 所示。

表 12-5-4　　圆头纽孔形成不良的产生原因与排除方法

故障现象	产生原因	排除方法
纽孔圆头不均匀	1. 嵌线过线不畅通	1. 检查嵌线过线是否畅通，正确穿线
	2. 缝锁圆头时，机针碰针板	2. 按标准重新调整
	3. 压脚（工作压板）绷开距离太大或两压脚绷开不均匀	3. 调整压脚，正确定位
	4. 弯针座转动角度不是 180°	4. 调整弯针座转角为 180°
	5. 圆头凸轮移动位置失效	5. 按标准重新调整
针孔线迹不规则	1. 左右压脚（工作压板）压力不均匀	1. 调整压脚压力使压力均匀
	2. 压脚板（工作压板座）在同一瞬间不能分开相等的距离	2. 按照标准重新调整
	3. 压脚板（工作压板座）过度分开	3. 根据需要适当调整压脚分开距离
	4. 线太紧	4. 适当放松缝线
	5. 压脚板（工作压板座）分开度不够	5. 适当调整压脚板分开距离
	6. 针板磨损严重，使机针刺入缝料时，位置不断地变动	6. 更换新针板
纽孔线迹针距不均匀	1. 左右横列线迹在缝锁时，机器转动不灵活	1. 检查齿轮啮合情况，按标准调整，修复
	2. 制动钢带太松	2. 紧固制动钢带
	3. 压脚压力太小缝锁时缝线拉动缝料	3. 加大压脚压力
纽孔两边横列线迹均被割断	纽孔横列间距太小	加大纽孔横列间距

五、切 孔 不 良

切孔不良故障的产生原因及排除方法见表 12 –5 –5。

表 12 –5 –5　　　　切孔不良故障及其排除法

故障现象	产 生 原 因	排 除 方 法
纽孔切不开	1. 切刀压力不够	1. 调节切割压力时应摆动手柄试验以免压力过大
	2. 切块修磨后（磨太多）而变低	2. 适当垫一些铜片在切块上
	3. 刀架变形	3. 修整或更换刀架
	4. 切刀口变钝或损坏	4. 更换切刀
	5. 切刀顶块（凸轮）磨损	5. 修复或更换
	6. 刀架轴向窜动量过大	6. 修复调整
纽孔前部切不开	切刀与切块配合不良	调整切刀或切块
纽孔后部切不开	切刀与切块配合不良	调整切刀或切块

六、机器运转故障

如机器在工作中，突然卡住或摇动手轮机器转不动，必须仔细分析并查找故障原因。在故障没有排除之前不可盲目拆卸机器，以免严重损坏机件，机器转动故障产生原因及排除方法如表 12 –5 –6 所示。机器卡住的排除方法是：先将针距滑块连杆和棘轮驱动杆的连接断开。这样，便可将机头部位和机座两部分脱离。然后，用手摇动手柄，如果摇动手柄时感觉明显的沉重或有卡紧的现象，这就说明故障产生于机座或工作台部位，如果转动上轴手轮时感觉有沉重或卡死现象，就说明故障产生在机头部位。通过上述方法检查后，再仔细找出造成机器卡死的机件，这样排除机器被卡的故障就容易了。

表 12 –5 –6　　　　机器转动故障产生原因及排除方法

故障现象	产 生 原 因	排 除 方 法
机器转不动	1. 皮带太松	1. 收紧皮带
	2. 切刀压力过大	2. 适当减小切刀压力
	3. 电源接反	3. 正确连接电源
	4. 某处装配位置或定位不准确	4. 正确装配定位
	5. 开车杠杆被锁	5. 按标准重新调整
	6. 开车摆杆拉簧太松或脱出、断裂	6. 更换新拉簧，并将拉簧挂好
	7. 凸块断裂	7. 更新或焊补
	8. 离合器爪拉簧太松或断裂	8. 更换拉簧
	9. 某部位被脏物卡住	9. 清除脏物
	10. 制动组件间隙太大	10. 按标准调整间隙
	11. 手轮离合器失灵	11. 卸下手轮，修整手轮离合装置

七、无走针运动故障

圆头锁眼机无走针运动是机器在工作时，只有高速送料运动而没有间歇送料动作。无走针运动故障的产生原因及排除方法如表 12－5－7 所示。

表 12－5－7　无走针运动故障的产生原因及排除方法

故障现象	产 生 原 因	排 除 方 法
无走针运动	1. 停针杆扭簧断裂	1. 更换新扭簧
	2. 停针杆调整不好或塌口	2. 如有塌口需焊补或更换新停针杆并按标准重新调整定位
	3. 开停架方头螺钉断裂或塌角	3. 加以修复或更换方头螺钉
	4. 制动杆调整不当	4. 按标准重新调整
	5. 针杆卡死或针杆定位挡圈松动	5. 检查调整针杆部分
	6. 拉钩的钩口塌口或撞块调整不当	6. 调节更换拉钩或修复调整
	7. 拉钩拉簧松脱或变弱	7. 拉钩拉簧变弱需更换，松脱要重新固定好
	8. 拉钩摩擦撞块	8. 调整开停架使其与撞块有一定的间隙
	9. 连杆滚轮轴弯曲	9. 调整或更换

八、其 他 故 障

圆头锁眼机的其他故障产生原因及排除方法如表 12－5－8 所示。

表 12－5－8　其他故障及其排除方法

故障现象	产 生 原 因	排 除 方 法
机器开动后不停车	1. 开车杠杆复位顶簧松脱或变弱、断裂	1. 更换复位顶簧并挂紧
	2. 开车按钮顶簧变弱或断裂	2. 要换按钮顶簧
	3. 开定架拉钩缺口塌口或连杆撞块没有顶住连杆滚轮销，机器始终高速动作	3. 复修或更换开定架拉钩，并按标准调整定位
	4. 开定架拉钩缺口塌口，机器始终产生走针运动	4. 复位或更换开定架拉钩
噪声	1. 机器缺油	1. 给机件摩擦部位加油
	2. 机件松动或磨损	2. 松动机件进行调整或更换
	3. 机件变动了位置	3. 根据机件位置的变动情况调整
后切缝纫压脚不能自动跳起	1. 压脚起落臂位置不正确 2. 高速轮位置不正确 3. 启动定位曲柄螺钉安装不正确或变动了位置 4. 压脚压力过重 5. 压脚托架松动	按“后切缝纫压脚控制杆的调整”和“高速轮的调整”的要求检查压脚控制杆高速轮是否变动了位置，并按要求将两部机件调整好。在安装正确前提下将压脚扳下，摇动手柄使工作台退入至压脚起落臂把压脚顶起，并继续退入至最终位置。此时，将启动控制杆调整至高速轮缓冲圈与高速驱动块的间隙 0.2～0.5mm 之间

续表

故障现象	产生原因	排除方法
主轴不启动	1. 高速轮缓冲圈与高速驱动块咬合不足4.5mm	1. 将启动按钮按下，高速轮即被释放脱出，观察高速轮外端面与高速轮驱动块之间的间隙是否大于0.2mm，如间隙过大会产生高速轮过早脱离手柄至主轴不启动，可松开高速轮套筒螺钉，将高速轮拉出至高速轮外端面与高速驱动块之间的间隙不大于0.2mm
	2. 制动杆卡住离合扣过多	2. 确定高速轮安装正确，而主轴仍不能启动，可松开三叉连杆螺钉，将停针座向外推开一些，停针座滚柱与手轮间隙1mm后旋紧螺钉
工作台快速退回最终位置	1. 开车撞块没有把开车滚柱轴推进至开车定位块的凹槽里	1. 摇动手柄使工作台处于最终位置，松开开车调节码螺钉，将撞块推后一些，使开车滚柱轴嵌入开车定位块凹槽里
	2. 开车定位块凹槽口磨损	2. 撞块已安装正确，而仍不解决问题则是开车定位块凹槽磨损，可用合金锉将凹槽锉深一些或更新机件
连续缝锁不停机（GY1－1型机）	启动螺钉调整不正确，导致工作台退入至最终0位置，高速轮仍驱动手柄，造成连续缝锁	调整高速轮上的缓冲圈与高速轮驱动块间隙为0.2～0.5mm
针距疏密不均匀	蜗杆轴夹紧前块与后块调得松	将蜗杆轴夹紧块调节螺钉往顺时针方向旋紧些，但不要调节过量
不送料、工作台不动	棘轮打滑	将棘轮面盖拆开，将棘轮环反转安装，或更换新的棘轮环、棘轮滚柱、弹簧片

1. 杜克普558型圆头锁眼机有时只有送料动作而无走针的故障分析与处理方法

有时机器拆卸（即机头与底盘分离）之后再安装好，开机时只有送料动作，没有走针动作；在机器停机时，有时在走针时手轮无法止动。这种故障一般是由机器拆卸时安装有误所致。在对机器进行拆装之前，务必要熟悉整机的传动原理及各机构之间的配合标准。否则机器拆装之后会出现各种故障，甚至无法运转。

上述故障的排除方法是：在安装机头时要注意一个要点，将三叉杆脚与安全杆脚在传动杆碰块前后位置处分开就可以了，如果三叉杆脚与安全杆脚合在一起装回机头就会产生上述的故障。

按上述方法装好机头后，再做正确检查。先摇动左手轮，将送布板退到停车部位，再转动右手轮，使刹车弹片卡入刹车凸轮的凹槽处，此时安全横杆应从互锁块上跳起，这表明该部位安装正确。然后再按其他相关部件的标准要求进行合理的调整。

机器在出厂时，整机的组装都有一定的安装技术精度，一般情况下建议不要轻易拆装机头，以免对机器的配合精度产生影响。需要做的是对圆头锁眼机进行日常维护与保养，这样才能保障设备的正常运转和延长机器的使用寿命。

2. 将先切刀模式调整至后切刀模式时，切刀动作不正常的故障分析与处理当按上述方法调整标准后，有时出现先切，到停车时上刀还晃动一下。针对这种现象应做如下调整。

（1）限位板位置正确时的调整方法：在先缝后切改为先切后缝或先切后缝改为先缝后切时，新机器在出厂时对调整部件都加以限位。也表示了先切后缝及调整部件的调整方向。在限位板位置正确的情况下，根据缝制要求（先切或后切），将调整部件靠至限位板后，再将固定螺钉拧紧即可。实践证明，如果机器经过较长时间的使用，限位板有可能会产生位置的变化，这时如根据新机器的调整标准进行调整是得不到效果的。

（2）调整先缝后切为先切后缝的主要步骤及方法：先摇动左手轮，使上刀刚开始下落时，再用手转动右手轮，使刹车弹片卡入刹车凸轮的凹槽处（即锁住右手轮），此时旋松开停销紧固螺钉，左手推动大飞轮，右手用螺丝刀抵住开停销向后方向移动，当大飞轮齿轮与离合齿轮间距为1～2mm时，拧紧开停销紧固螺钉。如果间距过大会导致机器过早停机，甚至出现停机不到位或压脚不能抬起等故障；如间距过小会出现停机后压脚低，压脚弹起又落下等故障。调整高速开停销的位置通常不能一次达到标准，需要经过多次细致、耐心的调整才能调至正确位置。当开停销位置调整标准后，拧紧开停销紧固螺钉。最后拧松限位板紧固螺钉，使限位板靠至开停销后，拧紧限位板紧固螺钉。

将机头抬起，拧松抬压脚杆紧固螺钉，适当向上方向移动抬压脚杆，再拧紧螺钉。然后摇动左手轮进行调试，如果抬压脚杆能在送布板后退过程中顶开触杆，使压脚抬起，又能在下一次锁缝时使压脚压紧缝料，则为标准的压脚杆位置。如果顶不开触杆，压脚不能抬起，还需将压脚杆再做适当的调整。当调整标准后，拧松限位板紧固螺钉，将限位板靠至抬压脚杆后，再拧紧限位板螺钉。中心大盘（大蜗轮）底面有两个抬压脚凸面，按其运转方向区分，第一个凸面是先切后缝，第二个凸面是先缝后切。

（3）调整先切后缝为先缝后切的主要步骤及方法：先摇动左手轮，使送布板处于停车位置。再转动右手轮，使刹车弹片卡入刹车凸轮的凹槽处（走针停止），此时旋松开停销，将开停销向前方向移动至大飞轮齿轮与离合齿轮间距1～2mm时，拧紧开停销紧固螺钉。如果间距过大会出现停车不到位，顶不起压脚等故障；如间距过小会出现压脚低，压脚抬不起又落不下等故障。

当切刀动作结束时，抬压脚杆第一次压下又抬起后，用手抬起机头，拧松抬压脚杆紧固螺钉，向下方向移动抬压脚杆，使抬压脚杆下触角与触杆上接触点有0.1mm的间隙。如果间隙过大，压脚抬不起来；如无间隙，则压脚会提前抬起。除了调整开停销与调整抬压脚杆来改变先切后缝或先缝后切的两处主要位置后，还需要改变切刀的位置。切刀的合理位置需要根据实际情况再进行调整。

3. 压脚扳手压力减弱与开车按钮下压沉重的故障与排除

通过以上调整后，如出现压脚扳手的压力弱或开车按钮下压沉重时，需要检查压脚扳手与开车按钮的功能是否正常。因为，通过以上的调整会使压脚或开车按钮直接受到影响，如要检测压脚压力是否标准时，先将一块薄缝料放置在压脚下，再按下压脚扳手使压脚压住缝料，用适当力拉缝料，如拉不动则为压力正常；如轻轻用力就可拉动缝料，则为压力较小，需要增加压力。正常的压力调整方法是：拧松压脚座上的螺钉，取出压脚（左、右压脚都要取出），注意压脚内侧的弹簧垫片不要掉下，抬起机头，拧松送布板下压脚架上的4个固定螺钉。此时压脚扳手不要按下，将一个4mm厚的物件放置于压脚座下，再按下压脚扳手，使压脚座与4mm厚物件接触，并要求左右要一致，平行地收紧压脚架上的4个固定螺钉，压脚压力调整标准后，再将压脚及弹簧垫片装好即可。

为防止机器在缝制时出现压脚中途跳起的现象，压脚扳手必须将压力调整到略微超过其最大压力点。如扳手压力点调整过大则会使压脚压布力量变强，另外，还影响压脚不能顺利地被压脚推杆打开。在压脚扳手下方有一个小螺钉可以进行调节，先松开螺母，如拧紧该螺钉，压力变大；如拧松螺钉，压力则变小。当达到标准压力后拧紧螺母。

4. 圆头锁眼机产生跳针、断线的原因及处理方法

断线、跳针是圆头锁眼机在工作中常见的故障。造成这类故障的原因一般是机针与缝线不匹配，弯针尖的钩线时机有误；针杆过低或过高；机针弯曲或装错；夹线器的压力太大或太小而产生跳针；压脚压不紧缝料、绷不紧缝料；针板安装过高或过低；弯针或叉针表面不光滑有毛刺、弯针或叉针安装不正确或磨损；弯针与叉针配合不标准，弯针与机针的钩线时间及间隙不标准，针杆的同心度不符合标准精度，弯针架有太大的轴向窜动量等。在进行维修时，可通过以上的分析进行排查。将相关不符合标准的部件按标准调整，对不符合精度的部件应进行更换或修磨，保持原有的表面粗糙度。

在调整针杆和弯针的标准配合之前，将针杆的摆幅设置为最宽，然后仔细检查左右弯针尖的高度是否安装正确。如调整左右弯针尖与机针凹面的摩擦间隙为0.05~0.10mm（即以弯针尖不与机针相碰为准）之间。在调整左弯针尖与机针的中心距离时，需要将接头螺钉松开，因为弯针架的左右摆动是同步进行的，左右弯针的钩线距离必须要对称一致。弯针与机针的标准配合关系是：当机器进入中心针并下降到最低位置时，左弯针与机针中心距离为2.0~2.5mm；在调整钩线时间时要耐心、仔细，调节时把后盖板打开，先旋松针杆主动齿轮锁紧螺钉（底下螺钉）和定位紧固螺钉（上面小螺钉），然后调整定位螺钉（中间螺钉）。反复试着调至标准后拧紧相关螺钉。这时机针中心在最低位置往上回升大约2.7~3.0mm时，左弯针尖应到达机针的侧平面（即处于钩线状态）。与此同时并要求左弯针尖距离针孔1.5~2.0mm，如要改变针杆的高度，需松开针杆挡圈的两个紧固螺钉，针杆即能上下移动。

以上调整需要耐心、细致的进行。只有熟练的掌握整机的基础理论知识，尤其是机针与弯针的钩线原理，才能快速、有效地排除机器在工作中的各种故障，保障机器的正常运行。

第六节　圆头锁眼机（美国利是104型）的整机标准调整

近些年来，国内服装生产企业在引进缝制设备方面，大多数选用的是国外品牌，尤其是专用缝制设备，如日本兄弟、重机；美国利是、胜家；德国杜克普等。其中圆头锁眼机以利是、胜家、杜克普等在国内市场份额较大。由于这类品牌的专用缝纫机在工作方面性能稳定、使用寿命长、质量可靠等特点，因此被众多服装生产企业广泛应用。

这一节里以美国利是104型圆头锁眼机为例，对整机的标准调整及常见故障的排除方法作一介绍。虽然，利是104型圆头锁眼机的结构原理与上节介绍的华南GY1－1型圆头锁眼机的结构原理相比稍有不同，结构较为复杂，但在整机原理方面存在着很多的共性。

因此，在本节里将不对利是 104 型圆头锁眼机的结构原理作介绍，主要对整机的标准调整作详细讲解。

图 12－6－1 为利是 104 型圆头锁眼机的外观。

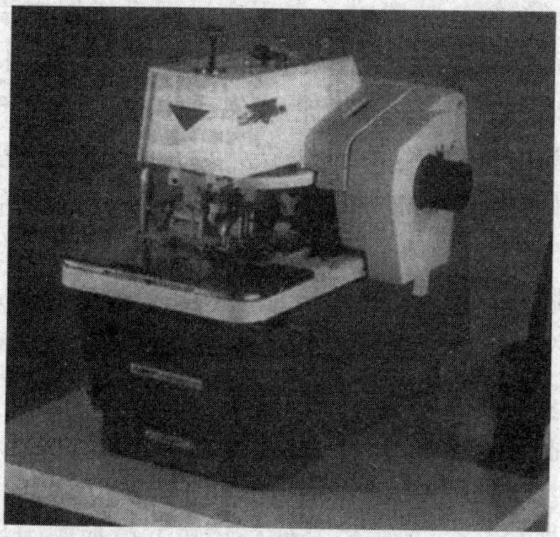

图 12－6－1　利是 104 型圆头锁眼机外观图

图 12－6－2 为利是 104 型圆头锁眼机整机结构示意。

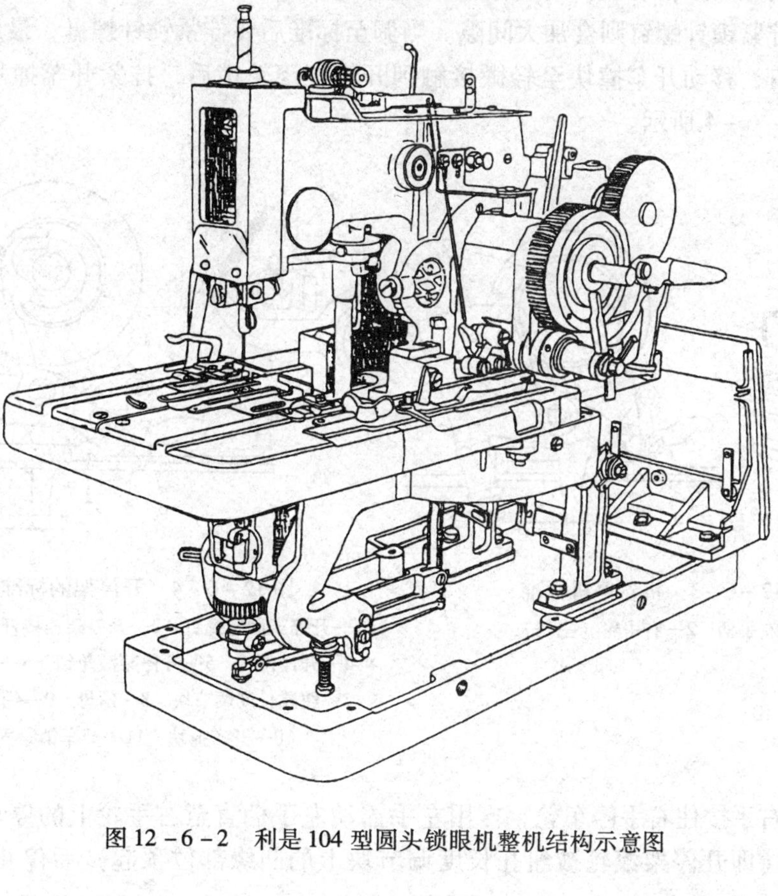

图 12－6－2　利是 104 型圆头锁眼机整机结构示意图

一、启停机构的标准调整

在进行利是104型圆头锁眼机的检测或做部件调整时，大部分是要将机器处于停机状态。要使机器处于停机（始缝）位置时，先用左手摇动机器左手柄，当工作板行至一半周期后，工作板开始向后方移动。当工作板移至后方极限位置时，则为机器的停机状态。如机器在停机状态时，其右侧的右手停机轮（右手主轮）应处于锁紧状态（锁紧主轴停止走针）。值得注意的是由于机器结构的复杂，为了在维修过程中不发生意外，使维修“不走弯路”，建议在维修制动部件时卸下机针，将左手柄（即左手高速轮）与皮带脱离或关闭电源。

利是104型圆头锁眼机的停机动作可分为两种：即滚轮控制式与飞杆式。滚轮控制式停机方式，其特点是动作轻、停车准确、调整难度低等。如需要可购买更换套装，将飞杆式改为滚轮控制式的（零部件编号P / N03.5361.0.000）。

（1）在调整滚轮控制式停车动作时，先将机器设为先缝后切（CA）模式（CB为先切后缝模式），然后用左手摇动左手柄，使机器处于停机位置后，用右手逆时针转动右手轮使其将主轴锁住，如图12-6-3所示，然后拧松开停架固定螺钉，微动向后调节制动架，再将开停连接杆推后，使开停架滚轮销卡进开停架拉钩内，此时，要求开停架滚轮与纽孔长度调节块之间保持有0.03~0.07mm的间隙。如需要调节时，将右手轮左侧的锁针螺母松开，用螺丝刀转动锁针调节螺钉即会改变其间隙大小，如拧松锁针调节螺钉则会减小间隙；如拧紧锁针螺钉则会加大间隙。当调至标准后要拧紧锁针螺母，最后拧松开车撞块的紧固螺钉，移动开车撞块至轻微接触到开停架滚轮销后，拧紧开车撞块紧固螺钉即可，如图12-6-4所示。

图12-6-3　机器停机标准

1—左手柄　2—右手轮（主轮）

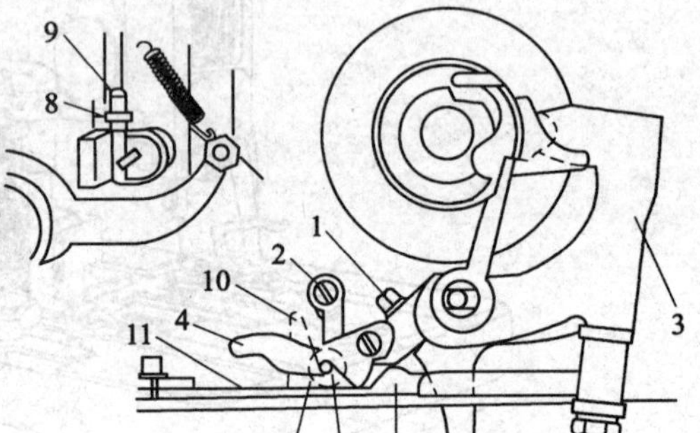

图12-6-4　开停架的标准调整

1—开停架固定螺钉　2—开停架连接杆　3—制动架　4—开停位钩　5—开停架滚轮销　6—开停架滚轮　7—纽孔长度调节块　8—螺母　9—销钉调节螺钉　10—开车撞块　11—开车销紧固螺钉

（2）用右手按住右手停车轮，再用左手摇动左手柄直至右手轮上的停车扣钩（离合器钩）放松（即开停架滚轮被纽孔长度调节块上的凸缘部位顶起）后停止转动。然后，将机器后部主轴上的轴曲柄凸块与高速轮凸块保持有 0.1mm 的间隙。如需调整时，拧松主轴滑套的紧固螺钉，左右移动高速轮即可改变轴曲柄凸块与高速轮凸块的间隙大小，如图 12－6－5 所示。

（3）转动右手轮至停车扣钩（离合器钩）呈似 12 点钟位置时，再用左手摇动左手柄，使开停架滚轮被纽孔长度调节块的凸缘顶起时，此为制动架向后倾的最大限度，如图 12－6－6 所示。

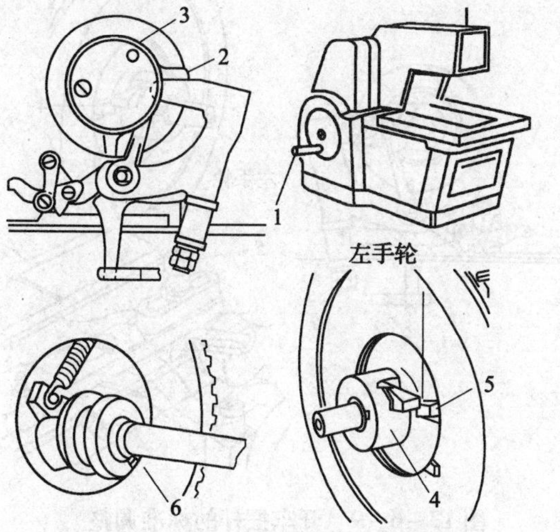

图 12－6－5　走针状态的标准调整

1—左手柄　2—离合器钩　3—右手停车轮

4—轴曲柄凸块　5—高速轮凸块　6—紧固螺钉

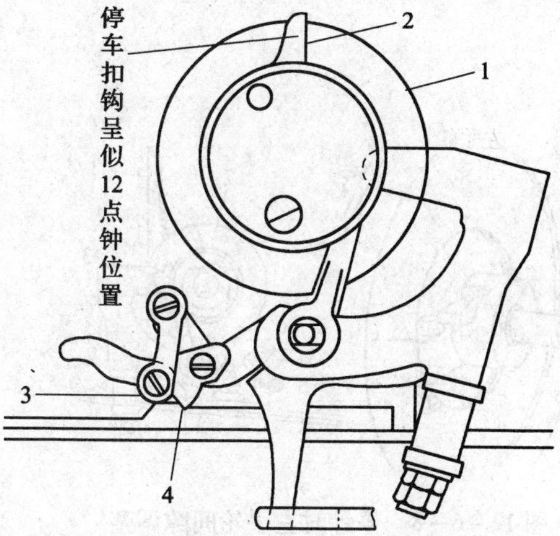

图 12－6－6　制动架的调整

1—右手轮　2—离合器钩　3—开停架滚轮

4—纽孔长度调节块

（4）当开停架滚轮被纽孔长度调节块的凸块顶起后，继续摇动左手柄，使开停架滚轮上升（在开停架拉钩的缺口内滑出）时，停止摇动左手柄。此时，要求停针杆的缺口卡进制动架平面块中，如需调整时，先拧松停针杆的紧固调节螺钉，上、下移动停针杆，使停针杆的缺口卡进制动架的平面块中即可。调至标准后拧紧该螺钉。并继续摇动左手柄，使开停架滚轮从开停架拉钩的缺口滑出，如图 12－6－7 所示。

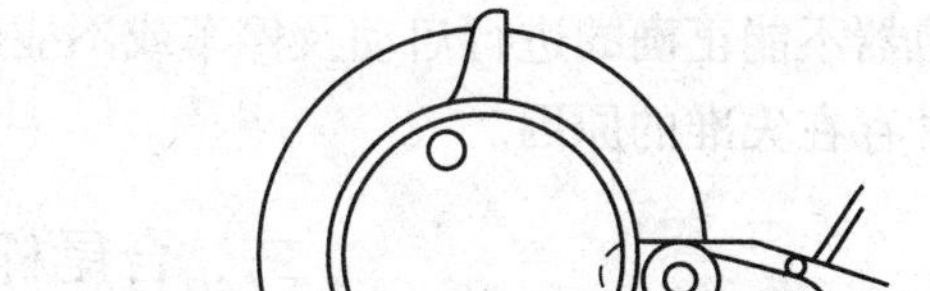

图 12－6－7　停针杆的调整

1—开停架拉钩　2—停针杆　3—制动架平面块

4—停针调节螺钉　5—开停架滚轮

（5）当机器处于走针（缝制）状态时，用手推开停针推杆，使停针杆的缺口脱离对制动架平面块的控制（即停止走针动作），然后转动右手轮一周直至刹车垫已紧贴停车轮（锁紧主轴）后，要求左手柄连接的轴曲柄凸块与高速轮凸块之间保持有0.25~0.35mm的间隙，如图12-6-8所示，调整方法参照第二节。

（6）当右手轮被离合器钩锁住后，摇动左手柄，使机器处于始缝位置。此时左手柄连接的轴曲柄凸块与高速轮凸块之间保持约0.5mm的间隙。如需要调整时，先松开开车摆杆调节螺母，前后移动调节螺钉，如向前移动则减少间隙量；如向后移动时，则加大间隙量。调至标准后拧紧螺母，如图12-6-9所示。

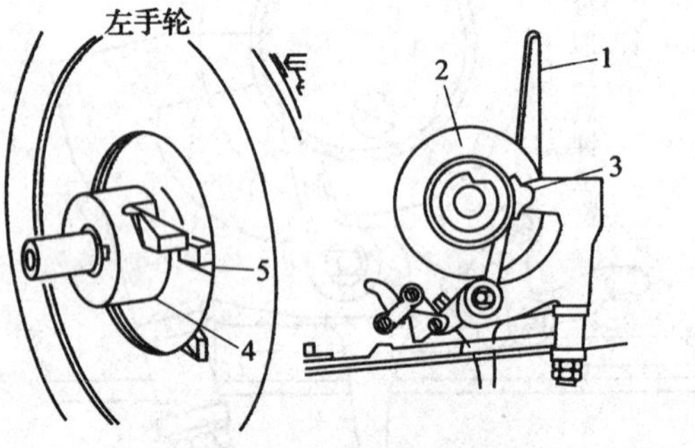

图12-6-8　停针时左手轮间隙调整

1—停针杆　2—右手轮　3—刹车垫　4—轴曲柄凸块　5—高速轮凸块

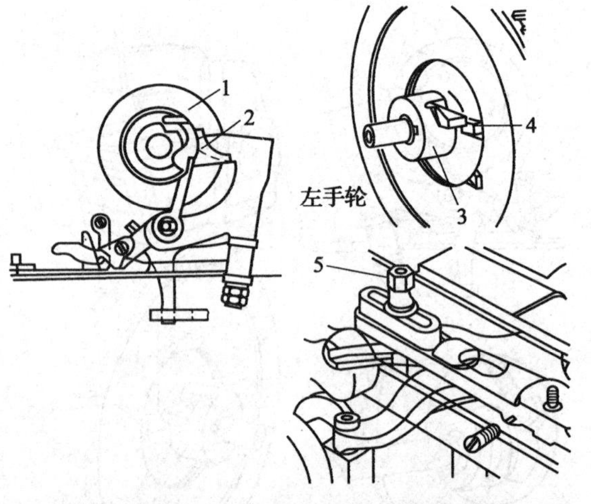

图12-6-9　开车摆杆的标准调整

1—右手轮　2—离合器钩　3—轴曲柄凸块　4—高速轮凸块　5—开车摆杆调节螺母

以上的调整有时需要经过几次反复调试才能达到标准。当做好以上调整后，将机器处于始缝（停机）位置，然后接通电源，如机器没有在始缝位置时停机则需要通过调整中轴曲柄凸块与高速轮凸块的间隙大小来解决，如图12-6-9所示。如调至两凸块的间隙大于0.5mm时，则机器会提前停车；如调至两凸块小于0.5mm时，则机器会延迟停车。如机器不能正确的进行启动及停车或不能进入始缝位置时，就需要检查和分析启停机构各部件存在失准的原因。

二、合尾杆停车动作的调整

在进行停车动作的调整时，先要将机器调至先缝后切（CA）模式。为了安全需关闭电源后进行。

（1）转动左手柄，使机器处于始缝位置，同时转动右手轮使之与被离合器钩扣住，锁紧主轴停止走针动作。然后拧动开停架固定螺钉，使制动架轻微向后倾斜，将开停连接杆向后推动，使开停架滚轮销卡进开停架拉钩的缺口内。此时，要求开停架滚轮的下端与纽孔长度调节块的凸缘部位之间保持有0.03~0.07mm的间隙。如需调整，先松开开停针架的紧固螺母，然后用螺丝刀转动调节螺钉。如顺时针转动螺钉，则会加大间隙量；如逆时针转动螺钉，则会减小间隙量。调至标准后拧紧螺母。最后拧松开车撞块的紧固螺钉，将开车撞块推至轻微接触到开停架滚轮销位置后拧紧固定螺钉，如图12-6-10所示。

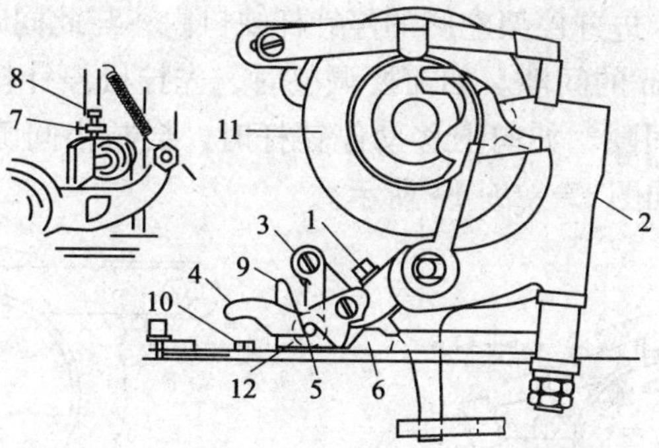

图 12－6－10　合尾杆停车动作的标准调整

1—开停架固定螺钉　2—制动架　3—开停架连接杆　4—开停架拉钩　5—开停架滚轮销　6—纽孔长度调节块
7—开停架紧固螺母　8—开停架调节螺钉　9—开车撞块　10—开车销紧固螺钉　11—右手轮　12—开停架滚轮

（2）当调至以上步骤时，要求刹车垫与右手轮之间应保持 0. 25mm 的间隙。调整时，将相应厚度的垫片放置于刹车垫与右手轮边缘之间，然后用手转动右手停车轮直至被离合器钩锁住后拧紧开停架固定螺钉，以固定其间隙，如图12－6－11所示。

（3）限位杆的标准位置关系到右手滑轮能否灵活转动，此调节标准是先拧松限位杆的紧固螺钉后用扳手转动偏心，将偏心的大半径部位转至机器后部，以移动限位杆的上下位置，然后将限位杆紧贴住右手停车轮的突出部位。再转动手轮使离合器钩的头部在走针凸轮与右手滑轮中间的内圆部位呈居中位置后，再拧紧限位杆紧固螺钉，如图 12－6－12 所示。

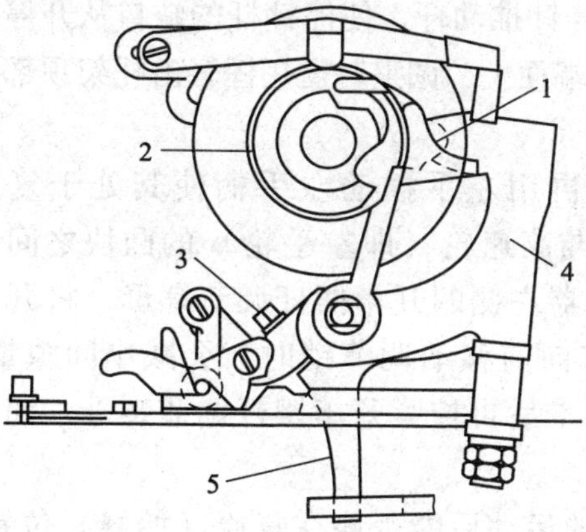

图 12－6－11　刹车垫与右手轮的标准调整

1—刹车垫　2—右手停车轮　3—开停架固定螺钉
4—制动架　5—三叉摆杆

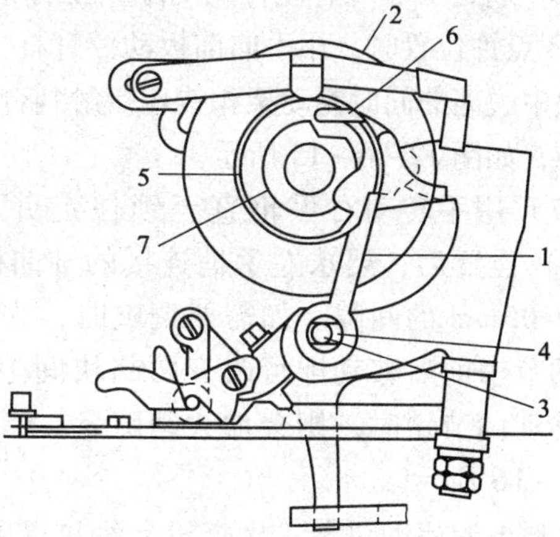

图 12－6－12　限位杆的标准调整

1—限位杆　2—右手滑轮　3—限位杆紧固螺钉　4—偏心
5—右手停车轮　6—离合器钩　7—走针凸轮

（4）用手摇动左手柄至开停架完全被滚轮顶起时，转动右手轮使离合器钩尾端转至呈似 6 点钟的位置时，要求制动架扣钩与合尾杆的尾端保持有 1. 6mm 的间隙。如需要调整时，先拧松合尾杆紧固螺钉，然后向前或向后移动合尾杆至标准间隙位置时，再拧紧合尾杆紧固螺钉，如图 12－6－13 所示。

（5）当开停架被滚轮顶起，制动架向后倾斜时，开停架滚轮销脱开了开停拉钩的缺口后，使开停架平面块卡进开停架左侧的停针杆缺口内，与此同时要求制动架的扣钩与合尾杆的尾端保持有0.4mm的间隙。如需要调整时，先拧松停针杆的调节螺钉，将停针杆上、下移动即可改变其间隙。如向上移动停针杆时，会减小间隙量；如向下移动停针杆时，则会加大间隙量，如图12-6-14所示。

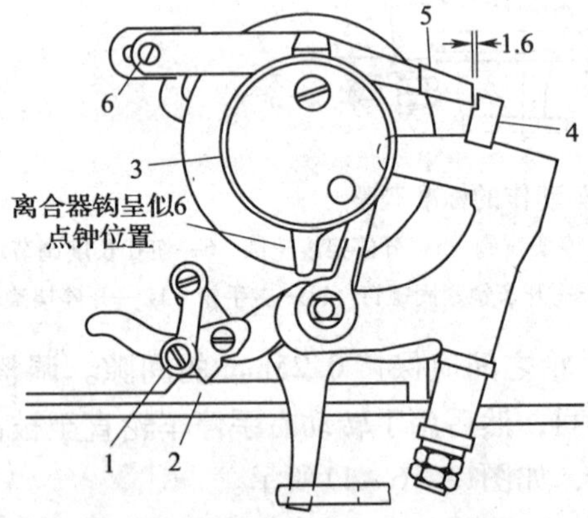

图12-6-13　合尾杆的标准位置

1—开停架滚轮　2—纽孔长度调节凸块　3—右手轮
4—离合器钩　5—合尾杆尾部　6—合尾杆紧固螺钉

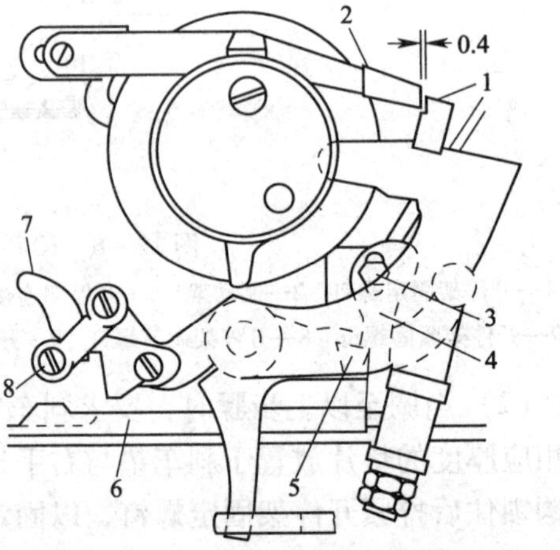

图12-6-14　合尾杆与停针杆的配合标准

1—制动架扣钩　2—合尾杆尾端　3—停针杆紧固螺钉
4—停针杆　5—开停架手面块　6—纽孔长度调节凸块
7—开停拉钩　8—开停架滚轮

(6) 将停针杆与合尾杆的间隙调至标准后，用手转动右手轮，使离合器钩尾端移至呈似12点钟位置时，用手向前扳动停针杆上部的停针推动杆，使停针杆的缺口从开停架平面块中脱离的同时制动架扣钩应接触到合尾杆尾端面上，调整时需用锤轻击托架顶部直至标准，如图12-6-15所示。

(7) 用手转动右手轮直至锁住走针凸轮，再用左手摇动左手柄使其处于复原（始缝）位置后，要求左手柄连接的轴曲柄凸块与高速轮（即左手轮）的凸块之间保持有0.05mm的间隙。如需要调整时，先拧松机器左侧的开车摆杆调节螺母，将开车摆杆调节销前后移动即可改变两凸块间隙量。如向前移动调节销时，会减小间隙量；向后移动调节销时，则会加大间隙量。当调至标准后再拧紧开车摆杆调节螺母，如图12-6-16所示。

接通电源启动机器，检查机器经过循环周期的运动后能否停在复原（始缝）位置。如在复原位置有误，则是主轴曲柄凸块与高速轮凸块之间的间隙配合不标准，需要经过上述方法进行调整。

当机器能正常的停在复原位置时，继续启动机器，检查启停机构及其相关部件的动作是否标准、正常。如相关部件在动作时发生碰撞或机器不能正常运作，则需要通过上述几个小节中的步骤进行排查、调整。注意：在调节启停机构各部件的配合标准时，需要耐心、细致的进行。不要因维修时的大意使机器经过短暂的工作后再次出现原有故障，这样不仅降低工作效率，而且有可能会因维修时螺钉的松动使某机件发生碰撞而影响机器原有的精度与使用寿命。

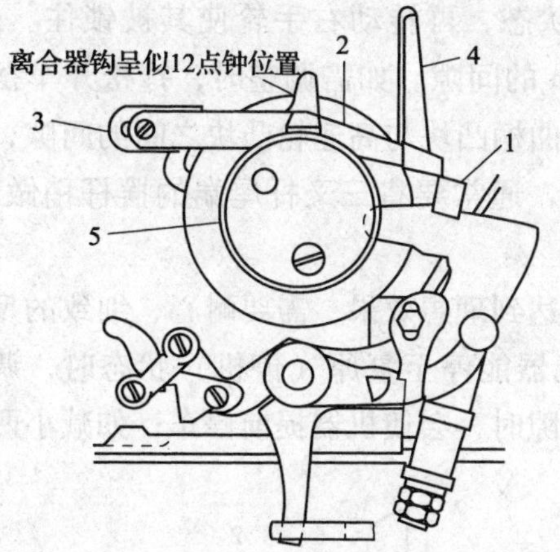

图 12－6－15　合尾杆与制动架扣钩的标准位置

1—制动架扣钩　2—合尾杆　3—托架

4—停针推动杆　5—右手轮

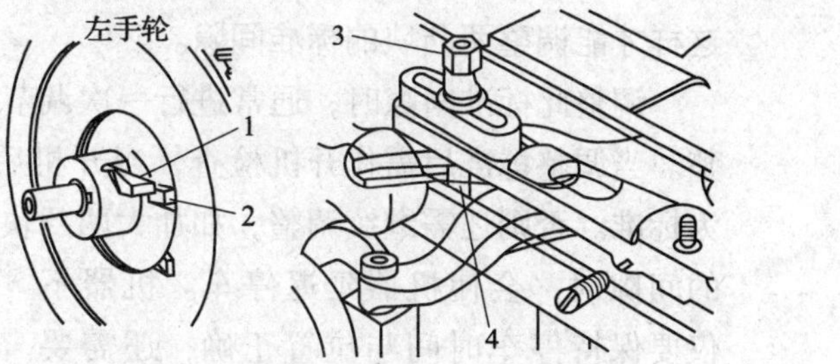

图 12－6－16　左手轮的间隙调整

1—主轴曲柄凸块　2—高速轮凸块

3—开车摆杆调节螺母　4—开车摆杆调节销

（8）用手摇动左手轮，使机器处于停机状态（即面线剪断结束），然后用手转动右手轮使其锁住。这时再次用手摇动左手轮至进针杆到达最高位置时停止。用右手转动右手轮，使离合器钩转至呈似 12 点钟位置时，要求制动架滚轮与右手停车轮的间隙保持在 0.3～0.7mm 之间。如需要调整时，拧松夹紧螺母，前后移动制动架至标准位置后，拧紧该夹紧螺母即可，如图 12－6－17 所示。

（9）用手摇动左手轮，使机器处于停机状态，再转动右手轮使其被锁住。然后再次用手摇动左手轮至停机扣钩从右手轮中脱开（即开停架滚轮被纽孔长度调节凸块的凸缘顶起时），要求左手轮扣钩（轴曲柄凸块）与高速轮凸块之间的边缘保持有 0.13mm 的间隙。如需调整时，拧松滑块螺钉，朝左右方向移动即可改变两凸块的间隙。调至标准后拧紧滑块螺钉，如图 12－6－18 所示。

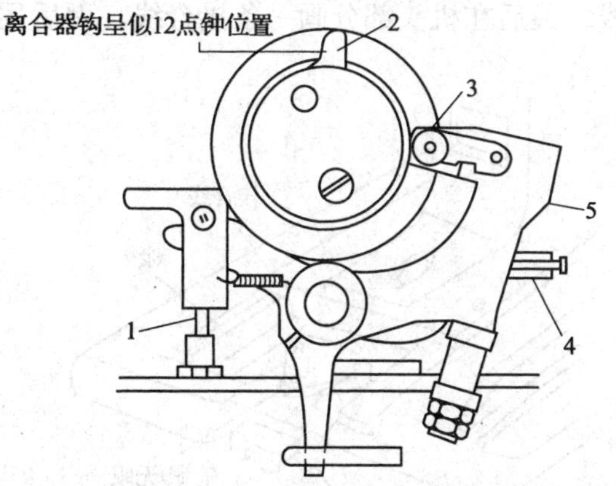

图 12－6－17　进针杆的标准调整

1—进针杆　2—离合器钩　3—制动架滚轮

4—夹紧螺母　5—制动架

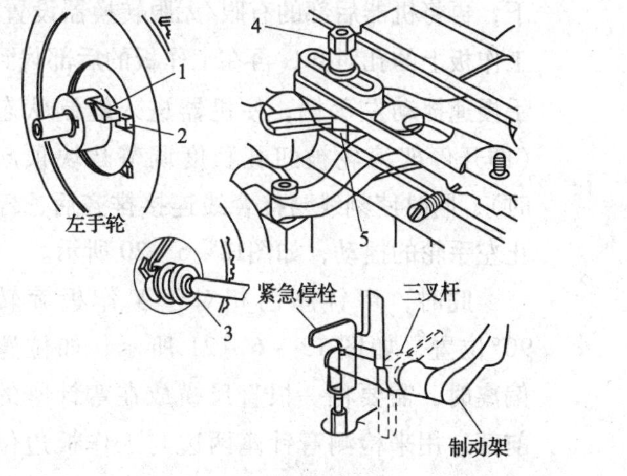

图 12－6－18　左手轮间隙（走针）的调整

1—轴曲柄凸块　2—高速轮凸块　3—滑块螺钉

4—开车摆杆调节螺母　5—开车摆杆调节销

（10）用手摇动左手轮，使机器处于停机状态，再转动右手轮使其被锁住。此时，要求轴曲柄凸块与高速轮凸块之间保持有0.5mm的间隙。如需调整时，拧松开车摆杆调节螺母，前后移动开车摆杆调节销，即可改变轴曲柄凸块与高速轮凸块之间的间隙，如图12－6－18所示。注意：一般在更换了三叉杆后，通常要将三叉杆尾端的摆杆稍做弯曲，这样才能调整两凸块的标准间隙。

调整此标准间隙时，通常进行一次调节不能达到理想效果，需要耐心、细致的反复调整。当调整标准后需作开机检查，当开机后，机器能停至复原（停机）状态时，调整即为标准。否则还需继续调整，如加大两凸块的间隙时，会使机器提前停车；如减小两凸块的间隙时，会使机器延迟停车。机器不仅要保持停车时间与位置正确，还需要启停机构的动作配合正确，否则必须要按上述各项标准做出相应的调整。

（11）如机器在工作时，遇到意外或需要紧急停车时，只要用手拉住紧急停车栓并向上提升时，机器便立即停止走针并回到机器的复原位置。当机器在进行下一纽孔的缝制时，要求紧急停车栓能平稳的置于进针杆上。否则将制动架向后倾斜至紧急停车栓位于进针杆上即可，如图12－6－19所示。

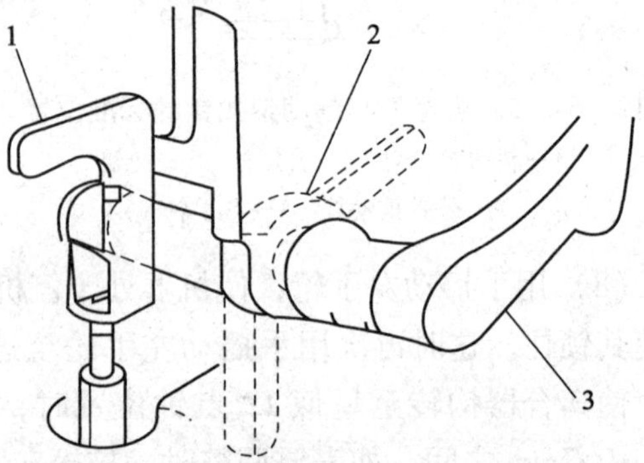

图12－6－19　紧急停车栓的复原

1—紧急停车栓　2—三叉杆　3—制动架

三、弯针座的标准调整

（1）弯针座与工作板的标准位置　先将机器弯针座上的喉板（针板）、弯针及叉针卸下，再将机器后部的有眼/无眼转换器设置为有眼模式。然后转动左手轮至机头上的孔与工作板上的孔对齐，再在工作板的后部找到刻线，最后在机头部分画一条接合线。而后用手慢速摇动左手柄，使机器进入缝制状态（即开停架滚轮被纽孔长度调节凸块顶起时），同时使刻线与接合线连接排齐后，停止左手轮的摇动，如图12－6－20所示。

此时，弯针座已相对于工作板旋转90°位置，如图12－6－21所示，如位置偏离时，需要将一根直尺横放在弯针座的前部，用来检测弯针座两边与工作板边位的偏离距离。确认偏离位置后，将机器提起，拧松转针调节螺母，上下移动即可改变弯针座相对工作板的位置，如向上移动

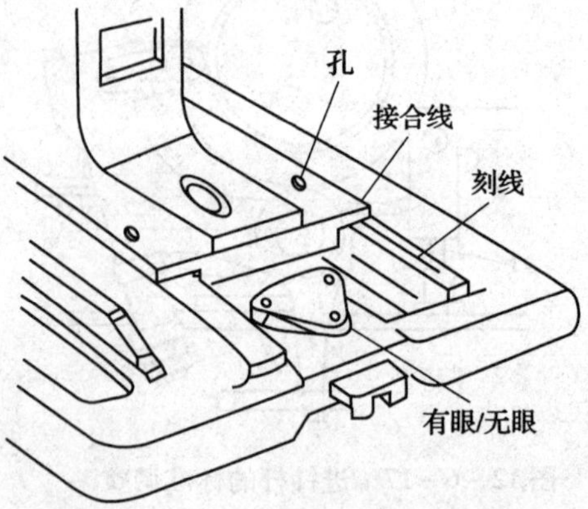

图12－6－20　对应刻线的标准位置

螺母时，弯针座会向左偏移；如向下移动螺母时，弯针座则会向右偏移。当调至标准后紧固转针螺母。

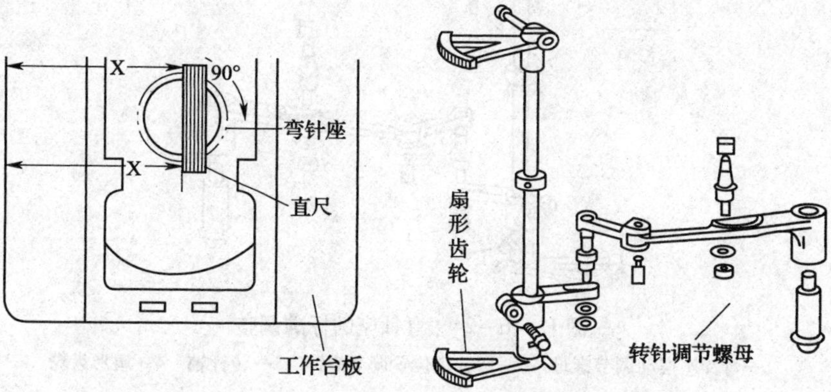

图 12－6－21　弯针座与机针的标准调整

（2）弯针座的旋转定位标准　先将机器处于停机状态，然后用手摇动左手柄，使机器在进入右针位缝制过程中的一半时停止摇动，如图 12－6－22 所示。再将一根直尺横放在弯针座的前部，检查尺的直边与弯针座是否有距离。然后再摇动左手柄，使机器处在左针位缝制过程中的一半时停止摇动，如图 12－6－23 所示，同样将一根直尺横放在弯针座的前部，再次检查尺的直边与弯针座是否有距离。要求两边（右针位与左针位）针位的弯针座与直尺一致，否则需要做以下调整。

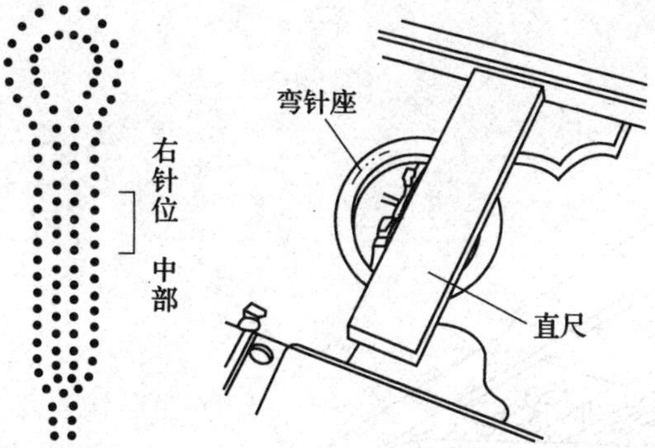

图 12－6－22　弯针座标准位置的测量

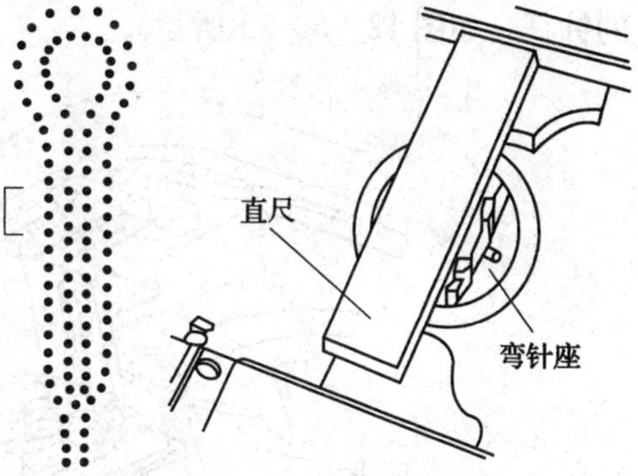

图 12－6－23　弯针座标准位置的测量

先将机器抬起，如是弯针座摆动量过小或过大时，拧松弯针座摆动调节螺母，上、下移动该螺母即可改变弯针座的摆动量。如是弯针座位置不正确时，拧松弯针座位置调节螺钉，即可对弯针座的位置进行改变。然后再用手摇动左手柄，观察弯针座在旋转 90°与 180°的时候是否处于标准的角度上。否则还需再次调整，只有通过细致、耐心的调试，才能达到标准。如图 12－6－24 所示。

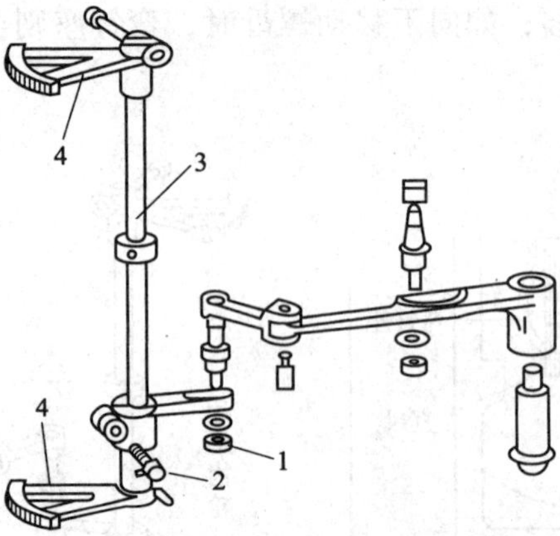

图 12-6-24　弯针座的标准调整

1—弯针座摆动调节螺母　2—弯针座位置调节螺钉　3—转针轴　4—扇形齿轮

四、纽孔部件的标准调整

（1）可调合尾针杆的设定（无眼模式）　合尾托架在出厂时已做好调整，一般情况下，若合尾针动作顺畅，则不需要对此进行调整。如需调整，其步骤是：先将机头后部的“有眼/无眼”切换杆设置为无眼模式，再摇动左手柄至弯针座相对于工作板呈 90°时停止摇动，然后将机器提升，卸下弹簧，拧松螺钉以放松夹料器使其退后。再向左滑动左合尾启动器，重复同样方法，以调整右合尾启动器，这样将放松合尾针杆使之能在合尾托架上内外滑动并要求合尾针应在托架内灵活的活动。最后要使两合尾针适当的置于凸轮板槽上，否则需要拧松六角螺母，把合尾托架连接到凸轮盖，取出置于凸轮盖与合尾托架之间的针杆，如图 12-6-25 所示。

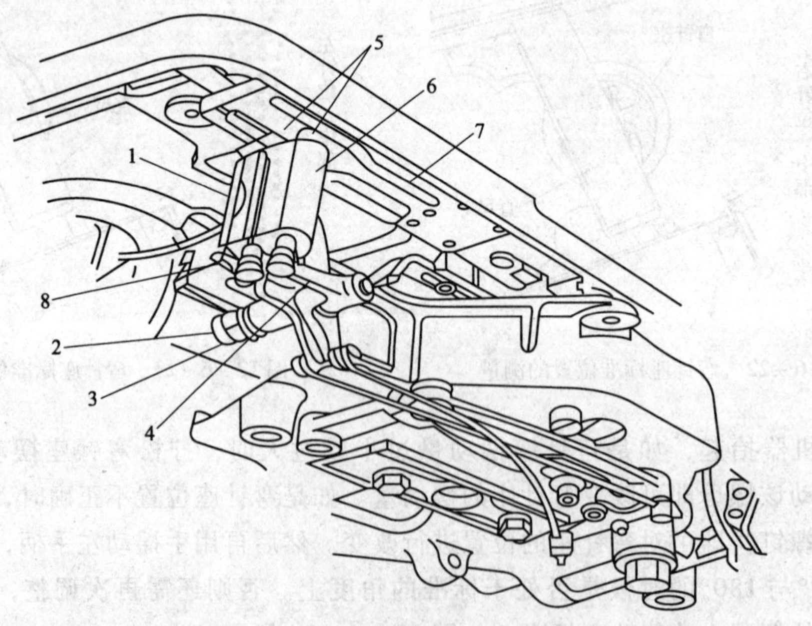

图 12-6-25　可调合尾针杆的位置设定

1—弹簧　2—螺钉　3—夹料器　4—右合尾启动器　5—合尾针杆　6—合尾托架　7—凸轮板槽　8—左合尾启动器

移动间隔螺母，靠紧或分开（靠紧时使合尾托架移至右边；分开时使合尾托架移至左边），使合尾针杆能与凸轮板槽接合。最后拧紧六角螺母，检查合尾针杆是否已适当地置于凸轮板槽内。若合尾针杆与凸轮板槽仍不能顺畅动作，需要再次做上述调整。若合尾针杆与凸轮板槽能顺畅动作，就将左合尾启动器与右合尾启动器及夹料器重新接合，最后装上弹簧并拧紧螺钉。

合尾针杆在进入凸轮板槽时，只要求占整个深度的1/8部分。如需调整时，先拧松间隔螺母，根据需要向外或向内移动（如向内移动会减少合尾针插入板槽的深度；如向外移动则会增加合尾针插入板槽的深度），当调整标准后拧紧间隔螺母即可，如图12－6－26所示。

用手摇动左手柄至边杆上的滚轮到达主凸轮的最高位置时，合尾针杆应从凸轮板槽中退出。如需调整时，先拧松调节螺钉，然后向上或向下移动托架（如向上移动托架会使合尾针杆提前退出；如向下移动托架时则会使合尾针杆延迟退出）即可改变合尾针杆在凸轮板槽中的滑动时间。当调至标准后，拧紧调节螺钉。最后在机器转动后，要求左手合尾插针能正常的退出，否则需反复调整合尾针杆与凸轮板槽的滑动时间，如图12－6－26所示。

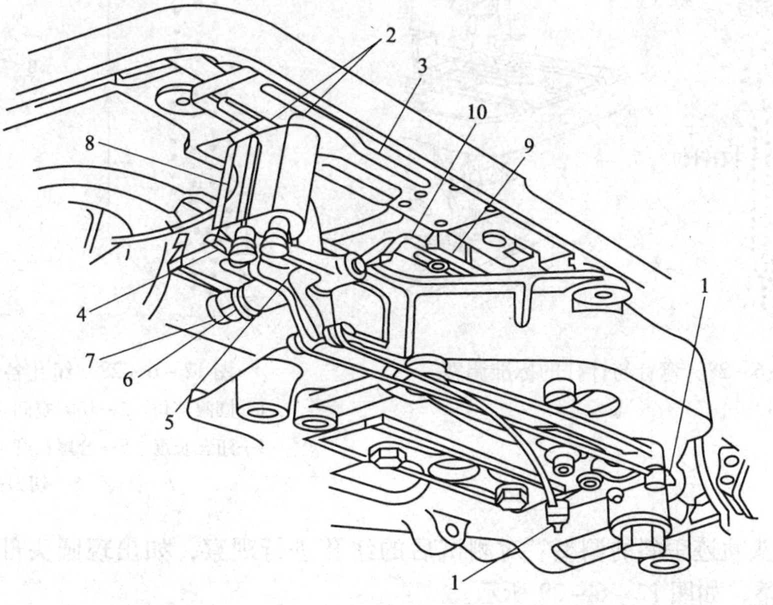

图12－6－26　合尾针杆与凸轮板槽的调整

1—间隔螺母　2—合尾针杆　3—凸轮板槽　4—左合尾启动器　5—右合尾启动器　6—夹料器　7—螺钉　8—弹簧　9—调节螺钉　10—托架

（2）弯针与针杆的标准调整　先将电源关闭，用手摇动左手轮使其处于复原（停机）位置。然后装上弯针叉针及相关成缝部件，再摇动左手轮，使机器处于走针缝制状态，然后用手转动右手轮，使机针到达低点并与左弯针尖相交时，再摇动左手柄至机头运行到右针位总长度的一半停下，以检测机针与弯针的间隙（通常情况下，此间隙只有细微变化，因此需要耐心观察），然后再摇动左手柄，使机器的弯针座在旋转到90°（处于缝制圆头位置）时，第二次对机针与弯针的间隙做检测；最后再次摇动左手柄至机器处于左针位总长度的一半停下，第三次对机针与弯针的间隙做检测。当每次检测的机针与弯针的摩擦间隙一致时，则为弯针与针杆的标准配合关系。若每次检测的间隙不一致时，需要将机头前部的针杆帽顶螺钉松开，使其刚到锁紧位置。然后轻微调整针杆顶部，使机针与弯针尖对齐。注意：在进行针杆位置的调整时，需要在以上检测的三个部位进行，并要求机针与弯针尖的间隙必须保持一致。当调整标准后再拧紧针杆帽顶位的螺钉即可，如图 12－6－27 所示。

（3）纽孔各部位名称　当机器经过调试维修后，需要做缝前检测，这种检测方法通常是用一张硬纸置于夹料器上，通过机针的刺针眼即可对纽孔的形状进行调试。如图 12－6－28所示，为纽孔各部位的名称分析。方法是将机针插入针杆内，将喉板按标准装好，再把测试的硬纸置于夹料器中，最后启动机器，即可展现纽孔的形状。

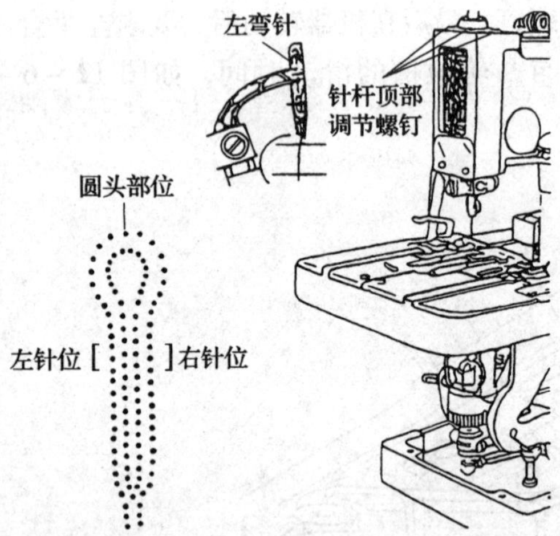

图 12－6－27　弯针与针杆的标准调整

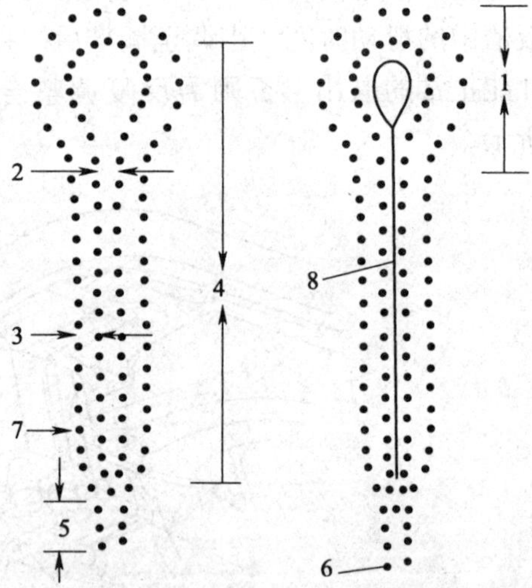

图 12－6－28　纽孔各部位名称

1—圆眼部位　2—切刀空间　3—针位宽度
4—纽孔长度　5—合尾长度　6—结束针位
7—针距　8—切刀落点

（4）圆头轨迹歪斜的调整　对测试后的纽孔进行观察，如出现圆头部位歪斜时，需要作如下调整，如图 12－6－29 所示。

调整时，将机头抬起，拧松机器底部结合杆的螺母，根据纽孔圆头歪斜的方向做相应的调整。如圆头歪斜如图 12－6－29 中 a 所示时，则要向下移动螺母；如圆头歪斜如图12－6－29中 b 所示时，则要向上移动螺母。当调至标准后，拧紧该螺母。注意：通常一次不能取得标准的调整效果，因此要经过反复调试，直至圆头部位对称标准时为止。

（5）纽孔切刀位的调整　纽孔切刀的位置为两针位的中间距离。一般切刀间距会因缝料的不同而有所不同，标准的切刀间距是以不切坏两针位的线迹即可。

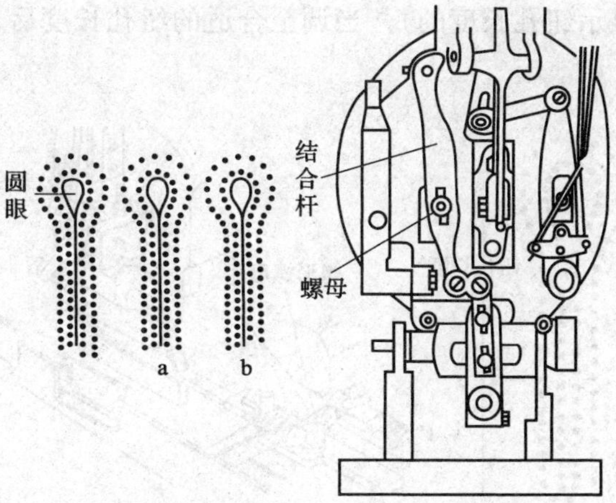

图 12－6－29　圆头部位歪斜的调整

如需要调整纽孔切刀的间距时，需拧松摆针距调节螺钉，如向上移动该螺钉时，会减小纽孔切刀间距；如向下移动该螺钉时，会加大纽孔切刀间距，如图 12－6－30 所示。注意：如对纽孔的切刀间距进行更改，必须要重新调整弯针与机针的钩线关系。

（6）纽孔宽度的调整　机器的摆针量决定着纽孔的针位宽度，如需要改变纽孔的宽度时，先拧松摆针调节螺母，如向上移动该螺母时，会减小纽孔的宽度；如向下移动该螺母时，会加大纽孔的宽度。当调至所需宽度时拧紧摆针调节螺母，见图 12－6－31 所示。

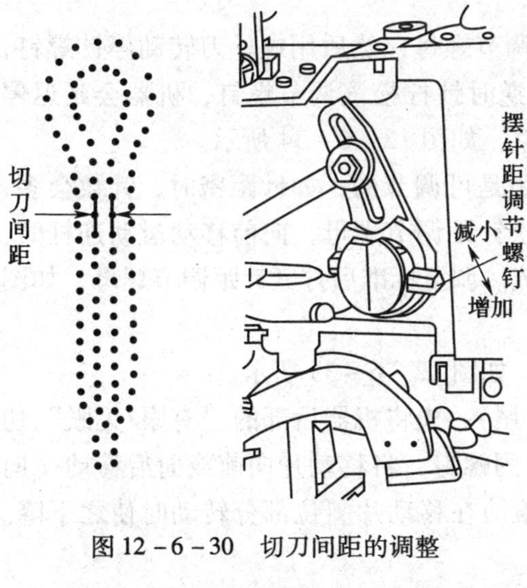

图 12－6－30　切刀间距的调整

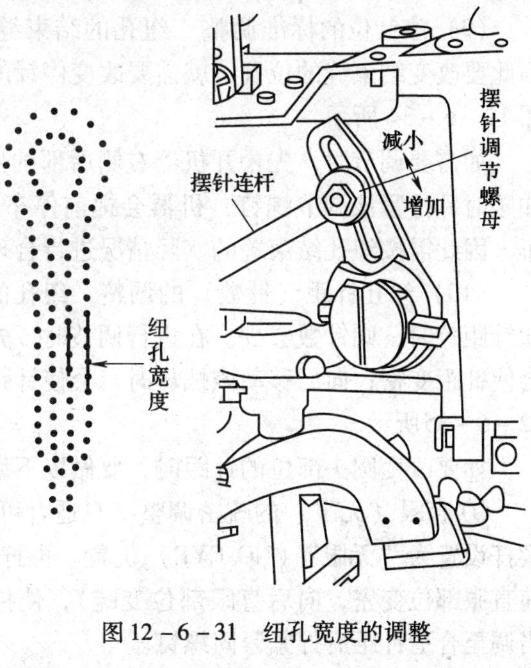

图 12－6－31　纽孔宽度的调整

注意：在更改了纽孔的宽度大小后，需要检查喉板（针板）的容针孔与机针是否出现碰撞现象，要求在改变纽孔宽度的大小后，机针尖应在喉板窄孔右边位置而不能碰撞。当纽孔的宽度有较大的改变时，机针与弯针的钩线关系则需要重新调整。

（7）纽孔长度的调整　纽孔的长度是根据缝制工艺要求进行改变的。如需要调整纽孔的长度时，拧松机器右侧的纽孔长度调节蝶形螺母，然后移动长度块至所需的长度指标上（指标刻度是用以显示纽孔长度的），当调至合适的纽孔长度后，拧紧该蝶形螺母，如图 12－6－32 所示。

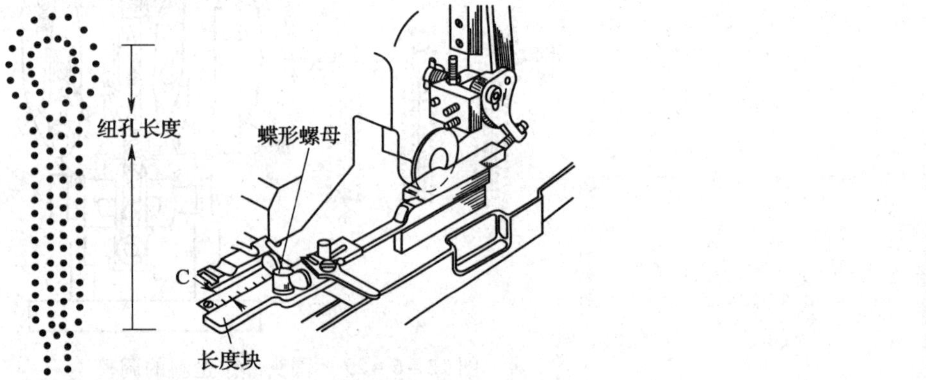

图 12－6－32　纽孔长度的调整

（8）纽孔合尾长度的调整　纽孔的合尾指的是始缝时的针位与结束缝时的针位进行重叠的部位，如图 12－6－33（a）所示。

在调节纽孔合尾的长度时，先拧松机器右侧的合尾调节螺母，再向前或向后移动合尾调节杆，如向前移动时，会减短合尾的长度；如向后移动时，会加长合尾的长度。当调至合适的合尾长度后，拧紧纽孔调节螺母，如图 12－6－33（b）所示。

（9）停针位的标准调整　纽孔的结束缝的标准位置应与第一针起缝的位置相一致。因此要改变结束缝的位置，就需要改变停针的时间使之与第一针起缝时的位置相一致，如图 12－6－34 所示。

如需要调节时，先松开机器右侧后部的停针调节螺母，然后用螺丝刀转动停针螺钉，如顺时针拧紧该调节螺钉，机器会提前停车；如逆时针拧松该调节螺钉，机器会延迟停车。因此需按纽孔结束缝的实际情况进行合理调整，如图 12－6－34 所示。

（10）纽孔针距（针数）的调整　纽孔的针距是可调节的，如针距密时，针数会多；如针距疏时，则针数会少。在进行调节时，先拧松针距调节螺母，向前移动滑动连杆时，会使针距变密；向后移动该螺母时，会使针距变疏。调至标准后拧紧针距调节螺母，如图 12－6－35所示。

如要改变圆头部位的针距时，要做以下调整，如图 12－6－35 所示。

① 直眼（无眼）的疏密调整（只适合可调合尾）：先将机器后部的“有眼/无眼”切换杆设置为“无眼”（NO EYE）位置。再拧松紧固螺钉，将移动片向前或向后移动（向前直眼部位变密，向后直眼部位变疏），使控制滚筒在移动片斜位部分转动时使之下降。当调至合适针距后拧紧紧固螺钉。

② 圆眼（有眼）的疏密调整（只适合可调合尾）：先将机器后部的“有眼/无眼”切换杆设置为“有眼”（EYE）位置。圆眼的针距疏密是由停车螺钉进行控制的。如需调整时，先拧松停车紧固螺母，再向外或向内移动停车调节螺钉（向内移动时，针距变密；向外移动时针距变疏）。当调至标准针距后，拧紧停车紧固螺母即可，如图 12－6－35 所示。

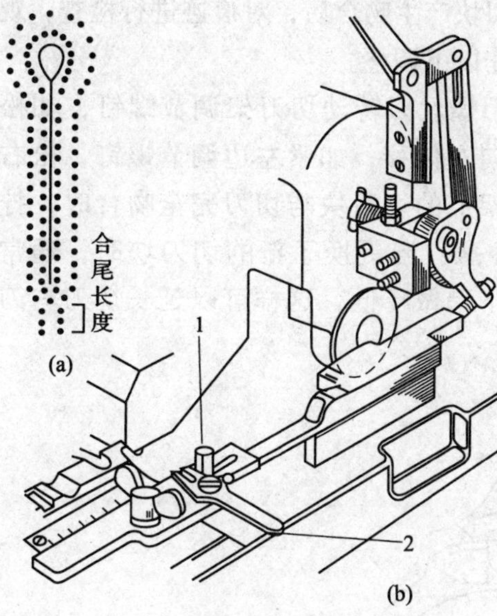

图 12－6－33　合尾长度的调整

1—合尾长度调节螺母　2—合尾调节杆

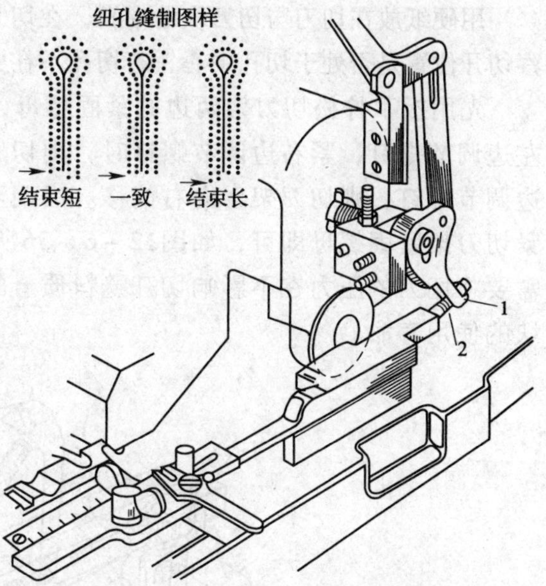

图 12－6－34　结束缝的标准调整

1—停针调节螺母　2—停针调节螺钉

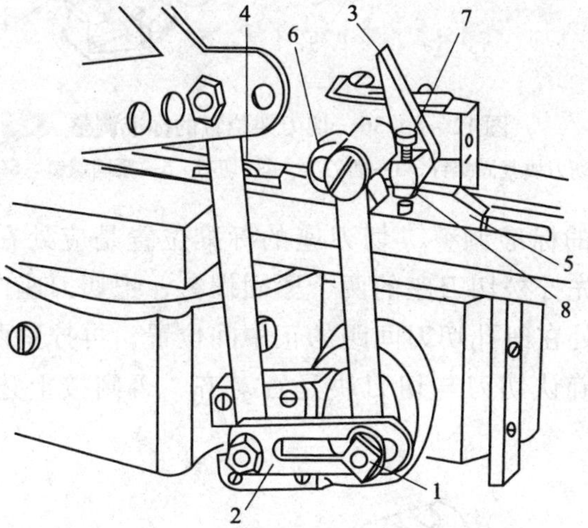

图 12－6－35　纽孔针距的调整

1—针距调节螺母　2—滑动连杆　3—切换杆　4—紧固螺钉　5—移动片　6—控制滚轮
7—停车螺钉　8—螺母

五、切刀部件的标准调整

（1）切刀架位置的标准调整　切刀与切刀块在进行吻合时要使其全面接触。如有误，需要调整切刀或切刀架的位置。其方法是：先拧松切刀架上的切刀块紧固螺钉，然后将切刀块平稳的安装到切刀架上，再拧紧切刀块紧固螺钉。用手将切刀架按下，检查切刀块与切刀是否完全吻合。

用硬纸放在切刀与切刀块的中间，在切刀与切刀块产生吻合后，对痕迹进行检查，观察切开位置是否处于切孔中心，若切孔不在中心需作以下调整。

先用扳手拧松切刀架两边的紧固螺母，然后用螺丝刀转动切刀架调节螺钉，如松左边调节螺钉，紧右边调节螺钉时，则切刀架会向左偏移；如紧左边调节螺钉，松右边调节螺钉，则切刀架会向右偏移。当调至切刀架上的切刀块与切刀完全吻合时，拧紧切刀架紧固螺母即可，如图12－6－36所示。注意：当更换了新的切刀块时，通常需要将切刀的压力在不影响切开缝料质量的前提下稍做降低，这样可以延长切刀与刀块的使用寿命。

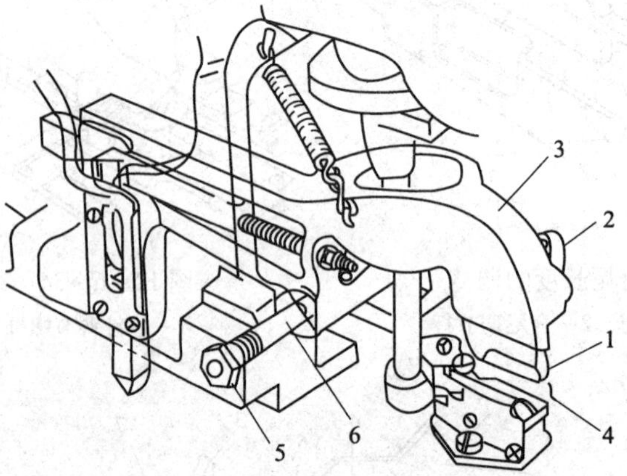

图12－6－36　切刀架位置的标准调整

1—切刀块　2—切刀块紧固螺钉　3—切刀架　4—切刀　5—紧固螺钉　6—切刀架调节螺钉

（2）切刀座位置的标准调整　切刀座的标准位置是应处在纽孔切刀间距的正中间。如需要调整时，先拧松切刀座的两个紧固螺钉，把切刀座向左或向右移动至需要的位置，必须使切刀处在纽孔切刀间距的正中间位置，再拧紧两个固定螺钉。最后用手按下切刀架，再次确认切刀与切刀块是否对齐，否则按上述方法反复调整，如图12－6－37所示。

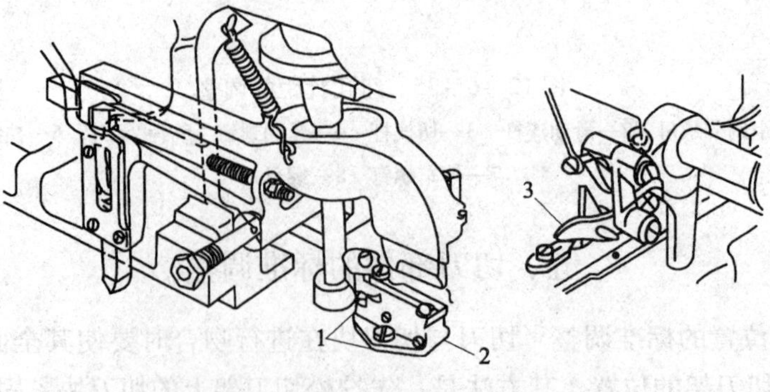

图12－6－37　切刀座位置的标准调整

1—切刀座紧固螺钉　2—切刀座　3—开停架拉钩

注意：切刀要与切刀块连接吻合。并要求切刀架没有摩擦或没有跑边现象，为了能检测到切刀与切刀块的吻合印记程度，需要启动机器进行测试，其方法是：先将机器右侧的开停架拉钩拉起，使拉钩的缺口脱离对开停架滚轮销的控制（当开停架滚轮到达纽孔长度调节凸块的凸缘位置时，因不能顶起开停架滚轮，使制动架不能后倾而未能释放离合器钩，导致无走针运动），再启动机器时，一个工作周期（只有高速运动）便很快完成。目的主要是用来检测切刀与切刀块的吻合程度。

（3）切刀压力的调整　当更换了切刀块或需要改变切刀的压力时，切刀的压力通常只要能顺利的将缝料切开为标准。要改变切刀的压力时，要做以下调整。

先拧松切刀压力紧固螺母，然后转动调节螺母，如顺时针转动时，会加大切刀的压力；如逆时针转动时，会减小切刀的压力，如图 12－6－38 所示。

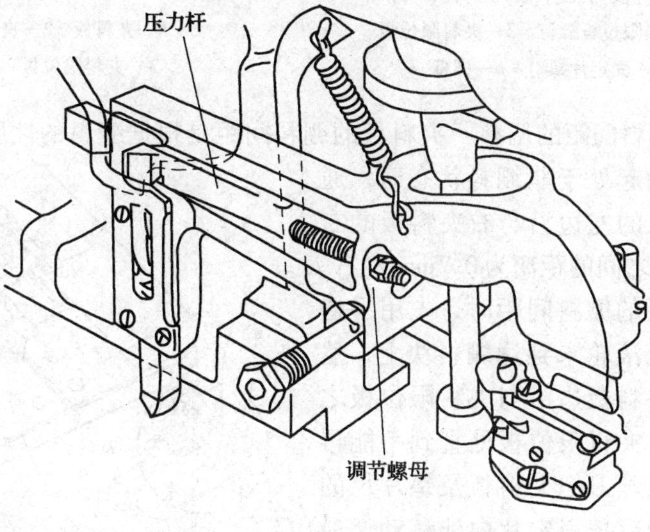

图 12－6－38　切刀压力的调整

注意：一般情况下，切刀的压力不宜太大，否则会造成切刀、切刀块以及切刀顶块的损坏。如通过调节切刀压力后，还不能达到切开缝料的效果，这可能是切刀顶块与切刀顶杆过度磨损的原因，因此需要更换，以保证切刀的切料效果。

六、夹料（压脚）部件的标准调整

（1）夹料板与工作板的安装标准　先将机器处于停机状态，把夹料板装入工作板上，同时要求平料板与工作板相互平行（高低一致）。如需要调整时，先拧松夹料限位板的紧固螺钉及固定片的紧固螺钉，用右手将右边的夹料板向右边工作板方向推，再拧松螺杆，按需要向左或向右滑动夹料板到适当位置后，拧紧螺杆，如图 12－6－39所示。

（2）夹料板的绷料位置调整　先用手摇动左手柄使夹料板中间两侧的滚轮滚至切刀座后部的绷料块处在最宽面时，将夹料板边对边的移动使其能对准工作板中间的中心位置。再把夹料限位板向夹料板的外边沿靠紧后拧紧夹料限位板紧固螺钉，然后再按同样方法调整另一个夹料板的标准位置，如图 12－6－40 所示。

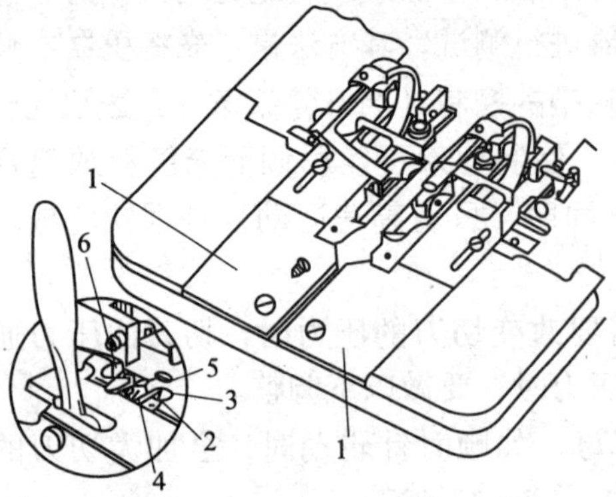

图 12－6－39　夹料板与工作板的安装标准图

1—夹料板　2—夹料限位板螺钉　3—夹料限位板

4—固定片　5—固定片螺钉　6—螺杆

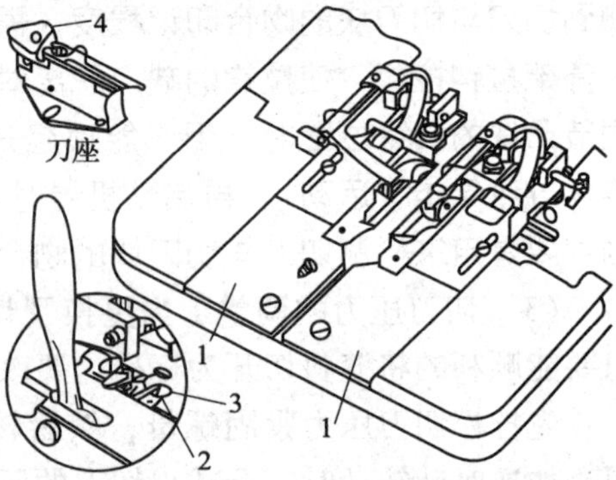

图 12－6－40　夹料板的绷料位置调整

1—夹料板　2—夹料板限位螺钉

3—夹料限位板　4—绷料顶块

（3）夹料板绷料间距的调整　夹料板的绷料间距是根据缝料的性质来决定的。当机器上的夹料板被抬起处于非绷料状态时，通常情况是左夹料板的左边沿与右夹料板的右边沿与夹料限位板之间的距离为 0.7mm 左右。如需要改变夹料板的绷料间距时，先用手摇动左手柄至夹料板滚轮未到达绷料块上，然后将垫片尺放在夹料板边沿与夹料限位板之间。将夹料板滑向夹料限位板处直到不能再移动为止，再用螺丝刀把夹料板及垫片尺的位置固定锁紧。最后把固定片向外移动至最远位置后拧紧螺钉，将垫片尺取出。这样按同样的方法调整另一个夹料板的绷料间距，如图 12－6－41 所示。

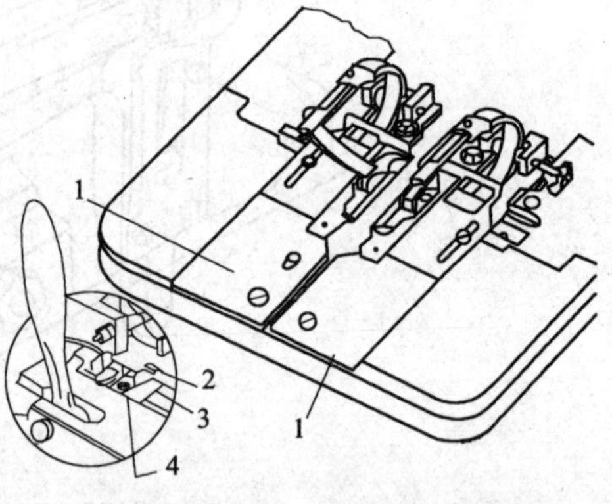

图 12－6－41　夹料板的绷料间距调整

1—夹料板　2—固定片

3—夹料板限位板　4—螺钉

（4）夹料板的压力调整　夹料板的压力一般根据缝料的厚薄而进行设定。如需要改变夹板的压力时，先拧松夹臂螺母与压力调节螺母，再转动调节螺钉即可改变夹料板压力的大小。如顺时针拧紧调节螺钉时，会加大夹料板的压力；如逆时针拧松调节螺钉时，会减小夹料板的压力。当调至合适的夹板压力时，拧紧夹臂螺母和压力调节螺母，如图 12－6－42 所示。通常只要夹料板能牢固的夹紧缝料，即为夹料板的压力标准。

（5）夹料脚的位置标准　夹料脚的标准位置是要求机针在缝制右针位的右横列针或左针位的左横列针时不能与夹料脚边沿有碰撞。调整时先拧松夹料臂上的固定板紧固螺钉，将固定板向左或向右移动后即可改变夹料脚的左右位置，如向左移动固定板时，可减小机针与夹料脚的距离；如向右移动固定板时，可加大机针与夹料脚的距离。当调整标准后拧紧固定板紧固螺钉即可，如图 12－6－43 所示。

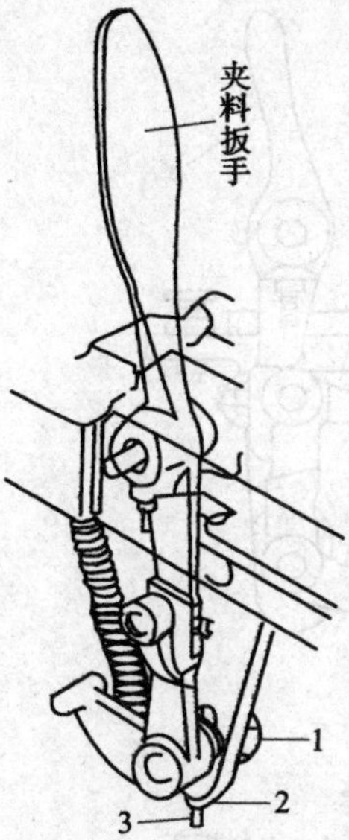

图 12 - 6 - 42　夹料板压力的调整图

1—夹臂紧固螺母　2—压力调节螺母

3—压力调节螺钉

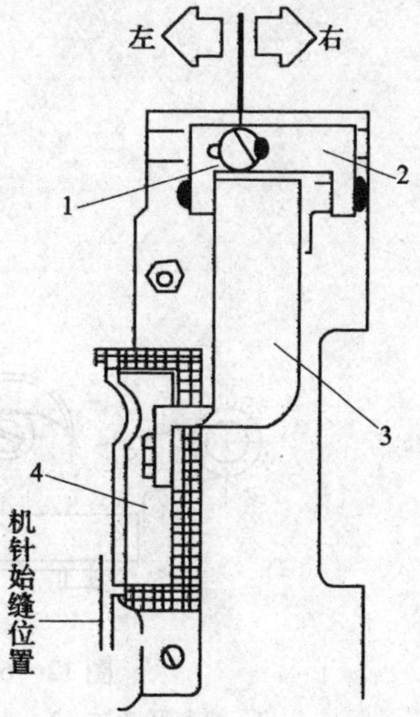

图 12 - 6 - 43　夹料脚的位置调整

1—固定板螺钉　2—固定板

3—夹料臂　4—夹料脚

（6）夹料板抬起的标准调整　当接通电源或机器缝制结束时，夹料板应自动抬起。如夹料板不能抬起时，检查夹料联动铰与夹料控制杆之间应保持有 0.4mm 的间隙。需要调整时，先用手摇动左手柄至切刀动作完成后，再摇动几圈左手柄使之在到达复原位置前停下，然后在此状态下将机器抬起，拧松夹料臂调节螺母，上、下移动夹料臂至标准位置后拧紧夹料臂调节螺母，如图 12 - 6 - 44 所示。注意：夹料臂在切刀动作之前必须脱离，否则，还需按上述方法做反复调整。

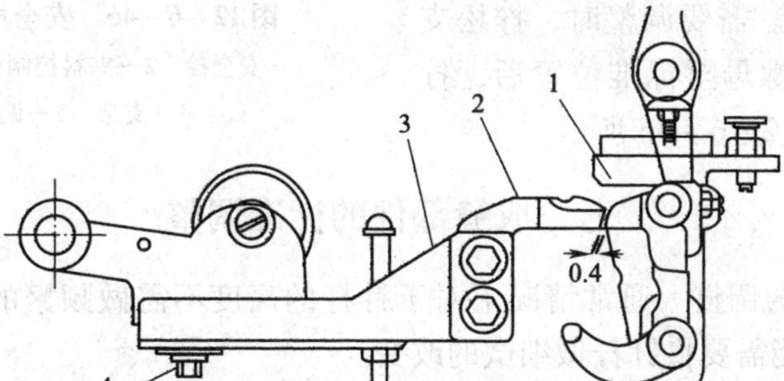

图 12 - 6 - 44　夹料板抬起的标准调整

1—夹料联动铰　2—夹料控制杆　3—夹料臂　4—夹料臂螺钉

（7）夹料板压料的标准调整　当机器接通电源，按下开车按钮后，夹料板应自动将缝料夹住以便缝制。如需要调整时，先用手摇动左手柄至夹料控制杆底部与夹料联动铰接触时，不应出现机器沉重或两部件未能接触的现象。调整时拧松夹料控制杆调节螺钉，按需要向上或向下移动夹料控制杆至标准位置后，拧紧夹料控制杆调节螺钉，如图12 - 6 - 45所示。

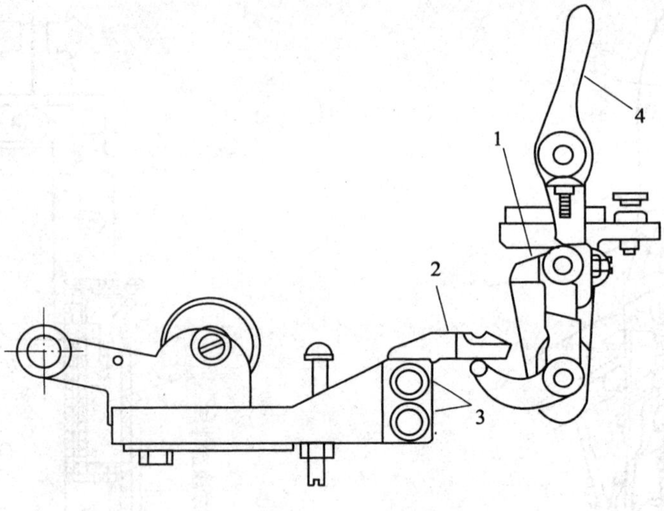

图 12－6－45　夹料板压料的标准调整

1—夹料联动铰　2—夹料控制杆　3—夹料控制杆螺钉　4—夹料扳手

（8）安全栓的标准调整　先用手摇动左手柄，使机器到达复原（停机）状态及夹料臂松脱后，将机器抬起，这时安全栓应插入夹料控制杆的凹槽内。如需要调整时，先拧松支架紧固螺钉，把支架（按图标）向左或向右移动直至安全栓能插入夹料控制杆的凹槽内，然后拧紧支架螺钉。

夹料联动铰与夹料控制杆之间至少要保持 0.8mm 的间隙。需要调整时，拧松支架螺钉及转动偏心螺母至标准位置后，拧紧支架螺钉，如图 12－6－46 所示。

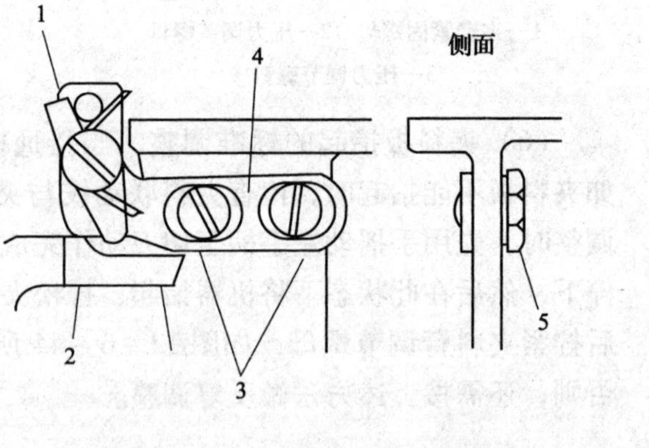

图 12－6－46　安全栓的标准调整

1—安全栓　2—夹料控制杆　3—支架螺钉　4—支架　5—偏心螺母

七、成缝部件的标准调整

（1）针杆高度的调整　通常情况下对于针杆的高度不需做频繁的调节，当遇到缝制特殊性质缝料时可能需要将针杆做细微的改变。

调整时，先卸下喉板，用手摇动左手柄至开停架的滚轮被纽孔长度调节凸块顶起时（机器开始走针）停止。再用手转动右手轮，使针杆到达最低点后，拧松上下两个挡圈紧固螺钉，针杆高度即可改变，如图 12－6－47 所示。注意：在调整好合适的针杆高度后，需要将两挡圈夹紧在万向节的上下两端，不能有窜动现象，否则针杆会发生窜动从而导致故障。

（2）机针与弯针的间隙调整　在调整机针与弯针的间距之前，建议先将喉板卸下，装上左、右弯针后不要将螺钉过于紧固，如图 12－6－48 所示。

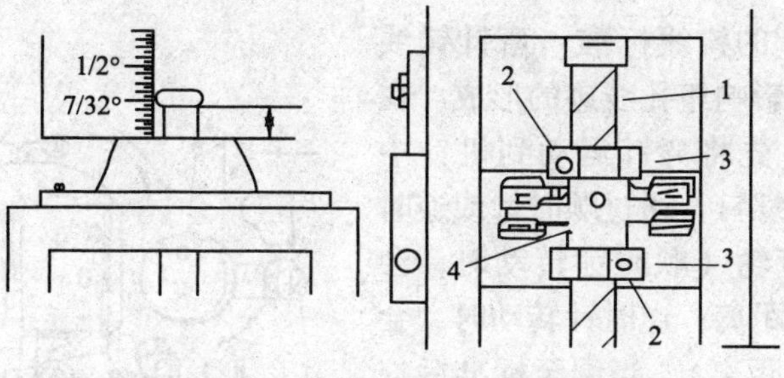

图 12 - 6 - 47　针杆高度的调整

1—针杆　2—挡圈螺钉　3—挡圈　4—万向节

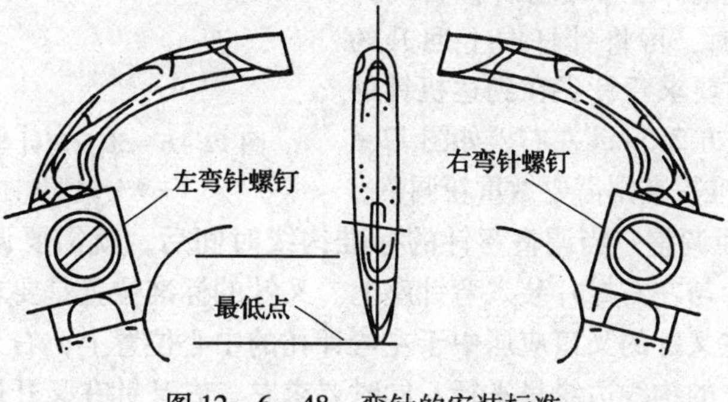

图 12 - 6 - 48　弯针的安装标准

用手转动右手轮使机针处于最低点，拧松弯针座的位置调节螺钉，向右移动弯针座，使左弯针到达机针中心时，其弯针的尖部应与机针侧平面有 0.03mm 左右的摩擦间隙（即左弯针尖与机针不相碰为准）。调整时，将左弯针尖轻轻与机针中心接触后，拧紧左弯针紧固螺钉；然后再将弯针座向左移动，使右弯针尖到达机针中心时，其弯针的尖部应与机针侧平面有 0.03mm 左右的摩擦间隙（即右弯针尖与机针不相碰为准）。调整时将右弯针尖轻轻与机针中心接触后，拧紧右弯针紧固螺钉，如图 12 - 6 - 49 所示。

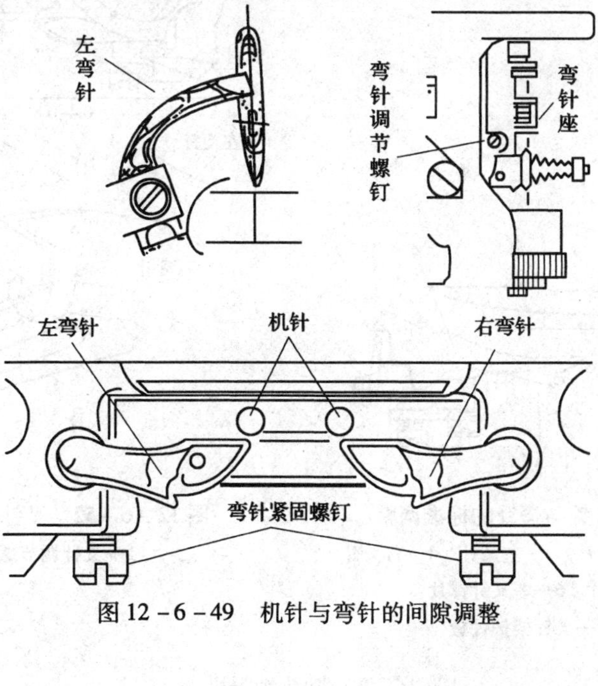

图 12 - 6 - 49　机针与弯针的间隙调整

（3）弯针与机针的钩线标准　弯针钩线的时间与距离将直接影响纽孔线迹的形成。在调整弯针的钩线时，先将弯针运动到机针中心，再拧松弯针调节螺钉，通过顺时针或逆时针微微转动弯针调节轮（顺时针转动时，会缩短弯针尖与机针的距离；逆时针转动时，会加长弯针尖与机针的距离）。当调至标准后拧紧弯针调节螺钉，如图 12－6－50 所示。

转动右手轮，使机针处于中心针位置（即靠切刀边缘位置）时，再将针杆向上回升约 2.7mm 时停止，此时要求弯针尖在到达机针的中心时应距离针孔上方 2.5mm 左右，如图 12－6－50 所示，若此标准失准则需要做重新调整。

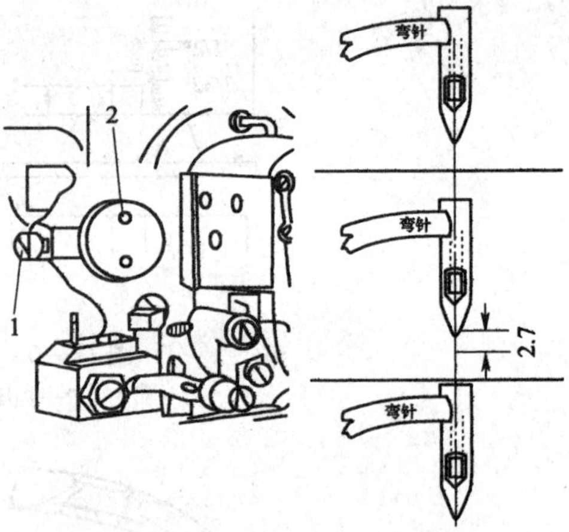

图 12－6－50　弯针与机针的钩线标准

1—弯针调节螺钉　2—弯针轮

（4）叉针的间距调整　当调整弯针的标准钩线时间后，就需要调整叉针的间距。调整时，将左、右叉针与左右撑片装入弯针座上。叉针的标准位置是要求机针在中心针位置下降到最低点后，左叉针的叉口应居中于左弯针孔的中心位置上，右叉针的标准是要求右叉针的内侧与右弯针的钩线边缘呈平行。同时要求左、右叉针在叉开运动时不能与左、右弯针面摩擦。否则需要调整叉针的上下位置或左、右撑片的位置，如图 12－6－51 所示。

当机针在横列位置下插时，都应是在叉针叉开（无论是左叉针还是右叉针）的间隙里下插而套线的。当机针在叉针的叉口中下插时，要求机针的中心应与叉针的内边侧保持 0.8mm 距离。如需调整时，将机器抬起后，先松开叉针调节螺母，再根据需要上下移动螺杆至标准位置后，拧紧叉针调节螺母，如图 12－6－52 所示。

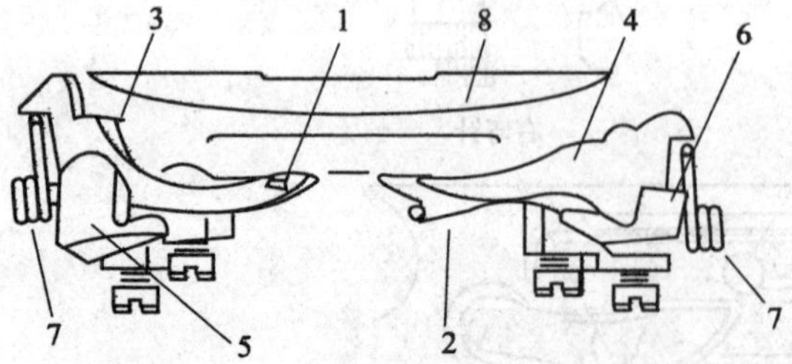

图 12－6－51　叉针与弯针的标准调整

1—左弯针孔　2—右弯针　3—左叉针　4—右叉针

5—左叉针撑片　6—右叉针撑片

7—弹簧　8—叉针架护针板

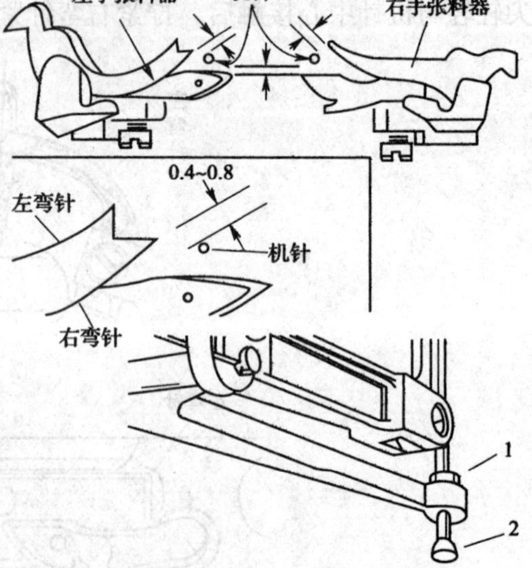

图 12－6－52　叉针与机针的标准调整

1—叉针调节螺母　2—螺杆

八、剪线部件的标准调整

（1）剪线刀位置的标准　剪线刀组件在右撑片上及离开喉板时，为剪线刀的待剪位置。如需要调整时，先拧松紧固螺母，再用螺丝刀转动调节螺钉（如顺时针转动时，会使剪线刀组件向右移；如逆时针转动时，会使剪线刀组件向左移）至标准位置后，拧紧螺母，如图 12-6-53 所示。

（2）剪线刀与机针的标准调整　将机针下降到最低点，剪线刀应在机针旁穿过而没有碰到机针。如需要调整时，先拧松剪线刀紧固螺钉，按需要移动剪线刀至标准位置后，拧紧剪线刀紧固螺钉，如图 12-6-53 所示。

（3）剪线刀高度的标准调整　剪线刀的高度标准应是在喉板底面与右叉针背面，但要求剪线刀不能与喉板或右叉针接触。如需要调整时，先拧松剪线刀架的紧固螺钉再按需要上下移动剪线刀架至标准位置后拧紧剪线刀架紧固螺钉，如图 12-6-53 所示。

九、先缝后切与先切后缝的模式选择

（1）从先切后缝（CB）设置为先缝后切（CA）的方法　如要将机器从先切后缝的模式改为先缝后切时，先使机器处于复原（停机）位置，再将位于机头后部的选择杆移至后切（CA）位置，最后用手把机器抬起，拧松夹料臂调节螺母，将夹料臂向上移到后切（CA）位置后拧紧夹料臂调节螺母，如图 12-6-54 所示。

（2）从先缝后切（CA）设置为先切后缝（CB）的方法　如要将机器从先缝后切的模式改为先切后缝时，先使机器处于复原位置。再将位于机头后部的选择杆移至先切（CB）位置，最后用手把机器抬起，拧松夹料臂调节螺母，将夹料臂向下移到先切（CB）位置后拧紧夹料臂调节螺母，如图 12-6-54 所示。

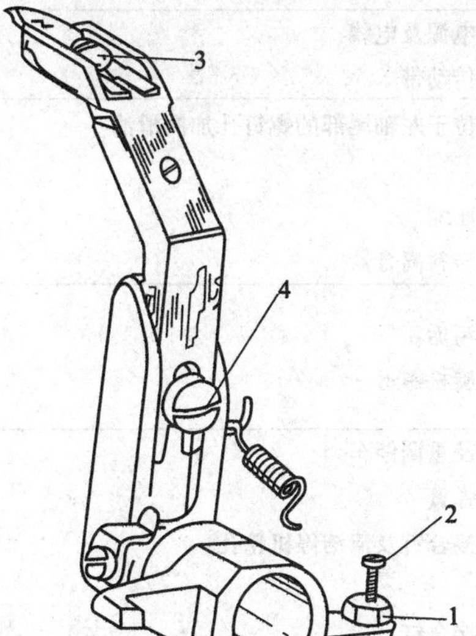

图 12-6-53　剪线刀的调整

1—螺母　2—调节螺钉　3—剪线刀紧固螺钉

4—剪刀架紧固螺钉

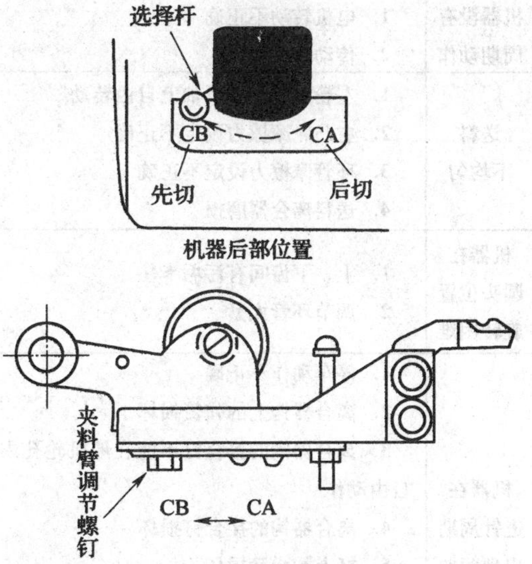

图 12-6-54　先切后缝与

先缝后切的设置方法

第七节　圆头锁眼机（美国利是104型）的故障排除方法

该机器出现的故障大致分为两种：一种为启停、制动故障；一种为纽孔质量的故障。在排除这些故障时，需要对整机的标准调整有全面掌握。

下面将圆头锁眼机在工作中出现的常见故障与排除方法列于表12－7－1，供维修时参考。因参考内容有限，如出现纽孔质量的故障时，可以参照第五节维修表及在实践中出现的故障分析。

表12－7－1　　利是104型圆头锁眼机常见故障及排除法

故障现象	产生原因	排除方法
电机不能启动	1. 没有电源 2. 电压不正确 3. 变压器有问题 4. 电机启动器有问题	1. 检查电源插头及电线 2. 用电压表检查 3. 检查变压器的输出 4. 更换启动器
电机启动后短时间就停下来	1. 左手轮钩没有与带动器轮轴接合 2. 挡杆上的弹簧太弱或已折断 3. 带动轮轴损坏 4. 换挡卷轴上的夹料螺钉松脱 5. 切割压力太大 6. 传动带拉力不正确 7. 振动臂脱离调整位 8. 离合器上的弹簧损坏 9. 齿间有污垢	1. 重检停机动作 2. 检查及更换弹簧 3. 更换带动轮轴 4. 调整及旋紧左手轮相对于振动轴及杆的时间 5. 重调切割压力 6. 重调拉力 7. 调整长度尺上的滚轮拉力；调整振动臂和停机协作；调整左手轮相对于停车轮松脱的时间 8. 更换弹簧 9. 清洁齿间，并前后转动全套组件以测试
机器没有周期动作	1. 电机转动不正确 2. 传动带松脱	1. 检查电源及电线 2. 重装传动带
送料不均匀	1. 左轮没有在后下轴上自由转动 2. 主凸轮摩擦力设定不正确 3. 环管摩擦力设定不正确 4. 送料离合器磨损	1. 通过位于左轴尾部的螺钉孔加润滑油 2. 调整 3. 调整压缩 4. 更换送料离合器
机器在圆头位置旋转困难	1. 上、下齿间有污垢卡住 2. 调节环管太紧	1. 清除污垢 2. 轻微旋松螺母
机器在进针周期出现问题	1. 停车动作不正确 2. 离合器钩上的弹簧损坏 3. 离合器钩的接合钉不能在停机轮孔内自由动作 4. 离合器钩的接合钉损坏 5. 杆上的弹簧损坏 6. 缓冲器故障或没有正确调妥 7. 运行杆脱离调整位 8. 钩扣没有稳置在运行杆	1. 检查及重调停车 2. 更换弹簧 3. 调松接合钉及清洁停机轮孔 4. 更换接合钉 5. 更换弹簧 6. 更换或重调缓冲器（请参阅停机动作调整） 7. 调整运行杆，并确保支架稳靠机箱 8. 重调钩扣

续表

故障现象	产生原因	排除方法
停车时有噪声	停机动作没有调整好	调整停机动作
机器不能停止进针	1. 停车动作调整不正确 2. 振动杆轴与机头箱碰撞 3. 振动臂有过大的边移	1. 重调停车动作 2. 旋松轴杆 3. 调整振动臂；在调整前，确保长度量尺的压力正确
机器不能回到复原位置	1. 传动带损坏 2. 切割压力太大 3. 停车动作调整不正确	1. 更换传动带 2. 重调切刀与切割钢块压力 3. 重调停车动作
机器不能停止	1. 停车动作调整不正确 2. 转向杆弹簧拉力太弱 3. 转向杆弹簧损坏 4. 转向杆卡机或损坏 5. 转向杆上的螺杆损坏 6. 转挡座损坏或卡机	1. 重调停车动作 2. 重调弹簧拉力 3. 更换弹簧 4. 移开卡机部分；更换转向杆 5. 更换螺杆 6. 更换转挡座或清除卡机
机器不能压紧缝料（或过早松脱物料）	夹料动作调整不正确	重调夹料器
机器无法放松缝料	1. 机器没有到达复原位置 2. 夹料器脱离调整不正确	1. 检查停车动作 2. 重调夹料器的脱离时间
压脚压力不平均	1. 夹料器拉下不正确 2. 夹料器拉下太松或损坏	1. 重调夹料器，按需要调整 2. 重新拧紧或更换螺钉及螺母
机器不能切开缝料	1. 切刀损坏 2. 切割座损坏 3. 切割压力不足 4. 切割杆损坏 5. 切割凸轮损坏 6. 切割杆上的凸轮跟进器损坏	1. 更换切刀 2. 修理或更换切割座 3. 重调切刀和切割座压力 4. 更换切割杆 5. 更换切割凸轮 6. 更换凸轮跟进器
切割杆卡机而不能回位	1. 弹簧损坏 2. 接合螺钉卡机 3. 切割杆上压力太大	1. 更换弹簧 2. 重调整或润滑接合螺钉 3. 调整切割压力
切开不平均	1. 夹料不平均 2. 切刀不在中心位置 3. 切割钢块安装不正确 4. 切割钢块与切刀不配合	1. 调整夹料位置 2. 调整切刀 3. 重装切割钢块 4. 参考切割钢块更换及调整

续表

故障现象	产生原因	排除方法
切开位置不标准	1. 线拉力太松 2. 夹料器没有正确地把物料定位 3. 夹料器没有正确地把缝料定位 4. 切刀没有置中 5. 切割钢块没有对准切刀中心 6. 进针的切割发生于两面 7. 纽孔长度不正确	1. 调紧线的拉力 2. 调整夹料叉针 3. 调整夹料器 4. 调整切割刀 5. 调整切割钢块 6. 调整进针齿及切割空间，重检弯针和叉针的时间 7. 调整纽孔长度
在合尾的“Y”接合位跳针	1. 切割间位不正确 2. 线太硬及重，以致缝纫机针弯曲	1. 调整切割间位 2. 轻微增加进针齿尺寸；重调弯针及叉针
跳针	1. 缝纫机针插入不正确 2. 缝纫机针弯曲或针尖有毛头 3. 缝纫机针变形 4. 弯针与缝纫机针的间距太大 5. 弯针与缝纫机的时间配合不正确 6. 弯针座的尾部移动太大 7. 弯针弯曲或已磨损 8. 叉针的拨线时间不正确 9. 夹料脚与进针点的间距太大 10. 夹张料调整不正确 11. 穿线不正确 12. 拉力不正确	1. 重新插入缝纫机针 2. 检查及更换缝纫机针 3. 更正导致变形的原因 4. 重调间距 5. 重调弯针时间 6. 检查是否有部件磨损，按需要更换部件；调整弯针针座 7. 更换弯针 8. 重调叉针时间 9. 重调间距、时间 10. 重调夹叉针 11. 重新穿线 12. 重调拉力
在缝制开始时跳针	1. 开始缝制时线太短 2. 叉针叉没有置于弯针眼孔以上位置 3. 右手弯针时间调整不正确 4. 夹料脚与进针点的间距太大 5. 弯针或叉针损坏	1. 重调起点放松的上拉力 2. 检查及重调弯针及叉针 3. 重调弯针时间 4. 重调间距 5. 更换弯针或叉针
断面线	1. 面线拉力太大 2. 弯针与缝纫机针的间距不正确 3. 弯针、叉针时间不正确 4. 沿线路径的边位太锋利 5. 针柄弯曲或设置不正确 6. 机器穿线不正确	1. 重调面线拉力 2. 重调弯针与缝纫机针的间距 3. 重调弯针及叉针时间 4. 打磨锋利的边位 5. 更换缝纫机针或重新插入缝纫机针 6. 重新穿线

续表

故障现象	产 生 原 因	排 除 方 法
断底线	1．底线拉力太大 2．左手叉针调整不正确，其他底线断裂原因，请参考“面线断裂”	1．重调底线拉力 2．重调叉针
线迹脱落	1．剪线调整不正确 2．拉力调整不正确 3．穿线不正确	1．调整剪线 2．调整拉力 3．检查穿线
缝纫机针折断	1．缝纫机针与弯针、叉针的间距不正确 2．缝纫机针与夹料脚的间距不正确 3．缝纫机针与缝纫机针的保护器的间距不正确 4．缝纫机针高度调整不正确 5．缝纫机针的振动座没有平稳地坐在弯针座上	1．重调间距 2．重调间距 3．重调间距 4．重调缝纫机针高度 5．检查刷部并调整
直线部分进针不一致	1．机器没有正确地调整对齐位 2．夹料叉针调整不正确 3．弯针与叉针时间不正确	1．重新调整机器 2．重调夹料叉针 3．重设时间
纽孔圆头位置不标准	1．旁边凸轮时间调整不正确 2．切刀杆调整不正确 3．衬线在喉板位拉动困难 4．弯针座摇摆不正确 5．夹料不正确	1．重调时间 2．重调切刀杆 3．按需要开衬线孔；重调衬线后拉（剪线）位置 4．检查弯针座180°的摆动转向及其平稳性 5．调整夹料板及夹料叉针
缝制完成后，中心线迹被切开	1．切刀宽度不足够 2．切刀杆调整不正确 3．夹料张料不正确 4．纽孔长度太短	1．重调切刀宽度 2．重调切刀杆 3．重调夹料张料 4．重调长度量尺
纽孔质量下降	缝制纽孔的功能及外观受以下因素影响： 1．进针密度 2．锁眼圆头位的进针数目过疏 3．进针线与锁眼孔轴之间的距离 4．弯针及叉针时间不正确	参考正确的调整
进针拉起现象	线及缝料能影响纽孔的外观； 1．面线及底线拉力过大或过小； 2．弯针、叉针时间不正确	1．调整面线及底线拉力 2．重调时间

圆头锁眼机被卡时的排除技巧

当机器在工作时出现被卡现象，如确定其原因是异物落到机器中部的主控蜗轮里时，不需要将机器进行拆卸，可按如下方法进行排除（此方法只适合 104－100、200 型）。

先将连杆螺母、垫圈与针距调节螺母卸下，以便将机器右下角的进针送料器（棘轮）脱离，同时也脱离连接臂，卸下位于走针凸轮连接架后部的螺杆，以便把走针连杆脱离。最后放在走针连杆上部的滑动杆就可以从进针送料器里脱离。

再将针距连杆向前推，使之将针距连杆下部的螺杆取出，最后把固定在进针送料器轴尾上的咬环卸下，将进针送料器从轴上取出（注意：在安装进针送料器时，不要丢失或忘记咬环后的圈），如图 12－7－1 所示。

然后拧松左手柄（轮）紧固螺钉，将左手轮卸下，把摇柄的紧固螺钉松开，反过来装上左手轮，如图 12－7－2 所示。最后摇动手柄，主控轮便向反方向转动。卡在主控轮上的异物就可以被取出。当异物被清除后，需用上述方法安装各部件，最后重新调整针距的大小即可。

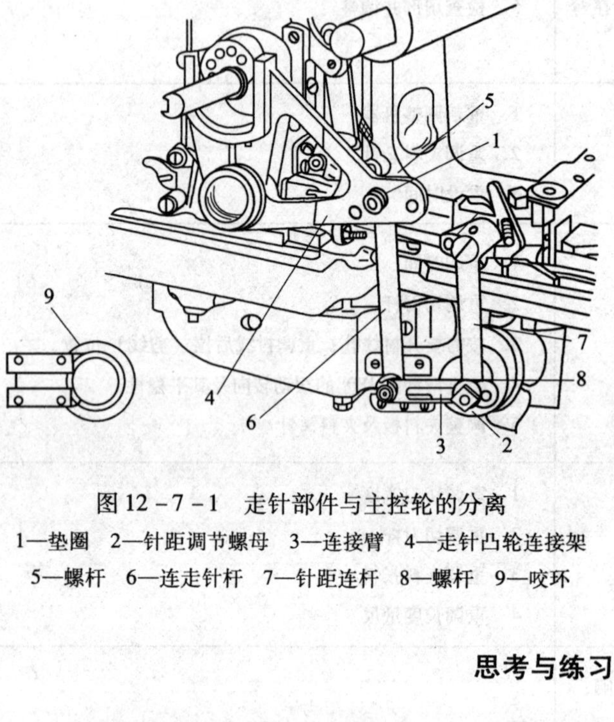

图 12－7－1　走针部件与主控轮的分离

1—垫圈　2—针距调节螺母　3—连接臂　4—走针凸轮连接架　5—螺杆　6—连走针杆　7—针距连杆　8—螺杆　9—咬环

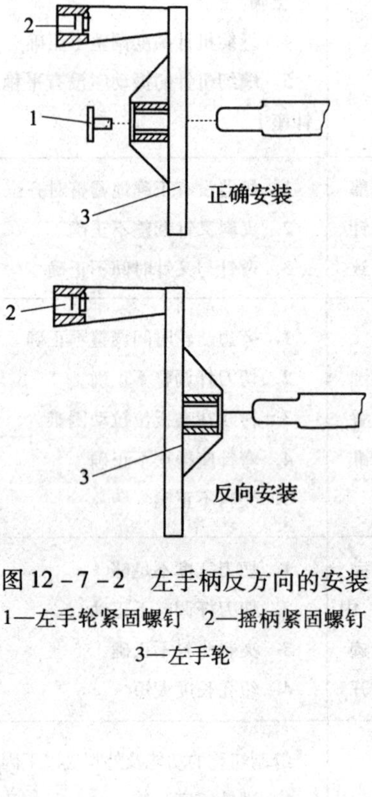

图 12－7－2　左手柄反方向的安装

1—左手轮紧固螺钉　2—摇柄紧固螺钉　3—左手轮

思考与练习

1. 圆头锁眼机适合缝制哪些缝料？
2. 圆头锁眼机是由哪些机构组成的？各有什么作用？
3. 圆头锁眼机的运动结构特点是什么？
4. 圆头锁眼机在工作时，针杆机构是做哪三种运动？各有什么作用？
5. 简述圆头锁眼机的工作过程，并掌握它的传动原理。
6. 圆头锁眼机由高速转成走针后又转换成高速，在此过程中，由哪些机件控制？
7. 圆头锁眼机中的制动架在向后倾的同时，将产生哪三种变化？
8. 104 型圆头锁眼机与 557 型圆头锁眼机相比较，结构存在哪些区别？

第十三章 高速（数控）工业平缝机

（标准 GC6180MT3 型）

第一节 显示板的按键功能与基本操作

一、显示板与键盘图解（见图 13－1－1）

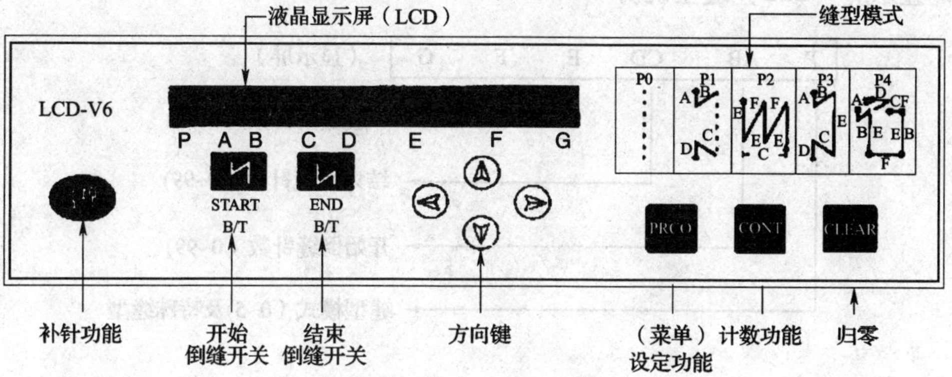

图 13－1－1 显示板

补针功能—NC　　方向键（编修功能）—and ⇧⇩⇨⇦

开始倒缝开关—SBT　　结束倒缝开关—EBT

计数功能—CONT　　参数设定功能—PRCO

归零—CLEAR

启动电源时的显示

当开动电源开关时，操作板显示屏会短暂显示出信息“SYSTEM TESTING”同时，系统开始自动测试动作。

SYSTEM TESTING	（显示屏）

如果在测试过程中发现任何问题，显示屏会显示相关的错误信息（其详细信息内容请参阅故障排除一节）。

如果测试一切正常，此时系统将直接进入操作模式，显示屏显示出“MACRO MOTOR”，表示可以开始缝制作业了。如果缝型有不同的设定，在开机后则会显示上一次所设定的缝型信息。

MACRO MOTOR	（显示屏）

二、缝型模式与基本操作

1．缝型的操作

首先，按⇨（右移键）或⇦（左移键）移动显示屏上字母底下的光标到需要修改的位置下方，再按⇧（增加键）或⇩（减少键）修改缝型和针数。修改后继续按⇨（右移键），使光标移动到原来 P 点的位置，显示屏上会显示“SAVING”并存入缝型。当下次操作时机器会根据上次的设定进行工作（注：只有在缝纫之前才可以设定缝型及修改针数）。

S A V I N G	（显示屏）

2．显示屏（LCD）缝型说明

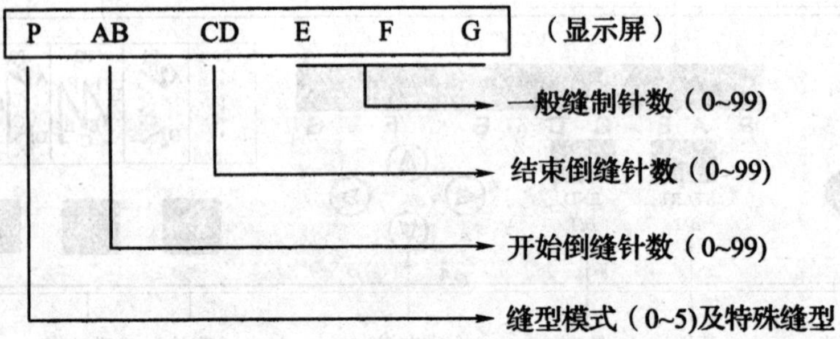

3．缝型 0（P0）的模式

M O C R O　M O T O R	（显示屏）

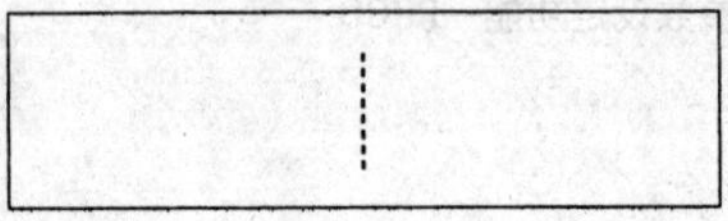

4．缝型 1（P1）的模式

1　33　33	（显示屏）

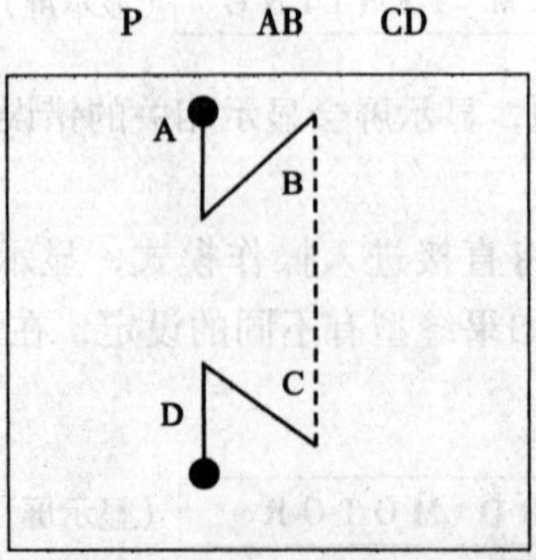

5. 缝型 2（P2）的模式

2	05	05	05	（显示屏）
P	E	F	G	

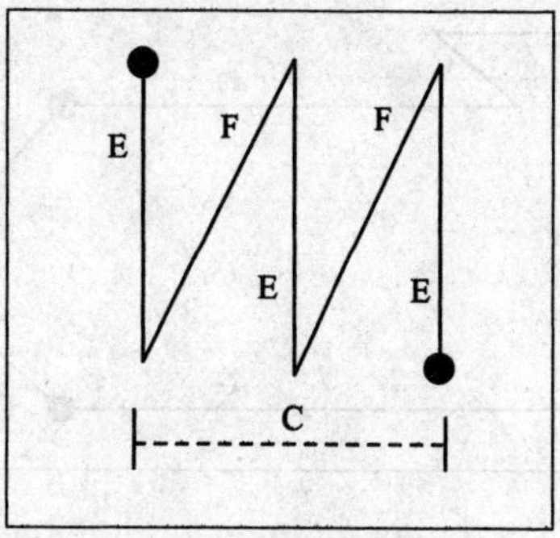

6. 缝型 3（P3）的模式

3	33	33	05	（显示屏）
P	AB	CD	G	

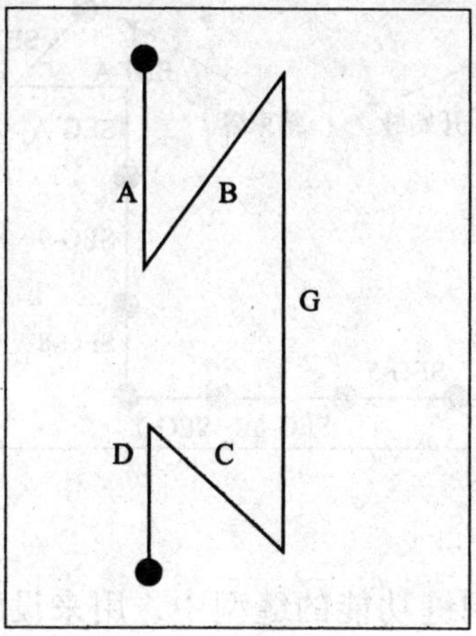

7. 缝型 4（P4）的模式

4	33	33	10	10	（显示屏）
P	AB	CD	E	F G	

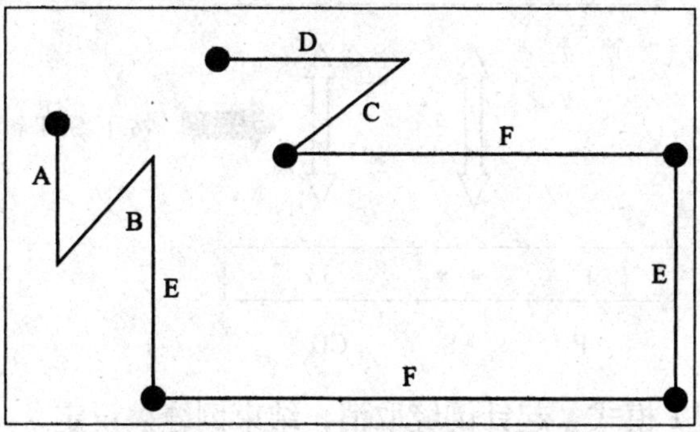

8. 缝型 5（P5）的模式

5	33	33	10	10	10
P	AB	CD	E	F	G

（显示屏）

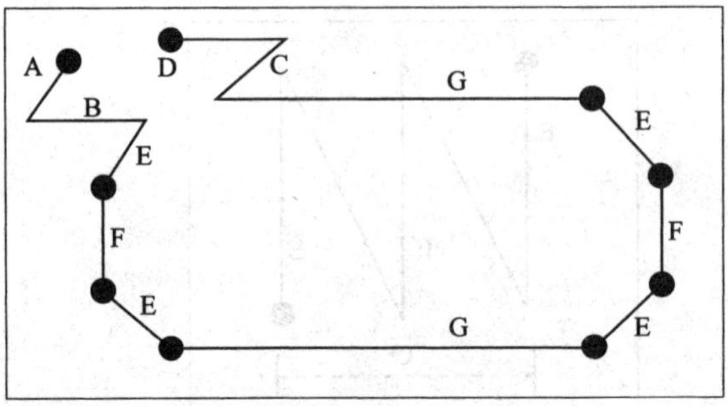

9. 特殊缝型模式（SPECIAL PATTERN）

SPECIAL　PATTERN（显示屏）

P　AB　CD　E　F　G

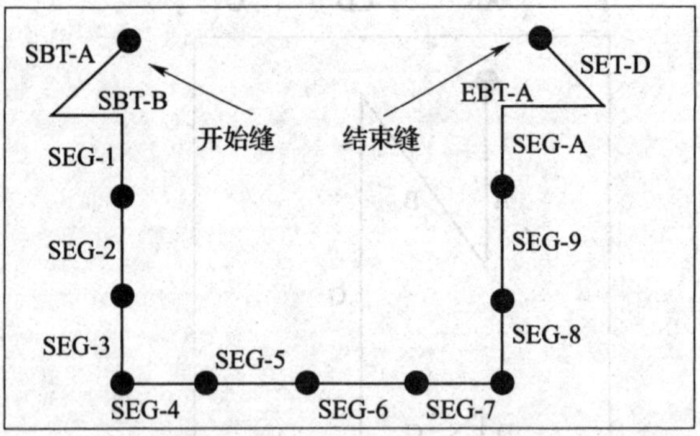

10. 起针倒缝设定（前加固）

按键 SBT 是在执行起针自动倒缝功能的缝型中，用来设定或取消起针倒缝的动作。如在起缝前按下 SBT 键，可以切换起针自动倒缝设定的状态。在操作板的显示屏上当 AB 位置显示出数字例如 33（即开始顺缝 3 针后，再倒缝 3 针）表示起针自动倒缝功能被设定。反之，当 AB 位置显示出“＊＊”，表示起针自动倒缝功能被取消。

1　33　33（显示屏）

1	＊＊	33
P	AB	CD

说明：显示为缝型 1 模式、起针倒缝取消，结束倒缝被设定

11. 结束倒缝设定（后加固）

按下 EBT 键是在执行结束自动倒缝功能的缝型中，用来设定或取消结束倒缝的动作。当在切线前按下 EBT 键，可以切换自动倒缝设定的状态。在操作板上的显示屏上如 CD 位置显示出数字例如：33（即在缝纫最后一针时倒缝 3 针，然后再顺缝 3 针到最后一针时的结束位置停止）表示结束自动倒缝功能被设定。反之如 CD 位置显示出“＊＊”，表示结束自动倒缝被取消。

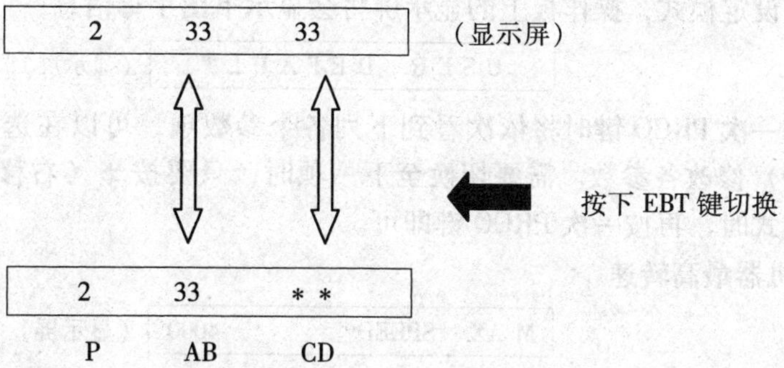

说明：显示为缝型 2 模式、起针倒缝被设定，结束倒缝取消

12. 补针功能与操作

在起缝以后至倒踩脚踏板切线之前按下补针按键时，可以控制缝纫时进行半针动作，使机针由下针位前进至上针位或由上针位前进至下针位；在按住机头上的倒缝开关时，可进行连续补针动作（注：在踩下踏板进行缝纫时为倒缝动作，如松开踏板缝纫暂停时为连续补针动作），如图 13－1－2所示。

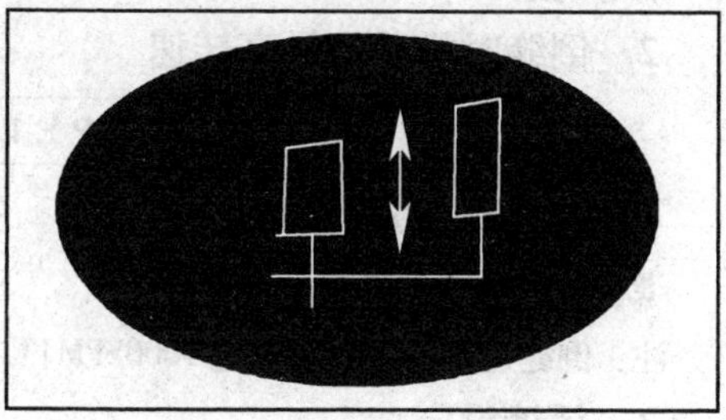

图 13－1－2　补针图标

13. 自动工作计件功能

自动计件功能是可以依实际需要设定成可以自行编修计件值或开关计件编修功能。机器在进行每一次切线之后，计件器会自动加一，如有需要变更也可自行修改计件值。

切换计件模式：要求起缝前或切线之后，在缝型显示模式状态下按一次 CONT 键，操作板上的显示屏会显示如图字母：

| W O R K：000000　P C S |（显示屏）

说明：表示已切换至计件模式，当需要切换回缝型模式时只须再同时按下 CONT 键即可。

编修计件值：当需要修改计件值时，在计件模式状态下可以按⇧（增加键）或⇩（减少键）直接修改。但要在参数“work piece?”项时必须设为 user。如需要清除计件内容时，只要按下 CLEAR 键即可清除为零。

| W O R K：　000998　P C S |（显示屏）

例如：计件功能被设定后，缝纫工作已完成了 998 件（即切线 998 次）

第二节　各项信息功能的参数设定

一、基本功能参数设定

在起缝前或切线之后并放下压脚时只要按下 PRCO（参数功能设定）键可以进入基本功能参数设定模式，操作板上的显示屏将会显示下图字母信息：

| USER　DEFAULT |（显示屏）

再按一次 PRCO 键时将依次看到下列各个参数项，可以在选项中按⇧键或⇩键（增加、减少）修改各参数。需要切换至下一项时，只要按⇨（右移键）即可，如设定完成要离开模式时，再按一次 PRCO 键即可。

1. 机器最高转速

| MAX　SPEED?　4000 |（显示屏）

设定范围：100 ~ 5000　　SPM（针/min）

默认值：4000　　SPM（针/min）

2. 倒缝时机器的最高转速

| B. T. SPEED?　1000 |（显示屏）

设定范围：100 ~ 1500　　SPM（针/min）

默认值：1000　　SPM（针/min）

注：倒缝速度不宜设定超过 1000SPM！

3. 缓缝设定

| SOFT　START?　NO |（显示屏）

设定范围：NO 不需缓缝/ 1 ~ 3 针

默认值：NO 不需缓缝

4. 缝型 2、3、4、5 及特缝型自动缝纫设定

| AUTO　SEW?　NO |（显示屏）

设定范围：YES/ NO　　默认值：NO

注：如设定了 YES（自动缝）时，缝纫速度不受踏板控制！

5. 切线设置

| TRIM?　YES |（显示屏）

设定范围：YES 可自动剪线　NO 不能剪线

默认值：YES

二、特殊功能参数设定

只要在起缝前或切线之后并放下压脚，然后持续按下 PRCO 键两秒钟以后即可进入特殊功能设定模式，操作板上的显示屏会显示如下图：

| * * * MODLFY * * * | (显示屏)

再按下⇨（右移键）可依次看到下列各个参数项，选中的项目可以按⇧或⇩（增加、减少）键修改参数。如想切换至下一参数项时，只要按⇨键即可。若已完成设定模式，再按一次PRCO键后机器便可根据刚才的设定进行工作。

1. 机器最慢转速（切线速度）

| SLOW SPEED? 200 | (显示屏)

设定范围：100～250　　　SPM（针/min）

默认值：200　　　SPM（针/min）

2. 机针停止位置的设定

| NEED. POS? DOWN | (显示屏)

设定范围：UPO为上针位/DOWN为下针位

默认值：DOWN下针位

3. 切线模式设定

| TRIM? JUKL | (显示屏)

设定范围：JUKL、NO…　默认值：BROTH　JUKL

4. 压脚装置设定

| FT UP/EXIST? NO | (显示屏)

设定范围：YES（装置压脚）NO未装置压脚

默认值：NO未装置压脚

当设定自动抬压脚时：

(1) 定位时自动抬压脚设定

| FT UP/STOP? NO | (显示屏)

设定范围：YES/NO　　　默认值：NO

(2) 切线后自动抬压脚设定

| FT UP/TRIM? NO | (显示屏)

设定范围：YES/NO　　　默认值：NO

(3) 自动抬压脚时间设定

| FT UP/TT? 10s | (显示屏)

设定范围：10～600　　　SECONDS（s）

默认值：10　　　SECONDS（s）

(4) 压脚启动时间设定

| FTUP/TINT? 150ms | (显示屏)

设定范围：10～600　　　ms（毫秒）

默认值：150　　　　　　　　ms

（5）压脚驱动时间设定

FTUP/TON?　　4ms	（显示屏）

设定范围：1～60　　　ms（毫秒）　默认值：4　　　ms

（6）压脚释放时间设定

FTUP/TOFF?　　6ms	（显示屏）

设定范围：0～60　　　　ms（毫秒）

默认值：6　　　　　　　ms

注：如不设定为0时，表示压脚能全开

（7）控制压脚缓落的时间参数 RON

FTUP/RON?　　1ms	（显示屏）

设定范围：1～6　　　　　ms（毫秒）

默认值：1　　　　　　　ms

（8）控制压脚缓落时间的参数 ROFF

FTUP/ROFF?　　1ms	（显示屏）

设定范围：1～6　　　　　ms（毫秒）

默认值：1　　　　　　　ms

（9）压脚缓落的时间总长

RON+ROFF?　　20T	（显示屏）

设定范围：1～60　　　　T（毫秒）

默认值：20　　　　　　T

（10）压脚缓落的时间总长

FTDOWN?　　300ms	（显示屏）

设定范围：10～600　　　ms（毫秒）

默认值：300　　　　　ms

5. 扫线电磁铁动作时间的设定

WIPE　TIME?　　40ms	（显示屏）

设定范围：10～600　　ms（毫秒）

默认值：40　　　　　ms

6. 刹车制动时间（开）

BRK. ON?　　15ms	（显示屏）

设定范围：1～20　　　ms（毫秒）

默认值：15　　　　　ms

7. 刹车制动时间（关）

BRK. OFF? 2ms	（显示屏）

设定范围：1～20　　ms（毫秒）

默认值：2　　ms

8．计件器工作模式的设定

WORK PIECE? USER	（显示屏）

设定：USER 可任意修改，SHOW 只提供显示不能修改

默认值：USER 可任意修改

9．进入参数是否询问密码

PSW CHECK? NO	（显示屏）

设定范围：YES/NO

默认值：YES

10．

RUNB—STITCH NO/YES?	（显示屏）

设定范围：YES/NO

默认值：NO

注意：不能随意缩短第 6 项或延长第 7 项的刹车制动时间，否则将会造成机械故障而导致损坏机器！

第三节　系统检测与故障排除

一、自动检测系统

自动检测功能主要是可以自动检测各输入信号是否正常，这样能准确判断出故障原因以及设定的信息。在开机前先按住 PRCO 及 SBT 两个键，然后打开电源直到操作板的显示屏上显示出“KEYBOARD [???]”为止，再放开按键。系统将进入自动测试程序中。如需切换至下一个测试项时，只要同时按下 PRCO 及 CONT 两个键即可。

KEYBOARD [???]	（显示屏）

说明：显示屏出现该信息时，便可进入自动测试程序中

1．按键测试

此项目主要测试操作上的键盘控制是否正常。只要按下按键，在括弧中即会显示出所按的按键。当同时按下两个以上按键时，则会显示“???”，但并不表示有任何问题。同时按下 PRCO 及 CONT 两个键可切换至下一个测试项。

2．调速控制板测试

B.T.ADJUST? NO	（显示屏）

显示为此项目主要测试脚踏板所控制的调速板是否正常。只要踩下踏板，操作板的显示屏上会显示所有调速板所输入的状态，同时按下 PRCO 及 CONT 两个键可切换至下一个

测试项。

在显示屏上当显示出“ * * ”表示该信号处于 OFF（关闭）状态。EN 表示启动信号，FT 表示压脚信号，TR 表示切线信号，而 SPD 后面的数值会从 0 变化至 255，这是表示所输入的速度值。当踏板踩得越深时数值越大，反之则越小。

* *　* *　* *　SPD：0

（显示屏）

未踩踏板时

E N　* *　* *　SPD：255

（显示屏）

踩下踏板至最深时

* *　FT　* *　SPD：21

（显示屏）

倒踩踏板至第一段压脚时

* *　FT　TR　SPD：45

（显示屏）

倒踩下踏板至最深时

3. 设定信息测试

此项目主要测试检测器所输入的针位信号是否正常。只要转动上轮显示屏将显示所有检测器所输入的状态。同时按下 PRCO 及 CONT 两个键可切换至下一个测试项。

在显示屏上，当显示出“ * * ”时，表示该信号处于 OFF（关闭）的状态，NU 表示上针位信号，ND 表示下针位信号，TR 表示切线信号。而括弧中的数值是表示所输入的速度编码器的计数值。当回到上针位时，数值会自动清零。一圈的计数值应为 48 左右。

* *　* *　* *　[- - -]

（显示屏）

无任何定位信号时

N U　* *　* *　[- - -]

（显示屏）

在上针位信号时

* *　ND　* *　[- - -]

（显示屏）

在下针位信号时

* *　* *　TR　[- - -]

（显示屏）

在切线定位信号时

NU　* *　* *　[48]

（显示屏）

在括弧中显示速度编码器的计数值

二、系统故障与排除方法

注意：数控平缝机除程序控制以外，其他方面的维修与普通平缝机基本相似，如机针与旋梭配合不标准会引起跳针、断线等故障。在维修数控平缝机之前，必须要熟练掌握机器的操作方法，要对各项功能参数的解释与应用有一个全面的理解。在使用中易损的机件是剪线机构，发现剪线不良时大部分需要卸下刀片进行修磨。要注意正确安装，如发现跳针、断线等常见的机件驱动故障时与普通平缝机的维修方法几乎相同。同时还要注意机件的精确位置，当程序出现故障时，系统会自动检测并在显示屏上显示信息码，下面将根据这些故障代码做出相应的排除。

1. 调速板方面故障

C HECK　PADDLE!	（显示屏）

显示为此信息时通常是因为开机前已踩下踏板，只需将脚移开踏板即可。如果这样仍然不能排除则需要进行其他方面的处理。

2. 检测器方面故障

P OSITION　ERROR!	（显示屏）

显示为此信息时通常是因为检测器未安装妥当，应检查检测器接线是否已安装妥当或反射板位置调错。否则需进行其他方面的处理。

3. 存储芯片方面故障

9 3 C 4 6　R / W　ERROR!	（显示屏）

显示为此信息时是因为存储芯片（93C46）无法记录系统信息

4. 电机运转方面故障

M ACHINE　OVERLOAD	（显示屏）

显示为此故障时，表示无法控制电机正常运转。有很多因素会造成此种故障的发生。需检查检测器是否已安装妥当，皮带是否装置妥当，微电脑控制板有无故障，电机是否正常运转，电源是否正确，否则需要进行其他方面的处理。

5. 密码错误

P ASSWORD：　ERROR!	（显示屏）

显示为此信息时不是系统故障，输入正确密码即可。

三、标准公司信息

（1）在起缝前按下补针键两秒后，操作板上的显示屏上会显示系统的版本及标准公司的服务电话及传真。

（2）系统参数设定为默认值：如在未开动电源之前，同时按下 PRCO + CONT + CLEAR，此时系统的参数会自动更新为出厂时的默认值。

（3）系统询问密码：当系统询问密码时是为防止一般操作员任意修改系统设定的防护措施。（如下图显示）

P ASSWORD：［8403］	（显示屏）

密码输入的方式为：按⇧或⇩（增加、减少）键调整光标所在位置的数字，在确认正确时再按⇨（右移键）到下一个数字的位置。依次反复完成四个密码数字的输入后，再按一次⇨键，电脑即会接受输入，如中途发现输入错误时要按 CLEAR（清除键）再重新输入即可。

四、外部结构与安装图解（见图 13－3－1）

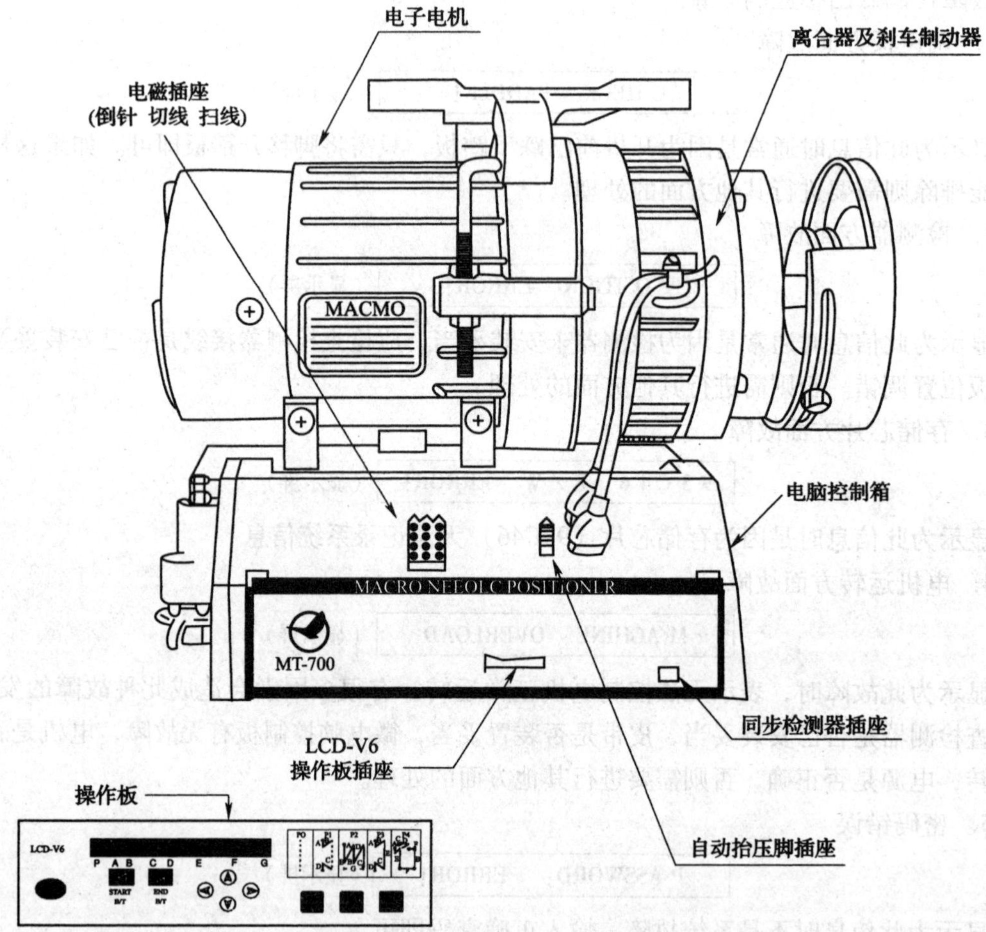

图 13－3－1　外部结构与安装图解

自动剪线平缝机简便调整旋梭的方法

由于自动剪线平缝机与普通平缝机不相同的是在针板下部装有圆刀切线部件。维修人员若无维修经验会把送布牙、定刀、剪线导线钩等全部拆下来，然后再调节旋梭，这种办法不仅维修起来烦琐，而且一次没有将旋梭调整好还要再次卸下切线部件进行调节。显然，普通平缝机调整旋梭的方法与自动剪线平缝机中调整旋梭的办法是不同的。

那么应如何快速的对自动剪线平缝机中的旋梭进行调整？现根据实践经验做一简单说明。先抬起机头用螺丝刀松开并卸下旋梭定位钩的紧固螺钉，再把旋梭定位钩取下来，然后将旋梭架转到有凹口的位置，接着一只手抓住旋梭架不动，另一只手转动皮带轮（注意在转动皮带轮时不要使机针尖碰到旋梭架），这样从下面就很容易调节旋梭与机针的钩线时间与摩擦间隙，且台板上的针板也不需要拆卸。以上办法可供维修时参考。

思考与练习

1. 全面掌握标准 GC6180MT3 型电脑平缝机的操作方法与操作板的各项功能设置。
2. 标准 GC6180MT3 型电脑平缝机与普通平缝机在结构方面有哪些区别?
3. 标准 GC6180MT3 型电脑平缝机有哪些具体功能?
4. 如何设置标准 GC6180MT3 型电脑平缝机自动倒针缝模式?
5. 标准 GC6180MT3 型电脑平缝机有几种缝型模式? 该如何设置?
6. 熟悉标准 GC6180MT3 型电脑平缝机故障代码中所代表的故障信息。

第十四章　电脑（数控）套结缝纫机

（兄弟 LK3－B430E 型）

第一节　操作板上的按键功能与基本操作程序

一、操作板上的各项名称与功能

该电脑套结机外形如图 14－1－1，其操作板如图 14－1－2 所示。

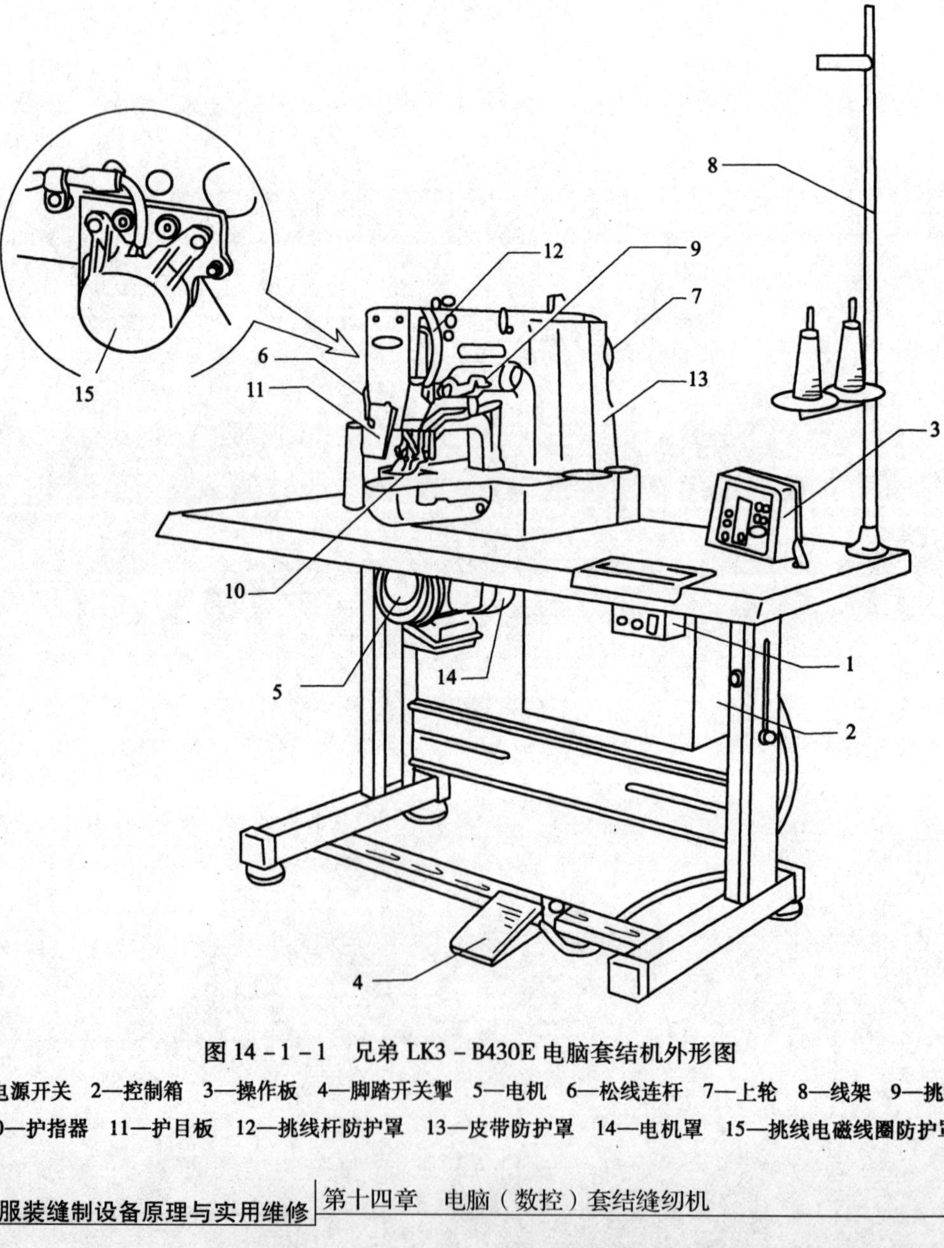

图 14－1－1　兄弟 LK3－B430E 电脑套结机外形图

1—电源开关　2—控制箱　3—操作板　4—脚踏开关掣　5—电机　6—松线连杆　7—上轮　8—线架　9—挑线杆　10—护指器　11—护目板　12—挑线杆防护罩　13—皮带防护罩　14—电机罩　15—挑线电磁线圈防护罩

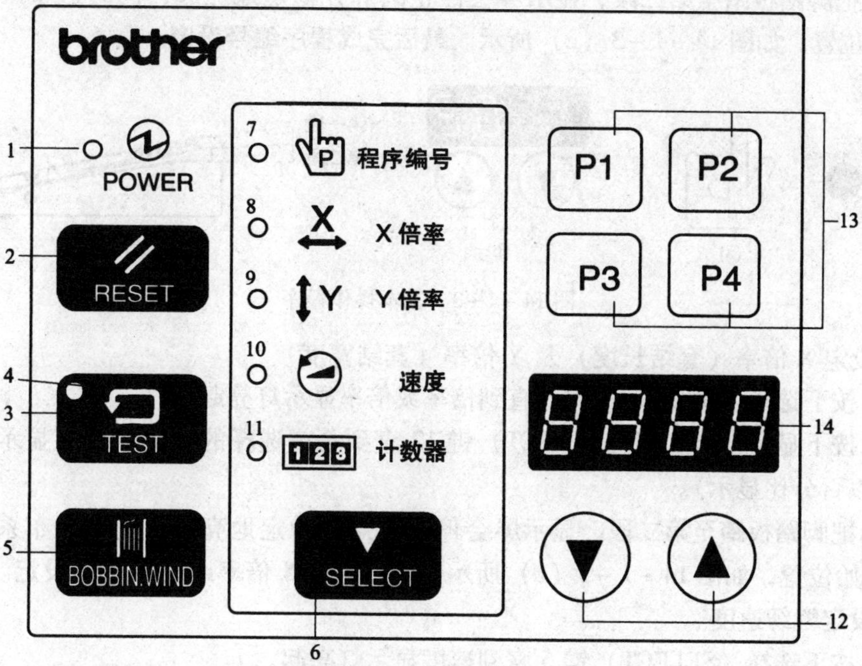

图 14－1－2　操作板

1—电源（POWER）显示灯，按下电源开关掣时亮起

2—重设（RESET）键，故障出现时按下此键重设机器

3—测试（TEST）键，按此键启动送布系统以检查缝纫花样

4—测试（TEST）显示灯，按下测试（TEST）键时亮起

5—梭芯卷绕（BOBBIN WIND）键，按此键卷绕底线

6—选择（SELECT）键，按此键选择清单（程式编号、X 及 Y 送布系统、速度及数目记录器）。每按一次此键便会出现一种清单 7 至 11，而该清单的设定便会显示在显示屏 14 上。每按一次此键，所显示的清单会按次序出现，程序编号显示灯 7 ⟶X 倍率显示灯 8 ⟶Y 倍率显示灯 9 ⟶速度显示灯 10 ⟶计数器显示灯 11（依次重复显示）

7—程序编号显示灯，按下选择（SELECT）键以显示所选程序编号设定时亮起

8—X 倍率（调节套结长度）显示灯，按下（SELECT）键 6 以显示倍率设定时亮起

9—Y 倍率（调节套结宽度）显示灯，按下（SELECT）键 6 以显示倍率设定时亮起

10—速度显示灯，按下选择（SELECT）键 6 以显示速度设定时亮起

11—计数器显示，按下选择（SELECT）键 6 以显示速度设定时亮起

12—显示设定键，用于变更清单的详情或修改数目

13—程序选择键，用于设定及选择程序

14—显示屏，显示所选清单、故障或记忆键的当时状况

二、基本操作程序

1．设定程序编号

（1）按下选择（SELECT）键直到程序编号显示灯亮起，如图 14－1－3（a）所示。

（2）按下显示设定（DISPLAYSET）键 12 直到希望选择的程序编号在显示屏内闪动，如图 14－1－3（b）所示。

（3）把脚踏板踏至第二段，显示屏会停止闪烁并稳定地亮起，同时送布系统会移至缝纫起始位置，如图 14－1－3（c）所示。最后完成程序编号设定。

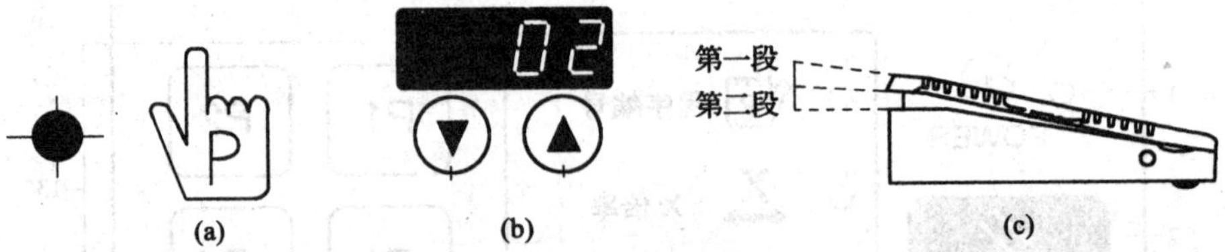

图 14－1－3　基本操作程序

2. 设定 X 倍率（套结长度）及 Y 倍率（套结宽度）

（1）按下选择（SELECT）键 6 直到倍率或倍率显示灯亮起。

（2）按下显示设定（DISPLAYSET）键 12 直到希望选择的比例设定在显示屏内闪动（设定会以百分比显示）。

（3）把脚踏板踏至第二段，显示屏会停止闪烁并稳定地亮起，同时送布系统会移至到缝纫起始位置，如图 14－1－3（c）所示，最后完成 X 倍率或 Y 倍率的设定。

3. 设定缝纫速度

（1）按下选择（SELECT）键 6 直到速度显示灯亮起。

（2）按下显示设定（DISPLAYSET）键 12 直到希望选择的程序编号在显示屏内闪动，然后按三角形键来改变缝纫速度。注意：完成设定后切记检查机针是否超出压脚的运动范围。

4. 检查缝纫（套结花样）

注：只需要操作送布系统（针杆不运动）以进行检查。

（1）按下电源开关，电源（POWER）显示灯亮起，而程序编号在显示屏内闪动。

（2）按下测试（TEST）键，测试（TEST）显示灯会亮起。

（3）按下脚踏板至第二段，只有送布系统会启动（检查机针 1 是否超出压脚的运动范围）。如再按一次脚踏板，并保持按下直至送布系统启动，送布速度便会提高；如需要停止送布系统，只要按下（TEST）键即可。

（4）按下测试（TEST）键，测试（TEST）键显示灯熄灭，并且测试模式也会清除。

（5）按下脚踏板，压脚升起，并完成预备的缝纫程序即套结花样。

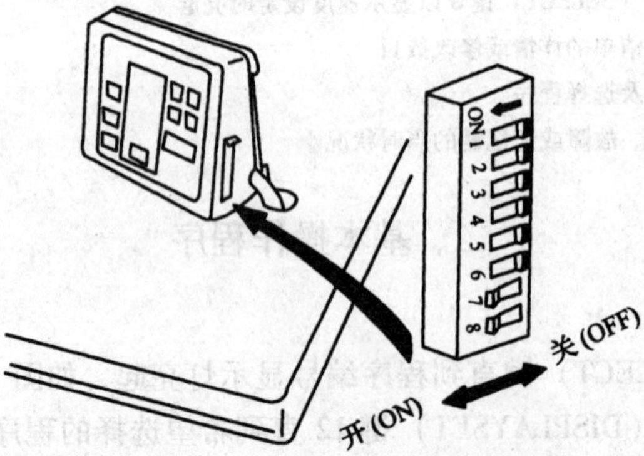

图 14－1－4　操作板开关控制功能图

注意：为确保机器工作期间的安全，可把微动开关功能键 7 及 8 设定启动，以防止所选程式发生任何意外变更。启动微动开关功能键 7 时不能放大缝纫花样，启动微动开关功能键 8 时不能更改程序编号！

5．套结花样

常用的套结花样，见表 14－1－1。

表 14－1－1　　常用的套结花样

规格	用布	程式编号	缝纫花样	针数	套结长度/mm	套结宽度/mm
—1	普通面料	1		42	16	2
		4		30	16	2
—5		5		29	10	2
		8		21	7	2
		13		35	10	2
		15		42	10	2
		20		28	7	2
		21		35	7	16
—2	牛仔布料	2		42	20	3
		3		35	20	3
		6		30	16	3
		14		35	16	3
		16		43	16	3
		17		42	24	3
		18		56	24	3
		19		64	24	3
—7	针织布料	7		28	8	2
		9		21	7	2
		22		14	7	2

注意：只要选择以上套结花样，其尺寸要处于压脚框及送布板的范围内；机器在缝制针织布料时，因热力会导致断线，需要把缝纫速度调节到不高于 2500r/min；在缝纫普通布料时—1 及—5 型规格区别在于标准压脚与送布板。

6．默认设置与设定范围（见表 14－1－2）

表 14－1－2　　默认设置与设定范围

	出厂默认设置	可设定范围
程序编号	00	01～30
X 倍率/%	100	20～200
Y 倍率/%	100	20～200
速度/(r/min)	2000	1000～2700

（用于检查 X 及 Y 倍率的送布位置）

第二节　机器驱动部分调节与各项功能的使用

一、机件驱动部分的调节

1．机器的工作过程

当机器的电源开关被启动时，电源（POWER）显示灯 1 亮起，同时程序编号也会在显示屏 14 内闪动。

（1）按下电源键，电源 POWER 显示灯亮起，而程序编号会于显示屏闪烁出现。

（2）把脚踏板踩至第二段（送布系统会移至启动位置，而压脚 1 也会升起）。注意：若是显示屏亮起时把脚踏板压至第二段，机器便会启动。见图 14－2－1。

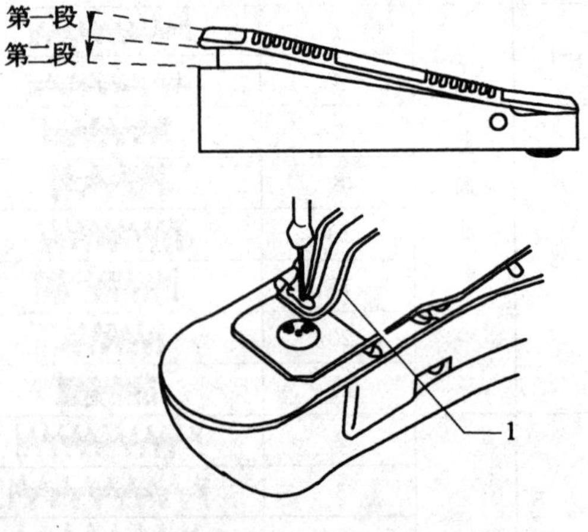

图 14－2－1　机器启动

（3）把缝纫物放在压脚 1 下，然后踩下踏板。把脚踏板压至第一段时压脚 1 会降低；若要移动缝料的位置可松开脚踏板，压脚 1 便会再升起；若把脚踏板压至第二段时机器便会启动，如图 14－2－2 所示。

（4）缝纫完成并自动剪线后压脚便会升起。

注意：在缝纫前检查针杆是否处于针上停止位置。转动上轮直至上轮上的记号 1 位于皮带罩上的记号 2 之间，如图 14－2－3 所示。如机器在启动前记号 1 不是位于两个记号 2 之间，故障信息“E—50”便会显示。

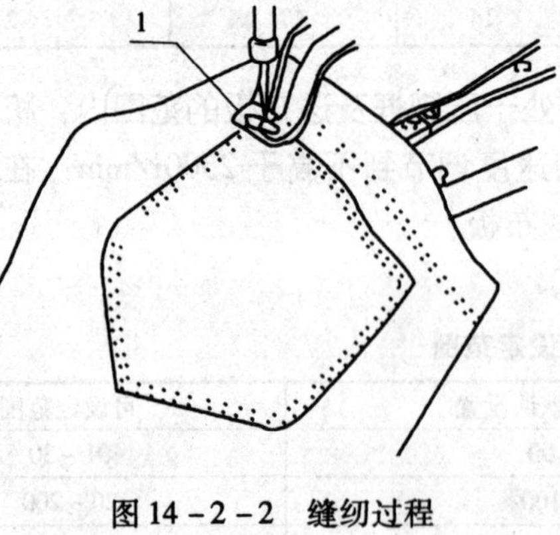

图 14－2－2　缝纫过程

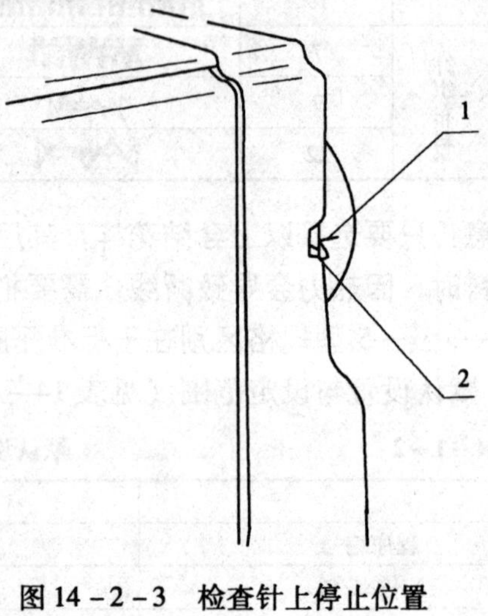

图 14－2－3　检查针上停止位置

2．针杆位置的调整

转动主轮把针杆下降到最低位置，取下橡皮塞 2 拧松螺钉 3，然后上下移动针杆进行调整，直到针杆底部以上的第二条刻度线（参考线 b）与针杆下套筒的下端面平齐。如使用 DPX5 机针，以最高刻度线（参考线 a）平齐，如图 14－2－4 所示。

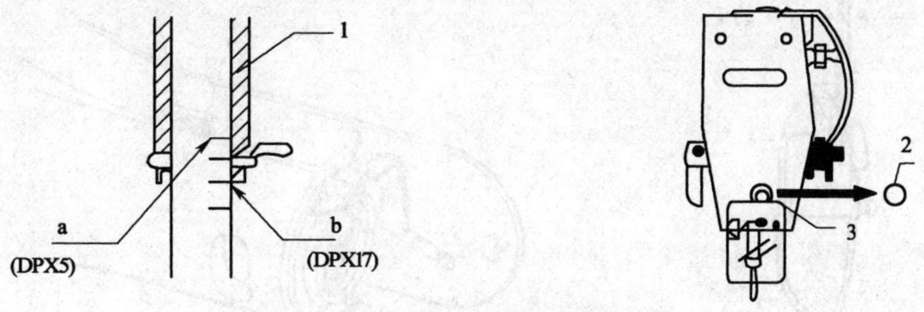

图 14－2－4　针杆位置的调整（一）

1—针杆套筒　2—橡皮塞　3—螺钉

转动主轮把针杆从最低位置升起，直到针杆最底的一条刻度线（参考线 b）与针杆套筒 1 的下端面平齐。如使用 DPX5 机针时，使针杆对下第二条刻度线（参考线 b）平齐，如图 14－2－5 所示。① 按箭头方向打开支架 2，然后拆下油毡支架 3。② 松开螺钉 4 及移动梭托进行调节，直到摆梭尖与机针中心线对齐。按图 14－2－5 安置油毡支架 3，避免夹着油毡 5，然后轻轻压下油毡 5 及油线 6 直到标准于摆梭的高度。最后把支架 2 放回到原点位置。

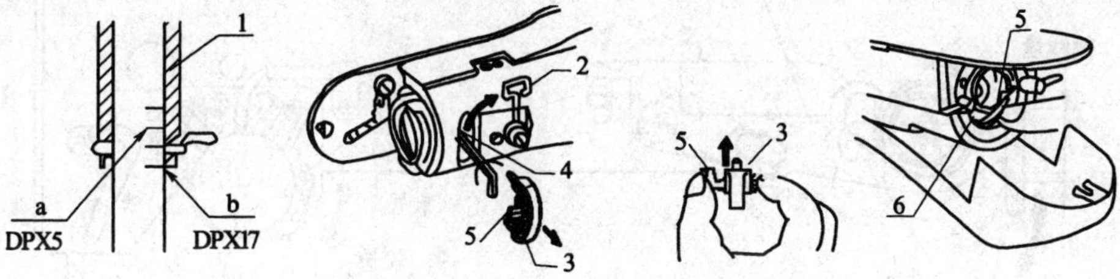

图 14－2－5　针杆位置的调整（二）

1—针杆套筒　2—支架　3—油毡支架　4—螺钉　5—油毡　6—油线

3．梭托前后位置的调整

转动主轮直到摆梭尖与机针的中心一致时，然后松开螺钉 2 及梭托进出偏心轴 3，使梭托前端 1 与机针接触，如接触过多会导致跳针。同时如梭托的前端与机针的侧面间隙过小时，摆梭尖会碰撞机针而导致摩擦损坏梭尖，如图 14－2－6（a）所示。

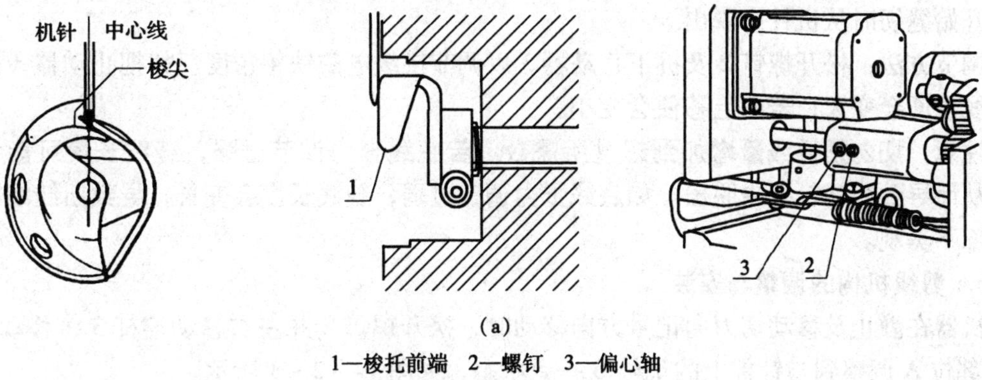

(a)

1—梭托前端　2—螺钉　3—偏心轴

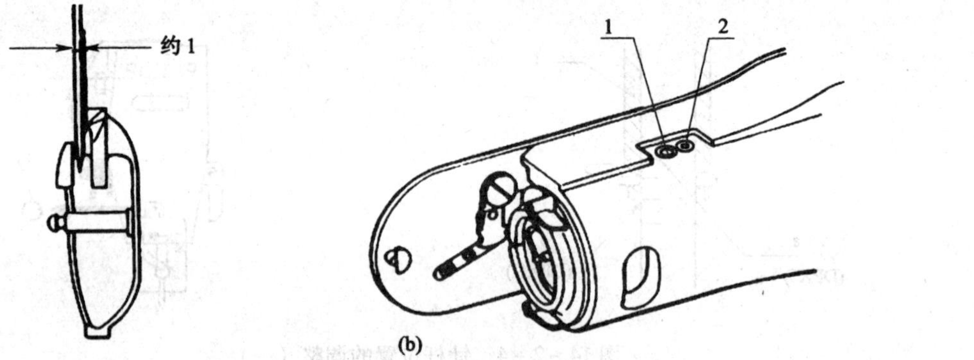

1—螺钉 2—偏心轴

图 14-2-6 梭托位置调整

转动主轮直到摆梭尖与机针的中心线呈正交时，然后松开螺钉 1 及旋动偏心轴 2 进行调节，将机针与摆梭之间留有约 1mm 间隙，如图 14-2-6（b）所示。

4. 挑线量的调整（见图 14-2-7）

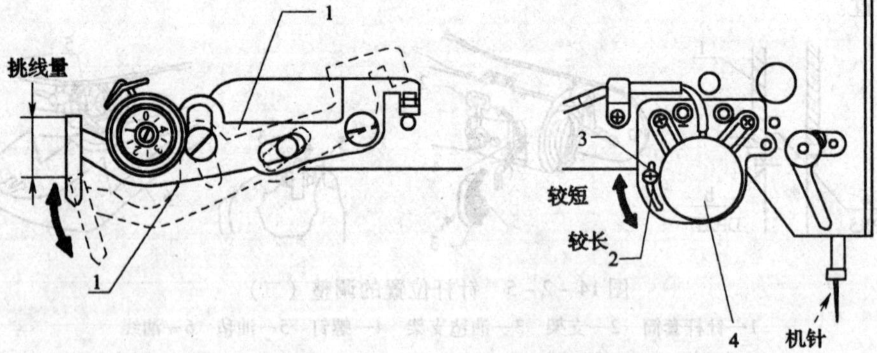

图 14-2-7 挑线量的调整

1—挑线杆 2—螺钉 3—止动器 4—挑线电磁铁

机器工作时挑线杆 1 的挑线量已设定妥当，对于普通缝料规格（-1/ -5）型标准设定为 5mm 而针织缝料的设定则为 0mm。同时可根据个别缝纫状况而更改设定，以避免缝线于开始缝纫时从机针中脱出。

调节方法：松开螺钉 2 及拆下止动器 3 以调节挑线电磁铁 4 角度。如把止动器 3 向下移挑线量便会变大；若向上移便会变小。

注意：切勿把挑线量增加到超过所需数。若底线张力调节过强，缝线长度可能会变短，从而导致线从针孔中脱出。如底线张力调节过弱，缝线长度会变长，导致所缝纫的物料底部不美观。

5. 剪线机构的调整与安装

机器在静止及移动切刀向记号方向移动时，松开螺母 2 并左右移动连杆 3 将移动刀 1 的 V 部位 A 调整到与针板上的记号 B 一致状态，如图 14-2-8 所示。

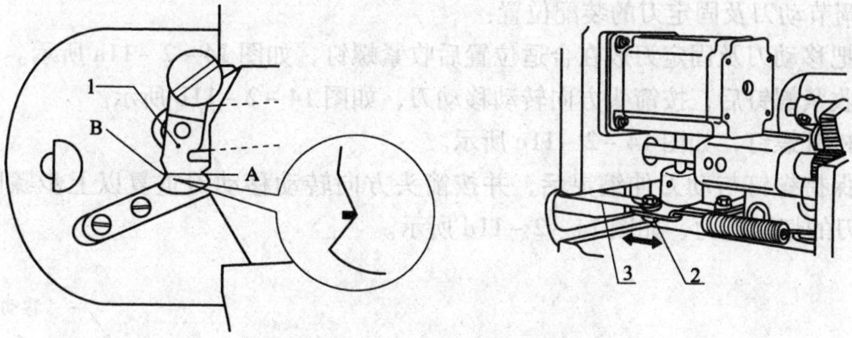

图 14-2-8　剪线机构的调整

1—动刀　2—螺母　3—连杆

如需要更换动刀或定刀时：

（1）打开大梭盖，松开内六角螺钉 1 及 2，然后取下（送布板）拖板 3。

（2）松开两颗螺钉 4 及 5，然后取下针板 6。

（3）从连杆 8 取下切刀 7，如图 14-2-9 所示。

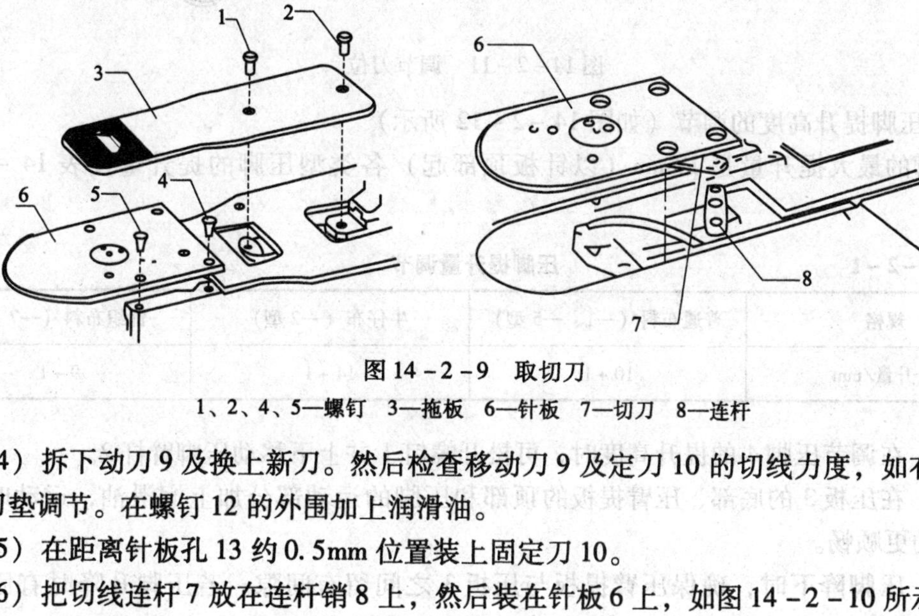

图 14-2-9　取切刀

1、2、4、5—螺钉　3—拖板　6—针板　7—切刀　8—连杆

（4）拆下动刀 9 及换上新刀。然后检查移动刀 9 及定刀 10 的切线力度，如有需要可移动刀垫调节。在螺钉 12 的外围加上润滑油。

（5）在距离针板孔 13 约 0.5mm 位置装上固定刀 10。

（6）把切线连杆 7 放在连杆销 8 上，然后装在针板 6 上，如图 14-2-10 所示。

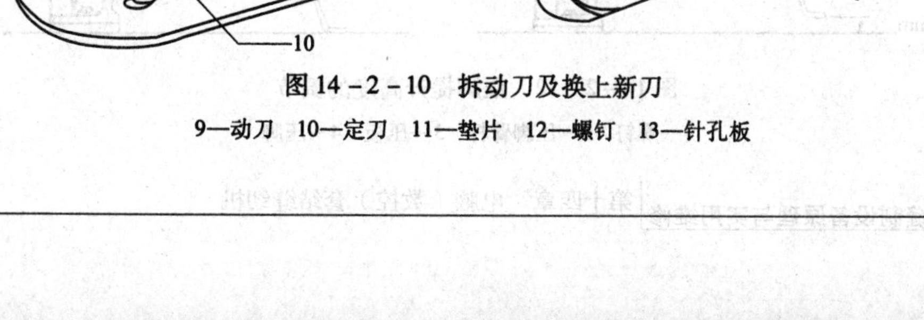

图 14-2-10　拆动刀及换上新刀

9—动刀　10—定刀　11—垫片　12—螺钉　13—针孔板

如何调节动刀及固定刀的装配位置：

（1）把移动刀及固定刀放在合适位置后收紧螺钉，如图 14－2－11a 所示。

（2）收紧螺钉后，按箭头方向转动移动刀，如图 14－2－11b 所示。

（3）松开螺钉，如图 14－2－11c 所示。

（4）保持螺钉与动刀伸缩灵活，并按箭头方向转动移动刀重复以上步骤四至五次，以保持剪刀的切割能力，如图 14－2－11d 所示。

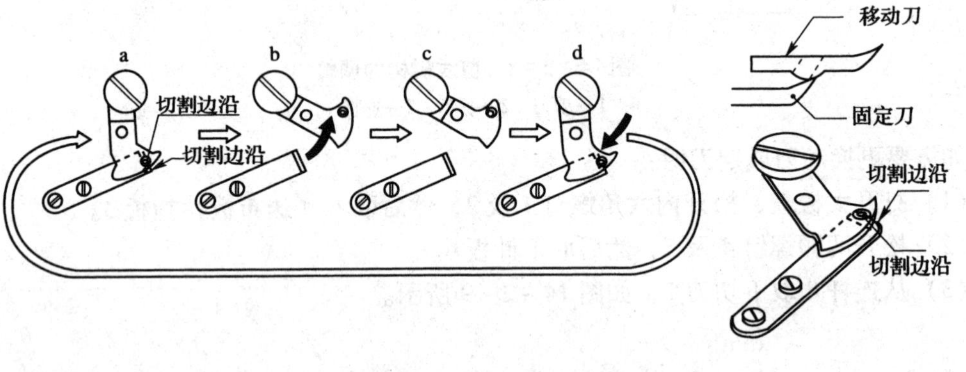

图 14－2－11　调节刀位

6．压脚提升高度的调节（如图 14－2－12 所示）

压脚的最大提升量是 17mm（以针板顶部起）各类型压脚的提升量按表 14－2－1 调节。

表 14－2－1　　压脚提升量调节

规格	普通布料（—1、—5 型）	牛仔布（—2 型）	针织布料（—7 型）
上升量/mm	10＋1	14＋1	9＋1

（1）在调节压脚 4 的提升高度时，可松开螺钉 1 并上下移动压脚臂杆 2。

（2）在压板 3 的底部、压臂提板的顶部和压脚的运动部分加上润滑油，运动时加进以使移动更顺畅。

（3）压脚降下时，确保压臂提板与压板 3 之间留有间隙。若压脚升降时有困难便不再提升其高度，若压脚不能升降，显示屏便会出现故障代码“E—61”或“E—63”。

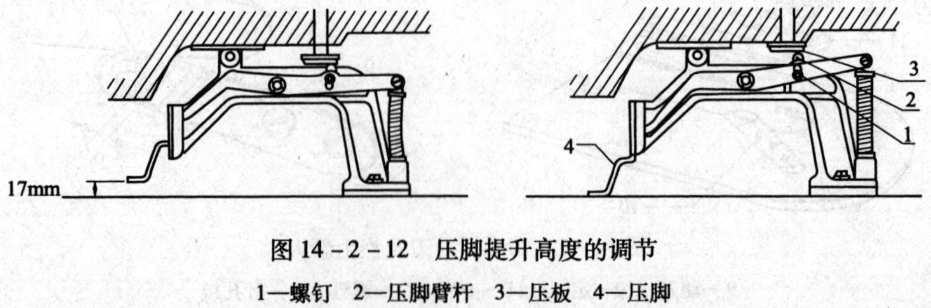

图 14－2－12　压脚提升高度的调节

1—螺钉　2—压脚臂杆　3—压板　4—压脚

7. 机针上停位置的调整（如图 14－2－13 所示）

先把机针停止在最高位置，使主轮 1 上的标记 2 在皮带罩 3 的标记 4 范围内。如需要进行调节松开主轮 1 上 U 标记侧下边的螺钉 5 并转动主轮 1。如顺时针方向转动主轮会稍后才停下，若逆时针转动则会较早停下。

注意：位于“D”记号附近的螺钉 6 是机针下位置探测功能的调节螺钉，是用以配合送布的时间的，切勿松开。螺钉 7 用以探测机器停顿位置，切勿松开。如标记 2 于机器启动时并非在标记 4 范围以内，故障代码“E—50”便会显示于显示屏内。此情况可转动主轮把标记 2 移动至适当位置，然后开始缝纫。

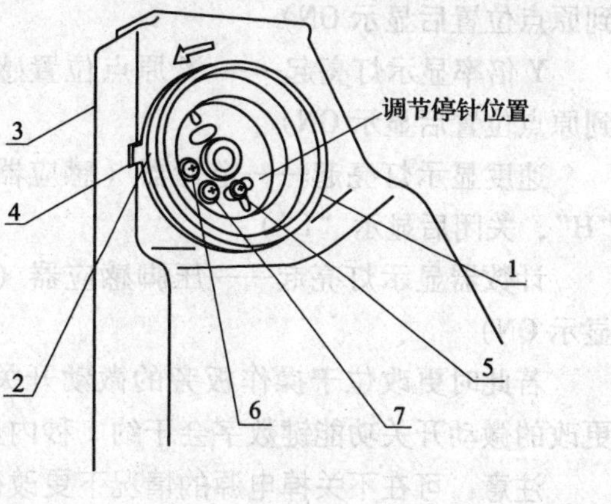

图 14－2－13　机针上停位置的调节

1—主轮　2、4—标记　3—皮带罩　5、6、7—螺钉

二、各项功能键的设定与使用（如图 14－2－14 所示）

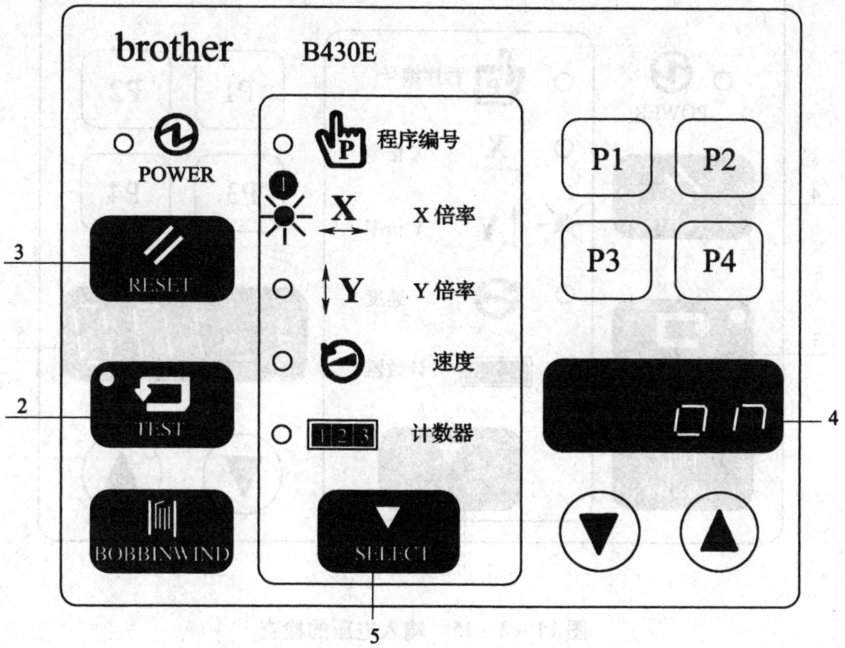

图 14－2－14　各功能键的设定与使用

1. 输入感应器与微动开关的功能输入

(1) 使 X 倍率显示灯 1 亮起时，按下测试（TEST）键 2 并按下重设（RESET）键 3，X 原点信息状态会于显示屏 4 内出现。

(2) 每次按下选择（SELECT）键 5 时不同显示灯会亮起，而相应的操作情况会在显示屏 4 内出现。

（3）再按下测试键 2 使显示屏恢复正常操作状态。

X 倍率显示灯亮起—— X 原点位置感应器（探测到原点位置后显示 ON）

Y 倍率显示灯亮起—— Y 原点位置感应器（探测到原点位置后显示 ON）

速度显示灯亮起——定针器（感应器启动时显示“H”，关闭后显示“L”）

计数器显示灯亮起——压脚感应器（压脚降下时显示 ON）

感应器启动时显示 (ON)

感应器关闭时显示 (OFF)

若此时更改位于操作板旁的微动开关功能键，已更改的微动开关功能键数字会于约 1 秒内显示于显示屏 4 的第四个数位上。

注意：可在不关掉电源的情况下更改微动开关功能键的设定，以检查所输入的微动开关功能资料，但在一般情况下，应关掉电源后才可以更改微动开关功能的设定。

2. 检查输入电压（如图 14－2－15 所示）

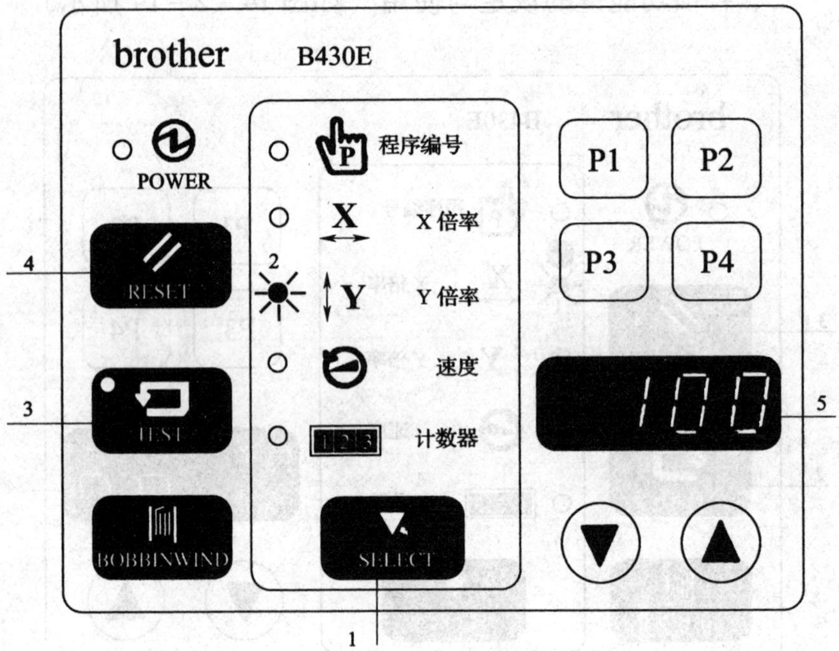

图 14－2－15　输入电压的检查

（1）启动电源键。

（2）按下选择（SELECT）键 1 直到 Y 倍率显示灯 2 亮起。

（3）按下测试（TEST）键 3 时同时按下重设（RESET）键 4。

（4）如所输入的电压正常，输入电压的状态会如表 14－2－2 所示，显示在显示屏 5 内。

（5）再按下测试（TEST）键 3 使显示模式恢复正常状态。

表 14－2－2　　输入电压状态及显示

电压/V	显　示	注
200	(090～110)	电压输入为 200V 时，显示屏显示读数为 100
220	(100～120)	
230	(105～125)	
100 380 400 415	(100～120)	电压输入为 100V（100—V 规格）、380V（380—V 规格）、400V（400—V 规格）或 415V（415—V 规格）时，显示屏内的读数为 110

3．清除所有记忆设定

如机器不能正常操作时，可能是由于记忆设定不正确引起。此种情况应采取下列步骤清除所有记忆设定并检查微动开关功能的设定。清除方法是：按下重设（RESET）键时启动电源，便可以清除所有记忆设定。

注意：使用此种程序会清除所有储存于记忆系统内的资料如记忆键及用户放弃等设定。如安装有“非常停止”开关（另外购买）可重设 10 号记忆开关至 ON。

4．套结花样的设定（如图 14－2－16 所示）

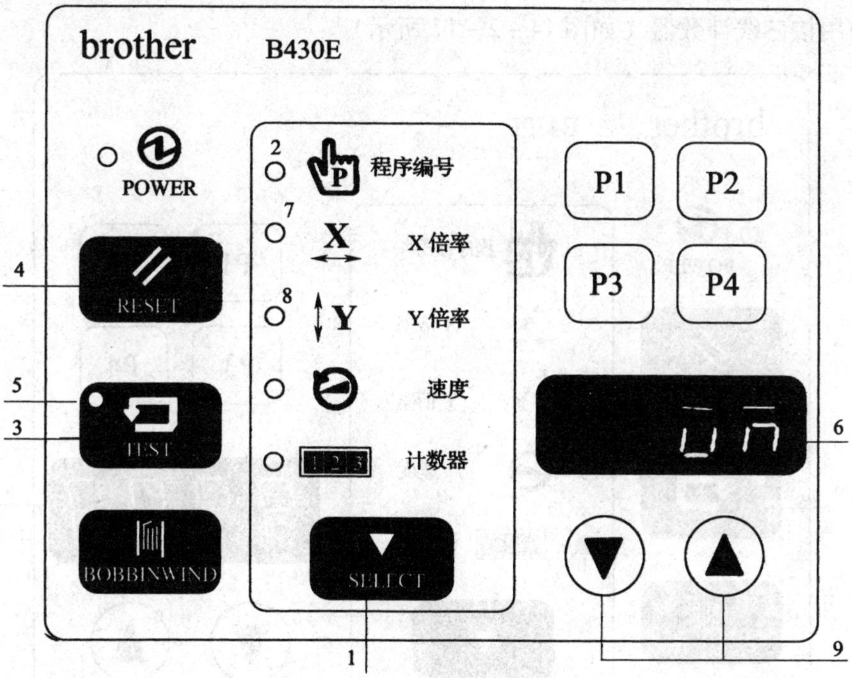

图 14－2－16　套结花样的设定

（1）选择程序编号，然后按下一次启动键把送布系统设定于开始缝纫位置。

（2）按下选择（SELECT）键 1 直到程序编号显示灯 2 亮起。

（3）按下测试（TEST）键 3 时同时按下重设（RESET）键 4。测试（TEST）显示灯 5 会亮起，<和>会显示于显示屏 6 内。

（4）按下选择（SELECT）键 1 使 X 倍率显示灯 7 或 Y 倍率显示灯 8 亮起。

（5）按下显示设定（DISPLAYSET）键 9 可移动送布系统。

X 倍率显示灯亮起时按下显示设定（DISPLAYSET）键（▲）键，送布系统便会向左移。

X 倍率显示灯亮起时按下显示设定（DISPLAYSET）键（▼）键，送布系统便会向右移。

Y 倍率显示灯亮起时按下显示设定（DISPLAYSET）键（▲）键，送布系统便会向上移。

Y 倍率显示灯亮起时按下显示设定（DISPLAYSET）键（▼）键，送布系统便会向下移。

（6）完成以上微调后按下测试（TEST）键 3，测试（TEST）显示灯 5 及显示屏 6 会同时熄灭，并完成移动针迹花样。

所有已设定的程序可以向上下左右移动（但这些花样在关掉电源后、更改程序编号后，要重新设定），也可把送布位置设定于任何位置。

注意：移动针迹花样时，应考虑整体花样，以确保缝纫花样时套结花样不会超出（压脚框）缝纫范围。如需要设置送布位置，可于显示屏 6 闪烁时进行以上步骤（2）至（6），针迹花样在此时不会移动。

5. 使用梭芯线计数器（如图 14－2－17 所示）

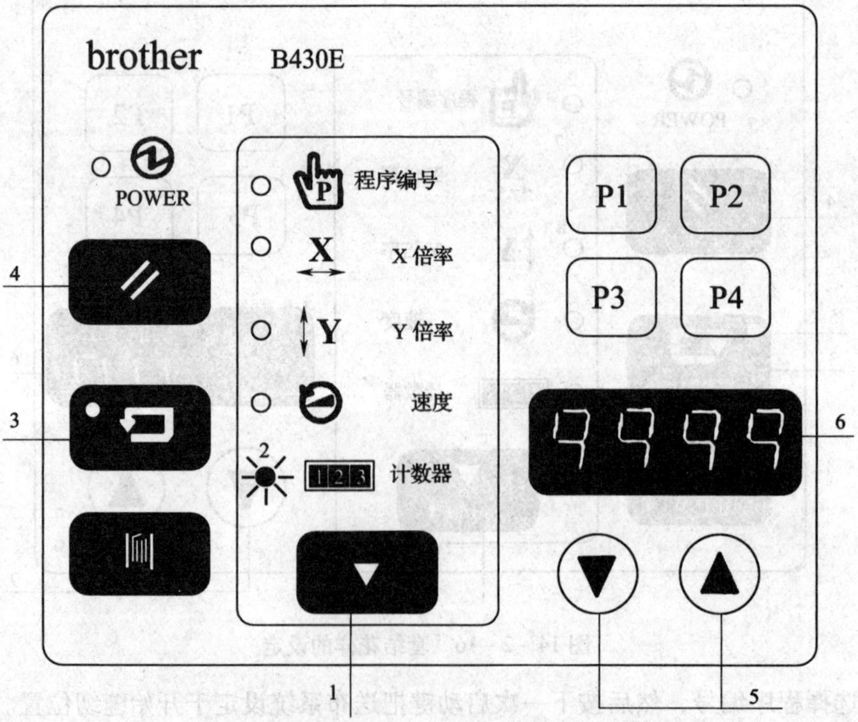

图 14－2－17　梭芯线计数器

如使用梭芯线计数器设定梭芯线可以控制设定的缝料数量，能够避免在缝纫花样时的线量不足。

（1）按下选择（SELECT）键1直到计数器显示灯2亮起。

（2）按下测试（TEST）键3时同时按下重设（RESET）键4。计数器显示灯2会闪动，而计数器便会转至梭芯线计数器设定模式。

（3）按下显示设定（DISPLAYSET）键5设定所需要的缝制物料数量。梭芯线计数器可以设定为缝纫“0001”至“9999”件物料。若梭芯线计数器设定为“0000”时，缝纫程序便会在不计算缝纫物料数量的情况下进行。若在设定梭芯线计数器时按下重设（RESET）键4时，设定会恢复至“0000”状态。

（4）按下测试（TEST）键3。在显示屏6显示的数字便会设定为梭芯线计数器的设定。

（5）每次缝纫完一件物料后，显示屏6所显示的数量便会减少。若已完成缝纫梭芯计算器设定的缝纫数量，显示屏6内便会出现“0000”，并且提示音会持续响起。即使按下脚踏板，机器也不会启动工作。

（6）更换梭芯，并按下重设（RESET）键4。提示音会消失，而于上述步骤（3）所设定的数字会在显示屏6内重现。

6. 使用生产计数器（如图14－2－18所示）

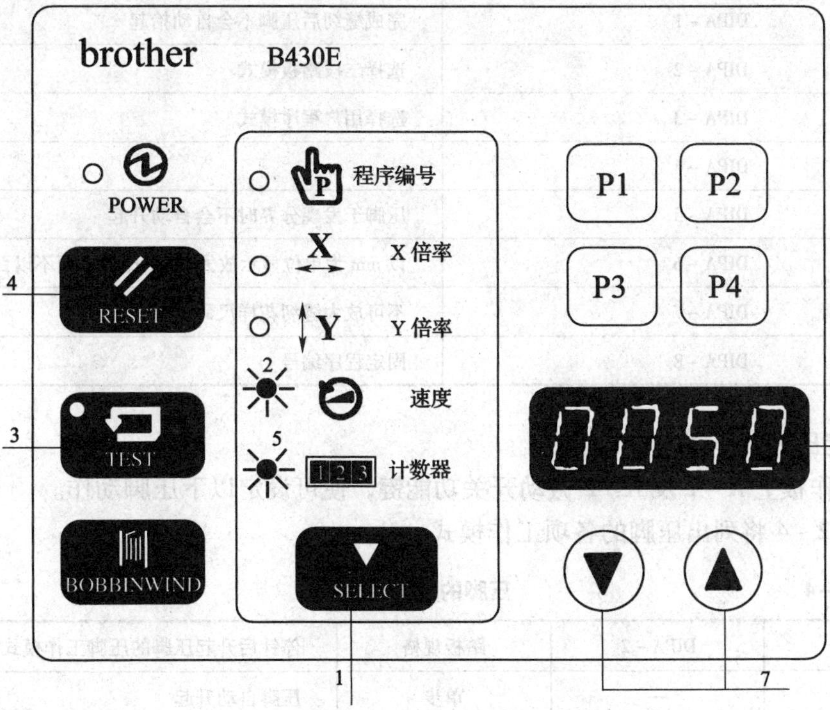

图14－2－18　生产计数器的使用

生产计数器与梭芯线计数器可以分别在显示屏6内出现。

（1）按下选择（SELECT）键1直到速度显示灯2亮起。

（2）按下测试（TEST）键3时同时按下重设（RESET）键4。计数器显示灯5及速度显示灯2亮起，而生产计数器会于显示屏6内出现。按下重设（RESET）键4重设生产计数器至“0000”。同时亦可按动设定（DISPLAYSET）键7设定生产计数器至所需数值。

（3）压下脚踏板时机器便会开始缝纫。

（4）若按下测试（TEST）键3或选择（SELECT）键1时显示屏会重新显示梭芯线计数器的数量。

7. 操作板微动开关的各项功能（如图14－2－19所示）

此项功能可根据工作情况的需要，使用操作板上的微动开关功能键1更改功能。注意：设定微动开关功能前切记要先关掉电源。表14－2－3将显示的功能可按相关的微动开关功能键而作出改变。机器工作时，所有微动开关功能皆设定为关闭（OFF）。

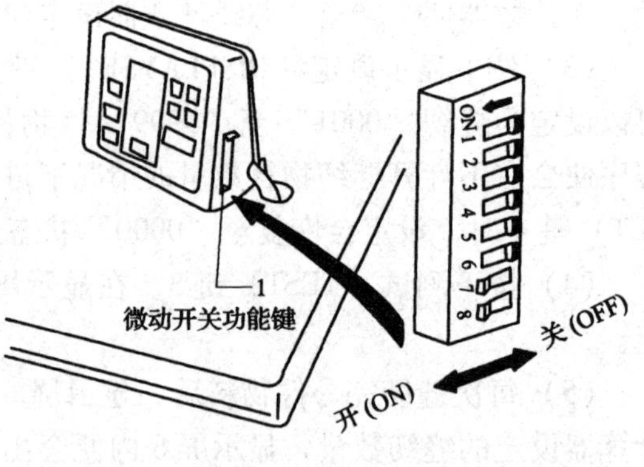

图14－2－19　操作板微动开关及各项功能

表14－2－3　　操作板显示功能

功能键	设定为启动（ON）时的动作
DIPA－1	完成缝纫后压脚不会自动抬起
DIPA－2	选择二段踏板模式
DIPA－3	选择用户程序模式
DIPA－4	—
DIPA－5	压脚于发现分界时不会自动升起
DIPA－6	以mm为单位显示放大/缩小比例，而不以百分比显示
DIPA－7	不可放大缝纫花样尺码
DIPA－8	固定程序编号

8. 设定压脚工作模式

结合操作板上A－1及A－2微动开关功能键，便可设定以下压脚动作。

表14－2－4将列出压脚的各项工作模式。

表14－2－4　　压脚的工作模式

DIPA－1	DIPA－2	踏板规格	停针后升起压脚的压脚工作模式
—	—	单步	压脚自动升起
开	—	单步	压下踏板升起压脚
—	开	双步	压脚自动升起，然后压下踏板把压脚降下
开	开	双步	压下踏板时压脚保持升起

9. 控制箱内微动开关的各项功能（如图 14－2－20 所示）

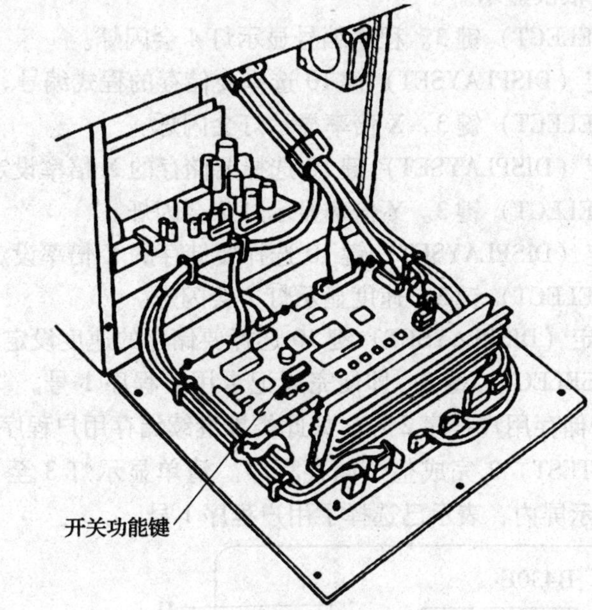

图 14－2－20 控制箱内微动开关的各项功能

按照表 14－2－5 可以转变微动开关功能键 1 的位置来更改功能。当控制箱内的微动开关功能键 1 一次设定后一般不需要经常更改。工作时所有微动开关功能键皆设定为关闭（OFF）。

表 14－2－5 各项功能键的作用

微动开关功能键	设定为启动时（ON）时的动作
DIPB－1	开始缝纫时的首两针以 260r/min 低速度缝纫
DIPB－2	结束缝纫前的最后两针以 260r/min 低速度缝纫
DIPB－3	—
DIPB－4	结束缝纫前的最后两针以 700r/min 低速度缝纫
DIPB－5	开始缝纫时的首两针以 400r/min 低速度缝纫
DIPB－6	开始缝纫时不以低速度缝纫
DIPB－7	上轴停止时电机会转换方向，将针杆停止在接近最高位置上
DIPB－8	—

注意：打开箱盖后，要把箱盖抓稳，以免落下损坏。

10. 使用用户程序（如图 14－2－21 所示）

此项功能可储存 16 种不同的程序，若经常需要缝纫个别套结花样，可把这种花样储存于用户程序中。

（1）关闭电源并把微动开关功能键 1A－3 设定为启动（ON）。

（2）启动电源，按下测试（TEST）键时同时按下选择（SELECT）键 3。所有清单显示灯 4 至 8 亮起，设定为储存模式。同时显示屏 9 会出现“PP1”，表示正在储存用程序 1

号（当完成记录用户程序1号后，便会显示2号；完成2号后，便会显示3号。所有未经储存的用户程序编号会依次显示。）

（3）按下选择（SELECT）键3。程序编号显示灯4会闪烁。

（4）按下显示设定（DISPLAYSET）键10选择要储存的程式编号。

（5）按下选择（SELECT）键3，X倍率显示灯会闪烁。

（6）按下显示设定（DISPLAYSET）键10选择要储存的X倍率设定。

（7）按下选择（SELECT）键3。Y倍率显示灯7会闪烁。

（8）按下显示设定（DISPLAYSET）键10选择要储存的Y倍率设定。

（9）按下选择（SELECT）键3。速度显示灯7会闪烁。

（10）按下显示设定（DISPLAYSET）键10选择要储存的速度设定。

（11）按下选择（SELECT）键3。即便完成记录用户程序1号。“PP2”会出现在显示屏9内，这表示开始储存用户程序2号。如此类推继续储存用户程序3至11号。

（12）按下测试（TEST）2完成整个储存程序。清单显示灯3至8会全部亮起，而“P1”会闪烁显示于显示屏内，表示已选择了用户程序1号。

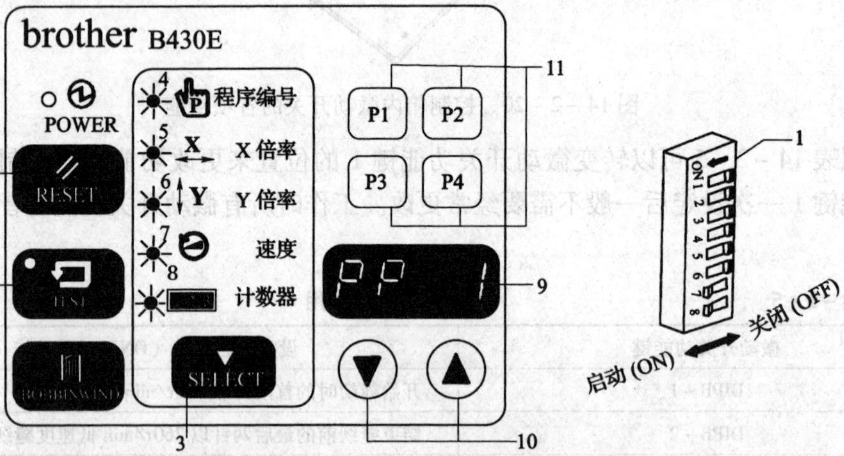

图14-2-21　用户程序使用

使用用户程序：① 按下显示设定（DISPLAYSET）键10选择用户程序的速度程序号码。可使用用户设定的程序键11选择用户程序编号P1至P4。② 压下压脚板第二段。③ 检查缝纫花样（参阅上节第四小节），然后选择需要的套结花样。

清除用户程序：① 进行用户程序步骤2把机器设定为储存模式。② 使用显示设定（DISPLAYSET）键10选定要清除的用户程序。③ 按下重设（RESET）键12，蜂鸣器响起，而所选的用户编号会被清除。如持续按下重设（RESET）键12，直至蜂鸣器响动两次，便会清除所有用户程序。

注意：记录用户程序P1、P2、P3及P4后，若删除P2的资料后而原来P3的资料会转为P2的资料中，P4的资料转为P3，以此类推。

11. 使用记忆键转换特别功能（如图14-2-22所示）

（1）启动电源键。

（2）按下测试（TEST）键2时同时按下梭芯卷绕（BOBBINWIND）键3。“00—”会显示在显示屏 4 内。

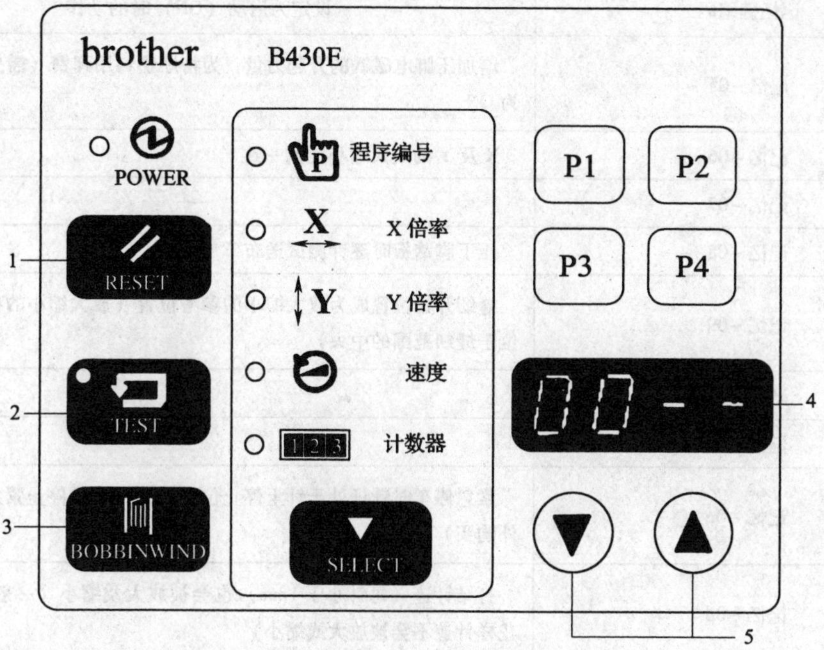

图 14 –2 –22　使用记忆键转换特别功能

（3）按下显示设定（DISPLAYSET）键 3 后，显示屏 4 左边的两位数字同选择功能的编码（00 –4F）相等。

（4）按下梭芯卷绕（BOBBINWIND）键 3 后，显示屏右边的两个空位会由“—”转为“ON”（启动）。如这时按下重设（RESET）键 1，记忆键 00 至 2F 会全部设定为 OFF/关闭（“—”），而记忆键 30 至 4F 会恢复最初的设定状态。

（5）按下测试（TEST）键 2，显示屏会恢复正常显示。

表 14 –2 –6 ~ 表 14 –2 –9 为记忆键 00—0F、10—1F、20—1F、30—4F 的各项功能。

表 14 –2 –6　　记忆键 00 ~ 0F 的各项功能

记忆键编码	设定为启动（ON）时的动作
记忆 –00	完成缝纫时，送布板会回到开始缝纫位置
记忆 –01	压脚恢复到缝纫开始位置然后升起（压脚会于完成缝纫最后一针后升起以方便取出物料）
记忆 –02	送布系统会按已选择用户程序的设定自动回到下一个开始位置（通常会于开始缝纫时回到开始位置）
记忆 –03	使用程序进行缝纫，已设定的程序会按次序缝纫（设定为循环缝纫模式）
记忆 –04	缝纫资料中最大针距时的速度会固定为最低速度（可将之设定为启动 ON 以避免针距的转变影响缝纫速度）

续表

记忆键编码	设定为启动（ON）时的动作
记忆 -05	增加压脚电磁铁的升起力量，为特厚物料用弹簧（需另购）时设定为 ON
记忆 -06	X 及 Y 的放大缩小比例一致
记忆 -07	—
记忆 -08	压下脚踏板时逐针测试送布
记忆 -09	缝纫开始位置成为放大缩小的参考位置（放大缩小的参考位置通常位于缝纫范围的中央）
记忆 -0A	—
记忆 -0d	—
记忆 -0c	紧急停车时针杆处于针上停止位置状态（非常停止紧急刹车键需另外购买）
记忆 -0d	打结针迹（每针小于 1mm）也会被放大及缩小（一般少于 1mm 的花样针迹不会被放大或缩小）
记忆 -0E	测试送布时的速度会与真正缝纫时的速度一致
记忆 -0F	缝纫完毕后，压脚自动开合一次（习惯操作用）

表 14 -2 -7　　记忆键 10 ~ 1F 的各项功能

记忆键编码	设定为启动（ON）时的动作
记忆 -10	可使用紧急刹车键（需另购）
记忆 -13	—
记忆 -14	可使用电磁扫线器（需另购）
记忆 -15	—
记忆 -16	启动冷却器输出（此冷却器按特别要求配备）
记忆 -17	挑线装置不会在结束缝纫时操作
记忆 -18	挑线装置于完成缝纫前一针操作
记忆 -19	不探测压脚位置故障
记忆 -1A	不探测针上停止位置故障
记忆 -1b	探测到原点位置前压脚可上下移动（正常情况下压脚一可上下移动，直至探测到原点位置）
记忆 -1c	—
记忆 -1d	—
记忆 -1E	使用非常停止键（备有非常停止键可另外购买）
记忆 -1F	若于缝纫期间紧急刹车，机器不切线（备有非常停止键可另购买）

表 14-2-8　　记忆键 20~1F 的各项功能

记忆键编码	设定为（ON）的动作
记忆-20	使用 B430E 系列机头（只有操作板及包装箱会注明 MARK Ⅱ）
记忆-21	回转式断线探测器启动（此探测器按特别要求配备）
记忆-22	探测断线期间，开始缝纫时的敏感度会由 8 针降至 14 针（缝制中为 3 针）
记忆-23	微动开关功能 A-8 依次启动后，不能以操作板更改预设值
记忆-24-2F	—

表 14-2-9　　记忆键 30~4F 的各项功能

记忆键	设定范围	单位	起始值	说明
记忆-30	0~30	mm	30	限制横向的最大范围（套结长度）X 倍率
记忆-31	0~30	mm	10	限制纵向的最大范围（套结宽度）Y 倍率
记忆-32	12~27	x100r/min	27	更改最高缝纫速度
记忆-33	1~10	x7.50	5	更改送布时间，1 快←5（标准）→10 慢
记忆-34	0~5	针	0	指定针数的起始缝纫速度为 400r/min
记忆-35	3~9	x100r/min	4	更改记忆-34 指定的起始缝纫速度
记忆-37	1~20	x7.50	—	更改完成缝纫前最后一针的送布时间 1 快←10 标准→20 慢
记忆-38	1~20	x7.50	10	更改完成缝纫前最后两针的送布时间
记忆-39	1~20	x7.50	10	更改开始缝纫后第三针的送布时间 1 快←10 标准→20 慢
记忆-3A	1~20	x7.50	10	更改开始缝纫后第二针的送布时间
记忆-3b	1~20	x7.50	10	更改开始缝纫时第一针的送布时间

注：记忆-36、-3c、-3d、-3E、-3F、-40、-4F：皆无功能说明

注：30~4F 可以输入两位数字的设定。这些数值可以使用 P2 键增加及 P4 键减少。

12. 使用循环缝纫功能（如图 14-2-23 所示）

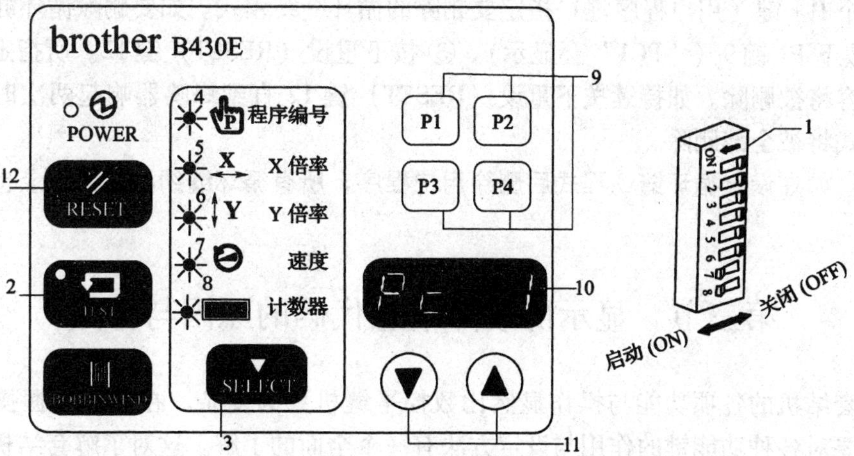

图 14-2-23　循环缝纫功能的使用

使用循环缝纫功能，最多可设定四种套结花样，以预设的次序作出循环缝纫。

（1）设定微动开关功能键1选择记忆-3为启动（ON），然后储存需要作循环缝纫的花样，参阅使用用户程序一节，未设定用户程序编号的花样（P1-P16）不可以作出循环缝纫。

（2）设定记忆-3为启动（ON）（参阅上节的设定步骤）。

（3）按下测试（TEST）键2时同时按下选择（SELECT）键3。所有清单显示灯4至8会亮起并设定为储存模式。

（4）按下P1键9。“PC1”会显示于显示屏10内，表示循环缝纫程序1号开始储存。程式P2、P3、P4键同样可用作程式。

（5）按下选择（SELECT）键3。程序编号显示灯闪烁，而“1—”会显示于显示屏10内。

（6）按下显示设定（DISPLAYSET）键11选择要储存的用户程序编号。

（7）按下选择（SELECT）键3。“2—”会显示于显示屏10内。

（8）按下显示设定（DISPLAYSET）键11选择要储存的用户程序编号。

（9）重复步骤5及6记录所有要作出循环的程序。显示“9—”后，“A—”“b—”“c—”“d—”“E—”及“F—”会依次显示，可储存最多15种花样。若在储存过程中返回前一编号，可按P1键使“PC1”显示。然后回到步骤4。

（10）按下测试（TEST）键2。完成设定循环缝纫程序编号1。清单显示灯4、5、6、7、8会全部亮起，“C1—1”会闪烁显示于显示屏10内，这表示已选定了循环缝纫程序编号1。

使用循环缝纫程序：①“C1—1”在显示屏10内闪烁时，按下脚踏板至第二段。②开始缝纫。③“C1—1”、“C1—2”、“C1—3”会依顺序缝纫每件物料，到完成最后一个已记录的花样后，显示屏将会恢复至“C1—1”状态。显示“C1—”时按下任何一个显示设定（DISPLAYSET）键11便可回到前一个套结花样或移到下一个花样。如在“C1—”显示时按下选择（SELECT）键3，便可以检查已记录用户程序的内容。

清除循环缝纫程序：①进行上述储存用户程序步骤3把机器设定为储存模式。②使用其中一个P*键（用户程序键）指定要删除的循环缝纫程式。如要删除循环缝纫程式编号1，可按下P1键9（“PC1”会显示）。③按下重设（RESET）键12。所指定的循环缝纫程式内容将被删除。如持续按下重设（RESET）键12直到蜂鸣器响起两次时，所有循环缝纫程式将被全部删除。

注意：如在设定循环缝纫程式后删除用户程序，所有循环缝纫程序的记录也将会一并被删除。

第三节　显示屏故障信息代码的原因与排除

电脑套结机的各项功能与操作显然比数控平缝机更为复杂。在熟练掌握操作的前提下，必须要对各种功能键的作用与设定方法有一个全面的了解。这对了解套结机的技术性能以及机器的保养与维护起到了重要的作用。

机器在工作时出现故障，一部分是程序出现的问题；另一部分则是机件驱动部分的问题。如故障发生在机件驱动部分时，其维修方法与普通机械构造的套结机基本相同。如在程序、线路等方面出现问题，就不能直观的判断故障原因，只有根据显示屏内提供的故障代码来进行一些相应的排除。如对电路原理了解甚少，机器在出现复杂故障时，需要请专业技术员进行检测维修，以免损坏机器及造成事故。表 14－3－1、14－3－2 将列出一些常见的由程序出现的故障代码与产生原因（供参考），以及机件驱动部分的故障及处理方法。

一、电子部分故障

机器电子部分故障代码所代表的故障原因及排除方法见表 14－3－1 及表 14－3－2。

表 14－3－1　　机器电子部分故障代码、故障原因及排除方法

故障代码	故障原因	排除方法
E－13	机器规格选择连接器未接触妥当	关掉电源并检查接触器 P3 是否未接触妥当；关掉电源，转动上轮，检查机器是否上锁
E－20	马达异常停止或定针器接触发生故障	检查定针器接触；检查 P11、P12 或 P13 接触器是否中断
E－21	机器电动机故障	关掉电源检查地线接触
E－30	由于放大比例设定引致数据超越缝纫范围	按下重设（RESET）键，然后重新设定放大比例
E－31	设定缝纫范围限制后，针迹花样数据超越缝纫范围	按下重设（RESET）键，然后重设记忆键“30”及“31”或放大比例
E－32	用户程序的数据格式（% 或 mm）与微动开关功能键 A－6 的设定不一致	更改微动开关功能键 A－6 的设定后，清除所有记忆设定（参阅清除所有记忆键的设定）
E－40	针距超过 10mm	按下重设定（RESET）键，然后重新设定放大比例
E－41	缝纫数据不正常	每次设定新缝纫数据时，从第一步骤开始
E－42	程序编号错误	按下重设（RESET）键，并指定一个正确的号码，推动上轮使参考标记与针上位置一致
E－50	针杆不在最高位置停止	检查 V－皮带张力（并参阅机针上停止位置调整）

续表

故障代码	故障原因	排除方法
E-60	压脚未有下降	关掉电源并检查压脚感应器的接触器 P1 是否接触妥当（参阅故障处理一节）
E-61	压脚不能升起	
E-62	压脚没有升起	
E-63	压脚不能降下	
E-70	冷却风扇不能操作	关掉电源然后检查冷却风扇是否被线屑阻塞，接触器 P10 是否接触妥当
E-80	电动机 PROM 未能正确装好	关掉电源并作检查
E-81	启动电源后脚踏板已压下	关掉电源并作检查
E-82	启动电源后脚踏板键已被按下	关掉电源检查操作显示板；检查所有显示板的导线是否正常
E-90	电源供应不正常（电压减少）	关掉电源并检查电源输入量；关掉电源后等待 3 秒钟以后再启动电源（参阅检查电源供应量一节）
E-91	电源供应不正常（电压增加）	关掉电源并检查电源输入量
E-AO	不能探测原点位置（原点位置感应器发生故障或电源供应电路板出现问题）	关掉电源并检查原点位置感应器连接器 p1
E-bo	微动开关功能键 A-B 设定为启动（ON）时，尝试更改程序编号	按下重设（RESET）键；尝试更改程序编号前先把微动开关功能键 A-B 设定为关闭（OFF）
E-d0	控制箱电路板的散热片不正常（过热）	关掉电源并清洁控制箱的空气输进口
E-E0	EEPROM 发生故障（主电路板发生故障）	关掉电源然后再启动机器，若问题仍然存在，做其他方面的处理
E-E1	EEPROM 数据被破坏或主 PROM 的版本已提升	按下重设（RESET）键把误差重设，但所有资料数据（记忆键、显示及使用者程式）需重新设置

续表

故障代码	故障原因	排除方法
E－E2	EEPROM 控制资料数据被损坏	按下重设（RESET）键把误差重设，但所有资料数据（记忆键、显示及使用者程式）需重新设置
E－F0	电磁线圈短路（主电板发生故障）或电源中继不能启动（电源供应电路板不能正常工作）	需要了解电路板的电路原理，否则联系技术工程师
E－F1	电源供应电路板及主电路板之间线中接触不当	关掉电源并检查接触器 P16 是否未接触妥当
E－F2	探测到电力供应电路板出现不正常电流	关掉电源需要了解电路板的电路原理，否则联系技术工程师

表 14－3－2　　使用选择性配件时发生的故障代码、产生原因及排除方法

故障代码	原　因	排除方法
E－10	非常停止键按下	顺时针方向转动非常停止（EMERGENCY STOP）键以解除锁定，然后按下重设（RESET）键重设
E－11	缝纫期间按下非常停止键	顺时针方向转动非常停止（EMERGENCY STOP）键重设误差，按下后退（STEP BACK）键便可缝纫
E－12	持续按下紧急停止键或紧急键接触不良发生故障	关掉电源检查
E－14	探测到断线	顺时针方向转动非常停止（EMERGENCY STOP）键以解除锁定，然后按下重设键重设误差，再按下后退（STEP BACK）键便可缝纫

二、驱动部分故障

机器驱动部分的常见故障及排除方法见表 14－3－3。

表 14-3-3　　机器驱动部分故障原因及排除方法

故障现象	产生原因	排除方法
压脚不能抬起	压脚操作缓慢，压脚滑行部分润滑度差	润滑压脚的滑行部分
	压脚上推量太大，压脚与针板顶部的距离不标准	调节压脚的高度至 17mm 内
	压脚板及压臂提杆支持器发生太大摩擦，压脚板及压臂提杆支持器的润滑情况不良	润滑压脚板与压臂提杆的支持器
	压脚触及扫线器	检查扫线器的预备情况，调节扫线器的位置
压脚不能下降	压脚提杆连接不能回转，连接回转弹簧的钩松开	正确钩上回转弹簧
压脚上推量不适当	压脚臂提杆板位置不当，压脚与针板顶部之间位置不当	调节压脚压物数量
扫线器不能正常工作	扫线器阻碍机针，扫线器与针尖的距离不当	调节扫线器高度
	扫线器位置不当	调节扫线器的动作范围
底线绕于一面	夹线螺钉的高度不当	调节夹线螺钉高度
底线绕线量不正确	梭芯压脚位置不当	调节梭芯压脚位置
跳线	缝纫开始跳线	参阅“跳线”部分
	针线长度不平均	调节副夹线器
	面线太短，挑线连杆的挑线量不正确	调节挑线连杆的挑线量
面线断线	面线张力太强	调节面线张力
	针安装不正确	针槽向正面装上
	线太粗，针及线配合不当	使用配合针的线
	挑线簧压力及高度不正确	调节挑线簧压力及高度
	梭尖、针孔板或针损坏或出现毛边	磨滑或更换受影响部分
	热导致线断（纤维线）	使用线降温装置
底线断线	底线张力太强	调节底线张力
	针孔板梭芯套部位损坏	磨滑或更换

续表

故障现象	产生原因	排除方法
跳针	针与旋梭尖之间的间隙过大	调节与梭尖的间隙
	机针与旋梭时间不配合以及针杆上升量不当	调节针杆上升量
	驱动器与针接触多于所需次数及驱动器与机针间隙不正确	调节驱动器
	机针弯曲	换针
	机针的安装不正确	针槽向正面安装
断针	机针及梭尖接触或严重碰撞	调节机针与旋梭尖之间的间隙及调节针杆的上升量
	机针弯曲	更换机针
	机针与缝线不匹配	配合物料使用合适的针
面线不能剪断	固定刀变钝	刃磨或更换固定刀
	移动刀剪不到线及梭头导线器的位置不当，针杆上升量不足	调节梭头导线器的位置及针杆上升量
	由于缝纫末端部分发生跳针，导致移动刀剪不到线	参阅“发生跳针”部分
	移动刀位置不当	调节移动刀位置
	副夹线器张力太弱	转动副夹线器张力螺母调节张力
线相互缠绕	挑线簧压力及高度不当	调节挑线簧压力及高度
	针与梭尖时间不配合及针杆上升量不正确	调节针杆上升量及针与梭尖时间配合
	梭芯线引导器的位置不对，没有把线分开	调节梭芯线导线器位置
底部线迹不好	梭芯线引导器的位置不对；没有把线分开	调节梭芯线导线器位置
	面线松紧不正常	调节面线张力
	针线长度不平均	调节副夹线器压力
	面线太长及挑线杆有问题	调节挑线杆
缝线松紧不好	面线张力太弱	调节面线张力
	底线张力太弱	调节底线张力
	挑线簧压力及高度不当	调节挑线簧压力及高度

兄弟 LK－430 型电脑套结机断针后，换新机针出现剪线不良的处理办法

当机器在工作时突然断针，等装好机针再次缝制时却剪线不良。这是因为断针时某机件受阻发生位置松动而引起的。根据维修时的实践经验对这一故障做出以下处理办法。

先打开机器顶盖，仔细检查后部凸轮上的滚子螺钉是否松动或断裂，这样会造成无剪

线动作或动刀不能归位。如只是松动造成断针的话，把该螺钉加以紧固。同时需要检查动刀的损坏情况，动刀分线钩如损坏严重必须更换剪线动刀，如因螺钉断裂导致无剪线动作时，更换新螺钉即可。由于该滚子和螺钉的安装空间很小，在电脑套结机中会造成安装不便，因此需要耐心细致的进行。剪线刀的动作时间是由电脑直接控制的，调整时只要对准各凹面即可。另外还需检查滚子同凸轮槽是否对齐。机针从最低点上升到针板面时，后推剪线动作螺线管连接挡块，使滚子进入凸轮槽，通过调整螺钉来进行调节。最后检查剪线刀动作是否顺畅，再用手转动手轮来完成一个剪线动作的周期便可检查剪线情况。

思考与练习

1. 掌握日本兄弟 LK3 - B430E 型电脑套结机的操作方法与操作板的各项功能设置。

2. 在日本兄弟 LK3 - B430E 型电脑套结机中如何设置套结花样？

3. 日本兄弟 LK3 - B430E 型电脑套结机与普通 430 型机械式套结机在结构方面有什么区别？

4. 日本兄弟 LK3 - B430E 型电脑套结机的剪线机构与普通 430 型机械式套结机剪线机构是否存在区别？

5. 熟悉日本兄弟 LK3 - B430E 型电脑套结机故障代码中所代表的故障信息。

6. 定期对日本兄弟 LK3 - B430E 型电脑套结机进行合理保养。

第十五章　电脑（数控）圆头锁眼机

电脑（数控）圆头锁眼机是一种运用电子程序控制机器做各种动作而形成特定的圆头纽孔。其工作原理与前章节里讲过的机械传动圆头锁眼机相比较，有较大的区别，但成缝原理与工作形式是基本相同的。所以在这章里不再对成缝原理和机械驱动部件作过多的讲解。下面将以日本兄弟 DH4－B980 电脑圆头锁眼机（见图 15－0－1）为例，对机器操作板的各项功能与设定以及操作程序、重要调整、故障代码分析作介绍。

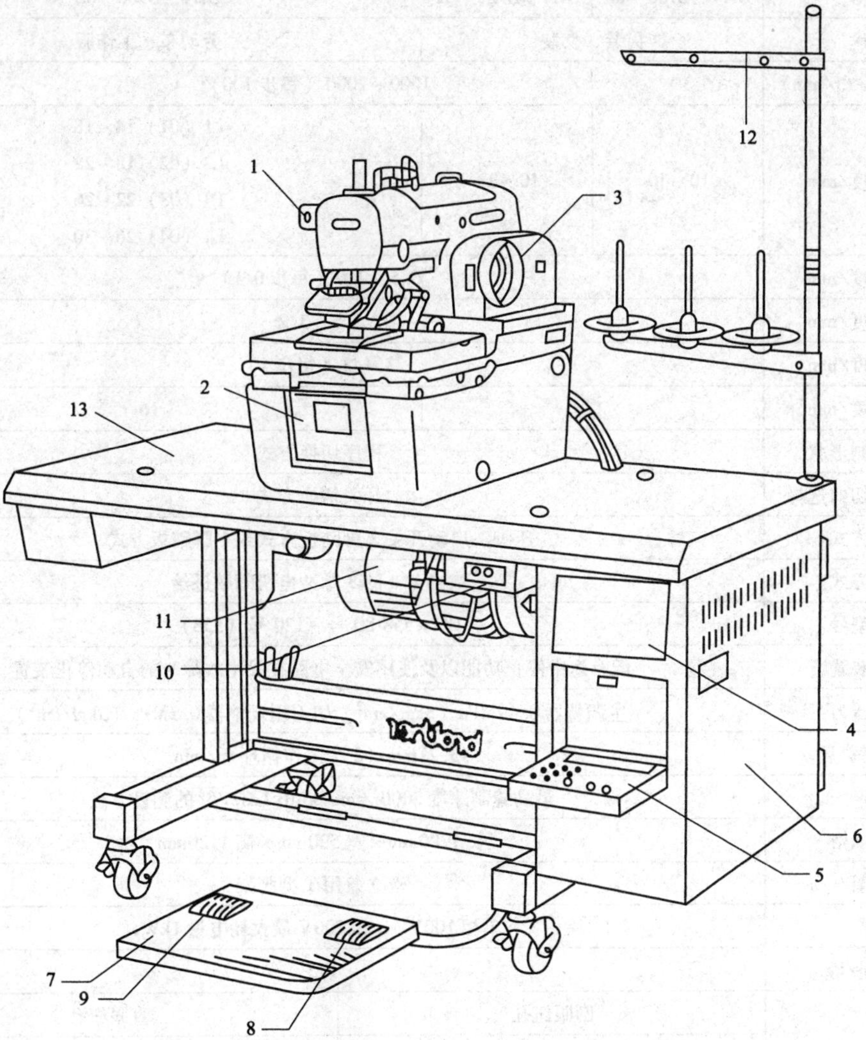

图 15－0－1　兄弟 DH4－B980 型圆头锁眼机外观图

1—前盖板　2—紧急停车按钮　3—主皮带轮　4—操作板　5—开关式操作板

6—机箱　7—脚踏板　8—启动开关　9—压脚开关　10—电源开关

11—电机　12—线架　13—台板

由于电脑（数控）圆头锁眼机大部分传动机构是通过电子程序来控制的，与机械传动圆头锁眼机相比，故障的发生几率明显降低。因此，只要掌握了操作板的各项功能与操作程序、故障代码分析以及相关调整后，故障的排除也就迎刃而解了。

第一节　电脑（数控）圆头锁眼机的技术性能与规格

下面将兄弟 DH4－980 系列电脑（数控）圆头锁眼机的技术性能与规格，列于表 15－1－1。

表 15－1－1　　DH4－980 系列电脑（数控）圆头锁眼机技术性能与规格

<table>
<tr><td>规格</td><td>DH4－B980－00</td><td colspan="2">DH4－B980－01</td><td colspan="3">DH4－B980－02</td></tr>
<tr><td>用途</td><td colspan="3">男装、女装</td><td colspan="3">劳动布、工作服</td></tr>
<tr><td>缝制速度/（r/min）</td><td colspan="6">1000～2000（每步 100）</td></tr>
<tr><td>缝制长度/mm</td><td>10～50</td><td colspan="2">10～38</td><td colspan="3">L1（01）14～18
L2（02）18～22
L3（03）22～26
L4（04）26～30</td></tr>
<tr><td>针距幅度/mm</td><td colspan="6">0.5～2.0（每步 0.1）</td></tr>
<tr><td>针摆宽度/mm</td><td colspan="6">1.5～3.2</td></tr>
<tr><td>合尾长度/mm</td><td colspan="6">3～43（每步 1）</td></tr>
<tr><td>压脚高度/mm</td><td colspan="3">12</td><td colspan="3">16</td></tr>
<tr><td>变更缝制形状</td><td colspan="6">程序切换方式</td></tr>
<tr><td>先切与后切的选择</td><td colspan="6">开关切换方式</td></tr>
<tr><td>启动方式</td><td colspan="6">压脚、启动开关 2 脚踏板方式或 1 脚踏板方式</td></tr>
<tr><td>送布方式</td><td colspan="6">X、Y、θ 的 3 脉冲电机间歇进给</td></tr>
<tr><td>机针型号</td><td colspan="6">DO×558 80 号～120 号（558）</td></tr>
<tr><td>安全装置</td><td colspan="6">配有途中停止功能以及使用安全电路在发生故障时的自动停止装置</td></tr>
<tr><td>空气压力</td><td colspan="6">主调整器 0.49MPa（5kgf/cm²）切刀用调整器 0.3MPa（3kgf/cm²）</td></tr>
<tr><td>空气消费量</td><td colspan="6">43.21mm（8 个工作循环）/min</td></tr>
<tr><td>噪声</td><td colspan="6">最高缝制速度 2000r/min 83dB Lso7779 的测量方法</td></tr>
<tr><td>体积规格</td><td colspan="6">长 1200mm×宽 590mm×高 1120mm</td></tr>
<tr><td>脚架</td><td colspan="6">坐立兼用 T 型脚架</td></tr>
<tr><td>电源</td><td colspan="6">单相 100V、3 相 200V 最大耗电量 1kW</td></tr>
<tr><td>总质量/kg</td><td colspan="6">175</td></tr>
<tr><td rowspan="3">纽孔形状</td><td colspan="4">圆眼纽孔</td><td colspan="2">直眼纽孔</td></tr>
<tr><td colspan="2">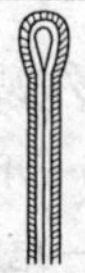</td><td colspan="2"></td><td>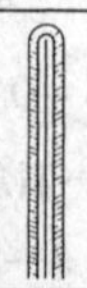</td><td>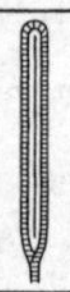</td></tr>
<tr><td colspan="2">开尾纽孔</td><td colspan="2">合尾纽孔</td><td>开尾直眼</td><td>合尾直眼</td></tr>
</table>

第二节 操作板上的按键功能与基本操作程序

一、操作板上的各项名称与功能

机器的操作板包括切换工作模式、控制剪刀（切刀）动作时间以及程序选择与故障分析、复位等功能，如图 15 -2 -1 所示。

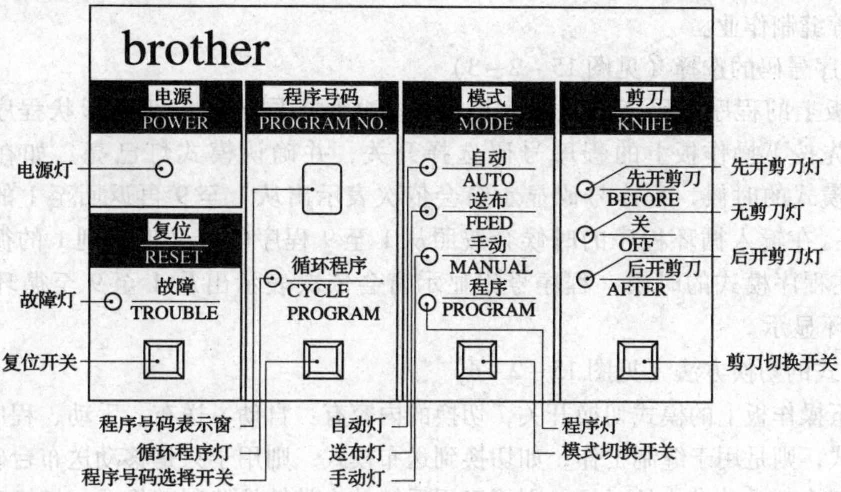

图 15 -2 -1　操作板各项功能

二、开关式操作板的各项名称与功能

机器的开关式操作板是用来设置纽孔的各种形式与规格，可以根据纽孔的工艺要求在开关式操作板上进行设置。图 15 -2 -2 为开关式操作板的各项名称与功能。

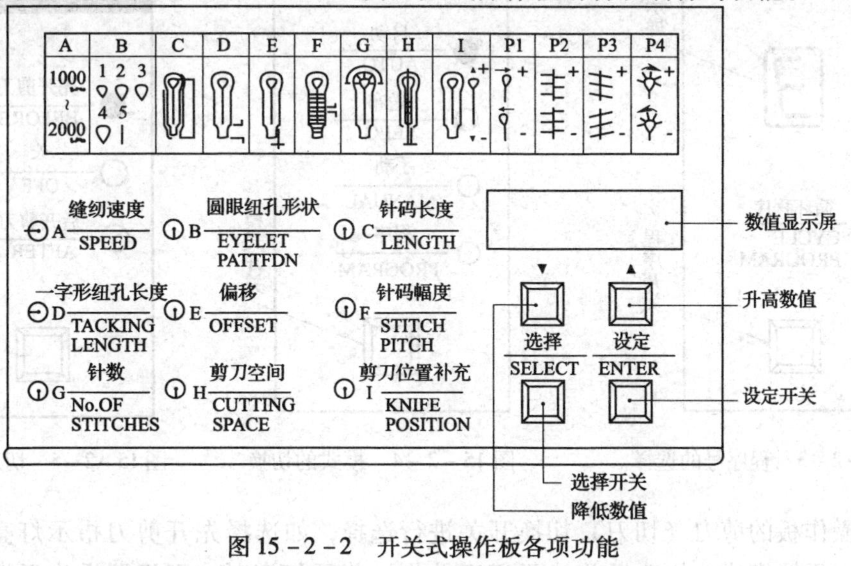

图 15 -2 -2　开关式操作板各项功能

A—缝纫速度灯　B—圆眼纽孔形状　C—针距长度灯　D—直眼纽孔形状灯　E—偏移灯
F—针距幅度灯　G—针数灯　H—剪刀空间灯　I—剪刀位置补充灯

三、操作板的使用方法

圆头锁眼机可根据各种工艺的需要缝制出各种规格的纽孔。而这些规格是通过机器上的操作板来进行选择和设定的。因此，熟练地掌握操作板的选择和设定是进行机器维修的基础。

在进入程序选择之前，先打开电源开关，再按下复位开关。此时，送布台（滑板）移动到布料起缝位置。然后将在此状态下，通过操作板来进行选择程序号码、切换模式、切刀时间等缝制作业。

1. 程序号码的选择（见图 15－2－3）

操作板上的程序号码指的是最大可以选择 9 种不同的圆头纽孔形状程序。其选择方法是：先按下操作板上的程序号码选择开关，并确认模式灯已亮。如在自动、送布、手动模式的时候，程序号码显示窗会依次表示出从 1 至 9 再返回至 1 的循环程序号（注意：在输入循环程序的时候会按照从 1 至 9 程序内容又返回到 1 的循环顺序表示）。如在程序模式的时候，程序号码显示窗会依次表示出从 1 至 9 至循环程序又返至 1 的循环显示。

2. 模式的切换方法（见图 15－2－4）

先按下操作板上的模式切换开关，切换的内容有：自动、送布、手动、程序。如切换到自动模式，则是用于缝制工作；如切换到送布模式，则用于只是移动送布台确认位置的工作；如切换到手动模式的时候，则用于用手转动皮带轮的缝制工作；如切换到程序模式的时候，则用于设定程序。

3. 剪刀（切刀）时间的切换方法（见图 15－2－5）

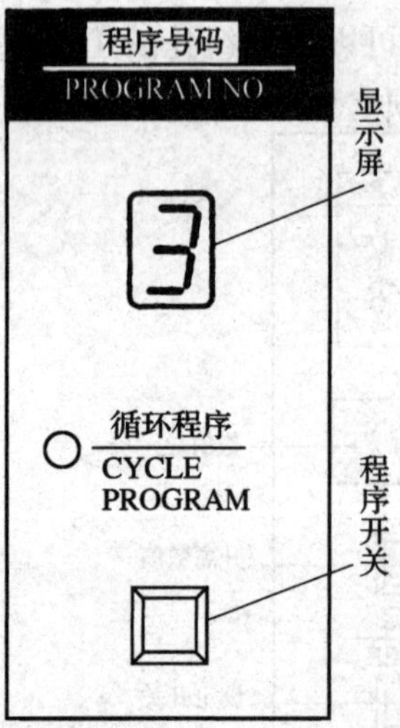

图 15－2－3　程序号的选择

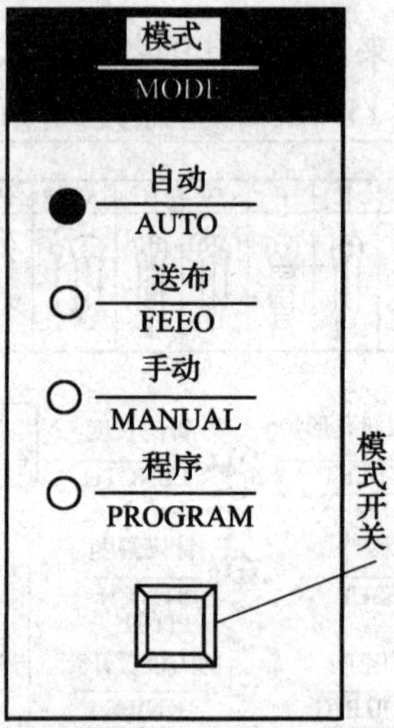

图 15－2－4　模式的切换

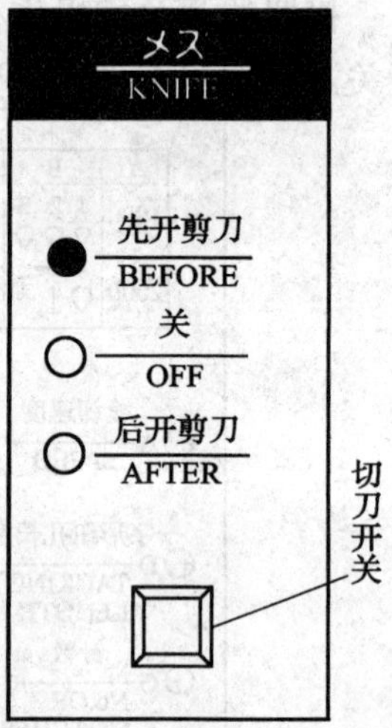

图 15－2－5　切刀模式切换

按下操作板的剪刀（切刀）切换开关进行选择，如选择先开剪刀指示灯亮时，则机器设为先切后缝模式；如选择关（无切刀动作）指示灯亮时，则机器设为无切刀动作的模式；如选择后开剪刀指示灯亮时，则机器设为先缝后切模式。

4. 程序的设定方法（见图 15 -2 -6）

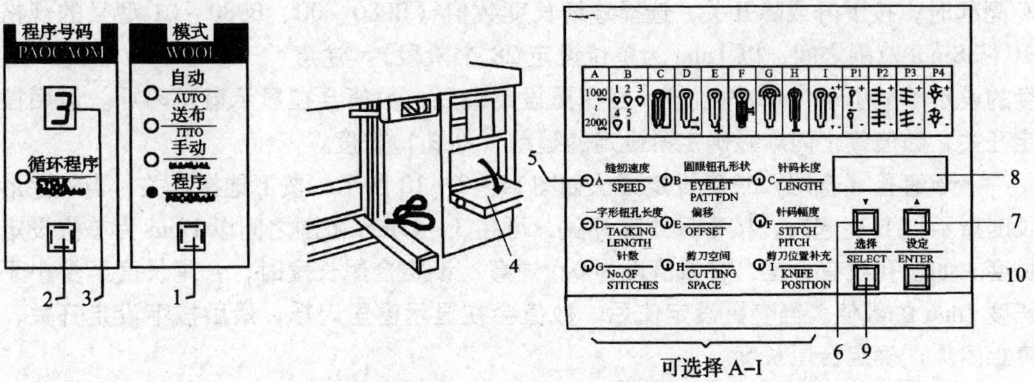

图 15 -2 -6　程序设定的方法

1—模式开关　2—程序开关　3—显示窗　4—开关式操作板　5—缝制速度灯
6—降低键　7—升高键　8—显示屏　9—选择开关　10—设定开关

程序的设定方法是：先按动右侧机箱中开关式操作板的按/PUSH 部位，开关式操作板便立即打开。再将模式切换开关切换到程序模式（如程序灯不亮时则不能设定程序），此时，开关式操作板上的缝纫速度灯 A 已亮，数值显示窗里将显示出缝纫速度值。再用程序号码选择开关在程序号码显示窗里选择所要设定的程序号码后，按动开关式操作板上的选择开关进行选择，可按照顺序从 A 功能至 I 功能进行选择和设置。

如选择到缝纫速度灯 A 亮时，见图 15 -2 -7 所示，再按下降低开关或升高开关，缝纫速度可在 1000 ~2000 之间，如改动时以 100r/min 为单位设定 11 个阶段。当变更设定值后，数值会在显示窗里闪烁，最后按动设定开关确定设定值，显示窗里数值便停止闪烁，机器的缝纫速度将会改变（注：当改变的数值在显示窗里闪烁时，即使按动选择开关或模式切换开关，设定值将不会被改变）。

圆眼纽孔形状的设定方法如图 15 -2 -8 所示，按下选择开关，当圆眼形状指示灯 B 亮起时，按下升或降开关，选择机器上已装有的切刀号码和相同的圆眼形状（标准规格上安装有 NO. 2 的切刀）。当变更设定值后，数值会在显示窗里闪烁。最后按下设定开关，数值停止闪烁后确定所设定的圆眼形状。

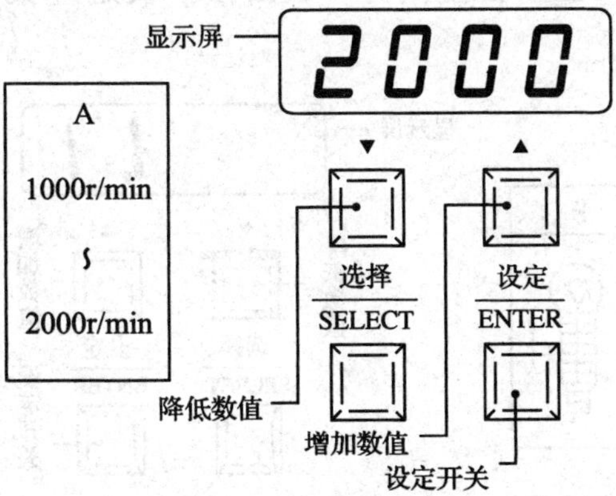

图 15 -2 -7　缝纫速度设定

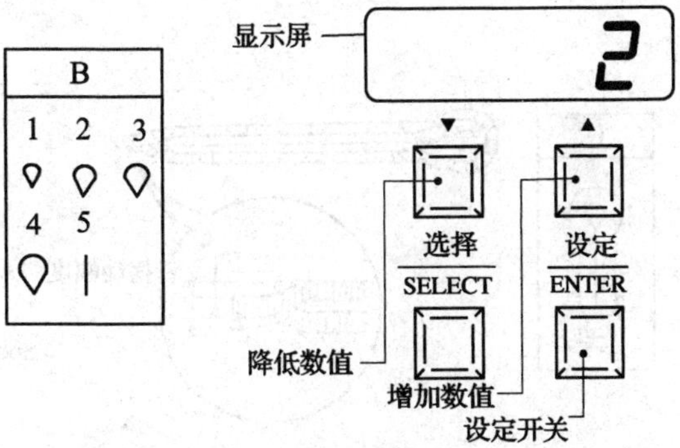

图 15 -2 -8　圆眼纽孔形状的设定

缝纫（纽孔）长度的设定方法如图 15－2－9 所示，按下选择开关，当缝纫长度指示灯 C 亮起时，按下升或降开关，选择缝纫长度数值（B980－00、B980－01 型号的规格可在 10～38mm 范围之间，以 1mm 为单位设定 28 个阶段）。注意：一字纽孔（合尾）缝纫长度的设定不能小于 7mm 的数值。当变更设定值后，数值会在显示窗里闪烁。最后按下设定开关，数值停止闪烁后确定所设定的缝纫（纽孔）长度。

一字形纽孔（合尾）长度设定方法如图 15－2－10 所示，按下选择开关，当一字形纽孔长度指示灯 D 亮起时，按下升或降开关，可在 3～43mm 范围之间以 1mm 为单位设定合尾长度。如纽孔没有合尾，将数值设为 0。注意：设定合尾长度时，合尾长度至少小于纽孔长度 7mm 的数值。当变更设定值后，数值会在显示窗里闪烁，最后按下设定开关，数值停止闪烁，确定合尾长度。

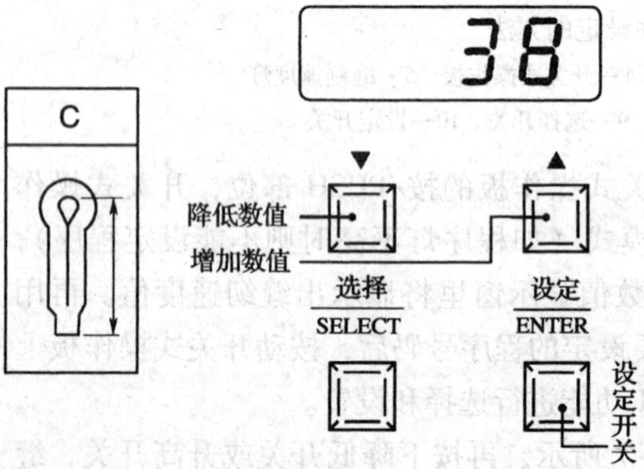

图 15－2－9　纽孔长度的设定

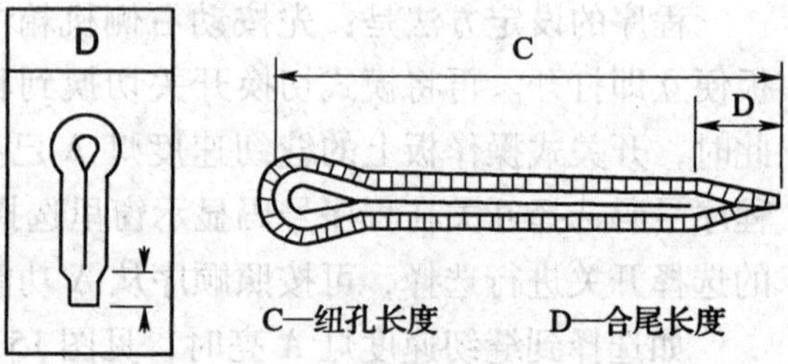

图 15－2－10　合尾长度的设定

偏移（即合尾居中标准）的设定方法如图 15－2－11 所示，按下选择开关，当偏移指示灯 E 亮起时，按下升或降开关，可在 0.5～2mm 之间以 0.1mm 为单位进行设定。设定的标准通常是机针摆动幅度数值的一半，例如机针摆动幅度为 3mm 时，偏移设定的标准则为 1.5mm。当变更设定值后，数值闪烁，最后按下设定开关，确定偏移数值。

缝纫幅度（针距）的设定方法如图 15－2－12 所示，按下选择开关，当缝纫幅度指示灯 F 亮起时，按下升或降开关，针距设定范围可在 0.5～2mm 之间，以 0.1mm 为单位设定。当变更设定值后，数值在显示窗里闪烁，最后按下设定开关，确定针距数值。

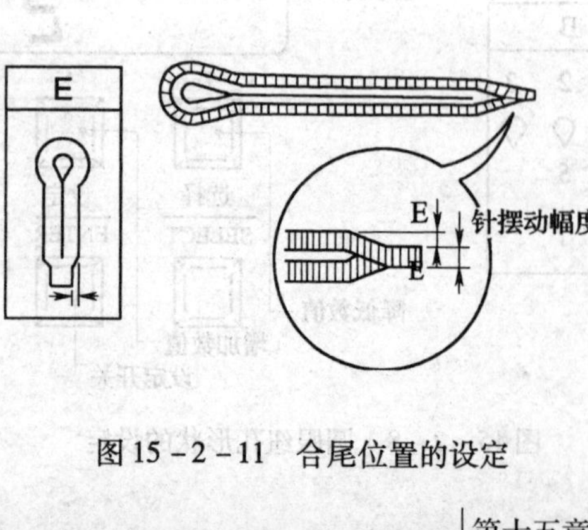

图 15－2－11　合尾位置的设定

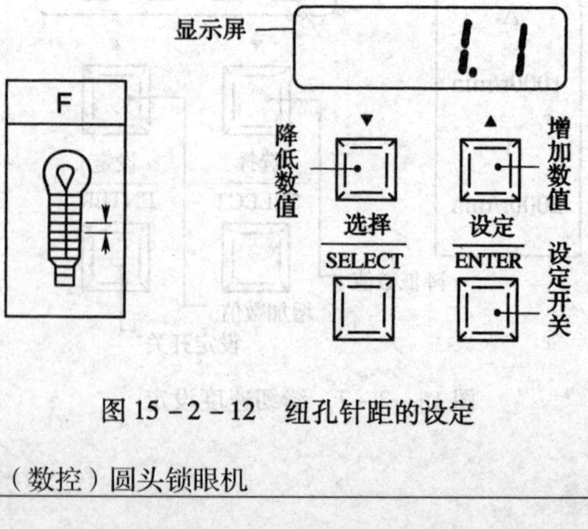

图 15－2－12　纽孔针距的设定

圆眼纽孔部位（圆头）针数的设定方法如图 15－2－13 所示，按下选择开关，当圆眼纽孔部位针数指示灯 G 亮起时，按下升或降开关，圆眼与直眼的头部针数为 4～20 针的设定范围，以 1 针为单位进行设定。当变更设定值后，数值在显示窗里闪烁，最后按下设定开关，确定头部针数的值。

剪刀（切刀）空间的设定方法如图 15－2－14 所示，切刀的空间大小将关系到纽孔最后的质量。如空间太大会影响纽孔的美观；如空间太小会将纽孔边缘的线迹切断而影响质量。设定方法是：先按下选择开关，当剪刀空间开关指示灯 H 亮起时，按下升或降开关，切刀空间距的设定范围在 －0.3～0.5mm，更改时以 0.1mm 为单位进行设定。注意：剪刀（切刀）空间距小于 －0.7 的数值将不能被设定为剪刀位置补充。当变更设定值后，数值将会在显示窗里闪烁，最后按下设定开关，确定切刀空间距的设定数值。

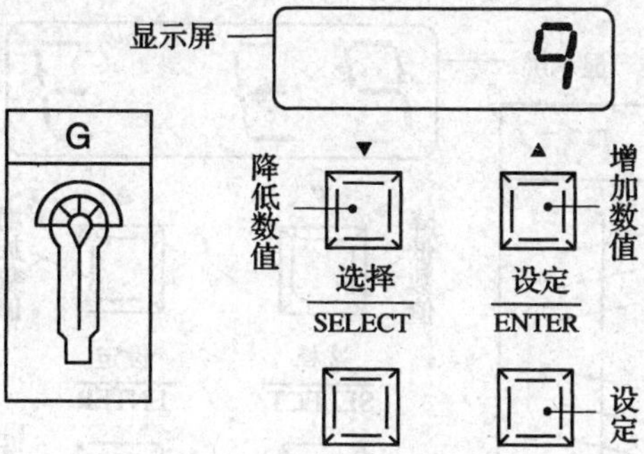

图 15－2－13　圆头针数的设定

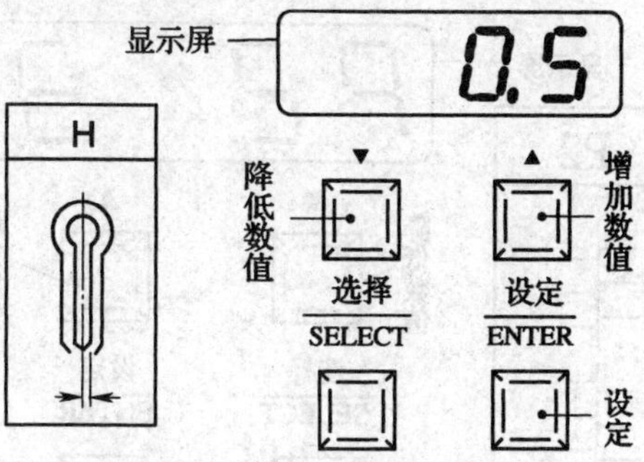

图 15－2－14　切刀空间距的设定

剪刀（切刀）位置补充的设定方法如图 15－2－15 所示，先按下选择开关，当剪刀位置补充指示灯 I 亮起时，按下升或降开关，剪刀的位置补充范围在 －0.7mm～＋0.7mm，以 0.1mm 为单位设定数值。注意：剪刀位置补充不能被设定为剪刀位置补充在剪刀空间距小于 0.7mm 的数值。当变更设定后，数值将会在显示窗里闪烁，最后按下设定开关，确定剪刀（切刀）位置补充的设定数值。

X（圆头歪斜调整）补充的设定方法如图 15－2－16 所示，先按下选择开关，选择到 P1 位置时，按下升或降开关，设置圆头偏移的范围在 －1～6mm，以 1mm 为单位设定值。注意：如将 EYE（圆头）部位的针距向右侧（从缝料的底面为正面看）移动时，则要设定大的值。当变更设定值后，数值将会在显示窗里闪烁，最后按下设定开关，确定圆头位置的合适数值。

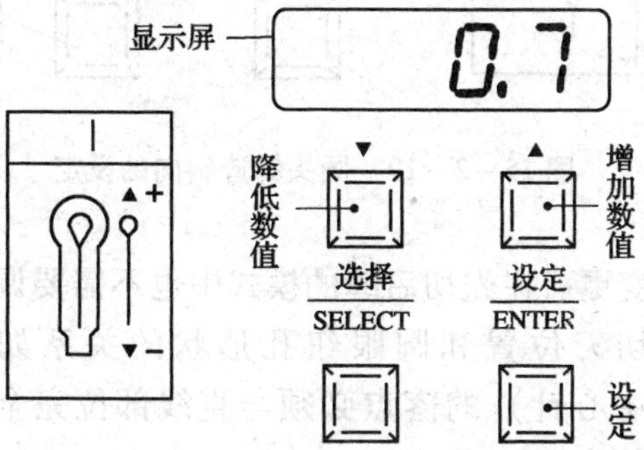

图 15－2－15　切刀位置补充的设定

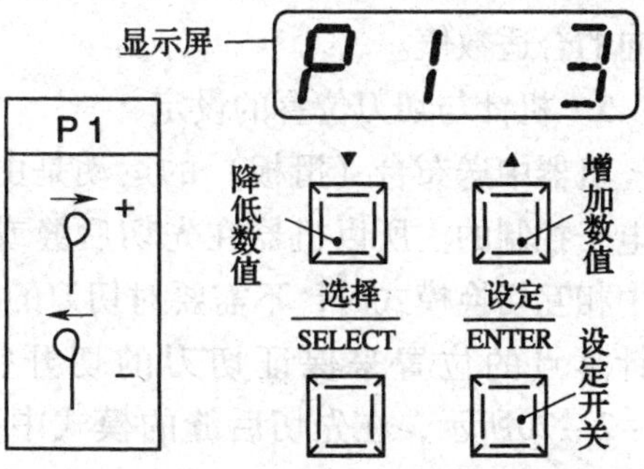

图 15－2－16　圆头位置的设定

Y（针迹移位）的设定方法如图 15－2－17 所示，先按下选择开关，当选择到 P2 位置时，按下升或降开关，设置针迹的移位范围在－1～6mm 之间，以 1mm 为单位设定，如将纽孔右侧（从缝料底面为正面看）的针迹向前移动时，则要设定大的数值。当变更设定值后，数值将会在显示窗里闪烁，最后按下设定开关，确定针迹合适的数值。

θ1（左右针迹斜向）的设定方法如图 15－2－18 所示，先按下选择开关，当选择到 P3 位置时，按下升或降开关，设置左右针迹斜向范围在－3～3mm 之间，以 1mm 为单位设定。除圆头部分针迹以外，如将针迹向顺时针方向（从缝料底面为正面看）移动时，则要设定大的数值。当变更设定值后，数值将会在显示窗里闪烁，最后按下设定开关，确定左右针迹方向的合适数值。

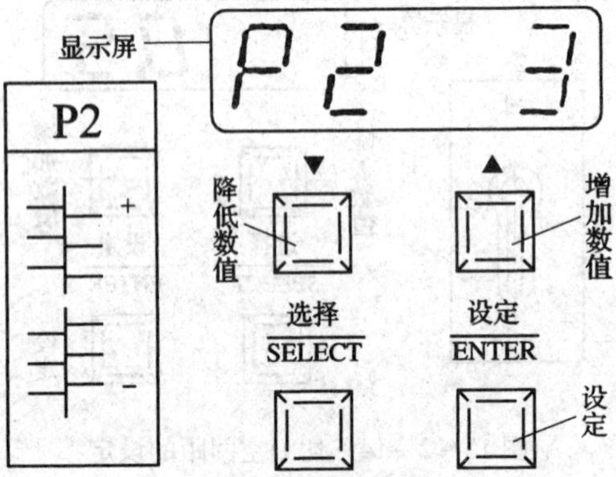

图 15－2－17　针迹移位的设定

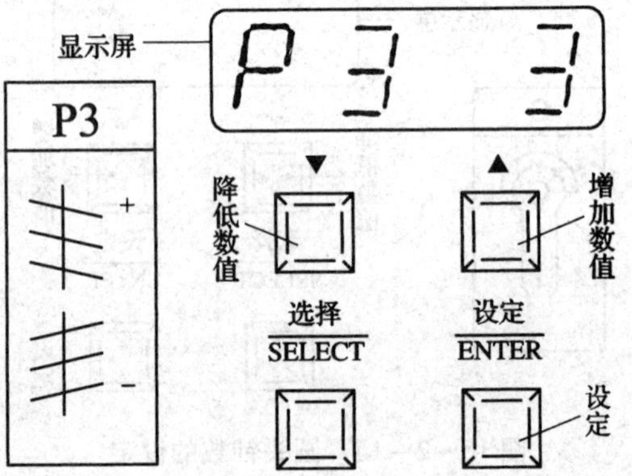

图 15－2－18　左右针迹斜向设定

θ2（圆头针迹斜向）的设定方法如图 15－2－19所示，先按下选择开关，当选择到 P4 位置时，按下升或降开关，设置圆头针迹斜向范围在－3～3mm 之间，以 1mm 为单位设定。如将 EYE（圆头）部位的针迹向顺时针方向（从缝料底面为正面看）移动时，则要设定大的数值。当变更设定值后，数值将会在显示窗里闪烁，最后按下设定开关，确定圆头针迹方向的合适数值。

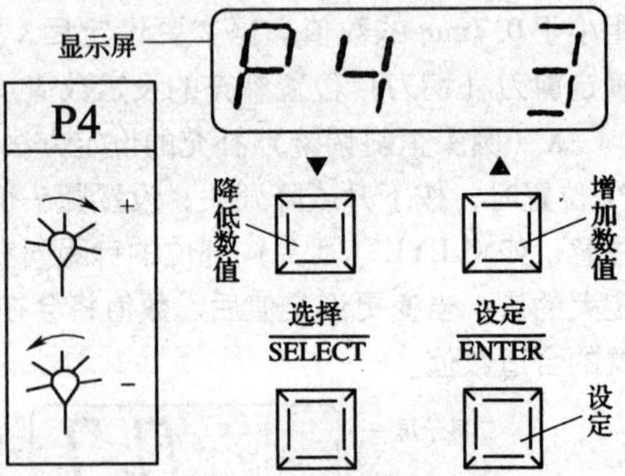

图 15－2－19　圆头针迹斜向的设定

5. 机针与切刀位置的设定

机器中送布台（滑板）的运动是由脉冲电机电子控制的。所以机器在先切后缝或先缝后切中相互切换模式时，不需要对切刀的位置进行变更。在先切后缝的模式中也不需要调整机针落点的位置来保证切刀的切开空间距。切刀位置和圆眼纽孔形状的关系如图 15－2－20所示，在先切后缝的模式中，内侧（中心针）的落点必须与直线部位完全一致。此项设置在出厂时已设定好（切刀空间距的值为 0）。

机器根据切刀形状的不同，在使用缝制时的先切后缝、无切刀动作或先缝后切的模式中将自动变更圆眼纽孔形状。

机器在出厂时的切刀设定位置（切刀空间距的数值以及切刀补充的数值均为 0）如图 15－2－21所示，其设定方法见图15－2－14、15－2－15。

切刀空间距的作用是在先缝后切的模式中如图 15－2－22 所示，为了避免切刀在切开缝料时将形成的线迹切断，故要求机针的落点（中心针）向外侧少许偏移（即切刀空间距）。通常在设定先缝后切的模式中，将切刀空间距的值设定在0.2～0.3mm之间，如图 15－2－14 所示。将切刀位置补充值设定为 0，如图 15－2－15所示。

切刀位置补充的作用是，如图 15－2－23 所示，使针迹的位置在通过移动切刀位置与纽孔的宽度 a 和 a′匀称的功能。机器在先切后缝的模式中，要根据缝料打开量的大小来设置纽孔宽度 a 和 a′的距离变化。方法是：将切刀位置补充值设定为相等的数值（如在缝料打开量大的时候，需要将切刀位置向正的一侧移动）。

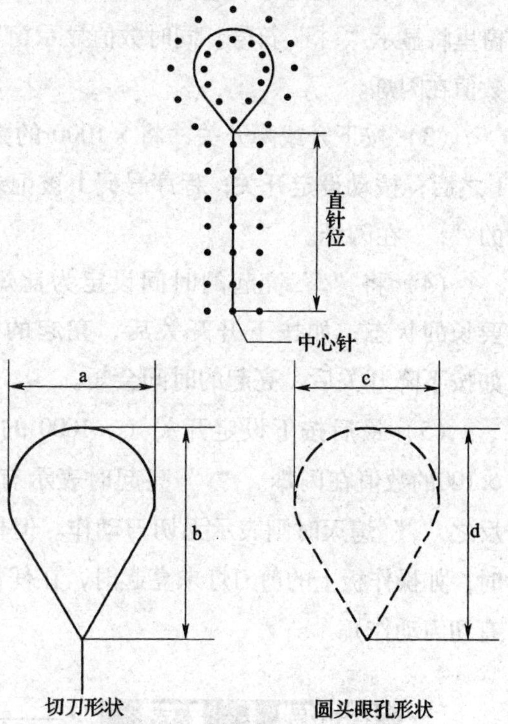

图 15－2－20　切刀落点的标准

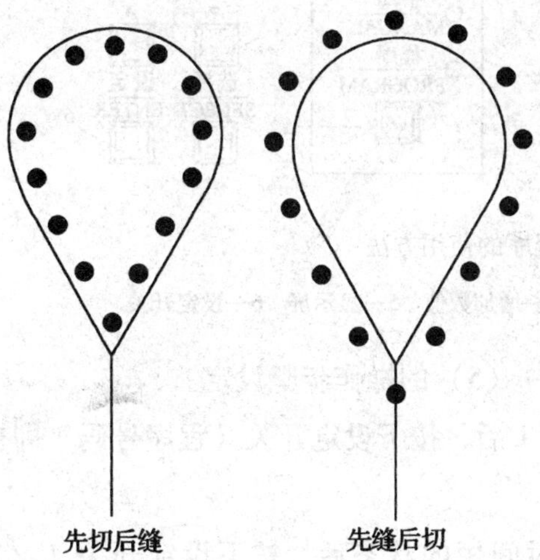

图 15－2－21　切刀先切与后切的落点区别

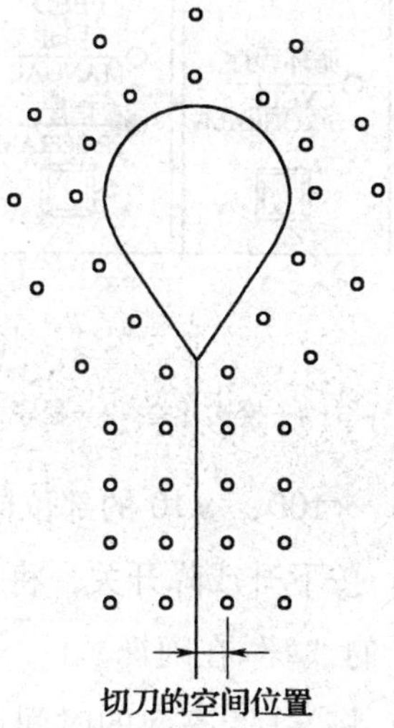

图 15－2－22　切刀的空间位置

6. 循环程序的使用方法

设定循环程序的方法将以程序号码 1 切刀动作 3 次和程序号码 3 切刀动作无一次的设置内容为例，来说明循环程序的操作方法如图 15－2－24 所示。

（1）先按下模式切换开关，切换为程序模式。

（2）按下程序号码选择开关，此时程序号码显示窗里将显示“［”符号。同时数值显示窗里×1000的数值在闪烁。

（3）按下升或降开关，将×1000的数值设定为1之后，按动设定开关；程序号码1被记录，×1000的“.”在闪烁。

（4）将“.”亮起的时间设定为比熄灭的时间要长的状态；如按下升开关后，亮起的时间会长；如按下降开关后，亮起的时间会短。

（5）最后按下设定开关（×1000的数值亮起，×100的数值在闪烁。“.”亮起时表示有切刀动作；反之“.”熄灭时则表示无切刀动作。但机器在缝制时，如操作板上的剪刀灯未亮起时，在任何状态都没有切刀动作）。

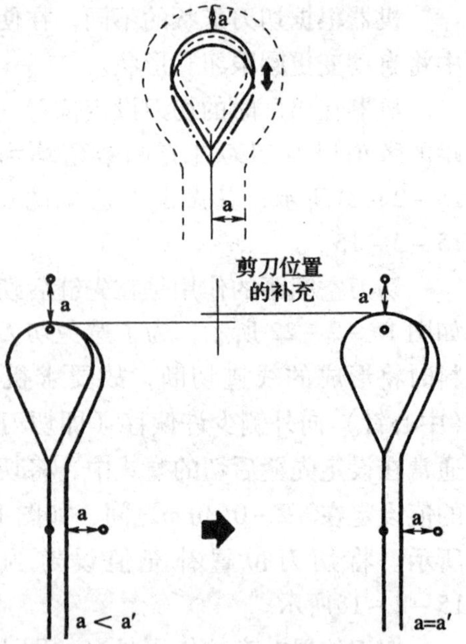

图 15－2－23　切刀位置的变化

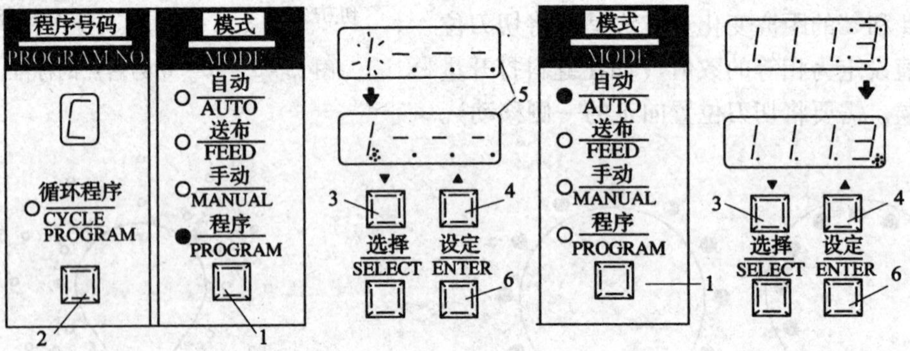

图 15－2－24　循环程序的使用方法

1—模式开关　2—程序开关　3—降低数值　4—增加数值　5—显示屏　6—设定开关

（6）×100、×10的部位同样按上述（3）～（5）的操作步骤设定。

（7）按下升或降开关，将×1的数值设定为1后，按下设定开关（程序号码3即被记录，×1的“.”在闪烁）。

（8）将“.”亮起的时间设定为比熄灭的时间短的状态后，按下设定开关（×1的“.”数值熄灭后，×1000的数值在闪烁）。

（9）按下模式切换开关，将模式切换为自动模式。此时“1.1.1.3”被记录下来。

如需要清除循环程序的时候，按上述操作完步骤（2）后，按下复位开关，再按动模式切换开关，将模式切换为自动模式即可。

7. 1 号脚踏板和 2 号脚踏板（脚开关的切换）的切换方法

1 号脚踏板和 2 号脚踏板的切换是用于不使用压脚开关，只踩动启动开关，压脚便可下降并启动机器工作。切换方法如图 15 – 2 – 25 所示，先关闭电源，切换开关式操作板上开关组的 5 号开关，如开关在 OFF 的状态，则是使用双脚踏板（压脚开关和启动开关）进行操作；如在 ON 的状态，则只使用单脚踏板（启动开关）进行操作。最后打开电源开关，按动复位开关之后进行缝制作业。

8. 1 号脚踏板定时器的切换方法

1 号脚踏板定时器的切换用于以变更从踩动启动开关到开始缝制为止的时间。在机器未动作之前，将启动开关设定为 OFF 的时候压脚被开放。切换方法如图 15 – 2 – 26 所示，先关闭电源，切换开关式操作板上开关组的 6 号、7 号开关。然后再打开电源开关，按下复位开关之后进行正常的缝制作业（注意：如开关式操作板的开关组中 5 号开关不处于 ON 状态时，则不能设定此时间）。

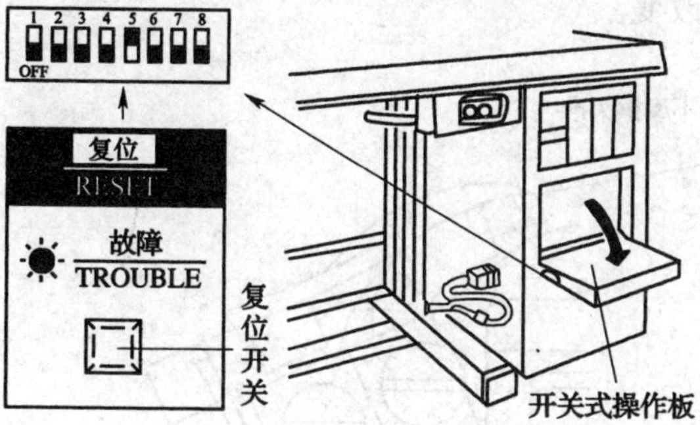

图 15 – 2 – 25　压脚开关的切换

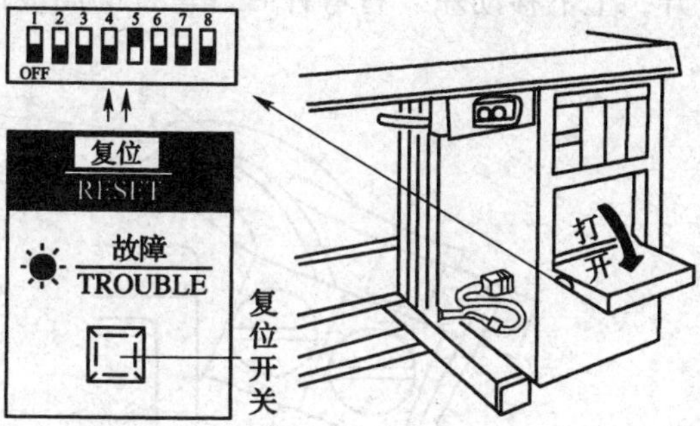

图 15 – 2 – 26　1 号脚踏板定时的切换

第三节　机器驱动部件的主要标准调整

由于兄弟 DH4 – B980 型电脑（数控）圆头锁眼机的机构传动大部分是通过电子程序来控制动作，因此在机构传动方面的故障发生率较低。这里将对机器中主要的成缝机构的配合标准和几个常见的机构调整作一讲解。

一、叉针与弯针的高度标准

在安装左弯针与左叉针时，要求针柄尽量插到底，左弯针与左叉针之间的活动间隙以缝线的粗细为准。而右弯针与右叉针之间的活动间隙就尽量降到最低，但需保持右叉针能在右弯针背面灵活的摆动，如图 15 – 3 – 1 所示。

（1）弯针座上的左、右叉针是通过左右撑板上的弹簧来控制动作的。故要求左、右撑片 4 或 5 与弯针架 6 之间的间隙没有窜动现象，但要求本身能自由的活动。

（2）如需调节叉针的位置时，可旋松撑片的紧固螺钉，叉针便可进行位置的调节。

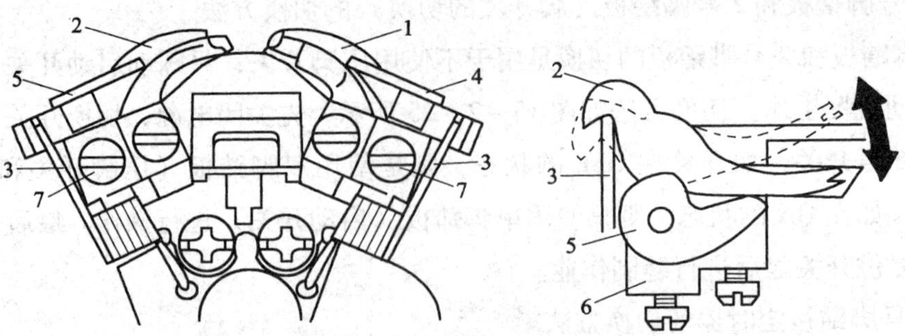

图 15－3－1　叉针与弯针的标准配合

1—右叉针　2—左叉针　3—撑簧　4—右撑片　5—左撑片　6—弯针架　7—叉针调节螺钉

（3）弯针的高度标准是：左叉针 3 配合左弯针 1 的高度，要求两针的上下间隙能通过底缝线（弯针线）即可，如图 15－3－2 所示，右弯针 4 的高度与右叉针 6 之间的间隙要小，但需灵活摆动即可。如需调节弯针的高度，先将左弯针 1 和右弯针 4 的紧固螺钉松开，上下移动左、右弯针后，弯针的高度即可改变。

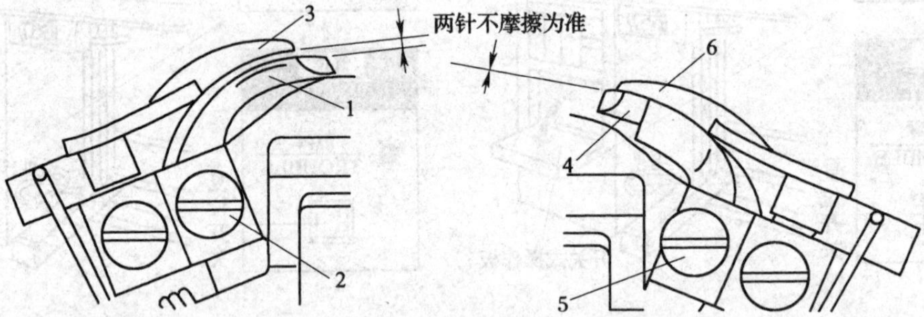

图 15－3－2　叉针与弯针的高度标准

1—左弯针　2—紧固螺钉　3—左叉针　4—右弯针　5—紧固螺钉　6—右叉针

二、机针与弯针的钩线时间调整

当机针从最低点向上回升时，左弯针尖在到达机针中心的时间与右弯针在到达机针中心的时间要求相同，如图 15－3－3 所示，在调整此运动时间的一致时，先要调节好机针的摆动幅度，一般机针的摆动幅度为 3mm 的距离。

调整检测方法是：转动主轮把机针下降到最低点，然后用卡尺在机头上部测量针杆 1 上端面与针杆套筒 2 面之间的距离。将机针处于中心针位置，然后转动主轮，测量左弯针尖到达机针中心时的针杆回升距离，计算出机针在最低点时与机针回升时与左弯针相交后的回升量。最后将机针处在外摆（即横列针）位置时，用同样的方法检测机针在最低点回升后直至右弯针尖到达机针中心时的距离。两次针位（中心针与横列针）回升后的钩线尺寸相比较要求是一致的。

如需要调节时，如图 15－3－3 所示，先按箭头方向转动弯针座，然后松开弯针位置调节螺钉，少许上下移动弯针连杆支点，弯针的左右位置即可得到调整。

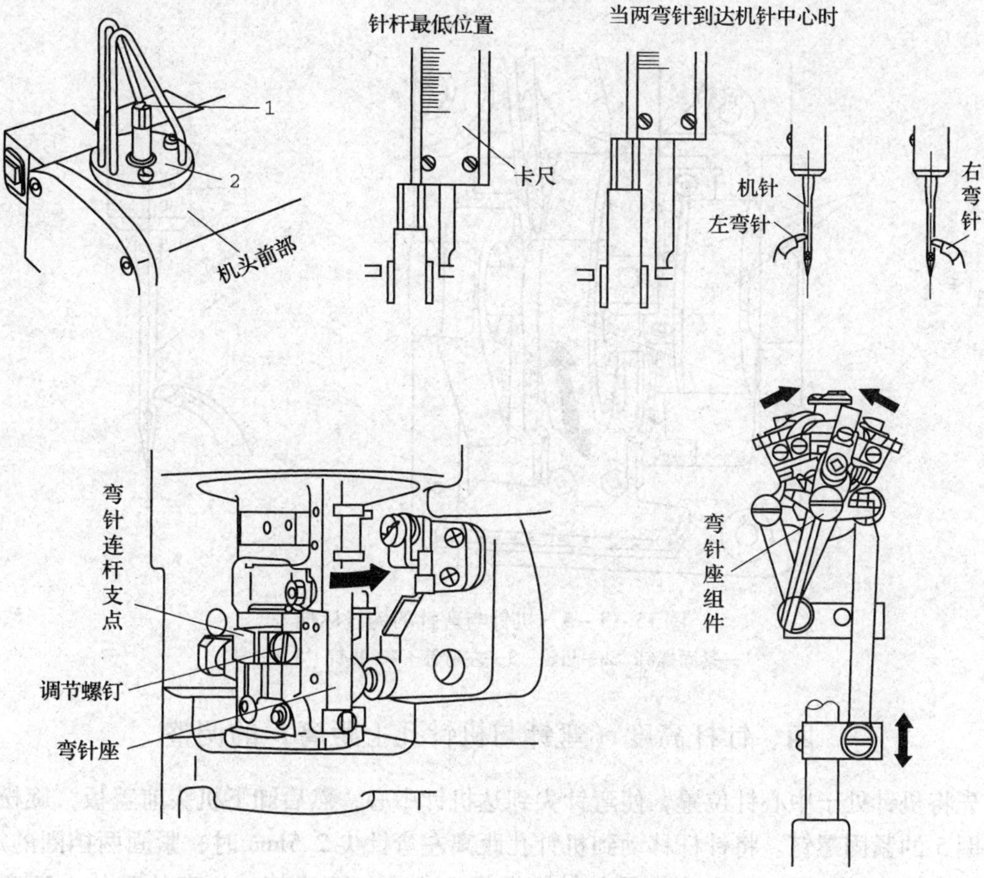

图 15－3－3　机针与弯针的配合标准

1—针杆　2—针杆套筒

三、弯针与机针的钩线调整

当机针从最低点向上回升 2. 7mm 时，左弯针尖应到达机针中心，如图 15－3－4 所示，检测方法同上。如需要调整时，如图 15－3－5 所示，先扳起机头旋松下轴皮带轮的紧固螺钉 1，将上轴主轮在静止的状态下，用手按箭头方向旋转下轴凸轮 2，使左弯针 3 的针尖到达机针 4 中心，至调整标准后拧紧螺钉。注意：在作此调节时，需要中心针与横列针在左、右弯针到达机针中心时的距离是一致后才能执行。

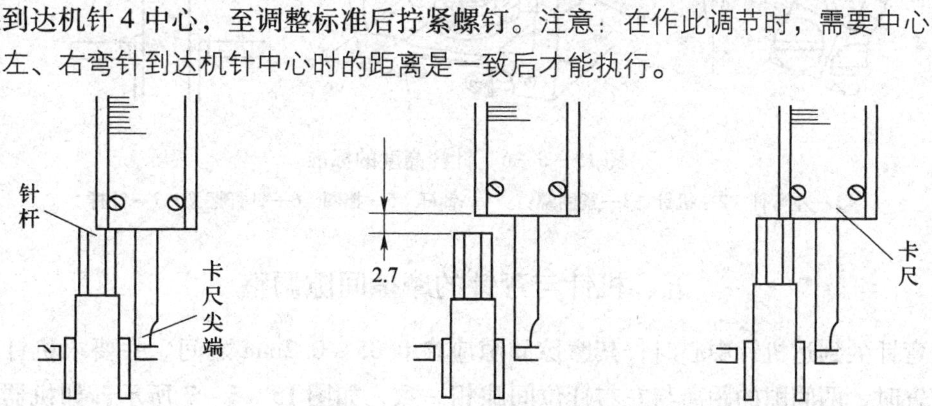

图 15－3－4　针杆的标准调整

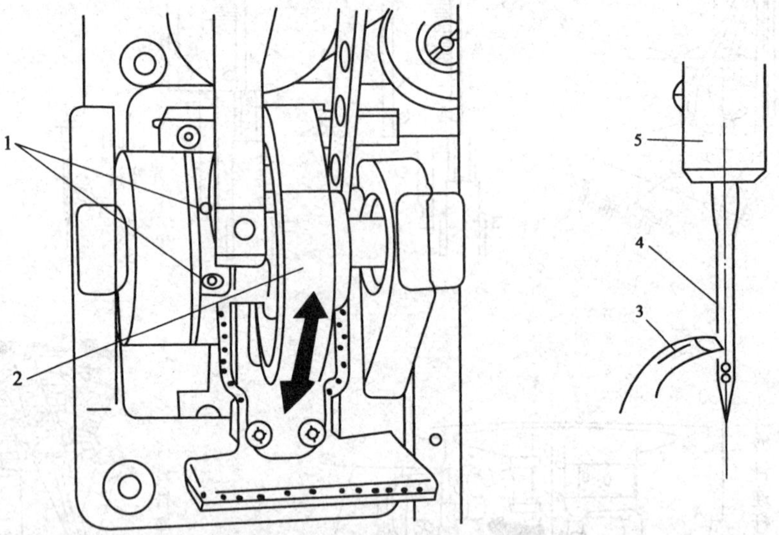

图 15－3－5　机针与弯针的钩线标准

1—紧固螺钉　2—凸轮　3—左弯针　4—机针　5—针杆

四、针杆高度（弯针与机针孔上距离）的调整

先将机针处于中心针位置，使弯针尖到达机针中心，然后卸下机头前盖板，旋松针杆两挡圈 5 的紧固螺钉。将针杆移动到机针孔距离左弯针尖 2. 5mm 时，紧固两挡圈的螺钉，注意：在紧固两挡圈时，需将挡圈向针杆摆叉 6 靠牢。不能使针杆有丝毫的上下窜动现象。但要求机针能上下、旋转运动灵活，如图 15－3－6 所示。

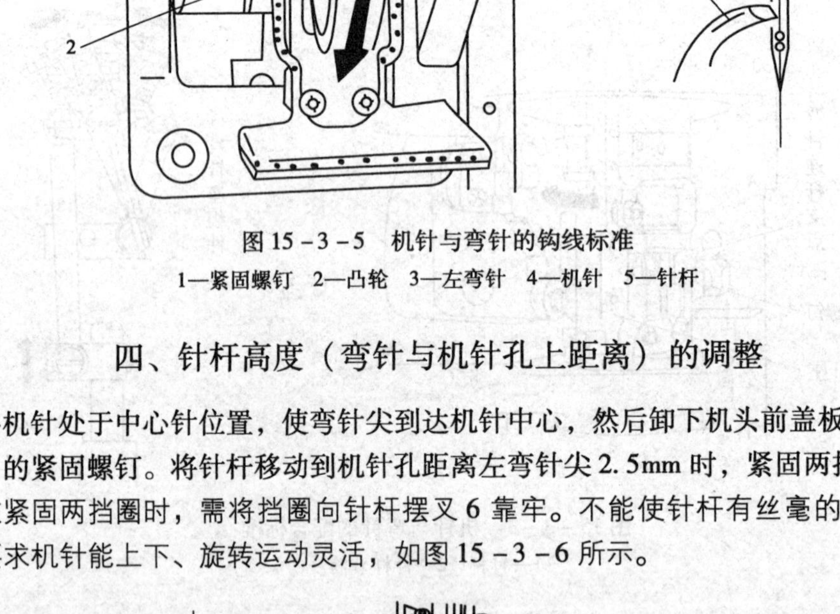

图 15－3－6　针杆高度的标准

1—左弯针　2—机针　3—紧固螺钉　4—针杆　5—挡圈　6—针杆摆叉　7—针杆

五、机针与弯针的摩擦间隙调整

当弯针尖到达机针中心时，其摩擦间隙应在 0. 05～0. 2mm 之间。并要求机针在进入转针位置时，两间隙的距离与左右针位间隙相一致，如图 15－3－7 所示，如机器在更换机针后也要作此检测，以防产生碰撞而损坏弯针。如需要调整时，将弯针本身的紧固螺钉

松开，移动弯针即可调节弯针尖与机针平面的摩擦间隙。

六、护针板的标准调整

当机针从上始点下降到低点接近弯针座底部的护针板时，要求机针下插时恰好接触到护针板面。目的是起到保护机针防止产生位移的作用。如机器在更换机针后也要作此检测，防止碰撞而损坏部件。如需要调整时，将机针下降到最低点，再将护针板本身的紧固螺钉松开，使其护针板面轻微接触到机针即可，如图 15－3－8 所示。

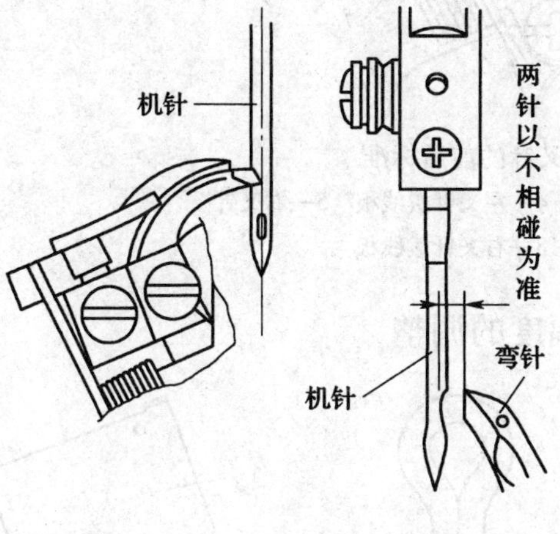

图 15－3－7 机针与弯针的摩擦间隙

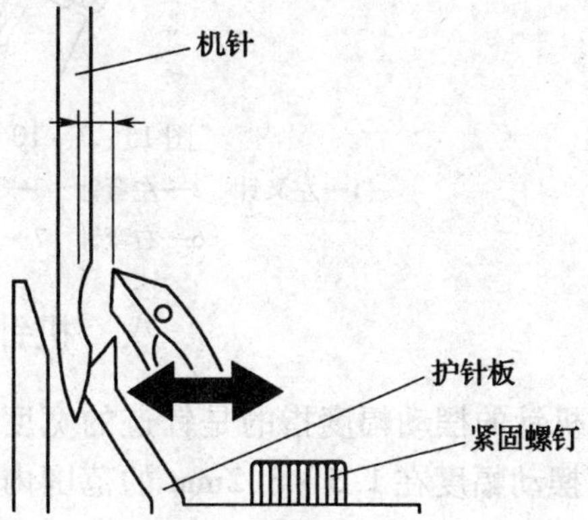

图 15－3－8 护针板的调整

七、左、右叉针位置的标准调整

（1）左、右叉针的叉开标准是：当机针在中心针位置下降时，左叉针要拨开左弯针线（底线）让机针套入；当机针在横列针位置时，右叉针要拨开右弯针在上一针钩住的机针线环。这个标准是形成线迹的重要环节。（标准见图 15－3－10 所示）如左右叉针的拨线时间不对时，将机头扳起，旋松图中紧固螺钉和螺母，再转动叉针调整螺钉，叉针的打开时间便可调节，如图 15－3－9 所示。

（2）左、右叉针的前后位置是要求其叉尖部要与左、右弯针的钩线端面平齐，不得超过弯针钩线的端面，如图 15－3－10 所示，如需要调整时，先松开左叉针拨线板 4 的紧固螺钉 3，移动左拨线板使左叉针 1 的叉口位置恰好与左弯针 2 的线孔同心一致。以便顺利拨开左弯针线。然后松开右叉针拨线板 8 的紧固螺钉 7，移动右拨线板使右叉针 5 的尖部与右弯针 6 的尖部前后一致。

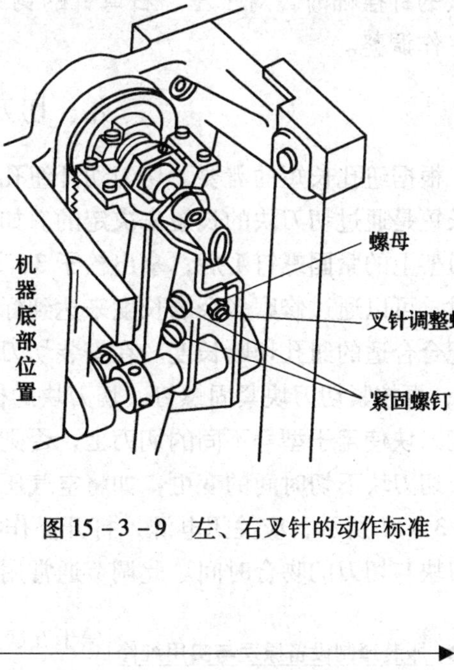

图 15－3－9 左、右叉针的动作标准

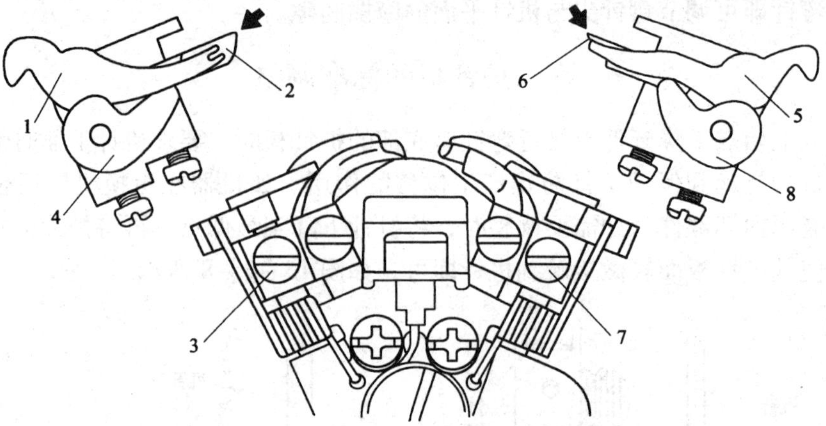

图 15－3－10　左、右叉针的前后标准

1—左叉针　2—左弯针　3—紧固螺钉　4—左叉针拨线板　5—右叉针

6—右弯针　7—紧固螺钉　8—右叉针拨线板

八、机针摆动幅度的调整

机针的摆动幅度指的是针迹的宽度。机器的摆动幅度在 1.5～3.2mm 的范围内，出厂默认为 3mm 摆动宽度。如需要调整机针摆动幅度的大小时，如图 15－3－11 所示，先将机针摆动调整螺母 1 松开，沿着图示方向上下移动摆幅调整螺钉 2，如向上移动摆幅调节螺钉时，机针的摆动幅度将变小；如向下移动摆幅调节螺钉时，则机针的摆动幅度会变大。注意：如从较小的针摆幅度调至较大的针摆幅时，对于左、右弯针的钩线距需另作调整。

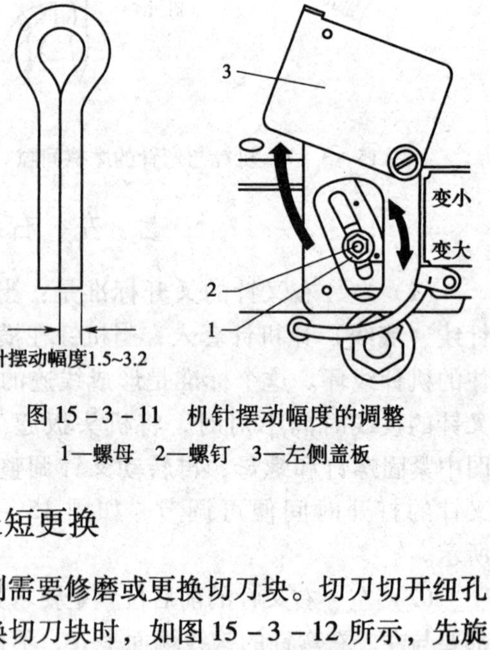

图 15－3－11　机针摆动幅度的调整

1—螺母　2—螺钉　3—左侧盖板

九、切刀块的长短更换

根据纽孔长短的需要，切刀切开纽孔的长短则需要修磨或更换切刀块。切刀切开纽孔的长短是通过切刀块的长短来决定的。如需要更换切刀块时，如图 15－3－12 所示，先旋松刀架上的紧固螺钉 1 后，拿出栓子 3，取下切刀块 2，如切刀块超出纽孔的切断长度很小时，可以通过修磨多余的长度来达到标准。如超出切断长度较大时，则需要更换切刀块来配合合适的纽孔切断长度。在安装切刀块时，要将栓子插入（以防与切刀接触时发生移位），再拧紧切刀块紧固螺钉。切刀块的标准长度 = 纽孔切断长度 + 1.5mm。注意：不要将切刀块使用于型号不同的切刀上，否则会出现刀痕、切料不均匀、损坏切刀等现象。

切刀块下切时间的变更：如将空气压力提高到 0.3MPa 以后仍不能切开缝料时，如图 15－3－13 所示，应关闭电源，打开操作板，通过切换开关组的 1 号、2 号开关可以延长切刀块与切刀的吻合时间。此调节通常用于较厚缝料时进行。

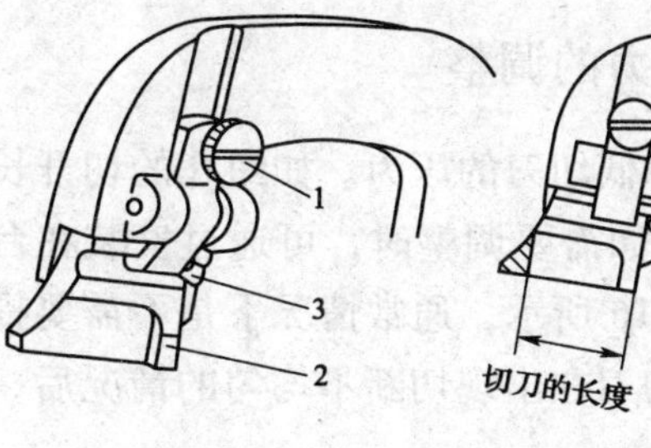

图 15－3－12　切刀块的更换

1—紧固螺钉　2—切刀块　3—栓子

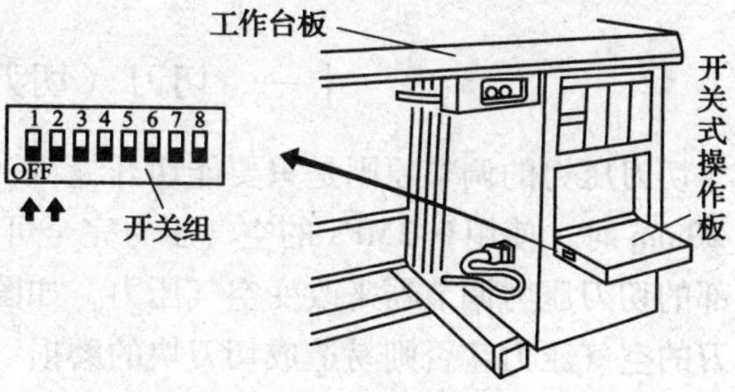

图 15－3－13　切刀块下切时间的变更

十、切刀和切刀块的吻合标准调整

（1）见图 15－3－14 所示，如切刀块上出现后三种情况时，需要作切刀与切刀块的吻合调整。方法是：先取下切刀块进行均匀的修磨，并要使切刀块与切刀的接触面整体均匀，如果此办法仍不能切开缝料，便需要检查切刀刃口的磨损状况。如更换新的切刀后，同时也要更换新的切刀块。以免由于旧切刀块上的痕迹而损坏切刀的刃口。

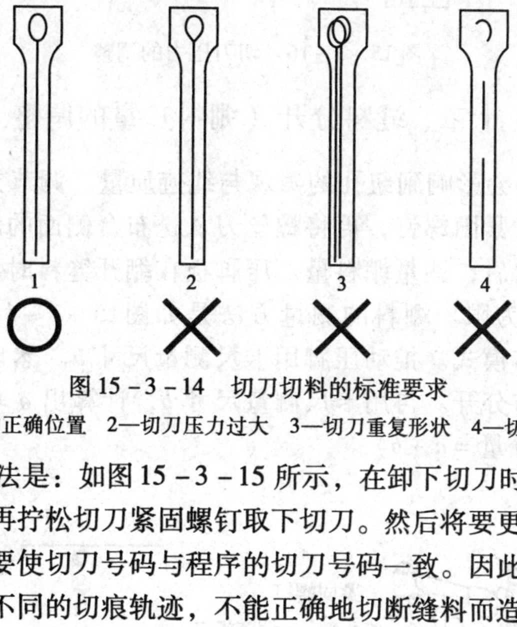

图 15－3－14　切刀切料的标准要求

1—切刀的正确位置　2—切刀压力过大　3—切刀重复形状　4—切刀不均匀

（2）切刀的更换方法是：如图 15－3－15 所示，在卸下切刀时，先观察切刀座与切刀之间是否存在间隙后，再拧松切刀紧固螺钉取下切刀。然后将要更换的切刀放入切刀座拧紧螺钉。更换切刀时，要使切刀号码与程序的切刀号码一致。因此要配套使用切刀与切刀块。否则，会出现两个不同的切痕轨迹，不能正确地切断缝料而造成切刀损坏。

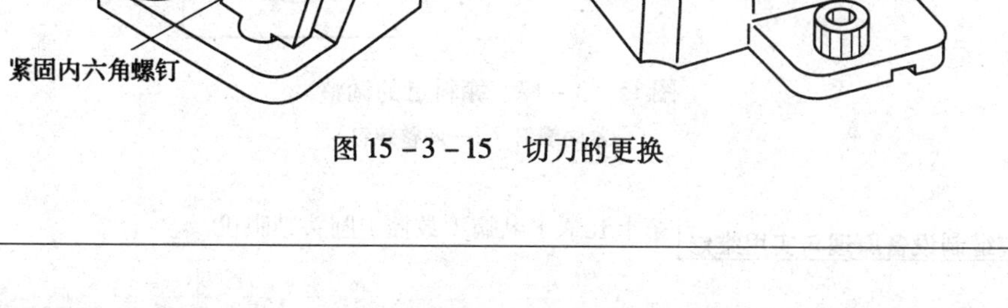

图 15－3－15　切刀的更换

十一、切刀（切刀块）压力的调整

切刀压力的调整原则是只要能切开缝料，尽量要降低切刀的压力。如纽孔的切开长度在20mm时，使用0.2MPa的空气压力完全可以切断。如需要调整时，可通过安装在台面下部的切刀压力调节器来改变空气压力，如图15－3－16所示，通常情况下是不需要提高切刀的空气压力，否则易造成切刀块的磨损。如果是切刀在出现切断不均匀的情况后，需要调整切刀与切刀块的吻合标准。

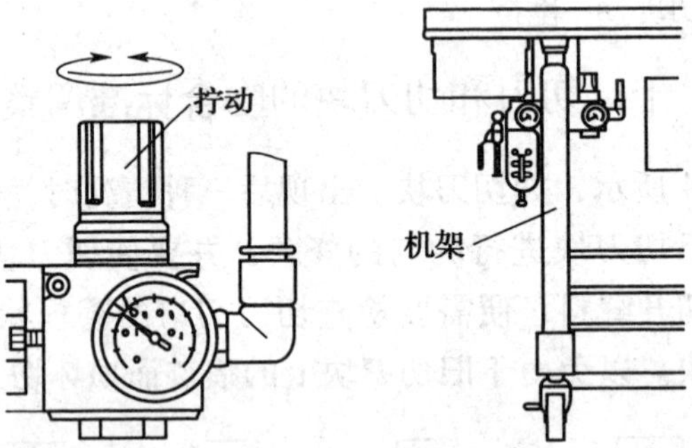

图15－3－16　切刀压力的调整

十二、缝料分开（绷料）量的调整

缝料绷料量的大小会影响到纽孔的美观与线迹质量。调节方法如图15－3－17所示，先旋松机器右侧的紧固螺钉，再将螺丝刀从送布台侧面的缺口处插入拧动调整螺钉，再拧紧固定螺钉之后，测量绷料量。压脚板在绷开缝料时要求左右均匀，通常单边的绷料量以0.8mm为限。绷料的测量方法是如图15－3－18所示，先按下模式开关，将模式设定为送布模式。推动压脚用卡尺测量尺寸a。然后按下启动开关，送布台移动，压脚板便左右分开。再用卡尺测量尺寸b，计算出a与b尺寸的差即为缝料的绷开量（缝料的绷开量＝$a+b$）。

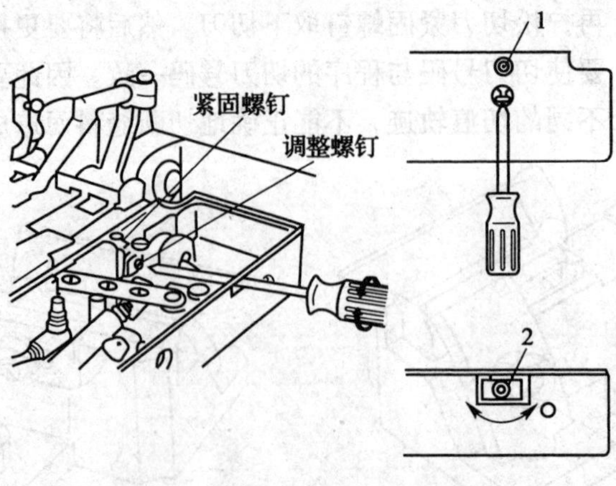

图15－3－17　绷料量的调整

1—紧固螺钉　2—调整螺钉

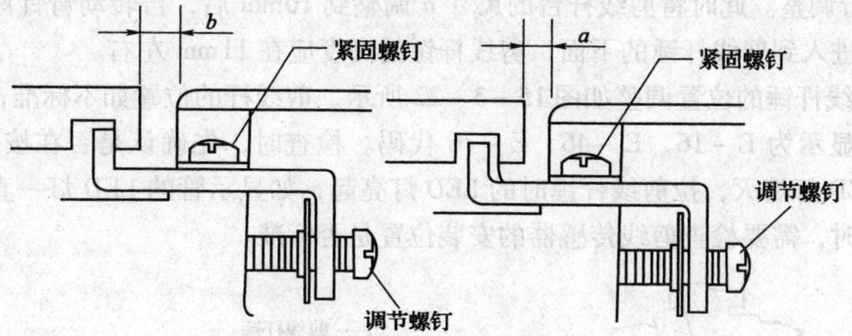

图 15－3－18　绷料量的测量方法

十三、面线剪线的调整

（1）面线剪线的作用是当一个纽孔缝制结束后，面线剪刀将面线剪断。其要求是：面线剪刀剪断右弯针前面的 1 条线，如图15－3－19所示，如要是剪断了面线环的 2 条线（面前和里边）时，所剩余的面线会变短，这样机器在缝制下一个纽孔的时候会出现跳针现象。其标准位置如图 15－3－20 所示，面剪刀 1 应靠近右弯针 2 的一侧，由右弯针拉动面线环而剪断。如需要调整，先松开面剪刀紧固螺钉 3，将机针与面剪刀 1 的尖部之间留有 0.5mm 的间隙。面剪刀的高度要在针板 4 的底部和叉针的上部之间。

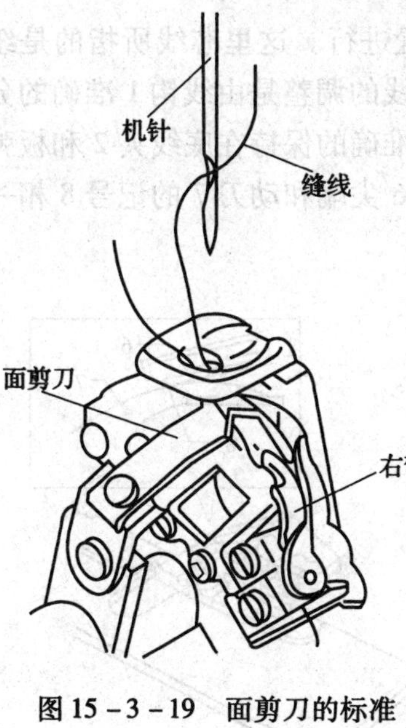

图 15－3－19　面剪刀的标准

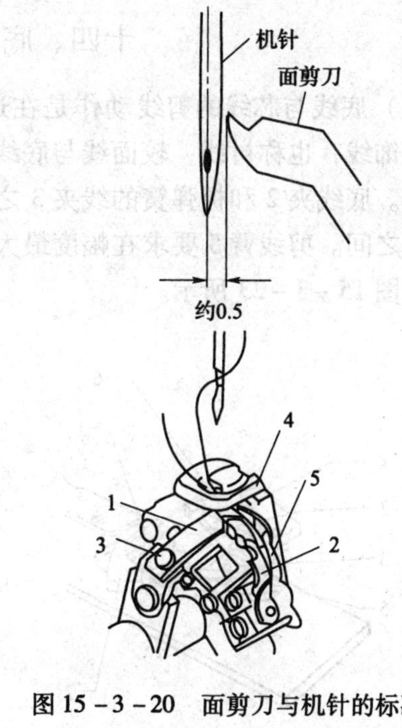

图 15－3－20　面剪刀与机针的标准
1—面剪刀　2—右弯针　3—紧固螺钉
4—针板　5—右叉针

（2）剪面线传感器的调整如图 15－3－21 所示，在机针摆动幅度最大的情况下，右摆时的机针要求能有 0.5mm 的间隙通过上线剪刀。其调节方法是：先旋松螺钉 1，转动夹紧螺钉 2，进行调整。此时将剪线杆台的尺寸 a 调整到 10mm 后，再转动弯针座，检查剪线杆台是否能进入到剪线杆锤的下面，剪线杆锤的高度应在 11mm 左右。

（3）剪线杆锤的位置调整如图 15－3－22 所示，剪线杆的位置如不标准，机器的故障显示窗里会显示为 E－16、E－46、E－76 代码。检查时，先确认是否在按剪线杆锤时，显示管的 LED 灯熄灭，拉剪线杆锤时的 LED 灯亮起，如显示管的 LED 灯一直亮起或一直是熄灭状态时，需要检查剪线传感器的安装位置是否标准。

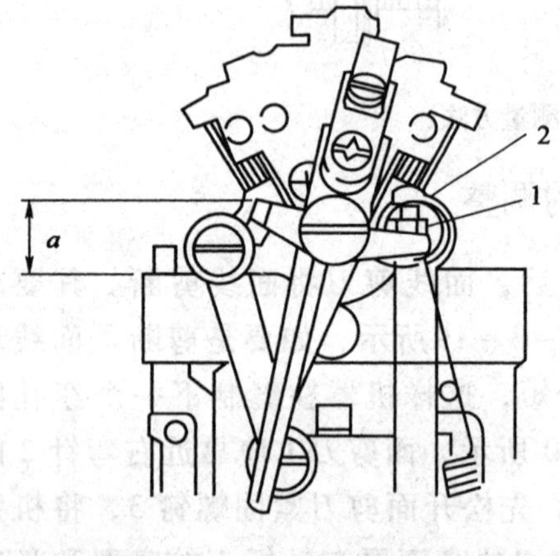

图 15－3－21　剪面线传感器的调整

1—螺钉　2—夹紧螺钉

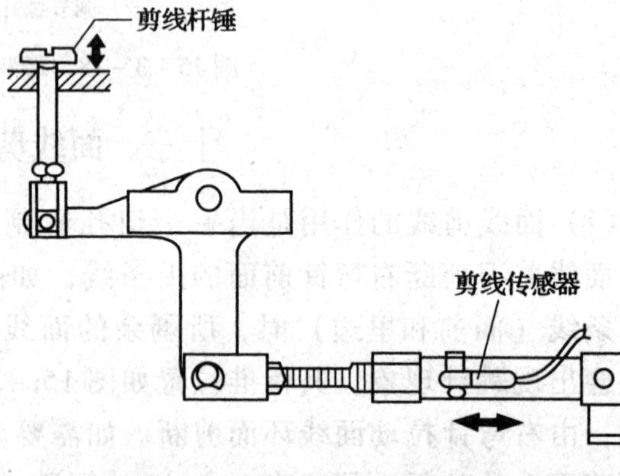

图 15－3－22　剪线杆锤的位置调整

十四、底线、芯线的剪线调整

（1）底线与芯线的剪线动作是在送布台的原点位置进行。这里芯线所指的是纽孔中间的装饰线，也称衬线，较面线与底线要粗。底线和芯线的调整是由线钩 1 准确的分离开的状态。底线夹 2 和板弹簧的线夹 3 之间，芯线要能被准确的保持在底线夹 2 和板弹簧的线夹 4 之间。剪线臂 5 要求在幅度最大的时候调整定刀 6 尖端和动刀 7 的记号 8 相一致的状态如图 15－3－23 所示。

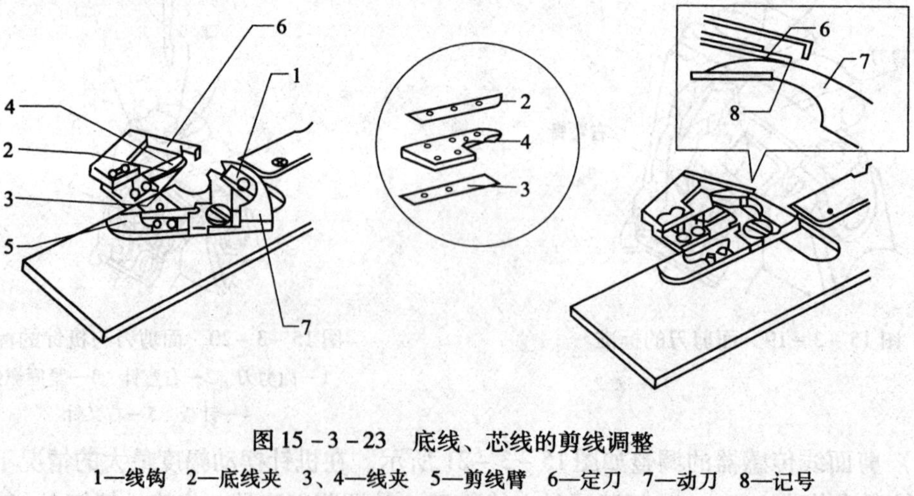

图 15－3－23　底线、芯线的剪线调整

1—线钩　2—底线夹　3、4—线夹　5—剪线臂　6—定刀　7—动刀　8—记号

（2）底剪刀压力的调整标准是，其压力应能够平稳的剪断缝线。一般不需要加大剪刀的压力，否则会引起剪刀的早期磨钝或损坏。调节方法如图 15－3－24 所示，先旋松夹紧螺钉 1，将定刀座 2 沿着导槽向箭头方向进行调整。标准是调整在剪线臂 3 转动时，定刀 4 与动刀 5 的尖端开始接触的位置上。

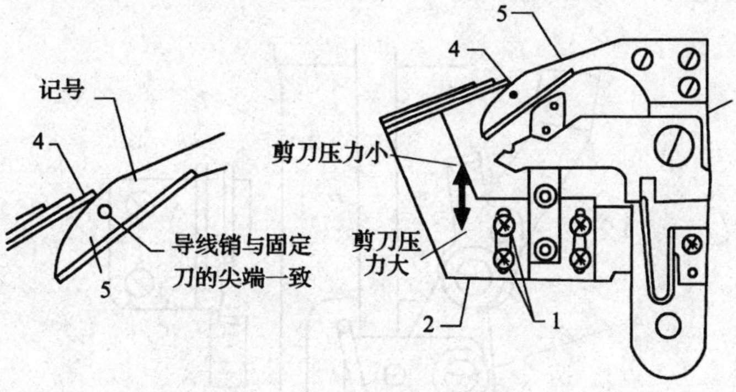

图 15－3－24　底剪压力的调整

1—夹紧螺钉　2—定刀座　3—剪线臂　4—定刀　5—动刀

（3）剪线臂的位置标准是，使其摇动的行程与气缸的驱动保持一致。调整时如图 15－3－25所示，先逆时针转动剪线连接臂 1，直到碰到停止螺钉 2 为止。再旋松夹紧螺钉 3 调整剪线臂 4 的位置，用于调节动刀 5 与定刀 6 的咬合量，拧紧夹紧螺钉 3 时，调整剪线杆臂 7 与剪线臂 4，使推力不产生松动且又能灵活的转动。注意：如动刀与定刀的咬合量过少时，会造成底线夹线不良或起缝时跳针的现象。

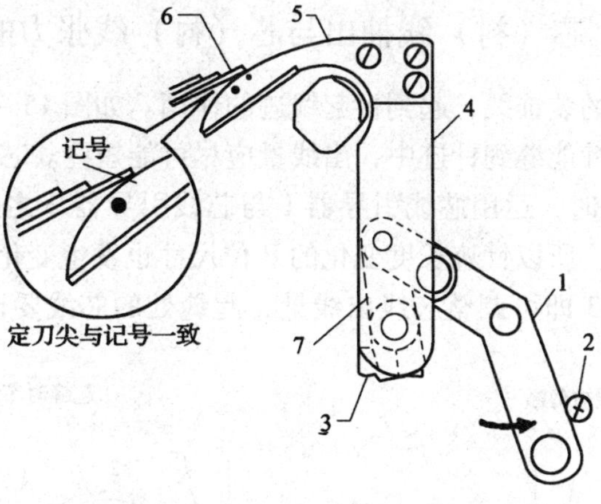

图 15－3－25　剪线臂的位置标准

1—连接臂　2—停止螺钉　3—夹紧螺钉　4—剪线臂

5—动刀　6—定刀　7—剪线杆臂

十五、起缝时底线抽出的调整

机器为了在开始缝制的第一针不被脱落而形成空针，弯针在补充第一针的面线环时，底线在弯针与针板之间被施加压力，包线夹中不能拉出底线。在自动缝制结束后，将切换到手动模式状态，按下启动开关，用手转动上轴主轮来确认底线的状态。在送布台移动到起缝位置之前，为了不从线夹中拨出底线，线夹的压力需要加强。剪线动作结束后，由于转针（弯针）座回到原点，松线杆1被松线爪2摇动，需要适当地抽出底线。调整时，先将电源关闭，用手转动转针座3，确认松线杆1的摆动角度，再旋松夹紧螺钉4，以支点6为中心转动松线杆爪5，调整松线杆1的摆动角度，松线杆1摆动到最大时，不能碰到弯针连接杆7即可，如图15－3－26所示。

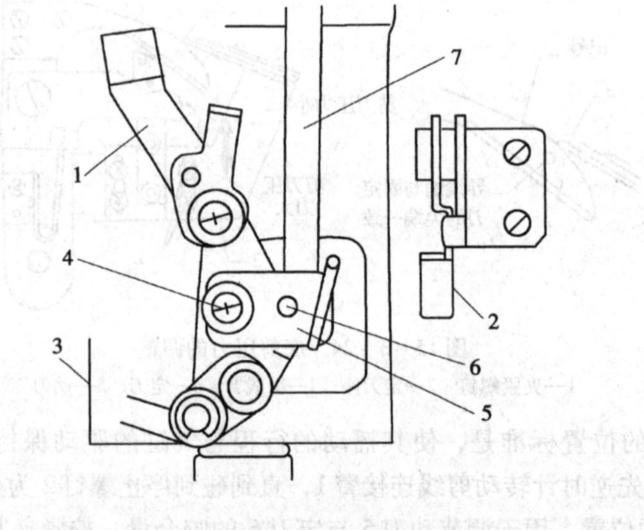

图15－3－26　底线抽出的调整

1—松线杆　2—松线爪　3—转针座　4—夹紧螺钉

5—松线杆爪　6—支点　7—连接杆

十六、芯（衬）线抽出与芯（衬）线张力的调整

芯线所指的是纽孔的装饰线，起到衬起线迹的作用。如图15－3－27所示，调整芯线的作用是使起缝时的几针能缝到针迹中，出线量应尽可能短些。芯线的抽出是在芯线剪断后转针座从180°回到0°时，运用芯线引导器1与芯线引导器2之间的差距进行的。由于芯线在送布原点被切断，所以针迹长度变化的B位尺寸也发生变化，因此需要调整芯线的抽出量，旋松夹紧螺钉3即可调整芯线出线量，起缝处的芯线要比针迹长约2mm左右。

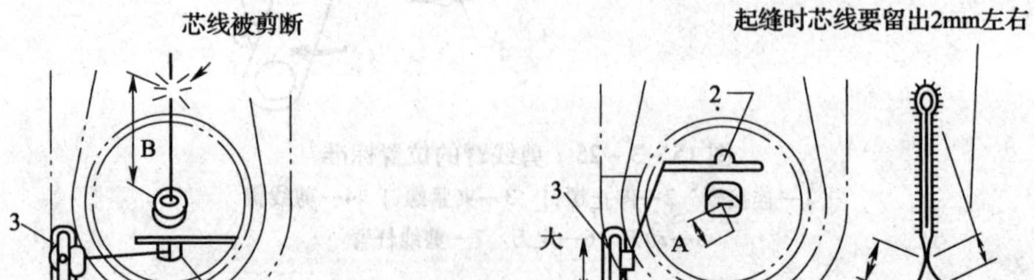

图15－3－27　芯（衬）线抽出量的调整

1—引导器　2—引导器　3—夹紧螺钉

起缝芯线最初2~3针的空缝是为了压住缝料并顺次将缝料送出。因此，会出现送布台在缝制时芯线张力太强或A尺寸太短使芯线从针迹脱出的现象。

通过转针座的转动使芯线被拔出时，以芯线引导器2为界，卷线一侧的张力必须比针板一侧的张力要强，反之，在缝制时芯线必须为卷入针迹中的弱张力。

缝制时送布台一起动作，芯线引导器3向面前方向移动，松芯线板4放开芯线张力器5，缝制结束后，芯线引导器3压住松芯线板4，芯线张力器5就处于闭合状态，如图15-3-28所示。

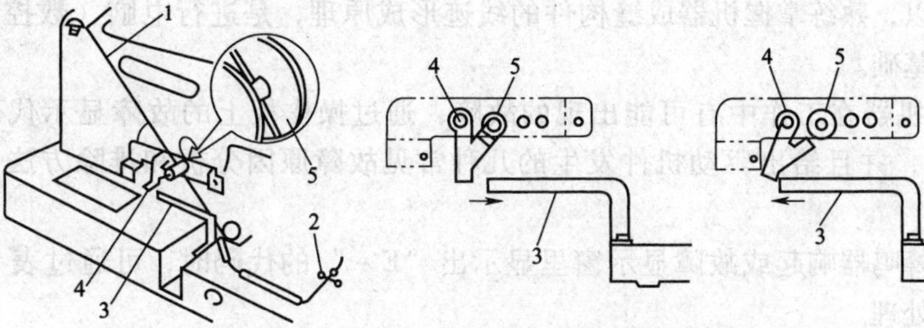

图15-3-28　芯（衬）线张力的标准

1—芯线　2—引导器　3—引导器　4—松芯线板　5—张力器

十七、压脚位置的调整

（1）压脚位置可以进行前后方向或左右方向的单独调整：如需前后调整时，松开夹紧螺钉1，调整止动臂2的位置即可进行压脚的前后调节；如需左右调整时，松开夹紧螺钉3，调整夹杆4的位置，即可进行压脚的左右调节，如图15-3-29所示。

（2）压脚高度的调整：压脚的抬高限度一般在12mm左右（压脚抬高的高度包括夹紧杆1与夹紧杆2放松时的高度）。如调整压脚的高度时，先在压脚3的支点下面与针板4之间插入与高低相应的硬物5，然后松开压脚驱动杆6的夹紧螺钉7，使夹紧杆1的前端部8接触到夹紧杆2的叉端，最后拧紧夹紧螺钉7。调节时要使所需的压脚高度硬物与压脚接触。压脚气缸要在完全伸长状态下进行，如图15-3-30所示。

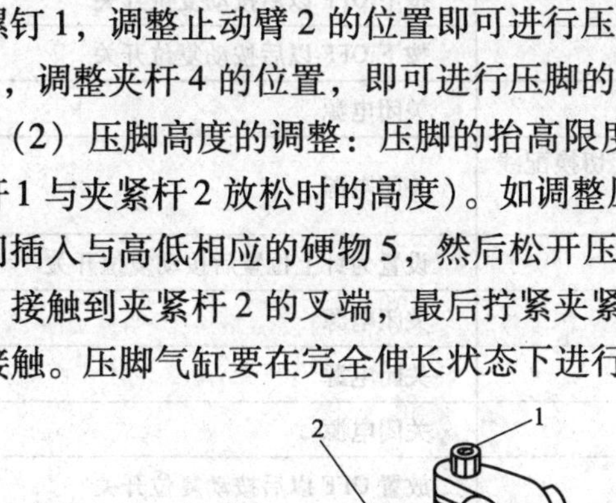

图15-3-29　压脚位置的调整

1、3—夹紧螺钉　2—止动臂　4—夹杆　5—压脚

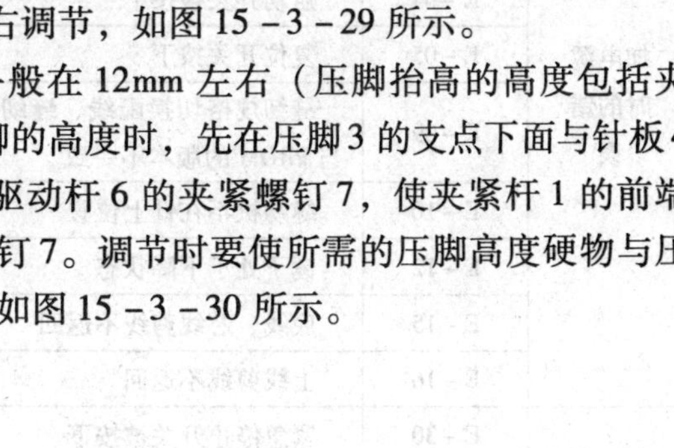

图15-3-30　压脚高度的调整

1、2—夹紧杆　3—压脚　4—针板　5—硬物
6—驱动杆　7—夹紧螺钉　8—夹紧杆前端

第四节　电子故障代码与驱动故障的产生原因及处理分析

与机械传动式圆头锁眼机相比较，电脑（数控）圆头锁眼机不仅提高了工作效率、减少操作步骤，而且机器在工作中的故障发生率也相对降低。由于大部分机构是由电子程序控制，因此也减少了机件之间相互传动时的精度调整。如机器发生了驱动机件方面的故障，则大部分会出现在成缝构件上。而成缝构件的线迹形成原理与机械传动的圆头锁眼机是相同的。所以，熟练掌握机器成缝构件的线迹形成原理，是进行电脑（数控）机器维修的一个重要基础。

下面将该机器在工作中有可能出现的故障，通过操作板上的故障显示代码作相应的分析与处理，并且给出驱动机件发生的几种常见故障原因分析和排除方法，供维修时参考。

当机器的蜂鸣器响起或故障显示窗里显示出“E－”的代码时，可通过表 15－4－1 作相应的检查处理。

表 15－4－1　　　　电子故障代码及处理方法

	故障代码	产生原因	处理方法
加电源时的错误	E－00	紧急停止开关被按下	放置 OFF 以后按动复位开关
	E－02	缝纫机头部立起（头部安全开关 OFF）	关闭电源
	E－03	压脚开关被按下	按下 OFF 以后按动复位开关
	E－04	启动开关被按下	按下 OFF 以后按动复位开关
	E－05	复位开关按下	关闭电源
	E－09	缝纫规格切换配线、缝纫长度切换配线与 PROM 的版本不一致	关闭电源
	E－10	缝纫机不在针上位置	设置为针上位置后按动复位开关
	E－12	锤子处于下降状态	关闭电源
	E－15	底线、芯线剪线不返回	关闭电源
	E－16	上线剪线不返回	关闭电源
工作前以及紧急停止后的复原错误	E－30	紧急停止开关被按下	放置 OFF 以后按动复位开关
	E－32	缝纫机头部立起（头部安全开关 OFF）	关闭电源
	E－35	复位开关按下	放置 OFF 以后按动复位开关
	E－40	缝纫机不在针上位置	设置为针上位置后按动复位开关
	E－42	切刀块处于下降状态	关闭电源
	E－45	底线、芯线剪线不返回	关闭电源
	E－46	上线剪线不返回	关闭电源
	E－50	X 轴不是原点	关闭电源
	E－51	Y 轴不是原点	关闭电源
	E－52	θ 轴不是原点	关闭电源
	E－59	缝纫数据破坏（各个程序顺序检查）	关闭电源

续表

	故障代码	产生原因	处理方法
工作中的错误	E－60	紧急停止开关被按下	按动复位开关（中断执行）或按动启动开关（继续执行）
	E－62	缝纫机头部立起（头部安全开关 OFF）	关闭电源
	E－69	缝纫机不在针上位置停止	设置为针上位置后按动复位开关
	E－70	缝纫机启动中针上信号不 ON、OFF	关闭电源
	E－71	缝纫机启动中针下信号不 ON、OFF	关闭电源
	E－72	锤子工作不良	关闭电源
	E－75	底线、芯线工作不良	关闭电源
	E－76	上线工作不良	关闭电源
	E－80	原点、复原时回不到 X 轴原点	关闭电源
	E－81	原点、复原时回不到 Y 轴原点	关闭电源
	E－82	原点、复原时回不到 θ 轴原点	关闭电源
	E－89	缝纫机反向转动	关闭电源

注：E－50、E－51、E－52 不包括“由紧急停止的复原错误”。

表 15－4－2 是驱动机件在工作时可能发生的故障，供维修时参考。

表 15－4－2　驱动机件的故障及排除法

故障现象	产生原因	排除方法
断线	线松紧螺母的压力过强	调节到适当的压力
	线的质量不好	使用质量好的线
	线比针粗	选用适当的机针
	机针质量不好	选用质量好的针
	机针和弯针的关系配合不良	参照“针杆高度”、“弯针、叉针的标准配合关系”调整
	机针、弯针、旋转板、线通路等部位有伤痕	用油磨石、砂纸等进行修磨或更换新部件
跳针	线松紧螺母的压力过强或过弱	调节到适当的压力
	机针尖损坏或针弯曲	更换新针
	针和弯针的配合关系不良或间隙不良	调整为正确的关系
	机针与弯针座的关系不良	按标准调整
	弯针针尖下垂、变钝	用油石进行修磨或更换新部件
断针	机针针弯曲	更换新针
	机针和弯针的间隙不良	参照机针与弯针的摩擦间隙
	机针和弯针的配合关系不好	按标准调整
剪不断面线	面线剪刀刃钝	修磨剪刀或更换剪刀
	空气压力弱，移动刀移不到底	调整空气压力
	上线剪刀钩不住上线	安装好上线环使能够切断 1 条线

续表

故障现象	产生原因	排除方法
剪不断面线	在最后一针处出现跳针，所以移动刀钩不住上线	参照“跳针”的项目防止跳针
	移动刀位置不正确	调整移动刀、线钩的位置
剪不断底线	剪刀刃口变钝	修磨剪刀或更换剪刀
	空气压力弱，移动刀移不到底	调整空气压力
	移动刀位置不正确	调整移动刀、线钩的位置
缝纫开始时空针	线钩弹簧弱	将线钩弹簧调整强
	上线剩余量短	安装为在环之前剪断1条线的状态
	针和弯针的关系不正确	参照“针杆高度”、“弯针、叉针”和夹线张力
	上线推出量少	调整上线推出量。
切割布料不正常	切刀与切刀块的接触面不吻合	修正锤子的接触面；磨剪刀或更换新的剪刀
	切开压力弱	将切断压力调整到适当的强度
	切刀块的工作时间短	通过切换开关组变更工作时间

思考与练习

1. 全面掌握兄弟DH4－B980电脑圆头锁眼机的操作方法与操作板及开关式操作板的各项功能设置。
2. 兄弟DH4－B980电脑圆头锁眼机与第十二章讲述的557型圆头锁眼机有哪些相同的原理？
3. 在兄弟DH4－B980电脑圆头锁眼机中如何设置先缝后切与先切后缝模式？
4. 在兄弟DH4－B980电脑圆头锁眼机中如何设置和使用循环程序？
5. 兄弟DH4－B980电脑圆头锁眼机的开关式操作板中关于切刀位置的补充指的是什么？
6. 全面掌握兄弟DH4－B980电脑圆头锁眼机故障代码中所代表的故障信息。
7. 定期对兄弟DH4－B980电脑圆头锁眼机进行合理的保养。

附录一　电脑缝制设备的保养与电路板的维修

服装缝制设备是服装企业的重要组成部分。随着科学技术的不断发展，服装缝纫设备也综合了电子、液压、气动等先进技术，实现了电子自动化、多功能化，进一步提高了服装制作行业的产品质量与生产效率。

那么如何最大限度保证这些电脑缝制设备在工作时处于正常的工作状态，就需要对机器作前期的保养与维护，尽可能减少机器在工作中出现的故障，以提高工作效率。

下面将介绍电脑缝制设备在工作前的维护与保养知识。

一、电脑缝制设备的合理工作环境

（1）不允许在有强烈电磁干扰或有高频率电焊器的地方安装设备，因强力电力声音会影响设备甚至造成设备不能正常工作。

（2）安装该电脑设备的缝制车间应保持5～35℃的室内温度为宜，如气温过高或过低都会影响设备的正常工作。

（3）安装该电脑设备的室内不能出现潮湿现象，因为潮湿会引起机内短路，相对湿度应保持在45%～85%为宜，不能与有水蒸气的缝制设备安装在一起。

（4）应在灰尘较小的地方安装该电脑设备，因为灰尘容易腐蚀电路板。设备要保持干净，尤其主机，要经常清理表面污物。

（5）必须安装、使用稳压电源，并具有接地功能，当需要切断电源时务必先关闭主机电源。严禁在380V的三相四线的三相火线上任接一根火线，再接一根零线以充当220V的电源。如以此作为电脑缝制设备的电源线时，经常会造成设备事故或频繁死机等故障。

（6）设备应避免直接暴露在阳光下，过强的日光会使机头上产生高温而烧坏显示器；此外还容易烧坏主机内的芯片，造成设备瘫痪，因此，务必要避免强光的直接照射。

（7）机器工作时，如遇雷雨天气应关闭电源，因为闪电可能会直接影响设备的正常运作。

二、电脑缝制设备的正确使用

（1）开机顺序是：外设（电源开关）——显示器——主机。关机顺序是：主机——显示器——外设（电源开关）。

（2）机器在工作时，应尽量避免频繁的开、关机，否则电流容易冲击硬件，电脑设备在工作时突然关机，将容易损坏电脑。

（3）机器需要关机时，应先关闭所有运行程序的启动开关后，再按正常顺序退出（如同计算机的操作顺序一样），否则容易破坏系统，引起故障。

（4）机器开机操作前都应观察设备情况，自查时不要触碰电脑（主机）。

（5）进入（点击）设备的各个系统，查看设备运行情况是否处于正常状态。

三、硬件的基本维护与保养

1. 线路板

防静电，因静电能烧芯片。人体静电为几万伏到十几万伏，如带电接触电脑，将击穿任何芯片，空气干燥或化纤纯毛衣物等都能造成静电，所以产生静电时，千万不要用手接触主机。

2. CPU 的日常保养

CPU 超过 1G 时硬件散热不良将导致电脑故障、系统瘫痪、CPU 烧毁，在超过一定湿度时会自动休眠，设备无法起动。因此，要做好以下预防措施。

（1）散热　机器在工作时要保证机内散热风扇运行正常，如发现频繁死机时，需立即关机，检查风扇是否处于正常运行状态。

（2）防振　机器工作时的运动与风扇的动力产生共振，因此，散热风扇容易损坏。

（3）减压　确保空气的流通，使 CPU 内核的温度降低。

（4）电压　确保电源电压的稳定，才能减少故障的发生。

（5）除尘　清除机内灰尘，防止线路板等短路。

（6）检测　当机器在工作时出现异常声响、频繁死机、异味时，就需要注意电脑配件的运行情况，严禁在死机状态下长时间保持通电，经常检查设备声音是否正常。

四、机器操作时的注意事项

（1）电脑缝制设备的操作人员，必须要接受安全操作培训后，才可上机操作，以确保设备的安全操作与正确使用。

（2）机器在进入启动前，应安装所有安全装置，否则，有可能导致意外事故的发生，平时要保护好机器的安全装置。

（3）当机器处在工作过程中，切勿触摸任何运动部分或将任何物件挤压于机器上。否则，可能对操作人员或设备本身造成损害。

五、机器的清理及防护方法

（1）机器在进行清理前应先将电源关闭，否则，如不慎按动开关，机器便会立即启动有可能造成伤害。如要拔掉电源线时，应先关掉内开关，再关总开关，以免烧坏接口元件。

（2）注意保持环境卫生，安装设备时应安置在灰尘污染较小的环境。并按时清理机体外的杂物，防止灰尘进入控制箱。

（3）控制好室内温度，防止温度过高或过低，温度过高或过低容易损害设备。

（4）不能将带水的容器放在机台上，以免水流入控制箱内造成机器短路烧坏。

六、电路板的检测与维修

当机器在工作中遭遇电路板方面的损坏时，就需要对电路板作出检测和维修了。下面将根据实践经验介绍电路板的几种检测与维修方法，供维修时参考。

1．先检查再测量

当机器中的某个电路板确定损坏并需要维修时，如方便可将电路板小心地从机器上拆卸下来。然后进行观察，如较小看不清的元件就需要通过放大镜来检查。一般检查包括以下几个方面。

（1）某线路是否断开；

（2）分力元件如电阻、电解电容、电感、二极管、三极管是否存在断开现象；

（3）电路板上的印制板连接线是否存在断裂、粘连等现象；

（4）电路板在此之前是否已有过维修并处理过哪些元器件，是否存在虚焊、漏焊、插反等操作方面的失误。

如电路板没有出现上述分析的问题时，则要使用万用表来测量电路板电源和地之间的阻值，通常电路板的阻值都在 70～80Ω 以上，若测量的阻值太小，才几个或十几个欧姆时，说明电路板上有元器件被击穿，就必须采取措施将被击穿的元器件找出来。具体维修办法是：先给被修板供电，再用手去触摸电路板上各器件的温度，如摸到烫手器件时则视为损坏的疑点。若阻值正常，再通过万用表测量板上的电阻、二极管、三极管、场效应管、波段开关等分力元件，其目的是要对不正常的元件进行排查，尽可能的通过万用表找出故障线索。

2．检查先外后内

如具维修条件，尽可能的找一块与被维修的电路板相同且正常的电路板作为参照，然后使用仪器（电路在线维修仪）的双棒 VI 曲线扫描功能对两块板进行好坏对比测试，起始的对比点可以从端口开始，然后由表及里，尤其是对电容的对比测试，可以弥补万用表在线难以测出是否漏电的不足。

3．排查先简易后复杂

在对电路板进行在线功能测试前，为提高测试效果，应对被修电路板做一些技术处理，以尽量减少各种干扰对测试进程带来的负面影响。以下为具体措施。

（1）测试前的准备：将晶振短路，对大的电解电容要焊下一支脚使其开路，因为电容的充放电同样也能带来干扰。

（2）通过对器件测试而进行排除：对器件进行在线测试或比较过程中，凡是测试通过（或比较正常）的器件，直接确认测试结果，以便记录；对测试未通过的器件可再测试一遍，若还是未通过，也可先确认测试结果，就这样一直测试下去，直到将板上的器件测试（或比较）结束，然后再回头来处理刚才未通过测试（或比较超差）的器件。对未通过功能在线测试的器件，仪器还提供了一种不太正规却又比较实用的处理方法，由于仪器对电路板的供电可以通过测试夹，将电传到器件相应的电源与地脚，若对器件的电源脚实施切割，则这个器件将脱离电路板供电系统，如再对该器件进行在线功能测试时，由于电路板上的其他器件将不会再起干扰作用，因此会提高测试的准确率。

（3）用 ASA－VI 曲线扫描测试对测试库尚未涵盖的器件进行比较测试：由于 ASA－VI智能曲线扫描技术能适用于对任何器件的比较测试，只要测试夹能将器件夹住，再有一块参照板，通过对比测试，同样对器件具备较强的故障侦测能力。该功能弥补了器件在线功能测试要受制于测试库的不足，扩大了仪器对电路板故障的侦测范围。而有时在维修过程中往往会出现无法找到正常板做为参照的情况，而且待修板本身的电路结构也无任何对称性，在这种情况下，ASA－VI曲线扫描比较测试功能起不了作用，而在线功能测试中由于器件测试库的不完全，无法完成对电路板上每一个器件都测试一遍，电路板依然无法修复，这就是电路在线维修仪的局限，因此在遇到无法检测的电路板故障原因时，只有与制造商联系或作放弃处理。

4. 先静观再处理

由于电路在线维修仪目前只能对电路板上的器件进行功能在线测试和静态特征分析，是否完全修好必须要经过整机测试检验，因此，在检验时最好先检查一下设备的电源是否按要求正确供给到电路板上。

附录二　机器常用易损件的优劣识别方法

各类用途的缝制设备在使用一段时间后，根据机器不同的使用程度而出现相关易损件的磨损或损坏（如压脚、针板、送布牙、旋梭等），从而降低了机器的工作效率甚至不能进行正常工作。因此，需要对这些易损件进行修复或更换，以恢复机器正常的工作状态。由于劣质易损件的标准精度、材质及使用寿命有不同程度的下降，所以，选用这些劣质的易损件时会缩短机器的使用寿命，通常也会引起故障的频繁发生。因此，合理的选用优质易损件是确保机器正常运转的基础，对机器的正确维护起关键作用。

下面是从实践经验中积累的优质易损件与劣质易损件在外表形状上的区别及识别方法。供相关行业的技术员在选用易损件时参考。

1．机针优劣的鉴别方法

机针的选用对机器的工作效率有一定的影响，在专用设备上建议应选用进口机针（如风琴、蓝狮牌等），因为这类机针不仅可以延长使用时间，而且还能降低机器故障的发生率。机针孔与侧平面有较高的制作精度，表面光滑度高（劣质机针的外表光滑度较差，且机针孔没有较高的圆滑，侧平面的凹部位不够明显等。），这样更有利于线环的稳定与形成。有时机器在遇到偶然性跳针时，换上进口机针就可以解决这一问题了。当然国内也有机针生产厂家具备这种质量。如选用上海钻石制针厂生产的钻石牌高级高速双节、银白色镀镍机针。因为大部分缝制品企业用的是高速运转机型，一部分缝制品是新型的防水材料及化学合成纤维材料，因而要求机针必须耐高温，如用镀铬的机针则不适应，即便可用但效果也不是很理想。

2．针板及送布牙的优劣识别方法

针板、送布牙是平缝机的易损件之一。因平缝机的针板和送布牙大多都是双排的，后半部受力较大，因此要求针板的质材要好，如选用劣质材的针板，当操作者在使用一段时间后经常用倒缝料扳手进行倒缝工作时，会出现较大的摩擦声，这样长期下去就会使针板产生下塌现象，从而影响正常的缝制质量。如用材质好、制作精度高的针板就不会出现此种现象了。识别方法是：用螺丝刀放入针板上的送布牙槽内，然后左手固定针板，右手左右晃动（不能用力太大）螺丝刀，此时便可观察，如送布牙槽的挡块因螺丝刀的左右摇动而变形，则视为劣质针板。同时针板的优劣也可通过外表的光滑度来进行识别，而送布牙的优劣也是通过材质的好坏来进行判断的。

3．压脚优劣的识别方法

压脚通常也是一般缝制设备的易损件之一。材质的好坏是识别压脚优劣的一个重要标准。劣质压脚在使用较短时间后，因底部不能承受与送布牙齿尖的摩擦力而在压脚底部出现印痕，长期下去，通过送布牙齿尖与压脚底部摩擦的印痕加深而直接影响缝制质量。识别方法是：先将压脚放入钳子口内，然后并拢咬合，再观察压脚是否被钳子咬出印痕。如淬火较硬、材质较好的压脚，钳子是咬不出印迹的。如台湾产的（12481）送布牙，这类产品坚固耐用，送布牙齿尖不易出现打滑、印痕现象等。其产品特点在紧固螺钉的两孔中间打有 TAI WAN 字印和 12481 阿拉伯数字。

4. 旋梭优劣的识别方法

旋梭是相关缝制设备里关键的成缝构件之一。如平缝机、双针针送料平缝机、曲折缝缝纫机等；由于旋梭的结构部件细小、制作精度极高，因此旋梭被称之为这类机型的“心脏”。所以合理选用旋梭是确保机器缝制质量的关键。在选择旋梭时，先用左手拿住梭架中心轴，然后用右手转动并左右推动旋梭。如劣质旋梭会在梭床与梭架中产生窜动现象。观察表面时，旋梭皮上的“q”字母打印粗糙，材质选用较差，使用时易出现毛刺、旋梭尖易变钝等现象；如优质旋梭则不产生梭架与梭床的窜动间隙。如日本广濑旋梭的旋梭皮中间的“q”的字母印记打印精细，电镀光滑柔和，手感光滑无毛刺，旋梭壳内侧孔左边打印为“N”而右边打印为“T”字样。当使用时，旋梭尖的耐磨程度高、不易变钝。日本佐文旋梭的旋梭皮右侧打有“MADE IN JAPAN”字样，旋梭壳内侧孔左边打印为“N”，右边打印为“Y”，此类旋梭均为优质品。如国内上海华莘缝纫机零件厂产的工字牌 X－30 型旋梭，其制作精度较高，可适用于高速平缝机使用。

总而言之，只要长期接触这些易损件，经常细心观察、善于分析，对于这些易损件的优劣就会有所掌握。通常有经验的技术员凭手感也能识别易损件的优劣。无论是哪类机型的易损件，一般优质品外观较为光滑而劣质品则外表粗糙且重量大部分要比优质品轻。因优质品选用的是好的材质，所以与劣质品相比其重量比劣质品要重。要知道易损件的制作精度将直接影响机器的工作效率，而易损件材质的选用则影响机器的使用寿命，所以选用优质的易损件是至关重要的。

参 考 文 献

1. 杨明才．工业缝纫设备手册．南京：江苏科学技术出版社，2001
2. 孙金阶．服装机械原理．北京：中国纺织出版社，2000
3. 王文博．服装机械设备使用维修手册．北京：机械工业出版社，2002
4. 日本兄弟工业缝纫机使用手册
5. 美国利是牌专用缝纫机使用手册